AF464334

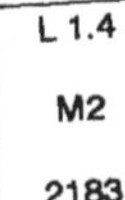

LA

MAGISTRATURE ÉPURÉE

de 1878 à 1884

Publications de la Gazette de France

LA

MAGISTRATURE ÉPURÉE

de 1878 à 1884

DOCUMENTS PARLEMENTAIRES ET LÉGISLATIFS
LISTE DE 1545 MAGISTRATS DÉMISSIONNAIRES OU RÉVOQUÉS
TABLEAU PAR RESSORT DES 613 MAGISTRATS ÉLIMINÉS
590 NOTICES BIOGRAPHIQUES

PARIS
IMPRIMERIES RÉUNIES D
1884

La Magistrature épurée

AVANT-PROPOS

Il y a peut-être encore quelques magistrats, mais à coup sûr il n'y a plus de magistrature ; une collection de gens togés et toqués ne constitue pas plus une Magistrature qu'une collection de gens en armes ne constitue une armée.

Ce grand corps, où l'esprit de justice circulait à tous les degrés avec une telle intensité que les bons y devenaient meilleurs, et qu'il transformait insensiblement ou rejetait par sa seule force ceux qui étaient mauvais, ce grand corps a cessé d'exister; sous prétexte qu'il pouvait encore être perfectionné, ce qui était vrai, car il n'y a pas d'institution parfaite en ce monde, on l'a traité par la politique et on l'a tué.

Il reste de l'institution judiciaire le squelette et le nom ; la Justice est partie, la Politique l'y a remplacée.

Tous ceux qui voudront parcourir avec quelque attention les pages qui suivent en seront bientôt convaincus; la chose est tellement évidente, pour ne pas dire tellement avouée, qu'il serait superflu de prendre ici la peine de la prouver, elle ressort toute seule des faits ; mais il peut être intéressant de rechercher par quel enchaînement de circonstances et d'idées on y est fatalement arrivé. On verra une fois de plus que ceux qui mettent le pied dans l'injustice sont insensiblement entraînés à des conséquences extrêmes devant lesquelles ils auraient peut-être d'abord reculé, et que le mot de l'Écriture « *abyssus abyssum invocat* » est toujours vrai.

La Révolution du 4 septembre 1870 se trouva en face des magistrats de l'Empire : qu'était-ce que ces magistrats?

A coup sûr, ce n'étaient pas des républicains, mais ils n'étaient « pas non plus si bonapartistes que cela », comme M. Allain-Targé, qui en avait fait partie lui-même, le reconnaissait sincèrement dans un discours prononcé le 16 novembre 1880 devant la Chambre des députés, et où, cependant, la Magistrature n'était pas ménagée.

La vérité est, qu'à part quelques personnalités que la politique y avait fait entrer, la masse n'éprouvait pas d'enthousiasme pour le régime impérial, et, s'enfermant dans le cercle des devoirs professionnels, laissait volontiers la politique de côté; quelles que fussent les préférences personnelles de chacun, elles ne se traduisaient par aucun acte d'hostilité ; mais les événements des dix dernières années de l'Empire avaient soulevé dans la magistrature, comme ailleurs, bien des angoisses patriotiques, et ceux qui lui ont alors appartenu peuvent dire qu'on ne se gênait guère pour les exprimer ; le vent de fronde commençait à souffler.

Les désastres de 1870 l'avaient profondément agitée; la France envahie, des provinces perdues, l'Empire tombé avaient laissé les Magistrats en face d'une terrible réalité, et tout en s'abstenant de jeter l'outrage au régime qu'ils avaient servi, la plupart d'entre eux se sentaient parfaitement à l'aise en face du pouvoir nouveau, estimant que l'Empereur ayant voulu être responsable, sa chute était la conséquence naturelle de sa responsabilité.

Rien n'eût donc été plus facile que de rallier la Magistrature en masse au régime que les malheurs de la patrie avaient suscité; il eût suffi de lui témoigner de la confiance pour être certain que ceux qui accepteraient ce témoignage seraient incapables d'en abuser.

Il faut rendre cette justice à M. Crémieux qu'il semblait tout d'abord l'avoir compris (1); mais cet accès de sagesse n'eut pas de durée ; sous la pression des rancunes et surtout des convoitises, M. Crémieux perdit absolument la tête, et dans le court espace de cinq mois et dix jours (du 4 septembre 1870 au 14 février 1871) on vit paraître 925 décrets s'appliquant à des magistrats des Cours et Tribunaux, nommant les uns, destituant les autres, révoquant des Juges suppléants, fermant des prétoires, suspendant des Premiers Présidents, déclarant quinze magistrats inamovibles déchus de leurs fonctions et les menaçant de poursuite et d'arrestation s'ils persistaient à siéger (1).

L'Assemblée nationale cassa les décrets qui avaient porté atteinte au principe constitutionnel de l'inamovibilité, mais la Magistrature avait reçu une de ces secousses sous lesquelles les institutions les plus solides sont ébranlées; la politique y avait pris violemment droit de cité.

M. Dufaure s'efforça de réparer de son mieux les brèches qu'y avait ouvertes son prédécesseur affolé ; il le fit avec une grande prudence, respectant les situa-

(1) Voici ce qu'il répondait, dans une lettre du 7 septembre écrite en entier de sa main, à un magistrat qui, dès le 5 septembre, l'avait informé qu'ayant servi l'Empire avec une loyauté dont il songeait bien moins à se défendre qu'à s'honorer, il ne pouvait conserver ses fonctions sans être assuré d'une confiance sans réserve, et que si elle devait lui manquer, il était prêt à les résigner pour s'engager dans l'armée.

« Paris, 7 septembre 1870. Monsieur ; vous êtes un bon magistrat et un honnête homme ; vous avez rempli, non sans éclat, la mission difficile de Procureur Impérial près d'un Tribunal important; depuis bientôt 9 ans vous avez été fidèle à votre serment comme chef du parquet, fidèle en même temps aux lois de l'honneur et de la probité. Je me fais un plaisir de l'écrire ; c'est vous dire, Monsieur, que je vous conserve à ce poste de confiance ; vous n'aurez pas de serment à prêter ; la République sait que les hommes de cœur ne trahissent pas les devoirs de leur charge ; le Gouvernement républicain sait qu'il peut compter sur votre loyauté et sur votre dévouement à ces devoirs que vous pratiquerez suivant votre conscience.

« Recevez, Monsieur, l'expression de mes sentiments de haute estime.

« Signé : Crémieux,
« *Ministre de la Justice.* »

(1) Voir, sur ce point une très intéressante brochure intitulée : « L'Œuvre judiciaire de M. Crémieux » publiée en 1871, à Lyon, par M. Albert Desplagnes, alors Procureur de la République à Die, et aujourd'hui avocat à Grenoble.

tions acquises dans la mesure compatible avec la dignité du corps judiciaire et avec la nécessité d'y faire rentrer ceux que des mesures iniques en avaient brutalement arrachés. Pas un des magistrats inamovibles que M. Crémieux y avait introduits ne fut touché; si imméritée que fût pour un certain nombre d'entre eux leur nomination, ils profitèrent tous du privilège de l'inamovibilité.

Les années qui suivirent cette restauration furent relativement tranquilles et la Magistrature, subissant insensiblement les lentes modifications qui sont le résultat naturel du temps, pouvait se croire désormais à l'abri de tout danger sous une République consacrée par une Constitution qu'elle respectait, lorsque survint le 16 mai.

Il faut en dire un mot, car c'est là le point de départ de toutes les calomnies et de toutes les vengeances sous lesquelles elle a fini par succomber.

Nous n'avons jamais été les admirateurs, encore moins les fauteurs du 16 mai, nous sommes donc bien à l'aise pour en parler.

Si le gouvernement d'alors avait pour but de renverser la République, il faut avouer que de tous les moyens, il prenait le plus mauvais qui était, non seulement de proclamer solennellement le contraire, mais de croire qu'il y réussirait en s'appuyant sur la Magistrature et sur la légalité.

La Magistrature, en effet, conservatrice par état de la légalité qui est sa raison d'être, ne sait pas ce que c'est que d'en sortir, fût-ce pour « rentrer dans le droit », et si elle peut subir un fait accompli par la violence dans l'ordre politique, comme le 2 décembre ou le 4 septembre, elle n'y aide jamais.

Pour bien comprendre le rôle de la Magistrature pendant la période du 16 mai, il faut distinguer avec soin les magistrats du siége et les magistrats du parquet; ceux-ci chargés de poursuivre, ceux-là chargés de juger; les uns obligés par le devoir hiérarchique à exécuter les instructions du garde des sceaux, soit pour exercer des poursuites, soit pour n'en pas exercer; les autres ne pouvant juger de délits ou contraventions que ceux qui leur sont déférés.

Cette simple observation répond péremptoirement au reproche tant de fois adressé aux magistrats du siége d'avoir prononcé trop de condamnations sous le 16 mai, reproche qui, manié tantôt par l'ignorance et tantôt par la mauvaise foi, a fini par prendre des proportions absolument fantastiques dont l'énoncé suffirait seul à montrer sa fausseté (1).

La question, si on eût voulu être sincère, n'était pas de savoir si les Tribunaux avaient trop jugé, puisqu'il ne dépendait pas d'eux de supprimer des affaires poursuivies par le parquet, mais de savoir s'ils avaient bien jugé.

Or, sur ce point, chaque fois qu'on a voulu sortir du cercle des récriminations générales et essayer une démonstration de fait, elle a pitoyablement échoué; plus d'un de ceux qui l'ont tentée n'a réussi qu'à démontrer qu'il ne connaissait même pas les faits dont il parlait.

Chose étrange! les républicains prêchent bien haut le respect des lois, et ce sont eux qui font un crime aux juges de les leur avoir appliquées! Que peut faire cependant le magistrat auquel on défère un fait prohibé par une loi, sinon constater qu'il y a délit ou contravention et condamner? Est-ce sa faute si la loi existe, bonne ou mauvaise, et si elle a été violée?

Si trop de poursuites ont été faites sous le 16 mai, si les uns ont été trop poursuivis et les autres pas assez, à qui faut-il s'en prendre, sinon aux membres du Parquet, ou plutôt au gouvernement qui, maître des poursuites, les ordonnait ou les défendait? Était-il donc possible à des magistrats obligés de juger et soucieux de leur devoir, d'acquitter un coupable parce qu'il pouvait s'en trouver d'autres à côté de lui qu'on s'abstenait de leur déférer?

Faut-il ajouter qu'en supposant mérité, par le gouvernement du 16 mai, le reproche de n'avoir pas tenu la balance égale entre ses partisans et ses adversaires dans les poursuites qu'il ordonnait, s'il est quelqu'un au monde dans la bouche de qui il soit mal placé, ce sont les républicains qui, depuis leur triomphe, n'ont affiché qu'un seul souci, celui de traquer leurs adversaires et d'assurer à leurs amis l'impunité?

C'est pourtant de cette confusion, inaperçue de quelques-uns, parfaitement consciente chez les autres, qu'est sorti l'orage sous lequel la Magistrature a succombé.

(1) On aura peine à croire, par exemple, qu'un député, M. Charles Boysset, ait pu perdre la tête au point de dire à la Chambre, sans rencontrer de protestation, que « dans chaque arrondissement de France, cent poursuites violentes et scandaleuses avaient été installées pendant le 16 mai ». Il y a en France 359 arrondissements, ce qui représenterait un total de 35,900 jugements. Quand on joue avec les chiffres d'une aussi scandaleuse façon, eût-on dix mille fois tort, il n'est pas difficile de prouver qu'on a raison; les statistiques les plus fantaisistes n'ont jamais atteint le dixième du nombre ainsi allégué.

Dès le lendemain du triomphe des 363, les vengeances commencèrent; le Parquet fut décimé, déclaré coupable d'actes d'obéissance que lui imposait sa fonction par les mêmes gens qui allaient, deux ans plus tard, lui interdire jusqu'à la liberté de parler que la loi lui reconnait.

M. Dufaure essaya de résister; il pratiqua ce qu'on a appelé la politique de « changement d'air », disputant le nombre des victimes, et espérant soustraire les autres, par des déplacements, aux haines souvent attisées par la convoitise, dont ils étaient l'objet.

Il succomba à la peine, et quand il quitta la chancellerie, depuis longtemps déjà sa situation ministérielle était ouvertement attaquée par les impatiences de ceux qui le trouvaient trop lent à les venger; il n'avait, en un an, définitivement épuré la Magistrature que de 36 membres du Parquet!

M. Le Royer, qui lui succéda, en mit dehors 134, dont 13 procureurs généraux, dans les 11 mois qu'il passa au ministère, sans compter les nombreux changements de résidence dont un grand nombre furent frappés.

Ce n'était pas encore assez; M. Le Royer, trouvé trop tiède, se retira pour ne pas accepter la responsabilité des bouleversements dont le personnel de la Magistrature était hautement menacé.

Enfin M. Cazot parut; en trois mois, 71 membres du Parquet avaient déjà été chassés lorsque furent promulgués les trop fameux décrets.

Alors ce ne fut plus M. Cazot qui eut besoin d'épurer, ce fut la magistrature qui s'épura elle-même pour éviter tout contact avec lui, et du 1er avril au 31 décembre 1880, le garde des sceaux reçut la démission de 298 magistrats *du Parquet.*

Il n'y avait pas d'exemple dans l'histoire des institutions judiciaires, que pareille manifestation se fût jamais produite: sur un personnel comptant mille magistrats du ministère public, déjà passé au crible depuis plusieurs années, et où il ne restait plus que des hommes disposés à servir honnêtement le gouvernement de la République, 298 brisaient volontairement leur carrière à peine commencée ou en pleine maturité (1)!

(1) Ces 298 magistrats se décomposent ainsi: 1 Avocat général à la Cour de cassation; 3 Procureurs généraux; 28 Avocats généraux de Cour d'appel; 26 Substituts du Procureur général; 77 Procureurs de la République et 163 Substituts.

Que s'était-il donc passé ?

Quelque chose de bien simple, à en croire les républicains, et voici comment l'un d'eux, M. Alfred Girard, l'expliquait sérieusement dans un discours prononcé le 1er juillet 1882 à la Chambre des députés :

« Lorsque, à l'injonction de la Chambre, le gouvernement résolut de rappeler les congrégations non autorisées à l'observation des lois existantes, ces congrégations, résolues à persister dans leur désobéissance, cherchèrent un moyen de se dérober à l'exécution des décrets.

« Le moyen qu'elles choisirent fut des plus ingénieux. On avait remarqué que, dans notre organisation judiciaire, il y a des magistrats dont la mission spéciale est de requérir l'application de la loi, et alors on s'est dit : mais si nous supprimions ces magistrats, qui resterait pour requérir l'application de la loi ? Personne. Donc, à défaut de réquisition, la loi ne serait pas appliquée.

« Alors, d'un bout à l'autre de la France, sur un mot d'ordre parti du Gésu, nous avons vu surgir à l'improviste et se propager comme une traînée de poudre, la grève des substituts ; par chaque courrier, les démissions s'abattaient en avalanches à la Chancellerie..... »

Si le nom du député de Valenciennes est destiné à passer à la postérité, il le devra à une aussi colossale naïveté, et ceux qui voudront se faire une idée de l'esprit de la chambre de 1882 se demanderont à quel degré d'aveuglement elle devait être tombée pour avoir pu s'y associer.

Rétablissons la vérité.

Les magistrats démissionnaires du Parquet n'ont été ni des héros sacrifiant leur position à une idée politique, puisque jusque-là ils étaient restés et qu'on compte parmi eux des républicains tout à fait incontestés ; ni des sectaires faisant, contre tout sens commun, une croisade religieuse pour obéir à un mot d'ordre émané de chefs imaginaires, que nul d'entre eux ne connaissait ; ni des hommes assez naïfs pour croire qu'on ne trouverait pas pour les remplacer, sinon des magistrats, du moins des républicains tant qu'on en voudrait, toujours prêts à émarger au budget : ils ont été simplement d'honnêtes gens, mais cela, c'est dans la plus belle et dans la plus large acception du mot qu'ils l'ont été.

Si les congrégations menacées désiraient ardemment quelque chose, c'était de les voir rester, et par une raison évidente, à savoir, que des magistrats aussi résolus à faire bon marché de leur avenir pouvaient bien demeurer jusqu'au seuil de l'audience les instruments de réquisitions *écrites* que le gouvernement avait le droit hiérarchique de leur imposer, mais qu'ils seraient les premiers à protester au nom du droit violé, dans leurs conclusions *orales*, et ressaisiraient inévitablement à l'audience le droit de parler que la loi leur assurait.

Or, c'est justement ce droit même que le gouvernement s'était mis en mesure de confisquer. Il ne dissimulait pas que sa volonté bien arrêtée était d'empêcher que les plaintes des expulsés fussent portées devant la justice, et il avait faussé l'arme des conflits pour y arriver.

Non content de faire déposer les déclinatoires des préfets à fin d'incompétence, sur le bureau du tribunal, par les membres du Parquet, à quoi la loi les obligeait, il entendait les contraindre à s'y associer personnellement, en soutenant, quoi qu'ils pussent en penser, que ces déclinatoires étaient bien fondés, et que la justice n'avait rien à voir aux attentats qu'il faisait commettre par ses préfets.

Ce n'était pas seulement la négation en principe de toutes les garanties accordées à la propriété et à la liberté des citoyens dans les pays civilisés, c'était la main mise en fait, du gouvernement, jusque sur les opinions juridiques des membres du Parquet.

Il n'y a pas à le nier, car dans la séance du 4 juillet 1880, M. de Soland le reprocha au gouvernement en termes enflammés, et le garde des sceaux resta muet.

C'est devant cette prétention inouïe que se révolta la dignité des magistrats du Parquet. Investis par la loi même des conflits du droit de s'exprimer librement sur les déclinatoires déposés, ils se refusèrent à subir l'alternative de se taire ou d'émettre un avis qu'il leur était interdit de discuter, et se retirèrent pour laisser à d'autres le triste honneur d'étrangler à la porte du prétoire la propriété et la liberté.

Si on avait eu un mot d'ordre à leur donner, il eût été de rester à leur poste et d'imposer au gouvernement la honte de les destituer pour avoir librement exercé leur droit de penser et de parler. Livrés à leurs inspirations personnelles ils ne consultèrent que leur dignité qui leur défendait de faire désormais partie d'un corps déshonoré ; 298 d'entre eux abandonnèrent le Parquet (1), et pour quelques-uns, ce n'était pas seulement se résigner à la médiocrité, c'était affronter la pauvreté, car pour eux, il n'était pas question d'indemnité.

Jamais on n'avait vu pareil exemple de ce que peuvent inspirer à de vrais magistrats le respect de leur devoir et le souci de leur dignité ; il restera l'éternel honneur de l'institution, maintenant détruite, qui en était assez pénétrée pour pouvoir encore le donner, malgré tous les éléments de dissolution qu'on y avait déjà fait entrer.

En assistant à cette immense hécatombe où les victimes allaient au-devant du bourreau, la Magistrature assise comprit le sort qui lui était réservé si elle affirmait le droit qu'on prétendait lui arracher, et si elle ouvrait l'accès de la justice aux réclamations des citoyens contre les violences des préfets ; mais elle ne se laissa pas intimider.

Les Parquets épurés concluaient comme un seul homme suivant les instructions que le garde des sceaux avait données. Ce fut en vain : sur 225 décisions rendues tant au civil qu'au criminel, on en compta 206 affirmant et démontrant que les lois de notre pays attribuaient compétence aux tribunaux ordinaires pour connaître de toutes les violations de la liberté individuelle, du domicile et de la propriété, même à l'encontre du gouvernement et des préfets.

On sait comment la voix de M. Cazot venant présider en personne le Tribunal des conflits, trancha la question, sans souci, non seulement des principes les plus évidents (2), mais même des convenances les plus vulgaires qui lui interdisaient de statuer comme juge sur un différend qu'il avait lui même provoqué, où il avait maintes fois affirmé son opinion, et dans lequel sa situation ministérielle était engagée ; l'iniquité triompha et du même coup la Magistrature fut irrévocablement condamnée.

Dès la réunion des Chambres, à la fin

(1) On trouve des détails sur la plupart de ces magistrats dans un ouvrage en deux volumes publié par M. Barcilon, ancien substitut, avocat à Avignon, et intitulé : *La Magistrature et les Décrets du 29 mars 1880*. Leurs noms figurent également dans le premier des tableaux que nous publions ; ils sont suivis de l'abréviation : 80. C. (d.) qui indique qu'ils ont quitté la Magistrature en 1880, sous M. Cazot, pendant la période des décrets, c'est-à-dire du 1er avril au 31 décembre 1880.

(2) Ces principes n'étaient pas seulement établis par le jurisconsulte le plus éminent de France, M. Demolombe, ils étaient attestés par des consultations signées de 1521 avocats dont la *Gazette de France* a donné la liste nominative dans son numéro du 31 décembre 1880.

de 1880, la proposition fut discutée de réformer le personnel des juges et de suspendre, pour cela, le privilège de l'inamovibilité qui les couvrait. Après des fortunes diverses, elle a abouti à la loi du 30 août 1883, qui a livré pendant trois mois tous les magistrats de France à la discrétion de M. Martin-Feuillée. L'un des résultats de la présente publication sera de faire connaître quels étaient ceux qu'il a chassés.

Nous avons été ardemment sollicité de faire suivre cette galerie des victimes d'une galerie des complices qui ont été jugés dignes de les remplacer : nous nous y sommes refusé : cette œuvre était possible à l'heure même des proscriptions, quand l'indignation légitimait toutes les vivacités, et la *Gazette de France* ne l'a point alors désertée. Dans une publication spéciale, il nous a paru qu'elle serait déplacée. A quoi bon étaler des plaies qu'il ne dépend pas de nous de fermer ?

Un seul mot suffira d'ailleurs à montrer ce que le pouvoir attend désormais de la Magistrature réorganisée, et c'est à un républicain que nous voulons l'emprunter.

On sait que de nombreux legs ou donations d'immeubles ont été faits aux communes pour y établir des écoles primaires, sous la condition formelle que c'est par des instituteurs congréganistes que ces écoles seraient dirigées ; ces libéralités ont été acceptées avec l'autorisation du gouvernement et avec l'engagement de respecter la condition qui y était apposée.

C'est un principe indiscuté que le legs ou la donation doit être annulé lorsque la condition sous laquelle il a été fait cesse d'être exécutée ; le gouvernement ne nie pas ce principe, écrit tout au long dans la loi, mais il entend que sa volonté, qu'il appelle « le fait du prince », suffise à l'y soustraire, et qu'il ne lui soit pas appliqué.

En conséquence, il déclare que ces instituteurs communaux congréganistés seront remplacés par des laïques ; que les donateurs ou leurs héritiers auront un délai d'un an pour demander l'annulation des legs ou donations faits sous la condition qui aura cessé d'être exécutée ; mais afin que les tribunaux ne s'y trompent pas, il proclame à l'avance que cette réclamation sera repoussée et, dictant ainsi leur sentence aux juges, le député Bousquet, parlant au nom de la commission et du gouvernement, s'écrie : « Nous avons toute confiance dans la Magistrature épurée ! »

On voit que le gouvernement se sent assuré de pouvoir tout faire désormais.

Il a raison ; le lendemain même du jour où M. Bousquet parlait ainsi à la Chambre des députés, la Cour de cassation, sous la présidence de M. Cazot et sur les réquisitions de M. le Procureur général Barbier, déclarait par arrêt, qu'une commune peut se refuser à exécuter la convention qu'elle a passée avec des instituteurs congréganistes et les chasser, sans encourir de dommages intérêts, si elle prend seulement la précaution de solliciter un arrêté préfectoral à cet effet : en d'autres termes, qu'un contrat peut être annulé par « le fait du prince », c'est-à-dire par la volonté d'un préfet.

Les proconsuls républicains avaient déjà le droit de crocheter nos portes ; il paraît que ce n'était pas assez : on leur donne maintenant le droit de crocheter nos volontés les plus sacrées.

DOCUMENTS PARLEMENTAIRES

Nous extrayons des discussions auxquelles la loi de prétendue épuration a donné lieu devant les Chambres les documents suivants, exclusivement empruntés à des orateurs républicains, et tirés textuellement du *Journal Officiel*, soit intégralement soit par fragments.

SÉANCE DU 15 NOVEMBRE 1882.

M. René Goblet. Messieurs, au point où la discussion en est arrivée, il me semble que mon devoir est de la résumer en quelque sorte, de rappeler les principaux arguments qui ont pu être, avec tant de talent, vous le savez, invoqués pour l'une et l'autre thèse, et de dire quelles sont, selon moi, les raisons déterminantes qui doivent nous décider à adopter ou à repousser le projet en discussion. Je dis, tout de suite, que j'ai le regret de ne pouvoir m'associer à la proposition qui nous est soumise; j'ai le regret de ne pouvoir le faire pour des raisons qui sont, sur certains points, différentes de celles qui vous ont été exposées jusqu'ici et je vous demande la permission de vous les dire.

Peut être ce sentiment très réfléchi d'un républicain parfaitement convaincu et dont les convictions, j'en suis sûr, ne sont suspectes à personne, pourra-t-il détourner quelques-uns de mes collègues de la majorité de voter un projet de loi que je considère comme funeste à la justice et par suite à la République elle-même. (Très-bien ! sur plusieurs bancs au centre.)

. . . .

Messieurs, je voudrais vous faire une remarque: c'est que cette inamovibilité que vous contestez, que vous considérez comme funeste, cette inamovibilité existe pour presque toutes les carrières de l'État. Il n'y a pas, sauf dans des moments de crise, une administration où les fonctionnaires soient révoqués pour cause politique; ils ne le sont que pour des fautes professionnelles, pour des manquements à leurs fonctions, et, à ce point de vue, vous avez le droit de révocation contre les magistrats, droit qui, vis-à-vis d'eux, comme vis-à-vis d'autres fonctionnaires, est exercé par le ministère d'un grand conseil supérieur qui n'est autre que la cour de cassation.

L'honorable M. Ribot avait raison, l'autre jour, quand il disait: Vous pouvez compter sur ce grand corps, la cour de cassation, aussi soucieux que qui que ce soit du respect de la loi et de la dignité de la magistrature. Et j'ai le droit d'ajouter que quand, en différentes circonstances, dans ces dernières années, on a fait appel à la cour de cassation, en matière disciplinaire, jamais sa fermeté n'a fait défaut au Gouvernement.

Mais en dehors des fonctions administratives dont je viens de parler, je dis que l'inamovibilité existe de droit pour certaines carrières publiques. Je ne parlerai pas de l'armée qui a la propriété du grade, mais vous me permettrez de citer les carrières universitaires. Est-ce que les membres de l'enseignement supérieur ne sont pas irrévocables? Est-ce que les membres de l'enseignement secondaire ne le sont pas aussi, en quelque sorte, puisque leur révocation ne peut être proposée que sur l'avis d'un comité? Et ne vous propose-t-on pas d'étendre l'inamovibilité jusqu'aux instituteurs primaires? Et on a bien raison, suivant moi. Et c'est alors que vous voulez étendre cette garantie de l'inamovibilité, pour protéger l'indépendance et la dignité des fonctions les plus modestes, c'est alors que vous proposez de l'enlever à la magistrature, c'est-à-dire aux hommes qui en ont le plus besoin, parce qu'ils sont les plus mêlés aux passions humaines, et que leur mission difficile, délicate par dessus toute autre, les appelle à faire la justice entre des citoyens qui ne sont pas moins divisés dans leurs opinions que dans leurs intérêts! Je dis que cela n'est pas possible et que je ne connais pas encore ni un garde des sceaux pour proposer, ni une Chambre pour voter la suppression de l'inamovibilité, tant que les magistrats seront nommés par le pouvoir.

Je sais que notre honorable contradicteur, le rapporteur du projet, ne nous propose pas la suppression pure et simple de l'inamovibilité; il ne se prononce pas définitivement sur la question et, malgré les raisons qu'au cours de son discours d'avant-hier, M. Waldeck-Rousseau a présentées en faveur de cette suppression, il a évité néanmoins de dire qu'il conduisait la Chambre à la prononcer définitivement. Mais il demande une suppression temporaire; on suspendra pendant un an et on verra après, quand le Gouvernement aura fait son œuvre.

J'ai dit, j'ai écrit plutôt, dans la proposition de loi que j'avais eu l'honneur de déposer — M. Ribot a bien voulu le rappeler l'autre jour — que suspendre l'inamovibilité, c'était la détruire, que c'était peut être pire que de la supprimer. Je persiste absolument dans ce sentiment, et je n'ai rien à ajouter aux considérations que M. Ribot a présentées l'autre jour, ni à celles qui ont été présentées tout à l'heure par l'honorable M. Niel sur ce que deviendraient l'indépendance et la dignité de la magistrature.

J'aurais compris, car vous avez vu que je ne fais pas de l'inamovibilité un dogme, j'aurais compris la suspension de l'inamovibilité au lendemain de la République fondée. (Rires à gauche.)

Permettez-moi de m'expliquer, je ne dis point une chose qui soit ridicule, vous allez le voir dans un instant.

Je dis, messieurs, que je comprends la suppression de l'inamovibilité au lendemain de la fondation d'un gouvernement, ou plutôt je dis que ce n'est point alors la suspension de l'inamovibilité; c'est, comme on l'a dit très justement, une nouvelle investiture.

. . . .

Je dis que vous ne pouvez pas le faire aujourd'hui, parce qu'aujourd'hui ce n'est plus la conséquence immédiate d'un changement de gouvernement: c'est la réponse à des actes que vous jugez coupables, que d'autres peuvent apprécier autrement; c'est une mesure exclusivement politique.

. . . .

Comment allez-vous l'exécuter aujourd'hui? A quel ministère vous arrêterez-vous? Vous arrêterez-vous au ministère de M. Dufaure? passerez-vous par-dessus le ministère de M. Le Royer? vous en tiendrez-vous au ministère actuel? Alors vous voyez le danger.

Ce n'est plus comme conséquence d'un changement de gouvernement que vous touchez aux magistrats, c'est parce que vous pensez qu'à un certain moment les ministres n'ont pas eu la main assez ferme.

Mais alors ce langage que vous tenez aujourd'hui, d'autres pourront le tenir demain; il viendra un ministère, soit dans un sens plus avancé, soit dans un sens plus modéré, qui trouvera que la magistrature a été mal renouvelée, qu'il faut de nouveau la suspendre, et alors cette inamovibilité qu'on paraît vouloir conserver, elle sera détruite. Quand vous l'aurez suspendue pendant un an, en frappant sans distinction d'origine sur tous les magistrats nommés même depuis 1875, disons les choses comme elles sont, — vous aurez détruit l'inamovibilité; vous pourrez bien la rétablir dans la loi; elle y sera lettre morte.

. . . .

Eh bien, je vous le demande: Est-ce que vous avez à votre disposition un personnel qui offre ces conditions de moralité supérieure?

De deux choses l'une: ou vous ne voulez toucher qu'un petit nombre de magistrats, et alors la mesure que vous allez prendre est hors de proportion avec l'importance du but à atteindre; ou bien vous voulez toucher au plus grand nombre, — et vous l'avez dit ainsi l'autre jour, — et alors je vous défie de trouver ce personnel considérable d'hommes présentant les garanties d'impartialité et d'indépendance, que vous ne rencontrez pas dans les magistrats actuels mal protégés, suivant vous, par l'institution de l'inamovibilité.

Mon honorable contradicteur disait à M. Ribot, dont j'avais applaudi sur ce point toutes les paroles: Vous vous faites une conception trop haute de la magistrature; ce n'est pas ce que vous pensez, ce n'est pas une sorte d'émanation du peuple, du pouvoir souverain, qui survit à tous les gouvernements; ce n'est pas cet arbitrage entre le pouvoir et les citoyens, c'est-à-dire parfois la liberté!

Qu'est-ce donc que la magistrature?

Et alors, avec un courage impitoyable, prenant l'histoire, montrant ce qu'avaient fait tous les gouvernements les uns après les autres, M. le rapporteur nous disait: Voilà ce qu'est devenue la magistrature, sans cesse abaissée et avilie par ceux qui avaient mission de l'honorer et de la faire respecter! Voilà ce qu'en ont fait les gouvernements précédents!

Et il n'y avait rien à répondre à la démonstration écrasante que notre honorable contradicteur apportait à la tribune.

Eh bien si, messieurs, il y avait une réponse qui brûlait toutes les lèvres, qui brûlait, du moins les miennes: Oui c'est là ce qu'ont fait les précédents gouvernements, mais est-ce là ce que doit faire le gouvernement de la République! (Applaudissements sur divers bancs.)

M. Alphonse Gent. Pourquoi pas?

M. René Goblet. Non; ce n'est pas pour cela quant à moi, que j'ai voulu la République.

. . . .

J'ai fini, messieurs. Je ne nie pas qu'il y ait eu des faits coupables. Je ne nie pas qu'il y ait eu des scandales. Oui il y a eu des actes qui peuvent être considérés comme des actes de rébellion, mais malgré tout ce qui a été fait, malgré tous les efforts des gouvernements précédents pour asservir la magistrature, permettez-moi de dire en vieil avocat qui compte trente années d'exercice, que la plupart de nos magistrats, en dehors des questions politiques, sont des hommes à l'abri du soupçon, que le plus grand nombre, même quand la politique peut être intéressée dans les jugements qu'ils ont à rendre, soit des hommes intègres, honnêtes et soucieux avant tout de leurs devoirs et du respect de la loi.

Si, pour frapper quelques coupables, il faut porter atteinte à l'institution tout entière, vous pouvez en prendre la responsabilité; quant à moi, je ne crois pas pouvoir le faire. J'estime que vous allez créer un trouble plus grand que celui qui existe aujourd'hui, et que vous risquez de produire un mal plus considérable que celui auquel vous voulez porter remède. Il m'est impossible de vous suivre dans la voie dangereuse où vous voulez vous engager. (Vive approbation et applaudissements sur divers bancs.)

SÉANCE DU 1er JUILLET 1882.

M. Franck Chauveau. Messieurs, je remercie l'honorable M. Girard de la franchise et de la netteté avec laquelle il a posé les termes du débat.

Il nous a dit qu'il s'agissait ici tout simplement d'un expédient, et c'est en effet un expédient qu'on nous propose ; mais je ne veux pas admettre avec lui que cette proposition soit en aucune façon la conséquence des décisions antérieures de la Chambre. Je crois, tout au contraire, qu'il y a une contradiction absolue entre ce que la Chambre a voté il y a quelque temps et ce qu'on nous demande de voter aujourd'hui. (Assentiment sur divers bancs à gauche et à droite.)

. . . .

Et tenez, messieurs, laissez-moi vous communiquer à ce sujet une statistique très instructive. Savez-vous combien de magistrats ont été réinvestis depuis 1870, c'est-à-dire sous la République ?

Sur 758 magistrats de cour d'appel, 586 ont reçu l'investiture sous la République. (Exclamations diverses.)

M. Delattre. Combien sous le 16 mai ?

M. Granet. Combien de républicains sous M. Ernoul ?

M. Franck Chauveau. Vous m'objectez — et c'est parfaitement juste — que dans ce nombre il y a des magistrats nommés par des ministres hostiles à la République, nommés au moment du 24 mai et du 16 mai...

A gauche. Tous ! tous !

M. Franck Chauveau. Comment ! vous prétendez que M. Dufaure n'était pas républicain ?

A gauche. Oui ! oui !

M. Franck Chauveau. Vous prétendez que M. Dufaure...

M. Cadet. Il a nommé des membres des commissions mixtes.

M. Franck Chauveau. Il n'en a nommé aucun, que je sache...

M. Beauquier. M. Dufaure, qui s'est élevé contre les magistrats des commissions mixtes, leur a donné de l'avancement.

M. Franck Chauveau. Eh bien, si M. Dufaure, qui a été le premier lieutenant de M. Thiers, qui a été l'un des fondateurs de la République, qui, au moment de descendre du pouvoir, a rendu à la France ce suprême service de détruire en ce pays les dernières tentatives du pouvoir personnel, si vous ne voulez pas admettre M. Dufaure parmi les républicains.. (Dénégations à l'extrême gauche auxquels répondent des applaudissement au centre et à droite.)

Je souhaite que tous ceux qui sont aussi sévères pour la mémoire de M. Dufaure rendent les mêmes services à leur pays et à la République ! (Très bien ! très bien !).

Mais il y a eu d'autres gardes des sceaux. Il y a M. Le Royer, il y a M. Cazot, il y a M. le garde des sceaux actuel lui-même.

Plusieurs membres à gauche. Il n'est pas ici.

M. Franck-Chauveau. Il est représenté ici.

Eh bien, vous ne faites aucune exception pour les magistrats qui ont été nommés par ces ministres, dont vous-mêmes ne contestez pas les sentiments républicains !

Vous ne faites aucune exception pour eux ! Vous admettez que les magistrats qu'ils ont nommés ou institués seront compris dans la mesure qui vous est proposée.

Je me demande alors qui pourrait, après votre exemple, empêcher un autre ministre, une majorité différente, de refuser aux magistrats nommés par M. Humbert l'inamovibilité que vous refusez aux magistrats de M Dufaure, de M. Le Royer, de M. Cazot? Je me demande de quel droit vous vous plaindrez si dans ces temps de majorité changeante, de grands courants d'opinions, un gouvernement de tendances différentes, soit plus, soit moins avancé que celui-ci, vient vous appliquer votre propre loi, en bouleversant la magistrature dont vous aurez vous-mêmes réclamé l'institution ?

M. de La Rochefoucauld, duc de Bisaccia. Ils le verront un jour !

M. Franck-Chauveau. Je reviens à ma statistique. Je n'ai point le chiffre des investitures des trois derniers gardes des sceaux ; mais sur 586 magistrats d'appel investis depuis 1870, plus de la moitié ont été investis par eux ; sur 1,708 magistrats de première instance, 1,358 ont été investis depuis 1870, et plus de la moitié certainement ont reçu cette investiture sous des ministres républicains.

. . . .

M. Girard a répondu d'avance à une objection qu'il prévoyait, et que je lui fais volontiers : c'est la pénurie de candidats acceptables.

Et il y répond : On trouve toujours des candidats pour être fonctionnaires.

Oui, sans doute, on trouve toujours des candidats fonctionnaires ; mais je me demande s'il faut traiter avec cette légèreté des postes qui ne dépendent pas du pouvoir exécutif, mais bien d'un pouvoir latéral et non subordonné au pouvoir exécutif. C'est une doctrine que nous avons entendu soutenir ici même et dans cette discussion, que les magistrats sont des fonctionnaires, et cependant les magistrats ne sont rien moins que des fonctionnaires (Très bien ! très bien !). Les fonctionnaires, ce sont les agents du Gouvernement ; les magistrats sont les interprètes de la loi : voilà la différence.

Le devoir du juge, c'est de ne s'attacher qu'à la cause, d'écarter toute considération étrangère au débat.

Il ne doit point connaître la qualité des plaideurs, ni leur pouvoir, ni les conséquences que son jugement doit produire sur le gouvernement et sur l'opinion ; il ne doit même pas savoir si les intérêts de l'Etat seront lésés par son arrêt ; il n'a qu'une chose à consulter : la loi ; qu'un objet à poursuivre : la justice.

Désormais, il n'en sera plus ainsi : quand il aura une sentence à rendre, malheur à lui s'il ne s'informe des plaideurs et ne pèse les influences ; qu'il se demande si le gouvernement d'aujourd'hui approuvera son jugement, et s'il ne risque pas de déplaire au gouvernement de demain ! Il faudra qu'il mette journellement dans la balance, d'un côté, son devoir, et de l'autre, sa situation, le fruit des travaux de toute sa vie, et peut-être le pain de ses enfants !

Voilà la vie que vous voulez faire aux magistrats ! Eh bien, je dis que partout où les magistrats ne seront point des héros, il n'y aura pas un citoyen dont les droits seront assurés !

SÉANCE DU 1er JUILLET 1882.

M. Ribot. Messieurs, à l'heure qu'il est et dans l'état de fatigue où je me trouve, je me bornerai à de très courtes observations ; je les crois nécessaires, non seulement dans l'intérêt de la magistrature, mais dans l'intérêt du pays et dans l'intérêt de la Chambre elle-même (Très-bien !)

Quelle est la question, et quel est l'état de ce débat? Vous avez promis d'entreprendre une réforme de la magistrature ; vous avez voulu essayer de mettre nos institutions judiciaires en harmonie avec les besoins nouveaux de notre société et aussi avec les institutions républicaines. Il y a eu à cette tribune un débat. Vous vous êtes prononcés contre le système actuel, la nomination par le pouvoir exécutif ; vous l'avez condamné par un premier vote. Vous avez exprimé l'espérance de trouver dans le système électif le moyen d'assurer l'autorité et l'indépendance du magistrat. (Très bien !)

Je ne discute aucun système ; je me borne à constater que la Chambre s'est engagée dans cette réforme ; elle s'y est engagée — je dois le croire et tout le monde le croit, — avec bonne foi, avec la volonté de la mener à son terme.

En ce moment la commission délibère ; elle vous apportera son travail ; il y aura des difficultés peut-être, mais tout est réservé. Nous monterons à cette tribune, nous chercherons à nous éclairer, nous chercherons à nous entendre, s'il est possible sur les bases d'une réforme ; nous ferons une œuvre sérieuse une œuvre telle que l'attend le pays et telle que vous la lui avez promise quand vous avez été envoyés sur ces bancs. (Très bien ! très bien ! et applaudissements.)

Eh bien, messieurs, quelques jours après que vous aviez pris ce solennel engagement, il a surgi une proposition, celle qui vous est soumise en ce moment.

Le premier sentiment qu'elle a excité sur les bancs de cette Chambre — vous me permettrez de le dire — a été un sentiment de répugnance. (Vives réclamations sur plusieurs bancs à gauche. — Assentiment sur quelques autres.)

M. Bizarelli. Parlez pour vous ! Nous protestons ! Vous êtes dans l'erreur !

M. Ribot. Je vous demande pardon, mon cher collègue ; et j'ajoute que ce sentiment est à l'honneur de toutes les parties de cette Assemblée. Vous avez tous senti que le pays — à tort, je le veux bien — pourrait y voir un aveu d'impuissance de la part de la Chambre... (Nouvelles protestations sur les mêmes bancs), l'aveu qu'elle ne peut pas mener à terme les réformes, et qu'à peine les a-t-elle mises sur le chantier qu'elle est obligée de recourir à des expédients.

Oui, le premier sentiment qui s'est fait jour a été d'écarter cette proposition. En ce moment je constate un certain revirement dans une partie de la Chambre. Il faut donc que nous examinions cette proposition, que nous voyions ce qu'elle contient, quelles en seront les conséquences, au point de vue de la Chambre, du pays et de la magistrature.

Tout à l'heure, à cette tribune, M. de Sonnier vous disait : « Ce que nous faisons est bien simple ». Bien simple, en vérité ! Que fait-on, en effet ? On livre la magistrature tout entière à l'arbitraire ministériel ! (Très bien ! très bien ! au centre et à droite.)

Et on la livre pour combien de temps? Non pas pour un délai fixe et limité, mais pour une durée indéfinie, pour tout le temps que durera l'élaboration de la loi organique ! Permettez-moi de vous dire que si l'on considère les difficultés de cette loi organique, et la difficulté d'établir promptement un accord entre les pouvoirs publics sur les bases que vous avez adoptées, personne n'est en situation de fixer dès à présent le délai qui sera imparti à M. le garde des sceaux. C'est un pouvoir absolu en lui-même, et indéfini dans sa durée, que vous voulez lui donner...

M. Louis Guillot (Isère). Oui !

M. Ribot. Une pareille proposition, mon cher collègue, à toute époque, à tout moment, serait inacceptable ; ce serait l'abandon des droits et des garanties les plus précieuses ; ce serait l'avilissement du corps judiciaire tout entier livré au pouvoir ministériel.

Mais au lendemain de votre vote, cette proposition ne prend-elle pas un caractère particulier de contradiction, dont l'énormité, passez-moi l'énergie du mot, doit vous faire reculer? Vous avez déclaré que M. le garde des sceaux ne pouvait rester investi du droit de choisir les magistrats : vous l'avez autant que cela dépend de vous, privé de ce droit, vous l'en avez destitué moralement, et tout à coup vous le rappelez de son exil... (Rires et applaudissements sur divers bancs à gauche et à droite), pour lui dire ceci : Il y a une besogne à faire, une besogne ingrate, odieuse ; eh bien, vous allez la prendre, si vous voulez (applaudissements sur les mêmes bancs) ; nous vous laisserons le temps de la faire à vos risques et périls et avec tous les accidents que comporte une opération de ce genre. Oui, vous reviendrez la faire, mais nous vous prévenons d'une chose, c'est que, quand tout sera fini, ce jour-là nous vous destituerons définitivement du droit de nommer les magistrats ; et nous vous prévenons aussi, qu'à ces magistrats que vous aurez choisis dans cette période intérimaire, nous ne garantissons rien, absolument rien. (Nouveaux applaudissements.)

Les magistrats nommés par vous au nom de la République n'auront pas l'inamovibilité, et on leur annonce, dès à présent qu'ils auront à se soumettre aux incertitudes et aux difficultés d'une lutte électorale.

Voilà ce que vous faites. Eh bien, même après ce qu'a dit l'honorable M. de Sonnier, je vous demande si vous êtes sûrs de trouver des magistrats en leur offrant ces conditions de dignité, d'indépendance et d'avenir ? (Interruptions.)

Je vous demande si vous êtes sûrs de trouver des magistrats...

M. Marcellin Pellet. Facilement !

M. Ribot. M. de Sonnier et M. Marcellin Pellet n'en sont pas embarrassés.

M. Marcellin Pellet. Pas du tout !

M. Ribot. Et M. de Sonnier nous dit : Mais laissez le temps aux avoués de vendre leurs études, aux avocats de remettre leurs dossiers.

Ah ! messieurs, les avoués qui vendront leurs études ne sont pas ceux qui ont la plus riche et la plus solide clientèle, soyez-en sûrs ; et les avocats qui accepteront les conditions humiliantes que vous allez leur faire pour entrer dans la magistrature, ne sont pas assurément les bâtonniers qui portent le plus haut l'honneur et la dignité du barreau (Très bien !)

Vous aurez peut-être des magistrats, mais non pas dans les conditions de dignité, d'indépendance et de fierté que la République doit vouloir pour la magistrature qu'elle institue.

Et les magistrats en fonctions ?

Vous voulez frapper quelques membres de la magistrature mais est-ce que vous n'allez pas frapper la magistrature tout entière par cette mesure ? Je connais beaucoup de magistrats, et des magistrats républicains ; est-ce que vous croyez que par le fait même de votre vote, par le fait de cette menace suspendue sur leur tête, de ces dénonciations qui peuvent, au lendemain de chaque jugement, venir assaillir le garde des sceaux et donner lieu peut-être à une interpellation dans cette enceinte, ils ne considéreront pas le contrat intervenu entre eux et l'Etat comme altéré dans ses conditions premières? Est-ce que beaucoup n'enverront pas leur démission, pour se soustraire à une situation intolérable? (Mouvements divers.)

Que dit-on pour justifier la mesure? On dit : Tous les Gouvernements précédents ont agi de cette façon.

Messieurs, cela n'est pas exact. Aucun Gouvernement, aucun, entendez-le bien, n'a fait ce qu'on vous demande de faire. J'ai entendu développer à cette tribune, avec beaucoup de talent, la thèse de la nécessité d'une investiture nouvelle pour la magistrature au lendemain d'une révolution. C'est une thèse qu'on peut accepter ou rejeter, mais je comprends qu'on la soutienne; on peut dire que le mandat donné par un Gouvernement ne survit pas à la chute de ce Gouvernement.

Voilà ce qu'on a soutenu le lendemain des révolutions, voilà ce qu'on a fait en 1816, ce qu'on n'a pas fait après 1830, ni après 1848.

M. Corentin-Guyho. Et le serment?

M. Ribot. Le serment était demandé au début du régime. Mais vous, qu'est-ce que vous faites? C'est douze ans après la fondation de la République... (Réclamations à gauche.) Voulez-vous sept ans, cinq ans? En pleine période régulière, vous venez demander le droit pour le garde des sceaux de frapper qui? Non pas seulement les magistrats qui ont reçu l'investiture impériale, mais encore ceux qui ont reçu l'investiture des gardes des sceaux de la République. (Interruptions diverses.)

M. Bizarelli. Ceux-là, on les conservera!

M. Ribot. J'entendais tout à l'heure une voix de ce côté de la Chambre (l'orateur désigne l'extrême gauche) dire que M. Dufaure n'était pas républicain et qu'il fallait frapper tous les magistrats qu'il a nommés.

Messieurs, je ne défendrai pas ici M. Dufaure; sa mémoire se défend toute seule. (Très bien! très bien! sur divers bancs. — Bruit à gauche.)

Mais je vous dirai : Qui vous garantit que demain on ne prétendra pas que l'honorable M. Le Royer n'était pas, non plus, un républicain et qu'il faut briser tous les choix qu'il a faits? Qui nous répondra que les choix faits par M. Cazot ne seront pas, un jour, présentés comme entachés de je ne sais quel vice, d'opportunisme, peut-être, et qu'il faut les briser?

Et, est-ce que vous êtes bien sûrs que si l'honorable M. de Sonnier ou l'honorable M. Girard étaient gardes des sceaux, il ne se trouverait pas, le lendemain du jour où ils seraient renversés, quelqu'un pour dire : Ils étaient républicains, sans doute, mais des républicains faibles. Ils n'ont pas osé user des pouvoirs qu'on leur avait remis; nous ne sommes pas tenus par les nominations qu'ils ont faites, nous allons les détruire. (Très bien! très bien!)

A ce compte, il n'y aurait plus de magistrature; et vous qui cherchez à fonder une magistrature républicaine et qui avez raison de la souhaiter, prenez garde de vous trouver en face d'une magistrature complètement détruite. Oui, il faut une magistrature républicaine, mais ce qui est encore plus nécessaire, c'est qu'il y ait une magistrature.

Votre prétention, c'est de donner au Gouvernement par une loi, quand l'ordre est définitivement établi, les droits qu'un gouvernement provisoire s'arroge au lendemain d'une révolution, le droit de frapper les créatures du régime déchu. Seulement, il y a cette différence et cette aggravation : non seulement vous procédez ainsi cinq ans, six ans, douze ans après la République, mais vous livrez au Gouvernement non pas seulement les créatures du régime passé, mais les magistrats mêmes qui ont reçu l'investiture républicaine. (Applaudissements.)

Que dira-t-on pour détruire ces raisons si puissantes et si profondes? On dira, — c'est la grande excuse et c'est la grande raison qu'on invoque, — que le pays veut ce que proposent MM. de Sonnier et Girard. Messieurs, il est bien difficile de savoir exactement ce que le pays veut en ces matières. (Allons donc! à gauche.) Mais vous me permettrez de vous dire que le pays commence à s'inquiéter de voir que toutes les réformes à peine commencées, sont suspendues et n'aboutissent pas. (Réclamations à gauche. — Applaudissements à l'extrême gauche et sur divers bancs à gauche et au centre.) Vous me permettrez d'ajouter que le pays s'inquiète aussi de voir que toutes les questions, même les plus hautes, même les plus grandes, tendent de plus en plus à se réduire à des questions de personnes. (Approbation à droite et sur divers bancs à gauche. — Rumeurs sur d'autres bancs à gauche.)

Un membre à gauche. A qui la faute?

M. Ribot. Dans cette Chambre, questions de personnes; au dehors, questions de personnes! (Même mouvement.) Que devient alors la hauteur des vues, la largeur des sentiments qui sont nécessaires au véritable législateur? Est-ce que vous ne voyez pas là un véritable péril, un danger pour vous, pour votre dignité, pour votre autorité sur le pays?

Ce danger, il a été signalé, l'année dernière, avec une éloquence dont je me rappelle les accents, par mon honorable ami M. Goblet, aujourd'hui membre du Gouvernement; c'est un républicain assurément. et il venait vous dire : Si vous voulez attendre, non pas du temps, non pas de votre propre modération et du progrès des choses, mais d'un coup du hasard, d'une mesure d'expédient, la réforme de la magistrature, vous vous exposez à tuer le principe même de la justice et du respect qui lui est dû! (Très bien! très bien! sur divers bancs à gauche et à droite.)

L'année dernière, on pouvait dire : Nous sommes à la veille des élections, et une véritable réforme n'aurait pas le temps d'aboutir; il faut recourir à un expédient. Dans la discussion qui a eu lieu à cette époque, mon honorable collègue et ami M. Waldeck-Rousseau a couvert cet expédient de toutes les séductions d'une éloquence consommée. Demandez-lui aujourd'hui ce qu'il en pense. Il le défendait à la veille des élections, mais aujourd'hui, au lendemain de ces élections, il le répudie lui-même, parce qu'il sent combien il est dangereux pour votre autorité, pour votre dignité, et contraire aux engagements que vous avez pris vis-à-vis du pays.

Un membre à gauche. Le pays demande cette réforme!

M. Ribot. Ne pouvez-vous donc pas attendre? Est-ce qu'il y a vraiment péril en la demeure?

Sur divers bancs à gauche. Oui! oui!

Un membre à gauche. Le péril consiste dans la violation perpétuelle des principes.

M. Ribot. Oh! je sais qu'il y a des magistrats hostiles aux principes qui nous régissent....

M. Bizarelli. Eh bien, il faut les révoquer!

M. Ribot. ... mais combien sont-ils? Et puis, à côté de ces magistrats, dont beaucoup sont découragés et se retireraient demain si on leur offrait une retraite proportionnelle, il y a une masse de magistrats étrangers à la politique... (Interruptions à gauche) et qui rendent honnêtement la justice civile. (Nouvelles interruptions sur les mêmes bancs. — Approbation au centre et à droite.)

Tout à l'heure on rendait hommage à leur intégrité. Eh bien, messieurs, réfléchissez, je vous en conjure, avant de troubler ces situations, avant de briser cette justice, sans savoir ce que vous mettrez à la place. Réfléchissez, la chose en vaut la peine; car le pays écoute nos discussions; il peut s'enflammer pour des théories politiques, mais le pays a aussi ses intérêts, sa vie de tous les jours à sauvegarder; il connaît la justice civile, il a confiance en elle...

Sur plusieurs bancs à gauche. Non! non!

A droite et au centre et sur d'autres bancs à gauche. Mais si!

M. Ribot. Je sais bien que des paroles ne peuvent arrêter des décisions prises sous l'empire de ressentiments anciens... (Nouvelles interruptions à gauche), mais, je vous le répète, avant de prendre parti sur une question aussi grave, aussi haute, je vous adjure de réfléchir, d'attendre que la commission vous ait présenté un travail définitif, et de ne pas vous lancer dans cette voie d'expédients qui sont un danger pour vous et pour le pays. Si vous passez outre, j'aurai au moins dégagé ma responsabilité, j'aurai fait mon devoir envers le pays et envers vous. (Vifs applaudissements sur un grand nombre de bancs.)

SÉANCES DES 22 ET 23 JANVIER 1883.

M. Clémenceau. Messieurs, je monte à cette tribune sous le coup d'une déception profonde.

J'avais cru, — telle est ma candeur, — que M. le garde des sceaux avait demandé la parole pour défendre le principe de l'élection. (Rires et exclamations diverses.) Cette opinion, pour naïve qu'elle paraisse, n'était cependant pas sans reposer sur quelque fondement.

En général, on s'applique à former les ministères d'après l'opinion présumée des majorités. (Très bien! à l'extrême gauche.)

En voyant M. le Président de la République, après un vote célèbre, le vote sur l'élection des juges, qui avait eu pour conséquence de faire fuir M. le garde des sceaux Humbert dans une forêt prochaine (Rires à droite et sur plusieurs bancs à gauche. — Rumeurs sur d'autres), en voyant M. le Président de la République choisir pour président du conseil l'honorable M. Duclerc, qui a été l'éditeur d'un livre que nous connaissons tous, le *Dictionnaire politique*, publié par lui en collaboration avec Garnier-Pagès l'aîné, livre où sont résumées les doctrines du parti républicain et où l'élection de la magistrature est défendue comme un principe républicain en maint endroit, je n'ai pas douté un seul instant que M. Duclerc, se conformant au vote de la majorité, ne s'appliquât à composer un ministère qui fût en conformité d'opinion avec cette majorité. (Très bien! à l'extrême gauche.)

Lorsque j'ai vu entrer au ministère M. Pierre Legrand et M. Hérisson, que nous connaissions pour favorables à la magistrature élective, ma conviction a été faite; et lorsque nous avons eu la pénible surprise de voir M. Jules Roche combattre l'élection des juges, je me suis dit : Attendons M. Devès. (Rires approbatifs et applaudissements à l'extrême gauche et à droite.)

M. Devès est venu et il a combattu l'élection. Il a demandé à la Chambre de revenir sur les deux votes qu'elle a émis contre la suspension de l'inamovibilité, de renier son vote pour l'élection des juges. Et le ministère ne se conformant pas à la volonté de la Chambre, il a demandé à la majorité de se conformer à la volonté du ministère.

Je ne le cache pas, de toutes les déceptions que j'ai éprouvées au cours de cette discussion — et elles ont été nombreuses — celle-ci est la plus cruelle. Elle est la plus cruelle parce que je vois le gouvernement prendre position contre la Chambre, qui dans trois votes répétés a fait clairement connaître sa volonté de réformer la magistrature en mettant le principe de l'élection populaire à la base de notre organisation judiciaire.

. . . .

Ce n'est pas tout. Nous avons vu dans notre parti les républicains les plus solides, les plus fermes, ceux qui n'ont jamais varié, M. John Lemoinne, par exemple... (Rires à droite et sur plusieurs bancs à gauche) appliquer à la Chambre qui avait voté l'élection l'épithète d'ahurie.

Ainsi parle un sénateur inamovible des élus du suffrage universel.

M. Ribot. Ce n'est pas ce qu'il a dit.

M. Clémenceau. Il a dit que nous étions un peu ahuris. Evidemment « un peu » est mis là par l'académicien et « ahuris » par l'homme d'Etat. (Rires.)

Et M. Humbert, le garde des sceaux, parlant des hommes de la Révolution dit : « Ce sont des hommes de formules »; et M. Jules Roche enchérissant, est venu nous dire : « Vous prenez les conceptions de votre esprit pour des lois devant lesquelles tout le monde doit s'incliner »; et il nous a expliqué que les hommes de 1789 et de 1792 étaient des hommes d'*a priori*.

. . . .

Je dis que M. Roche n'a fait que la moitié d'un discours, parce qu'il nous a bien dit qu'il brûlait ce qu'il avait adoré, mais il ne nous a pas dit s'il était disposé à adorer ce qu'il avait brûlé. Nous savons quelles doctrines il a abandonnées; nous ignorons encore à quelle doctrine il s'est converti. Eh bien, si une conviction complète s'était faite dans son esprit, il avait vis-à-vis de ses amis un devoir, c'était de leur dire : « J'ai étudié l'histoire, voilà l'enseignement que j'y ai trouvé; j'ai constaté que la doctrine que nous avons défendue jusqu'ici a été condamnée par l'expérience, que les hommes de la Révolution se sont trompés, et je vous apporte non pas seulement une critique, — ce qui ne compte pas, quand on fait des lois, — mais des propositions fermes. » Voilà où est la vérité républicaine, telle qu'elle résulte à la fois et des principes et de l'expérience.

Cela, M. Roche ne l'a pas dit, et — singularité nouvelle dans cette affaire où il y en a tant — c'est dans le discours de M. Lepère que nous trouvons la doctrine de M. Roche. C'est M. Lepère qui nous a dit quelle était cette doctrine. Et encore, c'était la doctrine d'alors, je ne sais pas si c'est la doctrine d'aujourd'hui. (Rires sur divers bancs à gauche. — Bruit au centre.)

. . . .

Je désire relever d'abord trois affirmations de M. Roche. Vous avez, mon cher collègue, invoqué l'opinion de Condorcet, de Billaud-Varennes et enfin de Cambon. Je vais vous confesser ce qui m'est arrivé.

La citation que vous avez faite de Condorcet m'a profondément étonné. Je savais qu'un an après, Condorcet avait fait le rapport à la Convention sur la Constitution de 1793, et qu'il avait proposé l'élection des juges. Je me demandais comment Condorcet avait pu condamner l'élection, l'ayant demandée quelques mois plus tard.

M. Jules Roche. Il n'a pas condamné l'élection, il a condamné les tribunaux élus! Ce n'est pas la même chose! (Ah! ah! à l'extrême gauche.)

M. Clémenceau. Très bien! J'accepte votre interruption.

Vous n'avez pas dit, mon cher collègue, que Condorcet eût condamné l'élection; vous nous dites aujourd'hui qu'on peut condamner les tribunaux élus sans condamner l'élection; que ne l'avez-vous dit plus tôt? Il suffit de cet aveu pour que votre argumentation croule aussitôt.

Je me suis demandé comment Condorcet avait pu prononcer les paroles que vous avez citées, ayant proposé l'élection quelques mois après. J'ai ainsi été conduit à vérifier le texte et j'ai trouvé, à ma grande surprise qu'il manquait une phrase au beau milieu de la citation que vous avez faite. Cette première constatation m'a mis en défiance; j'ai lu les autres documents invoqués par vous, et j'ai constaté que la citation de Billaud-Varenne était dénaturée, et que l'opinion de Cambon était absolument le contraire de celle que vous lui avez prêtée.

M. Clémenceau. Je vous démontrerai plus tard que les juges nommés par M. Devès ne sont pas connus de M. Devès, ne sont pas connus de ceux-là mêmes qui les présentent, ne sont pas connus des bureaux et ne sont souvent connus que d'un député de telle ou telle nuance du parti républicain... (Rires et mouvements en sens divers.)

. . . .

Je vous ai démontré, pièces en mains, que vos citations sont inexactes.

Je n'ose dire que vous avez abusé des textes, mais vous conviendrez que vous avez singulièrement exagéré le précepte de M. Renan, conseillant, dans la préface de son histoire de la *Vie de Jésus*, de solliciter doucement les textes. Eh bien, vous les avez sollicités, brutalement... (Exclamations au centre.) et je vais vous dire pourquoi.

J'ai compris votre discours, lorsque M. Achard est venu dire à la tribune : L'opinion de M. Jules Roche était changée vingt-quatre heures après son vote.

Vous n'avez pas étudié l'histoire pour vous faire une opinion, mais pour vous confirmer dans votre opinion nouvelle.

C'est ainsi que vous avez été conduit à solliciter les textes au delà de ce qu'il convient.

. . . .

M. Clémenceau. Messieurs, il me reste à répondre, aussi brièvement qu'il me sera possible de le faire, au discours de l'honorable M. Devès, garde des sceaux.

M. le garde des sceaux a soutenu cette théorie extraordinaire, — que j'ai entendue pour la première fois de la bouche d'un républicain, — que le pouvoir judiciaire pouvait être délégué au pouvoir exécutif.

M. Paul Devès, *garde des sceaux, ministre de la justice.* J'ai parlé de la nomination.

M. Clémenceau. Monsieur le garde des sceaux, c'est la même chose. Et si le peuple, dans son ensemble, a le droit de déléguer le pouvoir judiciaire à l'exécutif, voulez-vous me dire pourquoi il ne pourrait pas lui déléguer aussi le pouvoir législatif?

Sur divers bancs à gauche. C'est cela! — Très bien!

M. Clémenceau. Il n'y a pas de raison pour que le peuple, dans votre théorie, ne puisse aliéner l'intégralité de son pouvoir aux mains d'un maître.

Voulez-vous que je vous dise toute ma pensée? Je redoute par dessus toutes choses l'aliénation du pouvoir judiciaire aux mains de l'exécutif. Donnez-moi un bon juge qui puisse se défendre contre les empiètements du pouvoir, et je ferai respecter mon droit, ma liberté.

La nomination des juges par le pouvoir exécutif mène fatalement à l'oppression du citoyen. L'élection, c'est la garantie du citoyen contre l'oppression du pouvoir. (Assentiment sur divers bancs à gauche.)

Je sais bien que cette thèse a été soutenue par M. Naquet : qu'il fallait moins redouter l'oppression du citoyen par le pouvoir que l'oppression du pouvoir par les citoyens.

Mais comme un pareil événement ne s'est encore jamais produit dans le cours de notre histoire, on me permettra de n'en pas redouter les conséquences jusqu'à nouvel ordre. (Nouvel assentiment sur les mêmes bancs.)

. . . .

Et ce qui m'étonne, c'est que, dans cette longue discussion où l'on a examiné la question sous toutes ses faces, personne encore ne semble avoir compris que l'organisation du pouvoir judiciaire est la clef de voûte de tout le système démocratique, et qu'il n'y a pas de droits, pas de liberté si le peuple ne délègue pas le juge comme il délègue le législateur : s'il ne délègue pas le législateur, sa volonté est trahie; s'il ne délègue pas le juge, sa volonté consignée dans la loi reste à l'état de lettre morte et ses droits peuvent être impunément violés. (Très bien! très bien! à l'extrême gauche.)

. . . .

La question est de savoir ce qui offre le plus de garanties et ce qu'on doit redouter le plus. Redoutez-vous les usurpations du pouvoir exécutif sur le pouvoir judiciaire? Il faut l'élection des juges. Redoutez-vous l'usurpation des citoyens sur le pouvoir exécutif? Avez-vous peur qu'un de vous s'insurge contre le pouvoir exécutif? En ce cas, mon cher collègue, il faut demander que les juges soient nommés par le pouvoir exécutif, et il faut aller jusqu'au bout de votre thèse, il faut réclamer la monarchie. La thèse de l'oppression de l'Etat par les citoyens n'a pas encore été soutenue, et j'aurais plaisir à vous la voir défendre à cette tribune.

. . . .

Ne savez-vous donc pas, ou plutôt avez-vous donc oublié quelles protestations ont éclaté, jusque dans le sein du Tribunat, lorsque la magistrature élue a été supprimée? Alors des voix éloquentes se sont fait entendre pour défendre la magistrature de la Révolution et stigmatiser cette magistrature nouvelle que l'on venait d'organiser. Je prends l'engagement de ne plus ouvrir un livre, mais permettez-moi de vous lire encore vingt lignes d'un admirable discours prononcé au Tribunat par Ganilh, qui devait être le compagnon d'exil de Benjamin Constant, et qui protestait en ces termes contre la nomination des juges par le pouvoir exécutif.

M. Ribot. Contre l'épuration.

M. Clémenceau. Contre l'épuration, dites-vous? Non, contre la nomination des juges par le pouvoir exécutif. Ce discours pourrait être utilement prononcé aujourd'hui.

M. le comte de Douville-Maillefeu. L'épuration, c'est cette abomination qu'on nous propose.

. . . .

M. Clémenceau. Vous nommez un juge, dit M. Charles Comte à un garde des sceaux quelconque. Le connaissez-vous? — Non.

Si on disait à qui que ce soit d'entre nous : « Parmi vos amis, vos connaissances, nommez-moi un certain nombre de personnes qui remplissent les conditions nécessaires pour être un bon juge », peut-être en nommeriez-vous une douzaine. Moi, je dirais trois ou quatre.

Mais que fait M. le garde des sceaux quand il veut nommer un juge? Il consulte ses bureaux, ses bureaux dans lesquels viennent aboutir — et c'est ce système qu'on veut maintenir — de bonnes recommandations de bons députés, de bonnes recommandations de bons sénateurs, de bonnes recommandations de bons journalistes ou de bons fonctionnaires, voire de bons magistrats qui tendent naturellement à perpétuer le népotisme dans leur corporation. (Applaudissements à l'extrême gauche.)

Et alors il faut faire un tri de ces recommandations, il faut choisir, il faut se déterminer. Comment? Tel ou tel est l'ami de tel homme influent; on considère qu'il faut désarmer celui-ci, s'assurer le concours de celui-là, récompenser les services de tel personnage qui recommande son parent ou son ami.

Et c'est dans ces conditions qu'on arrive à nommer des hommes que ne connaît pas le ministre, que ne connaît pas le ministère, que ne connaissent pas les bureaux.

Eh bien, comparez cette nécessité où se trouve le garde des sceaux de nommer 6,430 juges, — car c'est les nommer que de reviser leurs dossiers, — avec la facilité pour le suffrage universel, dans le canton, dans le département, de nommer un homme connu de ses concitoyens, un homme dont on connaît la vie, les actes, la moralité, le caractère!

Est-ce que véritablement le garde des sceaux peut soutenir la comparaison, pour l'aptitude et la capacité de choisir le juge, avec le suffrage universel, n'ayant à se prononcer que sur un petit nombre de candidats. Je ne dis rien de la réduction du nombre des juges. Cette mesure s'impose. Et vous demandez au garde des sceaux, et il demande, le malheureux! — je ne sais pas s'il le demande pour lui ou pour son successeur... (Rires sur divers bancs. — Applaudissements à l'extrême gauche); mais, quel que soit l'infortuné qui recueillera le portefeuille abandonné en ce moment devant moi, il sera soumis à la plus terrible des épreuves. Je sais bien qu'il ne pourra pas rester en place six semaines, qu'il sera dans l'impossibilité de revoir 6,430 dossiers, que des protestations arriveront de toutes parts.

L'un dira : « Comment! vous n'avez pas touché à ce juge, mais c'est un ennemi de la République. » Un autre dira : « Comment! vous avez destitué cet autre! Mais il fallait se garder de le frapper; autrefois, sans doute, il a été bonapartiste ou royaliste; maintenant, c'est un excellent républicain. » (Rires.)

Le malheureux sera dans l'impossibilité de satisfaire personne et il se trouvera qu'on lui aura confié une besogne que nul homme au monde, nul homme, entendez-le bien, ne pourrait accomplir. (Très bien! très bien! et applaudissements sur plusieurs bancs à gauche.)

Il emportera dans sa retraite, l'animadversion publique et portera la peine de l'erreur qu'on aura commise en lui confiant une besogne impossible.

M. le président. L'ordre du jour appelle la discussion du projet et des propositions de loi sur la réforme de l'organisation judiciaire.

L'urgence a été déclarée.

La parole est à M. Goblet, pour la discussion générale.

M. René Goblet. Messieurs, la Chambre me pardonnera, je l'espère, de retenir encore quelque temps son attention sur un sujet qui a déjà fait tant de fois l'objet de ses délibérations.

Je n'ai nullement l'intention de prolonger ce que l'honorable rapporteur appelle assez dédaigneusement la phase oratoire de la discussion.

La Chambre, d'ailleurs, en votant l'urgence pour ce grave projet, a suffisamment montré qu'elle avait hâte d'en finir. Mais, messieurs, ayant été envoyé dans la commission par un de vos bureaux pour y représenter l'opposition au principe même de la loi, je crois devoir à ceux de nos amis qui m'ont donné cette marque de confiance, d'exposer brièvement les raisons qui ne nous permettent pas de nous associer au vote que nous demandent le gouvernement et la commission.

Le projet dont la Chambre est saisie comporte deux parties distinctes. L'une régit la situation présente, l'autre vise l'avenir. Je les repousse toutes les deux, parce que toutes les deux, à des degrés divers, me paraissent porter une atteinte funeste à l'indépendance de la magistrature. (Très bien! très bien! à droite.)

Le projet, en effet, tout en maintenant la nomination des magistrats aux mains du pouvoir, détruit la garantie de l'inamovibilité qui avait toujours été considérée comme le correctif indispensable d'une semblable institution.

Le projet suspend l'inamovibilité, c'est-à-dire qu'il la supprime pour le présent, et, s'il la rétablit en apparence pour l'avenir, c'est en en diminuant singulièrement la valeur et l'efficacité, tant par l'organisation d'un conseil supérieur qui deviendra le maître de la magistrature tout entière, que par les droits nouveaux que le projet attribue à ce conseil.

Si vous le voulez bien, messieurs, je m'expliquerai successivement sur ces deux parties du projet.

D'abord sur celle qui concerne la suppression dans le présent de l'inamovibilité, c'est-à-dire le droit, — à cet égard aucune équivoque ne peut exister, — pour M. le garde des sceaux de remanier pendant trois mois le personnel tout entier des magistrats inamovibles; je ne parle que de ceux-là.

En ce qui concerne cette première partie du projet, le rapport nous dit que l'opinion de la majorité est faite et qu'il ne reste plus qu'à introduire cette disposition dans la loi.

L'honorable rapporteur en est-il bien sûr?

Pour ma part, il m'était resté dans l'esprit cette impression que si l'inamovibilité de la magistrature pouvait être suspendue encore aujourd'hui après douze ans, — ou pour parler plus exactement, après cinq années, pendant lesquelles nous avons été les maîtres de la République, — du moins cette suspension ne pouvait être votée qu'à la condition qu'elle se rattacherait intimement à une réforme de nos institutions judiciaires. (Très bien! très bien! à droite et sur divers bancs à gauche.)

Je sais qu'en novembre 1880, la Chambre, dans un projet de loi qui n'était pas véritablement une réforme de la magistrature, — car presque toutes les questions étaient réservées, — avait voté une disposition analogue à celle qu'on lui demande de voter aujourd'hui.

Je me rappelle que ce projet a été transmis au Sénat, qu'il y a fait l'objet de l'examen d'une commission dans laquelle se trouvaient des républicains comme M. Bertauld, le regretté procureur général à la cour de cassation; comme M. Bernard, comme M. Tenaille-Saligny, et que, dans cette commission du Sénat, il ne s'est pas trouvé une seule voix pour accepter la suspension de l'inamovibilité de la magistrature. (Rumeurs sur quelques bancs.) Pas une seule! Si bien que le projet, considérablement amendé par la commission du Sénat, a été, sinon retiré, au moins abandonné par le Gouvernement.

Dans la présente législature, la Chambre, vous vous le rappelez, a voté d'abord la suppression de l'inamovibilité de la magistrature, mais vous savez qu'elle lui avait immédiatement donné pour corollaire l'élection des juges. Et si, dernièrement, la Chambre est revenue sur le principe de l'élection qu'elle avait d'abord adopté, il ne me paraît nullement démontré qu'elle soit décidée aujourd'hui à supprimer définitivement l'inamovibilité ou même à y porter atteinte temporairement par une loi d'expédient purement politique. (Approbation sur divers bancs.)

Je rappelle ce mot, parce, je suis bien aise de le

dire, la Chambre a toujours reculé devant cette pensée de ne faire, à propos de la réforme judiciaire, qu'une loi d'expédient. Quand cette proposition s'est formulée pour la dernière fois, en juillet 1882, dans un amendement signé de MM. Girard et de Sonnier, vous pouvez vous rappeler que la Chambre ne l'accueillit qu'avec la plus vive répugnance — c'est le mot dont se servait l'honorable M. Ribot — et qu'après un discours très incisif de l'honorable M. Clémenceau — ce qui prouve que, sur certains points, des esprits libéraux, quoique appartenant à des groupes divers, peuvent se rencontrer — après un discours de M. Clémenceau, la proposition fut écartée.

Je me flatte encore, peut-être est-ce une illusion, que la Chambre ne voudra pas porter atteinte à l'inamovibilité, à moins que ce ne soit comme condition et comme conséquence d'une réforme de la magistrature. (Très bien! très bien! sur divers bancs.)

Comment cette réforme pouvait-elle se faire après que l'élection avait été écartée? Je la concevais, pour ma part, de deux manières : soit qu'on imposât à la nomination des magistrats des conditions nouvelles d'investiture, soit qu'on entreprît la transformation, la réforme de ce vieil organisme datant de près de quatre-vingts ans et qui avait été créé pour des circonstances et pour des besoins qui ne sont plus ceux d'aujourd'hui.

Eh bien, le projet de loi ne fait ni l'une ni l'autre de ces deux choses.

Dans la précédente discussion, je le rappelais tout à l'heure, j'ai voté contre l'élection des magistrats, non pas, je suis bien aise de trouver l'occasion de le dire, que je sois l'adversaire du principe; il me paraît, au contraire, parfaitement conforme à la véritable notion d'un régime fondé sur la souveraineté nationale; le pouvoir judiciaire comme tous les autres pouvoirs prenant sa source dans le peuple, il paraît rationnel qu'à défaut du jury qui, dans l'état de nos mœurs, semble difficilement applicable aux affaires civiles, les juges soient nommés à l'élection. (Très bien ! très bien ! à gauche.)

Mais si ce système est conforme aux principes, il est des esprits, et je suis de ce nombre, qui pensent qu'il peut offrir de graves dangers. Je crains qu'au milieu de nos divisions politiques, il soit difficile d'obtenir une impartialité suffisante de magistrats nommés à l'élection, et comme l'impartialité est la condition la plus essentielle d'un pouvoir entre les mains duquel reposent non seulement la fortune, mais l'honneur et la liberté des citoyens, c'est précisément parce que l'impartialité de la justice ne me paraissait pas suffisamment garantie par l'élection, et par cette seule raison, que j'ai voté contre l'élection.

Mais en dehors de l'élection elle-même, j'ai toujours pensé qu'il y avait d'autres moyens de soustraire la nomination du juge à l'arbitraire absolu du pouvoir. Ces moyens ont été indiqués depuis longtemps. Ils sont pratiqués chez certaines nations voisines avec grand avantage. Je veux parler du système de listes de présentation émanant, soit des corps judiciaires eux-mêmes, soit des corps électifs, et sur lesquelles le Gouvernement serait appelé à exercer ses choix. Ce système a été proposé. Il l'a été d'abord dans un projet fort étudié dont je n'accepterais pas toutes les dispositions de détail, mais dont le principe me paraît excellent. C'est un projet de nos honorables collègues MM. Saint-Romme, Granet et Deluns-Montaud. Il a été ensuite proposé dans un amendement dont l'honorable M. Bienvenu est l'auteur. Ce projet et cet amendement ont été renvoyés à la commission. Je ne sais s'ils seront repris devant la Chambre. Ce que je puis dire, c'est que devant la commission ils ont été l'objet d'un examen sommaire, très sommaire. M. le rapporteur n'a pas pensé sans doute qu'il eût nécessité de perdre son temps à une réfutation oiseuse ; il s'est borné à constater dans le rapport que ce système n'a pas obtenu la majorité dans la commission; en effet, il ne s'est trouvé que 1 voix sur 11 pour accepter, non pas le projet dans ses détails, mais le principe même de ce projet.

Laissez-moi le dire, messieurs : véritablement nous assistons à un spectacle bien singulier et bien affligeant. Toutes les fois que nous parlons du jury civil, d'élection ou même de présentations, on nous répond invariablement : Tout cela peut être bon pour l'Amérique ou l'Angleterre, pour la Suisse ou la Belgique, mais cela ne convient pas à la France. Il paraît que nous sommes un pays de traditions romaines, invinciblement voué au césarisme et à la centralisation (Très bien ! très bien ! sur divers bancs à gauche); que chez nous le juge ne doive pas être autre chose qu'un fonctionnaire comme un autre, délégué par le Gouvernement pour rendre la justice aux citoyens.

Je ne veux pas discuter ces théories; j'estime que l'heure en est passée. Je me borne à protester contre une semblable conception de la justice et à constater que, si le jury n'a pu être proposé, si l'élection, après avoir été votée par la Chambre, a ensuite été repoussée, le système même des présentations, qui avait mes préférences personnelles, n'a été examiné que très sommairement par la commission ; il a été à son tour condamné et exécuté sans phrases.

M. Victor Hamille. De l'argent et des places, voilà tout ce qu'on veut ; quant à la justice, on l'oublie !

M. René Goblet. Ainsi, la réforme ne se fera pas par ce côté.

J'ai dit, messieurs, qu'à mon sens elle pouvait se faire d'une autre manière : en réorganisant l'ensemble de nos juridictions au point de vue de leur nombre, de leur compétence et de leurs attributions.

C'est toujours ainsi qu'on l'avait compris. Je n'en veux pour preuve que la proposition qu'avait déposée l'honorable garde des sceaux actuel, au commencement de 1882, alors qu'il quittait le sous-secrétariat d'État de la justice. Ce n'est un mystère pour personne que cette proposition était un héritage du ministère auquel l'honorable M. Martin-Feuillée avait appartenu et que ce ministère l'aurait déposée s'il en avait eu le temps.

Je rends très sincèrement hommage à ce projet, qui est une œuvre considérable; il ne comporte pas moins de 111 articles. C'est une véritable réforme judiciaire, tout au moins un véritable plan de réforme judiciaire, et vous me permettrez de vous en rappeler les traits principaux.

En premier lieu, M. Martin-Feuillée proposait une extension considérable de la compétence des juges de paix. Il leur donnait compétence jusqu'à 1,500 francs. ce qui est aujourd'hui la compétence en dernier ressort des tribunaux d'arrondissement; il leur donnait une compétence immobilière jusqu'à concurrence de 60 francs de revenu; et enfin une compétence pénale pour les délits qui ont plutôt le caractère de contraventions, c'est-à-dire qui constituent surtout des infractions matérielles.

En résumé, conformément à une idée qui a toujours été la mienne, que j'ai eu occasion de défendre à cette tribune et dans laquelle je persiste, l'honorable M. Martin-Feuillée proposait de faire des justices de paix transformées de petits tribunaux pour les petits procès et pour les petits délits.

Dans un second titre, M. Martin-Feuillée proposait la création d'assises correctionnelles. Par là il répondait à un vœu qui a paru, pendant un certain temps, avoir la faveur de la majorité.

Et enfin, comme conséquence de ces deux réformes capitales qui diminuaient considérablement les attributions des tribunaux d'arrondissement, dont nous sommes tous d'accord pour reconnaître qu'un assez grand nombre sont déjà insuffisamment occupés, l'honorable M. Martin-Feuillée proposait la suppression de la plupart de ces tribunaux ou plutôt, faisant d'un principe que je trouve excellent une application que je me permets de regarder comme trop radicale, il était d'avis de ne conserver qu'un tribunal par département, au chef-lieu ; il supprimait tous les autres. En même temps, il remaniait le ressort des cours ; il n'en laissait subsister que dix-huit au lieu de 26.

La conséquence était qu'on supprimait 618 juges de tribunal et 326 conseillers, soit 944 magistrats inamovibles. Le personnel des magistrats inamovibles étant de 2,405 membres, c'était une réduction de 40 p. 100.

Oui, il y avait là une réforme considérable. L'honorable M. Martin-Feuillée la justifiait d'ailleurs en très bons termes dans l'exposé des motifs que j'ai sous les yeux. Il rappelait que la Chambre avait reconnu qu'une seule chambre de tribunal pouvait expédier 400 affaires par année; que pas un seul tribunal siégeant dans un chef-lieu d'arrondissement n'atteindrait ce chiffre, même en ne tenant compte que de la suppression de compétence en matière correctionnelle et commerciale.

« Or, ajoutait-il, combien d'affaires sont encore enlevées à la connaissance de ces tribunaux par l'élévation de la compétence des juges de paix en matière civile ? Ce n'est plus seulement une cinquantaine de tribunaux qui sont absolument inoccupés, ce sont les neuf dixièmes des tribunaux de première instance siégeant en dehors d'un chef-lieu de département qui seront livrés à l'oisiveté la plus complète. »

Et l'honorable M. Martin-Feuillée en tirait cette conséquence :

« Toute réforme judiciaire qui comprend la suppression d'un grand nombre de juridictions comporte nécessairement une réorganisation du personnel. »

J'en suis d'accord avec lui. Du moment où l'on supprimait 40 p. 100 du personnel des magistrats, où l'on supprimait tous les tribunaux d'arrondissement, où l'on supprimait 8 cours sur 26, où la réorganisation du personnel devenait indispensable, et légitimait la suspension de l'inamovibilité, il est clair, en effet, que l'intérêt des personnes ne pouvait faire obstacle à une réforme de l'institution que réclamait l'intérêt public : il suffisait de donner à cet intérêt des personnes une satisfaction équitable. C'est à quoi, d'ailleurs, le projet pourvoyait.

J'adopte donc pleinement le principe de de ce projet, et, sauf la réserve faite tout à l'heure, en ce qui concerne l'extension trop considérable, suivant moi, de la mesure de suppression des tribunaux d'arrondissement, je suis encore, à l'heure qu'il est, prêt à le voter des deux mains.

Qu'on ne me demande donc pas ce que je veux faire. J'étais disposé à voter la réforme de la magistrature par l'obligation imposée au Gouvernement de choisir désormais les magistrats sur des listes de présentation ; je suis prêt à voter une réforme de l'organisation moins radicale même que celle qui était proposée par l'honorable M. Martin-Feuillée, au mois de février 1882.

Mais, messieurs, combien sommes-nous loin aujourd'hui de tous ces projets que je viens de rappeler, et que j'avais l'obligation de rappeler !

L'honorable M. Martin-Feuillée, revenu au pouvoir, titulaire aujourd'hui du portefeuille de la justice, a déposé, il est vrai, trois projets : l'un reproduit complètement les dispositions du projet de 1882 sur l'extension de la compétence des juges de paix; l'autre reproduit celles du même projet concernant les assises correctionnelles, et un troisième touche au personnel judiciaire lui-même.

Mais, messieurs, d'abord on a disjoint ces trois projets, et par là on a donné à la commission la tentation de les examiner séparément, et de commencer par celui qui touche au personnel. Et puis, non seulement l'honorable garde des sceaux ne demande plus aujourd'hui la suppression de tous ces tribunaux d'arrondissement qu'il sacrifiait sans hésitation en 1882, il les maintient tous, même ces cinquante qu'il qualifiait déjà d'inoccupés, et qui, avec les neuf dixièmes des autres petits tribunaux, devaient se trouver livrés à l'oisiveté la plus complète le jour où les deux autres parties du projet seraient votées.

On demande aujourd'hui le maintien de tous les tribunaux d'arrondissement sans exception, et ainsi disparaît cette grande suppression de juridictions qui, d'après l'exposé que je rappelais tout à l'heure, était la cause et la justification de la réorganisation du personnel et de la suppression de l'inamovibilité.

M. Prax Paris. C'est une pure question électorale !

M. René Goblet. Messieurs, je ne sais pas si nous reverrons le projet sur les assises correctionnelles et le projet sur l'extension de la compétence des justices de paix.

M. Jolibois. Soyez tranquille : vous ne les reverrez pas !

M. René Goblet. Le projet sur les assises correctionnelles a été ajourné à long terme, du consentement de M. le garde des sceaux. En ce qui concerne le projet sur l'extension de la compétence des juges de paix, M. le garde des sceaux avait demandé qu'il fût examiné concurremment avec celui que nous discutons aujourd'hui, et que si les deux rapports ne pouvaient être déposés en même temps, le rapport relatif à l'extension de la compétence des juges de paix fût au moins déposé le jour où la discussion s'ouvrirait sur le projet actuel.

Il n'en a rien été. Le rapport constate très exactement cependant que nous nous sommes occupés déjà du projet concernant l'extension de la compétence des juges de paix. Et, en effet, lundi, pendant que le rapport s'imprimait, nous nous sommes réunis pour nous occuper de ce dernier projet. Mais savez-vous quel a été le premier acte de la commission? Elle a commencé par rejeter le premier article du projet de M. le garde des sceaux, qui contenait l'idée mère de ce projet, celle que je résumais tout à l'heure en ces termes : faire des justices de paix de petits tribunaux pour les petits procès.

La commission a décidé que la compétence des justices de paix ne serait pas élevée à 1,500 francs. Vous comprenez bien quelle en est la conséquence : c'est qu'il ne peut plus être question de donner aux juges de paix une compétence immobilière, et encore moins de leur donner une compétence pénale. L'idée capitale de l'extension de la compétence se trouve donc dès à présent écartée.

La commission a si bien compris la portée de la résolution qu'elle venait de prendre, qu'elle a décidé d'entendre M. le garde des sceaux pour savoir ce qu'il compte faire de ce projet ainsi mutilé.

Nous entendrons M. le garde des sceaux. Je suis convaincu que M. le garde des sceaux maintiendra son projet, qu'il le défendra contre la commission au besoin et j'espère qu'il triomphera devant la Chambre.

Mais, messieurs, qu'en résultera-t-il? C'est que quand vous aurez augmenté la compétence des justices de paix et que vous en aurez fait de petits tribunaux, vous serez obligés d'admettre cette conséquence qu'avait indiquée l'honorable garde des sceaux l'année dernière, la suppression d'une partie des tribunaux ordinaires, de sorte qu'aujourd'hui nous commençons par réorganiser ces tribunaux, par leur refaire un nouveau personnel, par leur donner de nouveaux et plus amples traitements, et quand, sur la demande de M. le garde des sceaux, nous aurons adopté le projet de loi sur la compétence des juges de paix, nous serons forcés de supprimer ces tribunaux que nous aurons nous-mêmes maintenus.

M. Prax-Paris. Ils seront tous républicains : il n'y aura plus besoin d'y toucher!

M. René Goblet. Et alors je vous place en face de ce dilemme : ou bien vous voterez l'extension de la compétence des juges de paix et les assises correctionnelles, ou au moins le premier de ces deux projets, et, dans ce cas, vous serez obligés de supprimer une certaine quantité de tribunaux, et alors vous faites aujourd'hui une chose contradictoire et illogique... (Très bien à gauche); ou bien vous ne voterez pas ces projets par lesquels il eût fallu commencer, car ils étaient la véritable cause de la réforme du personnel... (Nouvelles marques d'approbation), et alors il n'y a plus qu'un prétexte au changement des personnes. (Très bien! très bien! sur divers bancs à gauche et à droite).

M. Jolibois. Vous discutez loyalement les motifs, et on vous met en face des prétextes!

M. de Soland. Ce n'est qu'une épuration pure et simple!

M. René Goblet. En quoi consiste, en effet, la réforme telle qu'on vous la propose aujourd'hui? Il faut bien cependant vous le faire voir en quelques mots.

Pour les cours, on réduit à cinq le nombre des conseillers jugeant dans chaque chambre. C'est une disposition excellente sur laquelle nous sommes tous d'accord depuis longtemps. On supprime 30 présidents de chambre, ce qui, par parenthèse, obligera les premiers présidents d'un certain nombre de cours à la présidence effective...

Plusieurs membres à gauche. Tant mieux!

M. René Goblet... et qui nous met dans l'heureuse nécessité de supprimer immédiatement le cumul... (Très bien! très bien! et applaudissements.)

M. Jolibois. Bien touché! (Rires à droite.)

M. Ribot. Ce n'est pas l'opinion du premier président de la cour de cassation.

M. Jolibois. Quand on est premier président, on ne peut être élu sénateur, mais quand on est sénateur, on peut être nommé président. Voilà la logique républicaine! (Nouveaux rires à droite.)

M. le président. Messieurs, n'interrompez pas, je vous prie.

M. René Goblet. Ensuite 8 cours d'appel sont réduites à 8, 9 ou 10 membres, ce qui, suivant moi, est insuffisant et rendra très difficile le service des assises...

Voix à droite. C'est très vrai!

M. René Goblet... lequel, dans les départements dépendants de ces cours, — et il y a trois ou quatre départements par ressort, — nécessitera tous les trois mois la présence d'un conseiller au moins, et au chef-lieu, de trois conseillers pour que la cour d'assises soit constituée.

Enfin, voici quelle est au total la réduction pour les cours : je ne parle toujours, bien entendu, que des magistrats inamovibles.

On supprime 30 présidents de chambre et 234 conseillers, soit 264 magistrats de cours. Pour les tribunaux, on supprime un grand nombre de secondes chambres, même dans des tribunaux de chef-lieu. Il y en a plus de quarante, qui sont chefs-lieux de départements et où se tiennent des assises dans lesquels deux juges doivent être, tous les trois mois, empruntés au tribunal pour composer la cour d'assises, qui sont réduits à quatre membres : le président, un juge d'instruction et deux juges.

Je me demande comment on pourra pourvoir au service des assises, à celui des affaires civiles, de police correctionnelle et aux autres services accessoires si importants de l'instruction, des enquêtes, des contributions et des ordres. Je crois qu'on réduit le personnel de ces tribunaux dans des proportions véritablement excessives.

Enfin, dans 174 tribunaux, — ici je parle des magistrats du parquet, — on supprime les substituts : ce qui suppose que le procureur de la République ne sera jamais malade et qu'il restera constamment attaché à sa place. (Interruptions à gauche. — Très bien! très bien! à droite.)

Il y a plus : tandis qu'on nous propose cette réforme, suivant moi, excessive, nous sommes saisis d'autres projets.,.

M. Corentin Guyho. Pourquoi excessive?

M. René Goblet. Excessive en ce qui concerne la réduction du personnel de certains tribunaux, et bien plus excessive encore à d'autres points de vue.

Tandis qu'on vous propose de réduire ainsi le nombre des juges au strict nécessaire, la Chambre est saisie d'autres projets importants, dont le résultat sera une augmentation considérable du personnel de la magistrature.

Vous vous souvenez peut-être qu'en 1878, M. Dufaure avait constitué au ministère de la justice une commission extra-parlementaire, que j'ai eu l'honneur de présider comme sous-secrétaire d'État en 1879, et qui était chargée de préparer la réforme de notre code d'instruction criminelle, afin de le remettre en rapport avec les progrès accomplis chez les nations voisines. Ce travail a abouti au dépôt d'un projet de loi dont une grande partie des dispositions ont été votées par le Sénat en 1881. Permettez-moi de vous en donner seulement une idée.

Ce projet de loi établit la contradiction de l'instruction; il faudra donc nécessairement un plus grand nombre de juges d'instruction, puisque les instructions seront plus longues et plus compliquées. Il dispose en outre que le juge d'instruction ne pourra plus désormais prendre part au jugement des affaires correctionnelles qu'il aura instruites; de là encore la nécessité d'un plus grand nombre de juges d'instruction.

Il faudra également un plus grand nombre de magistrats du parquet pour assister à l'information contradictoire en même temps que le conseil de l'inculpé.

Il y a quelques jours, la commission que la Chambre a nommée pour examiner ces questions, et dont je fais partie, a voté qu'en principe l'instruction ne pourra être confiée qu'à un juge titulaire, sauf empêchement momentané.

Enfin, ce projet fait revivre une disposition qui a été adoptée par le Sénat et qui sera acceptée par la Chambre : il rétablit la chambre du conseil en lui donnant d'autres attributions, et en l'appelant à statuer sur les incidents de la procédure.

Eh bien, vous ne pouvez pas faire tout cela sans augmenter le personnel de la magistrature, et ce sont pourtant là de véritables réformes républicaines, conformes au principe progressif et libéral du Gouvernement républicain. Ne voyez-vous pas dès lors qu'au lieu de faire la réforme nécessaire, celle qui consiste à réduire le nombre des tribunaux inutiles et à maitenir, dans les tribunaux conservés, le personnel dont ils ont besoin, nous faisons aujourd'hui une réforme à rebours en maintenant des tribunaux insuffisamment occupés et en augmentant cependant les traitements?

En effet, dans le rapport qui vous a été distribué, vous avez pu voir qu'il n'y aurait plus qu'une seule classe de cours et que dans toutes, les traitements seront les mêmes; qu'il n'y aura plus que trois classes de tribunaux, — en dehors de Paris, bien entendu, — et que dans chacune de ces trois classes les traitements seront égalisés. C'est ainsi qu'un juge de sixième classe, qui touche actuellement 2,400 francs de traitement, en touchera à l'avenir 3,000. C'est là une anomalie singulière de la réforme. Comme on unifie les classes, et comme la dernière se trouve sur le même pied que celle qui la précède, il en résulte que l'augmentation profite surtout à ceux pour qui elle est le moins justifiée, puisqu'elle accroîtra les traitements des magistrats des petits tribunaux qui auraient dû disparaître.

Voilà donc ce juge qui touche 2,400 francs, et dont le siège, d'après l'avis même de M. le garde des sceaux, aurait dû être supprimé, qui touchera désormais 3,000 fr. Et il les toucherait encore le jour où, par l'extension de la compétence des juges de paix et par la création des assises correctionnelles, vous l'auriez réduit à l'inactivité la plus absolue.

Ainsi, d'une part, vous augmentez les traitements, et, de l'autre, tout en conservant des tribunaux inutiles, vous réduisez dans les tribunaux maintenus le personnel au delà du possible. Je dis au delà du possible, et vous en avez la preuve dès aujourd'hui; on a cru qu'il serait plus facile d'obtenir ces réductions dans chaque tribunal que la suppression d'un certain nombre de petits tribunaux. Permettez-moi, cependant, de vous rappeler, que quand, en 1880, la question de la suppression des petits tribunaux était proposée à la Chambre par voie d'amendement, il ne s'est trouvé que 42 voix de majorité pour repousser cette proposition. Si elle avait été reproduite aujourd'hui, alors que, dites-vous, la nécessité d'une réforme est devenue plus impérieusement démontrée que jamais, est-ce qu'il n'y avait pas de chances pour que cette réforme, repoussée par 42 voix seulement en 1880, fût acceptée en 1883, ou bien faut-il croire que l'Assemblée actuelle est en arrière sur la précédente et qu'elle est moins animée de l'esprit réformateur que sa devancière? Voilà donc les résultats auxquels vous arrivez. Vous aurez les mêmes difficultés pour supprimer tous ces sièges que pour supprimer les petits tribunaux comme vous auriez dû le faire.

Vous le savez déjà par les amendements dont vous êtes saisis. Déjà, en effet, on nous demande de rendre une seconde chambre aux cours que vous voulez réduire à une seule chambre et de rétablir tous les substituts supprimés. Par un autre amendement, on vous demande de rétablir deux chambres dans les tribunaux de chefs-lieux de départements. Encore une fois, il ne vous sera pas plus facile d'obtenir de l'Assemblée ces réductions sur chaque tribunal qu'il ne vous aurait été facile d'obtenir la suppression des petits tribunaux.

Comme résultat financier, où aboutissez-vous?

A droite. Ah! ah!

M. René Goblet. Vous le savez : à 1,764,000 fr. d'augmentation. Voilà quel est le bilan d'après le rapport de la commission, et vous savez aussi que ces 1,764,000 fr. ne comprennent pas les indemnités et les pensions de retraite à donner aux magistrats qui seront mis hors de la magistrature. Il est impossible de chiffrer le montant de cette dépense, puisqu'il appartient au garde des sceaux d'augmenter ou de réduire le nombre de ces suppressions. Vous avez déjà 458 magistrats inamovibles, tant des cours que des tribunaux, qui vont être supprimés par suite de la suppression de leurs sièges, car j'ai négligé de vous dire qu'à la réduction de 264 membres des cours il faut ajouter celle de 194 membres des tribunaux; 458 magistrats sur 2,405, c'est un peu moins du cinquième du nombre des magistrats existants.

Un membre à gauche. Il y a en plus les magistrats amovibles.

M. René Goblet. Je parle seulement des magistrats inamovibles. Pour les magistrats amovibles, le Gouvernement est déjà le maître d'en faire ce qu'il veut.

Après cette réduction d'un peu moins du cinquième des magistrats inamovibles, dont les sièges vont être supprimés, vous en renverrez un certain nombre d'autres, car vous n'avez pas demandé ce droit pour ne pas vous en servir.

A droite. C'est très probable!

M. René Goblet. Il n'est donc impossible de savoir aujourd'hui quel sera le chiffre des pensions et des indemnités qui viendront s'ajouter à l'augmentation des traitements. Vous dites 1,764,000 francs pour les traitements; disons au moins 3 millions pour le tout; et encore vous n'aurez rien fait pour les modestes magistrats en faveur desquels on réclame depuis si longtemps une augmentation de traitement; vous n'aurez rien fait pour les juges de paix. Si vous voulez faire pour eux ce que M. le garde des sceaux propose et leur donner dans les dernières classes un traitement de 3,500 francs, ce sera encore une dépense nouvelle de plus de 4 millions. De sorte que votre réforme vous coûtera 7 ou 8 millions.

Eh bien, quoi qu'en pense le rapport, je dis que ce n'est pas là la réforme qui était attendue par le pays. Je ne veux pas examiner quelle appréciation on en pourra faire; je ne veux pas rechercher quelle interprétation, assurément fort éloignée de votre pensée, on pourra lui donner; je me borne à poser cette question : croyez-vous qu'il soit légitime, à propos de la réduction de 458 sièges sur 2,500, de donner au ministre la possibilité de renvoyer et de bouleverser entièrement le personnel des magistrats inamovibles? Je ne le crois pas.

Je ne veux pas m'arrêter non plus aux difficultés d'exécution que rencontrera forcément M. le garde des sceaux.

Je le plains de la besogne ingrate qui va lui être imposée par la Chambre. Comprenez-vous ce qui va se passer pendant trois mois, et de combien de demandes, de combien de pétitions le garde des sceaux va se trouver assiégé? (Rumeurs à gauche. — Très bien! très bien! à droite). Comment, pendant trois mois, un ministre quelconque, — je ne parle pas du garde des sceaux actuel, dont personne plus que moi n'honore la personne et le caractère, — mais un ministre ou pour parler plus exactement et d'une façon plus conforme à la réalité des choses, le directeur du personnel, — car ce fonctionnaire est infiniment mieux placé pour connaître le personnel dans son ensemble qu'un ministre qui passe et qui d'ailleurs a bien d'autres occupations, — un homme seul, sans contrôle, va disposer de ce nombreux personnel pendant trois mois, et va être chargé de nous refaire une magistrature de toutes pièces. C'est lui qui fera le triage, la séparation des bons et des mauvais, qui dira aux uns : Asseyez-vous à ma droite, et aux autres : Sortez de la magistrature! Messieurs, quelle lourde responsabilité! responsabilité morale, bien entendu, car il n'en peut encourir d'autre.

Je vous demande si c'est là la magistrature que vous rêvez, la magistrature qui doit être supérieure à celle que nous avons aujourd'hui, qui doit mériter notre confiance et celle des populations? Pour ma part, je ne puis partager vos espérances. Je crains fort que pour arriver au renvoi de quelques magistrats hostiles, vous ne risquiez d'introduire dans la magistrature un certain nombre d'amis compromettants. (Murmures à gauche. — Assentiment à droite.)

Mais je ne veux m'occuper que de l'intérêt supérieur de la justice, et vous le compromettez gravement. Je dis que l'acte qu'on vous demande d'accomplir aujourd'hui, dans ces conditions, est un acte révolutionnaire ; je dis que c'est un expédient politique, une mesure d'épuration pure et simple, que rien ne peut vous garantir que vos successeurs trouveront cette mesure suffisante et ne la recommenceront pas, et alors, je vous le demande, qu'aurez-vous fait de la magistrature? Vous aurez ébranlé les fondements mêmes de la justice... (Réclamations à gauche. — Très bien! très bien! à droite.)

M. Gavini. Très bien! Vous avez le courage de dire la vérité.

M. René Goblet... et ruiné le respect et la confiance qu'il est si nécessaire qu'elle inspire à tous les citoyens. (Très bien! très bien! de divers côtés.)

Mais, messieurs, je veux supposer que les choses ne se passeront pas ainsi, que le Gouvernement et les législatures qui nous suivront ne céderont pas à la tentation et n'imiteront pas l'exemple funeste, selon moi, que nous allons donner aujourd'hui. Je me demande ce que vous faites de l'inamovibilité pour l'avenir. C'est le second point que je veux examiner.

Messieurs, il s'est introduit sur ce qu'on appelle l'inamovibilité une confusion qu'il faudrait cependant dissiper. Dans la pensée de beaucoup de personnes il semble que les magistrats soient inamovibles en ce sens qu'ils ne puissent être dépouillés ni de leur siège ni de leurs fonctions que lorsque la mort ou, depuis le décret de 1852, l'âge de la retraite viennent les leur enlever.

Il n'en est rien. Le magistrat est inamovible en ce sens seulement qu'il n'appartient pas au pouvoir de le déposséder. Mais le magistrat reste responsable de ses actes. (Murmures de dénégation sur plusieurs bancs à gauche.)

Oui, messieurs, et, si je commets des erreurs, il vous sera bien facile, tout à l'heure, de les rectifier à la tribune. Je dis que le magistrat demeure responsable vis-à-vis de ceux de ses collègues que la loi fondamentale de la magistrature a institués pour exercer l'action disciplinaire, c'est-à-dire, vis-à-vis de la cour de cassation.

Je dis que la cour de cassation peut priver le magistrat de sa fonction, pour une faute grave, comme le membre du barreau peut être rayé du tableau par le conseil de l'ordre.

M. Charles Lepère. Ce sont deux mauvaises mesures!

M. René Goblet. Que fait votre loi ? Elle maintient l'action disciplinaire, mais elle la transfère à un conseil supérieur, sur lequel je m'expliquerai tout à l'heure ; et d'abord elle lui donne de nouveaux droits. Quels droits? Elle lui donne, en premier lieu, le droit de déplacer les magistrats, pour des raisons disciplinaires, mais qui peuvent être des raisons de convenances locales ou personnelles. Sur l'avis de ce conseil supérieur, le garde des sceaux pourra désormais déplacer un magistrat. Je crois que cette mesure peut avoir son utilité, et je me garderai bien de la critiquer, puisque j'en avais pris moi-même l'initiative dès 1879.

Mais vous ajoutez un autre droit qui est infiniment plus grave, et sur lequel j'appelle toute l'attention de la Chambre : c'est le droit de remplacement. Le Conseil supérieur pourra désormais, indépendamment de l'action disciplinaire qui lui permet déjà de prononcer la déchéance — action disciplinaire qu'il aura tout entière — le conseil supérieur pourra décider qu'il y a lieu de déplacer un magistrat ; — par une décision motivée, j'entends bien, et l'on me dit que c'est là qu'est la garantie. Mais, motivée par quoi? Par quelles raisons? Si c'est le remplacement pour faute disciplinaire ou pour manquement professionnel, vous avez l'action disciplinaire qui existait déjà, et que vous avez transférée au conseil supérieur. Je vois bien ce que l'on veut surtout atteindre, c'est l'hostilité politique, l'hostilité aux institutions et au gouvernement. Or, l'on a parfaitement raison de vouloir réprimer l'hostilité politique se manifestant par des actes extérieurs et publics.

Mais est-ce que cela n'est pas réprimé déjà à l'heure qu'il est? (Mouvements divers.) La cour de cassation n'a jamais hésité à considérer comme des manquements professionnels, comme des fautes disciplinaires les manifestations publiques d'hostilité de la part des magistrats.

Un membre. C'est une erreur!

M. René Goblet. Je vous demande pardon.

Quand il est arrivé — et je le sais personnellement puisque j'ai eu à diriger ces poursuites — qu'un magistrat se permit d'assister à un banquet royaliste et d'y crier : Vive le roi! il a été déféré à la cour de cassation et il a été puni, mais pas assez sévèrement. (Ah! ah! sur divers bancs.)

Est-ce que vous changerez les juridictions toutes les fois que vous croirez devoir critiquer leurs arrêts? Vous feriez une jolie justice! (Très bien! très bien! à droite. — Interruptions diverses.)

Je crois que la cour de cassation a eu tort de ne pas punir plus sévèrement, mais elle n'a jamais hésité à punir.

Quand il est arrivé qu'un magistrat, celui-là président de son tribunal, s'oubliât jusqu'à abattre avec sa canne les lampions placés sur le palais de justice, un jour de fête nationale, il a été déféré à la cour de cassation, et elle n'a pas hésité à reconnaître qu'il y avait là un manquement au devoir professionnel. Craignez-vous qu'il y ait un doute à cet égard? Faites ce que la commission du Sénat avait proposé. Son projet contenait un article 21 ainsi conçu :

« Toutes manifestations politiques, adresses, adhésions, démonstrations publiques quelconques, sont interdites aux corps judiciaires et aux magistrats parlant en leur nom,

« Toute démonstration publique d'hostilité au principe ou à la forme du Gouvernement est interdite aux magistrats. »

M. Truelle. Et la sanction? On condamnera le coupable à vingt sous d'amende.

M. René Goblet. Mettez ce texte dans la loi, et votre conseil supérieur, ou la cour de cassation, sera obligé de punir ces actes d'hostilité. Ils les puniront, comme font tous les tribunaux, suivant l'échelle des peines mises à leur disposition, et ils pourront aller jusqu'à prononcer la déchéance du magistrat.

M. Truelle fait des signes de dénégation.

M. René Goblet. Mon cher collègue, monsieur Truelle, je vois que ce système ne vous satisfait point. Je voudrais bien qu'à votre tour vous me donniez satisfaction. Ainsi, il ne vous suffit pas de poursuivre, devant votre conseil supérieur, les magistrats pour hostilité politique manifestée par des actes extérieurs. Qu'est-ce que vous voulez donc poursuivre? C'est donc la politique proprement dite et la politique ne se manifestant pas par des actes extérieurs? Ce ne sera plus alors l'hostilité au gouvernement et aux institutions? Qu'est-ce que ce sera?... l'hostilité contre le ministre ou contre la majorité?

M. Jolibois. L'hostilité contre le député de l'arrondissement.

M. René Goblet. Est-ce qu'on pourra remplacer un magistrat parce qu'il aura voté au Sénat contre le gouvernement ou au conseil général contre une proposition du préfet? (Mouvements divers.) Non? vous ne voulez pas faire cela

M. Truelle. Un magistrat qui a fait enlever un crêpe attaché au drapeau le jour de la mort de M. Thiers n'a été ni puni ni même poursuivi.

M. le président. M. Truelle n'interrompez pas, vous n'avez pas la parole.

M. René Gautier. C'est atroce! Il faut le faire passer en conseil de guerre. (Sourires à droite.)

M. René Goblet. Un magistrat qui fait enlever un crêpe attaché au drapeau commet un manquement à son devoir professionnel d'après la jurisprudence même de la cour de cassation, et s'il n'a pas été poursuivi, c'est au maître de la poursuite, au garde des sceaux d'alors, que M. Truelle doit s'en plaindre. (Très bien! très bien! sur plusieurs bancs.)

Vous pouvez donc atteindre dès aujourd'hui les faits délictueux dont vous vous plaignez. Et alors je demande quels autres faits vous voulez poursuivre.

Je disais tout à l'heure, par hypothèse, que rien n'empêcherait de demander le remplacement d'un magistrat pour ses votes au conseil général. Je sais bien que l'on ne fera jamais cela ; je sais bien que l'honorable garde des sceaux, que j'ai en face de moi, ne demandera jamais une telle application du nouveau droit qu'il réclame... (Interruptions et dénégations à droite.)

Mais alors que veut-on?

Il faut préciser. Quels sont les cas, autres que les cas disciplinaires, pour lesquels le remplacement pourra être prononcé? Nous l'avons vainement demandé, et je n'étais pas seul, sur ce point, dans la commission à désirer des explications ; nous étions trois ou quatre. Nous n'avons pas pu les obtenir. J'ai cherché dans le rapport et je n'en ai pas trouvé davantage ; car, si l'heure des discours est passée, il paraît que l'heure des explications écrites n'a pas encore sonné. (Très bien! et rires sur divers bancs), et jamais mesure plus grave n'a été proposée d'une façon, je dirai plus sommaire, au vote d'un parlement. (Très bien! très bien! et applaudissements sur divers bancs).

Je répète que si vous ne précisez pas, vous ouvrez la porte à l'arbitraire et vous introduisez dans la loi le moyen de changer la magistrature pour cause purement politique. Vous ne le ferez pas ; cela est possible, mais vous aurez l'apparence de le faire, et voyez à quels résultats vous aboutissez. (Très bien! très bien! sur plusieurs bancs.)

Vous allez faire, en trois mois, une magistrature nouvelle, dévouée au gouvernement républicain, probablement ; c'est pour cela que vous suspendez l'inamovibilité. Eh bien, immédiatement après l'avoir faite, tout de suite, vous déclarez cette magistrature suspecte, et vous mettez dans la loi une disposition qui pourra vous permettre encore de la remplacer. Mais combien ces considérations prennent une gravité plus grande quand on examine la composition et l'organisation du conseil supérieur à qui ce droit nouveau va être attribué!

J'avais pensé, pour ma part, qu'on ne pouvait mieux faire que de laisser l'action disciplinaire à la cour de cassation.

Je m'étonne, quand je parle de la cour de cassation, qu'elle ait paru exciter les méfiances de certains de nos collègues ; je leur ferai remarquer que le projet de réforme qui nous est soumis ne touche pas le moins du monde à la cour de cassation, dont on ne propose nullement de modifier le personnel. J'avais pensé que le pouvoir disciplinaire devait être laissé à la cour suprême. On avait cru, jusqu'à présent, que la plus haute expression de l'autorité judiciaire, que la cour suprême était la meilleure gardienne de la dignité et de l'honneur de la magistrature.

Si l'on trouvait que le pouvoir disciplinaire devant s'exercer désormais plus fréquemment, il pouvait y avoir inconvénient à recourir dans tous les cas à l'appareil considérable des chambre assemblées, il fallait donner mandat à la cour de cassation de former dans son sein une chambre de discipline.

C'est ce qu'avait proposé, il y a quelques mois, l'ancien garde des sceaux, M. Devès.

Vous n'avez accepté ni l'une ni l'autre de ces solutions parfaitement raisonnables. Mais voici jusqu'où les préoccupations politiques vous ont entraînés. Il faut pourtant rendre cette justice à la commission, qu'elle n'a pas accepté les combinaisons que lui offrait le Gouvernement. On lui avait proposé de constituer un conseil supérieur composé de membres de la cour de cassation élus par leurs collègues, de premiers présidents élus par les premiers présidents, et de cinq conseillers d'État. La commission n'a pas voulu introduire dans le conseil supérieur de la justice cet élément fort disparate de fonctionnaires administratifs nommés par le Gouvernement et dépendant de lui. Elle a rejeté cette combinaison, mais si la commission a décidé que les quinze membres du conseil supérieur seraient tous pris dans la cour de cassation, en même temps elle a voulu que les deux tiers de ses membres, c'est-à-dire la majorité du conseil, fussent nommés par la Chambre et cinq par le Sénat. En faisant cela, messieurs, vous introduisez la politique dans la direction supérieure de la magistrature, car enfin vous êtes des hommes de parti, des hommes politiques, vous vous en faites honneur, et avec raison, et quand vous choisirez ces membres du conseil supérieur ce sera par des raisons politiques que votre choix sera déterminé. Vous imaginez-vous ce que sera la situation de ces membres du conseil nommés par vous, en présence de leurs collègues? Tandis que la cour de cassation aura nommé plusieurs de ses membres pour leur intégrité, pour leur savoir et la dignité de leur vie, vous en nommerez de non moins dignes, je le veux bien, mais pour des causes exclusivement politiques. Et voyez-vous ce qui peut arriver; ces membres élus étant renouvelables chaque année?

Je suppose qu'un membre de la magistrature soit déféré au conseil supérieur et qu'il soit renvoyé indemne : si au bout de l'année vous remplacez, bien qu'ils soient rééligibles, les membres que vous aviez nommés l'année précédente, je vous demande de quelle autorité pourra jouir ce conseil. Vous introduisez donc la politique dans la direction de la magistrature et vous faites cela pour la justice, c'est-à-dire pour la fonction publique — puisque vous voulez la considérer comme une fonction — qui devrait être laissée plus que toute autre à l'abri de tout soupçon.

Nous avons dans notre législation, dans notre organisation, d'autres conseils supérieurs d'où dépend le sort de fonctionnaires qu'il est infiniment moins nécessaire de soustraire aux influences politiques. Je ne parle pas seulement de l'armée, des officiers qui ne peuvent être privés de leur grade qu'après une décision d'un conseil composé de militaires. Les ingénieurs de l'État ne peuvent être révoqués que sur l'avis d'un conseil supérieur composé d'ingénieurs. Les membres de l'enseignement ne peuvent être révoqués, privés de leurs emplois que sur la décision d'un conseil supérieur ou d'un conseil académique ; vous avez vous-mêmes décidé la composition de ces conseils, et vous y avez placé en grande majorité des membres élus dans les différentes branches de l'enseignement; mais avez-vous jamais songé à les faire nommer par la Chambre et par le Sénat?

M. Corentin-Guyho. Une partie est nommée par le Gouvernement.

M. René Goblet. Oui, par le pouvoir exécutif, mais pas par le pouvoir législatif, par un pouvoir politique.

M. Corentin-Guyho. Et vous trouvez que ce n'est pas faire de la politique?

M. René Goblet. Quand le Gouvernement nomme des ingénieurs pour faire partie du conseil supérieur des ponts et chaussées, il ne le fait pas au point de vue politique.

Mais lorsque la Chambre s'attribue le droit de nommer les membres de ce conseil de la magistrature, je dis qu'elle a la volonté de faire un acte politique, et alors je me demande pourquoi vous avez toujours proclamé que la magistrature devait rester étrangère à la politique? Ce n'était pas la peine de proclamer ce principe, et d'enlever les délits politiques à la connaissance des tribunaux, si vous venez aujourd'hui, de vos propres mains, soumettre les magistrats aux influences politiques en permettant de les remplacer pour des causes qui n'auront pas le caractère de fautes disciplinaires, et en les mettant à la discrétion d'un conseil nommé en majorité par le Parlement.

Mais je voudrais bien savoir quelles raisons l'on peut donner pour justifier une pareille innovation!

M. le rapporteur, sur ce point, s'est expliqué à la fin de son rapport; il nous dit que l'esprit de caste a toujours été le défaut de notre magistrature; que cet esprit serait singulièrement réveillé et justifié par une loi qui ferait de la magistrature une sorte d'ordre autonome, et que les premiers présidents de nos cours réduites, vous le savez, au nombre de 15 ou 20 membres, quelques-uns de 8 ou de 10, deviendraient bientôt plus puissants que les chefs des anciens parlements. Messieurs, est-ce sérieux? Est-ce que la préoccupation qui pèse évidemment sur l'esprit de M. le rapporteur ne l'a pas induit en quelque exagération?

Véritablement, est-ce là qu'est le danger?

Je ne m'imaginais pas, pour ma part, que sous les gouvernements précédents la magistrature se fût signalée par un pareil esprit d'indépendance et d'opposition au pouvoir, même à l'heure actuelle, je ne crois pas que ce soit l'esprit général de la magistrature. Je sais bien que, malgré les nombreux éléments nouveaux qui ont été introduits par les derniers ministres de la justice, il y a encore un grand nombre de magistrats qui ne sont pas républicains. J'ai dit autrefois qu'il fallait attendre leur conversion du temps et des circonstances, je crois que nous aurions dû l'attendre aussi un peu de nous-mêmes et que nous n'avons pas fait ce qu'il fallait quand depuis des années nous avons tenu cette menace de la révocation suspendue sur leur tête.

Je répète que si ces magistrats ne sont pas républicains, si quelques-uns d'entre eux se sont livrés à des actes absolument condamnables, la majorité cependant gardent pour eux leurs préférences politiques et que, sur leurs sièges, ils sont des magistrats intègres... (Très bien! à droite. — Réclamations sur divers bancs à gauche.)

M. Marius Poulet *et divers membres à gauche.* Nous protestons! C'est un paradoxe!

M. René Goblet. Nous entendrons sur ce point M. le garde des sceaux. J'ajoute que je ne crois pas surtout que l'esprit de caste, d'indépendance et d'opposition au pouvoir soit ce que vous aurez à redouter de la magistrature que vous allez faire. Je ne veux pas répéter aujourd'hui à la tribune, parce que je tiens à rester modéré jusqu'à la fin, des expressions qui ont été prononcées plusieurs fois ici; je ne veux pas parler de magistrature servile, obéissante, d'abaissement des caractères; je ne veux même pas dire que votre loi semble conçue pour faire de la magistrature un instrument de gouvernement; mais je dirai qu'assurément elle n'est pas faite pour assurer l'indépendance de la magistrature et cependant quoi de plus nécessaire?

J'ose le dire, quoi de plus nécessaire surtout dans un gouvernement républicain : pourquoi? Parce qu'il n'y a pas de régime plus fort, je ne dis pas plus tyrannique, mais plus capable de le devenir, que celui où une majorité est maîtresse absolue du pouvoir. Vous le savez bien, vous connaissez cette formule employée en Angleterre, qui dit que sous le régime parlementaire une majorité peut tout faire — on y a mis seulement cette réserve — sauf de changer un homme en femme. Eh bien, contre les abus possibles d'un pareil pouvoir, je dis qu'il n'y a de garantie pour les droits individuels que dans la force et l'indépendance du pouvoir judiciaire. (Très bien! très bien! à droite.)

Messieurs, je sais que vous êtes la majorité, qu'il vous paraît naturel de faire des lois pour la majorité et d'avoir une magistrature à votre image. Moi qui ne suis pas toujours de la majorité j'en vois peut-être mieux les inconvénients; mais permettez-moi de vous demander si vous êtes sûrs d'être toujours la majorité et de n'avoir pas quelque jour besoin de la protection d'une magistrature indépendante. (Très bien! à droite.) C'est pourquoi, selon moi, il faut faire des lois, non pas suivant les passions et les exigences de l'heure présente, mais pour répondre aux besoins et aux intérêts de tous les temps et de tous les citoyens.

Assurément, tel n'est pas le caractère de votre loi.

J'ai fini; je ne veux pas m'arrêter à une considération du rapport disant que ce qui caractérise cette loi, c'est l'opposition passionnée que lui font les partis monarchiques. Vous voyez qu'elle est énergiquement combattue par des républicains qui ne sont ni moins convaincus, ni moins anciens que l'honorable M. Jules Roche, mais qui s'inspirent, il est vrai, de doctrines absolument différentes.

Je ne suspecte les intentions de personne; je suis convaincu que ceux qui proposent cette loi croient faire une chose utile à la République; mais vous me permettrez de penser que nous servons mieux ses véritables intérêts, nous, qui, au risque de froisser les sentiments de la majorité, faisons effort encore aujourd'hui, pour essayer de détourner la Chambre de voter un semblable projet. (Applaudissement sur plusieurs bancs.)

SÉANCE DU 26 MAI 1883

M. le président. La parole est à M. Ribot.

M. Ribot. Messieurs, au début de son discours, M. le garde des sceaux a prévu un reproche que je pourrais lui adresser : celui d'avoir abandonné quelque chose de l'idéal qu'il avait, il y a quelques mois, en matière de réforme judiciaire, celui d'avoir abaissé quelque peu la fierté du programme qu'il avait développé avec tant d'éloquence à cette tribune.

M. le garde des sceaux me permettra de lui dire que ce reproche, ce n'est pas moi qui le lui adresse, c'est quelqu'un qui a plus d'autorité que moi, c'est l'honorable M. Martin-Feuillée lui-même, dans le discours qu'il tenait à cette tribune il y a juste un an, le 30 mai 1882. (Ah! ah! — Très bien! à droite.)

L'honorable M. Martin-Feuillée avait, comme tous ses amis, voté en 1880 une loi qu'il reconnaissait n'être qu'une loi d'expédient, une loi de circonstance, une loi provisoire. Il l'avait votée, se conformant à une partie du programme qui avait été tracé à Romans, par son illustre ami, M. Gambetta. Cette loi, vous le savez, messieurs, n'eut point l'assentiment de l'autre Chambre; les élections survinrent, et alors, devant le pays à Cahors, puis à Belleville même, M. Gambetta proclama que le temps des expédients était passé, que ce qui était possible à la veille des élections n'était plus digne ni du pays, ni de la Chambre, ni des hommes politiques, au lendemain des élections; il s'exprima dans des termes qui ne laissaient aucune place au doute; et ses amis, dans cette Chambre, n'ont pas perdu une occasion de tenir le même langage.

Je l'ai déjà rappelé il y a quelques mois à cette tribune sans être contredit : si quelqu'un a défendu en 1880 cette loi qui consiste à toucher aux personnes, sans réformer sérieusement les institutions; cette loi d'expédient, si quelqu'un l'a soutenue à cette tribune — et avec quel talent, vous le savez — c'est assurément M. Waldeck-Rousseau.

Depuis, M. Waldeck-Rousseau s'est expliqué publiquement, non pas à cette tribune, mais dans des réunions à côté de cette Chambre, et il a dit : Oui, à la veille des élections, nous pouvions faire une loi d'expédient, mais aujourd'hui, il est trop tard!

Et M. Martin-Feuillée, à la tribune s'exprimait en ces termes :

« Il est nécessaire de réformer le personnel; mais cette réorganisation ne doit pas être isolée, elle doit être la conséquence de la réorganisation même des institutions judiciaires.

« Après onze années de République, on ne comprendrait pas qu'on s'en tînt à des lois de circonstance, à des expédients.

« Je crois qu'il faut en finir avec ces solutions provisoires qui fatiguent, qui énervent le pays. »

Je ne discute pas la thèse qui consiste à soutenir qu'un gouvernement, au lendemain d'une révolution, a le droit de toucher au personnel qui lui est légué par le régime déchu. Pour ma part, je ne l'ai point acceptée et j'ai soutenu, sans qu'on ait pu me réfuter, qu'aucun gouvernement dans ce pays, sauf la Restauration en 1815, ne s'est reconnu le droit de toucher aux magistrats nommés par ses prédécesseurs.

M. Ballue. Pas même l'empire!

M. Ribot. Pas même l'empire, monsieur Ballue.

M. Victor Plessier. Et le serment?

M. de Soland. Pas même 1816!

M. Ribot. En 1815, il est vrai, la Charte a stipulé que les magistrats ne seraient inamovibles qu'après avoir été nommés par le roi. Mais ni en 1830, ni en 1848, l'inamovibilité n'a été suspendue.

M. Corentin Guyho. On a fait une loi spéciale. On a décrété l'obligation du serment!

M. Ribot. Je m'étonne d'être contredit sur un point d'histoire, sur un point de fait. Vous ne voulez apparemment pas qu'à cette heure de la discussion, je reprenne toutes les considérations historiques que j'ai développées autrefois devant la Chambre qui nous a précédés.

Quand j'affirme qu'aucune loi n'est intervenue, ni en 1830, ni en 1848...

M. Charles Floquet. Mais la Constitution de 1848...

M. le président. Veuillez ne pas interrompre!

M. Ribot. J'entends M. Floquet qui me dit : Et la Constitution de 1848?

La Constitution de 1848 a au contraire proclamé l'inviolabilité de la magistrature.

M. Charles Floquet. Après sa réorganisation.

M. Corentin-Guyho. Il y a eu une loi d'investiture spéciale...

M. Ribot. En vérité, monsieur Corentin-Guyho, vous lisez l'histoire d'une singulière façon! (Applaudissements et rires à droite.)

Il y a eu un débat solennel et prolongé dans les assemblées républicaines; j'ai apporté à cette tribune le langage admirable d'hommes de tous les partis, depuis M. de Montalembert jusqu'à M. Jules Favre. Et, à la suite de ces débats a été votée une loi qui dit — je m'en rappelle les termes :

« L'investiture sera donnée à tous les magistrats en fonctions. »

Si vous voulez proposer cette disposition, je la voterai. Non, la révolution de 1848 n'a pas touché à l'inamovibilité; la révolution de 1830 et la révolution de 1851 n'y ont pas touché davantage, j'ai le droit de l'affirmer, et je vous prie de relire l'histoire.

Mais, messieurs, si l'on peut soutenir qu'au lendemain d'une révolution, à l'heure où tout est provisoire, où tout est suspendu en quelque sorte, lorsque le flot triomphant de la révolution se répand sur le pays; si l'on peut soutenir que le Gouvernement a, sinon le droit, mais un pouvoir de fait qu'il puise dans les circonstances; si on peut soutenir cette thèse, est-ce qu'aucun homme de gouvernement a jamais soutenu que dix ans après l'établissement d'un gouvernement régulier — et nous avons cette prétention que la République est un gouvernement régulier — a-t-on jamais soutenu que ce pouvoir de fait, on pouvait le faire revivre au gré des passions du jour? Est-ce que la préoccupation des hommes de gouvernement, au lendemain de ces commotions dont je parlais, n'a pas été de rétablir le plus tôt possible la solidité des institutions un instant ébranlée, de fermer cette ère de trouble, d'incertitude, de confusion qui est l'ère révolutionnaire? Ça été la pensée de tous les hommes de gouvernement au lendemain de toutes les révolutions. Rappelez-vous les efforts de Casimir Perier, en 1831.

Je m'étonne, pour ma part, que des hommes qui, très sincèrement, se disent, se proclament appelés dans ce pays à la haute mission de rétablir l'autorité, de restaurer les institutions, de les affermir, de les enraciner, je ne comprends pas que ce soient ceux-là qui, contrairement aux idées qu'ils avaient exprimées récemment, contrairement à leur programme, contrairement, j'en suis sûr, à leur sentiment intime, à la notion qu'ils ont des besoins de la société... (Applaudissements à droite. — Réclamations au centre.)

Je ne dis rien, monsieur le garde des sceaux, qui dans ma pensée puisse vous blesser.

Vous vous dites sans doute, et combien de vos prédécesseurs n'ont pas dit : « Oui, nous aurions voulu que nos idées pussent triompher, mais nous nous croyons obligés de céder à ce que M. le rapporteur appelle les partis pris de la Chambre. » Vous n'osez pas lutter contre ces partis-pris! mais j'ai le droit de vous dire que à cette heure, vous n'êtes plus dans les sentiments que vous exprimiez il y a quelques mois. Vous disiez alors que c'était abaisser la réforme judiciaire et attaquer en même temps l'institution que de faire une loi d'expédient, de circonstance, une loi qui ne s'attaque qu'aux personnes et qui, après avoir donné satisfaction à je ne sais quelles rancunes, à je ne sais quelles passions, à je ne sais quels besoins du moment... (Réclamations à gauche et au centre. — Très bien! très bien! à droite), laissera l'institution judiciaire singulièrement affaiblie dans l'esprit de tous, ayant perdu quelque chose de sa considération, de sa solidité, de tout ce qui fait sa force morale, de ce qui en fait un grand pouvoir public, que des hommes de gouvernement ne doivent pas ébranler à la légère.

Un membre à l'extrême gauche. Elle l'a compromise, sa force morale, sous le 16 mai.

M. Ribot. Je sais bien que M. le garde des sceaux, embarrassé peut-être par ces souvenirs récents, a entrepris tout à l'heure d'expliquer à la Chambre que le pouvoir illimité qu'il réclame, et que le projet de loi lui donne sur les magistrats, est la conséquence nécessaire, indispensable en quelque sorte, des autres dispositions du projet. M. le garde des sceaux me permettra de serrer la question d'un peu plus près qu'il ne l'a fait tout à l'heure.

Quoi ! parce que vous réduisez à cinq le nombre des magistrats des cours, parce que vous supprimez un certain nombre de juges et de substituts, il s'ensuit nécessairement que nous sommes forcés, à peine de rendre stérile la loi, de livrer à votre merci, pendant trois mois, la magistrature de France tout entière ! Car c'est bien là l'argument que vous présentez. Cet argument, s'il avait quelque valeur, avait une force au moins égale au 30 mai 1882, en présence du projet de la commission, dont M. P. Legrand était le rapporteur. La commission ne se bornait pas à supprimer des juges dans certains tribunaux, elle proposait encore de supprimer des tribunaux.

M. Corentin Guyho. Malgré vous !

M. Ribot. C'était donc une réorganisation dont la conséquence naturelle et légitime, selon vous, aurait été de mettre à la disposition du garde des sceaux le personnel de la magistrature. Mais c'est en présence de cette loi, en présence de cette réforme qui, à vos yeux, était insuffisante, illusoire, que vous teniez le langage si ferme, si vigoureux, si décisif que j'ai cité tout à l'heure ! J'ai le droit de vous le rappeler aujourd'hui, non pour me donner le stérile plaisir de vous mettre en contradiction avec vous-même, croyez-le bien, mais parce que ces accents si vigoureux, si nets, je ne pourrais les égaler à cette tribune.

Mais voyons : parce que vous supprimez quelques magistrats, il faut livrer toute la magistrature à l'arbitraire ministériel ! Où est la nécessité ? Vous ne voulez pas procéder par extinction ; nous discuterons ce point ; mais parce que vous voulez supprimer un juge, — je me garderai bien de citer un tribunal ; je risquerais de me faire une affaire avec quelqu'un des membres de cette Chambre... (On rit) — parce que vous supprimez un juge, il en résulte nécessairement à vos yeux que vous avez le droit de supprimer un premier président ! Parce que vous supprimez un substitut, vous avez le droit de porter la main sur un président de chambre ! Mais où avez-vous vu cela ? Encore une fois où est la nécessité ? Elle n'existe que dans votre esprit et pour les besoins de la discussion.

Si vous veniez demander le droit de faire porter les réductions sur l'ensemble de la magistrature, je vous le refuserais, pour ma part. Mais ce n'est pas là ce que vous demandez, et j'ai le devoir de montrer toute la portée de votre projet.

Je sais bien que, depuis quelques jours, les journaux ministériels s'évertuent à restreindre le sens de l'article 12. C'est peut-être la faute du laconisme de M. le rapporteur... (On rit.) Mais j'ai vu dans les journaux cette thèse que M. le garde des sceaux aurait seulement le droit de faire des révocations dans la mesure même des suppressions d'emploi. (Dénégations.)

M. Lelièvre. Le projet dit le contraire !

M. Ribot. Cela est imprimé dans tous les journaux qui soutiennent à l'heure qu'il est le Gouvernement. (Bruit.)

M. le garde des sceaux. Le texte du projet est en ce point la reproduction pure et simple du texte de tous les projets qui se sont succédé depuis 1879. Par conséquent on est bien fixé sur la portée de cette disposition.

M. Ribot. Cela prouverait, monsieur le garde des sceaux, que certaines obscurités ont pu se produire et se perpétuer à travers tous les projets ; mais il ne faut pas que sur ce point il y ait l'ombre d'une équivoque. Ce que vous demandez, et je tiens à le constater, c'est le droit, pendant trois mois, de frapper tous les magistrats sans distinction.

A gauche. Oui ! oui !

M. Ribot. Parfaitement !

Vous pourrez ne pas user de ce droit jusqu'à l'extrême rigueur, mais vous revendiquez, alors même qu'il n'y aurait que 3 ou 400 suppressions d'emplois, le droit de destituer, si cela vous convient, tous les magistrats de France...

A gauche. Oui ! oui !

M. Ribot... de les déplacer tous, et s'ils n'acceptent pas le déplacement de ne leur accorder aucune retraite ni restitution de leur traitement. (Interruptions à gauche. — Très bien ! à droite.)

M. de Baudry-d'Asson. Il faut réserver des retraites pour de nouvelles créatures.

M. Ribot. Je précise : c'est la magistrature tout entière qui sera livrée pendant trois mois au bon plaisir de M. le garde des sceaux ou de ses subordonnés ! Voilà la vérité ! (Oui ! — Très bien ! à gauche. — Exclamations à droite.)

Je vous le demande : est-il possible, quand on revendique un pareil droit, de venir l'abriter humblement, en quelque sorte, derrière les nécessités de l'exécution de certaines dispositions de la loi ? Non, messieurs ; abordons avec franchise cette discussion. (Très bien ! très bien ! à droite.)

Vous voulez non pas faire quelques suppressions, et comme conséquence vous résigner à toucher à quelques situations ; non, ce n'est pas la vérité ! Le projet de loi, dans son exposé des motifs, indique la réduction des sièges, non pas comme le but poursuivi, mais comme une mesure accessoire destinée à faciliter l'élimination des magistrats qu'on veut atteindre ; le but principal que vous visez, c'est le droit de toucher à toutes les situations, sous prétexte d'investiture nouvelle.

Voix nombreuses à gauche. Parfaitement !

M. Ribot. Ce point est précisé, il ne sera plus obscurci.

Cette investiture nouvelle, vous voulez la donner, vous, Gouvernement républicain, douze ans après la proclamation de la République, vous voulez la donner à qui ?

A gauche. Ce n'est pas notre faute si cette nouvelle investiture est devenue nécessaire !

M. Ribot. A qui ? Tout à l'heure M. le garde des sceaux disait à cette tribune que parmi les anciens magistrats presque tous, sauf quelques exceptions, étaient loyalement attachés à leurs devoirs et ne pouvaient créer aucune espèce de périls ni d'embarras pour la République ; il ajoutait que ses prédécesseurs avaient fait des choix tellement nombreux que plus de la moitié de la magistrature, si je ne me trompe, est aujourd'hui renouvelée...

M. le garde des sceaux. Je n'ai pas dit cela ; ce serait très inexact.

M. Ribot. Près de la moitié des magistrats ont reçu, d'une manière ou d'une autre, l'investiture républicaine. (Réclamations au banc de la commission.)

M. le garde des sceaux. Ah ! si vous comptez depuis 1870 !

M. Fauré. Ce sont des chiffres que vous n'avez pas réfutés.

M. Ribot. Vous constatiez vous-même qu'un grand nombre de magistrats, dans les années qui viennent de s'écouler, ont été régulièrement nommés et qu'ils ont apporté au sein de leur compagnie ce que vous avez appelé leur dévouement aux institutions.

M. le garde des sceaux. Oui !

M. Ribot... et que dans le reste des magistrats antérieurement nommés, il n'y a que quelques magistrats isolés... (Réclamations à gauche.)

Messieurs, je répète les paroles que M. le garde des sceaux a prononcées à cette tribune...

M. le garde des sceaux. Vous les exagérez singulièrement : du reste, elles seront au *Journal officiel*.

M. Cuneo d'Ornano. Vous n'auriez pas assez de places à donner.

M. Ribot. Messieurs, il suffit de jeter un regard, même superficiel, sur l'état actuel de notre législature pour voir avec quelle rapidité elle se renouvelle, combien le temps fait son œuvre chaque jour, chaque mois, chaque année. (Interruptions à gauche.)

A droite. On ne veut pas prendre la peine d'attendre.

M. Ribot. En présence de cette magistrature sans cesse renouvelée, qui ne vous a créé aucun embarras... (Protestations à gauche.)

Messieurs, vous pourrez m'interrompre, je serai obligé d'aller jusqu'au bout de ce discours. (Très bien ! — Parlez au centre.)

Quand je dis que la magistrature n'a créé aucun embarras au Gouvernement, il me semble que j'ai plus de fierté que vous pour le Gouvernement républicain. Comment ! vous allez soutenir à cette tribune que quelques magistrats, perdus dans ce grand corps judiciaire, parce qu'ils n'ont pas oublié le souvenir du passé, peuvent être pour l'État républicain, pour la marche régulière du Gouvernement un péril, un embarras ?

Voix à gauche. Dites : un scandale !

Un membre à l'extrême gauche. Il y en a qui ont fait partie des commissions mixtes !

M. de Baudry-d'Asson. Il ne tient plus debout, le Gouvernement républicain : rien d'étonnant, alors, qu'il ait peur de tout !

M. Ribot. Est-ce qu'au lendemain des révolutions tous les gouvernements n'ont pas eu des difficultés ? Est-ce que, pour les vaincre, pour se débarrasser de quelques embarras passagers, ils ont cru devoir porter la main sur des institutions qu'ils estimaient nécessaires ?

Ce n'est pas là faire acte de gouvernement, permettez-moi de le dire ; ce n'est pas avoir une vue élevée des nécessités du Gouvernement ; c'est se laisser aller au cours des choses, c'est ne voir que les passions du jour et les nécessités contingentes du moment, c'est ne pas sentir la nécessité supérieure de la stabilité des institutions dans un grand pays. Quand vous n'avez besoin que de quelques années de patience, venir dire à cette tribune que vous ne pouvez attendre, que vous êtes sûrs de l'avenir, tout en affirmant que la République est enracinée dans le pays, permettez-moi de dire que c'est faire un singulier aveu, qui n'est pas empreint de fierté ni digne de la République et du pays. (Très bien ! très bien ! au centre et à droite.)

Je ne dirai rien de plus de cette première partie de la loi, celle à laquelle vous tenez le plus, celle pour laquelle on déploie tant d'impatience et tant de hâte qu'on ajourne tout ce qui tenait à cœur à M. le garde des sceaux, et qu'on lui inspire un aveu mêlé d'une certaine mélancolie. M. le garde des sceaux disait tout à l'heure : « On verra plus tard à faire des réformes ; je ne me dissimule pas qu'il y aura bien des difficultés à trancher... » Et M. le garde des sceaux semblait déjà conduire le deuil de ces projets, qui étaient, il y a quelques mois, l'objet principal de ses préoccupations. (Sourires.)

Il faudrait être aveugle, en effet, pour croire que, lorsqu'on aura jeté, comme une pâture, cette première loi qui vous permet de toucher aux personnes, car c'est là ce qu'on veut depuis quelques années..

Sur plusieurs bancs à gauche. Oui ! Certainement !

M. Ribot. Vous le dites, c'est là ce qu'on veut.

Sur les mêmes bancs. Oui ! oui !

M. Ribot. Quand on aura jeté cette loi comme une satisfaction accordée à la persévérance de ceux qui poursuivent quelques magistrats de leurs rancunes...

M. Madier de Montjau. Aux justiciables !

M. Ribot... je crois que les autres projets pourront attendre une autre législature. M. le garde des sceaux, qui se flatte d'avoir fait une réforme considérable, n'aura abouti qu'à affaiblir singulièrement l'institution judiciaire et à y aggraver les vices que lui-même signalait. On est hardi quand il s'agit de toucher aux personnes, mais on est timide quand il s'agit d'inaugurer de véritables réformes !

On répète volontiers que dans les petits tribunaux les magistrats sont atteints d'une maladie spéciale ; on précise les caractères de cette maladie : on l'a appelée tout à l'heure une consomption intellectuelle. Et qu'est-ce que vous faites de ces tribunaux ? Vous les maintenez tous, et vous doublez, vous triplez le traitement de ces hommes qui ont si peu d'affaires à juger et dont vous diminuez encore la besogne. (Sourires approbatifs à droite. — Interruptions à gauche.)

Et puis vous vous flattez que, lorsque vous aurez ainsi augmenté le traitement de ces magistrats, sans leur donner une affaire de plus à juger, en leur ôtant même quelques-unes de leurs occupations actuelles, vous aurez supprimé la fièvre de l'avancement, et vous aurez empêché les magistrats de hanter les antichambres ministérielles ?

En vérité, messieurs, est-ce que les 5,500 francs que vous donnerez à un président, dans une de ces petites bourgades où la vie se passe sans occupations sérieuses, sans aucune de ces distractions qui pourraient tenir lieu de travail, est-ce que vous pensez que ces magistrats ne seront pas aussi ardents que la veille à solliciter l'autorisation d'aller habiter dans la ville où il y a un lycée, où on peut élever son fils, où on peut instruire sa fille, où se trouvent ces agréments de la vie dont on peut se priver pendant les premières années de la jeunesse, mais après lesquelles l'âge mûr soupire ? (Sourires.)

Est-ce que vous croyez que la fièvre de l'avancement ne sera pas aussi ardente ? Elle le sera plus, par une raison fort simple : c'est que vous faites votre réforme à rebours ; c'est qu'au lieu de supprimer les magistrats qui ne font rien, vous réduisez le nombre des magistrats qui font quelque chose.

Et comme il y aura moins de places dans les tribunaux supérieurs qui seront vacantes, il y aura une foule qui se précipitera de ces malheureux tribunaux inférieurs pour arriver au port du salut, au chef-lieu du département, à la cour. Vous aurez des compétitions encore plus nombreuses, plus ardentes, qui se traduiront par des démarches aussi vives, aussi continues et aussi fâcheuses pour la magistrature.

Voilà, messieurs, à quoi aura abouti la réforme.

Monsieur le garde des sceaux, je vous blesserais si

je disais que cette réforme répond à ce que vous vouliez, à la conception que vous vous étiez faite.

Non. Je vous estime assez pour penser que vous aviez mis plus haut votre idéal, que vous aviez cherché autre chose, que vous vous étiez promis d'autres résultats. Et je ne crois pas vous manquer de déférence en disant que j'ai considéré votre adhésion aux décisions de la commission comme un aveu résigné de l'impossibilité où vous êtes de faire prévaloir vos idées. Vous cédez à un certain courant qui vous emporte; mais une réforme! non, le projet de loi n'en est pas une! (Très bien! très bien!)

Messieurs, quand vous aurez touché ainsi au personnel de la magistrature; quand vous aurez ainsi, pendant trois mois, été livrés à toutes ces compétitions, à toutes ces sollicitations, à toutes ces explosions de rancunes et de colères, quand vous aurez fait la magistrature qu'on veut que vous fassiez — et où peut-être des hommes qui aujourd'hui en sont l'honneur ne voudront pas garder leur place, — eh bien, je vous demande ce que sera la magistrature au lendemain de ce bouleversement. Je me le demande après vous; et je vais essayer de vous démontrer que là encore vous vous faites une illusion singulière sur la portée des dispositions du projet de loi.

Messieurs, dans les critiques qui ont été dirigées contre notre magistrature, on a attaqué souvent l'inamovibilité. On l'a attaquée en disant qu'elle n'empêchait pas le Gouvernement d'exercer ses séductions, qu'elle n'était pas un contre-poids suffisamment efficace à ce pouvoir si considérable de nomination, d'institution, qui appartient au gouvernement sans contrôle et sans condition. Et alors, qu'ont fait tous les hommes qui avaient le souci de l'intérêt public et le souci de l'indépendance du corps judiciaire? Tous ont été d'accord pour chercher les moyens les plus pratiques, les plus convenables, les plus adaptés à nos institutions et à nos idées de limiter d'un côté le droit excessif du pouvoir exécutif, et, de l'autre, de rendre le juge, une fois nommé, plus indépendant du caprice gouvernemental. Voilà la voie où tous les penseurs ont cherché le remède, où, à leur suite, tous les hommes politiques se sont engagés.

Vous avez tout à l'heure prononcé le nom de M. Gambetta, et vous avez rappelé ce discours de Romans où, en effet, l'inamovibilité a été affirmée dans des termes singulièrement énergiques. Je vous demanderai la permission de relire le passage auquel vous faisiez allusion; j'y trouverai, non seulement une défense, mais une définition de l'inamovibilité; vous y verrez ce que M. Gambetta entendait par l'inamovibilité, comment il la comprenait, et quand j'aurai mis sous vos yeux ce passage, j'examinerai ce que devient l'inamovibilité dans votre projet, si elle subsiste, s'il en reste quelque chose. Voici comment s'exprimait M. Gambetta :

« A coup sûr, je ne voudrais pas d'un juge qui fût révocable à merci, qui fût un instrument dans les mains des gouvernants, qui n'eût d'autres jugements à rendre que des ordres à exécuter. Ce juge me ferait horreur, et il ne soulèverait que mon dégoût et mes protestations.

« Ceux qui ont établi le principe de l'inamovibilité l'entendaient d'une manière qui était la vraie, la bonne. L'investiture était donnée par le Gouvernement aux détenteurs de la puissance judiciaire chargés de rendre la justice au nom du Gouvernement, et alors, pour prévenir le retour des faveurs ou des menaces du pouvoir, on installait le juge sur son siège, on le rendait inamovible à jamais, sauf le cas de forfaiture contre le gouvernement qui l'avait nommé.

« L'inamovibilité ainsi comprise offre une triple protection : protection pour l'Etat, protection pour le citoyen, pour le juge. Voilà comment je la comprends et comment je la défends. » (Marques d'approbation.)

Qu'est-ce que cette inamovibilité ainsi expliquée par l'illustre orateur? Est-ce que c'est le droit pour le magistrat, comme on le disait tout à l'heure, de se mettre au-dessus de ses devoirs, au-dessus des lois, de méconnaître les engagements qu'il a pris?

En aucune façon, messieurs; l'inamovibilité consiste uniquement en ceci : que le magistrat ne pourra être révoqué, une fois qu'il a été institué par le pouvoir, que s'il a commis une faute et après avoir été jugé. Voilà la définition de l'inamovibilité. Si vous touchez à ce principe...

Au banc de la commission. Nous n'y touchons pas.

M. Ribot. ... vous anéantissez l'inamovibilité. S'il n'est plus admis d'une façon absolue que le juge ne peut être destitué que pour une faute, il n'y a plus d'inamovibilité.

M. le garde des sceaux. Mais nous l'admettons parfaitement : c'est le projet! (Exclamations à droite.) Oui! c'est le projet.

M. Ribot. Nous allons voir, monsieur le garde des sceaux.

M. de Soland. C'est le ministre tout seul qui sera juge!

M. Ribot. Messieurs, la discussion pourrait être suivie avec un peu plus de calme. C'est une discussion qui ne doit porter que sur des textes, d'où la lumière va jaillir tout à l'heure, — je ne dis pas l'accord, je ne sais pas avec qui M. le garde des sceaux sera d'accord, si c'est avec la commission ou avec moi; je serais fort heureux qu'après réflexion il rompît avec la commission sur ce point capital.

L'autre jour, deux orateurs se sont succédé à cette tribune. Tout d'abord, M. Bernard, qui, je crois, ne fait pas partie de la commission, a dit : « Je vais faire un grand sacrifice; moi qui ai voté autrefois l'élection, je donne mon adhésion au projet actuel, parce qu'à mes yeux il porte à l'inamovibilité un coup dont elle ne pourra pas se relever. »

M. Bernard (Doubs). Parfaitement!

M. Ribot. Et puis M. Saint-Romme, qui, lui, fait partie de la commission, qui a entendu toutes les discussions, est venu dire : « C'en est fait de cette inamovibilité que des républicains attardés peuvent encore défendre à la tribune »; — ce n'était pas flatteur pour M. le garde des sceaux ni pour moi... (Sourires) — « c'en est fait de ce principe suranné; il ne peut survivre à nos discussions : l'inamovibilité est détruite. »

En présence de ces cris de triomphe, qui étaient poussés sans aucune contradiction de la part de l'honorable garde des sceaux, vous comprenez que j'avais quelque droit de monter à la tribune à la fin de la dernière séance et de demander au garde des sceaux de vouloir bien s'expliquer. Ce n'était pas pour avoir l'honneur périlleux de lui répondre que je sollicitais cette intervention; c'est parce que, sur ce point capital, décisif, il ne faut pas qu'il reste d'équivoques. On a parlé de querelles de mots, et M. le garde des sceaux semblait réduire toute cette discussion à des proportions infimes : nous serions des esprits mal faits qui nous attacherions à des mots, perdant de vue la réalité, et qui, entraînés par je ne sais quelle manie d'opposition, ne voudrions pas être satisfaits alors même qu'au fond on nous donne raison.

Mais permettez : alors, qui trompe-t-on ici? Est-ce M. Saint-Romme ou moi? Il faut le savoir. (Applaudissements et rires sur divers bancs.)

Si M. Saint-Romme voit dans la loi la destruction de l'inamovibilité, il faut lui démontrer qu'en effet il a tort, et cette démonstration, permettez-moi de vous le dire, vous ne l'avez pas faite.

Je crois, quant à moi, que MM. Saint-Romme et Bernard sont dans le vrai. Ils ont peut-être eu tort de triompher à la tribune; il faut être modeste quand on triomphe; mais néanmoins je crois que ce sont eux qui ont raison et que M. le garde des sceaux, s'il veut bien relire le projet et en peser les termes, verra avec netteté, comme je le vois moi-même, que le principe de l'inamovibilité, tel que je le définissais tout à l'heure, n'existe plus.

Et, en effet, que fait le projet? Il trouve dans nos lois le pouvoir disciplinaire, ce pouvoir qui doit atteindre le magistrat toutes les fois qu'il commet une faute. Ce pouvoir, on peut le définir mieux qu'il ne l'est aujourd'hui, l'étendre notamment à toutes les manifestations politiques, de quelque ordre qu'elles soient. Peut-être contrarierait-on certaines opinions qu'un magistrat éminent nommé par vous exprimait récemment dans une circonstance solennelle; mais, quant à moi, je crois que la magistrature ne doit faire de politique d'aucune sorte, ni de la bonne, ni de la mauvaise, parce que la bonne politique est celle qui plaît au gouvernement du jour; et la mauvaise, c'est l'autre. (On rit.) Or, comme les gouvernements changent et que je veux que les magistrats gardent toujours leur autorité en dépit de toutes les révolutions, ministérielles ou autres, je dis que le magistrat ne doit pas faire de politique. (Très bien! très bien! sur divers bancs.)

Un membre. Et s'il en fait?

M. Ribot. — C'est pourquoi je le dis en passant, je serai d'accord avec M. Saint-Romme pour voter l'article qui interdit le cumul des mandats électifs et des fonctions judiciaires. (Très bien! très bien!)

Le pouvoir disciplinaire s'étend à tout; il s'applique à toutes les fautes, qu'elles soient de l'ordre moral ou de l'ordre purement professionnel, ou de l'ordre politique : il faut donc le maintenir et même l'étendre; à cet égard, je suis d'accord avec vous. Mais vous voulez faire plus. Vous voulez le déplacer. Vous devriez nous en donner la raison, montrer qu'une commission aura plus d'autorité que ce grand corps qui s'appelle la cour de cassation.

Je ne discute pas ce point en ce moment; nous y reviendrons à propos de l'article spécial. J'admets, pour l'instant, que vous déplaciez ce pouvoir disciplinaire, que vous le donniez à une commission élue... nous verrons comment : quand vous avez dit que le magistrat pourra être révoqué sur l'avis conforme du conseil supérieur, par mesure disciplinaire, il doit être entendu que ce magistrat ne pourra pas commettre une seule faute impunément; et, comme vous avez confiance, j'imagine, dans le conseil que vous organisez...

M. le garde des sceaux. Ce n'est pas moi qui l'organise!

M. Ribot... que la loi organise, si vous aimez mieux. — Comme vous avez confiance dans l'institution que vous proposez, vous êtes bien sûr, apparemment, qu'aucune faute ne pourra échapper à l'action disciplinaire, puisque vous avez tous les moyens, depuis le blâme jusqu'à la déchéance, pour rappeler le magistrat à l'observation de ses devoirs.

Mais il y a quelque chose de plus dans votre projet : à côté ou au-dessus de ce pouvoir disciplinaire, vous placez un pouvoir qui n'est pas défini, qui reste enveloppé à dessein d'une obscurité qu'il importe de dissiper.

Vous dites qu'il y aura pour le ministre le droit de révoquer le magistrat, de le remplacer par décision motivée. Remplacer, cela veut dire révoquer, n'est-il pas vrai? Eh bien, je vous demande ce que c'est que cela.

M. le garde des sceaux. C'est un jugement!

M. Ribot. Monsieur le garde des sceaux, vous avez tort de dire que c'est un jugement; je vais vous montrer tout à l'heure que c'est une décision qui a l'apparence d'un jugement, — et ce qu'il y a de pire au monde, — une décision politique. Quand vous aurez reconnu que vous ne pouvez pas atteindre le magistrat par la voie disciplinaire, vous aurez ainsi proclamé qu'il n'a commis aucune faute qu'on puisse relever contre lui. Est-ce que ce n'est pas l'évidence? Est-ce que je ne donne pas à vos dispositions leur interprétation naturelle? Vous n'exercez pas l'action disciplinaire, parce que la matière vous manque, parce que vous ne pouvez pas saisir la faute, la porter au conseil supérieur; et alors que faites-vous? Vous superposez à l'action disciplinaire le droit de révocation, suivant les circonstances et suivant qu'il plaira au Gouvernement. (Mouvement.)

Et, par là, vous faites une chose sans précédent dans aucune législation : partout, en effet, où l'on a établi un pouvoir disciplinaire, c'est que le pouvoir de révocation faisait défaut; le pouvoir de révocation absorbe le pouvoir disciplinaire. Est-ce que vous soumettez vos préfets à une juridiction disciplinaire? Non; parce que vous pouvez les révoquer pour des motifs politiques.

Vous ne pouvez superposer le droit de révocation au pouvoir disciplinaire sans proclamer à l'avance que vous vous réservez le droit de frapper un magistrat pour autre chose que pour une faute, pour une indignité personnelle, c'est-à-dire pour un motif dont vous êtes seul juge — il faut dire le mot — pour un motif politique. (Marques d'approbation.)

Et cela est tellement vrai qu'à cette tribune M. Saint-Romme, membre de la commission, le reconnaissait. Il avouait ce qu'on voulait; il ne se cachait pas derrière des formules vagues et mystérieuses.

« Oui, disait-il, ce que nous voulons, c'est qu'en l'absence d'une faute proprement dite, en l'absence d'une sorte de délit professionnel, on puisse atteindre le magistrat pour cause politique. »

M. Saint-Romme l'a dit, et c'est l'évidence. (Approbation sur divers bancs.)

M. Lelièvre. Non! (Exclamations à droite.)

M. Ribot. M. le garde des sceaux disait tout à l'heure : « Ce que nous faisons, on l'a fait dans ce pays pour toutes les institutions qui ont besoin d'une protection contre les révocations arbitraires : on l'a fait pour l'armée, pour l'instruction publique. »

Je vous demande bien pardon, monsieur le garde des sceaux; vous connaissez mieux que moi la loi de 1834 sur l'état des officiers. Oui, un conseil d'enquête a le droit de briser la carrière d'un officier, de lui retirer son grade; mais pourquoi? pour des faits qui sont énumérés dans la loi, pour incapacité, pour maladie ou pour fautes contre l'honneur. Mais est-ce que jamais un gouvernement s'est avisé de demander le vote d'une disposition ainsi conçue : « En outre, l'officier pourra être destitué pour toute autre cause »? (Très bien! très bien!)

Si vous faites cela, il n'y a plus aucune garantie. Ce pouvoir disciplinaire que vous maintenez n'est plus qu'une illusion à l'aide de laquelle on dissimule ce qu'il y a de grave, ce qu'il y a de considérable dans l'innovation que vous proposez. Je veux bien croire à la sincérité de M. le garde des sceaux quand il dit à cette tribune qu'il ne frappera des magistrats que pour des causes légitimes; mais, nous, nous ne devons pas regarder seulement le garde des sceaux qui siège sur ces bancs, nous devons regarder l'avenir et voir ce qu'on pourra faire avec un pareil texte.

Supposez qu'une disposition semblable eût existé sous un autre régime, sous l'empire, sous la restauration, sous le gouvernement de juillet, demandez-vous si elle n'eût pas ouvert la porte à tous les abus de pouvoirs, à toutes les destitutions arbitraires. (Très bien ! très bien ! à l'extrême gauche et à droite.) Oh ! je sais que vous dites qu'il y aura une garantie ; elle se trouvera dans l'obligation de motiver la décision.

Mais quand on écrit dans une loi que le magistrat pourra être remplacé sans que la loi indique aucune cause de révocation, comment l'indication des motifs serait-elle une garantie? Ce motif, ce sera une circonstance interprétée par un quelconque de vos successeurs vis-à-vis duquel j'ai le droit d'exprimer publiquement ma défiance sans vous blesser, M. le garde des sceaux. (Très bien ! très bien !)

Oh ! je sais comment on colore certaines décisions, lorsqu'elles sont de pur arbitraire. Il vaudrait mieux l'arbitraire tout nu, l'arbitraire tout simple ; il est moins dangereux, moins corrupteur. (Très bien ! très bien ! à droite.) On motivera avec quelqu'une de ces formules : « Attendu que l'intérêt du service... attendu que les circonstances particulières qui se sont produites dans telle ou telle région exigent promptement le déplacement de tel ou tel magistrat... » (C'est cela ! à droite. — Interruptions au banc de la commission.)

Voulez-vous m'indiquer une formule d'après laquelle vous motiverez ces décisions, monsieur le président de la commission ? Oh ! vous vous y refuserez, parce que, vous le savez bien, — et je vous le démontrerai immédiatement, — ou bien le fait rentrera dans le pouvoir disciplinaire et pourra être jugé par lui, ou bien il n'y rentrera pas, et alors il échappera à toute appréciation : il ne relève que de vous, non pas de vous personnellement, mais de la commission que vous aurez instituée ; l'appréciation du fait sera ainsi livrée à un arbitraire absolu. (Très bien ! très bien ! à l'extrême gauche et à droite.)

M. Bernard (Doubs). Ce serait un abus de pouvoir ! Vous interpellerez alors ! (Mouvements divers à gauche. Exclamations et applaudissements ironiques à droite.)

M. Ribot. Je remercie mon honorable collègue M. Bernard de l'appui qu'il vient de m'apporter dans l'attaque que je dirige contre un projet qui a pourtant toute son affection.

M. Bernard me dit : « Mais vous interpellerez le Gouvernement ! »

M. Bernard (Doubs). Si le fait que vous prévoyez pouvait se produire ; mais il ne se produira jamais. (Exclamations et rires à droite.)

M. Ribot. Quelle idée, mon cher collègue, vous faites-vous donc de la loi dans un pays libre ? Quelle conception vous faites-vous de nos institutions et des garanties que nous devons donner à nos successeurs ? Si tout le gouvernement se résume dans ce double fait qu'il y a sur ces bancs des ministres qui peuvent tout faire et derrière eux des députés qui peuvent monter à la tribune et qui ont le droit de renverser le gouvernement, je dis que c'est là la pure théorie du despotisme. (Interruptions sur plusieurs bancs à gauche. — Vives marques d'approbation à l'extrême gauche et à droite.) C'est le droit pour les majorités de tout faire !

Eh bien, il y a une chose que les majorités n'ont pas le droit de faire, entendez-vous, dans un pays libre, dans une République comme dans une monarchie, mais surtout dans une République : c'est de mettre la main directement ou indirectement sur le pouvoir judiciaire. (Très bien ! très bien ! sur divers bancs.)

Je ne veux pas que, lorsque la commission que vous aurez nommée et le Gouvernement d'accord avec elle, auront touché à un magistrat sans motif légitime, par pur arbitraire, je ne veux pas que vous veniez à cette tribune achever de déconsidérer la magistrature, et par surcroît le Parlement, en livrant de pareils faits à la discussion publique. (Très bien ! très bien ! à droite et au centre.)

La magistrature doit être indépendante ; elle doit être, non pas comme on l'a dit tout à l'heure dans une interruption, au-dessus des lois, au-dessus de tout ; mais elle doit être au-dessus des partis politiques. (Mouvements en sens divers.)

M. le garde des sceaux. Très bien ! très bien !

M. Madier de Montjau. Elle n'y a jamais été.

M. Ribot. Par conséquent, si vous vous réservez le moyen, direct ou indirect, d'atteindre le magistrat pour un autre fait que pour une faute que vous puissiez préciser, vous vous réservez le droit et le moyen de mettre la main sur la magistrature et ce n'est pas vous qui le faites, il viendra un temps, permettez-moi de vous le dire, où d'autres, moins scrupuleux, useront de cette loi malheureuse, comme d'un instrument de réaction politique.

Voix à gauche. Allons donc !

A droite. C'est vrai !

M. Ribot. Et, messieurs, il me semble que dans ce pays on ne veuille pas retenir les leçons de l'histoire, de l'histoire cependant si pleine de documents, si remplie d'enseignements. L'histoire de ce pays est celle d'une suite de réactions successives, presque toujours violentes et dépassant le but. Les partis triomphants ne connaissent pas de mesure dans le triomphe ; ils n'ont d'autre souci que d'écraser leurs adversaires de la veille, sans se demander s'ils ne seront pas eux-mêmes les vaincus et la minorité du lendemain. (Très bien ! très bien ! sur divers bancs à gauche et à droite.) Que font, au contraire, les hommes prévoyants, les hommes aux idées élevées qui voient l'avenir et ses dangers ? Ils fondent des institutions, et ils les établissent si solidement qu'il ne peut plus dépendre du caprice d'une majorité victorieuse de supprimer les libertés publiques ; et l'existence d'une magistrature indépendante, c'est une liberté publique, messieurs, ne l'oubliez pas. (Très bien ! très bien ! sur les mêmes bancs.) Vous voulez réduire le magistrat, — et c'est là qu'est votre erreur suprême, — à n'être qu'un fonctionnaire, nommé par le pouvoir, et pouvant être destitué lorsqu'il a cessé de représenter les opinions politiques de la majorité. Vous oubliez ce qu'est le magistrat : le magistrat sort des besoins mêmes de la société, représente une grande idée, une grande force sociale, une idée égale à celle du pouvoir exécutif, et vous la subordonnez, vous l'humiliez, vous supprimez son indépendance qui est nécessaire, non pas à lui, mais surtout aux minorités. (Applaudissements à droite et sur plusieurs bancs au centre. — Mouvements divers à gauche.)

Mais, dites-vous, si la garantie n'est pas définie par la loi, si la loi laisse la porte ouverte à tous les abus d'autorité, il y a une autre garantie, qui résulte de la composition même du conseil supérieur. De quoi, nous dites-vous, vous préoccupez-vous ? Alors que la loi donne le pouvoir absolu à ce conseil, que craignez-vous ? Vous pouvez vous fier à lui ; il est composé de magistrats ; et ce doit être une garantie qui dispense de toutes les autres.

Vous me permettrez de vous répondre que cette garantie ne me rassure en aucune façon. Ce conseil, vous le faites nommer, par qui ?

Non pas comme le proposait l'honorable M. Devès, à qui appartient l'honneur de l'invention du conseil supérieur, par la cour de cassation, de telle sorte que les magistrats qui composeront ce conseil y siègent comme les représentants de l'esprit judiciaire dans ce qu'il a de plus élevé. Non, vous faites nommer ce conseil, au moins dans sa grande majorité, par le Sénat et la Chambre des députés.

Que voulez-vous donc ? Il faut le dire, il faut lever tous les voiles. Ce que vous voulez, c'est que ces magistrats soient, non pas les représentants de la magistrature, mais ceux des partis politiques. Cela est l'évidence, et cela est tellement clair que vous limitez à une année le mandat des magistrats à qui vous donnez cette tâche d'aller siéger dans le conseil supérieur.

Et qu'arrivera-t-il si un magistrat a voulu, pendant l'année, résister à toutes les pressions qui ont pu l'assaillir ? Il y aura bien, vous en conviendrez, quelque député qui, dans cette année aura pu se brouiller avec son président. (C'est cela à droite.) Son président ne l'aura peut-être pas salué dans la rue, et je vois le député, arrivant le matin, plein de courroux, dans l'antichambre du garde des sceaux... (Rumeurs à gauche.) Ce sera, si vous le voulez, un sénateur... (Sourires) ; il demandera le déplacement du magistrat, et, si on le lui refuse.... (Interruptions ironiques à gauche.) Ah ! vous riez, mes chers collègues ? Permettez ! Tout ce qui touche à l'honneur de la magistrature est grave ! (Très bien ! très bien ! à droite et au centre.) Quand les magistrats qui feront partie de ce conseil auront été nommés dans une pensée politique, par des corps politiques, sous des influences politiques, et qu'ils refuseront de se faire les exécuteurs de certaines représailles politiques, qu'arrivera-t-il ? Vous userez du droit que la loi vous donne, vous ne renouvellerez pas le mandat. Vous direz : « Tel magistrat s'est montré trop faible dans le conseil ; il n'a pas voulu me débarrasser de tel juge », et vous le remplacerez. Et, après chaque élection générale, vous aurez un bouleversement du conseil, suivant que les élections auront été faites dans un sens ou dans l'autre. (Interruptions à gauche. — Marques d'approbation au centre et à droite.)

Messieurs, vous m'interrompez. Je suis très convaincu que chacun de vous, personnellement, est décidé à ne demander que ce qui lui semble juste... (Sourires à droite).

Mais si vous ne teniez pas à garder la poignée de cette arme politique dans votre main, pour vous et pour vos successeurs, pourquoi feriez-vous élire ce conseil par les deux Chambres, par une majorité politique ?

M. Bernard (Doubs). Ce n'est pas encore décidé ! (Interruptions et rires).

M. Ribot. Je vous remercie encore une fois, mon cher collègue. (Nouveaux rires.)

M. Bernard veut bien me dire que c'est loin d'être décidé. Je l'espère bien, et c'est pourquoi je m'efforce, un peu longuement peut-être, mais avec toute la vigueur dont je suis capable, de vous montrer les conséquences déplorables de cette innovation, pour laquelle je n'ai jamais trouvé un mot de justification dans le rapport.

Un membre à gauche. Proposez un autre système !

M. Ribot. Je ne saisis l'intervention de ce conseil, nommé dans de pareilles conditions, soumis à des influences politiques, sera une garantie plus grande que l'honnêteté de M. le garde des sceaux. Messieurs, il y a bien des choses qu'on hésite à faire quand on est seul responsable. (C'est vrai ! à droite.)

Ce que disait tout à l'heure M. le garde des sceaux du juge unique, je le dirai à mon tour de l'homme politique qui, livré à sa seule responsabilité, pesant son honneur et se demandant quel sera le jugement du pays et celui de l'histoire ; il hésitera peut-être, au lendemain d'un arrêt qui aura pu déplaire, à frapper un magistrat, dans la crainte d'être jugé à son tour par le pays.

Mais, messieurs, à quoi donc servent ces commissions mixtes qu'on compose d'éléments divers ? Le plus souvent à abriter des décisions dont personne ne voudrait prendre la responsabilité. Voilà la vérité. (Applaudissements à droite et au centre. — Rumeurs à gauche.)

Et qui entrera dans ce conseil ? Vous voulez y mettre des magistrats. Oh ! je sais bien que les magistrats comme les autres hommes sont capables de bien des faiblesses et de bien des défaillances... (Interruptions à gauche.) Oui, je le crois, et c'est pour cela qu'il faut des institutions pour soutenir la magistrature. Mais quel rôle proposez-vous à ces magistrats que vous investirez de cette mission annuelle ? Je comprends très bien un magistrat obligé par ses fonctions, — bien que cela soit rigoureux et difficile, — de prononcer sur le sort d'un de ses collègues, de dire, en interrogeant sa conscience, s'il a ou non manqué à son devoir professionnel, je comprends cela ; c'est là une tâche qui est difficile, mais qui rentre dans l'idée même des devoirs du magistrat. Mais comprenez-vous un magistrat qui, sortant de ce conseil délibérant à huis clos, expliquera à ses collègues que le garde des sceaux n'a pas osé poursuivre pour cause disciplinaire, parce qu'on n'avait rien trouvé qui pût fournir la matière d'un acte d'accusation, et que, cependant, il a conclu au remplacement de ce magistrat ? Quelle sera sa situation devant ses collègues ?

Vous parliez tout à l'heure des militaires... Je suppose que des généraux soient assemblés aussi en conseil de discipline et d'honneur ; je suppose qu'on leur demande, à défaut d'une faute disciplinaire, qu'on ne peut pas préciser, de déclarer, néanmoins, que, vu les circonstances, il y a lieu de faire sortir de l'armée un de leurs camarades. Est-ce que vous trouveriez facilement dans l'armée des généraux qui se prêteraient à ce rôle ? Trouveriez-vous aisément, dans notre armée, des généraux qui s'abaisseraient à ces fonctions d'exécuteur politique ? Non. Et vous espérez trouver des magistrats pour faire ce que ceux-là refuseraient d'accomplir ? C'est là l'éloge que vous entendez faire de la magistrature ! (Vifs applaudissements à droite et sur quelques bancs à gauche.)

Messieurs, quand on laisse pénétrer la politique dans la magistrature...

A gauche. Elle y est.

M. Ribot... elle détruit, elle corrompt tout, même les caractères, et cette loi que vous faites, permettez-moi de vous le dire, non seulement détruit l'inamovibilité, mais elle sera pour la magistrature un dissolvant de plus, une cause de ruine à ajouter à tant d'autres.

Voyez-vous notre grande compagnie judiciaire, la cour de cassation, ayant dans son sein tous ces germes de division que ces élections multiples, procédant de sources et d'esprits différents, renouvelées tous les ans, vont y jeter et y développer pour le malheur et la déconsidération de notre justice ? (Très bien ! très bien ! à droite et sur divers bancs au centre.)

Comment, vous aurez des magistrats élus par la cour de cassation ! Puis le lendemain on mettra une urne sur le bureau du Sénat et on verra élire d'autres magistrats qui ne sont pas dans les mêmes idées que ceux nommés la veille et qui représenteront l'opinion politique du Sénat ; puis il y en aura d'autres nommés dans les mêmes conditions, par la Chambre des députés, et qui représenteront une autre idée politique. Il en résultera des compétitions sans cesse renouvelées dans les vestibules des Chambres, des rapports incessants entre la magistrature et la politique et il le faudra bien, car les magistrats seront vos mandataires et ils devront se mettre en communication avec leurs mandants pour s'inspirer de leurs idées.

Voilà le triste et funeste présent que vous voulez faire à la magistrature!

Je n'hésite pas à le dire : aucun gouvernement n'aurait osé, à une époque quelconque, proposer une pareille loi. Je le dis avec une conviction absolue : si l'un des régimes qui ont procédé celui-ci avait apporté une pareille loi à cette tribune, s'il avait demandé ce pouvoir qu'on revendique aujourd'hui pour un parti politique, je suis convaincu que tous les membres du Parlement, sans distinction d'opinion, se seraient élevés contre cette loi.

Puisque vous allez chercher pour vos innovations des exemples dans tous les pays, même en Espagne, vous me permettrez de vous dire qu'il n'y a pas un pays en Europe ni dans aucune partie du monde, sauf peut-être dans certaines régions extrêmes, qu'il n'y a pas un pays civilisé, libre, qui ait fait à la magistrature cette condition précaire, humiliée et subordonnée à la politique. Non, je ne le crois pas; vous n'en trouverez pas un exemple! (Applaudissements à droite et sur plusieurs bancs à gauche.)

Messieurs, pour compléter cette œuvre, qui doit assurer l'indépendance de la magistrature, il ne manquait qu'un seul trait.

Le projet de loi, sous prétexte de régulariser, de confirmer un droit que M. le garde des sceaux tiendrait de la législation antérieure, lui donne le pouvoir de faire comparaître un magistrat, fût-ce le premier président de la cour de cassation, devant tous ses collègues réunis en assemblée solennelle et de lui infliger ainsi, publiquement en quelque sorte, un blâme ministériel. Je sais bien que la législation antérieure permet au garde des sceaux, avant d'intenter l'action disciplinaire, d'appeler officieusement le magistrat dans son cabinet et là, dans le silence et à l'abri des oreilles et des regards indiscrets, de l'interroger sur les faits qui sont relevés à sa charge. Ce sont les termes mêmes de la loi. Vous prenez ce texte et, sous prétexte de l'éclaircir, vous en faites sortir pour le garde des sceaux le droit d'infliger une sorte de déconsidération publique à un magistrat.

En vérité, quelle idée se fait-on aujourd'hui du magistrat? Quelle idée se fait-on du représentant indépendant de la loi si un garde des sceaux, quel qu'il soit, a ce pouvoir exorbitant de lui infliger ainsi un blâme en dehors de toute juridiction?

M. le garde des sceaux. Je m'expliquerai sur l'article 18!

M. Ribot. Voilà, messieurs, l'esprit dans lequel cette législation est conçue, et vous me permettrez, en terminant ces observations, trop longues peut-être à votre gré (Non! non!), vous me permettrez, dis-je, d'exprimer ici le sentiment de tristesse sincère que j'éprouve en présence d'un tel projet. Comme je le disais tout à l'heure, les efforts de tous les publicistes et de tous les hommes qui ont été l'honneur de ce pays avaient consisté, depuis un demi-siècle, à chercher des garanties nouvelles et plus efficaces pour l'indépendance du pouvoir judiciaire. Les uns les cherchaient dans l'élection; d'autres, dans un système de présentations; d'autres encore, comme M. Gambetta, dans le discours qu'il prononçait à Belleville en 1881, indiquaient une série de concours à tous les degrés et des épreuves qui supprimeraient tout arbitraire de la part du Gouvernement.

Voilà les voies dans lesquelles on avait marché; on pouvait différer sur les solutions, mais tout le monde était d'accord sur le but. Vous voyez le recul que nous sommes en train de faire. On ne parle plus de chercher des garanties pour l'indépendance du magistrat ni de restreindre le pouvoir discrétionnaire du Gouvernement; et voilà que l'inamovibilité, voilà que ce rempart insuffisant et pourtant encore nécessaire de l'indépendance judiciaire est ébranlé, vous lui portez les premiers coups et vos successeurs sauront le renverser tout à fait.

A côté des actes, nous avons cette tristesse d'entendre M. le rapporteur nous dire qu'il ne faut pas considérer la magistrature comme un grand corps ayant ses traditions, ses idées d'honneur et de justice, mais qu'il ne faut plus y voir que des individus revêtus d'une fonction isolée. Et on ajoute que notre histoire est pleine des rébellions des magistrats contre le pouvoir de ce pays. Où lisez-vous donc notre histoire? Comment! depuis cinquante à soixante ans, dites-vous, l'histoire est pleine des entreprises de magistrats qui ont essayé d'entraver le Gouvernement ou d'empêcher l'État de remplir sa fonction!

Il me semble, au contraire, que l'opinion de tous les hommes qui ont écrit sur l'histoire de ces dernières années a été unanime pour déclarer que les magistrats avaient plutôt besoin d'être protégés contre ce que j'appellerai les défaillances humaines qui viennent les assaillir comme tous les autres hommes, d'autant plus que le magistrat a, de jour en jour, une situation plus difficile au sein de notre société démocratique où les majorités sont changeantes, où les mouvements populaires sont vifs et quelquefois tumultueux. Tous ont conclu qu'il fallait renforcer la solidité de nos institutions judiciaires. Se seraient-ils trompés?

Est-ce par un esprit de corps poussé à l'excès, est-ce par l'indépendance des caractères que nous sommes menacés de périr? (Non! non! à droite.) Non! ce qu'il faudrait, dans une démocratie comme la nôtre, ce serait de créer des institutions vigoureuses qui puissent résister à toutes ces secousses, à toutes ces réactions politiques dont je parlais tout à l'heure, et qui puissent nous survivre, si un jour la fortune devait tourner contre nous.

Mais ce n'est pas dans cette voie que la commission a cherché la solution des difficultés, elle ne s'est pas inspirée de cet esprit, elle n'a pas porté assez haut ni assez loin ses regards; elle n'a pas su voir au delà des passions du moment; je le regrette et le déplore profondément.

A mon sens, il y avait quelque chose de plus noble, de plus digne et de plus utile à faire, c'était de s'inspirer de pensées vraiment réformatrices. Au lieu de se figurer que le pouvoir judiciaire, si vous l'abandonniez à lui-même, pourrait se tourner un jour contre les intérêts permanents de la société, il fallait, au contraire, affirmer, garantir et assurer davantage son indépendance.

Voilà la politique qu'il fallait inaugurer et suivre; permettez-moi de vous dire que la vôtre est étroite, qu'elle est bornée, qu'elle est surtout imprévoyante. (Vifs applaudissements à droite et sur divers bancs à gauche. — L'orateur, en retournant à son banc, reçoit les félicitations d'un certain nombre de ses amis.)

SÉANCE DU 2 JUIN 1883

M. le président. Nous arrivons maintenant à l'article 12 lui-même, paragraphe 1er, bien entendu.

« Art. 12. — Il sera procédé, dans un délai de trois mois, à partir de la promulgation de la présente loi, à la réorganisation des cours et tribunaux... »

La parole est à M. de Lanessan contre ce paragraphe.

M. de Lanessan. Messieurs, au cours du discours, excellent à plus d'un point de vue, qu'il a prononcé dans la dernière séance, notre honorable collègue M. Graux a rappelé qu'il y a un an, lorsque se présenta une proposition analogue à celle qui vous est soumise aujourd'hui, dans l'article 12 du projet présenté par le Gouvernement, mes amis et moi nous votâmes contre cette proposition. Je tiens à dire que nous persisterons dans cette conduite, et je vous demande la permission d'en exposer brièvement les motifs.

La question a été posée de telle sorte, l'argumentation a été conduite par les partisans de la loi de telle façon qu'on pourrait croire qu'il n'y a que les ennemis de la République, les partisans de la monarchie, les amis des magistrats monarchistes qui puissent rejeter l'article 12 qui vous est proposé.

Je reconnais les vices profonds de l'organisation de notre magistrature, et les faits nombreux qu'on peut reprocher à cette magistrature, faits qui n'ont été contestés par personne, pas même par ceux-là qui se sont montrés les plus sympathiques à nos magistrats, pas même par l'honorable M. Ribot qui n'a pu qu'atténuer la portée des faits qui avaient été cités à la tribune, et que dire, avec quelque apparence de raison, qu'ils n'étaient peut-être pas assez graves pour que les républicains crussent la République en assez grand péril pour en confier les destinées à l'arbitraire le plus absolu. (Très bien! sur quelques bancs à gauche.)

Il est incontestable, messieurs, que l'organisation actuelle est mauvaise et que, tant par suite de cette organisation, que par suite de la façon dont la magistrature est recrutée, elle doit, nécessairement, être un corps réactionnaire. Elle doit être en opposition systématique avec les idées de progrès, surtout avec les idées de progrès radical et rapide de beaucoup d'entre nous. (Rumeurs au centre.)

M. Clovis Hugues. Ils trouvent qu'après quatorze ans de République le progrès est trop rapide!

M. de Lanessan. Je ne crois pas, messieurs, avoir dit une bien grosse monstruosité.

J'ai dit, et je répète que l'organisation de la magistrature est telle que, fatalement, les magistrats ne peuvent pas appartenir à la catégorie d'esprit qui désire que l'humanité marche rapidement. Et je crois qu'il serait facile de justifier cette proposition.

Les catégories de citoyens parmi lesquelles sont recrutés les magistrats, les conditions exigées pour qu'ils puissent remplir les fonctions auxquelles ils sont appelés, l'organisation même, le mode d'organisation de cette magistrature, tout concourt à amener le résultat dont je parle.

Si l'organisation est mauvaise, il est fatal qu'une partie du personnel ne vaille pas davantage. Vous savez comment il a été recruté; il est indéniable que tous les magistrats qui ont servi l'empire avec fidélité autrefois ne peuvent que très difficilement se déterminer à servir la République, qu'ils n'acceptent pas.

M. Ernest Dréolle. Les magistrats ne servent pas.

M. Eugène Delattre. Ils serviraient aussi bien l'orléanisme que l'empire.

M. de Lanessan. Si un grand nombre d'entre eux restent fidèles à leur passé, je ne pourrais que les approuver, s'ils étaient obligés de rester sur leurs sièges; mais il faut compter avec les intérêts et se dire que, si l'indépendance de caractère est rare, il est rare aussi de voir des hommes sacrifier volontiers leurs intérêts matériels.

C'est ainsi que, fatalement, il y a dans notre magistrature une partie du personnel qui est hostile à la République.

Il est nécessaire, c'est incontestable, que la République réforme ce personnel. Il est à souhaiter que les magistrats soient inspirés par un esprit en harmonie avec celui de nos institutions, avec le Gouvernement de la République.

Mais comment y arriver? Est-ce que le système que l'on vous propose atteint ce résultat? Est-ce qu'il ne présente pas plus d'inconvénients que d'avantages? Est-ce qu'il ne présente pas des périls si considérables qu'ils font disparaître les avantages qu'il pourrait produire? Telle est la question que je veux traiter aussi brièvement que possible.

Plaçons-nous dans la situation qui va être faite à M. le garde des sceaux, le jour où cet article 12 sera voté par la Chambre et par le Sénat, ce qui est peut-plus douteux.

Quelle sera cette situation? M. le garde des sceaux aura à juger d'abord 2,500 magistrats, parmi lesquels il aura le droit de rejeter tous ceux qui lui déplairont, c'est-à-dire qui déplairont à ceux qui lui adresseront des rapports. Car je ne suppose pas que M. le garde des sceaux connaisse personnellement tous les magistrats sur le sort desquels il aura à décider. Il jugera d'après des rapports. Ces rapports, par qui seront-ils faits? Un peu par tout le monde, et je regrette d'ajouter, messieurs, peut-être beaucoup par vous-mêmes. (Rires approbatifs à droite.)

C'est là, messieurs, un des côtés graves de la question. Vous serez assaillis, tous tant que vous êtes, surtout les députés des départements, par des protestations de toutes sortes : les unes seront justes, elles pourront être appuyées sur des faits réels; d'autres seront des dénonciations de gens ayant perdu de mauvais procès et peut-être fort bons républicains, quoique leurs causes fussent détestables. (Nouveaux rires à droite.)

Ces dénonciations vous viendront encore de tous les ennemis politiques, parmi lesquels il faut distinguer ceux qui se plaindront des magistrats sans obéir à aucun mobile intéressé, sans avoir rien à gagner ni à perdre dans l'affaire, par pur amour de la République; puis ceux qui seront poussés par des motifs d'ambition personnelle.

M. Laroche Joubert. Ce sera le plus grand nombre! (On rit.)

M. de Lanessan. Et ces motifs, c'est vous-mêmes qui allez les créer, car en même temps que vous décidez que le garde des sceaux pourra révoquer n'importe qui des 2,500 magistrats qui siègent actuellement, vous décidez que ce même garde des sceaux pourra donner les sièges laissés vacants à qui il lui plaira de les donner. Il est certain que, parmi les gens qui se plaindront des magistrats actuels, beaucoup songeront à les remplacer ou à les faire remplacer par leurs amis ou leurs parents. (Très bien! très bien! à l'extrême gauche et à droite.)

Quels seront fatalement, nécessairement, les hommes qui seront appelés à jouer dans ces destitutions et dans ces remplacements de magistrats le rôle le plus important?

Je le disais tout à l'heure, et j'ai le regret de le répéter : ce sont les députés eux-mêmes.

Vous serez assaillis par tous les intérêts, et je crains que vous n'ayez à devenir les colporteurs de toutes les dénonciations et de toutes les calomnies qui pourront surgir dans vos circonscriptions. (Très bien à droite.)

Je n'ai parlé que des dénonciations ayant un objet politique : mais croyez-vous que ce seront les seules? Oh! je vois d'ici les passions soulevées! Il suffira qu'un magistrat aille à la messe — ce qui est son droit après tout, pourvu qu'il rende de bons jugements... (Très bien! très bien! à droite), il suffira, je le répète, qu'un magistrat aille à la messe, comme c'est son droit... (Très bien! à droite), je le déclare, quoique moi-même je sois fort peu partisan de cette cérémonie, il suffira même que la femme d'un magistrat y conduise ses enfants pour qu'il soit dénoncé comme un ennemi de la République. (Vives réclamations au centre.)

M. le comte d'Espeuilles. Cela se pratique tous les jours !

M. de La Rochette. Et depuis longtemps déjà !

M. Henri Villain. Est-ce que cela vous est quelquefois arrivé ?

M. de Lanessan. Ce que je dis ne devrait pas beaucoup vous étonner. Je pourrais rappeler des actes commis par des assemblées, qui sont certainement de nature à me permettre de croire que, lorsque vous aurez soulevé les passions, ces passions n'auront guère de bornes. Je me rappelle une assemblée dans laquelle fut discutée — il n'y a pas de longues années — la question de savoir si l'on devait admettre à un concours artistique de la ville de Paris des artistes, des sculpteurs, qui avaient fait acte public d'adhésion à la religion catholique. (Interruptions à gauche et au centre. — C'est vrai ! Très bien ! à droite.)

Un membre. Allez dire cela au conseil municipal de Paris.

M. de Lanessan. Messieurs, je sais si bien avec quelle rapidité la marée de la passion monte, non seulement dans le peuple, mais dans les assemblées, qu'à l'heure actuelle je cours peut-être le risque, en tenant ce langage, de passer demain pour un clérical. (Rires approbatifs à droite.)

M. de Soland. Comptez-y !

M. Bergerot. Voilà la tolérance de la Chambre !

M. de Lanessan. Mais, messieurs, ce n'est pas tout ; à côté des dénonciations relatives à la politique et à la religion, à côté des dénonciations dans lesquelles on vous représentera des magistrats — avec beaucoup de raison dans un grand nombre de cas — comme des agents plus ou moins militants des partis monarchiques, il y en aura d'autres dans lesquelles on vous représentera ces magistrats comme des agents d'une politique républicaine différente de celle de tel ou tel ministère. (Bruit.) Je pourrais, à ce propos, rappeler que le Gouvernement lui-même s'est établi sur la base de l'exclusion d'une partie de la majorité républicaine. (Exclamations à gauche. — C'est vrai ! à droite.)

M. Gaillard. On n'a pas nommé un seul magistrat recommandé par le parti républicain radical !

M. de Lanessan. Je crois ne faire aucune personnalité et me tenir dans les termes les plus convenables de la discussion ; je ne vois donc pas pourquoi je soulève tant de protestations. Ce sont des faits que j'expose et rien que des faits.

Messieurs, rappelez-vous encore que, lorsque, il y a un an, la proposition que nous discutons aujourd'hui fut soumise à la Chambre, un certain nombre de ceux qui en sont à l'heure actuelle les plus chauds partisans, refusèrent de la voter. Pourquoi ? Je ne voudrais pas les calomnier, mais peut-être est-ce qu'ils n'étaient pas bien sûrs de faire eux-mêmes la réorganisation qui leur était proposée... (Rires à droite) ; il m'est du moins permis de le croire quand je vois les mêmes personnes reprendre ce même projet auquel elles étaient hostiles, il y a un an, et vouloir le faire voter, l'imposer pour ainsi dire à cette Chambre avec une telle rapidité... (Exclamations sur plusieurs bancs au centre et à gauche.)

M. Cuneo d'Ornano. Contraire à ses habitudes !

M. de Lanessan. Vous vous rappelez qu'à la dernière séance M. le garde des sceaux vous disait : Gardez-vous bien de voter la prise en considération de la proposition de M. Bienvenu relative à la présentation, parce que ce serait empêcher le vote immédiat de la loi.

L'argument par lequel répondait M. Lepère était bien précis. Il disait : Mais la commission a déjà étudié la question, et, soit qu'elle repousse, soit qu'elle accepte le principe de la présentation, elle pourra vous apporter, dès samedi, l'opinion qu'elle aura adoptée ; il n'y aurait pas même eu un retard de vingt-quatre heures, puisque nous ne devions pas siéger hier, c'était à peine un retard d'une demi-séance, et pourtant on était si pressé qu'on nous donnait à choisir entre l'arbitraire pur, le bon plaisir de M. le garde des sceaux, qui pendant trois mois aura le droit de faire tout ce qu'il lui plaira, d'expulser tel magistrat, de garder tel autre, sans avoir à rendre compte à personne de ses actes, on nous donnait à choisir entre cet arbitraire absolu et le *statu quo*, qu'on suspend aujourd'hui comme une menace sur nos têtes.

On nous dit : Si vous ne voulez pas de l'arbitraire de M. le garde des sceaux, vous resterez avec les mauvais magistrats que vous avez, vous garderez cette organisation que vous trouvez si défectueuse.

Eh bien, placés entre ces deux alternatives : ou de commettre un acte arbitraire et despotique contraire à nos principes, ou de garder une magistrature mauvaise, nous préférons rester dans la situation où nous sommes. (Très bien ! sur divers bancs.)

Nous le préférons à deux points de vue : d'abord, parce que nous ne voulons pas vous donner le droit de faire passer la magistrature sous les Fourches Caudines du garde des sceaux. (Réclamations au centre et à gauche.)

S'il n'en est pas ainsi, je vous demande pourquoi vous avez présenté le projet de loi soumis à nos délibérations.

Si ce projet n'a pas pour but de vous permettre de faire ce que vous ne pouvez pas faire aujourd'hui, je ne vois pas pourquoi vous nous le présentez.

M. Allain-Targé. Il ne s'agit pas de Fourches Caudines !

M. de Lanessan. Servez-vous de la figure que vous voudrez, mon cher collègue ; dites que vous allez mettre la magistrature entre les mains du garde des sceaux, qui pourra la presser comme on presse un raisin pour en exprimer le bon jus et rejeter la grappe. (Rires et exclamations divers.)

Servez-vous de toutes les images qu'il vous plaira de choisir, il ne restera pas moins vrai que la loi qu'on propose de voter, que l'article 12 particulièrement, met la magistrature entre les mains de M. le garde des sceaux, et j'ai le droit de dire que, le jour où il sera investi de ce pouvoir absolu, il sera exposé aux très graves inconvénients dont j'ai signalé une partie.

Mais il y a un autre danger. Lorsque vous aurez livré au Gouvernement la magistrature, lorsque vous lui aurez donné le droit de faire pendant trois mois des magistrats ce qui lui conviendra, d'éliminer celui-ci ou celui-là sous prétexte de bonapartisme ou de légitimisme.

M. Cuneo d'Ornano. Ou d'intransigeance !

M. de Lanessan... est-ce que l'on n'aura pas le droit et le devoir de vous demander de confier au Gouvernement le droit et l'obligation de remanier de la même façon *notre armée* ? (Réclamations à gauche et au centre. — Marques d'assentiment sur quelques bancs à l'extrême gauche et à droite.)

Mais, messieurs, il me semble que le remaniement du personnel de l'armée serait tout aussi nécessaire que celui de la magistrature. Il me semble que, si un magistrat royaliste est dangereux sur son siège, un officier royaliste est encore plus dangereux à la tête de son régiment !

A droite. C'est évident !

M. Leydet. L'officier doit obéir, ce n'est pas la même chose !

M. Corentin-Guyho. On peut le mettre en disponibilité !

M. de Lanessan. Je ne veux pas insister sur cette question, mais il est bien évident que l'article 12, appliqué à la magistrature, a pour conséquence logique l'application de ce même article 12 à toutes les branches de nos services publiques : à l'armée, à l'instruction publique, aux ponts et chaussées, c'est-à-dire à des corps qui aujourd'hui sont, grâce à des dispositions législatives particulières, placés en dehors de l'arbitraire du pouvoir gouvernemental.

J'irai plus loin. S'il est un corps entre tous qui ait le droit d'être indépendant, c'est sans conteste celui de la magistrature, car nous le considérons non pas comme formé de fonctionnaires chargés d'obéir à un gouvernement... (Interruptions au centre), mais comme un pouvoir qui, dans une démocratie sagement organisée, devrait être indépendant à la fois du pouvoir exécutif et du pouvoir législatif.

A droite. C'est cela ! Très bien !

Un membre à gauche. C'est une théorie d'autrefois.

M. de Lanessan. Messieurs, j'entends un de nos collègues de la majorité, qui sans doute se dispose à voter d'un cœur léger l'article 12 du projet, dire : « C'est une théorie d'autrefois. »

Messieurs, je ne crois pas que les théories démocratiques aient beaucoup vieilli en ce pays par la mise en pratique dont elles ont été l'objet, et je crois qu'il serait sage avant de déclarer qu'elles ont fait leur temps, de les mettre en usage et d'en faire quelque peu l'expérience.

Eh bien, j'aurais voulu qu'au lieu de livrer la magistrature à M. le garde des sceaux, qui peut-être ne fera pas lui-même la réorganisation qu'il vous demande, — les ministres changent rapidement en ce pays et dans cette Chambre, — j'aurais voulu, dis-je, que la Chambre étudiât, malgré les empêchements qu'y ont mis les membres de la commission et le Gouvernement, les moyens de faire la magistrature beaucoup plus indépendante qu'elle ne l'est aujourd'hui.

Un membre au centre, ironiquement. Alors conservons l'ancienne !

M. de Lanessan. Mais ce n'est pas dans cette voie que vous voulez marcher. Vous demandez qu'on vous permette de débarrasser le corps de la magistrature des personnes qui ne représentent pas les idées du Gouvernement de la République. Je ne conteste pas la légitimité de cette demande, je m'y associe même...

Au banc de la commission. Eh bien ! alors ?

M. de Lanessan... mais est-il nécessaire de marcher dans la voie où vous entrez pour aboutir à ce résultat ? N'y a-t-il pas dans votre propre loi tous les moyens d'empêcher que les magistrats se mettent en rébellion contre la République ?

Vous êtes en train d'organiser un conseil disciplinaire doué de pouvoirs tellement considérables qu'il pourra remplacer — c'est l'euphémisme dont on s'est servi — c'est-à-dire, pour parler plus nettement, qu'il pourra mettre à la porte de la magistrature tout magistrat qui aura non seulement commis une faute, mais même, comme l'a si éloquemment démontré l'honorable M. Ribot, qui aura commis une faute tellement imaginaire que vous serez obligé de le juger en l'air. (Mouvement divers.)

Eh bien, n'y a-t-il pas dans votre loi un moyen d'empêcher les mauvais magistrats de donner les exemples déplorables qu'ils donnent à l'heure actuelle, et de vous débarrasser d'eux ?

Votre conseil disciplinaire, qui, assurément, lui aussi, va être placé entre les mains du Gouvernement, — car c'est là l'autre côté de la hache à deux tranchants qui doit couper la magistrature... (Rumeurs), — ce conseil disciplinaire, placé entre les mains du Gouvernement, rendra au Gouvernement, sans conteste, tous les services qu'il lui demandera. Je n'ai aucune inquiétude à cet égard.

Le Gouvernement peut être assuré qu'avec le conseil disciplinaire et les pouvoirs qui lui seront donnés par l'article 15, il arrivera facilement à se débarrasser, dans un temps fort court, des magistrats qui peuvent le gêner aujourd'hui.

L'article 12 est donc non seulement dangereux, au point de vue auquel je me suis placé tout à l'heure, mais encore il est inutile, je ne dis pas à mon point de vue, mais à votre propre point de vue, inutile au point de vue où vous vous êtes placés vous-mêmes, au point de vue de votre loi, puisque d'autres articles de cette loi, auxquels vous tenez au moins autant qu'à l'article 12, vous donneraient le moyen de vous débarrasser des magistrats monarchistes.

Lorsque vous serez entrés dans la voie ouverte par l'article 12, comment vous arrêterez-vous ? Je disais que vous soulèveriez des passions de toutes sortes : non seulement celles des républicains contre les monarchistes, mais encore celles des fractions du parti républicain entre elles. Le Gouvernement d'aujourd'hui ne prendra pas, je suppose, pour en faire des magistrats, les amis du gouvernement d'hier ou de demain.

Ce point m'amène à féliciter ; en passant, le gouvernement de M. de Freycinet, dont faisait partie notre honorable collègue, M. Goblet, à féliciter ce gouvernement de s'être refusé à accepter le pouvoir despotique et arbitraire qu'on voulait mettre entre ses mains. Si ce ministère a commis des fautes dans sa carrière, il a fait un acte dont tous les amis de la liberté doivent le féliciter, il a repoussé l'arbitraire que je combats en ce moment. Quand un gouvernement est assez fort pour rejeter l'arbitraire qu'on veut lui confier, il mérite l'estime de tous les citoyens qui aiment la liberté. (Très-bien ! très-bien ! sur divers bancs.)

Lorsque M. le garde des sceaux aura, en vertu de cet article 12, constitué une magistrature à l'image de son gouvernement, une magistrature qui lui sera dévouée, les divers gouvernements qui se succèderont voudront aussi avoir leurs magistrats. C'est fatal, cela est dans l'ordre nécessaire des choses. Vous allez être assaillis de demandes de toutes espèces ; le Gouvernement actuel a environ 2,500 places à donner. A côté des dénonciations dont je parlais tout à l'heure, il y aura les demandes et les sollicitations... (Interruptions.)

M. Cunéo d'Ornano. Ce sera la curée !

M. de Lanessan. Il est évident que les hommes qui solliciteront des places et de l'argent les solliciteront en promettant au Gouvernement de le servir avec toute fidélité et toute obéissance. Quand je dis le gouvernement, je ne dis pas la République ; ils promettront au ministère qui les nommera de le servir, ils seront à l'heure voulue, aux prochaines élections parlementaires, si c'est encore le Gouvernement qui les aura nommés qui préside à ces élections... (Applaudissements à droite et sur quelques bancs à l'extrême gauche. Réclamations sur d'autres bancs)... ils seront d'excellents agents électoraux. (Nouvelles réclamations. — Très bien ! très bien ! à droite.)

Ils seront même de si bons agents électoraux que, lorsque le gouvernement qui les aura nommés aura été renversé, tous les adversaires de ce Gouvernement s'empresseront de demander que de si bons agents électoraux soient remplacés par d'autres. (Mouvements divers.)

M. le garde des sceaux. La magistrature a pour instruction formelle de ne jamais intervenir dans les élections. (Exclamations ironiques à droite.) Vous le savez bien !

M. Freppel *et d'autres membres.* Nous n'en savons rien du tout.

M. le garde des sceaux, *s'adressant à la droite.*

Oh ! [illegible]essieurs, que vous n'en avez jamais fait autr[illegible] vous étiez au pouvoir. (Applaudissemen[illegible] et à gauche.)

M. Freyre. Alors pourquoi voulez-vous changer la magistrature !

M. de Lanessan. Il ne m'est pas possible, vous le comprenez bien, de contester la nature des circulaires qui sont émises par M. le garde des sceaux et l'interdiction qui a pu être faite par les gardes des sceaux qui se sont succédé depuis dix ans, aux magistrats, de se tenir à l'écart des luttes électorales. Je ne peux pas discuter les intentions du ministère, mais il y a une chose bien certaine, — et M. le garde des sceaux le sait comme moi, — c'est que les magistrats ne sont pas étrangers aux luttes électorales, et il le sait si bien, il est si certain que les magistrats ont une très grande influence à ce point de vue que c'est précisément en s'appuyant sur ce motif, c'est-à-dire au point de vue politique, qu'il vous demande de l'armer du pouvoir de les changer. (Très bien ! à droite.)

M. le duc de la Rochefoucauld-Bisaccia. Tous les juges de paix nommés par le Gouvernement sont des agents électoraux !

M. Horteur. C'est une habitude que vous leur avez donnée au 16 mai !

M. Cuneo d'Ornano. Voulez-vous en faire autant ?

M. le président. N'interrompez pas, messieurs.

M. de Lanessan. Il est incontestable que le précédent que vous allez créer aura des conséquences graves. Il est certain que, quand vous aurez habitué le pays à abandonner les questions de principe pour mettre à la place des questions de personnes; que lorsque vous l'aurez convaincu que la réforme de la magistrature, sur une base plus ou moins large ou philosophique, n'est plus de notre époque, comme le disait tout à l'heure un de nos collègues; lorsque vous aurez habitué le pays à ne plus discuter les questions de principe pour s'en tenir aux questions de personnes; lorsque vous aurez habitué le Parlement, par l'exemple que vous lui donnez depuis quelques jours, à écarter les questions de principe... (Protestations à gauche)... Est-ce que vous avez déjà oublié le vote que vous avez émis avant-hier, lorsqu'une partie de cette Chambre vous demandait quelques jours pour étudier une réforme de notre organisation judiciaire?

M. Victor Plessier. Non pas une, mais deux parties de la Chambre !

M. de Lanessan. Si vous l'avez déjà oublié, soyez sûrs que le pays ne l'oubliera pas de sitôt (Exclamations à gauche), et vous ne parviendrez pas à lui faire croire que les républicains qui vont voter aujourd'hui contre l'article 12 sont des amis de la magistrature, du passé, des alliés des monarchistes. Ces moyens ont déjà été employés à l'égard des partisans de l'élection de la magistrature, il n'y a pas bien longtemps; il suffisait que ce côté de la Chambre (l'orateur désigne la droite) se fût associé avec l'extrême gauche pour voter une loi de liberté pour que nous fussions accusés d'avoir fait un pacte presque honteux. (Interruptions à gauche.)

Vous n'avez qu'à lire les journaux d'il y a un an pour être convaincus de la vérité de ce que j'affirme en ce moment.

Je répète que, lorsque vous aurez créé ce déplorable précédent d'abandonner toutes les questions de principe pour les remplacer par des questions de personnes, vous ne pourrez plus vous arrêter, parce que, si, dans cette enceinte il y a une certaine pondération dans l'étude des questions, si nous les traitons avec une certaine modération; si, grâce à notre pratique journalière de la vie politique, nous arrivons à arrondir les angles de nos passions, il n'en est pas de même dans le pays; et, lorsque vous aurez donné au pays cet exemple de faire de la politique passionnelle, soyez convaincu qu'il ne fera plus que celle-là.

S'il y a un danger pour la République, un danger grave, il n'est pas dans cette poignée de magistrats réactionnaires dont le temps vous eût vite débarrassés, — en admettant qu'il n'y ait pas d'autres moyens de le faire; — s'il y a un danger pour la République, il est dans la pratique de ce que j'appellerai la politique passionnelle; dans cette politique qui n'envisage que les personnes et néglige les principes.

M. Lelièvre, *président de la commission.* Ce n'est pas nous qui avons introduit cette politique.

M. de Lanessan. Ce n'est pas moi qui ai apporté l'article 12; je crois que M. le président de la commission n'est pas tout à fait étranger à la présentation de cet article.

M. Lelièvre. Je conteste absolument cela.

M. le président. N'interrompez pas au banc de la commission; vous répondrez.

M. de Lanessan. Si la commission peut me démontrer que son article 12 soulève une question de principe et non purement et simplement une question de personnes, je n'hésiterai pas à voter avec elle, mais la démonstration n'a pas encore été faite et ne peut pas être faite.

Votre politique est une politique purement passionnelle; et je répète que c'est un danger dans un pays comme celui-ci, où on n'a que trop de tendance à ne pas étudier d'une façon pratique les questions, dans un pays qui est prompt à juger de loin, à ne voir que les grands traits, à s'agiter pour les hommes bien plus que pour les idées; je dis que, dans un pays dont le passé est monarchique, qui a les passions que ce passé lui a créées, il est dangereux de pousser les passions aussi loin que vous le faites. Vous ne les arrêterez plus...

M. Leydet. C'est le pays qui demande la réforme judiciaire.

M. de Lanessan. J'entends une interruption qui constitue l'une des objections les plus graves que l'on puisse faire. On a dit que le pays demande la réforme du personnel de la magistrature.

Oui, dans vos programmes comme dans le mien se trouve la réforme de la magistrature entraînant la réforme du personnel; mais, si vous voulez réaliser un progrès définitif, il ne faut pas vous arrêter aux questions de personnes; il faut aller plus loin : il faut faire la réforme sérieuse de la magistrature. Il faut que la refonte du personnel ne soit que la conséquence de la transformation de notre organisation judiciaire.

A droite comme à gauche, cette réforme se trouve inscrite dans tous les programmes : élection, consolidation de l'inamovibilité, concours; partout on réclame un moyen de rendre la magistrature plus indépendante. Aujourd'hui, que faites-vous ? Vous livrez la magistrature au pouvoir exécutif. Je dis que nos électeurs ne nous ont jamais demandé cela, et, quant à moi, je me refuse à accomplir un acte pareil; j'aime mieux conserver quelques magistrats mauvais que m'exposer à violer les principes sur lesquels j'ai réglé ma vie politique.

Je vous supplie, messieurs, de vous arrêter dans la voie où vous êtes lancés; il y va, à mon avis, et de la sécurité de la République et de l'honneur de ses représentants. (Très bien ! très bien ! à l'extrême gauche.)

SÉANCE DU 2 JUIN 1883

M. Clémenceau. Je monte à la tribune après M. le garde des sceaux pour une simple constatation : je veux constater que M. le ministre a répliqué à des interruptions de droite, mais qu'il ne m'a pas répondu.

A droite. Nous n'avons rien dit.

M. Paul de Cassagnac. C'est vous qui avez parlé; c'est à nous qu'il a répondu.

M. Clémenceau. M. le garde des sceaux a démontré à ces messieurs de la droite qu'il était nécessaire d'avoir dans le pays une magistrature républicaine. J'en étais préalablement tombé d'accord avec lui.

Il a répondu — et je retiens cette parole parce que je crois qu'il est nécessaire de la souligner — que ce ne serait pas faire les affaires du pays que de faire une réforme plus complète.

M. le garde des sceaux. Je n'ai pas dit cela.

M. Clémenceau. C'est ce que j'ai compris.

M. le garde des sceaux. J'ai dit que ce ne serait pas faire les affaires du pays que de ne pas accomplir immédiatement ce qui est possible et de s'obstiner à courir après l'impossible.

M. Clémenceau. Soit ! Encore faudrait-il prendre la peine de démontrer à des hommes qui ont la prétention de raisonner leurs actes que la mesure que vous proposez est la seule possible et qu'aucune de celles que vous avez fait rejeter n'est possible ?

C'est là-dessus que je vous ai interrogé. C'est là-dessus que vous vous êtes gardé de répondre.

Il y a, dites-vous, des magistrats qui ne saluent pas des procureurs de la République.

M. de Soland. Il faudrait savoir pourquoi.

M. Clémenceau. Eh bien, moi, je suis républicain, et je connais des procureurs de la République, anciens bonapartistes, que vous avez nommés, et que je ne saluerais pas ! (Rires à droite. — Applaudissements à l'extrême gauche.)

M. Cuneo d'Ornano. Ils sont comme les préfets de M. Waldeck-Rousseau.

M. Clémenceau. Et c'est à de pareilles misères que vous abaissez la grande question de la réforme judiciaire ! Et vous croyez qu'il suffira de nous dire, pour expliquer votre refus de toutes les réformes, que vous ne voulez pas tout faire à la fois ! Mais encore faudrait-il faire quelque chose à la fois ! (On rit.) Encore faudrait-il que ceci constituât une fraction de réforme ! Comment ! vous me dites que vous diminuez le nombre des magistrats, que vous réduisez le nombre des classes, et il vous suffit de ces deux mesures pour croire que vous opérez une réforme !

Vous réduisez le nombre des classes; pourquoi? Afin d'en finir avec les demandes incessantes d'avancement, afin de ne plus voir assiéger le ministère de demandes d'avancement apostillées par les membres du Parlement. Vous réduisez les classes de six à quatre; car, si vous ne parlez que de trois classes, Paris constitue à lui seul la classe supérieure. Si les classes étaient pour la magistrature une cause de démoralisation, il fallait les supprimer. En en diminuant le nombre, vous n'aurez rien changé. Et c'est là ce que vous invoquez comme une réforme !

Vous avez diminué le nombre des magistrats, mais encore ne faut-il pas procéder empiriquement, réduire ce nombre au hasard. Toute réforme doit procéder d'une idée générale. Vous avez beau dire, vous avez beau prêcher au parti républicain qu'il n'y a pas de réforme d'ensemble, c'est une doctrine contre laquelle le parti républicain a toujours protesté, et, si vous pouviez avoir raison contre le parti républicain, il n'y aurait plus de parti républicain. (Applaudissements à l'extrême gauche.)

Comment pensez-vous qu'il faut instituer ces magistrats, quelle est l'idée générale en vertu de laquelle vous fixez le nombre des juges ?

Quand vous l'aurez exposé, alors nous pourrons comprendre la raison d'être de la mesure que vous nous proposez. Je pourrai comprendre alors que vous procédiez comme vous le faites, car je saurai ce que vous voulez faire et comment vous voulez le faire. Aujourd'hui, je l'ignore et je suis assuré que vous l'ignorez vous-même.

Est-ce que la méthode que j'indique, qui est la méthode rationnelle, qui est une méthode politique, a rien à faire avec ce que vous proposez ? Est-ce qu'il y a ici un seul des députés qui voteront la loi qui puisse nous dire comment vous concevez la réforme de la magistrature et ce que vous pensez de l'organisation des cours et des tribunaux ?

N'est-ce pas le cas de rappeler le mot bien connu d'un homme qui occupe aujourd'hui un poste très élevé dans la République et qui disait, dans une circonstance semblable à celle-ci : « Tout changement n'est pas nécessairement une réforme. » C'est un changement que vous faites, et vous le faites pour esquiver une réforme que vous devez à la République, que vous aviez promise et qu'elle attendait de vous. Vous ne tarderez pas vous-mêmes à constater l'inefficacité de cette mesure, monsieur le garde des sceaux, quand les députés encombreront votre antichambre, vous reprochant d'avoir nommé dans leur arrondissement un autre magistrat que celui qu'ils vous avaient recommandé. Vous vous apercevrez alors qu'en essayant de remplacer les réformes de principes par les réformes de personnes, vous n'avez donné à aucun de ceux que vous vouliez contenter les satisfactions qu'ils attendaient de vous.

Ce n'est pas tout. Il faut assurément que, dans la République, les fonctions administratives soient occupées par des républicains. Je n'y contredis pas.

Et ne voyez-vous pas que les députés doivent se garder de la tendance naturelle qui les incite à léguer à l'avenir les réformes de principes, à la condition que les ministères leur donnent les satisfactions de personnes ?

Nous sommes des hommes, nous avons des faiblesses; on a des parents; on a des amis; on est particulièrement sûr de leur républicanisme, et tant d'emplois sont encore aux mains des monarchistes qu'il n'y a rien de plus naturel que de solliciter pour ceux qui, ayant bien servi la République dans la défaite, ont le droit et le devoir de la servir également dans la victoire.

Mais il faut prendre garde de ne pas tomber dans cette erreur, commune à tous les gouvernements monarchiques et qui consiste à croire que, quand certaines personnes sont satisfaites, le pays est nécessairement satisfait. Si ce sentiment pouvait se généraliser dans la majorité républicaine, il en résulterait un amoindrissement moral de notre parti. Ce que vous devez au pays, c'est d'assurer son avenir, et vous ne l'assurerez pas par des nominations de fonctionnaires, mais par la réforme des institutions. (Applaudissements à l'extrême gauche.)

Je ne veux blesser personne. J'analyse un mal que je crois réel. Il me semble qu'on est porté à croire dans le Parlement que parce que le Gouvernement est composé de républicains, que parce que les administrations sont parfois aux mains des républicains, — car il y a ceci d'étrange que le Gouvernement qui demande une loi spéciale pour épurer la magistrature n'a pas encore réussi à épurer l'administration, — il semble, dis-je, que parce que beaucoup de fonctions publiques sont occupées par des républicains, la République soit instituée. Eh bien, non, la République n'est pas instituée.

Aussi longtemps que vous maintiendrez l'institution judiciaire de la monarchie, l'organisation administrative de la monarchie, toutes les institutions et toutes les lois de la monarchie, vous n'aurez rien fait que maintenir, en dépit du titre du Gouvernement, la monarchie elle-même. Vous aurez éveillé les appétits de vos amis, vous leur aurez donné des places, mais vous les aurez condamnés en dépit d'eux-mêmes à faire œuvre monarchique; et, au lieu qu'ils puissent réagir sur l'organisation monarchique qu'ils seront chargés de faire fonctionner, ce sera les institutions qui réagiront sur les hommes, et cela au détriment de la moralité politique, du parti républicain lui-même.

Voilà le danger qui existe en tous temps pour tous les partis au pouvoir, et que je voudrais éviter au parti républicain.

Ne croyez pas qu'il suffise de remplacer des fonctionnaires monarchistes par des fonctionnaires républicains pour fonder la République. C'est l'organisation qu'il faut réformer. En dehors de cela, vous ne ferez qu'œuvre vaine.

Votre loi aggrave ce péril, et l'empressement que certains républicains mettent à la voter, la haine qu'ils manifestent de toute discussion montrent à tous ceux qui réfléchissent la fâcheuse tendance de leur esprit.

Bientôt, monsieur le ministre, vous aurez à compter avec eux et vous apprendrez à vos dépens qu'on ne peut satisfaire tout le monde... et sa chambre. (On rit.)

C'est peut-être là, monsieur le garde des sceaux, ce qui explique pourquoi vous n'avez pas voulu répondre à la question que j'ai pris la liberté de vous poser. Je vous avais demandé de nous dire pourquoi les réformes que la Chambre était naguère disposée à accepter vous paraissent maintenant inacceptables...

M. le garde des sceaux. C'est la Chambre qui ne les a pas acceptées.

M. Camille Pelletan. Sous votre pression! vous avez eu peur qu'elle se déclarât pour une mesure de réforme.

M. de La Rochette. La Chambre a voté l'élection!

M. Clémenceau. C'est précisément, monsieur le garde des sceaux, ce qui fait, permettez-moi ce mot, ma querelle avec vous.

Si vous croyiez qu'il n'est pas nécessaire d'aller au delà de la loi actuelle, si vous y voyiez la seule réforme que comporte actuellement l'opinion républicaine, je combattrais assurément votre opinion, mais je comprendrais, sans l'approuver, votre attitude politique.

Au lieu de cela, que dites-vous? Vous essayez d'expliquer votre impuissance en arguant de ce que la Chambre a rejeté les réformes qui lui étaient proposées. Consultez donc les scrutins et vous y verrez que, si la Chambre a rejeté ces réformes, c'est parce que vous l'avez voulu, parce que vous êtes de ceux qui les ont rejetées! (Mouvements divers.)

M. le garde des sceaux. Oui, j'ai voté contre l'élection des juges.

Un membre à droite. Et contre la présentation aussi.

M. Clémenceau. La Chambre, qui avait voté l'élection, aurait certainement accepté la présentation, si le Gouvernement ne s'y était opposé.

Messieurs, je vous demande pardon d'avoir donné trop d'étendue aux observations que je voulais vous présenter. (Parlez! parlez!)

J'avais le devoir, en mon nom et au nom de mes amis, de faire la part des responsabilités de chacun. C'est ce que je viens de faire en constatant que, si l'on ajourne indéfiniment la réforme judiciaire, c'est que le Gouvernement l'a voulu ainsi; en constatant que nous avons recherché la réforme du personnel de la magistrature dans une réforme d'ensemble qui nous a été refusée, tandis qu'on la cherche aujourd'hui dans une mesure qui ne permet pas au parti républicain de donner au pays les satisfactions légitimes... (Protestations au centre. — Très bien! très bien! à l'extrême gauche.)

Croyez-vous que ce qui préoccupe le pays, c'est de savoir si tel ou tel de vos magistrats salue tel ou tel de vos substituts? (Exclamations au centre. — Rires à droite.) Ce qui préoccupe le pays, c'est l'élimination des ennemis de la République.

Au centre. Eh bien? eh bien?

M. Clémenceau. Oui, je sais bien que vous attendez de votre loi des résultats merveilleux.

Au centre. Oui! oui!

M. Clémenceau. Et, quand vous retournerez dans vos collèges électoraux, je vous entends dire: « Nous avons réformé la magistrature! » (Rires sur divers bancs.)

Eh bien, non, vous n'aurez pas réformé la magistrature; et, avant qu'il soit longtemps, la situation que vous aurez créée pour les magistrats que vous allez nommer ne sera pas très différente de celle qui existe aujourd'hui.

Dans un pays comme le nôtre, en voie d'organisation démocratique, où certaines fractions du parti républicain sont quelquefois d'autant plus séparées qu'elles sont plus voisines... (Sourires), vous verrez les divisions politiques produire les mêmes résultats. Telle ville radicale se plaindra de ses magistrats opportunistes; tel collège opportuniste, d'un magistrat plus ou moins radical... (Exclamations à gauche.)

M. Camille Pelletan. On n'en nommera pas! (Bruit.)

M. Clémenceau. J'admets qu'on en puisse nommer par mégarde.

Et quand ces plaintes se produiront, le remède apparaîtra tel qu'il vous apparaît aujourd'hui, et la majorité d'alors aura peut-être beaucoup de peine à résister à la pression de ceux qui lui demanderont de faire, dans un intérêt républicain, comme vous allez vous-même faire aujourd'hui.

J'ai fini. Je sais très bien, monsieur le garde des sceaux, que, du haut de votre siège ministériel, vous jugez notre attitude avec autant de rigueur que l'a fait la commission; vous nous traitez d'idéologues, de théoriciens, de rêveurs. Soit! Nous acceptons toujours ces épithètes. Je ne vous cacherai même pas que nous nous en faisons gloire. Nous sommes des théoriciens, parce que la République n'est encore, dans la France actuelle, qu'une théorie.

Les idées que nous avons apportées à cette tribune, que nous défendons et que nous continuerons à défendre, les idées qui sont aujourd'hui conspuées par la commission et par le Gouvernement, ce sont les idées constitutives de la République, les idées pour lesquelles se sont livrés les plus nobles combats, les idées qui représentent ce qu'il y a de plus grand dans le monde de la République: l'organisation de la démocratie. (Vifs applaudissements à l'extrême gauche.)

SÉANCE DU 5 JUIN 1883

M. le président. La Chambre s'est arrêtée à l'article 13, concernant la création d'un conseil supérieur de la magistrature.

Plusieurs amendements ont été déposés sur cet article; le premier est celui de M. de Marcère. Il consiste à remplacer les articles 13, 15, 16, 17, 18 par la disposition suivante:

« Le ministre de la justice, la cour de cassation, les cours d'appel et les tribunaux de première instance conservent les pouvoirs disciplinaires qui leur sont conférés par le sénatus-consulte du 16 thermidor an X, par la loi du 20 avril 1810, par le décret du 2 mars 1852. »

La parole est à M. de Marcère.

M. de Marcère. Messieurs, l'article 13, sur lequel la Chambre est appelée à se prononcer, contient des dispositions qui ont trait au pouvoir disciplinaire de la magistrature; il crée une institution nouvelle, l'institution du conseil supérieur; et les articles 15, 16, 17 et 18 organisent la procédure d'après laquelle ce pouvoir disciplinaire pourra fonctionner.

Messieurs, la Chambre a compris, après les débats qui se sont déroulés devant elle depuis plusieurs jours, que ce conseil supérieur est, parmi les autres innovations du projet de loi, celle qui a soulevé le plus de critiques. On l'a critiqué dans sa composition; on l'a critiqué aussi dans les attributions qui lui sont conférées.

Si le conseil supérieur, dont il est question, a uniquement pour attribution d'exercer le pouvoir disciplinaire sur la magistrature nouvelle; si les articles qui suivent ont pour but de l'organiser, je me propose de démontrer à la Chambre que ce qu'il y a de mieux à faire c'est de maintenir le pouvoir disciplinaire tel qu'il existe dans la loi ancienne, d'après le sénatus-consulte de l'an X, d'après la loi de 1810 et le décret de 1852.

Si, au contraire, le conseil supérieur a un autre but, s'il a pour but de mettre la nouvelle magistrature entre les mains du pouvoir exécutif, je me permets de vous dire, messieurs, que c'est aggraver singulièrement la loi nouvelle, loi qui a été fort attaquée, comme vous le savez, et qui a été attaquée surtout à ce point de vue qu'elle enlève à la magistrature une part considérable de son indépendance.

Aussi bien cette institution du conseil supérieur a subi, dans les délibérations intérieures de la commission, je ne dis pas des transformations considérables, mais au moins des discussions dont le bruit est parvenu jusqu'à nous. Et ce ne sont pas seulement de vains bruits, il y a des faits qui viennent à l'appui de cette opinion générale, que la commission a eu à délibérer souvent sur le sort de ce conseil supérieur, et que ce conseil a subi des remaniements importants depuis le dépôt du projet de loi.

M. le garde des sceaux avait imaginé une composition particulière de ce conseil; la commission l'a modifiée. Puis on a appris qu'elle avait même agité la question de savoir si elle ne devrait pas le supprimer entièrement, et enfin, je crois pouvoir dire, sans être démenti, que M. le garde des sceaux a pensé qu'il convenait de réserver à une partie de la cour de cassation, à la chambre civile, les pouvoirs qu'il avait attribués d'abord à ce conseil supérieur sur la composition duquel il a varié d'opinion.

De sorte qu'il est bien certain que, soit à la suite des délibérations publiques de la Chambre, soit par l'effet de ses propres réflexions intimes, la commission a été vivement préoccupée du sort réservé à ce conseil supérieur, qui est une innovation, je le répète, et l'un des points les plus considérables de la loi que vous avez à voter.

Mais enfin, sans s'arrêter aux intentions de la commission, il faut prendre les choses comme elles se présentent, et je m'en tiens aux apparences. Je considère pour le moment que M. le garde des sceaux et la commission, après lui, n'ont eu pour but que de constituer sur des bases nouvelles et d'après de nouvelles formules le pouvoir disciplinaire de la magistrature.

Eh bien, ce pouvoir disciplinaire, quel est-il? Dès le début de cette discussion, vous avez pu connaître quelle a été la pensée de la commission sur le pouvoir qui allait être attribué à ce conseil.

Dans la discussion générale, M. Saint-Romme, parlant de ce pouvoir, a dit à la Chambre: « C'est un tribunal, c'est un arbitre, qui aura le droit et le devoir de prononcer entre le magistrat et le Gouvernement. » Ce sont les expressions mêmes dont il s'est servi.

Il était dès lors évident qu'il s'agissait là d'une sorte de pouvoir politique. On faisait du conseil supérieur une espèce d'arbitre entre le Gouvernement et le magistrat. Et l'honorable garde des sceaux a ensuite exprimé la même idée en termes différents: Oui! le conseil supérieur aura à prononcer des jugements contre les magistrats, à la demande du garde des sceaux. — A propos de quels faits? Sans doute à propos des actes d'insubordination que se permettraient les magistrats dans l'exercice de leurs fonctions, ou même en dehors de l'exercice de ces fonctions.

Messieurs, permettez-moi de vous le dire, rien n'est plus contraire que cette conception à l'idée que nous nous sommes faite jusqu'à présent d'un pouvoir disciplinaire. Suivant moi, il ne doit pas avoir pour but, du moins pour but exclusif, de poursuivre des personnes, d'atteindre des individus, mais plutôt de créer pour le corps de la magistrature des mœurs professionnelles.

Le pouvoir disciplinaire ne doit pas seulement avoir action sur les magistrats pris individuellement; il a pour effet de donner aux membres des corps judiciaires, considérés dans leur ensemble, des habitudes de respect du devoir, de dignité dans la conduite; ce sont ces mœurs qui donnent aux magistrats et au corps judiciaire leur autorité morale, si profitable à la justice, et qui contribuent à les entourer les uns et les autres de la considération qui leur est si nécessaire.

C'est là, messieurs, le but de tous les pouvoirs disciplinaires. Je puis dire aussi, quelles qu'aient été les attaques dont l'ordre judiciaire a été touché et blessé, que c'est également le résultat obtenu, grâce à ces pouvoirs disciplinaires, distribués, à tous les degrés de l'ordre judiciaire, sur tous les points du territoire. Quand on parle, par exemple, d'un avocat, — M. le garde des sceaux ne me démentira pas, lui qui a été l'honneur d'un des barreaux de nos provinces, — on voit apparaître immédiatement derrière lui le conseil de l'ordre. Pour les avoués, c'est la même chose; ils ont derrière eux la chambre de discipline de leur ordre. Les notaires également. Et, ainsi, ces personnes qui font partie des corporations, des compagnies dont je parle, qui constituent par leur ensemble l'ordre judiciaire tout entier, se trouvent unies dans une solidarité de délicatesse d'honneur, de dignité dans la conduite, qui fait que l'ordre judiciaire tout entier est entouré d'une juste et légitime considération.

Voilà le caractère particulier du pouvoir disciplinaire.

Vous voulez instituer un conseil supérieur qui sera comme un tribunal placé à la tête de la hiérarchie judiciaire, qui prononcera des jugements contre tel ou tel magistrat, appartenant à tel ou tel ressort ou à tel ou tel tribunal. Cette création ne ressemble en rien au véritable pouvoir disciplinaire formé des membres de la famille judiciaire, qui, à chaque degré de l'ordre, protège le magistrat contre lui-même, et entoure chacun des membres de la considération qui rejaillit sur le corps tout entier.

Ce caractère du pouvoir disciplinaire, vous l'enlevez au conseil que vous proposez d'instituer, par la composition, par la constitution, par les attributions que vous lui donnez. (Bruit.)

M. le président. Veuillez faire silence, messieurs.

M. de Marcère. Messieurs, je crois pouvoir vous dire que je parle en ce moment de choses que je connais; voulez-vous me permettre de vous indiquer ce qu'est ce pouvoir tel que je l'ai vu fonctionner? (Parlez! parlez!)

Vous avez à vous prononcer sur une institution des plus graves, qui aura pour effet de former la nouvelle magistrature aux mœurs qu'elle doit avoir; vous avez sans doute l'intention de faire en sorte que cette magistrature soit digne du respect des justiciables, entourée de la considération qu'il faut souhaiter pour elle; laissez-moi vous dire quelles sont, selon moi, les seules conditions qui vous permettront d'obtenir ces résultats. (Parlez! parlez!)

Vous le savez peut-être, mais laissez-moi vous rappeler cependant comment était organisé jusqu'à ce jour le pouvoir diciplinaire.

Chaque corps judiciaire avait son conseil de famille.

Le magistrat était justiciable de ses pairs, et dans chaque compagnie judiciaire on pouvait prononcer des peines qui allaient depuis l'avertissement, depuis la censure simple, depuis la censure avec réprimande, jusqu'à une suspension provisoire des fonctions. Ces peines étaient prononcées par les magistrats eux-mêmes à l'égard de leurs collègues.

Puis, la cour de cassation avait reçu, en vertu du sénatus-consulte de l'an X, des pouvoirs non pas supérieurs, analogues et en quelque sorte parallèles, mais qui participaient de la grande autorité du corps qui en était investi! La cour de cassation, ou plutôt le tribunal de cassation, comme on l'appelait alors, exerçait sur l'ensemble du corps judiciaire un pouvoir de discipline et de surveillance; il pouvait même suspendre les magistrats de leurs fonctions pour des fautes graves. C'est en cela que différait essentiellement le pouvoir de la cour de cassation de celui que vous vouliez, naguère encore, donner au conseil supérieur. La faute entraînant la déchéance devait se rattacher à la discipline, tandis que, sans se préoccuper de la nature de la faute commise, et, par conséquent, pour des faits relevant uniquement de la politique, la commission avait voulu que le conseil supérieur pût, par un avis motivé, remplacer des magistrats. C'était la suppression de l'inamovibilité. La commission est revenue sur cette première idée. Il ne s'agissait plus de fautes disciplinaires, de peines relevant de la discipline : c'était une main-mise sur l'indépendance des magistrats, ou c'était tout au moins une conception bizarre sur laquelle je n'insiste pas, puisque vous y avez renoncé.

Le tribunal de cassation avait donc le droit de suspendre le magistrat pour une faute grave, mais toujours en se renfermant dans la limite de ses pouvoirs disciplinaires sans avoir la faculté d'en sortir.

Le décret de 1852, messieurs, — sa date vous indique quel était l'esprit qui l'inspirait; — il ne devait pas avoir pour but certainement d'assurer l'indépendance du magistrat, mais enfin, tout en conférant à la cour de cassation un pouvoir presque exorbitant, il renfermait encore l'exercice de ce pouvoir dans la limite de la discipline, et il disposait que dans le cas où les cours, les tribunaux inférieurs auraient prononcé la suspension provisoire d'un magistrat, la cour de cassation, en se fondant sur cette décision des premiers juges, pourrait prononcer la déchéance de ce magistrat. Le même décret édictait encore que dans des cas très graves, mais toujours en se conformant à l'esprit du sénatus-consulte de l'an X, la cour de cassation pourrait frapper de la même déchéance les magistrats qui auraient si gravement compromis leur caractère ou tellement manqué à leurs devoirs professionnels, qu'ils avaient mérité cette peine.

Quel était, messieurs, le pouvoir disciplinaire du garde des sceaux sur ces magistrats? Je puis dire que ce pouvoir était fort réduit. Le garde des sceaux n'a pas le droit de frapper d'une peine un magistrat quelconque; quelle que soit la puissance du ministre de la justice sur les magistrats, elle ne va pas jusque-là.

Il peut simplement le mander dans son cabinet et là lui adresser les admonestations qu'il juge à propos de lui faire pour une faute que ce magistrat aurait commise, mais il n'a pas le droit de le frapper d'une peine. On avait soustrait ainsi les magistrats à l'action directe du garde des sceaux, c'est-à-dire du Gouvernement lui-même.

Voilà, messieurs, comment s'est exercé jusqu'à ce jour le pouvoir disciplinaire de la magistrature; et c'est cela que l'on veut changer!

A ce conseil de famille qui se réunit, à la chambre du conseil, au tribunal, à la cour, à la cour de cassation, on veut substituer quoi? Un conseil supérieur, sur la composition duquel je m'expliquerai tout à l'heure. Mais je tiens d'abord à vous indiquer la procédure que le projet organise pour le mettre en mouvement.

Dans l'ancien ordre de choses, auquel on veut en substituer un nouveau, le pouvoir disciplinaire s'exerçait dans la chambre du conseil du tribunal, c'est-à-dire sans bruit, sans scandale. On préservait ainsi l'honneur, la considération du magistrat que l'on allait atteindre, et, en préservant l'honneur et la considération du magistrat, on préservait la considération du corps tout entier. Car, enfin, vous vous imaginez bien que, lorsque les justiciables, les citoyens voient siéger devant eux un magistrat qui a été l'objet d'une poursuite disciplinaire, lorsqu'ils savent que ce magistrat a été appelé devant le tribunal, devant la cour, devant la cour de cassation, qu'il a subi des réprimandes, qu'il a été frappé ainsi d'une sorte d'indignité, vous jugez bien l'effet que cela doit produire sur eux.

Aussi, autant dans l'intérêt de la justice que dans celui des corps judiciaires, on avait évité cet inconvénient en instituant le pouvoir disciplinaire de telle façon qu'il s'exerçait en quelque sorte en famille, sans éclat et sans scandale. Le magistrat était appelé par ses pairs, il répondait aux accusations dirigées contre lui, il pouvait se défendre; le ministère public était là, il représentait le Gouvernement. Tout se passait en famille. Le public n'était pas au courant de ces affaires intimes de la compagnie, qui auraient été de nature à attirer l'attention sur le magistrat et à le déconsidérer avant même qu'il ait été jugé. Par ce moyen, l'honneur et la considération du corps tout entier étaient sauvegardés et réservés.

Au contraire, voyez comment va se passer cette procédure disciplinaire devant le conseil supérieur.

Le conseil supérieur apprend par M. le garde des sceaux qu'il y a un magistrat, à l'autre extrémité de la France, je ne sais où, je ne sais dans quel tribunal, qui a commis une faute contre la discipline, contre ses devoirs, qui a excédé son pouvoir, si vous le voulez, qui a commis une faute contre la délicatesse que lui imposait sa profession, ce magistrat est appelé. Vous voyez l'éclat qui va se produire, et quel bruit cette procédure fera! Ce magistrat est appelé de l'extrémité de la France à Paris, devant le conseil supérieur, et, avant que celui-ci se soit prononcé, le magistrat sera frappé de déchéance, il sera perdu devant ses pairs, il le sera bien plus encore aux yeux des justiciables.

La procédure organisée dans le projet, appelle le bruit et le scandale sur ces affaires, qui devraient être entourées de discrétion et rester renfermées autant que possible dans le sein de la famille qui s'appelle la compagnie judiciaire.

En rendant le magistrat justiciable de ce tribunal lointain, il échappe... — vous ne le voyez donc pas? ou plutôt je suis convaincu que vous le comprenez bien, — le magistrat échappe à cette surveillance, non pas occulte, mais jalouse de l'honneur du corps, à ce contrôle de chaque jour qui s'exerce par une compagnie sur chacun de ses membres; il est soustrait à cette solidarité d'honneur et de délicatesse qui doit le maintenir dans la ligne étroite des devoirs de sa profession; car le pouvoir disciplinaire exerce son influence sans même qu'il soit mis en mouvement. Pourquoi? Parce que le magistrat redoute le jugement de ses pairs, le jugement de ses collègues. Vous le soustrayez à ce contrôle salutaire, à cette surveillance constante qui le maintient, je le répète, dans la ligne de conduite qu'il doit tenir.

Dans le système actuel, il se souciera fort peu du jugement que porteront ses justiciables et ses collègues, sur sa conduite, sur la manière dont il exerce ses fonctions; il n'est plus justiciable que d'un tribunal qui est très loin, devant lequel on ne l'appellera pas, à moins d'un scandale énorme qu'il aurait produit autour de lui. Quant à l'exercice quotidien de ses devoirs, il n'y portera plus une attention si soutenue, il saura que le conseil supérieur ne l'appellera pas devant lui pour des fautes légères qui, si elles se multiplient, si elles deviennent une habitude de négligence pourront cependant, sans qu'il ait à redouter le pouvoir disciplinaire, le déconsidérer aux yeux de sa compagnie et de ses justiciables.

Messieurs, dans cette procédure funeste à la considération qui doit entourer les compagnies judiciaires et chacun de leurs membres, il y a quelque chose de plus grave encore, et c'est sur ce point que je me permets d'appeler votre attention particulière, parce qu'il marque d'un caractère particulier le pouvoir disciplinaire nouveau qu'on veut instituer.

Qui sera le maître de l'action? Qui pourra appeler le magistrat devant le conseil supérieur? Ce ne sont pas les magistrats eux-mêmes, ce n'est pas la compagnie, c'est le garde des sceaux. En vertu d'un des articles de la loi, le garde des sceaux seul peut saisir le conseil supérieur de l'action qu'il veut diriger contre un magistrat.

Eh bien, messieurs, je ne crains pas de le dire, c'est le reproche le plus grave peut-être que l'on puisse faire à la loi que vous avez à voter. On met les magistrats absolument dans la main du garde des sceaux; non pas du garde des sceaux qui est aujourd'hui sur ces bancs, mais du gouvernement, du pouvoir politique. Le garde des sceaux seul peut traduire les magistrats devant le conseil supérieur. Ce ne sont plus leurs pairs, les magistrats, leurs juges naturels, qui peuvent leur adresser des observations, des avis, des réprimandes, les frapper d'une censure; non! c'est le Gouvernement seul, c'est-à-dire le pouvoir politique qui peut envoyer les magistrats devant le conseil.

Les magistrats sont donc à la discrétion du pouvoir exécutif; vous ne pouvez pas échapper à cette conséquence.

M. Roques (de Fillol). Ils le sont par leur nomination aussi.

M. de Marcère. Quand on fait des lois, il ne faut soupçonner personne, mais il faut tout prévoir.

M. Lelièvre, *président de la commission.* C'est l'état actuel!

M. de Marcère. Non, le garde des sceaux dans l'état actuel de la législation, n'a pas le droit de frapper d'une peine un magistrat...

M. le garde des sceaux. Il ne l'aura pas davantage avec le projet actuel, et il a toujours le droit de saisir la cour de cassation...

M. de Marcère. Dans l'état actuel de la législation, les compagnies elles-mêmes ont le droit d'attraire le magistrat.

M. le garde des sceaux. Elles n'en usent jamais.

M. de Marcère. J'ajoute alors, pour compléter votre explication, monsieur le garde des sceaux, que la cour de cassation, dans l'état actuel des choses, même saisie par vous, ne peut prononcer la déchéance d'un magistrat que quand il a encouru la suspension provisoire.

M. le garde des sceaux. C'est une erreur!

M. de Marcère. Cela résulte des textes; si vous n'appliquez pas ainsi la loi, vous l'appliquez mal.

M. Lelièvre. Ce n'est pas dans la loi!

M. le garde des sceaux. C'est la cour de cassation qui applique la loi, ce n'est pas moi!

M. le rapporteur. Nous citerons des arrêts de la cour de cassation!

M. le garde des sceaux. Je ne puis vous dire qu'une chose, c'est que l'interprétation de la cour de cassation est absolument contraire à votre thèse.

M. de Marcère. Monsieur le garde des sceaux nous ne sommes pas ici pour discuter l'interprétation des textes que peut faire la cour de cassation, nous sommes ici pour faire des lois. Je dis que le pouvoir disciplinaire, tel que l'institue votre loi, est tout entier dans les mains de M. le garde des sceaux, dans les mains du pouvoir exécutif, et que, dès lors, les magistrats que vous allez nommer seront à la discrétion de ce pouvoir.

A droite. C'est ce qu'on a voulu!

M. de Marcère. C'est contre ce résultat que je veux vous prémunir. Je suppose que vous voulez une magistrature indépendante; or, ce qu'on vous propose est absolument contraire à l'indépendance des magistrats.

Du moment où M. le garde des sceaux est maître de l'action disciplinaire, — et il en est maître absolu et unique en vertu de votre loi, — je vous dis qu'il peut l'exercer ou la suspendre à son gré. Il peut attraire tel magistrat et ne pas attraire tel autre; il est le maître de l'action et, par conséquent, il tient tous les magistrats à sa discrétion. Tel magistrat qui, dans des circonstances politiques, pourra se croire à l'abri des poursuites disciplinaires, grâce à des patronages considérables, à une situation spéciale qui lui aura été faite, pourra commettre tous les actes répréhensibles sans craindre l'exercice du pouvoir disciplinaire; tel autre se sentira incessamment placé sous le coup de poursuites qui pourront l'atteindre.

Cette situation est bien plus grave encore si vous voulez considérer un instant que le conseil supérieur qu'il s'agit d'instituer sera renouvelable tous les ans; je vous laisse à penser ce que peut faire de ce pouvoir discrétionnaire un garde des sceaux; il pourra en user ou n'en pas user selon la composition du conseil supérieur. Telle année le conseil supérieur est composé d'une certaine façon, le garde des sceaux suspend son action disciplinaire, il ne l'exerce pas contre tel ou tel magistrat; il attendra que la composition du conseil supérieur soit modifiée. Il pourra certainement le faire.

Je vois certains membres de la commission faire des signes de dénégation et m'indiquer que c'est impossible. Sans doute, si nous étions assurés d'avoir toujours des gardes des sceaux comme celui qui occupe aujourd'hui ce poste élevé, rien de tout cela ne serait à craindre; mais il est de notre devoir, au moment où nous faisons une loi, d'en prévoir toutes les conséquences. Je soutiens que la loi en discussion place les magistrats dans une situation intolérable vis-à-vis d'un garde des sceaux tenant entre ses mains un tel pouvoir.

Je répète que cette disposition, en vertu de laquelle le conseil supérieur pourra être renouvelé chaque année, peut singulièrement modifier l'exercice de l'action disciplinaire que vous remettez tout entière entre les mains du garde des sceaux. Vous ne pouvez pas vouloir cela.

La nouvelle discipline que l'on vous propose d'instituer, messieurs, sera inefficace pour la formation des mœurs judiciaires. Elle ne saurait produire les heureux effets que vous en devriez attendre. Il y a, par exemple, des peines édictées par les lois antérieures, telles que l'avertissement et la réprimande, la censure simple, qui, sans frapper gravement le magistrat, sans péril pour sa carrière, sans entrainer aucune conséquence ultérieure contre lui, peuvent cependant, étant appliquées discrètement et dans un sentiment de solidarité familiale, exercer sur lui, sur sa conduite, sur son avenir la plus heureuse influence.

Est-ce que ces peines peuvent être prononcées par le conseil supérieur? Comment! vous vous imaginez qu'on va mettre en mouvement cette énorme machine qu'on appelle un conseil supérieur, l'action du garde des sceaux, cette procédure éclatante, je dirai scandaleuse, pour prononcer contre un magistrat un avertissement ou une censure simple? Ce sont là des peines qui échappent au conseil supérieur; il n'aura jamais l'occasion de les appliquer, et vous enlevez ainsi au pouvoir judiciaire un des meilleurs moyens d'action qu'il ait à exercer sur les membres de la magistrature. Un simple avertissement peut suffire pour empêcher un jeune magistrat, — je prends cet exemple, — de sortir des habitudes de tenue, de réserve qui doivent être conservées dans l'exercice de ce pouvoir si considérable qu'on appelle la justice. Vous vous interdisez à tout jamais le moyen d'exercer cette action bienfaisante, salutaire, sur la magistrature; vous ne pourrez appliquer votre pouvoir disciplinaire que dans des circonstances excessivement graves, lorsqu'il y aura eu un scandale, un éclat, lorsque déjà le magistrat sera frappé de déconsidération; et vous détruisez ou vous empêchez de se former cette chose excellente qu'on appelle les mœurs professionnelles.

Le magistrat échappe à l'action directe de ses collègues, de ses pairs, des justiciables sur lesquels il exerce son pouvoir de chaque jour, de toutes les personnes qui l'entourent et dont il redoute le jugement pour lui-même. Pense-t-on que les mœurs soient indifférentes pour l'autorité de la justice? Les mœurs professionnelles sont utiles partout: elles sont excellentes pour le barreau, pour les officiers ministériels; elles sont plus salutaires encore pour les magistrats.

Voilà ce que vous vous interdisez de créer : c'est un bienfait dont vous priverez la magistrature nouvelle que vous allez instituer. Je le regrette profondément. Non seulement ce pouvoir disciplinaire est dépouillé de tous les avantages que pouvait présenter l'ancienne organisation, non seulement il s'exercera dans des conditions telles que le magistrat sortira du conseil supérieur déconsidéré alors même qu'aucune peine ne l'aura atteint; non seulement vous vous enlevez la faculté, précieuse pour le Gouvernement, de créer autour de la magistrature, autour de ce nouvel ordre judiciaire des mœurs professionnelles qui donnent aux magistrats des habitudes particulières de délicatesse, d'honneur, de tenue et de bonne conduite, et qui assurent aussi aux justiciables une magistrature ayant le souci de sa considération et de son honneur; non seulement vous vous interdisez tous ces biens, mais vous créez un conseil supérieur qui, par sa composition même, fait du pouvoir disciplinaire un instrument de domination sur la magistrature.

La commission et M. le garde des sceaux ont varié à plusieurs reprises sur la composition de ce conseil supérieur, tant on comprend qu'il est difficile et même impossible — je puis le dire — de constituer à la tête de la hiérarchie judiciaire un tribunal, — puisque vous l'appelez ainsi, — qui réunisse tous les avantages qu'avait autrefois le pouvoir disciplinaire.

M. le garde des sceaux, dans son projet, avait constitué ce conseil supérieur mi-partie avec des membres du conseil d'État, mi-partie avec des premiers présidents de cour d'appel et un certain nombre de membres de la cour de cassation. Lorsque cette question a été examinée dans les bureaux, lorsqu'elle a été traitée devant la Chambre dans les discussions qui ont précédé la séance d'aujourd'hui, tout le monde s'est récrié contre cette composition du conseil supérieur. On l'a nommée de son vrai nom en disant qu'ainsi composée c'était une commission administrative, une commission gouvernementale qui, par conséquent, manquait essentiellement du caractère qui doit appartenir à un pouvoir disciplinaire fait pour préserver l'honneur, en même temps que l'indépendance du corps judiciaire.

Et puis on a abandonné cette idée. La commission a formé ce conseil supérieur autrement et a imaginé une autre combinaison. Le conseil supérieur sera composé, pour une très petite part, de membres de la cour de cassation élus par la cour, puis en majorité de membres de la cour de cassation élus par le Sénat et de membres de cette même cour élus par la Chambre des députés.

Et alors, messieurs, quel autre caractère a-t-on assigné à ce nouveau conseil supérieur? Ce n'est plus une commission administrative, a-t-on dit; la commission que vous nommez sera une commission politique. Et, en effet, son origine même la caractérise suffisamment.

Que peut-on vouloir, dès lors, si ce n'est subordonner la majorité tout entière au pouvoir politique? Et M. le garde des sceaux disait hier qu'il avait l'intention de faire sortir la politique de la magistrature! Il consentirait donc à ce qu'elle y rentrât, et cela dans des conditions déplorables, les pires du monde. Les considérations de la politique pèseront désormais incessamment sur les actes, sur la conduite et sur la vie entière des magistrats. Cependant, si l'on en croit les bruits qui ont couru dans les journaux, M. le garde des sceaux aurait renoncé à cette idée de constituer le pouvoir disciplinaire de la magistrature avec des éléments politiques, et il serait assez disposé, si je ne me trompe, à accepter l'amendement présenté par un de nos collègues, et qui consiste à attribuer le pouvoir disciplinaire de la magistrature à la chambre civile de la cour de cassation. Eh bien, messieurs, cela ne vaudrait pas beaucoup mieux. Veuillez me permettre, en très peu de mots, de vous en donner la raison.

L'amendement existe bien?...

M. Lelièvre. Oui, c'est celui qu'a présenté M. Georges Graux.

M. de Marcère. C'est cela!

Donner le pouvoir disciplinaire à la chambre civile de la cour de cassation, — je ne crains pas de le dire devant la Chambre, et je vous prie d'y réfléchir, — c'est dénaturer absolument le caractère de la chambre civile. La chambre civile de la cour de cassation a entre les mains le sort des lois: c'est dans son sein que l'on doit chercher à réunir les juristes les plus expérimentés, les plus savants, ceux qui peuvent donner au pays la garantie la plus complète que la loi sera toujours interprétée dans son sens véritable, sans que les magistrats se préoccupent ni de la politique, ni des intérêts du gouvernement du jour. Voilà ce qu'est la chambre civile; c'est la loi elle-même, la loi vivante. Eh bien, si vous en faites un corps ou un pouvoir disciplinaire, vous vous exposez à ce que l'on forme la chambre civile en vue du pouvoir disciplinaire qu'elle aura à exercer; on cherchera à la composer des hommes qui vous inspireront le plus de confiance, non pas au point de vue de l'interprétation des lois, mais au point de vue du pouvoir politique que vous lui donnerez.

Vous dénaturerez ainsi le caractère de la chambre de la cour de cassation qu'il importe le plus de respecter. Vous allez introduire parmi les interprètes des lois un esprit détestable, car il est impossible que vous échappiez à cette nécessité qui s'imposera au Gouvernement, de composer la chambre civile avec les éléments qui conviendront le mieux pour l'exercice de ce pouvoir disciplinaire que vous tiendrez dans la main, et que vous ne vous exposerez pas à voir appliquer dans un sens différent des vues du Gouvernement. Si vous faites une sélection, un choix dans la cour de cassation, dans quel autre intérêt, pour quelle cause pouvez-vous le faire, si ce n'est dans un intérêt et pour des raisons politiques? Si vous n'êtes pas guidés par une pensée politique, vous ne pouvez expliquer d'une façon satisfaisante pourquoi vous ne confiez l'exercice du pouvoir disciplinaire qu'à la chambre civile et pourquoi vous ne l'attribuez pas à la cour de cassation tout entière. Et dès lors vous serez amenés fatalement à composer la chambre civile, non d'éléments qui soient en rapport avec sa haute fonction, mais d'hommes qui conviennent à vos vues politiques.

Je sais bien que vous me direz que ce n'est pas votre intention, et que vous voulez respecter la composition de la chambre civile telle qu'elle est; je sais que telle est votre pensée, monsieur le garde des sceaux; je crois à vos bonnes intentions; mais qui me garantit que vos successeurs ne pourront pas être dirigés par d'autres inspirations que les vôtres? Du moment où vous en venez à cette idée de prendre dans la cour de cassation les éléments qui devront constituer le pouvoir disciplinaire de la magistrature, il faut prendre la cour de cassation tout entière; sinon, vous serez soupçonné de diriger vos choix dans un but politique, dans un but gouvernemental.

Veuillez considérer, messieurs, que l'amendement que j'ai l'honneur de vous présenter n'a pas du tout pour effet de faire obstacle au vote de la loi qui a pour but de modifier le personnel de la magistrature; mon amendement ne peut avoir ce résultat; qu'il soit adopté ou qu'il ne le soit pas, cette loi peut être votée dans la partie que vous considérez comme essentielle. Par conséquent, rien ne peut vous empêcher d'adopter mon amendement. J'ai entendu beaucoup de mes collègues, — c'est là je dirai presque l'unique observation qui ait été apportée à cette tribune par les membres de la commission et par M. le garde des sceaux, — réduire la portée de la loi actuelle à la réorganisation du personnel judiciaire. Eh bien, mon amendement ne vous empêche pas de réaliser ce désir; vous pouvez, tout en l'adoptant, modifier le personnel de la magistrature, vous pouvez adopter toutes les parties essentielles de la loi qui vous est présentée. Mais, je vous en conjure, respectez au moins le pouvoir disciplinaire qui vous permet encore d'espérer que le nouveau corps judiciaire que vous allez créer restera indépendant et fort.

Si vous adoptez les dispositions en vertu desquelles on crée le conseil supérieur, vous manquerez le but que vous avez indiqué comme étant le vôtre. Vous l'avez dit souvent: vous voulez que la nouvelle magistrature que vous allez créer soit indépendante et qu'elle soit forte. Eh bien, elle ne sera pas indépendante si vous adoptez le système qui vous est proposé, car elle sera absolument à la discrétion du pouvoir exécutif, et elle ne sera pas forte, entendez-vous, parce qu'elle sera dépourvue des mœurs judiciaires qu'avait créées son ancienne discipline. Avec le nouveau système que vous allez introduire dans la loi, ces mœurs disparaîtront sans pouvoir se reformer. Dès à présent, vous pouvez renoncer à vos espérances.

Je suis convaincu que, quel que soit votre désir de modifier le personnel de la magistrature actuelle, la pensée de la majorité de cette Chambre n'est pas de mettre la magistrature nouvelle dans la dépendance du pouvoir, de l'affaiblir, de l'asservir; cela ne peut être dans son intention. Mais, si cela était, si effectivement vous aviez l'idée de faire du corps judiciaire quelque chose de nouveau dans ce pays-ci, une branche du pouvoir exécutif rattachée à lui par des liens politiques, vous pouvez certes voter la loi, mais je crois pouvoir vous le dire avec assurance, la nouvelle magistrature qui sortira de cette loi est frappée de mort à l'avance...

A droite. C'est évident!

M. de Marcère... et vous pouvez dès à présent vous préparer à en instituer une autre. (Applaudissements à droite et sur divers bancs à gauche et au centre.)

. . . .

M. le Président. Je mets aux voix l'amendement de M. de Marcère.

Il y a sur cet amendement une demande de scrutin public signée par MM. Bergerot, Pieyre, le baron Dufour, le comte Murat, le comte de Lanjuinais, Fauré, Hamille, Paul Le Roux, F. Boyer, Laroche-Joubert, le comte de Kergorlay, de Kermenguy, Maynard de la Claye, le comte de Colbert-Laplace, Gavini, Lorois, de Terves, de Baudry-d'Asson, etc.

Il va être procédé au scrutin.

(Le scrutin a lieu. — MM. les secrétaires opèrent le dépouillement des votes).

M. le Président — Voici le résultat du dépouillement du scrutin :

Nombre des votants	457
Majorité absolue	229
Pour l'adoption	120
Contre	337

La Chambre des députés n'a pas adopté.

SÉANCE DU 19 JUILLET 1883

M. Jules Simon. Messieurs, M. le président nous rappelait tout à l'heure qu'il y avait cinq orateurs inscrits pour combattre le projet de loi dans la discussion générale. Je pense que, quand les grands magistrats et les avocats illustres qui siègent sur ces bancs monteront à la tribune ils nous apporteront des arguments nouveaux, non pas pour accroître notre conviction à nous, adversaires de la loi, mais pour nous montrer de plus en plus à quel point elle est fondée.

Quant à moi, qui suis, je l'avoue humblement, un peu étranger à ces matières, j'ai le regret de ne pouvoir apporter ici que les objections faites par tous les esprits attentifs à la politique et préoccupés de la liberté du pays et de la solidité des lois, mais sans aucun de ces aperçus que les gens habitués à la pratique des choses judiciaires pourront vous donner.

Par conséquent, je crains de recommencer une démonstration déjà faite — et mieux assurément que je ne pourrais la faire moi-même.

Mais, messieurs, dans le cours de ce très long débat nous sommes obligés de nous résigner à des redites. Il est évident qu'il y a, d'un côté et de l'autre, un certain nombre d'idées que chacun viendra apporter à son tour.

J'ai hésité à prendre la parole dans la discussion générale, surtout après l'éloquent discours de l'honorable M. Buffet, mais je me suis dit qu'ayant eu l'honneur de faire partie de la commission de 1880 et de celle de 1883, et qu'ayant lutté de mon mieux pour maintenir l'honneur et les droits de notre magistrature, je me devais à moi même, je devais à la minorité dont j'ai fait partie et aux collègues qui m'ont chargé de les représenter, de venir exposer ici au moins quels sont les motifs qui ont déterminé ma conduite.

C'est dans cette modeste mesure que je vais vous soumettre quelques observations, avec l'arrière-pensée de prendre peut-être encore la parole lors de la discussion des articles.

Le premier grief que j'élève contre le projet de loi, — M. Tenaille-Saligny l'a mentionné au commencement de son discours, mais je ne puis pas m'empêcher de le répéter, — c'est son titre. Je vois, en effet, en tête : Projet de loi sur la réforme de l'organisation judiciaire.

Or on vient de vous expliquer très longuement et avec beaucoup de force, qu'on n'avait nullement essayé de faire une réforme de l'organisation judiciaire. Et cela est vrai, messieurs : on ne l'a pas essayé. Ce que vous appelez une réforme de l'organisation judiciaire n'est, à aucun degré, une réforme — bonne ou mauvaise — de l'organisation judiciaire. Ce n'est pas une loi de principe dans laquelle on étudie une grande institution pour essayer de la rendre meilleure. Non, ce n'est pas cela. C'est une loi faite uniquement pour ôter du corps judiciaire les magistrats dont M. Tenaille-Saligny nous a fait, dans la dernière partie de son discours, une description dont l'exactitude me paraît contestable. (Rires au centre et à droite.)

Vous voulez chasser de leurs sièges les magistrats qui vous gênent. (C'est cela! à droite.) C'est un acte que je comprends, c'est un acte politique, c'est un acte de vengeance peut-être.

Voix nombreuses à droite. C'est certain!

M. Jules Simon. Ce n'est à aucun degré une tentative de réforme.

Un sénateur à gauche. C'est un acte de défense.

M. Jules Simon. Dites, si vous voulez, que c'est un acte de défense. Tout à l'heure, j'examinerai si c'est un acte de vengeance ou un acte de défense, et si même, dans le cas où ce serait simplement un acte de défense, l'arme dont vous vous servez ne vous blessera pas les mains et ne fera pas de mal à la patrie. (Très bien! très bien! à droite.)

Messieurs, je répète qu'on a voulu faire uniquement un acte politique et non pas une réforme de la magistrature et je vous demande de faire dans l'intitulé de votre projet de loi une modification qui rendra votre position en quelque sorte meilleure, parce qu'elle la rendra plus nette. Mettez en tête : Réforme pour faire sortir de la magistrature les magistrats dont les opinions ne sont pas conformes aux nôtres. (Très bien! et applaudissements à droite.)

C'est cela que vous voulez faire, et pas autre chose. M. Tenaille-Saligny, qui est si savant sur l'histoire ancienne et sur l'histoire moderne (Rires à droite.), nous a montré tout à l'heure que les autres réformes sont trop difficiles à accomplir qu'il est nécessaire d'y renoncer...

M. le rapporteur. Pas du tout!

M. Jules Simon... et de se borner à celle-ci qui, en effet, est bien simple, car le jour où vous aurez mis votre exequatur sur la loi, je crois, messieurs, que toutes ses conséquences sont prêtes, et si l'on vous fait attendre jusqu'au surlendemain, c'est qu'on ne voudra pas faire un coup de théâtre trop complet.

On a donc voulu faire cela, et rien que cela, et de plus on a tenu, par dessus tout, à le faire très vite. M. Tenaille-Saligny nous le disait en finissant son discours : il ne faut pas que cela traîne. On avait à la Chambre non pas une proposition, comme vous le savez, mais trois. Il y avait d'abord celle-là que vous avez beaucoup transformée, dites si vous voulez améliorée, je n'y contredirai pas. Et puis il y en avait deux autres, si je ne me trompe, une loi sur les assises correctionnelles et une loi sur la compétence des juges de paix. La loi sur les assises correctionnelles et la loi sur la compétence des juges de paix ne sont pas des lois d'élimination ou d'épuration, ce sont des lois de réforme judiciaire. Vous n'en voulez pas. Vous pensez que nous ne pouvons pas faire de réforme judiciaire, que c'est une entreprise au-dessus de nos forces, et par conséquent, tout en aimant beaucoup la première des lois, vous repoussez les deux autres. Malgré cela, j'ai le droit de dire qu'entre les trois lois il y a pourtant une connexion assez grande, tellement grande que, selon moi, ce ne sont pas trois lois, ce sont trois titres d'une loi unique.

Vous avez extrait le titre premier et vous laissez par derrière le deuxième et le troisième titre. Pourquoi? Par la raison que vous nous avez donnée avec tant de clarté, mon cher collègue, car on ne peut pas vous reprocher assurément de déguiser votre pensée... (Rires à droite.)

M. le rapporteur. Non, et c'est un avantage, c'est une force en politique de ne pas dissimuler sa pensée! (Très bien! à gauche).

M. Jules Simon. Je crois que je vous fais un compliment très naturel, auquel tout le monde s'associe.

M. le rapporteur. Je répète que c'est une force en politique et en toute chose, que d'être franc!

M. Jules Simon. Cet axiome général ne peut avoir aucune application à ce que nous disons.

Je dis donc que vous nous avez expliqué que le titre premier était urgent et que c'est pour cela qu'on s'est débarrassé du fardeau des deux autres. Cependant, il y a quelque difficulté à les laisser en arrière. Je prends spécialement ce qui concerne la compétence des juges de paix.

En augmentant la compétence des juges de paix, vous allez diminuer celle des tribunaux. Eh bien, vous vous mettez à présent à faire des modifications en ce qui concerne les tribunaux; quand vous aurez fait, si vous le faites, le troisième titre de la loi, il se trouvera que vos modifications actuelles seront à refaire.

Nous avons, dans la commission, demandé à M. le ministre de la justice de combien d'affaires à peu près l'augmentation de la compétence des juges de paix diminuerait le nombre des affaires jugées par les tribunaux. Il ne pouvait pas le savoir exactement; il nous a donné une approximation et il nous a dit : A peu près un quart. Eh bien, le jour où les tribunaux seront ainsi allégés, il faudra que M. Tenaille-Saligny revienne vous dire qu'il y a lieu de faire de nouvelles suppressions.

La loi que vous faites par conséquent est une loi provisoire. Vous serez obligés de la refaire, et c'est en vain que vous lui donnez le nom de loi sur l'organisation judiciaire. Vous avez laissé de côté les deux parties les plus essentielles; vous avez pensé qu'il y avait nécessité d'en finir au plus vite; vous avez eu l'urgence à la Chambre des députés, et nous avons pu craindre un moment, nous en avons vraiment tremblé pour l'honneur du Sénat... (Exclamations à gauche. — Très bien! très bien! et applaudissements à droite.)

C'est vrai, nous en avons tremblé pour l'honneur du Sénat.

Nous avons pu craindre un moment que vous lui demandiez aussi la déclaration d'urgence; et nous, membres de la commission, nous avions plus de droit que les autres d'être inquiets.

Lorsque la loi nous est arrivée de la Chambre, nous n'avons pas mis beaucoup de temps à découvrir, — et cette découverte a été faite unanimement dans la commission, — que la justice telle qu'elle était sortie des délibérations de la Chambre ne pouvait pas exister. Il était impossible de rendre des jugements dans les tribunaux ou des arrêts dans les cours avec l'organisation adoptée par la Chambre des députés.

Est-ce que nous en avons conclu à l'incapacité de la Chambre? A Dieu ne plaise! La Chambre est remplie, comme le Sénat, d'avocats (sourires), et il y a un très grand nombre d'avocats éminents; mais, messieurs, la même raison qui leur avait fait laisser les titres II et III en arrière ne leur a pas donné la liberté d'étudier suffisamment les propositions qui surgissaient au cours de la séance et ils ont dû être aussi étonnés quand ils ont vu le projet qu'ils avaient adopté.

Dès la première séance, nous avons dit : On ne peut pas marcher! La justice devient impossible! Nous avons prié M. le garde des sceaux de venir dans le sein de la commission et nous lui avons dit :

Il n'y a pas assez de magistrats, on ne pourra pas marcher. Il nous a répondu : Cela est vrai (rires à droite), la Chambre n'avait pas assez réfléchi pour s'en apercevoir. Ce jour-là nous avons vu qu'il fallait accorder un magistrat de plus dans les petites cours. Je dois ajouter que M. le garde des sceaux, qui est lui-même un avocat consommé, — je puis le dire, étant de son département, — l'a reconnu sur-le-champ; cela lui a sauté aux yeux et il nous a quittés sur cette bonne parole : Je consens à ce que vous ayez un magistrat de plus.

Alors, nous avons regardé de plus près; nous avons entendu les observations de mon cher ami, M. Robert de Massy, ainsi que celles de M. le marquis de Malleville. Celui-là, on ne dira pas qu'il ne sait pas ce que c'est que la justice et l'organisation judiciaire : il a été longtemps l'honneur de la cour d'appel de Paris, avant d'être l'honneur du Sénat, dans lequel il siège à présent. (Très bien! très bien! à droite.)

M. de Malleville est venu et il nous a dit : Vous ne pouvez pas marcher même avec ce magistrat de plus. Nous en sommes convenus nous-mêmes. (Rires à droite.)

Nous avons alors prié M. le ministre de revenir de nouveau et nous lui avons dit : Faites une concession de plus; avec ce magistrat que vous ajoutez à ceux que la Chambre des députés avait cru suffisants, nous ne pouvons pas encore arranger nos affaires. Et il l'a reconnu, messieurs... (Nouveaux rires à droite) et il nous a dit : Au lieu d'un conseiller, c'est deux que je vous accorde. (Rires et applaudissements ironiques à droite.)

Je vois, messieurs, et j'entends vos rires; je les regrette. La commission travaillait très sérieusement, avec un désir très sincère de faire pour le mieux, et M. le garde des sceaux avait évidemment la même préoccupation. Je raconte ces faits sans les blâmer. Je les raconte parce que j'en ai besoin pour démontrer ce qu'aurait été une improvisation en séance publique, devant le Sénat, après une sorte d'improvisation dans la commission et après une improvisation totale à la Chambre des députés. (Très bien! très bien! à droite.) Je me demande, messieurs, qui aurait le courage d'improviser dans une question semblable, et je me rappelle, à ce propos, les éloquentes paroles que prononçait tout à l'heure l'honorable M. Buffet quant il nous disait : Nous ne sommes pas à cette tribune, nous ne sommes pas sur ces bancs pour faire acte d'hommes de parti; nous y sommes pour remplir la fonction même des juges, parce que des décisions que nous allons prendre et de l'organisation que nous allons donner à nos tribunaux dépend l'équité des jugements qui, plus tard, seront prononcés.

Voilà la responsabilité qui pèse sur nous! Et quelle serait-elle si nous avions abrégé ou hâté nos débats, car si vous voulez le remarquer encore, même après que M. le ministre nous a accordé deux conseillers de plus, la commission a senti le besoin de dire que si un troisième conseiller devenait nécessaire... (Hilarité prolongée à droite.)... on pourrait le nommer par décret. La loi l'organisait d'avance.

Voilà, messieurs, les effets naturels d'une précipitation un peu excessive dans la préparation d'une loi. Ce qui arrive serait arrivé à toute autre Assemblée si elle avait pris la résolution de faire un projet de cette difficulté et de cette importance en un si petit nombre de jours. M. Tenaille-Saligny nous a dit tout à l'heure quelle était l'excuse de cette précipitation. Il l'avait dit, il l'a retiré, je le regrette et je lui demande la permission de m'en servir pour mon compte.

Il nous a dit que cette réforme est absolument demandée, absolument exigée, que le peuple la veut sans plus attendre, et que, par conséquent, les législateurs, au risque de se tromper et de faire une loi hâtive en matière judiciaire, sont obligés d'obéir à cette injonction qui vient du dehors.

Messieurs, je ne discute pas, à l'heure actuelle, je trouverai peut-être le moment pour discuter la question de savoir si une fois revêtus d'un mandat, nous sommes chargés de l'exercer sous les ordres de ceux qui nous l'ont donné; ou si, ayant été choisis comme de bons citoyens dont on a reconnu l'intelligence, nous avons été choisis non pour obéir mais pour servir réellement et pour servir quelquefois en résistant et quelquefois en éclairant. (Approbations à droite.)

J'examinerai cela tout à l'heure; mais, pour

le moment, je ne puis m'empêcher de répéter encore ce qu'on disait au début de la séance, c'est que cet ordre, ce mandat impératif n'est pas si clair que vous le prétendez. Si vous voulez ma pensée, je vous dirai que je ne le crois pas...

M. le Rapporteur. Essayez de faire des élections...

Plusieurs sénateurs à droite. Laissez parler !

M. Jules Simon. J'avoue que beaucoup de personnes le croient et sont persuadées qu'elles ont raison. Mais, tout au moins, nous sommes là-dessus divisés en deux camps, et en deux camps bien tranchés.

Messieurs, il s'introduit dans la politique une coutume regrettable. Un parti, et quelquefois, dans ce parti, une coterie, entreprend de rendre une idée populaire. Elle l'affirme, elle l'impose à côté d'elle, Elle se fait des partisans, et, par une sorte de violence, elle finit par l'imposer à des hommes qui prennent, de plus en plus, l'habitude d'obéir (Très bien ! très bien ! à droite), et qui ne connaissent pas d'autre manière de gouverner le peuple, que d'être aux ordres de l'opinion courante à mesure qu'elles se produit.

Nous avons vu, je vous assure, depuis longtemps, des exemples singuliers de cette force qui part de rien, qui semble ensuite considérable et qui cause dans le pays des désastres profonds. (Mouvement et approbations à droite et au centre.)

Quand on a commencé, par exemple, à demander l'amnistie, ce n'était pas la France qui la demandait, ce n'était pas la majorité de la France, ce n'était pas la majorité du Parlement, c'était à peine une petite minorité du Parlement. Je pourrais bien le montrer par les chiffres des votes; et puis, peu à peu l'audace des uns, la faiblesse des autres (Approbation à droite), et cette prétention qu'il faut obéir aux ordres qui viennent du dehors, ont fait qu'il s'est produit des majorités. Nous verrons la même chose pour la revision de la Constitution. Vous viendrez nous dire aussi : « Le peuple la veut. » Oh ! messieurs, du temps de la Révolution, au commencement de la Révolution le peuple entrait dans l'Assemblée. D'abord il entrait dans les tribunes: et, quand on lit les comptes rendus des séances, on voit :

« Applaudissements sur le côté droit;

« Applaudissements sur le côté gauche;

« Applaudissements dans les tribunes. »

Le peuple ne monte pas à la tribune pour parler, pour prononcer des discours, au moins habituellement; mais il intervient comme le chœur antique (Nouvelles marques d'approbation à droite et au centre); et au bout de quelque temps, avec la faiblesse des modérés, — car hélas ! il y a beaucoup à dire contre les exaltés, et beaucoup aussi, je vous a sure, contre les modérés (approbation sur divers bancs) ceux qui font encore leur devoir, au risque d'y perdre quelque chose, ne sont pas aussi nombreux que je le voudrais, dans mon cher pays ! (Très bien sur les mêmes bancs) mais, quand je vois des défaillances, je me dis qu'elles sont passagères, et j'espère dans l'avenir (Très bien ! très bien ! à droite) — eh bien ! au bout de quelque temps, avec la faiblesse dont je parle, les tribunes ne se sont pas contentées de leurs séances; elles sont rentrées par la porte, elles ont défilé, elles ont eu des orateurs, et les membres, assis sur leurs bancs, voyaient là passer leurs véritables maîtres qui n'étaient leurs maîtres que parce qu'ils n'avaient pas dans leur cœur cette force d'âme, qui, plus puissante que la force des foules, aurait dû être plus puissante même que la guillotine qui fonctionnait sur nos places. (Applaudissements sur un grand nombre de bancs.)

Je dis qu'on fait de ces agitations factices, que l'on crée de ces désirs populaires; de même qu'on l'a fait pour l'amnistie, de même qu'on l'a fait pour la revision, de même qu'on l'a fait pour d'autres questions que je ne veux pas rappeler et que nous avons discutées à cette tribune, on le fait en ce moment-ci pour la magistrature. (Nouvel assentiment.) C'est cette fiction que je combats et quand vous venez dire : le peuple le veut, je réponds : non, le peuple ne le veut pas. (Très bien ! très bien ! à droite.)

Ce n'est pas lui qui l'a voulu et qui à présent vous oblige à le vouloir (Nouvelles marque d'approbation sur les mêmes bancs.)

Je regarde, messieurs, ce qui se passe dans les tribunaux, et j'entendais tout à l'heure l'honorable M. Tenaille-Saligny rendre hommage à la probité professionnelle de nos juges; il l'a fait en très nobles termes.

L'honorable M. Buffet a rappelé les paroles de notre collègue M. Le Royer, éloge superbe de la magistrature française. Vous-mêmes, vous pensez que la probité de nos magistrats est au-dessus de tout soupçon; vous ne leur reprochez que leurs erreurs politiques, du moins les erreurs politiques de quelques-uns.

M. Le Royer professe un profond respect pour la loyauté de leur conduite comme juge. Voilà des faits que je recueille; ils sont probants; et de plus, quand je regarde dans les tribunaux, est-ce que je vois le nombre des affaires diminuer? Si on n'avait aucune confiance dans la magistrature, il n'en serait pas ainsi, car, on n'est pas toujours obligé de porter devant les tribunaux les dissentiments qui surgissent entre particuliers; il y a la voie de l'arbitrage. Si vous nous faites des magistrats auxquels nous ne pourrons pas nous fier, vous verrez que les justiciables déserteront le prétoire.

Eh bien, cela ne se présente pas. Ce n'est donc pas une simple opinion que M. Buffet oppose à la nôtre, se sont des faits positifs; c'est le témoignage de votre rapporteur, qui est lui-même un avocat accoutumé au barreau et à la magistrature; c'est le témoignage de M. Le Royer; c'est le témoignage des justiciables qui portent leurs causes devant les tribunaux. (Rumeurs à gauche.) Et en vérité, messieurs, j'ai envie de dire que c'est le témoignage de nos yeux et de nos oreilles, (Nouvelle interruption sur les mêmes bancs.)

M. le président. Veuillez écouter sans interrompre, messieurs.

M. Jules Simon. Je dis que c'est le témoignage de nos yeux et de nos oreilles; je dis que nous sommes témoins, à l'heure qu'il est, de ce grand fait, que notre magistrature continue à être digne de son passé, et dans quelle situation? quand depuis trois ans, tous les jours, elle est injuriée dans les journaux, dans les Chambres; quand elle est tous les jours menacée, quand elle est sur le point d'être décimée. Dans cette incertitude, ayant perdu la sécurité de sa situation, ayant perdu cet ensemble d'honneurs qui lui était jusqu'ici rendu spontanément par toutes les consciences, attaquée, menacée, sur le point de périr peut-être, elle reste impassible; et vous-mêmes, vous êtes obligés de rendre hommage jusqu'au dernier jour à l'honorabilité, de nos magistrats, à l'inflexibilité de leur conduite. (Applaudissements à droite et au centre.)

Voilà la magistrature qu'il est nécessaire d'abattre, voilà la magistrature qu'il est nécessaire d'injurier, voilà la magistrature qu'on ne peut pas laisser subsister trois mois de plus pour faire une enquête sur sa conduite! (Nouvelles marques d'approbation sur les mêmes bancs.)

Voilà la magistrature que vous voulez réduire à trembler sur son siège et à être sans cesse entre la nécessité de rendre un arrêt équitable et la crainte de perdre sa situation, si elle ne satisfait pas certaines rancunes !

La voilà, cette magistrature !

Je dis que, dans une situation pareille, elle s'honore plus que jamais, et que le moment où elle est l'objet de tant de menaces est précisément celui qui, dans l'histoire, l'honorera le plus et honorera le plus notre pays! (Applaudissements à droite et au centre.)

C'est une grande chose, messieurs, qu'un grand magistrat; et, dans l'histoire, même reculée, il n'y a pas de renommée plus grande que celle des hommes qui, investis du droit de rendre la justice chargés de ce devoir et de cet honneur, ont su la rendre en présence même de l'émeute furieuse ou en présence de la volonté du tyran, et qui, selon une expression célèbre, ont « rendu des arrêts et non pas des services ». (Très bien ! très bien ! sur les mêmes bancs.)

Ce qui me console, c'est qu'au milieu de la persécution actuelle, les juges rendent des arrêts, et que vous leur demanderiez vainement de rendre des services.

M. le garde des sceaux. On ne leur en demande pas.

M. Jules Simon. Pardon, je ne parle pas au Gouvernement, je parle seulement aux ennemis de la magistrature. (Très bien ! et rires approbatifs à droite.)

Maintenant, messieurs, je ne nie pas le moins du monde, qu'il y ait parmi les magistrats des hommes qui ont des passions politiques, et qui, ayant des passions politiques, les ont manifestées dans certaines occasions, lorsqu'ils auraient dû ne pas le faire.

Ce sont des hommes; et partout où il y a des hommes, on trouve des erreurs.

Vous avez, par tous les moyens, introduit la politique dans la magistrature, quand il fallait l'en faire sortir; il y a donc là aussi des passions politiques.

Je dis seulement qu'il y en a en petit nombre, en très petit nombre, et que si vous vouliez bien me communiquer la liste déjà dressée, je n'en doute pas, des 750 victimes, sur ces 750 victimes, nous en trouverions peut-être une moitié dont on ne pourrait pas bien expliquer la présence sur cette liste de proscription, et que, en défalquant 200 ou 300 magistrats, il en reste encore près de 2,500 qui, à vos propres yeux, sont irréprochables.

Et à ceux mêmes qui manifestent des sentiments politiques exaltés qu'est-ce que vous leur reprochez? Vous ne leur reprochez pas de trafiquer de la justice ni de rendre des arrêts contre leur conscience, car vous êtes venus ici, avec une loyauté à laquelle je rends hommage, déclarer précisément le contraire; non, ce que vous leur reprochez, c'est de ne pas saluer le magistrat républicain qui est à côté d'eux, c'est peut-être de ne pas aller saluer le préfet de leur résidence. (Murmures à gauche.) Ce sont là vos griefs; les voilà. (Très bien ! et sourires approbatifs à droite.) C'est pour 2 ou 300 magistrats qui font des démonstrations de ce genre, mais qui rendent des arrêts justes et loyaux, que vous voulez, je ne dirai pas mitrailler la magistrature — on voulait la mitrailler dans le premier projet — maintenant on se contente de la décimer. (Rumeurs à gauche. — Nouvelles marques d'approbation sur divers bancs.)

Vous avez, en effet, — cela est vrai, et vous-mêmes y avez beaucoup contribué — changé le projet qui nous revenait. Non, on ne mitraille pas, on décime; on fait de la vengeance, on ne fera pas la curée. (Applaudissements à droite et au centre); ont chassera des magistrats, mais on ne satisfera pas toutes les ambitions. (Approbation sur les mêmes bancs.)

Des deux passions qui ont assailli la magistrature : la vengeance et l'appétit des places, il y en a une, l'appétit, qui ne trouvera pas son aliment. (Très bien ! très bien ! à droite et au centre.)

M. le rapporteur. C'est déjà quelque chose.

M. Jules Simon. Vous le voyez, messieurs, nous reprochons à votre loi, qui n'est pas faite, d'être préparée hâtivement; nous vous reprochons d'avoir cédé à des ordres que vous ne deviez pas accepter; nous vous reprochons d'avoir cru à un sentiment public dont nous nions l'existence. Par conséquent, la différence entre votre situation et la nôtre est absolue,

Le pays demandait peut-être quelque chose, mais il ne demandait pas un acte politique, ni un acte de vengeance. Il demandait précisément une réforme judiciaire; il demandait plus de sûreté dans les jugements — il le demandera toujours; — il demandait plus de rapidité dans l'expédition des affaires; il demandait une diminution des frais de justice. (Très bien ! C'est cela ! à droite.)

Eh bien; messieurs, vous ne faites rien de tout cela, et vous dites en effet que vous ne voulez pas réformer. Mais non seulement vous ne réformez pas — c'est quelque chose de le dire et de l'avouer — vous aggravez. Vous n'augmentez pas la sécurité puisque vous diminuez le nombre des juges; vous n'augmentez pas la rapidité des affaires, puisque vous diminuez le nombre des chambres; vous ne diminuez pas, enfin, les frais de justice, puisque vous supprimez des tribunaux. Tout cela, c'est une aggravation de la situation !

Je vous disais en commençant : Dites que c'est une loi pour épurer la magistrature, et non pas pour faire une réforme; je vous dis à présent : Dites que c'est une loi pour aggraver la situation des magistrats et la situation des justiciables; c'est une loi qui augmentera les frais, qui diminuera la sécurité. Vous nous faites payer bien cher l'avantage que vous pensez retirer du renvoi de 3 ou 400 magistrats qui ne saluent pas leurs collègues et qui ne font pas de visites à leur préfet. (Vifs applaudissements et rires approbatifs à droite.)

Au surplus, messieurs, ces derniers malheurs que je signale, je crois franchement qu'il ne seront pas de longue durée. Je crois que vous faites à présent des suppressions pour faire des épurations et que, quand les épurations seront faites, le coup de balai étant donné; vous rétablirez les choses dans leur premier état. (Nouvelles marques d'approbation sur les mêmes bancs.) Vous supprimez 800 places pour supprimer 800 hommes, et, quand ces 800 hommes seront partis, je ne suis pas prophète, mais je me permets cependant de vous avertir que vous viendrez nous demander de rétablir les 800 places.

M. le rapporteur. Il faudra une nouvelle loi!

M. Jules Simon. J'entends quelqu'un me dire « Il faudra une nouvelle loi. » Mais non! pas du tout! Vous avez déposé dans le projet qui est là les éléments d'une grande facilité pour le gouvernement: Il n'aura pas besoin d'une loi, il suffira d'un simple décret.

Vous faites, en ce moment, un peu la guerre à l'inamovibilité — non pas vous, monsieur le rapporteur je sais que vous tenez beaucoup à l'inamovibilité —... (Rires à droite.)

Je le sais certainement; M. le rapporteur l'a déclaré en ma présence et, comme je le disais, personne n'a le droit de douter de sa parole; je sais, dis-je, que vous tenez au principe de l'inamovibilité; mais vous vous flattez, la Chambre des députés se flatte, le Gouvernement se flatte, la majorité de la Commission se flatte de rétablir l'inamovibilité après l'avoir détruite.

C'est là, messieurs, le grand point de litige.

Suspendre l'inamovibilité, et après l'avoir suspendue, la rétablir, c'est une grosse opération, et vous avez cherché à nous expliquer qu'elle était possible. Je ne crois pas que vous en ayez fait la démonstration, malgré tout votre talent, et je ne crois pas que, qui que ce soit, avec le plus grand talent du monde, fasse jamais cette démonstration, parce qu'on ne démontre pas l'impossible.

Vous pouvez dire : Voilà des places que nous supprimons; tout le monde est d'accord pour reconnaître qu'il faut supprimer des places. Eh bien, une fois que les places sont supprimées, on ne peut pourtant pas garder les hommes. La question seulement est de savoir par quel moyen on va les faire sortir.

C'est vrai, c'est toute la question. Nous ne prétendons pas nous-mêmes que, parce que l'inamovibilité existe dans notre pays, il soit à jamais défendu au législateur de diminuer le nombre des magistrats. Nous n'avons pas cette prétention; moi surtout je ne l'ai pas, car vous savez qu'il y a bien longtemps que je demande précisément qu'on diminue le nombre des tribunaux. Nous n'avons pas, je le répète cette prétention.

Eh bien, on supprime une place; il est vrai que l'homme qui avait la place disparaît; il disparaît, mais, comme l'État a des engagements envers lui, l'État lui laisse tous les avantages de sa situation. Il y a là une règle claire, intelligible, à laquelle vous substituez, quoi? L'arbitraire. Mais l'arbitraire c'est notre ennemi.

Pourquoi est-ce que nous sommes des libéraux? C'est parce que nous ne voulons pas de l'arbitraire. Vouloir l'arbitraire, le préférer à la règle et chercher à se dire libéral, en vérité, c'est se contredire trop complètement. (Très bien! à droite et au centre.)

L'arbitraire! Le droit d'aller prendre parmi tous les magistrats un magistrat quelconque, de le choisir, de l'éliminer, de l'ôter de son siège sans aucune règle! Vous n'y pensez pas, messieurs: c'est la dictature dans ce qu'elle a de plus odieux. (Nouvelles marques d'approbation sur les mêmes bancs.)

Il y a, je vous l'avoue — et je lui en demande pardon, je le prie de me permettre de le mettre un moment en scène avec tout le respect que j'ai pour sa personne, — il y a un homme qui m'étonne, c'est M. le ministre de la justice. Il consent à se laisser charger d'un pareil fardeau, il est prêt à décimer, comme je le disais tout à l'heure, la magistrature, à choisir arbitrairement, parmi 2,500 magistrats, légitime objet des éloges de M. Tenaille-Saligny, 700 magistrats; il les fera descendre de leur siège à sa volonté, sans être gouverné par aucune autre règle que le sentiment qu'il a de ses devoirs. Je n'ai jamais vu un acte de courage plus complet que celui-là. (Applaudissements et rires approbatifs à droite.)

Eh bien, on le fera donc; on décimera la magistrature et l'on dira : A présent que je vous ai décimés, ceux qui restent peuvent être tranquilles, on ne les touchera plus.

Je parle de ceux qui s'en vont — je me trompe, car tout le monde est menacé de s'en aller — je parle de la situation des magistrats. Est-ce que les magistrats — je ne cherche pas à faire l'histoire de l'inamovibilité, puisqu'elle a été si bien faite dans cette séance... (Rires à droite.)... est-ce que les magistrats actuels, quand ils ont choisi cette carrière, ont cru, oui ou non, qu'ils étaient inamovibles?

C'est très sérieux, je vous assure. Ils l'ont cru; ils ont choisi cette carrière à cause de cela.

Prenez garde que cette carrière n'est pas une carrière de fainéants, ce n'est pas une carrière de lucre.

Quand deux jeunes gens suivent le cours de l'école de droit, il y en a un qui se destine au barreau, l'autre à la magistrature. Mais examinez la différence de leur situation, je vous prie, messieurs. Si celui qui entre dans le barreau a du talent...

Un sénateur à gauche. Il y reste.

M. Jules Simon. Oui, il y reste.

M. le président. N'interrompez pas, messieurs.

M. Jules Simon. Il n'y a pas le moindre mal à interrompre; seulement, on a dit avant moi ce que j'allais dire : s'il a du talent, il y reste; et non seulement il y reste, mais il devient un homme célèbre, au moins dans sa ville, peut-être dans tout le pays, et, vous le savez, messieurs, il amasse généralement une grande fortune. La position de grand avocat est une position extrêmement lucrative. Ce n'est pas vous qui le nierez.

Son voisin, au contraire, qui entre dans la magistrature, se condamne à avoir, toute sa vie, des appointements à peine égaux à ceux d'un commis ou d'un chef de bureau. Tout le monde n'est pas appelé à devenir premier président d'une cour d'appel ou premier président de la cour de cassation (Rires approbatifs à droite.)

M. le baron de Lareinty. Il faut être sénateur pour cela!

M. Jules Simon. Les jeunes licenciés en droit qui entrent comme attachés à un parquet, qui plus tard obtiennent une place de juge dans un arrondissement perdu de la France, qui, très péniblement, arrivent à un siège plus élevé, ne peuvent, s'ils sont raisonnables, se proposer pour but que de devenir conseillers à Rennes ou à Agen. Quand ils sont arrivés là, on dit d'eux qu'ils ont fait une carrière magnifique. Au moment où il n'y a plus personne devant eux et où ils disent : « Je suis le premier de ma compagnie, celui qui a le plus de capacité, celui qui a montré le plus de zèle, hélas, messieurs, il arrive un député, un sénateur, qui a envie d'être président de sa chambre, et alors il reste sur place. (Rires à droite.) Voilà sa condition.

Et ce n'est pas de nos jours seulement, messieurs que cela se passe; c'est bien ancien. Les bancs sur lesquels nous sommes assis ont vu se faire bien des carrières; tel qui s'y est assis capitaine est devenu général, sans avoir quitté la place. (Nouveaux rires sur les mêmes bancs.)

De même dans la magistrature. Nous avons vu, à toutes les époques, des pairs de France ou d'autres prendre les plus grandes situations; tout le monde sait bien cela; cela est ainsi; cela entre dans les calculs, et c'est une des atténuations de la beauté de la carrière judiciaire. (Rires à droite.)

Pourquoi donc est-ce qu'on se résout à y entrer, dans cette carrière? Est-ce que c'est par la raison qu'indiquait tout à l'heure un de mes collègues, à savoir que ceux qui se sentent capables entrent dans le barreau, et que ceux qui se sentent incapables deviennent magistrats?

Vous savez bien, messieurs, qu'il en est tout autrement.

Nous avons dans cette Assemblée des magistrats qui sont au nombre de nos plus grands orateurs indépendamment de leurs connaissances comme jurisconsultes.

Pourquoi donc sont-ils entrés dans la magistrature? Pour deux choses.

Ils y sont entrés, parce que c'est une carrière honorée entre toutes, et, en même temps, parce que c'est une carrière solide. Ils se sont dit : « Me voilà sur mon siège; je renonce à peu près à toute ambition; mais je serai honoré de mes concitoyens, connu pour ce que je suis, et là, je suis solide; quand je prononcerai un jugement — vous savez, messieurs, que quand on prononce un jugement, il y en a un qui gagne et quelquefois beaucoup qui perdent; celui qui gagne n'en sait aucun gré au magistrat; il dit : « Il a fait son devoir»; mais ceux qui perdent deviennent ses ennemis — il s'est dit : Quand je prononcerai un jugement, j'aurai des ennemis, mais je me défendrai par ma conscience et par la solidité de ma situation.

Vous lui ôtez cela. La situation, vous la détruisez; l'inamovibilité, vous faites ce que vous pouvez pour la détruire... (Marques d'approbation à droite et au centre)... et, entre nous, messieurs, ce n'est pas une petite affaire pour notre pays que cette guerre contre la magistrature qui a duré tant de temps; car, prenez-y garde, peut-être se trouve-t-il des gens pour vous croire quand vous l'attaquez, et ce serait un grand malheur pour nous d'abord et pour notre pays.

Eh bien, on fait ce qu'on peut pour leur ôter l'honorabilité d'abord, et puisensuite on les décime.

Est-ce que vous croyez que cela est juste? Vous pensez peut-être que vous n'allez faire de mal qu'à la magistrature? Mais détrompez-vous. Les magistrats ne sont pas les seuls auxquels puisse s'appliquer la parole que je prononçais tout à l'heure.

Moi, messieurs, j'ai appartenu pendant 43 ans à l'enseignement public. Cette salle me rappelle une époque où il était de mode d'attaquer l'Université et de nous reprocher des doctrines que nous n'avions pas, que nous n'avons jamais eues, que nous avons toujours combattues; c'était la mode alors. La chaire dans laquelle nous étions assis s'appelait une chaire de pestilence.

Je me souviens de ce que nous souffrions quand nous entendions ces attaques; mais nous avions des chefs qui nous disaient : Vous ne répondrez pas, on répondra pour vous.

Nous avions alors le courage, nous qui tenions pourtant une plume, et qui, de plus, avions des chaires, nous avions le courage de nous taire...

M. Henry Fournier (Cher). Mais vous étiez défendus!

M. Jules Simon... et nous disions : Nous enseignerons la vérité telle que nous la voyons, et ces doctrines qu'on nous reproche, qu'on dit être les nôtres, nous continuerons de les combattre avec la même inflexibilité que par le passé.

Cela, messieurs, je l'ai ressenti; ce sont les souvenirs de ma jeunesse; quand je vois la situation que vous faites à nos juges, je me rappelle celle qui nous était faite alors; et comme j'avais alors le sentiment que nous nous honorions profondément par notre conduite, je rends aux autres à présent le respect et l'honneur auxquels je crois que l'Université a eu droit dans d'autres temps. (Très bien! très bien! à droite.)

M. Henry Fournier (Cher). Vos ministres vous défendaient, dans ce temps-là!

M. Emile Labiche. Et vos amis d'aujourd'hui vous attaquaient. (Rires d'approbation à gauche.)

M. Jules Simon. Nos amis nous attaquaient; mais, monsieur et cher collègue, si on n'était jamais attaqué, vilipendé et calomnié par ses amis, où serait le courage et où serait la gloire d'avoir du courage? (Vive approbation au centre.)

Je dis que l'attaque que vous dirigez contre la magistrature, vous croirez en vain la circonscrire. Toutes les carrières sont menacées par cette attaque.

A droite. Et l'armée!

M. Jules Simon. Je vous demande ce que vous en pensez, et si vous êtes certains que la conduite que l'on tient à présent contre le corps judiciaire ne sera pas tenue contre les professeurs, contre les ingénieurs, contre notre armée elle-même? Qui le sait?

M. le baron de Lareinty. Le général Thibaudin l'a déjà fait.

M. Jules Simon. Il a été fait des promesses où la parole de la France est engagée; vous dégagez cette parole à l'égard d'une carrière; quelle sécurité auront les autres? (Très bien! sur plusieurs bancs.) Mais je ne veux pas parler des autres, je me renferme dans la magistrature. Quelle sécurité auront les magistrats?

Vous venez leur dire : Aujourd'hui, nous vous décimons; mais soyez tranquilles : aussitôt que l'affaire sera faite, nous déclarons que vous serez inattaquables! Vous ajoutez — je crois l'avoir lu dans un discours prononcé à la Chambre des députés — vous ajoutez : Pourquoi vient-on nous parler des juges? Ce n'est pas pour eux qu'on a établi l'inamovibilité, c'est pour les justiciables.

Oui, certainement, c'est pour les justiciables qu'on a établi l'inamovibilité des juges; il n'en est pas moins vrai que les juges sont en possession et croient être légitimement en possession de cette inamovibilité. Sans quoi où serait le bénéfice pour les justiciables?

Eh bien, les justiciables ont besoin que les juges aient de la sécurité sur leur siège. C'est précisément cette sécurité que vous leur enlevez; et, dès lors, il ne leur restera rien. Vous aurez beau dire : Je vous garantis demain. Comment, vous leur garantissez demain, après qu'on est venu dire, dans cette séance même, à la tribune, qu'il est nécessaire d'établir l'accord entre la magistrature et les deux majorités de la Chambre des députés et du Sénat?

Voilà le principe que vous avez apporté ici. Eh bien, est-ce que les juges ne diront pas : Si par hasard la majorité change dans les deux Chambres ou dans l'une d'elles, cette majorité, arrivant au pouvoir, voudra faire ce que fait la majorité actuelle ?

Comment voulez-vous que les juges n'aient point cette pensée ? Et quelle est la singulière fiction que vous faites-là ? En vérité, on ne peut la regarder sans rire. (Hilarité à droite.)

Il est de la dernière évidence que le droit que vous dites avoir, vos successeurs diront qu'ils l'ont aussi. (Nouvelle approbation sur les mêmes bancs.)

Vous venez de nous dire : Oh ! en 1871, on n'a pas fait ce que nous proposons aujourd'hui, parce que la majorité n'était pas républicaine, quoique le pays fût républicain. C'est à partir de 1879 que la majorité a été complètement républicaine, et il est devenu alors nécessaire d'accomplir cette réforme.

Je vous entends bien : vous voulez qu'une évolution de majorité ait le caractère et les conséquences d'une révolution. (C'est cela ! au centre.) Quelle sécurité pour le pays ! Quel bel avenir !

On disait à l'étranger : la France change de gouvernement tous les dix-huit ans ; tous les dix-huit ans, elle a une révolution. Avec votre système, nous sommes exposés à avoir une révolution à toutes les élections. (Très bien ! sur les mêmes bancs.)

Par conséquent, un magistrat devra toujours se dire : Je suis inamovible... jusqu'à ce que la majorité change. Savez-vous quelle est l'inamovibilité désormais ? Vous leur donnez l'inamovibilité jusqu'à la prochaine colère ! Voilà tout ce que vous pouvez leur donner, vous n'avez que cela à leur offrir. (Applaudissements à droite.)

Ce n'est pas moi, messieurs, c'est le bon sens, c'est la logique, c'est quiconque pense et réfléchit, qui proclament que l'inamovibilité suspendue, c'est l'inamovibilité supprimée. (Très bien ! très bien ! à droite et au centre.) Il n'y a pas de différence ; il n'y a qu'une fiction, je dirais presque une hypocrisie de plus. (Nouvelle approbations sur les mêmes bans.) J'aimerais mieux que vous disiez au juge : Tu seras inamovible tant que tu me plairas, parce que vous diriez la vérité.

Il ne faut pas croire, messieurs, que ces attaques contre la magistrature soient un accident ; c'est une catastrophe. (Vive approbation à droite et au centre.)

On me fait penser, quand on parle comme j'ai entendu parler, à un banquier qui dirait : Pour aujourd'hui je fais faillite, mais à partir de demain, ma signature sera bonne. (Rires d'approbation sur les mêmes bancs.) Eh bien, les magistrats ne vous croiront pas plus que les gens d'affaires ne croiraient à ce banquier. Faites donc faillite tout simplement, cela vaut mieux !

Voilà, messieurs, quelques-unes des raisons pour lesquels nous repoussons cette prétention de décimer la magistrature et pour lesquelles nous disons aux auteurs du projet de loi : Vous ne la décimez pas seulement, vous la tuez ! vous n'aurez plus désormais de juges, mais des commissaires. (Très bien ! très bien ! à droite et au centre.) Vous nous avez beaucoup parlé de juges qui n'étaient pas inamovibles, qui ne l'étaient que pour un an, que pour cinq ans ; mais vous ne nous avez pas parlé des commissions prévôtales. Eh bien, en ce moment-ci, vous nous donnez des juges choisis et triés, d'accord avec votre majorité, jusqu'à ce qu'une autre majorité vienne vous dire : Il faut que les magistrats soient en communauté d'opinion avec nous.

Oui, ce seront des juges politiques, ce ne seront plus de véritables juges. (Approbation.) Je ne reconnais plus la magistrature française.

Je regarde les magistrats que je connais, que j'ai suivis dans leur carrière depuis trente ou quarante ans, qui m'ont inspiré tant de respect, et je leur dis : En chacun de vous, je voyais un magistrat, et, dans les successeurs qu'on vous donne, je ne vois que des chargés d'affaires d'une politique. (Très bien ! et applaudissements à droite et au centre.)

Mais, messieurs, il y a encore un autre point sur lequel je voudrais dire un mot au Sénat. (Parlez ! parlez !)

M. Bocher. C'est une belle chose que le talent !

Un sénateur au centre. Surtout quand on dit la vérité !

M. Jules Simon. On a si peu de confiance dans l'inamovibilité que l'on va rétablir ou que l'on voudrait rétablir, qu'en même temps — c'est assez singulier — qu'on la relève dans un article du projet de loi, on la supprime de nouveau dans un article suivant.

Je parle surtout, à l'heure qu'il est, du projet de loi voté par la Chambre des députés.

La Chambre des députés disait : Quand nous aurons donné au ministre le droit de choisir dans les 250 magistrats et de changer ceux qu'il voudra, ceux qui resteront et ceux qui seront nommés par la suite seront déclarés inamovibles.

La Chambre des députés ajoutait : Nous leur imposons les deux conditions suivantes : premièrement, un certain conseil disciplinaire que nous allons faire à la bonne façon. (Rires à droite) et secondement, une clause dans la jurisprudence relative à la magistrature, clause en vertu de laquelle, sur un simple avis de ce conseil, les magistrats pourront être, non pas dégradés, mais transportés à un autre siège.

Voilà l'inamovibilité qu'on leur offrait.

Notez bien, messieurs, que pour moi, je sais qu'on ne leur en donnait aucune, mais enfin, on avait la prétention de la leur donner ; et puis on créait un conseil qui ne cachait pas son origine politique, puisque vous, sénateurs, vous, députés, vous étiez chargés d'en nommer les membres. Pour celui-là, on ne pouvait pas dire que son but fût uniquement d'assurer l'honneur, la probité professionnelle.

Non ! non ! c'était bien un conseil destiné, comme le disait l'honorable M. Tenaille-Saligny, à mettre la magistrature en parfait accord avec la majorité de la Chambre et avec la majorité du Sénat. (Rires d'approbation à droite et au centre.)

La commission du Sénat n'en a pas voulu ; elle était incapable d'accepter une pareille combinaison ; l'idée en a surgi à la Chambre des députés au cours de la discussion, je crois, et c'est une preuve de plus de la faute considérable que nos collègues ont commise en prononçant l'urgence sur une loi pareille ; ils doivent bien s'en repentir... (Rires à droite.)... et, assurément, cette disposition qui consistait à mettre à la tête de la magistrature, pour l'épurer dans l'avenir comme on veut l'épurer dans le présent, un conseil essentiellement politique, cette disposition, à moins que je ne me trompe bien sur la nature humaine, doit faire rougir à présent ceux qui l'ont proposée et ceux qui l'ont votée.

Non, vous n'étiez pas capables de vous associer à une pareille combinaison, ni M. le garde des sceaux non plus. Il n'y a pas eu une seule hésitation à ce sujet, et je dois dire que vous avez placé à la tête de la magistrature, comme chambre disciplinaire, ce que l'on pouvait souhaiter de mieux, pour la sécurité des magistrats et pour l'honneur de la magistrature, à savoir la cour de cassation tout entière.

C'est une chose que vous avez faite, à laquelle je rends hommage ; elle prouve, en effet, que vos intentions sont bonnes (Sourires à droite), car ce que je vous reproche surtout, c'est de vous tromper.

Vous avez fait cela, et c'est excellent ; vous voulez, de plus, que cette nouvelle juridiction disciplinaire soit une juridiction effective, agissante ; vous voulez qu'il y ait une véritable discipline dans la magistrature. A cela, je donne les mains de la façon la plus complète ; je trouve que vous avez raison, et, je le dis en passant, vous avez tellement raison en cela qu'avec les trois choses que je vais vous dire vous auriez été bien promptement débarrassés de ces magistrats, — s'il en reste, — qui ne veulent pas accorder un coup de chapeau au préfet de leur département.

Voici les trois choses dont je veux parler :

La mort, la loi sur la retraite et la cour de cassation érigée en conseil de discipline puissant et agissant.

Avec cela, vous pouviez être tranquilles ; vous n'aviez pas besoin de soulever le pays et de nous donner comme un regain de révolution, après treize ans qui se sont écoulés depuis la dernière ; vous n'aviez pas besoin d'agiter tous les esprits, d'inquiéter les justiciables et de troubler le Parlement. Non, vous pouviez vous fier à la cour de cassation !

Mais enfin, la commission du Sénat a rejeté cette disposition que la Chambre des députés avait introduite dans le projet de loi ; elle a laissé subsister l'autre, avec une toute petite atténuation ; c'est que, sur un simple avis du conseil de discipline, un magistrat pourra être déplacé ; par conséquent, sur ce simple avis, un magistrat de la cour de Lyon pourrait être transféré à Douai.

Eh bien, ce qu'on a laissé subsister là, c'est la suppression permanente de l'inamovibilité. Le ministre pourra déplacer un magistrat ; c'est-à-dire que l'on ne charge pas la cour de cassation de dire à un magistrat : Je vous envoie de Lyon à Douai. Non, c'est le ministre qui le fera ; seulement, la cour de cassation donnera son avis sur la possibilité d'éloigner de Lyon le magistrat en question ; c'est elle qui, en réalité, par un simple avis, dénouera le lien qui l'attache au siège qu'il occupe.

Vous avez ajouté, — et je vous rends hommage pour cela, — vous avez ajouté, à ma prière, que le magistrat serait entendu ; c'est beaucoup ; du moins, c'est quelque chose. (Sourires à droite.)

Cependant, la décision prise par la cour de cassation ne sera pas un jugement, la cour ne prononcera pas une peine ; elle formulera simplement un avis. Eh bien ! pourquoi demandera-t-on cet avis ? Pourquoi n'avez-vous pas voulu que ce fût une peine ? Est-ce qu'une suspension d'un mois vous paraît une peine, quand l'obligation pour un vieillard de quitter Lyon et de s'en aller demeurer à Douai ne vous en paraît pas une ? Est-ce que vous pouvez même comparer les deux choses ? Est-ce que vous pensez que, pour un homme qui, se croyant solide dans sa situation, a arrangé toutes ses affaires en vue du poste qu'il occupe, qui s'est créé des relations de famille, qui a réuni autour de lui des amitiés, et qui est arrivé peut-être à l'âge où il aurait déjà pris sa retraite, s'il n'était pas dans la magistrature, est-ce que vous pensez, dis-je, que se voir transporter à l'autre bout de la France ne constitue pas une véritable peine ? Et croyez-vous que la peine d'une suspension pendant un mois soit comparable à celle-là ? Non, vous ne le croyez pas, vous ne pouvez pas le croire.

Non seulement, il faut qu'il abandonne tout, jusqu'à l'asile qu'il avait préparé pour sa vieillesse et les amis qui l'entouraient de leur respect, il faut encore qu'il s'en aille comme un nouveau venu, comme un jeune homme, comme un débutant dans la carrière, se plier à de nouveaux usages, se créer de nouvelles relations, vivre dans un autre climat et y apporter enfin l'espèce de flétrissure qui s'attache toujours à une peine infligée, car vous aurez beau dire que ce n'est pas une peine, c'en est une !

Vous faites cela, sur simple avis, après avoir entendu le magistrat ! Et quand on vous demande : pourquoi faites-vous cette énormité ? vous répondez : Ah ! le magistrat est peut-être absolument irréprochable, mais il y a dans sa famille quelqu'un qui ne l'est pas (Rires à droite et au centre) ; il y a quelque part un scandale qui rend sa situation difficile. Et alors vous allez le frapper, le juger, le condamner en lui disant : vous êtes intègre et irréprochable mais vous avez un parent, un ami... Vous faites cela et vous dites qu'il est inamovible ! Vous vous moquez ! (Rires approbatifs à droite). Vous ne le croyez pas, vous ne le pensez pas.

Quand vous avez supprimé les classes, que nous avez-vous dit ? Vous nous avez dit : les magistrats sont trop mobiles, ils sont sans cesse à demander de l'avancement : ils ne veulent pas rester dans la cour ou dans le tribunal où ils sont attachés parce qu'ils ont trop intérêt à aller ailleurs ; il faut couper court à cet abus.

Et, dans un projet de loi, vous me faites un article qui, sur un simple avis du conseil disciplinaire, vous permettra de conduire d'un bout de la France à l'autre, un magistrat âgé de 65 ans, que vous-mêmes, déclarez irréprochable !

Je le répète, vous vous moquez ! vous ne pouvez pas croire que cela soit sérieux ! Vous obtiendrez ce déplacement sur un simple avis, pour des magistrats qui auront gêné un homme trop puissant dans le département : j'irai plus loin, j'ajoute qu'il y aura peut-être là une vengeance que l'on voudra ainsi satisfaire !

Et si je pouvais dire quelque chose de plus grave, je craindrais que cet avis ne pût préparer une sentence à intervenir en composant à l'avance le tribunal d'une certaine façon. C'est un article aussi odieux que celui qui supprime l'inamovibilité. (Nouvelles approbations à droite et au centre.)

Cette loi, je ne puis m'empêcher de le déclarer, ici, est pour moi et pour ceux qui pensent comme moi — et nous sommes nombreux, croyez-le bien — une des lois les plus odieuses qu'un Parlement ait jamais votées. (Applaudissements à droite.) C'est une de celles qui feront le plus de mal à la République.

C'est une de ces lois que l'on fait dans un moment de colère. (Interruptions sur les mêmes bancs.) Oui, écoutez cela, messieurs. (L'orateur se tourne vers la gauche.) C'est une de ces lois qui, quand le temps a passé, et quand les années sont venues, apparaissent dans l'histoire avec leur véritable caractère, et donnent ce caractère à ceux qui les ont faites. (Nouveaux applaudissements à droite).

La plupart des lois odieuses et violentes n'ont pas paru telles aux contemporains. L'intérêt, les besoins, la passion, l'entraînement leur avaient caché l'horreur de leurs actes. Eux-mêmes, plus tard, quand ils ont lu cette page dans l'histoire ils ont cherché avec anxiété si, à la suite de tel décret, ils trouveraient leur nom; et quand ils l'y ont trouvé, ils en ont éprouvé un remords qui ne s'est éteint qu'avec leur vie. (Vive approbation à droite.)

C'est ce que je présage à ceux qui, dans ce moment, respectant la magistrature, la déclarant intègre, l'admirant même, le proclamant à la tribune, répétant les éloges de M. Le Royer, président du Sénat, s'associant pour ces éloges à tous ceux qui ont vu de près la magistrature, sachant bien que ces éloges s'adressent à des gens honorables, sachant de plus qu'ils s'adressent à l'institution la plus nécessaire à un pays libre, ne craignent pas cependant, par des motifs qui vous étonneront vous-mêmes, quand vous lirez plus tard vos propres paroles, pour des irritations de clocher, pour des querelles entre deux personnes qui ne sont pas du même avis, ne craignent pas d'ébranler cette magistrature qui était pour nous comme un palladium, de faire en sorte que la loi elle-même, n'ayant plus des interprètes inviolables et impassibles, perde quelque chose de son inviolabilité et de sa grandeur.

Vous faites cela sous un Gouvernement pour lequel le danger, reconnu par ses amis eux-mêmes, consiste dans l'instabilité du pouvoir exécutif, et qui, par conséquent, devrait, plus que tout autre régime, sentir la nécessité de la stabilité... (Très bien! et applaudissements à droite)... la nécessité d'une magistrature honorée, respectée, qui prononce au milieu du peuple au nom de la justice éternelle.

Si vous saviez aimer la forme du Gouvernement qui vous est cher, si vous saviez ce bien que vous inspire l'amour de la patrie et du public, qui est certainement dans vos cœurs, vous déchireriez cette loi et vous diriez : ce sera la gloire, l'honneur du Sénat, ce sera la consolation de notre vieillesse d'avoir résisté à une loi fatale à notre pays, fatale à tout ce que j'aime, fatale à la justice, fatale à l'honneur de la France. (Applaudissements répétés à droite et au centre).

(L'orateur en retournant à sa place, reçoit les félicitations d'un grand nombre de ses collègues.)

SÉANCE DU 20 JUILLET 1883

M. le président. M. Allou a la parole.

M. Allou. Messieurs, dans un débat comme celui-ci, pour tous ceux qui appartiennent à la vie judiciaire, le devoir est de se lever et de porter témoignage! Je n'ai pas la pensée, à la faveur de la discussion générale, d'aborder le projet de loi sous ses aspects divers. Pour moi, il n'y a dans la loi qu'un seul article, je le dis bien vite, c'est l'article 15... (Approbation à droite) qui flamboie à travers toutes les autres dispositions qu'il rejette absolument dans l'ombre. (Nouvelles marques d'approbation sur les mêmes bancs.) La loi, elle est là tout entière!

Il était permis d'hésiter tout à l'heure en entendant la première partie du discours de M. le garde des sceaux; mais le doute n'est plus possible après la conclusion à laquelle il aboutissait dans ses dernières paroles; l'article 15 est toute la loi, et l'article 15, c'est la suppression de l'inamovibilité et c'est la proscription de 850 magistrats. (Très bien! très bien! sur un très grand nombre de bancs à droite et au centre.)

Voilà la loi qui est aujourd'hui soumise à l'appréciation du Sénat, et je n'en imagine pas de plus considérable et de plus grave par les conséquences qu'elle peut entraîner.

La première question que soulève le langage de M. le garde des sceaux, c'est celle-ci : Est-ce une question de principe débattue largement, complètement, qui conduit à la nécessité douloureuse de sacrifier un certain nombre de magistrats?

La question de principe se pose-t-elle d'abord? La question d'exécution n'est-elle qu'une conséquence regrettable et douloureuse du principe lui-même qu'on aurait consacré?

Voilà la question posée. (Très bien! à droite et au centre.)

Dès les premières paroles qu'il vous adressait tout à l'heure, M. le garde des sceaux attachait une haute importance à établir que la loi actuelle n'est pas une loi de violence, de représailles et d'expédient, qu'elle est une loi de nécessité, de transformation de l'organisation judiciaire. Eh bien, est-ce vrai? Je ne puis le croire quand je songe aux phases successives par lesquelles a passé le projet qui vous est apporté. Est-ce qu'on tenait beaucoup à la question même de principe, à la réforme de l'organisation judiciaire, quand, tour à tour, on s'arrêtait à cette double combinaison : la suppresssion d'un certain nombre de cours et tribunaux ou bien la réduction du nombre des juges nécessaires pour l'administration de la justice. N'oubliez pas les précédents. On avait d'abord envisagé cette première question qui, à diverses reprises, avait préoccupé les meilleurs esprits, la question de savoir si, avec la circulation plus facile à travers notre pays par la création des chemins de fer, avec ces conditions nouvelles dans lesquelles les justiciables se trouvent incontestablement rapprochés de leurs juges, on ne pourrait pas supprimer un certain nombre de cours, de tribunaux, sans porter atteinte à la bonne administration de la justice. (Très bien! très bien! à droite.)

C'était là la grande question qu'on avait agitée dans le passé et c'est là l'aspect sous lequel on présentait d'abord à la Chambre des députés la question de la réforme de l'organisation judiciaire. Vous savez ce qui s'est passé. On s'est heurté contre des résistances locales, et je ne les dédaigne pas ces préoccupations locales; je les comprends quoique je sois favorable, en principe, à la pensée d'une réforme dans le sens que j'indiquais. Je trouve que ce n'est pas seulement une question judiciaire, que cette suppression de petits tribunaux, que c'est une question de vie provinciale, de vie municipale, que là où vous fermerez les huit ou dix maisons qui donnent asile aux magistrats, aux notaires, aux avoués, j'ai peur de voir s'éteindre ces petits foyers d'activité et de vie intellectuelle, au grand préjudice de l'intérêt général du pays. (Très bien! très bien! à droite et au centre.)

Il faut donc examiner la question de très près. C'est une question grave; mais enfin les préoccupations personnelles de la Chambre des députés, lui ont fait écarter le projet qui lui avait d'abord été soumis. Qu'est-ce que l'on cherchait dans ce projet de loi? Est-ce que l'on cherchait véritablement la solution de la question de principe que signalait tout à l'heure M. le garde des sceaux? Ce que l'on cherchait surtout sous cette forme, c'était la réalisation du but que l'on est si près d'atteindre aujourd'hui, c'est-à-dire le droit de se débarrasser d'un certain nombre de magistrats qu'on regardait comme des adversaires déclarés. Lorsque la Chambre des députés a eu fait à cette proposition l'accueil que vous savez, qu'a-t-on fait? On a cherché et on est arrivé, non pas par la nécessité des grandes règles de l'organisation judiciaire, mais par une préoccupation qui ne tendait qu'à aboutir au même résultat, à la combinaison de la réduction du nombre des juges dans les cours et dans les tribunaux.

Il y a encore, permettez-moi de le dire, un très grave problème. Ce n'est pas assurément, une question absolument résolue que celle de savoir si le plus petit nombre des juges est la garantie la meilleure de la justice; ce n'est point une question résolue que le point que tranchait tout à l'heure M. le garde des sceaux comme une question qui ne devait plus donner lieu à aucune espèce d'équivoque, à savoir si, quand les juges sont plus nombreux, la direction de la justice appartient véritablement à un seul dont l'autorité est souveraine. Il y aurait beaucoup à dire là-dessus; mais je n'ai pas à insister. Pourquoi? Parce que, à mon sens, ce n'est pas non plus cette question de principe qu'il s'agissait de débattre, de résoudre. (Marques d'approbation à droite.) On poursuivait, sous une forme nouvelle, la réalisation d'une combinaison d'ostracisme qui n'avait pas pu aboutir sous la forme première dans laquelle on l'avait soumise à la Chambre des députés. (Très bien! très bien! à droite.)

C'était un refuge, un recours en subsidiaire, et il faut bien dire que, parmi les préoccupations qui s'étaient montrées, qui avaient agité les grands esprits, parmi les jurisconsultes, la combinaison à laquelle on s'arrêtait tout d'abord, la réduction du nombre des juges dans les cours et tribunaux, était de toutes les combinaisons celle qui avait été accueillie avec le moins de faveur.

La première proposition dont je parlais tout à l'heure avait pour elle un grand nombre de défenseurs; elle pouvait être soutenue par les considérations les plus sérieuses. La seconde est assurément vulnérable par beaucoup de côtés encore; mais enfin, sous cette forme, on allait aboutir, et, si on faisait disparaître par la réduction du nombre des juges un certain nombre d'adversaires, le but était atteint; on retrouvait, dans ces conditions, ce qu'on avait perdu par l'avortement de la combinaison première.

Messieurs, est-ce vrai cela? C'est si vrai qu'on est arrivé, quand on a revendiqué ce droit de faire disparaître un certain nombre de magistrats, à revendiquer le droit de les faire disparaître dans l'ensemble de la magistrature tout entière. Et c'est là que l'article 15 se dresse avec les conséquences effroyables dont M. le garde des sceaux ne se préoccupe pas. C'est pour lui la chose du monde la plus simple. Sa formule est celle-ci : la nécessité de l'organisation nouvelle résolue en principe nous impose l'obligation pénible de faire disparaître un certain nombre de magistrats; et vous ne trouverez pas trop étrange que nous fassions disparaître ceux qui nous sont les plus désagréables.

Voilà, dans toute sa simplicité la théorie même de la loi. Nous la trouvons étrange.

Si c'est une question de principe qui vous préoccupe, si c'est une grande règle de l'organisation judiciaire que vous voulez faire triompher et introduire dans le mécanisme du fonctionnement de nos cours et tribunaux, faites donc les choses comme elles devraient se faire, tout naturellement. Si nous étions dans la sphère des grands principes, des grandes règles, des lois générales, que devrait-il se passer?

Vous supprimez un tribunal, les magistrats qui en font partie disparaissent. Il n'y a rien à dire en principe, rien, et je reconnais le droit suprême des Parlements, le droit suprême de l'État d'arriver à une conclusion semblable. J'ajoute bien vite un correctif qui se trouve assurément dans la pensée de tous au Sénat, c'est qu'on prenant des mesures de cette nature il faudrait y apporter tous les tempéraments, tous les adoucissements, et concilier toutes les nécessités cruelles d'une modification, d'une réforme de l'organisation judiciaire, avec les droits sacrés, souverainement respectables, de ceux qui, pendant vingt ans, ont servi leur pays. Voilà la restriction, voilà la réserve que j'apporte à côté du principe que je proclame.

Mais personne ne s'étonnerait, en présence d'une loi de principe qui imposerait dans un intérêt supérieur, la nécessité de faire disparaître un certain nombre de magistrats, que les magistrats frappés fussent ceux qui se trouvent précisément renfermés dans les termes de la décision qui aurait porté atteinte à l'existence d'un certain nombre de cours, de tribunaux, ou à celle d'un certain nombre de magistrats dans les cours et dans les tribunaux.

On a raillé tout à l'heure avec esprit — et l'on avait raison — la combinaison qui, dans ce cas, voulait faire partir les vieux parce qu'ils étaient tout près de leur fin, et l'autre, plus singulière encore, qui voulait faire partir les jeunes parce que, sans doute, ils avaient moins d'attaches à la carrière qu'ils avaient embrassée. Ces combinaisons sont des combinaisons arbitraires, et je dirai presque puériles. La combinaison vraie, c'est celle qui, s'imposant en vertu d'un principe proclamé et résolument appliqué, atteint ceux qui relèvent de l'application de ce principe lui-même.

Pas d'injustices, pas d'iniquité, pas de protestations possibles dans des conditions pareilles; seulement, je le répète, tous les tempéraments possibles en présence de situations qui, en elles-mêmes, sont dignes d'intérêt, dignes de sympathie.

M. le garde des sceaux abandonnerait-il aujourd'hui le principe de l'article 15? Veut-il se placer avec nous sur ce terrain-là? Dans ce cas, nous pourrions peut-être nous mettre d'accord. Mais cette concession, on ne nous la fera pas, et, si j'ai souvenir de ce qui s'est passé dans la Commission, les résolutions du Gouvernement étaient très fermes à cet égard. C'est qu'on n'a vraiment qu'une seule préoccupation, l'expulsion de plus de 850 magistrats, au choix, à travers les grands cadres de la magistrature française.

On l'a dit très nettement, messieurs, et M. le rapporteur plus nettement encore que M. le garde des sceaux. Est-ce qu'on ne le disait pas plus vertement encore de ce côté de l'Assemblée, par l'approbation donnée à un passage très vif du discours que vous entendiez?

Eh bien, cette préoccupation, c'est l'expulsion de

850 magistrats et l'atteinte à l'inamovibilité. Voilà la vérité, la vérité tout entière!

Mais, permettez-moi d'ajouter une chose, messieurs. Il y a un point qui n'est pas clair pour mon esprit et qui préoccupe, je crois, un certain nombre des membres du Sénat même, relativement à ce chiffre véritable des expulsions.

A la suite de l'article 15, vient naturellement l'article 16; cet article nous parle des magistrats qui, dans le bouleversement, ou, si vous préférez une expression moins irritante, dans le mouvement qui va être la conséquence de la loi que le Sénat sanctionnerait, n'accepteraient pas la destination nouvelle qui leur serait donnée; il les fait entrer alors sous l'application du paragraphe qui suit et qui entraîne le règlement, comme pour ceux qui sont purement et simplement exclus de la magistrature, de leurs pensions de retraite dans les conditions déterminées par l'article 16.

Il n'y a pas d'hésitation sur le texte formel de l'article 16; il pourra recevoir des commentaires, des atténuations: s'il les reçoit, je crois qu'il sera nécessaire que le texte soit rectifié, de manière qu'il n'y ait pas d'équivoque possible.

Quoi qu'il en soit, vous comprenez parfaitement ce que je veux dire.

Si, dans les mouvements qui vont avoir lieu et pour lesquelles M. le garde des sceaux nous promettait la garantie de sa loyauté et de sa probité, si, dis-je, dans ces mouvements, des déplacements sont imposés à un certain nombre de magistrats et ne sont pas acceptés par eux, vous allez grossir, en définitive, peut-être de 100, de 200, le nombre même de 850 magistrats exclus dans les conditions que je signalais tout à l'heure.

Il n'y a aucun doute avec le texte de la loi. N'est-ce pas effrayant et que va, par ce côté encore, devenir notre justice?

C'est énorme, c'est exorbitant. Ce n'est même plus le déplacement avec le visa de la cour de cassation, dans les conditions sur lesquelles insistait hier, dans sa magnifique harangue, l'honorable M. Jules Simon; ce n'est même plus cela : c'est, à l'heure actuelle, une forme nouvelle sous laquelle on accroîtrait encore considérablement le nombre des magistrats qui viendraient à disparaître.

Je crois qu'au point de vue des grands intérêts du pays, il n'y a rien de plus dangereux que la loi actuelle; elle est un grand malheur pour la justice, un grand malheur pour le pays... (Très bien! à droite) ...un grand malheur pour la République! Mais il faut, messieurs, examiner la question d'un peu plus près. La mesure qu'on va vous proposer n'a qu'un caractère politique. C'est une mesure politique qu'on vous demande, c'est une nécessité de préservation politique qu'on vous propose : la République a le droit de se débarrasser des magistrats qui lui sont hostiles.

Vous avez entendu, messieurs, ce que vous disait à la séance d'hier l'honorable rapporteur, aux applaudissements d'une partie de cette Assemblée. Il n'est pas possible, disait-il, de voir des magistrats en insurrection contre la République. Ils sont, à l'état permanent, en lutte organisée; il faut donner satisfaction aux légitimes réclamations qui surgissent de toutes parts et satisfaction le plus promptement possible.

Voyons donc, par ce côté, la question et examinons-là comme elle mérite d'être considérée.

Il y a un premier point sur lequel je m'expliquerai très librement.

Oui, je crois que la situation qu'a signalée hier l'honorable M. Tenaille-Saligny et sur laquelle revenait tout à l'heure l'honorable garde des sceaux, existe et qu'elle présente des difficultés réelles. Il n'est pas possible qu'au lendemain de la chute d'un gouvernement qui a longtemps, d'une main énergique, comprimé l'essor du pays, il ne se manifeste une sorte d'antagonisme entre les éléments qui appartiennent au régime disparu et le régime nouveau lui-même.

Oui, il y a eu de grandes imprudences commises! Oui, il y a eu, à une certaine époque, une lutte véritable dans laquelle la magistrature s'est engagée avec une certaine ardeur — j'ai pris ma part de ces combats! — Oui, il y a eu des dissentiments douloureux dans le ressort de certaines cours et de certains tribunaux. Oui, c'est quelque chose que ces cours, ces tribunaux coupés en deux; ces blessures dont l'honorable M. Jules Simon parlait comme de faits secondaires, accessoires, sont réelles et il en faut tenir compte.

Mais je vous assure, messieurs, qu'il y a là bien des exagérations; que le mal à l'heure où nous sommes, a beaucoup perdu de son acuité; que là où sont arrivés des magistrats nouveaux, intelligents et capables, s'imposant par la valeur et l'intelligence... (Marques d'approbation à droite et au centre) ...apportant en outre la discrétion, la délicatesse, le tact qui permettent les contacts faciles, je vous assure que tout est devenu facile.

Je connais des tribunaux où les magistrats nouveaux venus, présidents ou chefs d'un parquet, ont su, précisément par la courtoisie et la valeur personnelle, arriver à une heureuse conciliation entre les souvenirs du passé et les situations présentes.

Je ne dis pas qu'il en soit partout ainsi, mais j'affirme que, dans un certain nombre de tribunaux et de cours, c'est bien là le caractère des rapports qui se sont établis entre les magistrats appartenant au passé et les magistrats appartenant au présent. Maintenant, est-ce que le temps ne fait pas chaque jour son œuvre? Est-ce que, de ces magistrats qui vous inquiètent aujourd'hui, chaque année, vous n'en voyez pas disparaître quelques-uns?

Est-ce que vous croyez que la fermeté, l'énergie de M. le garde des sceaux ne peut pas beaucoup?

N'avons-nous pas vu disparaître beaucoup de ces difficultés qui avaient surgi, par l'attitude énergique qu'a prise, lorsqu'elle a été à son tour saisie, la cour de cassation elle-même?

Elle a fait justice de ces actes de révolte qu'on signalait, et auxquels refusait, il n'y a qu'un instant, de s'associer l'honorable M. Jules Simon.

Il y a là une situation qui, en elle-même, a présenté les difficultés que présente, je n'ose pas dire tout changement de règne, puisqu'il s'agit de la substitution de la République à l'empire, mais que représente tout établissement d'un régime nouveau.

Sachons donc, messieurs, sortir de cette situation par le tact, par la mesure, par la fermeté, par un esprit de modération et de concorde. (Très bien! très bien! à droite.)

Si l'on nous proposait aujourd'hui de trancher la question des pouvoirs disciplinaires de la cour de cassation, nous pourrions étendre encore ces pouvoirs; n'avons nous pas en ce sens un amendement de l'honorable M. Bérenger, qui relève encore ces attributions disciplinaires? Voulez-vous les rendre plus sévères? Je m'y prêterai, pour ma part, bien volontiers. Si c'est la cour de cassation tout entière qui est le tribunal judiciaire suprême, je m'incline avec respect devant sa haute magistrature, devant sa haute autorité.

Si vous voulez porter devant des juges de cet ordre-là des questions même délicates, même intimes, je serai avec vous. Messieurs, j'insiste : on accuse les passions des adversaires de la République, on s'écrie qu'il faut que la magistrature devienne républicaine; la magistrature est hostile; elle est ardente dans ses dissentiments, il faut qu'elle s'incline devant la volonté populaire.

Mais, enfin, je m'adresse à la loyauté du Sénat tout entier.

Voyons! quand vous aurez remplacé tous les magistrats qui appartiennent à des idées différentes par des magistrats républicains, est-ce que vous aurez supprimé la passion de ce monde?

Mais, messieurs, les hommes sont partout les mêmes! La faiblesse humaine est partout la même!

Est-ce que vous croyez qu'avec une magistrature républicaine il n'y aura plus d'entraînements? Est-ce que vous croyez que vous n'aurez plus de parti pris?

Oserait-on dire : mais la partialité alors sera à notre profit. Ah! on ne l'oserait pas. Ce sera de la passion à rebours, et voilà tout! (Très bien! à droite et au centre.)

Mais je vous le demande, messieurs, qu'y gagnera donc la grande justice, la justice suprême, la grande vérité, la vérité absolue? Ceux que vous considérez comme vos adversaires, qui auront comparu devant les juges que vous leur préparez, auxquels vous imposez une sorte de baptême républicain pour le maintien même des fonctions que vous leur laisserez, croyez-vous que ceux-là n'auront pas leur irritation? Croyez-vous qu'ils ne diront pas, à leur tour, ce que vous dites aujourd'hui des magistrats que vous considérez comme vos adversaires? Croyez-vous qu'ils ne protesteront pas contre des décisions dans lesquelles ils diront qu'ils ont été livrés à des hommes qui, par leurs sympathies, par leurs opinions politiques, étaient leurs adversaires déclarés?

Prenez bien garde à cela, messieurs. Il y a là une situation qui, en se renversant, ne se transformerait pas. Vous substitueriez, je le répète, des passions d'une autre nature, pour lesquelles vous avez plus d'indulgence, plus de tolérance, à des passions qui vous irritent; mais la grande justice, la vraie justice n'y gagnerait rien! (Nouvelles marques d'approbation sur les mêmes bancs.)

Maintenant, messieurs, en réalité, est-ce que ces questions irritantes, pour lesquelles vous avez vu les magistrats prendre parti, doivent nous faire oublier ce qu'est la vraie justice, la justice, de tous les jours? Ces questions irritantes, bruyantes, ne sont qu'une fraction minime de la justice, ces luttes de presse où j'ai été l'adversaire de ceux qui se trouvent de ce côté de l'Assemblée... (L'orateur désigne la droite.)

Un sénateur à droite. Pas tous!

M. Allou... est-ce qu'elles n'avaient pas un caractère particulier?

Ce qu'il fallait, c'était de faire sortir la politique du prétoire.

La conséquence qu'il faut tirer de ces agitations mêmes, et qu'on en a tirée il y a longtemps déjà, c'est qu'il ne faut pas exposer le juge au danger des questions politiques; et, lorsque la loi sur la presse est intervenue, on a eu soin, précisément, en déférant au jury les questions qui pouvaient avoir ce caractère et cette portée, de dessaisir le juge des causes qui pouvaient l'entraîner sur une pente où sa dignité, son impartialité, pouvaient se trouver compromises. (Approbation.) C'est là le remède véritable; il ne faut pas que les questions politiques soient soumises à l'appréciation du juge. Il faut le maintenir en dehors de ces questions, dans la sphère où il apprécie les intérêts considérables qui sont engagés devant lui, et ne pas l'exposer aux tentations auxquelles les magistrats de demain succomberont comme y ont succombé les magistrats d'hier, parce que, je le répète, en me plaçant sur le terrain de la vérité des situations, les magistrats républicains, il faut bien le reconnaître, auront aussi leurs faiblesses et leurs entraînements. Mais, à côté de ces débats bruyants, songe-t-on à la véritable œuvre judiciaire, au grand travail silencieux de chaque jour, auquel sont liés les intérêts, l'honneur, la vie des citoyens?

Eh bien, dans cette grande tâche, est-ce que les lumières, la droiture, le travail, la pureté des mœurs, la dignité de la vie, cet esprit de convenance qui ne remplace pas tout, mais qui est l'ornement nécessaire des fonctions publiques, est-ce que tout cela a manqué à la magistrature française? Est-ce que le reproche de vénalité l'a jamais effleurée?

Ces magistrats, qu'est-ce que vous avez à leur reprocher dans l'accomplissement de leurs fonctions? Ils ont fait leur devoir, et ils le feraient encore. Quand il s'agit de procès qui à l'heure actuelle, sont déférés à l'appréciation des tribunaux, je vous assure que ceux qui, témoins de ces luttes continuelles, assistent à leur évolution rapide, voient tour à tour le républicain triompher ou le bonapartiste gagner son procès, sans que jamais les intérêts de la justice véritable soient sacrifiés. (Très bien! C'est vrai! à droite.)

J'ajoute un mot : il n'y a pas, je crois pouvoir le dire, de pays au monde où le respect de la chose jugée soit plus profond que chez nous.

Plusieurs sénateurs au centre. C'est très vrai!

M. Allou. Oh! entendez bien ce que je veux dire : le plaideur déçu a vingt-quatre heures pour maudire ses juges; il en prend bien davantage; il les maudit jusqu'à la fin de sa vie! Ce n'est pas à celui-là que j'ai la prétention d'imposer le respect de la chose jugée. Mais il y a des rumeurs qui s'élèvent autour d'un débat qui n'a pas encore reçu de solution judiciaire; il y a des impressions flottantes, hésitantes...

Eh bien, le lendemain du jour où la justice a prononcé, dites-moi, que se passe-t-il? Est-ce qu'une discussion s'engage? Non! On dit : un tel a perdu son procès, c'est qu'il devait le perdre!

Je ne connais donc pas de pays où la soumission aux décisions judiciaires soit plus immédiate, plus entière et plus complète, que le pays où nous avons l'honneur et le bonheur de vivre, que notre pays de France! Le respect de la chose jugée y est absolu. (Assentiment.)

Pensez-vous, messieurs, que ce respect tienne simplement à cette circonstance qu'un homme qu'on appelle un juge a prononcé? Croyez-vous, par exemple, puisque tout à l'heure on a touché, d'un mot à la question de l'élection des magistrats, croyez-vous qu'il suffirait qu'un magistrat élu par le suffrage populaire passionné et troublé, et qui n'aurait devant devant lui que quelques années de judicature, eût rendu une décision, pour qu'à l'instant même, on se soumît, pour qu'on reconnût la légitimité de la sentence, devant laquelle les intéressés seraient bien obligés de se courber? Non! Pourquoi? Parce que ce qui fait l'autorité de la chose jugée, inattaquable, indiscutable chez nous, avec la définition que je viens de donner tout à l'heure, c'est la valeur du juge; c'est son inamovibilité, c'est sa persistance sur son siège. (Approbation à droite et au centre.) C'est, permettez-moi de vous le dire, plus que tout cela : ce sont les souvenirs et les traditions du passé qui l'accompagnent!

Le magistrat ne juge pas seul, aujourd'hui; il juge avec ses ancêtres (Applaudissements au centre et à droite. — Exclamations ironiques à gauche) avec ceux qui l'ont précédé! Il juge avec les souvenirs d'honneur, d'estime qui s'attachent à la magistrature française, qui consacrent en sa personne la force et l'autorité.

Il faut reconnaître la valeur de ce que nous avons (Bruit à gauche.—Très bien! à droite et au centre) et nous demander si ce qui viendra vaudra mieux...

M. le président. N'interrompez pas, messieurs; l'orateur a assez de talent pour mériter d'être écouté en silence!

Un sénateur au centre. C'est pour cela qu'on ne l'écoute pas.

M. Allou. Il faut respecter ce que nous avons, messieurs, et il faut se demander avec inquiétude ce que serait ce qu'on veut nous donner. Permettez-moi de le dire sans prétentions personnelles, pendant quarante années j'ai appartenu au barreau. J'ai perdu des procès, j'ai trouvé que mes juges avaient tort — pas toujours — j'ai reconnu souvent que les décisions judiciaires qui me frappaient avaient donné satisfaction à la vraie justice, à la grande justice dont je parlais tout à l'heure.

J'ai eu aussi mes blessures sous l'empire; j'ai vu des décisions judiciaires dans lesquelles intervenait la passion politique, dans lesquelles intervenait incontestablement la pression, l'influence exercée par le pouvoir. Trois ou quatre noms tourbillonnent autour de moi se rattachant à de grands procès, à celui de Montalembert, si vous me permettez d'en citer un, de Montalembert frappé pour avoir, dans un jour d'étouffement, été prendre, comme il le disait, un bain de vie dans la libre Angleterre.

Oui, j'ai eu aussi des soulèvements personnels, mais je vous assure que je n'ai jamais maudit la justice, que je n'ai jamais renié la magistrature de mon pays. Je l'ai vue à l'œuvre pendant quarante années; j'ai compris le dévouement des magistrats à leur devoir, j'ai été témoin de leur honnêteté, de leur droiture. Il y a eu des exceptions; je les laisse de côté; je vous parle de ce grand courant qui caractérise la valeur d'une institution. (Très bien! très bien! à droite et au centre.) Et si j'osais, je m'adresserais à deux des ministres que je vois en ce moment assis au banc du Gouvernement, j'interrogerais M. le garde des sceaux et M. le ministre de l'intérieur: est-ce qu'ils ont gardé d'autres impressions que les miennes de cette cour de Rennes devant laquelle ils ont occupé une place si considérable, qui était si fière de leurs succès, qui applaudissait à leurs triomphes, quand leur large parole se répandait librement dans la grande chambre du parlement de Bretagne? (Très bien! très bien! à droite.)

Maintenant, je ne veux pas traiter la question de l'inamovibilité comme question de principe. M. le garde des sceaux y est revenu tout à l'heure; il y est revenu en invoquant ces considérations, qui me surprennent toujours, et qui sont si bien de mise cependant dans la politique courante. On signale dans le passé un fait exorbitant, monstrueux; on nous dit: N'est-ce pas, c'est exorbitant, c'est monstrueux? Comment, on avait proposé cela? Comment, on a exécuté cela? Et vous ne voulez pas nous permettre d'en faire absolument autant? (Hilarité sur plusieurs bancs à droite.)

Eh bien, non, puisque c'était exorbitant, puisque c'était monstrueux, je ne veux pas que vous le fassiez à votre tour. (Rires.) Et cependant, dans le langage courant de la politique, il n'y a rien qui soit plus de mise, rien qui se renouvelle plus souvent. C'est un système qu'a caressé à diverses reprises M. le garde des sceaux, dans les explications qu'il a données tout à l'heure; il est allé chercher dans les mémoires, dans les rapports, dans les discussions du passé, des antécédents abominables; mais enfin, voyons; quand vous établiriez que la Restauration a supprimé, après l'empire, un certain nombre de magistrats, est-ce que nous allons nous réduire à une question de calcul, à rechercher si 857 est plus que 750, si nous sommes à égalité de chiffres, et si nous avons atteint ou dépassé la Restauration?

Vous dites que c'était mauvais, que c'était une violation du droit; vous le disiez par vos représentants, par ceux qui, à cette époque, défendaient les idées dont vous continuez la glorieuse tradition, et si vous blâmez de tels actes, ne les imitez pas!

Je ne dirai qu'un mot de l'inamovibilité: ce n'est pas un dogme, c'est une garantie sociale; je la défends par une considération qu'indiquait tout à l'heure, dans des termes élevés, M. le garde des sceaux lui-même: l'inamovibilité n'est pas respectable parce qu'elle protège la situation des magistrats, mais parce qu'elle constitue la garantie du justiciable, en assurant l'indépendance du juge.

Cette indépendance, en somme, n'est-ce pas le grand problème à la poursuite duquel nous nous sommes acharnés tous, messieurs, vous de ce côté (la gauche), vous, en face de moi, et vous enfin, de cet autre côté? (L'orateur désigne la droite.) N'est-ce pas le grand problème de l'indépendance du juge qui a fait surgir des systèmes de toutes parts? Et à l'égard de qui doit-il être indépendant? A l'égard du pouvoir. C'est Hume, je crois, qui disait: Nos flottes, notre budget, notre armée, le Parlement, tout cela n'est que pour assurer une fin unique, la liberté des douze grands juges d'Angleterre! (Très bien! à droite.)

Voilà ce que c'est que l'indépendance du juge, que l'indépendance de la magistrature! Nous avons toujours rêvé, cherché cet idéal; nous nous sommes obstinés à sa poursuite, nous qui appartenons aux idées libérales; nous avons cherché dans les pays étrangers les combinaisons d'élection par les corps de judicature, les combinaisons de présentation, tout ce qui pouvait protéger, précisément, l'indépendance du juge à l'égard du pouvoir. Est-ce que nous allons abandonner tous ces rêves-là? Je n'imagine pas de magistrature plus effroyablement asservie que celle que vous préparez au pays avec la loi qui est en ce moment soumise au Sénat. (Vive approbation à droite.) Elle est asservie, et je vais vous dire pourquoi: elle l'est d'abord dès sa naissance, dans son berceau.

Croyez-vous que les 2,000 magistrats qui vont être conservés, au jour où vous sacrifierez à côté d'eux 800 de leurs collègues, ne seront pas dépendants du Gouvernement qui les aura maintenus? Croyez-vous qu'ils n'auront pas reçu là un pouvoir dont la reconnaissance leur imposera de tenir compte? Croyez-vous qu'il n'y aura pas là, pour eux, un lien, un asservissement? Ils auront été conservés, et, dans leur maintien même à la situation qu'ils occupaient, il y aura eu, permettez-moi de le dire, une mainmise, une prise de possession... (C'est vrai! à droite).... et, dès ce moment, ils appartiendront au Gouvernement qui aura conservé à chacun d'eux le siège dont il aurait pu les faire descendre. (Interruptions à gauche.)

Mais ils ne font que naître; voulez-vous les voir vivre? ils vont marcher: ah! ils sont dans la dépendance de l'avancement; cela c'est la nécessité fatale, c'est le grand obstacle qu'on n'a jamais pu parvenir à supprimer; mais enfin, il n'y avait que celui-là autrefois. Qu'est-ce qu'il reste? il reste encore l'admonestation. On veut bien écarter ici l'admonestation dans la grande classe, que l'on proposait à la Chambre, mais enfin on maintient l'admonestation infligée par le garde des sceaux.

Et puis, il y a le déplacement, dont parlait si éloquemment hier l'honorable M. Jules Simon; le déplacement qui est, en réalité, l'équivalent de la révocation. Croyez-vous, en effet, qu'un magistrat qui réside à une extrémité de la France, et qu'on arrache à ses habitudes, qu'on éloigne d'un climat qui lui est devenu nécessaire, qu'on enlève à sa famille, à ses propriétés, à tous les intérêts dont il est entouré, acceptera le déplacement qu'on lui imposera en le transportant à l'autre bout du territoire? Non! ce n'est pas sérieux; c'est réellement un véritable congé qu'on lui donne et là encore, il est dans les liens d'une servitude nouvelle.

Enfin, il y a le grand pouvoir, le pouvoir disciplinaire; il y a l'organisation énergique de l'intervention de la cour de cassation. Je dis, messieurs, qu'il n'existe pas au monde, à l'heure où je parle, une magistrature plus asservie que celle que vous préparez. (Très bien! et applaudissements à droite.)

Et à travers tout cela, messieurs, que devient la justice? Que devient le respect des justiciables pour la justice?

M. le garde des sceaux nous disait tout à l'heure que cette foi dans la justice allait s'éteignant chaque jour davantage, mais qu'il était convaincu que la loi nouvelle raviverait, à cet égard, le crédit et l'autorité nécessaires de la magistrature. Je ne le crois pas; je crois que la situation des magistrats que vous maintiendrez sera plus redoutable et plus lourde à porter que la situation de ceux que vous aurez congédiés; je crois qu'à l'égard du barreau, à l'égard des officiers ministériels, à l'égard des justiciables eux-mêmes, la situation sera intolérable et inacceptable.

Ah! j'ai peur qu'on ne dise un jour de notre justice nouvelle ce qu'on a dit autrefois: J'ai été jugé par le parlement Meaupou! (Très bien! très bien à droite et au centre. — Mouvements divers.)

Il faut conclure. J'ai dit que je ne voulais pas, à l'heure actuelle et après l'admirable discours de l'honorable M. Jules Simon qui avait tout épuisé, fatiguer la patience du Sénat. (Parlez! parlez! sur un grand nombre de bancs à droite et au centre.)

J'ai voulu toucher le point essentiel des débats dans le milieu le plus modeste de mes souvenirs; je me suis expliqué en toute liberté.

J'ajouterai encore que je m'effraie des conditions dans lesquelles, pendant trois mois, va se trouver la justice elle-même.

Je sais bien que, par une attention délicate, on nous apporte la loi et qu'on espère en obtenir le vote, à la veille des vacances. Mais comme les rancunes vont se donner carrière ainsi que les représailles et les convoitises!

Vous dites qu'il n'y a plus de place pour les compétitions. Je n'en suis pas bien sûr.

Permettez-moi de vous dire que le départ des 850 magistrats que vous renvoyez, que cette latitude de faire disparaître un si grand nombre de membres du corps judiciaire, parce qu'il y aura à supprimer quatre juges du tribunal de Céret, par exemple, qui nous a envoyé, il y a quelques jours, une supplique désolée, permettez-moi de vous dire que cette situation ouvre bien la carrière à toutes les ambitions, à toutes les sollicitations.

Vous dites que ces déplacements sont le plus grand hommage que l'on puisse rendre à l'inamovibilité de la magistrature. Ah! pour ceux qui restent, je le veux bien; mais pour ceux qui partent, l'hommage est singulier! (Rires à droite.)

Enfin, je ne suis pas convaincu, pour ma part, que l'heure n'arrivera pas assez vite de demander le rétablissement d'une partie des postes qui auront été supprimés.

M. le garde des sceaux a bien été obligé de reconnaître qu'il existe des affaires qui s'appellent des questions d'État qui doivent être jugées par deux chambres.

Il a fallu reconnaître encore au Sénat qu'il fallait des conseillers à la cour d'assises, à la chambre d'accusation, surtout avec l'importance qu'elle va prendre dans son organisation de la loi nouvelle sur l'instruction criminelle.

Mais à la Chambre des députés, on avait semblé ignorer tout cela.

C'est alors que le nombre des conseillers a été élevé; on en verra bien d'autres à l'épreuve.

Toutes ces questions-là, il fallait les étudier et les discuter dans un système d'ensemble. Il fallait, comme le pensait M. le garde des sceaux dans sa première inspiration, aborder par les grands côtés la question de la réforme judiciaire et les questions de personnes devenaient des questions secondaires.

Mais on a agi autrement: On a laissé à l'écart le projet relatif au jury correctionnel et celui de la réforme des justices de paix. Quand les questions du personnel se rattachaient à ces questions-là, elles pouvaient servir de véhicule aux grands projets de M. le garde des sceaux que nous nous attendions à voir un jour devant vous, mais j'ai bien peur qu'on ne parle plus de longtemps, du jury correctionnel ni de l'organisation nouvelle de la justice de paix.

Si le résultat qu'on voulait atteindre est obtenu, tout sera fini: adieu les grandes réformes et les grands principes!

Messieurs, j'ai fini. Laissez-moi ajouter un mot qui dépasse la portée du débat actuel. Je crois que le pays est profondément reconnaissant au ministère de nous avoir donné la paix publique, l'ordre dans la rue et qu'il a applaudi à sa fermeté. Mais je crois qu'il attend de lui autre chose encore, l'ordre et la paix dans les esprits, c'est-à-dire la réconciliation, l'apaisement.

Est-il possible qu'un pays comme le nôtre, après douze années de régime nouveau, soit encore divisé en vainqueurs et en vaincus?

Il y a des hommes qui rêvent la liberté pour leurs idées et qui s'en contentent; il y en a d'autres qui veulent le triomphe pour leur idées.

J'aime la liberté, mais je hais le triomphe, parce que c'est l'oppression, l'écrasement des idées d'autrui.

Je crois que vous allez de nouveau agiter le pays dans ses éléments conservateurs, que vous paraissez trop dédaigner, et qui ressentiront vivement la blessure que vous leur faites. Vous allez jeter dans la société ces proscrits, ardents à prendre leur revanche.

Ah ! quelle belle chose que la conciliation, que le rapprochement de tous ceux qui aiment le pays. Celui qui donnera tout cela sera le grand homme d'État de la République.

Jo demande au Sénat de repousser la loi qui lui est apportée. S'il doit en être autrement, je proteste de toute mon âme contre les outrages adressés à la magistrature française et à l'inverse du salut funèbre du cirque, je salue ceux qui vont mourir. (Vifs applaudissements à droite et au centre. — L'orateur reçoit les félicitations d'un grand nombre de ses collègues de la droite et du centre.)

SÉANCE DU 27 JUILLET 1883

M. Jouin. Messieurs, il ne m'est pas possible de placer les observations que je vais avoir l'honneur de développer devant vous sous la protection et le patronage d'une parole meilleure, plus éloquente et plus sympathique que celle que vous venez d'entendre. (Vive approbation à droite et au centre.)

Je suis pleinement d'accord avec le cher collègue qui, tout à l'heure, occupait la tribune; mais, en lui succédant, je réclame de vous, messieurs, toute votre bienveillance, toute votre attention. J'en ai grand besoin.

Nous sommes en face de la véritable question, celle de l'article 15. Les réductions sont votées ; il s'agit maintenant de savoir comment, par quels procédés elles seront effectuées. Vous connaissez le texte de cet article ; il n'y a pas un de nous qui ne l'ait longuement médité. Cet article 15, je le repousse; je le crois injuste, illégal dans le procédé qu'il veut nous faire employer, et à la place de ce procédé injuste, illégal, je propose un moyen qui ne blesse pas la justice, qui respecte la loi dont il reproduit les termes, et qui est surtout, messieurs, si je ne me suis pas fait illusion, empreint de l'esprit et des véritables principes de la constitution.

Je sais qu'on a parlé d'autres procédés cependant.

Ainsi, on pourrait congédier les magistrats dernièrement nommés ; ce serait une injustice, mais ce ne serait pas l'arbitraire.

On pourrait, tout au rebours, congédier ceux qui comptent le plus d'années de service ; ce serait une injustice encore plus révoltante, mais ce ne serait pas l'arbitraire. (Très bien ! très bien ! à droite et au centre).

L'article 15 proposé par le Gouvernement et par la commission, est, à la fois, *l'arbitraire et l'injustice*. (Très bien ! très bien ! sur les mêmes bancs.) Il permet au garde des sceaux, pendant trois mois, jusqu'à concurrence de 600 ou 700 places, de prendre tous les magistrats là où ils se trouvent, quel que soit le siège qu'ils occupent, quels que soient les services qu'ils ont rendus, quels que soient leur valeur, leur mérite, leur grade ; de les désigner où il voudra, de les faire descendre de leurs sièges et de leur dire : A partir d'aujourd'hui, vous n'êtes plus magistrats.

C'est l'arbitraire le plus absolu et le plus effrayant mis au service de la plus détestable injustice. (Très bien ! très bien ! à droite et au centre.) Voilà le projet.

C'est pour cela que je le combats, et c'est pour cela, qu'à sa place, je demande la seule chose qui soit juste, la seule chose qui soit honnête : la réduction par voie d'extinction. (Très bien ! très bien ! à droite et au centre).

Avez-vous fait une loi pour ôter de la magistrature, suivant l'énergique expression de M. Jules Simon, les gens qui vous déplaisent, ou faites-vous une loi réduisant le nombre des sièges, parce qu'il y a trop de juges?

Si vous avez fait une loi dans le but que j'énonçais tout à l'heure, je n'ai rien à vous dire. Si vous avez fait une loi dont le titre n'est pas un mensonge et une hypocrisie ; si vous avez fait une loi pour opérer des réductions là où elles sont nécessaires, eh bien, je vous dirai avec les autorités les plus graves, et sous la protection des principes fondamentaux de nos lois françaises, faites ces réductions par voie d'extinction ; il n'y a que ce moyen qui soit conforme à l'honnête et au juste. (Très bien ! très bien ! sur un grand nombre de bancs.) Voilà tout mon amendement.

Vous comprenez bien qu'après les discours de nos éminents collègues, MM. Jules Simon et Allou, je ne puis reproduire le tableau douloureux et saisissant qu'ils vous ont présenté, de la situation qui allait être faite à notre malheureux pays, si on lui appliquait cet article 15 que nous combattons.

Quelques réflexions seulement. Aujourd'hui toutes nos cours et tous nos tribunaux fonctionnent ; les juges sont sur leurs sièges ; ils rendent leurs décisions ; et sous peine de voir tout s'effondrer, il faut bien que ces décisions soient respectées, qu'elles soient obéies et que le peuple s'incline avec respect devant ce qu'il y a de plus solide dans une société: l'autorité de la chose jugée. (Très bien ! à droite et au centre.)

Voilà le spectacle que nous avons aujourd'hui et l'on peut ajouter que ces magistrats au milieu des menaces dont ils sont l'objet, au milieu des craintes qui pourraient les assiéger, montrent dans l'accomplissement de leurs devoirs une sérénité, une fermeté, qui sont la consolation de tous ceux qui, comme moi, ont juré de les défendre jusqu'à la dernière heure. (Très bien ! très bien ! à droite et au centre.)

Eh bien, ces magistrats qui, à l'heure où je parle, rendent la justice, vous allez les transformer en accusés. (Très bien ! très bien ! sur les mêmes bancs.)

Et ces accusés, devant quel tribunal allez-vous les faire comparaître pour qu'ils aient à répondre à l'accusation dont vous les chargez? Ils vont comparaître devant un tribunal composé d'un seul juge, d'un magistrat unique, tout puissant, le garde des sceaux. C'est lui qui va être, à lui seul, le juge de tous les juges! (Mouvement.)

Et quelle sera votre procédure pour juger ces magistrats? Quelles seront les règles tutélaires avec lesquelles leurs droits pourront être défendus? Quels sont les motifs pour lesquels vous pourrez les condamner, c'est-à-dire les chasser des rangs de la magistrature? La procédure?... Il n'y en a pas !...

Plusieurs sénateurs à droite et au centre. Très bien ! très bien !

M. Jouin. La procédure? Il n'y en a aucune. Ces accusés vont comparaître ; je me trompe, ils ne comparaîtront point: ils seront jugés à huis clos.

Un sénateur à droite. Sur des dénonciations.

M. Jouin.... dans l'ombre et le silence des bureaux de la chancellerie. (Nouvelles marques d'approbation sur les mêmes bancs. (Interruptions et murmures à gauche.) Voilà la procédure.

Quant aux motifs, quels sont-ils? Oh ! les questions sont graves, messieurs. Je ne les développe pas, je ne fais que les indiquer. Je parle devant des hommes politiques dont pas un ne méconnaîtra la gravité des réflexions que je lui soumets.

Quels sont, je le demande, les motifs pour lesquels vous allez frapper ces juges que vous transformez en accusés? pour quelle raison direz-vous à celui-ci : Je te chasse? Sera-ce pour son incapacité, pour son indignité?

Si c'est pour cause d'indignité ou d'incapacité que vous enlevez à ses fonctions ce magistrat qui les exerce depuis dix ans, depuis vingt ans, qui juge encore aujourd'hui, que va penser son justiciable? Et celui qui a perdu son procès? Et celui dont un député n'a pas craint de venir, du haut de la tribune de la Chambre des députés, apporter les plaintes, en disant: Qui est-ce qui nous délivrera de nos juges de Valence qui nous ont injustement condamnés? Viendra-t-il par hasard, quand vous aurez justifié sa plainte, à huis-clos, viendra-t-il dire : Il n'est pas possible que moi qui ai souffert, moi qui suis victime, on ne m'accorde pas une indemnité pour réparer le dommage que j'ai éprouvé? (Très bien !)

Prenez garde ! vous vous lancez dans une voie pleine de périls, et je ne fais que commencer à vous les expliquer.

Non, vous ne frapperez pas ces hommes en disant qu'ils sont des indignes ! Vous n'oseriez pas aller trouver un seul de nos magistrats et lui dire : « Sors du palais, tu es incapable ou indigne ! » Vous ne le feriez à aucun prix ; vous ne voudriez pas que votre sentence d'exclusion fût une flétrissure. Non ! non ! Alors, vous aurez d'autres motifs? Des motifs purement politiques qui vous feront exclure ceux dont les opinions ne vous conviennent pas.

Il faut bien que vous ayez un motif à votre décision.

Je vous demande pourquoi vous jetterez hors des rangs de la magistrature ceux contre lesquels vous vous prononcerez. Évidemment, c'est parce qu'ils auront des opinions politiques qui vous déplairont ; et alors, qu'est-ce que vous faites? Vous lancez la magistrature dans la politique. (Très bien ! C'est cela ! à droite et au centre.) Vous invitez les magistrats à n'être plus préoccupés désormais que d'une chose : la politique.

Vous dites à ces magistrats : Interrogez l'horizon ; voyez ceux qui sont en passe d'arriver ; ayez bien soin de prendre vos précautions pour n'être pas les derniers à adorer le soleil levant. (Nouvelles marques d'approbation sur les mêmes bancs).

Remarquez, en effet, qu'avec votre théorie qui consiste à chasser les gens dont les opinions vous contrarient, il est clair comme le jour que plus tard, peut-être moins tard que vous ne le croyez, ces magistrats que vous avez placés ou maintenus seront chassés par vos successeurs qui leur feront à leur tour le même reproche.

Un sénateur à gauche. Nous connaissons cela.

M. Jouin. Je suis donc dans le vrai quand je dis que vous voulez faire de la magistrature une magistrature qui aura pour consigne, non plus de s'occuper avec impartialité, avec indépendance, avec liberté complète, des grands intérêts de la justice, mais qui, par la force même des choses et par la nature de son origine, ne devra plus s'occuper que de la politique qui triomphe aujourd'hui, de celle qui pourra triompher demain, afin d'être toujours en règle avec ses intérêts... (Très bien ! très bien ! à droite et au centre.) Voilà ce que vous faites.

Et, messieurs, ne vous y trompez pas ; à ce point de vue, cette loi est bien savamment conçue et habilement organisée. Vous rappelez-vous ce que nous avons fait hier? On discutait sur ce qu'on appelle l'unification des cours, l'unification des tribunaux.

Pourquoi fait-on cette unification? Est-ce parce qu'il était plus commode de ne plus avoir de catégories? Oh ! non, non? Je comprends parfaitement votre loi?

Vous frappez les magistrats au nom de la politique, et ceux que vous aurez conservés, vous voulez les tenir tremblants sous votre main.

Vous voulez que les sièges soient tous assimilés, afin que les juges puissent être facilement envoyés, celui d'une cour du midi dans une cour du nord, celui de l'ouest dans une cour de l'est. Ce sont les mêmes fonctions, ce sont les mêmes places, ce sont les mêmes appointements. Vous pourrez alors, à votre gré, faire aller ces fonctionnaires d'un bout de la France à l'autre. Ce que vous avez décidé pour les cours, vous l'avez décidé également pour les tribunaux.

Dans ma naïveté, je me disais au premier moment : comment se fait-il qu'on mette au même rang un petit tribunal et un tribunal comme celui de Saint-Brieuc, par exemple, dont le ressort est si important, dont la population est si considérable.

J'avais la simplicité de chercher un motif (Sourires à droite et au centre), mais il me crève les yeux, ce motif!

Avec l'unification, avec ce mot si simple, si inoffensif... (Rires approbatifs sur les mêmes bancs) ...on aura le moyen, si un président entouré du respect de ceux qui le connaissent et de la confiance de tous ses justiciables a des relations ou des amitiés qui déplaisent, de lui dire : Partez d'ici; allez à l'extrémité de la France, de l'ouest à l'est, du sud au nord. Voilà ce que l'on a fait; voilà le secret de l'unification.

Vous avez emprunté un mot charmant à je ne sais qui, à l'honorable M. Bérenger, je crois, et vous avez affirmé que vous vouliez guérir la magistrature d'un mal terrible, la fièvre de l'avancement. Oui, vous avez voulu la guérir de cette fièvre, et vous avez remplacé cette fièvre dont vous la guérissez par une autre fièvre, la *terreur du déplacement*. (Très bien ! et applaudissements à droite et au centre)

Vous arrachez du cœur de tous les magistrats ce sentiment de noble émulation, d'ambition généreuse qui fait que celui qui travaille espère légitimement obtenir un avancement mérité.

Vous leur avez enlevé ces sentiments qui sont la force et la fierté de l'homme ; et par quoi les remplacez-vous? Vous les remplacez par la crainte que chacun d'eux aura désormais de déplaire aux puissants, par la peur qu'il aura de ne pas conserver les bonnes grâces de ceux qui ont assez de crédit pour faire subir à un magistrat les déplacements dont je parlais tout à l'heure.

Voilà ce que vous faites! Voilà votre œuvre politique! Vous lancez les magistrats dans une voie déplorable.

Au lieu des hommes indépendants que vous avez aujourd'hui, vous n'aurez plus que des gens tremblants et craignant de déplaire à celui qui sera tout-puissant. Ce sera un député, ce sera un préfet, ce sera un sénateur, ce sera je ne sais quel personnage; mais le magistrat sera toujours en crainte devant lui.

Voilà ce que vous faites à la place de ce que nous avons. (Nouvelles marques d'approbation à droite et au centre.)

Et quand je vois ces magistrats menacés, quand je les vois, en imagination, devant le tribunal redoutable où l'on statuera sur leur sort, je ne sais, messieurs, lesquels je dois plaindre le plus : ou ceux qui seront sacrifiés et qui s'en iront généreusement, fièrement, en disant : « Nous avons été victimes d'une injustice, et nous rentrons avec la conscience pure et honnête », ou ceux, au contraire, qui, par cela seul qu'ils sont accusés, — vous connaissez le cœur humain, n'est-ce pas? — vont devenir, pour le grand nombre, des suppliants.

Comprenez-vous ces magistrats qui, de magistrats, vont devenir des accusés et des accusés suppliants, cherchant partout autour d'eux un protecteur pour les défendre contre la haine de celui-ci, contre l'envie de celui-là, contre les dénonciations qui se croisent et qui partent de tous les points du département.

Voyez-vous ce que vous allez faire? Notre cher collègue, M. La Caze, vous parlait tout à l'heure, en termes excellents, de ce qui allait nécessairement se passer dans tous les départements, dans l'intérieur de tous les tribunaux; les dénonciations d'un côté, les intrigues de l'autre, les influences mises en œuvre, cela va être une mêlée universelle, une guerre acharnée de la part des uns, une résistance désespérée de la part des autres; c'est la guerre que vous portez au sein du pays, au lieu d'y porter, comme ce serait votre devoir, la paix, l'ordre et l'union. (Mouvement.)

Eh bien, messieurs, en vous montrant les périls du projet du Gouvernement, je vous montre en même temps les avantages du système que j'offre à la place.

Vous dites que vous avez des magistrats en trop? Supprimez les sièges; mais supprimez-les par voie d'extinction.

Messieurs, c'est le mode qui a été suivi par la République, c'est le mode qui a été respecté par l'empire. Il me semble que ce n'est pas vous faire trop d'injure que de vous proposer, à vous, République de 1870, de suivre l'exemple de la République de 1848.

J'entends bien dire et murmurer à chaque instant : cependant, il y a eu des faits regrettables, des gens qui se sont compromis — l'honorable M. La Caze y faisait allusion tout à l'heure. — Dans une certaine période, je l'ai vu comme vous, j'en ai gémi avec vous, il y eu des actes regrettables. On a pu, sans doute, commettre des fautes; mais, depuis que j'entends ces récriminations, je me fais toujours cette réflexions : pourquoi ne finirait-on pas par faire l'amnistie des honnêtes gens, puisqu'on a fait celle des autres? (Très bien! très bien! et vifs applaudissements à droite et au centre.)

Maintenant, messieurs, je vous demande la permission de laisser ces quelques considérations au milieu desquelles je me suis égaré peut-être... (Non! non! à droite) ...pour vous parler de ce qui, pour moi, est la question capitale, décisive, c'est-à-dire la question de droit, celle de savoir si, oui ou non, ce que vous proposez est légal, *constitutionnel*. Eh bien, en mon âme et conscience, je crois que c'est illégal, et, de plus, inconstitutionnel. (Très bien! très bien! à droite.)

M. Martin-Feuillée, *garde des sceaux, ministre de la justice*. Mais non!

M. Henry Fournier (Cher). Oui, très bien! C'est parfaitement juste.

M. Jouin. Et pour démontrer une proposition qui me semble paraître hardie et téméraire à M. le garde des sceaux et peut-être à M. le président du conseil...

M. le président du conseil. Assurément!

M. Jouin... je vous demande la permission, messieurs, de parcourir avec vous les constitutions qui se sont succédé, car nous arriverons par là à la preuve du point de droit que je viens d'énoncer

Le principe de l'inamovibilité, — M. La Caze nous en a dit quelques mots tout à l'heure, — était inscrit, vous le savez, dans l'acte constitutionnel de l'an VIII, lequel portait que les juges étaient nommés à vie, et qu'ils conserveraient leurs fonctions, à moins, ajoute le texte, qu'ils ne fussent pas maintenus sur les listes d'éligibles. Tant qu'ils étaient sur les listes d'éligibles aux termes de la constitution, les magistrats étaient inamovibles. Le sénatus-consulte du 16 thermidor an X supprima les listes d'éligibilité; les listes étant supprimées, il s'ensuivait naturellement que les juges étaient inamovibles et qu'ils ne pouvaient plus encourir la déchéance que pour cause de forfaiture.

L'empereur le comprit parfaitement, et comme il ne voulait point de juges réellement inamovibles, il annula l'acte constitutionnel au moyen du sénatus-consulte du 12 octobre 1807.

Revenant sur l'inamovibilité, il osa dire : Les juges seront inamovibles, mais à une condition, c'est qu'au bout de cinq ans d'expérience, je jugerai, moi, souverain, si je les trouve dignes de l'inamovibilité. Vous comprenez, messieurs, que c'était donner d'une main et retirer de l'autre. Aussi, qu'ont dit les jurisconsultes, les vrais? Qu'a dit l'un des plus grands, Bonsenne? Il a dit : « C'était réduire la justice à une sorte de vasselage. C'était dire au juge : si ta conscience ne me rend pas foi et hommage, *Non es amicus Cæsaris!* »

Vous connaissez, messieurs, la portée de ce mot, *non es amicus Cæsaris;* vous savez que le juge à qui il a été adressé avait eu le courage, par deux fois, devant un peuple en délire, de dire : Mais je ne trouve rien dans la cause de cet homme; il est innocent! Et cependant il faiblit; il commit cette lâcheté qui, depuis dix-huit siècles, pèse sur sa mémoire; il se lava les mains et livra l'innocent, quand on lui dit : *Non es amicus Cæsaris*. C'est que ce César s'appelait Tibère! (Applaudissements prolongés à droite et au centre.)

« On ne doit signaler, dit un autre jurisconsulte, l'illustre Dupin, on ne doit signaler de pareilles lois que comme des ruses du pouvoir, et le seul sentiment qu'elles inspirent est le désir de n'en voir jamais de semblables! » (Très bien! à droite.)

Mais le décret de 1807 n'en était pas moins rendu. En fait, les juges de l'empire n'étaient pas inamovibles.

La Restauration, ah! monsieur le garde des sceaux, la Restauration le leur fit voir bien cruellement. Vous savez comment les choses se passèrent. La constitution de 1814 disait, article 58 : « Les juges nommés par le roi sont inamovibles. »

Cela voulait dire que le roi, comme l'empereur, comme le chef du pouvoir exécutif, nommait les magistrats, puisque la justice émanait de lui, mais que les juges étaient inamovibles.

On interpréta cet article de la charte dans un sens judaïque et l'on dit : Les juges ne sont pas inamovibles; ils le seront quand ils auront été nommés par le roi.

Et alors on procéda à l'épuration, et, dans notre cour de Rennes, on mit à la porte de leurs prétoires 28 magistrats, dont vous, monsieur le garde des sceaux, comme moi, tout enfants, nous avons appris les noms, et dont on nous a raconté l'histoire en nous disant de quel respect, de quel amour ils étaient entourés.

Mais si on fit cette épuration, on fut logique; après s'être attaqué aux magistrats, à ceux qui tenaient dans leurs mains les balances de la justice, on n'hésita pas à appliquer la même mesure à ceux qui portaient l'épée; comme on avait épuré la magistrature, on licencia l'armée de la Loire, et on procéda à l'épuration de l'armée. Dans ce temps-là les *ultras* applaudissaient.

Un sénateur à gauche. Ils n'applaudissent pas à présent. (Rires d'approbation à gauche.)

M. Jouin. Ils assistaient à ce spectacle, le sourire sur les lèvres, ils se réjouissaient, comme quelques-uns le font aujourd'hui, on disant :

« Voilà des gens qui nous gênaient, on les met à la porte, c'est à merveille; un bon coup de balai!... » (Rires.) Et ils applaudissaient, et ils étaient heureux! Mais pendant que les *ultras* applaudissaient à ces tristes exécutions, le pays, lui, frémissait, il s'indignait, et au bout de quinze années, pendant lesquelles cette indignation avait été à peine contenue, elle éclata, et ce fut la révolution de juillet — il y a aujourd'hui cinquante-trois ans!

C'est là, messieurs, ce qu'on veut recommencer, — cela a produit de si bons effets, qu'on nous propose de suivre un pareil exemple! Mais poursuivons la démonstration du point de droit; après la révolution de 1830, que s'est-il passé? Ce qui se passe aujourd'hui!

Il y avait des exaltés, de ces gens qui n'admettent qu'une chose, c'est qu'on satisfasse leurs rancunes et qu'on se conforme à leur volonté; à les entendre, il fallait faire des lois de représailles. La majorité résista. Dupin, dont je citais tout à l'heure la grande autorité, fut le défenseur énergique de l'inamovibilité de la magistrature et la fit inscrire dans la Charte de 1830, aux articles 49 et 50, en ajoutant cette parole célèbre : « La Charte désormais sera une vérité. » (Bruit à gauche). Il n'y eut pas une seule épuration.

Le principe de l'inamovibilité, cette fois, est consacré et loyalement respecté.

Voilà ce qui se passe en 1830.

J'arrive à 1848. L'exemple de 1830 ne fut pas perdu pour nous; l'inamovibilité, non seulement fut respectée, mais la question ne fut même pas sérieusement contestée, n'est-il pas vrai, mon cher collègue Barthélemy-Saint-Hilaire? (M. Barthélemy-Saint-Hilaire fait un signe d'assentiment) et le principe fut inséré dans l'article 114 de la constitution comme un principe que de véritables républicains, que des serviteurs respectueux du droit ne pouvaient ni méconnaître, ni contester.

Je sais qu'il y en avait parmi nous qui, *inpetto*, après avoir proclamé l'inamovibilité, se réservaient, quand le moment serait venu, de se débarrasser des gens qui ne leur convenaient pas. C'est toujours le même système; ce sont toujours les mêmes hommes et les mêmes passions; les époques changent, mais les hommes restent à peu près les mêmes. (Très bien! au centre.)

Eh bien, il y avait dans l'Assemblée des hommes qui se proposaient de revenir sur le principe inséré dans l'article 114; mais la discussion qui eut lieu plus tard ne permit pas le triomphe de cette mauvaise pensée. Après l'admirable discours d'un des plus grands orateurs que j'ai entendus, M. de Montalembert; après le discours presque aussi admirable d'un collègue qui, il y a quelques années encore, siégeait parmi nous, M. Jules Favre, le 3 avril 1849, l'Assemblée nationale vota... quoi? l'amendement que je vous propose : « Les réductions ne pourront s'opérer que par voie d'extinction ».

Et quelque temps après, le 8 août 1849, voici en quels termes l'Assemblée a fait la loi qui est aujourd'hui la loi organique, la loi à laquelle il n'est pas permis de toucher. En voici le texte; il vaut bien la peine d'être lu et médité :

« Art. 1er. — Sont maintenus les cours et tribunaux actuellement existants et les magistrats qui les composent.

« Art. 2. — Aucune réduction dans le personnel des cours et tribunaux ne pourra s'opérer que par voie d'extinction. Néanmoins, sur deux places vacantes, le Gouvernement pourra pourvoir à l'une des deux.

« Art. 3. — Une institution nouvelle sera donnée par le Gouvernement aux cours et tribunaux dont l'article 1er du présent titre ordonne le maintien.

« Art. 4. — Le premier titre de la loi organique du pouvoir judiciaire sera promulgué conformément à la Constitution.

« Art. 5. — L'institution prescrite par l'article 3 sera donnée aux cours et tribunaux dans les trois mois qui suivront cette promulgation. »

Ainsi, l'Assemblée constituante qui vote l'article 114 le 3 avril, maintient le principe contenu dans cet article et le formule dans les termes mêmes de mon amendement :

« Les réductions ne peuvent s'opérer que par voie d'extinction. »

Et la loi de 1849, loi organique promulguée dans la même forme que la constitution, contient en effet cette prescription.

Il me semble, messieurs, que ma démonstration avance. Nous avons déjà parcouru un assez long espace de temps; nous sommes arrivés en 1849, à la constitution républicaine et à la loi organique qui en est le commentaire. Eh bien, un peu après se produit un événement considérable, c'est le coup d'État de décembre 1851... (Rumeurs à gauche).

Un sénateur à gauche. L'événement n'était pas seulement considérable.

M. Ribière, *ironiquement*. L'expression n'est pas trop dure! (Parlez! parlez! à droite.)

Un sénateur à droite. On sait bien que l'orateur n'est pas bonapartiste!

M. Jouin. Messieurs, il m'est peut-être échappé un mot qui ne rendait pas exactement ma pensée. J'ai voulu parler seulement d'un fait, du coup d'État du 2 décembre. Eh bien, le coup d'État a-t-il, oui ou non, aboli l'art. 114 de la constitution républicaine et la loi de 1849 ? Voilà la question; messieurs, vous allez entendre la preuve.

A peine le coup d'État est-il exécuté, que celui qui venait de renverser la constitution a la hardiesse de s'adresser au pays, et il lui dit : Voulez-vous m'accorder les pouvoirs nécessaires pour faire une constitution d'après les bases établies dans ma proclamation ?

Or, qu'y avait-il dans cette proclamation ?

« La magistrature affermie par l'inamovibilité des juges, par la hiérarchie des tribunaux; la justice rendue plus facile par la délimitation des attributions, depuis le juge de paix jusqu'à la cour de cassation : tout cela est encore debout. »

Il est impossible, je crois, de dire plus clairement au peuple : Si vous voulez me donner le pouvoir de faire une constitution d'après les bases que je vous indique, la magistrature qui est debout, restera debout. (C'est évident ! à droite et au centre). Qu'a répondu le peuple ? Il a répondu les 20 et 21 décembre en accordant à l'auteur de la proclamation plébiscitaire 7,500,000 suffrages. (Murmures et interruptions à gauche.)

Un sénateur à gauche, ironiquement. Librement donnés !

M. Scheurer-Kestner. Par un scrutin frelaté !

M. Jouin. Que voulez-vous ? Tout le monde sait bien comment j'ai voté, mais je ne peux pas empêcher les autres d'avoir voté autrement que moi.

Immédiatement après ce vote dont je ne cherche pas à apprécier le caractère, l'auteur de la proclamation se met à l'œuvre et fait sa constitution du 14 janvier 1852. Y a-t-il dans cette constitution un mot, une ligne pour dire que ce qui était debout est ou sera renversé ? Pas un mot, pas une ligne !

M. Demôle. Ce n'est pas du droit cela, c'est de la violence. (Protestations à droite.)

M. le président du conseil. Dans ce temps-là, on révoquait les magistrats, on les exilait ou on les déportait.

M. Jouin. L'honorable M. Demôle vient de faire une observation que je saisis et que je trouve juste. Il me dit : Tout cela c'est de la violence. Le coup d'État ! je le crois bien. Le vote de 7,500,000 voix ! Je le crois bien. Tout ce qui a suivi. Je le crois bien. Je suis d'accord avec lui, je suis républicain.

Mais il ne s'agit pas de savoir si celui qui a fait cet acte de violence que vous condamnez, contre lequel vous vous élevez avec tant de raison, de droit et de justice, si celui-là, oui ou non, a aboli l'article 114. Il ne s'agit pas du tout de ses sentiments, mais de ce qu'il a fait.

Eh bien ! je dis qu'il n'a pas aboli l'article 114. Il n'y a pas un mot dans la constitution de 1852 pour déclarer qu'on renverse ce qu'on a promis de maintenir debout.

Au contraire, dans cette constitution se trouve un article ainsi conçu :

« Art. 32. — Sera soumise au suffrage universel toute modification aux bases fondamentales de la constitution, telles qu'elles ont été posées dans la proclamation du 2 décembre, et adoptées par le peuple français. »

Il me semble que c'est assez clair !

Un sénateur à gauche. C'est une comédie effrontée !

M. Jouin. — « Je vous ai posé dans la proclamation, dit l'auteur de la constitution, je vous ai posé des bases. Je vous ai montré l'inamovibilité de la magistrature comme une de ces bases. Je n'y touche pas : je la respecte, et j'ajoute que si le Sénat demandait une modification de la constitution, on ne pourrait modifier une des bases que vous avez adoptées, qu'après avoir obtenu la ratification du peuple français ! »

Il me semble que c'est clair, que l'article 114 n'a pas été renversé et que la loi de 1849 n'a pas été violée. (Rumeurs et interruptions à gauche. — Très bien ! très bien ! à droite et au centre.)

Mon Dieu ! messieurs, je voudrais bien entendre l'honorable M. Parent discuter en droit cette question et venir à cette tribune me montrer que je me trompe. Je voudrais entendre ses raisons et le voir réfuter mon argumentation pas à pas, ligne par ligne, « phrase à phrase. » (Très bien à droite et au centre.)

Je vous montre le principe proclamé en 1830, proclamé également par nous en 1848 et en 1849 !

Je vous montre ensuite comment celui qui a brisé notre œuvre et renversé la République s'est arrêté devant le principe que nous avions inscrit; il s'est incliné et il a dit : celui-là, je n'y touche pas, et je ne pourrai y toucher que si le peuple m'y autorise. Donc, il ne l'a pas renversé. (Interruptions et rires à gauche.)

M. le Président. N'interrompez pas, messieurs.

M. Jouin. Je vous dis, messieurs, qu'il n'a pas aboli l'article 114, le principe de l'inamovibilité, ni la loi complémentaire de la constitution, la loi organique de 1849.

Comment en douter ?

En 1859, l'empire eut la velléité de vouloir, lui aussi, faire une réforme judiciaire; on parlait alors de supprimer des petits tribunaux comme on en parlait hier. Le corps législatif montra très peu d'empressement à accepter ce projet, mais le gouvernement jugeait certaines réductions nécessaires ; et alors, à la date du 12 décembre 1860, en vertu de la loi de 1810, il rendit un décret portant certaines réductions.

Voici comment s'exprime le décret, il vaut la peine d'être lu :

« Vu la loi du 20 avril 1810, sur le rapport de notre garde des sceaux, notre conseil d'État entendu, avons décrété :

« Art. 1er. — La cour impériale de Rennes est réduite d'un président de chambre, de neuf conseillers, d'un avocat général et d'un commis-greffier. Elle se compose: d'un 1er président, de 4 présidents de chambre, de 23 conseillers, d'un procureur général, de 3 avocats généraux, de 3 substituts, d'un greffier en chef, de 5 commis-greffiers.

« Art. 2. — La cour impériale de Poitiers est réduite d'un président de chambre, de 5 conseillers, d'un avocat général et d'un commis-greffier. Elle se compose: d'un 1er président, de 3 présidents de chambre, de 20 conseillers, d'un procureur général, de 2 avocats généraux, de 2 substituts, d'un greffier en chef, de 4 commis-greffiers.

« Art. 3. » — Écoutez cela, je vous prie... (Bruit à gauche.)

M. Lucien Brun. Ils ne veulent pas écouter.

M. Jouin. Je le comprends ; il est plus commode de faire du bruit que de répondre.

Je continue :

« Art. 3. — Les réductions de personnel prescrites par le présent décret s'opèreront au fur et à mesure des extinctions. Toutefois, sur deux places vacantes, le gouvernement pourra pourvoir à l'une des deux. »

Voilà ce qu'a fait l'empire en 1860. Il était en face de l'article 114 ; il l'a respecté. Il était en face de la loi de 1849 : il l'a si bien respectée qu'il en copie textuellement les termes. (Bruit à gauche.)

M. Buffet. C'est un fait qui peut être désagréable, mais c'est un fait.

M. le général Espivent de la Villeboisnet. On ne peut le nier.

M. Baragnon. Nous avons eu pendant dix ans un premier président républicain ! (Murmures à gauche.)

M. le président. Veuillez écouter, messieurs. L'orateur ne reprendra la parole que quand le silence sera rétabli.

M. Jouin. Que voulez-vous, messieurs, c'est peut être de ma faute... (Non ! non ! à droite.)

M. Audren de Kerdrel. Vous les embarrassez, voilà tout !

M. Jouin. .... mais, lorsque, de bonne foi, je produis un argument, que je crois sans réplique, sur une question de droit, qui me paraît l'évidence même et que je vois des collègues qui l'accueillent en riant, je ne puis comprendre ce que signifient leurs rires ; il ne m'est pas possible de saisir le sens caché de ces ricanements ; cela m'échappe ; il m'est impossible de prendre cela pour une réfutation.

M. Buffet. C'est la seule réponse dont ils sont capables.

M. Jouin. Je crois avoir démontré que les républicains avaient, en 1848, proclamé le principe de l'inamovibilité ; je crois avoir démontré que celui à qui nous adressons tant de reproches n'avait pas violé ce principe ; il l'a au contraire, respecté, il l'a laissé debout sans y porter la moindre atteinte. Maintenant, je vous le demande, messieurs les interrupteurs : Est-ce que, par hasard, la République de 1870 a renversé ce que Bonaparte lui-même a laissé debout ? A-t-elle effacé l'article 114 de la constitution et la loi de 1849 ?

En 1870, que s'est-il passé ? Le gouvernement de la défense nationale eut la pensée de mettre la main sur le principe de l'inamovibilité. Il y avait des magistrats des commissions mixtes. Il rendit un décret par lequel 15 de ces magistrats étaient révoqués. L'Assemblée nationale, quelque temps après, était réunie — c'est celle qui a fait la constitution — et, à la date du 3 mai 1871, elle a édicté une loi ainsi conçue :

« Les décrets des 28 janvier et 3 février 1871 qui ont prononcé la déchéance de 15 magistrats y dénommés, sont déclarés nuls et non avenus, comme contraires à la règle de la séparation des pouvoirs et au principe de l'inamovibilité de la magistrature, en réservant le droit souverain de l'Assemblée sur l'organisation judiciaire. »

Est-ce clair ? Voilà 15 magistrats qui ont été révoqués... (Rires à gauche)... et l'Assemblée souveraine dit : Cette révocation je l'annule. Pourquoi ? parce qu'elle est contraire au principe de l'inamovibilité de la magistrature.

Eh bien, si l'Assemblée a fait cela, a-t-elle aboli l'article 114 ? A-t-elle aboli la loi de 1849 ? Et cette même assemblée qui se disait constituante a fait la constitution de 1875. Voulez-vous m'y montrer un mot, une ligne qui dise : Le principe de l'inamovibilité proclamé dans la constitution de 1848, nous l'effaçons ; le décret que nous avons rendu, nous l'effaçons ? Il n'y a pas un mot de cela dans la constitution de 1875.

Eh bien, alors, j'arrive à la conclusion de ma démonstration. Je vous demande pardon si j'ai été trop long... (Non ! non ! à droite) si je me suis laissé un peu égarer dans les difficultés de droit que présente une question de cette gravité. (Non ! non ! à droite et au centre.) Je me résume en deux mots.

Oui ou non, le principe de l'inamovibilité est-il un principe de la constitution républicaine de 1848. Oui. Ce principe constitutionnel, proclamé dans la constitution, respecté par le violateur même de cette constitution, a-t-il été annulé, renversé, modifié, effacé par l'Assemblée qui a fait la constitution sous laquelle nous vivons ? Non ; donc, le principe est un principe constitutionnel.

M. Buffet. C'est évident.

M. Jouin. Je renonce, quant à moi, à faire une démonstration, si je n'ai pas prouvé ce que j'avais avancé.

M. Buffet. Vous l'avez prouvé !

M. Jouin. L'article 15 que vous proposez, Dieu nous garde de le voir accepté et mis à exécution ! Je le repousse par tous les motifs que j'ai invoqués, je le repousse parce qu'il est illégal et inconstitutionnel. Je vous propose ce qu'il y a de juste, d'honnête, ce qui a été pratiqué par la République : si vous faites des réductions, procédez par extinction.

Je n'arriverai sans doute pas à convaincre ceux qui ont un parti pris. Et cependant, avant de descendre de la tribune, permettez-moi une dernière réflexion et, en quelque sorte, une dernière prière adressée à chacun de vous. (Mouvement d'attention.)

Je supplie mes collègues, dont je respecte les opinions, parce que je connais leur sincérité ; je les supplie, avant de prendre une décision comme celle qu'on nous propose d'adopter, de rentrer en eux-mêmes, de réfléchir, de songer au passé, comme disait M. La Caze, de songer aussi à l'avenir.

Si nous regardons le passé, si nous voyons ce qui s'est accompli, dans notre pays, de 1815 à 1830, ne voyons-nous pas le mal qu'ont produit ces mesures injustes qu'on nous propose d'imiter et de recommencer ?

Ne comprenez-vous pas cet enseignement de l'histoire qui vous dit : Voyez les gouvernements qui ont fait ce que vous voulez faire à votre tour, ce qu'ils ont fait a été leur perte ; ce qu'ils ont fait a excité la colère et l'indignation du pays ! Pour Dieu ne recommencez pas, après l'expérience du passé, une faute comme celle qui a eu de si lamentables résultats.

Et quant à l'avenir, messieurs, je ne crois pas me tromper en affirmant que nous pouvons, sans témérité, deviner ce que l'histoire dira de cette loi et de ceux qui l'auront faite, car elle a toujours été impitoyable pour les hommes qui, par lâcheté ou par faiblesse, ont eu le malheur d'inscrire leurs noms au pied d'une loi de vengeance et de proscription ! (Très bien ! très bien ! et nombreux applaudissements à droite et au centre.)

(L'orateur, en regagnant sa place est félicité par un grand nombre de ses collègues.)

Voix nombreuses. A demain !

SÉANCE DU 28 JUILLET 1883

M. le président. Je donne lecture du paragraphe 2 de l'article 15, qui est ainsi conçu :

« Les éliminations portent sur l'ensemble du personnel indistinctement. »

M. Jules Simon. Je demande la parole.

M. le président. M. Jules Simon a la parole. (Mouvement d'attention.)

M. Jules Simon. Messieurs, le Sénat comprendra parfaitement que je ne veux pas faire un discours. Au moment où nous allons voter cet article qui, de l'aveu de ceux qui veulent la loi et de l'aveu de ceux qui ne la veulent pas, est la loi tout entière, je désire rappeler en quelques mots les motifs qui nous rendent impossible de mettre notre nom à une loi conçue en ces termes.

Les... — j'allais dire les épurations — les éliminations porteront indistinctement sur tous les magistrats. C'est ce mot « indistinctement » qui nous arrête, c'est l'arbitraire qui nous fait reculer, c'est le droit donné au ministre de faire ce qu'il lui plaira de 2,500 magistrats. (Très bien ! à droite et au centre.)

Pour moi personnellement, il y a longtemps que je pense qu'on peut diminuer le nombre des magistrats; j'ai fait, à diverses époques, des efforts pour y parvenir. J'ai voté avec vous plusieurs des réductions que vous avez faites. Mais, messieurs, réduire le nombre des magistrats, c'est une chose; donner au ministre de la justice le droit de disposer souverainement de toute la magistrature de France, c'en est une autre. (Très bien! très bien! sur les mêmes bancs.)

Je trouve, pour moi, — c'est mon opinion personnelle qui n'est pas partagée par un grand nombre de mes collègues, — je trouve que c'est beaucoup de donner au ministre de la justice le droit de nommer des magistrats comme il lui plaît, à la seule condition de prendre des licenciés ayant trois ans d'exercice ou d'inscription dans un barreau ; de leur donner, à son gré, un poste de début ou un poste d'avancement, ou de les placer, si cela lui plaît, à la tête des premiers corps judiciaires (Très bien ! très bien ! au centre et à droite.)

Je trouve que c'est mal traiter les magistrats que de les soumettre à un tel régime et que c'est donner au ministre de la justice une autorité et une responsabilité trop lourdes pour les plus robustes épaules. Si je lui accorde à regret le droit de nommer, comment pourrais-je consentir à lui donner le droit d'éliminer?

Comment, messieurs, pendant trois mois, le ministre de la justice va pouvoir prendre sur son siège quelque magistrat que ce soit et le mettre immédiatement en dehors de la magistrature ! Il aura ce droit, il aura ce pouvoir! Et sur quoi cette entreprise énorme est-elle fondée? Sur quels faits? Sur quels actes? Sur quelles rumeurs?

Dans les premiers discours que nous avons entendus, je n'ai pu trouver que trois sortes de crimes. Il y a, dit M. le ministre, des magistrats qui crient « vive le roi! », des magistrats qui abattent des lampions avec leur canne, et des magistrats qui manquent de déférence aux autorités de la ville au point de ne pas leur ôter leur chapeau.

Je vous rappelle en passant que, par une inattention involontaire, M. le ministre avait dit d'abord que j'approuvais ces énormités, que je n'éprouvais pas pour elles l'horreur dont on doit être pénétré. Je l'ai interrompu et il a reconnu sur-le-champ que je n'avais parlé ni des cris de « vive le roi » ni des lampions. Je suis fort loin de demander l'impunité pour les magistrats qui commettent des délits caractérisés ou définis, au contraire. Je suis partisan d'une discipline sévère dans la magistrature; je crois qu'une des choses que l'on peut accepter dans votre loi comme étant une amélioration réalisée, c'est l'article qui charge la cour de cassation tout entière, avec ses trois chambres réunies, d'exercer désormais la juridiction disciplinaire, et qui remet en vigueur une loi de 1824 qu'on avait eu le tort de laisser tomber en désuétude.

Quand il y aura une discipline sérieuse dans la magistrature, je suis convaincu qu'il suffira qu'elle existe pour empêcher tous les abus, que les magistrats se le tiendront pour dit, et qu'aucun d'eux ne fera des manifestations incompatibles avec la dignité de son état et ses devoirs professionnels. Si quelqu'un s'oubliait, la magistrature suprême sera là, et elle suffira.

J'y donne les mains ; j'y applaudis. (Très bien ! à droite et au centre.)

Je n'en dis pas autant pour ce simple fait de conserver une doctrine à laquelle on a voué son existence et de montrer, peut-être à tort, une certaine susceptibilité dans les rapports de la vie; je ne regarde pas une certaine roideur, ou, si vous voulez, un manque de politesse, comme un crime irrémissible qui doive faire condamner le coupable et les 2,500 collègues du coupable.

Aux trois sujets d'accusation énumérés l'autre jour, on en a ajouté aujourd'hui un quatrième; on nous a énuméré un certain nombre de nominations faites après le 16 mai, dans des conditions assez étranges; on nous a fait des récits qui m'ont intéressé moi-même. Je me borne à dire que j'y vois surtout un sujet d'attaque contre les ministres, qui ont fait ces nominations tout au plus, contre deux ou trois magistrats qui ont acheté leur avancement par des concessions politiques. (Interruptions à gauche.)

Voilà donc les délits qu'on relève; voilà l'acte d'accusation.

M. le garde des sceaux. Citez des exemples.

M. Jules Simon. Je n'ai naturellement que les vôtres, et je dis que le nombre des délinquants est très restreint, que les délits ne sont pas considérables, surtout ceux que ne peut atteindre la justice disciplinaire, et c'est sur ce fondement que l'accusation repose : il n'y a pas autre chose dans le dossier. En huit jours d'attaques éloquentes et violentes, on ne nous a porté que cela, on n'a articulé que cela.

Et maintenant, voyons l'usage qu'on en fait. Est-ce qu'on accuse une personne? Est-ce qu'on en accuse dix ? Est-ce qu'on en accuse cinq cents? Non, on les accuse tous, — l'honorable M. Allou l'a démontré ici; ils sont tous en cause, à l'heure qu'il est, ils sont tous soumis au pouvoir arbitraire ; ils sont condamnés à cette peine, car c'en est une. (Très bien ! très bien ! à droite et au centre. — Rumeurs à gauche.)

Est-ce que vous croyez, messieurs, que ce n'est rien, pour un homme de cœur, que de voir pendant trois mois sa position, acquise peut-être par des études profondes, par une honorabilité constante, par une honnêteté que personne n'ose attaquer, livrée sans contrôle à un ministre qui a été l'accusateur des magistrats, avant de devenir leur juge, et leur juge souverain? (Applaudissements à droite et au centre.)

Oui, monsieur, vous êtes l'accusateur ; vous êtes venu ici soutenir la loi ; vous avez raconté les fautes des magistrats ; vous les avez étalées, exagérées ; vous avez rempli cet office. Ordinairement, en France, un corps est défendu par son chef; mais vous, au contraire, vous avez fait un réquisitoire contre quelques-uns de vos subordonnés, et, de la faute de quelques-uns... (Interruptions à gauche. — Très bien! et vifs applaudissements à droite et au centre.) ...de la faute de quelques-uns, dis-je, vous avez conclu à une mise en accusation générale. La situation des juges, si douloureuse depuis trois ans, est devenue plus douloureuse encore pendant cette discussion où l'on a voulu rejeter la faute discutable de quelques-uns sur le compte du corps tout entier.

M. le garde des sceaux. C'est absolument inexact.

M. Jules Simon. On l'a fait. A présent, voilà l'heure du jugement. Ils seront jugés par vous, par vous seul ; vous les jugerez sans les appeler, vous les jugerez sur leurs dossiers. Qui a fait ces dossiers? Les pièces qu'ils contiennent ont plusieurs dates ; vous savez qui a rédigé les premières ; vous choisirez, sans doute, suivant les époques et les signatures ; vous discuterez cela avec un chef de division sous les regards des députés du département... (C'est cela! Très bien! très bien ! à droite et au centre.)

Vous dites que vous ferez justice dans ces conditions ! Laissez ce nom de justice ; vous ne ferez que servir des intérêts et satisfaire des vengeances. (Vive approbation et applaudissements sur les mêmes bancs.)

Vous invoquerez peut-être — vous ne le faites pas, mais vous pourriez le faire, et je vais volontiers au-devant de vos paroles — vous invoquerez peut-être vos intentions personnelles — je me trompe, vous l'avez déjà fait à la tribune. — Eh bien, je rendrai toute la justice que vous voudrez à vos intentions personnelles; je dirai de vous tout le bien que j'en pense et c'est beaucoup de bien, car il n'y a, croyez-le, rien de personnel dans mes paroles. — Ce n'est pas vous, monsieur le ministre, que j'attaque, c'est le ministre ; et, quel que fût celui qui remplirait votre place, fût-ce quelqu'un des savants jurisconsultes et des bons citoyens qui votent constamment avec moi, je refuserais de lui donner ce pouvoir exorbitant ; je ne voudrais pas mettre la magistrature française dans ses mains et à ses pieds. (Applaudissements prolongés à droite et au centre. — Rumeurs et protestations à gauche.)

Ce que je reproche à votre loi, c'est d'abord l'injustice profonde que vous commettez à l'égard de tous les magistrats de la France : c'est le pouvoir exorbitant que vous assumez et qu'il est impossible à un homme d'exercer avec équité ; c'est l'exemple que vous donnez, et qui avertit tous les fonctionnaires de la France qu'ils sont responsables des fautes commises à côté d'eux et qu'il n'y a plus de position assurée, certaine, inviolable pour aucun des serviteurs de l'État. (Nouvelles protestations à gauche. — Très bien ! très bien ! à droite et au centre.)

Je reproche à votre loi d'avoir été une improvisation perpétuelle : une première improvisation par la Chambre, vous en avez eu la preuve ; une seconde improvisation, malgré tout son zèle, par votre commission ; une improvisation par l'assemblée elle-même, car vous avez vu, dans nos précédentes séances, qu'on découvrait des impossibilités, qu'on découvrait des difficultés presque à chaque pas. Les yeux s'ouvraient, même les vôtres. Nous avons été obligés de transformer la loi jusqu'à la dernière limite, et nous avons fini par comprendre que c'était une loi qui, matériellement, était impossible par les suppressions et qui, moralement, était impossible par les suspensions. (Très bien ! très bien ! à droite et au centre.)

Je reproche à votre suspension de l'inamovibilité d'être la suppression absolue de l'inamovibilité. Et je résume, messieurs, toutes mes objections dans un mot, — c'est celui que mon honorable ami, M. Bardoux, prononçait tout à l'heure — votre loi, c'est le régime, c'est le triomphe, c'est l'avènement de l'arbitraire ! (Bravos à droite et au centre. — Oh ! oh ! à gauche.)

Eh bien, non, nous ne le laisserons pas passer. Par quelque personne, par quelque parti que l'arbitraire soit exercé, nous avons vécu, je vis, moi, depuis cinquante ans, occupé à le combattre... (Murmures à gauche.) ...je le combattrai jusqu'à l'extinction de mes forces ; tant que j'aurai un souffle de vie et que l'arbitraire se dressera devant moi, il me trouvera sur son chemin disposé à lutter avec une énergie indomptable, fussé-je seul à le réfuter et à le maudire ! (Très bien ! très bien ! — Applaudissements prolongés à droite et au centre. — L'orateur, en regagnant sa place, reçoit les félicitations d'un grand nombre de ses collègues.)

. . . .

M. Jules Simon. Je demande la parole.

M. le président. M. Jules Simon a la parole.

M. Jules Simon. Je n'avais pas l'intention de répondre à M. le ministre. Il a exprimé ses doctrines qu'il oppose aux miennes. Je dis : les miennes, je ne dis pas les nôtres, parce que je n'ai pas l'honneur, je vous l'avoue, de faire partie de l'école politique dont M. le duc de Broglie est le chef, (sourires) et, par conséquent, ne voulant parler que de l'école dont je suis, je me trouve à peu près obligé de parler de moi. (Nouveaux rires).

Je dis que M. le ministre a exposé ses doctrines, et je n'avais pas besoin de venir ici opposer à chacune de ses assertions des assertions contraires, que tout le monde comprenait. Je n'ai été tenté de monter à la tribune qu'à un seul moment ; c'est quand M. le ministre, en parlant de la magistrature, a généralisé et exagéré les reproches si durs, si cruels, que nous avons entendus formuler contre elle depuis six jours et quand il est allé jusqu'à dire qu'il y avait une insurrection de tribunaux contre la cour suprême; oui, j'ai été tenté alors de venir à la tribune pour dire tout simplement que M. le ministre se trompait ou plutôt que sa parole avait trahi sa pensée; qu'il allait beaucoup trop loin; qu'il s'en faut de tout que nous soyons dans cette triste situation de voir ceux qui sont obligés d'imposer silence aux passions en révolte, donner eux-mêmes le spectacle de la révolte. Notre pays est moins troublé et moins malheureux et on se tromperait, au dehors, sur notre état social, si l'on regardait la parole de M. le président du conseil comme la peinture exacte de notre situation. J'avais le désir de faire cette protestation à laquelle je crois, M. le ministre, que vous n'auriez pas opposé de dénégation; mais vos dernières paroles m'obligent à une autre explication. Vous n'avez pas posé la question ministérielle.

M. Buffet. Si !

M. Jules Simon. Vous n'avez pas fait cet honneur au Sénat. (Sourires.) Et je ne m'en plains ni ne m'en étonne. Mais la question ministérielle, qui n'est pas posée expressément, est posée d'une façon indirecte. Le ministre a dit : Soutenez nous ici afin que nous soyons forts là-bas. C'est une situation toute nouvelle; une demande de confiance absolument inusitée, et qui constituerait une situation très douloureuse pour nous, messieurs, car nous serions obligés de faire des votes de confiance absolue premièrement envers le ministère qui, dans ce moment, maltraite la magistrature, et secondement, envers la Chambre, qu'on nous présente comme étant la seule expression de la volonté du pays. (Interruptions à gauche.)

Mais ce qui domine tout, c'est qu'on vient nous dire : Faites un sacrifice, faites le au ministre; faites-le à la majorité de la Chambre des députés; faites-le à la paix et à l'union des pouvoirs publics.

Personne plus que nous ne désire l'union des deux Chambres et n'en a donné plus de preuves. (Très bien! très bien! à droite et au centre. — Rumeurs et réclamations à gauche.) Mais ici nous avons le droit de répondre que le sacrifice que vous nous demandez est trop grand; car il s'agit de faire le sacrifice de l'institution la plus respectable, la plus nécessaire. (Interruptions à gauche), la plus sacrée. (Vifs applaudissements à droite et au centre.)

Nous sacrifierons beaucoup, mais nous ne sacrifierons rien de ce qui importe à la sécurité, à l'honneur et à l'ordre dans ce pays. Nous ne sommes pas seulement responsables de la politique; il y a quelque chose qui importe plus à la France même que le maintien de ce ministère que je n'attaque pas... (Rires ironiques à gauche.), c'est, à savoir, l'honneur, la grandeur et la stabilité de ses institutions Vous demandez trop, et pour trop peu! (Applaudissements prolongés à droite et au centre. — Aux voix! aux voix! à gauche.)

SÉANCE DU 28 JUILLET 1883

M. le Président. — M. Bardoux a la parole.

M. Bardoux. — Les doctrines que l'honorable M. Ribière vient de développer à cette tribune m'ont fait demander la parole.

Je ne viens pas discuter à cette heure l'amendement que j'ai eu l'honneur de déposer avec M. Wallon et M. Batbie; je viens d'abord, en ce qui me concerne, m'expliquer aussi loyalement que l'a fait M. Ribière sur les conséquences des principes qu'il a exposés au nom de la commission, principes qui me paraissent contraires à toutes les doctrines libérales et puisés dans ces raisons d'Etat que nous avons eu l'habitude de flétrir jusqu'à ce jour. (Très bien! très bien! au centre et à droite.)

Si, en effet, M. Ribière avait bien voulu se reporter aux discussions qui ont eu lieu dans la Chambre introuvable en 1815, aux motifs pour lesquels on vint demander la suspension de l'inamovibilité au lendemain même du triomphe, enivré encore qu'on était par les passions de la lutte, par cette fumée qui obscurcit l'idée simple et claire du droit, il aurait vu que sous une autre forme et avec un langage peut-être plus mouvementé et plus coloré, c'est la même manière de voir. (Très bien! très bien! sur les mêmes bancs.)

Aujourd'hui on vient encore vous répéter, après plus de cinquante ans, quand la République qui, depuis 1870, est indiscutée... (Exclamations à gauche.)

M. Baragnon. Elle est légale, mais elle est discutable!

M. le président. N'interrompez pas, messieurs.

M. Bardoux. Vous voulez contester, messieurs, que vous n'êtes pas en République depuis 1870, je vous laisse cette contestation... (Nouvelles interruptions à gauche.)

Je suis de ceux qui croient que, lorsque nous avions M. Thiers à notre tête, que lorsque j'avais l'honneur d'être sous-secrétaire d'Etat de M. Dufaure, en 1876, nous servions la République, messieurs, et que nous n'avions pas l'intention de ramener la monarchie. (Interruptions à gauche. — Réclamations à droite.)

M. le président. Mais n'interrompez pas, messieurs, vous répondrez. Ce n'est plus de la discussion, c'est une conversation. Je demande le silence; je rappellerai à l'ordre les interrupteurs. Attendez le silence, M. Bardoux.

M. Bardoux. On peut servir la République, messieurs, avec d'autres idées et d'autres doctrines que les vôtres. (Bruit et nouvelles interruptions à gauche.)

M. Tolain Oui, vous la discutez tous les jours; nous, nous ne la discutons pas! (Réclamations à droite. — Agitation.)

M. le président. Messieurs, si on continue à interrompre, je serai obligé de rappeler à l'ordre les interrupteurs. Je vous prie de vouloir bien écouter l'orateur; la liberté de la tribune doit être respectée ainsi que le règlement.

M. Bardoux. Il me semble que je ne dis rien qui puisse froisser les convictions personnelles; j'apporte ici les miennes. Je dis nettement qu'à mes yeux, comme aux yeux de beaucoup de mes collègues, la République était aussi forte en 1878 qu'elle peut l'être aujourd'hui. Telle est ma manière de voir; la République était aussi forte avec M. Dufaure et même avec M. le maréchal de Mac-Mahon. (Exclamations à gauche et applaudissements ironiques.)

Je réponds que lorsque j'avais l'honneur d'être avec M. de Freycinet, avec M. Dufaure, sous la présidence de M. le maréchal de Mac-Mahon, ministre de l'instruction publique, nous étions républicains et aussi républicains que vous l'êtes. (Nouvelles exclamations à gauche — Approbation sur divers bancs.)

Eh bien, messieurs, lorsqu'après tant de longues années, lorsque le pouvoir est entre les mains de républicains incontestés qui ont la majorité, lorsque ce pouvoir permet de modifier à chaque instant le personnel judiciaire, je dis que les doctrines de l'honorable M. Ribière ne sont pas à leur place. Qu'est-ce qu'il vous a dit? Il vous a dit : Le devoir du Sénat est d'obéir à la voix de ses mandants, le devoir du Sénat est de chasser de la magistrature ceux qui sont en hostilité avec la République.

Voilà, si j'ai bonne mémoire, les deux principaux arguments qui ont été présentés.

Je conteste la valeur morale de ces arguments et je prétends que vous commettez une faute, une faute lourde, irréparable en obéissant à des pressions inconscientes et en venant briser l'inamovibilité de la magistrature.

C'est une étrange théorie que celle qui consiste, dans un pays troublé par les révolutions, où les magistrats ont, par conséquent, des origines diverses, où ils sont sortis d'un passé qui, pour tous, n'est pas celui de la République, à vouloir les chasser uniquement parce qu'ils conserveraient dans leur cœur des souvenirs ou des affections. (Interruptions à gauche. — Très bien! très bien! à droite et au centre)

Sur plusieurs bancs à gauche. Ce n'est pas cela!

M. le président. Attendez le silence, monsieur Bardoux. Je maintiendrai la liberté de la tribune. Attendez que les interruptions aient cessé.

M. Bardoux. Je dis, messieurs, que dans un pays où l'impartialité est devenue une des qualités les plus rares, par suite de nos successifs bouleversements, dans un pays où tous les hommes ont été successivement aux prises pendant des années, le premier devoir d'un gouvernement fort, quand il n'est pas menacé, est d'apporter la conciliation, la pacification et de ne pas se faire l'instrument d'une politique de rancune, de haine et de bataille. (Très bien! très bien! à droite et au centre.)

Est-ce que vous ne pouviez pas, messieurs, réformer la magistrature? Est ce que vous ne pouviez pas réaliser un de ces vœux qui sont, à coup sûr, ici dans tous les esprits élevés, sans vouloir porter atteinte à un principe qui est tout à la fois tutélaire au point de vue des justiciables, tutélaire au point de vue même de la jurisprudence, tutélaire au point de vue de la dignité des magistrats?

Oui, vous le pouviez, et, pour cela, vous n'aviez qu'une chose à faire : reprendre quelques-uns de ces projets que je ne puis louer à mon tour, parce que j'ai été l'obscur collaborateur de M. Dufaure pendant qu'il les préparait; vous pouviez reprendre les travaux de vos commissions, travaux si remarquables et qu'on a mentionnés avec éloge à cette tribune; vous pouviez enfin faire usage des admirables documents qui sont dans les dossiers de la chancellerie et qui sont des monuments d'observation et de sciences.

Eh bien, vous ne l'avez pas fait; vous préférez rechercher dans l'histoire des faits que nous ne pouvons pas louer; et vous venez édifier une loi en prenant uniquement pour base les fautes que vous nous avez appris les premiers à ne pas imiter. (Très bien! au centre.)

S'il y a pour le Gouvernement un devoir, lorsqu'une démocratie est forte, lorsqu'elle est impatiente, lorsqu'elle possède un personnel avide de places, plein de convoitises, s'il y a, dis-je, pour le gouvernement un devoir, c'est de créer, avant tout, l'indépendance judiciaire.

Plus une démocratie commande, plus c'est une nécessité pour le pouvoir de consolider le magistrat sur son siège et d'essayer, par tous les moyens, de le soustraire à cette fièvre de changement, qui est un des périls de notre organisation judiciaire présente.

Eh bien, est-ce dans cette voie que vous entrez? Faites-vous quoi que ce soit qui affermisse, dans notre pays, la foi dans le pouvoir judiciaire? Non! vous ne le faites pas.

Non seulement vous atteignez le principe lui-même, mais vous atteignez les magistrats que vous épargnerez; ce sont eux qui seront moralement le plus frappés.

Qu'en résultera-t-il, messieurs?

L'exemple du passé nous apprend que les magistrats épurés ont été souvent les plus serviles.

Et si nous recherchons quels furent les effets des sénatus-consultes de 1807 et 1810, nous saurons que les adresses les plus obséquieuses ont été signées par ces mêmes juges lorsque la monarchie fut restaurée. Nous nous rappellerons que c'était précisément devant des magistrats qu'une illustre fille de rois disait à une cérémonie officielle : « Passez! passez! on vous connaît! »

Croyez-vous que, lorsque vous aurez conservé, sur l'ensemble de la magistrature française, ceux que vous considérez comme les plus dignes de vous, les plus sympathiques à l'idée républicaine, vous aurez fortifié ce qui était, en France, une véritable religion laïque, c'est-à-dire la confiance dans la justice civile?

Vous vous plaignez qu'elle diminue; vous vous plaignez que son autorité ne soit plus aussi grande, et que faites-vous?

Est-ce que vous croyez que vous allez refaire les caractères? Est-ce que vous croyez que vous allez ennoblir les âmes et rétablir précisément dans la conscience de vos concitoyens cette confiance qui disparaissait? Non, messieurs; vous l'atteignez plus fortement encore chez les justiciables, et vous placez la République sous le coup d'une responsabilité qu'aucun gouvernement n'aurait voulu accepter, car vous faites ce que les monarchies, en temps ordinaire, n'auraient pas voulu faire.

Ce n'est pas tout, messieurs; vous empêchez toute nouvelle réforme de s'accomplir. On n'arrivera pas à reprendre par la base nos réformes judiciaires lorsque cette loi aura été votée. Elle sera un long obstacle à toute espèce d'innovations fécondes; elle sera toujours en face de vous comme un remords lorsqu'il s'agira de reconstituer l'indépendance de la magistrature. (Très bien! à droite et au centre.)

Vous ne pourrez pas dire à vos nouveaux magistrats : « Nous vous créons inamovibles » parce qu'ils se demanderont si, un jour, cette arme que vous aurez forgée ne se tournera pas contre eux; si d'autres hommes, si un nouveau pouvoir, une nouvelle politique venant se substituer à la vôtre, on ne se servirait pas de cette mesure injustifiable.

Nous sommes bien loin du temps où il suffisait à un orateur éminent, pour faire rentrer un garde des sceaux dans le sentiment du devoir, de lui dire : « Pour toute vengeance, monsieur, et pour toute punition, je vous condamne, au sortir de cette enceinte, à lever les yeux sur les statues de L'Hôpital et de d'Aguesseau. » Oui, nous sommes loin du temps où le général Foy prononçait ces paroles devant l'illustre de Serre.

Mais, messieurs, nous sommes encore aux prises avec des passions aveugles. Le Gouvernement a le droit de faire attendre à la porte les dénonciateurs et les délations; il a le droit de leur dire : Il y a quelque chose de plus durable, il y a quelque chose de plus utile à la République que le projet de loi qu'on propose et qui ne vous créera que des adversaires et des ennemis; il y a la supériorité d'un principe et des droits acquis; il y a des familles d'honnêtes gens que vous atteignez, dont vous allez vous faire des adversaires implacables; il y a le sentiment que vous devez avoir d'être des hommes de gouvernement, Tel doit être le langage des hommes qui sont sur ces bancs, s'ils veulent mériter de guider la démocratie dans les voies nouvelles où elle est entrée. (Très bien! et applaudissements à droite et au centre).

Si nous ne réussissons pas à vous convaincre si les paroles de mes éloquents amis, que je ne veux pas reproduire, n'ont pu exercer aucune influence sur vos décisions, il restera à mes amis et à moi l'honneur d'être montés, à la dernière heure, sur le rempart de la justice assiégée... (Protestations à gauche. — Très bien ! à droite et au centre)... et d'avoir défendu la plus précieuse de nos libertés civiles. (Très bien ! et vifs applaudissements à droite et au centre.)

SÉANCE DU 28 JUILLET 1883

M. le président. Nous arrivons à l'amendement de MM. Wallon, Bardoux et Batbie sur le paragraphe 2. (Bruit.)

Ce paragraphe est ainsi conçu :

« Les éliminations porteront sur l'ensemble du personnel indistinctement. »

Voici, d'autre part, le texte proposé par MM. Wallon, Bardoux et Batbie :

« Dans les cours ou tribunaux où la suppression ne portera que sur un certain nombre de sièges, l'élimination ne pourra faire sortir que des magistrats d'un rang correspondant à celui des sièges supprimés. Elle portera dans chaque cour ou tribunal sur les conseillers, présidents de chambre, juges ou vices-présidents qui approcheront le plus de la limite d'âge fixée par le décret du 1er mars 1852. »

La parole est à M. Wallon pour soutenir son amendement.

M. Wallon. Messieurs, ce n'est pas sans étonnement que j'ai entendu M. le garde des sceaux dire tout à l'heure que son système ne touchait pas au principe de l'inamovibilité; mais je n'ai pas été moins étonné quand il a prétendu que si son système violait ce principe, notre amendement ne le violait pas moins. Je n'accepte ni cette justification pour lui, ni cette assimilation pour nous.

Il y a, en effet, une différence capitale, entre le projet de la commission et de M. le garde des sceaux, et notre amendement.

Le projet de la commission donne tout à l'arbitraire; notre amendement tout à la règle. (Très bien ! à droite et au centre.)

Notre amendement a un autre avantage, je crois, sur celui de la commission : c'est qu'il dit nettement ce qu'il veut, tandis que l'article de la commission cache ce qu'il veut dire.

M. Bérenger *et plusieurs sénateurs à droite et au centre.* Très bien.

M. Wallon. Que lit-on, en effet, dans le projet de la commission.

« Les éliminations porteront sur l'ensemble du personnel indistinctement. »

Cet article dit-il que le garde des sceaux sera libre, pour une place de substitut qui est à supprimer, de retrancher un premier président de Paris ou de Lyon? En aucune sorte.

Mais, avec ces deux lignes le garde des sceaux aura-t-il le droit, pour une place de substitut à supprimer, de rayer de la magistrature le premier président de Paris ou de Lyon? oui.

Osez donc l'écrire dans votre loi ; ne vous bornez pas à le dire à la tribune. Ecrivez dans votre loi que, par le mot « indistinctement » vous voulez dire que le garde des sceaux aura le droit d'éliminer un premier président quand il aura une place de substitut à supprimer.

Ecrivez seulement à la suite de votre paragraphe, après le mot « indistinctement » ces simples mots: « à l'arbitraire du ministre » et je vous défie de faire voter cet article au Sénat. (Très bien ! très bien ! à droite et au centre.)

Voilà cependant, messieurs, ce que le Sénat voterait, même sans cette addition, s'il votait la rédaction proposée.

Quel est donc le système à suivre pour mettre le présent article en harmonie avec les articles déjà votés? Je ne vous dissimule pas, messieurs, pas plus que MM. Batbie et Bardoux, que mon choix eût été pour l'amendement de M. Jouin; j'aurais voulu que, des places de magistrat étant supprimées pour l'avenir, les magistrats qui les occupent restassent sur leur siège. Je ne veux pas dire que, si vous aviez supprimé les petits tribunaux, il eût fallu maintenir des ombres de magistrats, vidant des ombres de procès, dans des ombres de prétoires... (Murmures à gauche.)

M. Griffe. C'est classique, cela !

M. Wallon. Ce n'était pas notre pensée assurément. Mais, dans les cours où il y a quelques suppressions de sièges, quel mal y aurait-il eu à ce que les magistrats y demeurassent hors cadre? Assurément ils n'auraient pas cessé de rendre de grands services à la justice, et le principe de l'inamovibilité eût été respecté. Mais enfin, vous ne l'avez pas voulu ; vous voulez, ayant voté les suppressions, qu'elles soient immédiates.

Eh bien, dans ce cas, il me parait qu'il n'y a que deux modes possibles : c'est le choix ou l'ancienneté.

Le choix, c'est ce que le projet du Gouvernement et celui de la commission ont accepté.

M. le rapporteur dit, à propos du choix :

« A celui qui a nommé il appartient d'éliminer ; c'est naturel cela; c'est logique ; c'est correct. »

M. le rapporteur, qui professe tant d'attachement pour l'inamovibilité, me paraît n'avoir pas bien le sentiment de ce que c'est.

Qu'un préfet révoque un garde-champêtre qu'il a nommé, cela est naturel, cela est correct, cela est logique; comme dit M. le rapporteur. Mais un ministre, quand il a nommé un magistrat, est-ce qu'il garde le pouvoir de le révoquer? Non ; du moment où il a signé sa nomination, il n'a plus aucun droit sur sa personne. C'est l'essence même de l'inamovibilité.

M. le rapporteur me paraît donc avoir une théorie fort aventurée de l'inamovibilité.

Le Gouvernement s'en tient à la pratique. M. le président du conseil vous a dit toute l'importance qu'il attachait à cette élimination par le choix. « Il faut, a-t-il dit, pour exécuter cette loi, pour faire ce choix si délicat, il faut un certain temps un certain loisir. C'est un grand travail, — vous n'avez cessé de le répéter, — c'est un travail très difficile, c'est un travail qui exigera de la part de M. le garde des sceaux une grande liberté et un grand repos d'esprit. Et c'est pour lui donner ce loisir qu'il a demandé au Sénat de voter l'urgence sur une loi qui avait occupé depuis quatre ans la Chambre des députés, qui avait donné lieu à quatre projets de lois, fait l'objet de quatre rapports, et qui avait abouti, à la Chambre à des résolutions aussi contradictoires.

Est-ce bien la vraie raison?

Assurément, s'il s'agissait de peser le mérite judiciaire de 600 magistrats à maintenir ou à éliminer, ce travail ne saurait demander trop de loisir. Mais M. le garde des sceaux nous a dit sa pensée à cet égard.

Il a dit au Sénat : « Ce que nous examinerons quand il s'agira de procéder aux éléminations, ce sera à la fois la valeur professionnelle et l'attitude politique. » Et à la Chambre, dans la séance du 26 mai : « L'intérêt public exige encore une autre chose, c'est qu'on fasse sortir des rangs de la magistrature les hommes qui n'ont pas su se résigner à accepter loyalement, et sans arrière-pensée, les institutions républicaines. »

Un membre de la Chambre dit : « Comment pouvez-vous connaître les arrière-pensées? » (Très bien ! et rires approbatifs à droite.)

Ce seul mot ess la condamnation du système.

Le choix, c'est l'épuration politique, on l'a d'ailleurs dit assez haut. Le choix, c'est la condamnation sans débat, et, comme vous le disait fort éloquemment hier l'honorable M. Jouin, à huis clos.

A huis clos, ce n'est pas assez dire. Quand vous célébrez la fête de la prise de la Bastille, voici que vous ressuscitez une sorte de chambre ardente. (Très bien ! à droite et au centre.) Ce sera dans le cabinet du garde des sceaux, sans que l'accusé ait comparu, qu'il sera jugé. La loi, l'odieuse loi du 22 prairial, qui refusait à l'accusé un défenseur et des témoins, admettait au moins qu'il comparût devant ses juges. Je sais bien que le juge lui fermait la bouche : « Tu n'as pas la parole » disait Coffinhal. Mais, au moins, il était là ; il pouvait protester par son geste, par son attitude ; il était là devant le jury.

Pour les magistrats que vous aurez à juger, rien de pareil. Ils seront condamnés sans avoir été entendus, mais sur des rapports qui n'ont pas pu être contradictoirement produits en leur présence (Très bien ! à droite.)

Et sur quoi porteront ces condamnations ? Sur des arrière-pensées !

Les expressions les plus fortes dont il a été fait usage pour caractériser cette loi pâlissent devant la réalité des faits. On a parlé de magistrature décimée; on a parlé d'hécatombe : décimée? Double décime ! Hécatombe ? Sextuple hécatombe !,.. Et l'on fait ces choses-là avec la plus entière placidité, on les vote comme en se jouant, comme s'il ne s'agissait pas là des plus grands intérêts ! M. le garde des sceaux, égorgeant ses magistrats, n'a rien perdu de cet air de bonhomie, qui inspire la confiance à tous ceux qui l'approchent, et c'est avec sa voix la plus douce, de son ton le plus gracieux, et le sourire sur les lèvres, que notre sympathique collègue M. Emile Labiche, venant en aide à M. le rapporteur, nous demande les têtes de 6 ou 700 magistrats. (Exclamations à gauche ! — Applaudissements et rires à droite.)

M. Emile Labiche. Les décapités survivront, et toucheront de très belles pensions.

M. Wallon. C'est fait injure à la magistrature, monsieur Labiche que de croire qu'elle met tout dans l'argent. (Très bien ! à droite.) L'élimination au choix — le choix fût-il réglé par la connaissance la plus parfaite des hommes — est toujours une atteinte faite à l'inamovibilité. Le magistrat inamovible ne peut pas être sous la main d'un homme ; il ne peut être touché que par une force plus grande, par la main du temps. Aussi, le choix à mes yeux étant impossible, il ne reste pour procéder aux éliminations, qu'un moyen : l'ancienneté. C'est là, messieurs, l'objet de mon amendement.

Il porte que : « L'élimination ne pourra faire sortir que des magistrats d'un rang correspondant à celui des sièges supprimés. Elle portera, dans chaque cour ou tribunal, sur les conseillers présidents de chambre, juges ou vice-présidents qui approcheront le plus de la limite d'âge fixée par le décret du 1er mars 1852. »

Ainsi les suppressions de personnes ne pourront pas être plus nombreuses que les suppressions de sièges, nous sommes d'accord sur ce point ; si vous supprimez une place de conseiller, c'est un conseiller qu'il faudra retrancher, et cela non pas arbitrairement; mais en vertu d'une règle déjà établie et en lui appliquant, par une sorte d'anticipation, le principe du décret de 1852.

A cela on a pu faire une objection ; on a dit : Mais vous frappez les magistrats les plus expérimentés.

Je ne nie pas que l'application de cette règle ne doive frapper des hommes très expérimentés ; mais n'est-ce pas ce qui arrive par l'effet du décret de 1852?

Est-ce qu'un magistrat qui arrive à 70 ans est plus incapable le lendemain que la veille ? Est-ce que ceux que la loi retranche de la magistrature comme ayant 70 ans, lorsqu'ils siègent dans les tribunaux, ne sont pas, pendant cinq ans encore, regardés comme capables de siéger à la cour de cassation ?

Cette objection s'applique donc tout aussi bien au régime actuel du décret de 1852 qu'à l'extension que j'en voudrais faire pour donner satisfaction aux retranchements votés. J'ajoute que, si l'application de la loi devait amener la mise à la retraite d'un magistrat capable de rendre encore de grands services, et dont la perte serait par trop dommageable au tribunal, M. le garde des sceaux aurait le moyen d'y remédier, car, tant qu'on n'a pas 70 ans, on peut entrer dans la magistrature. Il pourrait donc toujours l'y faire rentrer, et même l'élever à un siège supérieur.

Par conséquent, il n'y a pas d'objection absolue à ce système, et j'ajoute que, s'il y a quelque dommage — hypothèse que j'admets, puisque j'étais partisan de l'amendement de M. Jouin — s'il y a quelque dommage, c'est votre système qui en sera la cause ; mais on ne peut pas recourir à un autre procédé sans tomber dans un plus grand mal, je veux dire l'arbitraire. (Bruits divers.)

L'arbitraire, il est vrai, n'est pas ce qui effraye le plus M. le rapporteur de la commission ; et il invoque des antécédents. Qu'il me permette de le lui dire, ces antécédents le condamnent. En effet, qu'a-t-il prouvé ? C'est qu'à la suite d'une Révolution on avait quelquefois attenté à l'inamovibilité de la magistrature. Et que vient il nous demander ? De faire la même chose aujourd'hui.

Comment ! lorsque nous sommes à treize ans de distance de la Révolution, quand nous devrions entrer dans une période d'apaisement, quand l'affermissement même de la République, exigerait un peu de stabilité au moins dans ses institutions les plus essentielles, on prétend nous ramener de treize ans en arrière, nous rejeter dans l'état révolutionnaire ? (Très bien ! à droite et au centre.)

Et pourquoi ! Pour quels griefs?

Ne craignez pas, messieurs, que je revienne sur ce point douloureux ; je ne relèverai ni les injures qui ont été prodiguées à la magistrature dans une autre chambre et dont M. le garde des sceaux je le regrette ne l'a pas défendue, ni les imputations qu'on lui a faites et que M. le rapporteur a recueillies dans son rapport. Je ne vois au fond dans tout cela qu'un seul fait : la mésintelligence qui a été signalée dans les rangs de la magistrature. On a allégué que, dans certains tribunaux, les magistrats ne se saluent pas !

Dans une récente discussion sur l'artillerie de forteresse, pour faire adopter la transformation des soldats du train en soldats d'artillerie, on a fait valoir qu'ils auraient des boutons d'or, argument qui parut décisif et qu'on peut appeler l'argument des boutons d'or. Ici ce sera l'argument des coups de chapeaux ! (Rires à droite et au centre.)

Eh bien, oui, s'il y a des mésintelligences dans la magistrature, c'est fort regrettable. Mais quelle en est la cause, et de quel côté sont les torts ? Vous vous rappelez que dans des circonstances fameuses un très grand nombre de magistrats sont sortis des cours et des tribunaux, parce qu'ils croyaient le rôle qu'on leur imposait incompatible avec leur conscience. Leur retraite est certainement une des choses qui ont fait le plus d'honneur à la magistrature française. (Très bien ! sur les mêmes bancs.) Il n'est pas étonnant qu'ils aient laissé des regrets dans les corps dont ils sortaient ; il n'est pas surprenant non plus que ceux qui sont venus les remplacer aient pu être accueillis d'abord avec quelque froideur. Ont-ils tous compris la situation ? Plusieurs l'ont comprise, et l'honorable M. Allou nous a dit comment, en beaucoup de cours, la bonne harmonie s'était rétablie ; il ne s'agissait que de tact et de bonne volonté de part et d'autre.

Mais on ne peut pas se dissimuler qu'en plus d'un lieu, ces nouveaux magistrats sont venus occuper leurs sièges comme par droit de conquête, traitant peut-être trop en suspects les anciens, craignant de se compromettre en leur faisant trop de politesses, et, surtout depuis que cette loi d'épuration est en vue, relevant la tête et disant volontiers :

La maison est à moi, c'est à vous d'en sortir.

Eh bien ! c'est pour satisfaire ces rancunes qu'on vous présente cette loi !

Quant à moi, j'aime mieux la morale de Molière et le dénouement du *Tartufe*. (Rire à droite.)

Ce n'est pas sur de pareils griefs qu'on peut toucher à un principe aussi fondamental que l'inamovibilité. Vous le proclamez nécessaire, vous semblez même vouloir le fortifier, en le suspendant, comme pour lui faire prendre un peu l'air du temps. (Nouveaux rires sur les mêmes bancs) ; en le proclamant nécessaire vous vous condamnez vous-même ; en le traitant ainsi, vous le reniez.

Inamovibilité suspendue, inamovibilité supprimée ; et, désormais, qui voudra s'y appuyer, s'appuiera, selon la forte expression de l'Écriture sur un bâton rompu, qui lui entrera dans la main. (Très bien ! très bien ! à droite.)

C'en est fait de la magistrature avec cette loi ! Le coup n'atteindra pas seulement ceux que vous appelez vos ennemis, il atteindra vos amis, et vous en avez déjà reçu un avertissement à la Chambre des députés. M. le garde des sceaux ayant dit : « Beaucoup de magistrats, qui ont servi sous d'autres régimes, ont accepté loyalement l'état de choses actuel ; d'autres ont été nommés dans ces dernières années, par des ministres républicains, et l'on peut absolument compter sur leur dévouement au devoir et à la République » ; un membre de l'extrême gauche s'écria : « C'est une erreur ! »

La magistrature républicaine est donc en train de s'entredévorer. (Rires à droite.)

Aujourd'hui la magistrature opportuniste va dévorer les magistrats de M. Dufaure ; demain ce seront les radicaux qui dévoreront les magistrats opportunistes. Et il arrivera que vous n'aurez plus de magistrats ; vous aurez des commissions judiciaires révocables à chaque législature. Pourquoi, en effet, les radicaux et les intransigeants se feraient-ils plus de scrupule que vous d'en user à leur gré ?

Plus on prétendra être un gouvernement fort, plus on voudra avoir une magistrature amie, comme vous dites, en bonne harmonie avec le pouvoir, c'est-à-dire docile, servile, car on peut tout avec de pareils juges.

Camille Desmoulins le savait bien, lorsque dénonçant à l'avance la politique de ceux qui devaient le faire périr le jour où il cesserait de les suivre, il la flétrissait par cette maxime qu'il plaçait sous l'invocation de Tacite : « Tacite, historien factieux et incendiaire », comme il le disait : « Ce sont les despotes maladroits qui se servent des baïonnettes. L'art de la tyrannie est de faire la même chose avec des juges. » Très bien ! très bien ! à droite et au centre.)

Messieurs, si vous ne voulez pas donner à la tyrannie ses armes les plus redoutables, si vous voulez garder vos libertés, vos droits, gardez des juges indépendants. (Très bien ! très bien ! sur les mêmes bancs.) La loi que vous allez faire va décider de leur sort, ne vous y trompez pas. Ce n'est pas seulement une loi politique, c'est une loi révolutionnaire. (Très bien ! très bien ! à droite.) On vous invite à réorganiser la magistrature, on vous associe à la résolution de la décimer. Le ferez-vous ?

La question se pose ici même, sur ce paragraphe de la loi, sur ces deux lignes. En déposant votre bulletin dans l'urne, dites-vous bien que la loi que vous faites sera, selon que vous voterez blanc ou bleu, une loi de réforme ou une loi de proscription. (Très bien ! très bien ! à droite et au centre.)

(L'orateur, en retournant à son banc, reçoit les félicitations d'un grand nombre de ses collègues.)

SÉANCE DU 30 JUILLET 1883

M. le président. Je passe à l'article 21, sur lequel il y a un amendement de M. Jules Simon.

« Après l'expiration de la période de réorganisation prévue à l'article 15, aucun premier président, président de chambre, conseiller de cour d'appel, aucun président, vice-président, juge ou juge suppléant des tribunaux de première instance ne pourra être déplacé que sur l'avis conforme du conseil supérieur. Ce déplacement ne devra entrainer pour le magistrat qui en sera l'objet aucune diminution de traitement.

« Les magistrats que des infirmités graves et permanentes mettraient hors d'état d'exercer leurs fonctions, pourront être mis d'office à la retraite sur avis conforme du conseil supérieur ; cet avis sera donné dans les formes prescrites par la loi du 16 juin 1824. »

M. Jules Simon. Ce n'est pas un amendement ; vous vous trompez, monsieur le président ; je suis inscrit pour parler contre l'article.

M. de Gavardie. J'avais présenté un amendement, mais je suis enchanté que l'honorable M. Jules Simon parle à ma place. Je suis ravi de trouver un tel aide.

M. Jules Simon. Je désire présenter quelques observations sur le premier paragraphe de l'article 21 de la loi, que se termine ainsi : « Ce déplacement ne devra entrainer pour le magistrat qui en sera l'objet aucune diminution de traitement. »

Mes observations s'arrêtent là, et je n'ai pas l'intention d'attaquer l'alinéa qui suit :

Je disais tout à l'heure à M. le président que je n'avais pas déposé d'amendement. En effet, ce que je désire obtenir du Sénat, c'est la suppression de cet article jusqu'aux mots « Les magistrats que des infirmités graves et permanentes, etc... ».

En tous cas, si le Sénat ne m'accorde pas cette suppression, il faudra que la commission transforme l'article parce que la rédaction en est inacceptable.

M. Emile Labiche. C'est convenu, vous le savez, mon cher collègue.

M. le rapporteur. Cette modification a été faite en commission.

M. Jules Simon. Oui, il a été convenu que la rédaction serait changée, mais on ne l'a pas fait. (Dénégations au banc de la commission).

Vous avez fait alors ce changement sans me le dire.

M. Emile Labiche. La rédaction de l'article a été modifiée. Je regrette que vous ne soyez pas au banc de la commission.

M. Jules Simon. Je ne veux pas faire un incident sur ce point ; cela n'en vaut pas la peine et ce n'est guère le moment, surtout quand les travaux du Sénat sont si avancés.

Je ferai une première observation pour que le Sénat voie bien la situation dans laquelle je suis en ce moment. Il ne s'agit pas du tout des magistrats qui vont être éliminés ; ce que je dis n'a pas trait à ce que j'appelle la partie politique du projet. Je parle en ce moment des magistrats qui vont rester, et par conséquent nous pouvons très bien, malgré les différences profondes qui existent entre nous sur la question politique, discuter les intérêts de la bonne administration de la justice.

Hier ou avant-hier, M. le ministre de la justice...

Plusieurs sénateurs à gauche. On n'entend pas.

M. Jules Simon. Vous m'entendrez, soyez-en sûrs. Hier ou avant-hier, M. le ministre de la justice a parlé des objections que j'ai déjà faites sur cet article 21, et que mon cher ami, M. Jouin, a faites comme moi, à peu près dans les mêmes termes. Il nous a un peu raillés sur l'émotion que nous faisaient éprouver ces magistrats, que l'on promènera d'une ville à l'autre, et auxquels on enlèvera toutes leurs habitudes, à un âge peut-être avancé.

Je ne me défends pas d'avoir quelque pitié pour les magistrats que l'on transplante ainsi, et je ne vois pas qu'on puisse nous en faire un reproche, à M. Jouin et à moi. C'est un sentiment parfaitement naturel ; je dirais presque qu'il est plus naturel pour moi qu'il ne l'est pour M. Jouin, qui n'a jamais été fonctionnaire public ; tandis que moi j'ai été fonctionnaire public très longtemps et, dans le corps auquel j'appartiens, — car je me regarde toujours comme faisant partie de l'Université de France et j'en suis très fier, — dans le corps auquel j'appartiens se pose une question tout à fait analogue.

Les professeurs du haut enseignement, par exemple, pour ne parler que de ceux-là, se regardent comme titulaires de la chaire qu'ils occupent, et, quand on a pris quelquefois un professeur pour l'envoyer exercer les mêmes fonctions dans une ville, nous avons tous regardé cela comme un des sévices les plus durs qu'on pût exercer contre les personnes. Nous entendons l'inamovibilité de cette façon, que le professeur est possesseur de la chaire même dans laquelle il est assis ; au point de vue de l'enseignement nous attribuon à cela une importance considérable, parce qu'il faut que le maitre assis dans une des grandes chaires de l'Etat ne soit préoccupé que de l'avancement de la science et n'ait pas à trembler pour sa propre situation. Il en est de même pour la justice et nous regardons que la situation du magistrat est égale à la situation du professeur.

Il ne s'agit pas là d'un intérêt personnel, remarquez-le bien, mais de l'intérêt de la justice,

Vous, monsieur le ministre, vous, mes chers collègues de la commission, au même titre, du reste, que la Chambre des députés, quand elle a fait une loi, vous étiez très préoccupés de cette pensée, que le magistrat doit demeurer dans le siège où il est une fois établi.

Vous n'alliez pas jusqu'à demander qu'il n'en change jamais, mais vous souhaitiez qu'il en change le plus rarement possible ; vous n'avez pas eu d'autre motif pour établir l'unité des classes. Vous avez voulu couper court aux sollicitations perpétuelles, et vous avez pensé avec raison, que dans cette situation considérable et honorée du magistrat, chaque journée pour ainsi dire, ajoutait à l'autorité du juge, et par conséquent, à l'autorité de la justice. Or, il y a une contradiction entre la disposition par laquelle vous supprimez ces compétitions éternelles faites à la chancellerie et la disposition par laquelle vous rendez, à mon avis, beaucoup trop facile le déplacement des magistrats. Ce n'est pas une atteinte à l'inamovibilité, c'est une transformation de l'inamovibilité quant aux sièges...

M. de Gavardie. C'est une suppression complète !

M. Jules Simon. Je vous en prie, messieurs, laissez-moi expliquer ma pensée. Je ne vous cache pas que ce sont là des détails assez difficiles à suivre : je tâche de vous les faire saisir, malgré les conversations qui m'obligent à de grands efforts et qui gênent un peu ma pensée. (Rumeurs à gauche.)

Oui, messieurs (l'orateur se tournant vers la gauche), vos conversations me gênent un peu et vous me rendriez grand service si vous vouliez bien m'écouter en silence. J'ai dit exprès, en commençant, qu'il ne s'agissait pas d'une question politique, mais d'une question d'intérêt général pour la magistrature, et je vous assure que les clients que j'ai dans ce moment-ci sont dignes de toute votre sollicitude et que la question est grave.

Je disais donc qu'il s'agit non pas du principe même de l'inamovibilité ; mais d'une transformation de l'inamovibilité, laquelle consiste à permettre dans certaines circonstances de séparer le magistrat de son siège sans le priver de sa situation même. Eh bien, je trouve que cette séparation a quelque chose d'extrêmement grave. Voilà le premier point que je veux établir. Je trouve, en second lieu, que les conditions dans lesquelles on l'exécute ne donnent pas aux magistrats une garantie suffisante. Je voudrais soumettre ces observations à l'excellent esprit de M. le garde des sceaux et je ne désespère pas de le convaincre. Je suis très persuadé qu'il désire être aussi favorable que possible à ses subordonnés, pourvu que la justice n'en souffre pas.

Je n'ai pas besoin d'insister, messieurs, pour montrer combien le déplacement peut être dans certains cas, une situation pénible pour le magistrat ; vous êtes d'accord avec moi sur ce point. Il faut qu'on le comprenne bien : depuis le commencement de cette discussion, nous disons que le recrutement de la magistrature est difficile avec les faibles traitements qu'on donne aux magistrats. Moi-même j'ai comparé la situation d'un juge à celle d'un avocat, pour montrer combien la situation de l'avocat était meilleure ; il a, en effet, des chances de fortune, de renommée, ce qui n'existe pas pour le juge. Vous augmentez les traitements, c'est bien ; vous voudriez les augmenter encore plus que je m'y prêterais, car je trouve très insuffisant le chiffre auquel vous les fixez.

J'ai eu l'honneur d'être l'ami d'un certain nombre de juges de session d'Angleterre, et je sais l'énorme différence qu'on fait dans les deux pays au point de vue de la situation des juges ; aussi je souhaiterais que les nôtres, sans arriver jusque-là, se rapprochassent un peu de cette grande situation faite aux grands juges d'Angleterre. Vous relevez les traitements, vous faites quelque chose; mais ne vous figurez pas qu'avec ces quelques milliers de francs que vous ajoutez au traitement, vous allez attirer à vous les avocats de premier ordre. Cela ne se peut pas. Est-ce à dire que nous n'avons dans la magistrature que des esprits secondaires ? Est-ce que tous ceux qui ont de la capacité se tournent vers le barreau ? Non, je ne le pense pas.

On entre dans la magistrature pour ces deux raisons : pour les grands honneurs qui entourent le magistrat, le grand respect dont il est l'objet, et pour la parfaite sécurité de sa situation.

Je suis bien obligé de dire que, quant à ce qui est du premier avantage, celui du respect général vous y avez porté, et vous y portez en ce moment une grande atteinte. (Approbation à droite.) Mais, enfin, vous espérez et j'espère avec vous — parce que, aussitôt que la loi sera faite, il y aura encore devant moi la magistrature de mon pays et que je serai pour elle plein de dévouement et de respect — vous espérez, dis-je, qu'à partir de ce moment, cette magistrature, étant plus impeccable, n'aura plus à subir les orages qui viennent de l'assaillir pendant ces dernières années, soit !

Quand à la seconde chose, celle que je protège en ce moment et que je vous demande de protéger avec moi, c'est la stabilité. Vous la voulez pour les magistrats, car c'est pour cela que vous avez fait l'assimilation des classes. Mais alors faites en sorte qu'un magistrat ne puisse pas être exposé à être transféré facilement d'une ville à l'autre. N'oubliez pas, si le magistrat est avancé en âge, qu'il a travaillé toute sa vie à rendre sa position acceptable, considérable, importante dans la ville où il est, qu'il s'y est créé des alliances, qu'il y a établi sa famille, organisé sa fortune.

On dit : « Vous vous apitoyez sur les différences de climat; c'est peu de chose.

Je sais, messieurs, que dans la plupart des fonctions publiques en France, on fait voyager des fonctionnaires. Je ne dis pas qu'on ait toujours raison. On les appelle dans les villes « la colonie ! » Quand on veut parler de la société, on dit : « D'un coté il y a la bourgeoisie, les gens de la ville, et, de l'autre, la colonie ». C'est qu'en effet, les fonctionnaires en France, sont excessivement nomades ; on croit quelquefois y voir un avantage; je n'en sais trop rien ; mais j'y vois un désavantage dans beaucoup de cas. Je crois que plus les fonctionnaires restent dans la même résidence, plus la fonction y gagne, car il ne s'agit pas seulement ici du changement de climat, il s'agit surtout du changement considérable de situation morale.

Toute la carrière du magistrat est une carrière morale. Ce n'est pas la somme qu'on leur paye, non ! Ce n'est pas le climat ; non, ce n'est point tout cela ; c'est l'honneur, c'est la respectabilité ! C'est, avant tout, une carrière morale. L'État donne aux magistrats le respect, en échange de leur travail.

C'est cela qui me préoccupe; parce que, quand vous imposez le changement à un magistrat, vous ne touchez pas seulement à sa situation physique, vous ne compromettez pas seulement son bonheur, vous ne compromettez pas seulement sa santé, ce qui est incontestable quand il s'agit d'un magistrat âgé de 70 ans, mais dans une certaine mesure, vous touchez à sa respectabilité, je ne veux pas dire à son honneur. Vous le tirez d'un tribunal ou d'une cour, vous savez mieux que moi, monsieur le ministre, que malgré l'uniformité de nos lois et l'uniformité de nos règles, il y a pourtant certaines différences entre la manière de procéder d'une compagnie et la manière de procéder d'une autre ; il y a dans compagnie, indépendamment des règles proprement dites, et de la loi uniforme, un certain nombre d'habitudes établies auxquelles on tient et auxquelles on s'est plié. Les anciens du tribunal ou de la cour sont les moniteurs des nouveaux, ils les façonnent à la vie commune du tribunal ; ils s'y sont façonnés eux-mêmes. Vous en prenez un à Pau et vous le transportez dans une autre cour; il y trouve des habitudes différentes auxquelles il faut qu'il se plie. Il trouve surtout des collègues qui ne le connaissent pas.

Dans le tribunal où il a passé vingt à vingt-cinq ans de sa vie, tout le monde le connaît; quand il s'asseyait à sa place, il avait à sa droite un ami, et à sa gauche un ami : il était aimé et estimé du barreau qui connaissait ses habitudes, la tournure de son esprit, un peu son caractère, et qui savait ce qu'il en devait attendre.

Il arrive dans une nouvelle cour où il est le dernier venu, quelque chose comme le *junior*; avec ses cheveux blancs, il est le dernier de cette cour ; il n'y connaît personne, et il arrive, comment dirai-je?... suspect, puisqu'il arrive malgré lui. Cette aventure douloureuse qui le surprend dans sa vieillesse, croyez-vous qu'elle lui permettra d'acquérir les habitudes d'estime, d'affection et de considération qu'il a mis vingt ans et vingt-cinq ans à se procurer? C'est impossible. Par conséquent vous le condamnez à une situation qui, pour lui, diminue la valeur de la compagnie, parce que la puissance de la compagnie, son autorité morale résulte à la fois de l'autorité morale de ses membres, et de l'union qui s'est établie entre eux par une vie commune de travail et d'honneur.

Il y a donc à cela, comme vous le voyez, toutes sortes d'inconvénients. Je mets en fait même qu'il y a des magistrats âgés, voisins de l'âge où la loi faite par l'empire les condamne impérieusement à se retirer, qui n'accepteront pas cette transplantation, qui aimeront mieux renoncer à leur carrière à peu près finie et au bénéfice de leur retraite, que d'aller afficher à deux cents lieues le malheur qui lui arrive, dont on recherchera anxieusement et dont on envenimera peut-être les motifs, de manière à nuire à leur considération.

M. Buffet. Parfaitement.

M. Jules Simon. Il y a des exemples assez nombreux, monsieur le ministre, de magistrats qui ont refusé les déplacements, au risque de ce qui pouvait advenir, et par conséquent, vous êtes évidemment d'accord avec moi quand je dis que c'est une peine et une peine cruelle. Que vous introduisiez le déplacement dans l'échelle des peines disciplinaires, entre la censure, je suppose, la suspension et la révocation, je le comprendrais ; faites-le, j'y donnerai la main, pourvu que vous consentiez à dire que le déplacement est une peine plus dure que la censure et même qu'une suspension momentanée. Mais... (Bruit de conversation à gauche.)

M. le président. Messieurs, l'orateur vous a priés de ne pas vous livrer à ces conversations qui font obstacle à sa discussion.

M. Jules Simon. Absolument!

M. le baron de Lareinty. Cela leur est bien égal ! Au contraire!

M. Jules Simon. Je répète que je consentirais à considérer le déplacement comme une peine pourvu que vous disiez que c'est une peine élevée. Mais, dans la loi, vous n'en faites pas une peine. Je crois — je ne sais si je me trompe, mon ami M. Bérenger est là, il me rectifiera, — mais il me semble que c'est lui qui a demandé à la commission de ne maintenir le déplacement qu'en qualité de peine, soit comme conséquence de l'application d'une autre peine, soit, en tous cas, comme conséquence d'une faute commise.

La commission n'a pas voulu entrer dans cet ordre d'idées et elle a dit : Il y a des circonstances où le magistrat est parfaitement irréprochable; il n'a commis aucune faute, il est donc impossible de le punir; on ne peut pas prononcer un jugement contre lui; et, cependant, il y a des raisons pour le faire changer de résidence. C'est, par exemple, si ses relations politiques sont compromettantes. (Protestations à gauche.) Je fais cette supposition; j'ai le droit tout à fait de la faire...

M. Albert Grévy, *président de la commission.* Mais non!

M. Jules Simon. Permettez-moi de vous dire, mon cher collègue qui m'interrompez, que si vous aviez été... mais que dis-je? vous avez été à la tête d'une administration si considérable qu'elle équivaut presque à un royaume; par conséquent, vous devez savoir que, très souvent, soit dans la magistrature, soit dans une autre carrière, on dit à un fonctionnaire : C'est dans votre intérêt que nous vous tirons de l'endroit où vous êtes, car vous y avez de telles relations que vous finirez tôt ou tard par faire une faute qui nous obligerait à vous déplacer.

Mais si vous faites des objections à cela, quoiqu'il n'y ait pas lieu d'en faire, au moins vous n'en ferez pas à ceci : c'est qu'il peut arriver dans la famille d'un magistrat un événement malheureux, presque un scandale, et alors on nous dit: Quelle autorité aura ce magistrat dont un parent très proche a rendu le nom peu respectable? il faut l'ôter de là dans son intérêt. Nous voulons par conséquent pouvoir le déplacer sans avoir à le juger. Voilà l'objection qu'on m'a faite dans la commission.

Je suis loin de la regarder comme légère. Je sais que c'est une objection sérieuse; c'est la seule. J'ai bien quelque réponse à cela. Je crois que quand arrive le scandale dont vous parlez, presque toujours, en faisant venir le magistrat et en raisonnant avec lui, on le convainc tout le premier que son devoir est d'aller ailleurs, d'éviter les conséquences d'une faute qu'il n'a pas commise. Pour moi, j'en suis convaincu.

M. de Gavardie. Cela se passe toujours ainsi.

M. Jules Simon. Vous vous trouverez peut-être une fois en présence d'un magistrat obstiné, mais Dieu sait si dans l'arsenal dont dispose le pouvoir contre les fonctionnaires de tous ordres, il vous sera impossible de trouver quelque moyen de triompher de son entêtement. En tous cas, je crois pouvoir dire que la circonstance se produira très rarement, non pas la circonstance du scandale, quoi qu'elle soit aussi très rare, mais la circonstance de l'entêtement du magistrat persistant à rester dans une ville où sa situation est pour le moins aussi embarrassée que celle de l'administration qui désire son déplacement. Donc, cette objection qui paraît considérable, au premier abord, est bien moins forte qu'on ne semble le croire.

Ainsi donc pour ce scandale invraisemblable et pour cette résistance plus invraisemblable encore du magistrat malheureux, on imagine une procédure qui rend le déplacement non seulement possible, mais facile. C'est là ce que je voudrais faire toucher du doigt au Sénat. La Chambre des députés l'avait rendu tellement facile que si l'on avait accepté son projet tel qu'il était, je puis bien le dire, il ne restait rien de l'inamovibilité du magistrat ; il était sous la coupe absolue du pouvoir politique et des fluctuations du pouvoir politique.

On avait, en effet, constitué un conseil supérieur disciplinaire, qui était nommé pour deux tiers par la Chambre des députés et par le Sénat, c'est-à-dire un conseil disciplinaire purement politique.

M. Barthélemy Saint-Hilaire. Conventionnel!

M. Jules Simon. Et ce conseil disciplinaire purement politique donnait un simple avis, sans appeler le magistrat. Une fois que cet avis était donné au ministre, par ces dix ou quinze hommes politiques, le ministre était parfaitement maître du magistrat, comme il sera le maître de 2,500 magistrats pendant le trimestre qui va venir. Il n'avait que ce consentement à obtenir, cette déclaration « nous ne nous opposons pas ». Et une fois la déclaration obtenue, il envoyait le magistrat où il voulait.

Vous conviendrez vous-mêmes, que l'inamovibilité dans ces conditions était un pur mensonge.

On disait : le magistrat est « inamovible », mais on le faisait « amovible » plus amovible que la plupart des fonctionnaires.

Cet avis du conseil, que signifie-t-il? Dans la commission, on s'est demandé si le conseil supérieur allait administrer. Allait il lui-même désigner les postes nouveaux pour les magistrats et leur ôter le poste qu'ils occupent? Je crois que ce n'est pas le texte de la loi, quoique le sens soit assez mal rédigé pour qu'on s'y trompe; le sens de l'article c'est seulement que le conseil supérieur, par son avis, délie le lien qui attache le magistrat à son siège. Le magistrat qui a été l'objet de cet avis n'a plus le droit d'opposer son inamovibilité à la volonté du ministre. Alors le ministre prend le magistrat que rien n'attache plus à son siége et il le renvoie où il veut. Voilà le sens de l'article. La commission à laquelle je rends toute justice, j'en étais membre et je sais qu'elle a travaillé tous les jours avec le désir constant de bien faire...

M. le baron de Lareinty. Oh! non!

M. Jules Simon. Si, si, je lui rends cette justice. Il y a des différences d'opinions politiques entre la majorité de la commission et moi; mais laissons-les de côté, et que les différences d'opinion politique ne nous empêchent pas de nous rendre justice mutuellement...

M. de Gavardie. Seulement elle n'avait pas le temps.

M. Jules Simon. Monsieur de Gavardie, c'est ce que j'allais dire. J'allais dire que la commission travaillant tous les jours sans relâche et avec le désir ardent de bien faire, n'a pu bien faire. Vous en avez eu la démonstration ici tous les jours. Je vois devant moi M. Dauphin qui est venu à la tribune vous montrer des impossibilités matérielles. On ne pouvait pas marcher avec ce que la commission avait arrangé de son mieux, et j'ai dû dire que si le Gouvernement ne nous avait pas imposé l'urgence, — s'il ne nous avait pas apporté ce projet de loi en fin de session, si nous avions une deuxième délibération, nous trouverions de nouvelles impossibilités, de nouvelles difficultés, car la loi que vous allez signer de vos noms, des membres de la majorité de la commission l'ont répété bien des fois pendant nos séances, est une loi faite au pied levé. C'est au pied levé qu'on a fait une nouvelle organisation de la magistrature française!...

La commission, en effet, n'a pas eu le temps d'examiner tout cela à fond. Et cependant, elle a bien vu, messieurs, que le projet de la Chambre était par trop draconien. C'est pour cela qu'au conseil supérieur politique, elle a substitué d'abord la chambre civile de la cour de cassation et à une séance postérieure, sur la demande que je lui en ai faite moi-même, elle a consenti, cette fois, à l'unanimité, à remplacer cette chambre par les trois chambres de la cour. C'est un très grand progrès. Au lieu de soumettre la stabilité des magistrats à la décision, soit d'un conseil politique, soit d'une chambre de 15 membres, elle l'a établie sur l'autorité des trois chambres réunies de la cour de cassation, qui est entourée des respects universels; assurément, c'est là le conseil de discipline le plus respectable que puisse posséder aucun corps. La commission a fait cela. Une autre amélioration a été introduite sur ma proposition encore. Pour émettre ce simple avis, le conseil disciplinaire devra faire venir le magistrat.

La Chambre n'avait pas pensé à cela, de sorte que l'avis pouvait être donné avant que le magistrat en fût averti; il pouvait apprendre qu'il était devenu inamovible, sans savoir que cela était fait, sans en avoir été même prévenu.

M. le garde des sceaux. Pardon, dans la loi votée par la Chambre des députés, il devait être prévenu. C'était dit textuellement, dans l'article 16.

M. Jules Simon. Enfin, peu importe, je ne cherche pas de difficultés à la Chambre des députés. Remarquez bien... (Bruit de conversation à gauche.)

Monsieur Griffe, laissez-moi discuter, je vous en prie; c'est votre intérêt personnel.

M. Griffe. Je ne conteste rien.

M. Jules Simon. Vous ne contestez rien, mais vous parlez un peu haut, et cela me gêne.

M. Griffe. Cela gêne aussi les autres orateurs.

M. Jules Simon. Cela gêne tout le monde. Cela gêne ceux qui écoutent, et cela fait que la loi est mal discutée; et plus notre temps est avarement mesuré, plus nous devons souhaiter de le bien employer. (Très bien! très bien! à droite et au centre.)

Je suis rempli de respect pour la Chambre des députés; et quand je dis que sa loi était mal faite, je parle d'elle comme je parle de la commission et du Sénat; pour une loi pareille, il n'y a pas de Chambre, il n'y a pas d'hommes qui puissent faire quelque chose de bien en si peu de temps; et je suis tellement convaincu de cela que quand je n'aurais pas d'autre objection à présenter contre la loi que nous faisons, celle-là suffirait pour m'arrêter. (Nouvelles marques d'approbation sur les mêmes bancs.)

Eh bien, messieurs, on a mis dans la loi que les magistrats seront entendus, mais il n'en est pas moins vrai qu'il s'agit d'un déplacement sur avis, qui n'est pas une condamnation, et je dis que même la cour de cassation, qui sera inébranlable quand il s'agira de condamner, ne sera peut-être pas aussi attentive et sévère quand il s'agira simplement de permettre un déplacement.

La cour de cassation peut très bien ne pas connaître les raisons qui rendront le déplacement cruel pour le magistrat dont il s'agit et elle peut très bien céder à la pression de l'administration venant lui exagérer l'intérêt qu'il y a à ôter le magistrat de l'endroit où il est. Et pourquoi demandera-t-on le déplacement? Vous dites : Pour un scandale! Oui, mais, messieurs, quelle sorte de scandale? nous sommes ici des hommes accoutumés aux affaires, même les nouveaux venus — et j'appelle ainsi ceux qui sont députés depuis douze ans, moi qui le suis depuis trente ans, même ces nouveaux venus sont habitués aux affaires et par conséquent, ils savent bien que les mots changent un peu de signification suivant les personnes qui les prononcent. Quand on parlera de déplacer un magistrat de l'endroit où il est, à quelle utilité fera-t-on allusion? Oh! si on disait : Quand il y aura un grand scandale de mœurs ou une condamnation dans la famille! si on disait quelque chose de précis et de déterminé! mais non. Il s'agira seulement d'une utilité de déplacer. Est-ce que cette utilité ne sera pas, en effet, une utilité politique? Est-ce qu'un magistrat ne pourra pas être gênant pour un parti politique dans la ville où il a été vingt-cinq ou trente ans un des hommes siégeant au tribunal, rendant la justice, faisant la carrière des jeunes avocats et des jeunes magistrats et nommé dans la ville comme un des principaux citoyens?

S'il est contraire à l'opinion dominante, ne dira-t-on pas qu'il est un obstacle et n'essayera-t-on pas d'obtenir un avis, — dans son intérêt, dira-t-on — pour l'ôter de cette ville et le transporter ailleurs, quelque souffrance qui en puisse résulter pour lui, pour son amour-propre, pour son intérêt peut-être pour son cœur (Très bien! très bien! à droite et au centre.)

Nous avons tout lieu de le craindre; mais, de plus, est-ce qu'il ne se rencontre pas dans chaque département à côté de l'autorité créée par la loi, une autre autorité créée par les circonstances, l'autorité de personnages influents, l'autorité du député, l'autorité du sénateur?

Il est tout simple, messieurs, que vous ayez dans vos départements, une grande autorité ils vous ont choisis, ils vous connaissent, vous leur rendez des services, vous y êtes puissants. Cette puissance que vous avez est quelquefois une aide pour l'administration, mais elle est très souvent un obstacle.

Il arive souvent que le ministre est plus embarrassé par la difficulté de résister à cette autorité que par la difficulté de bien constituer l'organisation de ses services. Il y a ici d'anciens ministres qui savent à quel point ce que je dis est la vérité.

Mon Dieu! messieurs, les ministres actuels, les ministres de notre régime parlementaire sous le règne — je dirai de mon ami M. Grévy, malgré sa haute situation, parce que nous sommes amis depuis si longtemps que je suis sûr qu'il parlerait de moi de la même façon — les ministres, j'en suis bien convaincu, n'ont à se préoccuper que de lutter contre les Chambres; mais, je connais des ministres qui, pendant qu'ils luttaient contre les Chambres avec un certain courage et même avec un certain succès, se sont trouvés tout à coup battus et renversés par les antichambres. (Sourires et marques d'approbation sur divers bancs.) J'en sais quelque chose. (Nouveaux sourires.)

Je dis donc qu'une des principales difficultés pour les ministres c'est de résister à cette influence, que je n'appellerai pas parlementaire, car je crois que l'exercice de cette influence est ce qu'il y a de plus funeste à la durée et au bon fonctionnement du régime parlementaire (Nouvelles marques d'approbation.) Mais comment l'empêcher? Je le crois difficile. C'est pour cela que je suis persuadé qu'il arrivera qu'un député influent, qu'un sénateur influent, qu'un électeur influent — ce qui sera plus grave, — parviendra à persuader au ministre, et par ce ministre, au conseil supérieur, que le déplacement d'un magistrat est une chose nécessaire.

Comment ne le verriez-vous pas? ne l'avez-vous pas vu déjà de vos yeux? Quand la loi sera devenue une loi efficace, une loi réelle, et que vous serez obligés de l'appliquer, c'est cela même qui sera votre difficulté de tous les jours.

Ainsi vous mettez ces magistrats dans la situation la plus incompatible avec la dignité et la nature de leurs fonctions. Vous les faites dépendre des hommes politiques du département dans lequel ils résident. (Rumeurs à gauche. — Approbation à droite.) Vous portez un coup à la justice sans le vouloir.

Je ne parle plus à présent de l'intérêt de l'homme. Je le crois malheureux. Je crois que, quand il sera sur son siège et qu'il pensera qu'en prononçant ses jugements il s'expose à un déplacement qui sera quelquefois pour lui un arrêt de mort, je crois qu'il sera malheureux; en dehors de cet homme, c'est la justice qui souffrira; c'est nous, législateurs, qui souffrirons, nous qui aurions voulu faire des lois tellement bien conçues que la justice fût à l'abri de toute influence, et qui aurons mis le magistrat dans une situation aussi intolérable.

Je dis donc, messieurs, que c'est une disposition extrêmement dangereuse et presque fatale, et qu'il est difficile que vous la laissiez dans la loi.

Je ne parle que des vengeances, je ne parle que des influences, mais est-ce que je ne pourrais pas parler de l'homme puissant qui a une affaire, qui voit venir son procès et qui veut composer le tribunal ou la cour pour que son procès soit jugé dans son intérêt. (Rumeurs à gauche.)

Voix à droite. Écoutez!

M. Jules Simon. Et alors qu'est-ce qui arrivera? Il arrivera ceci : c'est ce que le conseil supérieur, très honnête, très respectueux de la loi, très scrupuleux, trompé par de faux rapports, se voyant entre un magistrat qui défendra sa propre cause et l'administration qui, poussée par des influences parlementaires racontera des choses qui ne sont pas graves et les répètera de toutes les façons, — ce sera peut-être une sorte de question de portefeuille comme on en faisait une samedi dernier pour nous empêcher d'examiner la loi en elle-même — ne croyez-vous pas qu'alors le conseil supérieur peut se laisser entraîner à donner son avis? Et cet avis sera la perte d'un homme; et, peut-être plus, la perte de deux compagnies. (Très bien! à droite et au centre.)

En outre qu'il sera la perte de deux compagnies, il sera une atteinte considérable portée à la justice. Voilà, messieurs, ce que vous faites par cet article.

Et j'ose dire que beaucoup de personnes le font sans y penser et sans comprendre qu'on introduit ainsi dans la magistrature un élément de désorganisation.

Telles sont, messieurs, les observations que je voulais faire, et d'où je conclus qu'il serait sage de supprimer purement et simplement cet article. (Interruptions à gauche. — Marques d'approbation à droite et au centre.)

Un sénateur à gauche. Comment, le supprimer?

M. Jules Simon. Oui, il serait sage de supprimer l'article.

Maintenant, je ferai une observation à laquelle je sais que la commission est disposée à faire droit. Ce n'est pas le petit côté de l'affaire. Voyez, messieurs, le texte de l'article. La deuxième phrase du premier paragraphe est ainsi conçu : « Ce déplacement ne devra entraîner pour le magistrat qui en sera l'objet aucune diminution de traitement. »

Voilà la réserve que la commission a mise aux droits du conseil supérieur. Le conseil supérieur ne pourra pas consentir à un déplacement qui fera perdre au magistrat déplacé quelque chose de son traitement.

Eh bien, cette disposition fait naître deux questions que j'ai posées à la commission — tardivement, il est vrai — et la commission a répondu différemment à mes deux questions. La première était celle-ci : Est ce que le ministre, une fois que le conseil supérieur — veuillez comprendre la difficulté et soyez sûrs qu'elle est assez délicate, car la commission s'est partagée autrement qu'elle ne se partage d'ordinaire — est-ce que le ministre, une fois que le conseil supérieur a donné un avis conforme et dit, par conséquent : « le lien est rompu », pourra envoyer ce magistrat ailleurs? Est-ce que le ministre pourra faire de ce magistrat devenu amovible, un juge quelconque, inamovible, à quelque degré que ce soit? Non!

Vous allez comprendre ce que je veux dire. Je suppose que le magistrat pour lequel on a demandé l'avis soit un président de chambre à la cour d'appel de Paris. Je demande si le ministre pourra prendre ce président de chambre à la cour d'appel de Paris et l'envoyer juge dans un petit tribunal, dans un de ceux que nous voulions supprimer la semaine dernière. Vous entendez bien que la commission, à l'unanimité, a répondu qu'elle ne l'entendait pas ainsi. Cependant je dis aussitôt, de l'assentiment de la commission, que, dans les termes, il n'y avait rien qui l'indiquât, rien, absolument rien. (Interruptions à gauche.)

Je ne crains pas du tout qu'un ministre quelconque commette l'énormité que je viens de dire tout à l'heure; je le crains d'autant moins qu'elle n'est pas dans la nature des choses.

Mais un ministre peut-il dire : Je vais prendre un président de chambre de la cour d'appel de

Paris et l'envoyer premier président à la cour d'Agen? Cela n'est pas aussi révoltant; le ministre pourra évidemment faire le changement, si c'est un avancement; mais pourra-t-il envoyer un magistrat dans une cour d'un ordre inférieur?

J'ai posé la question à la commission qui, unanimement, a déclaré que non. Par conséquent, le magistrat déplacé, s'il est conseiller, ne peut être envoyé dans une autre compagnie que comme conseiller; s'il est juge, il ne peut être envoyé dans une autre compagnie que comme juge. Mais s'il exerce des fonctions, un office dans une compagnie, s'il est président ou vice-président, ou président de chambre, il garde la fonction qu'il remplissait.

La commission pense qu'on peut envoyer un président de chambre de Paris pour être président de chambre à Lyon, mais qu'on ne peut pas l'envoyer pour être conseiller à Bordeaux ou à Lyon. Il faut, je le répète, si c'est là sa solution, comme je n'en doute pas, qu'elle l'exprime clairement, car il faut qu'une loi soit précise; toutes les explications qu'on donnera à la tribune ou dans un rapport n'empêchent jamais un texte d'être ce qu'il est.

Ce premier point, du reste, m'intéresse peu; je pense avoir l'évidence pour moi, et je crois à l'assentiment unanime de la Commission.

Le second est autre chose, et ici je suis obligé de poser au Sénat une question que je n'oserais jamais poser si nous avions délibéré avec le temps nécessaire et en liberté, au lieu de délibérer dans les conditions qu'on nous a faites. (Très bien! au centre.)

Je demande au Sénat s'il y a encore des classes de cours et de tribunaux, et je déclare humblement que je n'en sais plus rien.

Mon honorable et cher collègue, M. de Maleville, a demandé le rétablissement des classes; le Sénat l'a refusé. Vingt-quatre heures peut-être après, M. Buffet a demandé la transformation d'un article qui rétablissait au moins le tribunal de Paris comme classe à part.

M. Buffet. La cour de Paris.

M. Jules Simon. La cour de Paris. Enfin, on a semblé accorder aux observations de M. Buffet ce qu'on avait refusé à celles de M. de Maleville.

La cour de Paris, le tribunal de Paris forment-ils une classe? Ce qu'il y a de certain, c'est qu'on a établi des différences de traitement.

Eh bien, l'article ne vise que le maintien des traitements; par conséquent, si l'on prend un conseiller à la cour de Paris et qu'on l'envoie conseiller à la cour d'Agen, pourvu qu'à Agen on lui paye 12,000 francs, on a satisfait à l'article. J'ai vraiment l'air de vous dire une subtilité, et cependant je ne dis que l'exacte vérité.

Si l'on envoie un conseiller à la cour de Paris comme conseiller à Agen, et qu'on lui donne le traitement d'Agen, oui, on viole la loi; mais si on lui donne le traitement de Paris, c'est-à-dire 12,000 francs pour être conseiller à Agen, on n'aura pas violé le texte de la loi.

De même pour les juges. Si vous prenez un juge du tribunal de la Seine, et que vous l'envoyiez juge au tribunal de Quimperlé, pourvu que vous lui donniez dans cette nouvelle position un traitement de 8 000 francs, il n'y a pas de violation du texte de la loi.

J'ai posé cette question à la Commission, et je lui ai dit : Vous entendez sans doute que le juge ou le conseiller devra être envoyé dans un tribunal ou dans une cour où le traitement sera le même que celui qu'il touchait?

Eh bien, messieurs, qu'elle a été la réponse de la Commission? La Commission a répondu : pas du tout. Nous entendons parfaitement que, si M. le garde des sceaux prend un conseiller de la cour de Paris, pourvu qu'il soit conseiller — car on ne peut pas le faire juge — à Douai, à Pau ou à Angers, partout où il y a une cour et qu'on lui donne ses 12,0 0 francs, il n'y a rien à dire. (Exclamations sur un grand nombre de bancs.)

M. de Gavardie. Jamais les Chinois n'ont inventé quelque chose de semblable!

M. Jules Simon. Vous voyez, messieurs, l'effet que produit cette simple énonciation.

M. Faye. L'allocation des fonds n'est pas obligée ..

M. Mazeau. Où prendra-t-on les fonds?

M. Jules Simon. Je trouve cette solution bien mauvaise; j'en demandais une autre; je vous donne celle que la Commission m'a donnée.

M. Demôle. Elle est impossible.

M. Jules Simon. Voilà ce qu'elle m'a déclaré. Je vous disais tout à l'heure qu'en posant la question au Sénat, j'en étais quelque peu humilié...

M. Buffet. Il y avait de quoi.

M. Jules Simon. Eh bien, oui, la Commission entend cela de cette façon.

M. Demôle. Oh! non!

M. Jules Simon. Oh! non, dites-vous? Après une discussion un peu confuse, parce que les discussions sont toujours confuses quand on veut faire trop de besogne en trop peu de temps, j'ai demandé un vote. On se levait déjà, j'ai dit : Je veux un vote par mains levées et je veux qu'on compte les votants, parce que j'ai l'intention de porter la question à la tribune. On a voté, et la majorité s'est prononcée pour cette opinion que je vous soumets et qui étonne tellement les deux côtés de la Chambre.

Si je ne m'étais pas trouvé là pour faire cette observation, voici ce qui arrivait :

L'article est incompréhensible évidemment dans sa forme; la commission l'aurait expliqué comme elle l'entend; c'est-à-dire qu'elle aurait dit qu'on ne peut déplacer un président qu'en en faisant un président, qu'on ne pouvait déplacer un conseiller qu'en en faisant un conseiller, mais qu'on pouvait prendre un conseiller de la cour de Paris et l'envoyer avec 12,000 francs à Douai ou à Agen. Le Sénat ne le veut pas; eh bien, voyez ce que c'est que la précipitation. Si j'avais été absent, cela aurait passé de cette façon, et il y aurait une énormité de plus dans la loi.

Il faut pourtant, messieurs, que je vous donne la raison qu'on m'a donnée.

Il ne faut pas croire que des hommes considérables comme ceux qui faisaient partie de la Commission se soient déterminés à une solution aussi bizarre sans avoir une raison importante.

La raison est celle-ci : si vous n'admettez pas cela, m'a-t-on dit, vous allez soustraire la cour de Paris à la discipline. (Marques d'approbation sur divers bancs.) Vous pourrez appliquer la loi aux autres cours; mais à celle-là, vous ne le pourrez pas!

Un sénateur à gauche. C'est évident!

M. Jules Simon. Eh bien, messieurs, cette objection dont je reconnais la valeur...

M. Buffet. Pas moi!

M. Jules Simon. Mais si! c'est une objection qui a de la valeur. Ah! si je disais : Je reconnais tellement la valeur de l'objection que je m'y soumets, alors il faudrait réclamer; mais je reconnais qu'elle a une valeur à laquelle je ne me soumets pas, parce que je trouve qu'il ne faut pas s'exagérer cette valeur

Premièrement, la peine du déplacement — vous ne l'appelez pas une peine, ce qui est un euphémisme bien singulier, moi, je l'appelle une peine, parce que j'aime à parler la langue française comme elle doit être parlée, — la peine du déplacement, dis-je, n'est pas la seule peine que puisse appliquer la cour suprême; elle peut appliquer la suspension, elle peut appliquer la révocation; par conséquent, on ne donnera pas un privilège à la cour de Paris en la soustrayant à l'application de cette peine particulière; c'est peut-être, au contraire, une aggravation de discipline, car la cour suprême, alors, ne pouvant pas appliquer le déplacement, pourra appliquer la suspension, ou même la révocation, surtout si vous consentez à considérer le déplacement comme une véritable peine.

Et, d'ailleurs, cette situation d'un magistrat qui, en lui-même, par ses actes et par son caractère, est irréprochable, mais qu'il faut déplacer à cause de son milieu, croyez-vous qu'elle va se produire beaucoup à Paris?

C'est au contraire à Paris qu'il faudra amener les autres magistrats pour que ces circonstances soient peu connues et produisent peu d'effet.

Dans les villes de province, où tout le monde se connaît, le moindre scandale produit tous les effets qu'il comporte; mais, à Paris messieurs, où il y a une population si nombreuse, où les relations sont si différentes, l'opinion ne se forme pas de la même façon. (Bruit de conversations.)

M. le président. Messieurs, si les conversations continuent, je serai obligé de rappeler à l'ordre les interrupteurs.

M. Jules Simon. Par conséquent, j'ose dire que l'objection qu'on me fait, sans être une objection sans valeur, est une très faible objection, et je ne la crois pas de nature à faire revenir le Sénat sur l'impression qui s'est manifestée sur tous les bancs, quand on m'a entendu dire qu'on enverrait un juge du tribunal de la Seine, juger au tribunal de Lannion, à la seule condition de lui donner 8,000 francs dans sa nouvelle résidence.

Je conclus, messieurs. Ceux qui m'ont écouté doivent être à présent, je le crois, absolument de mon avis.

Quant à ceux qui, ne m'ayant pas écouté, ne m'ont pas entendu, ils peuvent voter autrement; mais tous ceux qui ont suivi l'argumentation que je viens de faire seront d'avis qu'ils doivent à la nouvelle magistrature, à celle qui existera dans trois mois, à la magistrature épurée dont vous devez soigner particulièrement la considération, puisque cette magistrature sera votre œuvre, à cette magistrature que vous avez besoin de rendre indépendante et que vous devez rendre indépendante surtout de vous-mêmes, autre chose qu'un article de loi qui, sur un simple avis, supprimerait l'inamovibilité et vous permettrait de traiter ainsi l'honneur et les intérêts des magistrats.

Quant à la question particulière du traitement, elle est jugée par la façon dont l'Assemblée a reçu mes paroles. Il est donc absolument nécessaire de modifier l'article, et il serait sage de le supprimer. (Très bien! et applaudissements à droite et au centre.)

SÉANCE DU 30 JUILLET 1883

M. Allou. Je demande la parole. (Aux voix! aux voix! à gauche. — Parlez! à droite.)

Un sénateur à gauche. La clôture! (Bruit.)

M. le président. On a demandé la clôture? (Protestations à droite.)

M. Allou. Je suis aux ordres du Sénat. Si le Sénat veut prononcer la clôture... (Non! — Parlez! parlez! sur divers bancs.)

Messieurs, je voudrais placer seulement une très courte observation à côté de celles qui vous ont été présentées par l'honorable M. Jules Simon. (Bruit à gauche.)

M. le président. Faites silence, messieurs; je rapellerai à l'ordre les interrupteurs.

M. Allou. Nous avons combattu pour l'inamovibilité de la magistrature d'hier, il me semble que nous devons être accueillis avec faveur quand nous vous demandons de combattre pour l'inamovibilité de la magistrature de demain, de la vôtre (Très bien! très bien! à droite), celle que vous allez créer... (Murmures à gauche). Je n'attache pas ces mots « la vôtre », bien entendu, une pensée qui puisse être blessante; je veux dire la magistrature que vous aurez faite et qui sera la magistrature de demain.

Eh bien, demain, quand tous ces orages, toutes ces agitations d'aujourd'hui seront apaisés, et quand la magistrature reprendra, paisible et sereine, j'espère, possession de son temple, quelle sera sa situation? Elle sera inamovible; elle le sera en vertu d'un principe, — et vous nous avez assez dit que vous obéissiez aujourd'hui à un sentiment passager, à une nécessité passagère, en portant la main sur l'inamovibilité! — Il y aura donc une situation reconstituée dans laquelle la magistrature aura droit à l'inamovibilité. (Bruit à gauche.)

Messieurs, je n'ai pas les mêmes droits que M. Jules Simon à vous demander le silence; veuillez donc me l'accorder dans l'intérêt de la brièveté des observations que je vous apporte.

Voici ce que je veux dire : dans l'état actuel des choses, la magistrature nouvelle, succédant au principe de l'inamovibilité atteinte dans la magistrature ancienne, pourra-t-elle être frappée par une mesure comme celle qui figure dans l'article que nous discutons en ce moment? Manifestement, non! C'est un principe absolument nouveau que ce principe du déplacement; et la commission n'a pas même abordé directement et franchement le problème; la commission n'a pas dit — parce qu'il était impossible de le dire dans une disposition formelle et expresse : — Désormais le déplacement est un des droits qui appartiennent à M. le garde des sceaux, à l'égard de tous les magistrats, à la seule condition d'obtenir l'avis conforme du conseil supérieur.

Un sénateur. C'est quelque chose!

M. Allou. Sans doute, c'est quelque chose; mais je vous prie de vouloir bien suivre mon raisonnement et de me permettre de me placer dans des termes très simples comme argumentation.

En l'absence de la disposition proposée, la magistrature nouvelle aurait, comme l'ancienne, la protection de l'inamovibilité en ce sens que le droit de déplacement n'existerait pas à l'égard des nouveaux magistrats. Ce droit-là vous ne le proclamez pas même directement, mais vous glissez cette disposition dans l'article 21, comme si c'était la conséquence d'une situation acquise, la conséquence d'un droit incontestable, que le déplacement devrait avoir lieu dans telle ou telle condition. Je voudrais d'abord vous voir proclamer en face le principe du droit de déplacement. Je vous demande de dire que le magistrat pourra être déplacé à la volonté du garde des sceaux. J'affirme que si la question avait été posée dans ces termes stricts et rigoureux, la commission elle-même aurait reculé devant une disposition qui porte une atteinte si grave à la situation des magistrats que vous allez nommer. Qu'est-ce que vous créez donc en édictant cette disposition? Vous créez un droit qui n'est pas le moins du monde un droit de juridiction, comme M. Jules Simon vous l'a montré à merveille tout à l'heure. Je comprendrais très bien, que dans l'échelle des pénalités qui peuvent être appliquées par le conseil supérieur, figurât ce déplacement. Pour moi, je n'y ferai aucune difficulté. Mais ce droit que vous créez au profit du garde des sceaux est un droit de placement administratif, c'est le mot vrai de la situation, ce n'est pas le moins du monde une question de juridiction, une question de discipline et de pénalité. Vous allez lui donner ce droit exorbitant, qui n'a jamais existé nulle part, à l'égard de la magistrature nouvelle, ce droit de pouvoir statuer administrativement et d'effectuer administrativement le déplacement du magistrat.

Je n'ai pas à vous dire quelle peut être la gravité de cette mesure, mais permettez-moi d'ajouter seulement deux mots : Vous associez la cour de cassation, le conseil supérieur disciplinaire a cette mesure qui a un caractère administratif! (Très bien! à droite.)

Je comprends l'intervention de la cour de cassation quand vous vous trouvez en présence de faits qui lui sont soumis avec le caractère de haute et solennelle juridiction; avec la mission que vous donnez aujourd'hui au conseil supérieur en lui transférant un droit sur les cours et tribunaux, il faudra bientôt créer une nouvelle audience par semaine à la cour de cassation pour voir fonctionner... (Exclamations et bruit à gauche.)

Permettez-moi de vous dire qu'en tous cas, vous pervertissez le caractère de l'institution même du conseil supérieur disciplinaire, vous en faites un conseil consultatif de l'administration!

Quand le ministre, — je ne veux pas citer ici d'exemples, ni rappeler certains faits qui pourraient avoir leur signification dans ce débat, — voudra déplacer administrativement un magistrat auquel il n'aura aucun reproche sérieux à faire, car alors le conseil disciplinaire entrerait en scène, il s'adressera au conseil supérieur, et je le répète, le conseil supérieur, sera, ce jour-là, détourné de ses attributions et de sa compétence naturelles. (Très bien! très bien! à droite.)

Voilà le côté grave, sérieux du débat. Je vous affirme que je n'apporte ici aucune des préoccupations qui se rattachent à la première partie de cette longue discussion; mais quand nous voyons la magistrature debout, constituée, organisée dans des conditions telles que, à notre grand regret, on a porté atteinte à ceux qui vont disparaître, nous nous préoccupons toujours de voir debout la justice, la justice dans sa dignité, la justice dans son indépendance. (Très bien! très bien! — Applaudissements répétés à droite et au centre. — Bruit à gauche.)

Or, il n'y aura ni dignité, ni indépendance pour cette magistrature qui pourra, à la volonté du ministre, disparaître par un acte administratif déféré à une juridiction dont vous aurez dénaturé le caractère afin de la rendre administrative, elle aussi. (Très bien! très bien! — Applaudissements à droite et au centre.)

M. le président. Je mets aux voix le paragraphe 1er de l'article 21, il est ainsi conçu :

« Art 21 — Après l'expiration de la période de réorganisation prévue à l'article 45, aucun premier président, président de chambre, conseiller de cour d'appel, aucun président, vice-président, juge ou juge suppléant des tribunaux de première instance ne pourra être déplacé que sur l'avis conforme du conseil supérieur. Ce déplacement ne devra entraîner pour le magistrat qui en sera l'objet aucune diminution de traitement. »

Il a été déposé sur le bureau deux demandes de scrutin.

Elles sont signées :

La première de MM. Buffet, Mayran, Fresneau, général comte Espivent de la Villeboisnet, Henri Fournier (Cher), Delsol, baron de Lareinty, Batbie, duc d'Audiffret-Pasquier, Lambert de Sainte-Croix, Kolb-Bernard et de Raismes;

La seconde de MM. le général Farre, Goutay, Dupouy, Mathey, Tolain, Cazagne, Pelletan, Vigarosy, Delacroix et Déral.

Il va être procédé au scrutin.

(Le scrutin est ouvert. — MM. les secrétaires procèdent au dépouillement des votes.)

M. le président. Voici le résultat du scrutin :

Nombre des votants	273
Majorité absolue	137
Pour l'adoption	149
Contre	124

Le Sénat a adopté.

SÉANCE DU 31 JUILLET 1883

M. Denormandie. Messieurs, jusqu'au dernier moment il est temps de protester contre ce que l'on trouve mauvais. J'ai donc le droit et le devoir de dire, à mon tour, à la tribune du Sénat, que cette loi est non seulement mauvaise et injuste, mais qu'elle sera funeste, et qu'elle sèmera encore dans notre malheureux pays des discordes et des haines. Elle est donc absolument impolitique. Je n'hésite pas à le dire en mon âme et conscience. Elle produira les plus graves désordres et sera suivie des plus déplorables effets; je veux le dire au nom de tous ceux qui, comme moi, ont appartenu, je le répète, pendant plus de trente ans, à la vie judiciaire.

SÉANCE DU 31 JUILLET 1883

M. le président. M. de Gavardie n'insiste pas?.. M. Jules Simon a la parole.

M. Jules Simon. Messieurs, je voudrais dire quelques mots au Sénat au moment où il va passer au vote sur l'ensemble de la loi, uniquement pour rappeler les principes que nous avons défendus depuis le commencement de cette discussion.

Messieurs, c'est, pour le moment, un vaincu qui vous parle; nous avons été battus sur l'article 15 et sur le paragraphe de cet article qui, de l'aveu des amis et des ennemis de la loi était la loi tout entière. Nous avons été battus aussi peu que possible.

Je ne fais pas allusion ici aux tristes incidents qui ont été portés à cette tribune et que je voudrais pouvoir oublier; ils auront peut-être ce résultat que les fautes qui ont été commises, et commises des deux côtés, ne se reproduiront plus; je le désire, car elles ne sont pas à l'honneur de nos mœurs politiques. (Très bien!) Mais si je dis que nous avons été battus aussi peu que possible, c'est qu'il a fallu, pour que nous le fussions, que M. le président du conseil vint à la tribune porter... dirai-je une question de cabinet? Il y a dans une question de cabinet deux choses : la reconnaissance de l'autorité publique du corps auquel on s'adresse et une sorte de sommation à lui adressée de ne plus examiner en elle-même la question qui lui est soumise et de considérer plutôt les effets politiques que produirait immédiatement la solution qu'il va prendre.

De ces deux parties d'une question de cabinet, messieurs, on ne nous a pas offert la première; on nous a même déclaré, en termes formels, que nous n'avions par l'autorité politique de faire ou de défaire des cabinets. Le cabinet ne s'inclinera pas devant la décision de la majorité sénatoriale; il l'avoue, il déclare en même temps que, si cette décision lui est contraire, il se trouvera menacé d'être renversé par la majorité de l'autre Chambre. Tel est le langage qu'on nous a tenu et qui nous donne tous les inconvénients de la situation en nous en refusant tous les avantages.

Plusieurs sénateurs à droite. Très bien! très bien!

M. Jules Simon. Je crois, messieurs, que cette déclaration de M. le ministre a pesé sur le vote et j'en ai la preuve. C'est que dans ce vote où le Sénat a été partagé par portions égales — sauf une ou deux voix que l'on peut se disputer — dans ce vote il y a eu un nombre très important d'abstentions volontaires. Personne, messieurs, dans une matière aussi importante que celle-ci n'a le droit de dire qu'il n'a pu se former un avis; il est évident que tout le monde en a un; et par conséquent, ceux qui s'abstiennent ont un motif, un motif grave, pour tenir une telle conduite. Avoir été appelé à donner son avis dans une loi qui menace toute la magistrature et ne l'avoir pas fait, c'est un souvenir fâcheux pour la vieillesse d'un citoyen et une page affligeante dans une biographie. Si donc nous avons tant de collègues qui se sont abstenus de dire leur opinion, quoiqu'ils en aient une, c'est qu'ils ont cédé à la pression exercée sur eux par des considérations d'un ordre purement politique. Le cabinet peut se vanter d'avoir fait la loi, de l'avoir faite presque à lui seul, car il a fait ici tout ce qu'il fallait pour pousser le Sénat et presque pour le contraindre. (Très bien! à droite.)

C'est ainsi que nous avons été battus et battus, comme je le disais tout à l'heure, aussi peu que possible. Nous ne sommes, du reste, battus qu'en première épreuve, puisque vous allez recommencer le vote en vous prononçant sur l'ensemble de la loi. Et certainement tout le monde tiendra à honneur de ne pas se déjuger en trois jours et de rester fidèle à son vote; peut-être même ceux qui n'ont pas voté l'autre jour prendront-ils enfin parti d'un côté ou de l'autre. (Murmures à gauche.)

M. de Gavardie. C'est évident!

M. Jules Simon. Pour ma part, dussé-je être battu, je veux voir le drapeau de tous ceux qui sont en même temps que moi sur le champ de bataille. Je le dis franchement. (Très bien! à droite.)

Si le vote définitif est contre nous, c'en est fait de l'inamovibilité de la magistrature.

M. Buffet. C'est évident!

M. Jules Simon. On a dit ici que nous exagérions quand nous disions que la suspension était la suppression : l'on a même prétendu que nous n'avions pas donné de preuves. Rien n'est plus inexact; nous en avons donné longuement et à diverses reprises, et c'est au contraire la négation qui a été pure et simple, sans aucune preuve à l'appui.

Je n'aurai garde de refaire une démonstration que je crois péremptoire. Je l'ai développée de mon mieux la première fois que je suis monté à la tribune, et j'ai eu le bonheur de l'entendre faire ensuite par des orateurs tels que M. Allou, M. Bardoux, M. Jouin, M. Bérenger. L'opinion du pays est faite; je dis l'opinion de tous ceux qui ne se laissent pas guider en ce moment par la passion. (Très bien! à droite.)

Non seulement, l'inamovibilité n'est plus, mais tous les magistrats de France, vous avouerez cela, sont amovibles et en danger de destitution, je dirais en danger de mort, comme magistrats, pour trois mois. (Très bien! très bien! au centre et à droite.)

C'est pourquoi, je le dis en passant, je souhaite que le ministre de la justice fasse promptement sa besogne; car, ces trois mois pendant lesquels chaque magistrat, à chaque heure, pourra s'attendre à recevoir par le télégraphe l'avis de sa révocation, seront trois mois terribles pour les magistrats, terribles pour les justiciables et pour le pays tout entier! (Très bien! à droite.)

Maintenant, messieurs, quand le ministre va commencer son opération, — je le dis à regret, avec un grand regret, car mon ami et compatriote, M. Fresneau, disait tout à l'heure : « Je suis désintéressé et plus que désintéressé dans la question de la République », mais il s'en faut qu'il en soit de même pour moi! Et quand je vois commettre de telles fautes, je vous avoue que je suis profondément affligé, pour plus d'une raison; — eh bien, je dis, messieurs, que quand l'opération commencera, nous allons revoir sous la République le spectacle que l'empire nous a donné quand il a fait les commissions mixtes. (Violentes rumeurs et exclamations à gauche.)

M. Demôle. Cela est indigne.

M. Griffe C'est vous qui dites cela!

M. Testelin. Ah! ils nous ont joliment défendu vos magistrats! Il n'y en a pas un qui nous ait défendus quand nous nous sommes adressés à eux; il n'y a pas un magistrat qui ait défendu les proscrits!

M. Jules Simon. Je dis, messieurs, que nous allons avoir un spectacle semblable à celui des commissions mixtes, — et les ressemblances sont vraiment frappantes! (Rumeurs à gauche.)

M. Buffet. Oui! Parfaitement!

M. Jules Simon. Oui! c'est pénible à entendre et aussi pénible à dire. (Exclamations et bruit à gauche.) Mais soyez sûrs que ce que je dis, l'histoire le dira. (Non! non! à gauche.)

M. Griffe. Ce n'est pas exact!

M. Jules Simon. Vous aurez devant vous, messieurs, le spectacle de jugements prononcés par commissaires..

M. Buffet. Parfaitement!

M. Jules Simon. ...frappant à la fois une masse considérable d'accusés, et les condamnant sans les avoir entendus! (Très bien! à droite.) Est-ce que ce n'est pas là ce que nous avons vu dans les commissions mixtes? (Protestations à gauche.)

M. Buffet. Parfaitement!

M. Jules Simon. Nous direz-vous quelle est la différence?

M. le garde des sceaux. Est-ce qu'il s'agit de condamnations? ce sont des fonctionnaires responsables.

M. Griffe. C'est l'application de la loi, et sous l'empire, c'était le contraire.

M. le président. Laissez parler l'orateur.

Vous avez la parole, monsieur Jules Simon.

M. Eugène Pelletan. Il dit des choses odieuses!

M. le président du conseil. Ce sont des excès de langage.

M. Jules Simon. Nous direz-vous quelle est la différence? oui, il y a une différence : c'est que les commissions mixtes pouvaient prononcer des peines atroces; il ne s'agit pas ici de l'Algérie moins ou de l'Algérie plus : voilà la différence, elle est grande. On n'est condamné qu'à la destitution ou à la ruine.

Vous avez signalé samedi dernier un fait qui constituerait aussi une autre différence...

M. Eugène Pelletan. C'est odieux! c'est nous comparer à l'empire! (Bruit.)

M. Fresneau. C'est vous qui l'avez fait.

M. Eugène Pelletan prononce au milieu du bruit des paroles qui ne parviennent pas jusqu'au bureau. (Bravos et applaudissements à gauche. — Bruit à droite.)

M. le président. N'interrompez pas, monsieur Pelletan. Vous n'avez pas la parole. Continuez, monsieur Jules Simon.

M. Jules Simon. Mais, avant de continuer, je déclare que je n'ai pas entendu un mot des interruptions.

M. le président. Ni moi non plus.

M. Eugène Pelletan. Je suis prêt à répéter ce que j'ai dit; tous mes collègues m'ont entendu.

M. le président. Monsieur Pelletan, n'interrompez pas davantage ou bien je serai obligé de vous rappeler à l'ordre.

M. Jules Simon, vous avez seul la parole

M. Jules Simon. J'ai seul la parole, oui, mais avant de continuer, je déclare que je n'ai pas entendu un mot de ce qu'a dit M. Pelletan...

M. Eugène Pelletan. Voulez-vous que je le répète?

M. Jules Simon. ...ne pouvant pas répondre à ses paroles, je ne veux pas qu'elles paraissent à l'*Officiel* sans réponse et qu'on croie... (Violentes interruptions à gauche. — Bruit.)

M. le président. N'interrompez pas, messieurs. Je n'ai rien entendu non plus, pas un seul mot... (Exclamations à gauche.) ...pas un mot!

M. Jules Simon. Je n'ai entendu qu'un bruit violent dont je puis conclure que vous voulez donner aussi l'exemple d'empêcher la liberté de la tribune. (Protestations à gauche. — Marques d'approbation à droite.)

M. le président. Veuillez continuer votre discours, monsieur Jules Simon.

M. Tolain. Dans ce moment-ci... (Vives interruptions à droite. — Bruit croissant.)

M. le président. Vous n'avez pas la parole, monsieur Tolain.

M. Jules Simon. Je n'entends pas plus M. Tolain...

M. Tolain. Vous n'entendez jamais!

M. le président. Monsieur Tolain, je vous rappelle à l'ordre!

M. Tolain, *à l'orateur*. Et c'est surtout la vérité que vous ne voulez pas entendre.

M. le président. Personne n'a la parole que l'orateur; on n'a pas le droit d'interrompre! Je n'ai entendu, je l'affirme, aucune des interruptions au milieu de ce bruit!

M. Jules Simon. Je suis dans mon droit absolu en qualifiant la loi comme je l'ai fait. Vous répondrez si vous le pouvez. (Exclamations à gauche. — Très bien! très bien! à droite et au centre.) Mais moi j'ai le droit de dire ce que je pense. Et si je n'avais pas une pareille opinion de la loi, pourquoi soutiendrais-je une telle lutte dans de telles conditions depuis huit jours, ou plutôt depuis six semaines.

Je suis animé par une conviction inébranlable. (Rumeurs à gauche. — Vifs applaudissements à droite et au centre.)

Ah! je les ai déjà entendus, ces cris-là! — si vous ne le savez pas, je vous le dis, — lorsque j'étais membre de la minorité du corps législatif c'est comme cela que l'on nous écoutait quand nous voulions apporter nos récriminations à la tribune. Il n'y a qu'une manière digne du Parlement, c'est d'écouter les objections, quelqu'on soit la vivacité, et d'y répondre, au lieu d'essayer de les étouffer comme vous le faites, sous des cris indistincts ou sous des injures. (Nouveaux applaudissements sur les mêmes bancs. Protestations à gauche.)

M. le président. Vous avez la parole, monsieur Jules Simon, et personne n'a le droit de la prendre. J'ai rappelé à l'ordre les interrupteurs et je vous ai maintenu la parole autant que j'ai pu.

M. Jules Simon. Je le reconnais.

M. le président. Vous avez la parole et le Sénat appréciera.

M. Jules Simon. Je disais, messieurs, qu'on soutenait l'autre jour que les magistrats ne seraient pas jugés par des commissaires. Leur juge n'est pas un commissaire, disait-on; leur juge est un ministre.

Oui, en effet, c'est un ministre. Et cela vous parait une atténuation? Mais, à moi, messieurs, cela parait une aggravation. (Très bien! très bien! à droite et au centre.)

J'aime mieux le commissaire que le ministre, parce qu'au moins quand ce n'est pas le Gouvernement qui juge, on peut se figurer encore qu'il reste une distinction entre le pouvoir judiciaire et le pouvoir exécutif.

Mais quand le juge est le Gouvernement en personne, alors je dis que le pouvoir exécutif et le pouvoir judiciaire ne font plus qu'un; ce qui est le signe distinctif de la tyrannie. Vous croyez avoir tout sauvé en rappelant que le ministre est responsable. Mais entendons-nous sur les mots; responsable devant qui? Responsable en quoi? Il est responsable devant la majorité, je ne dirai pas du Sénat, puisqu'on nous a appris que le Sénat ne défaisait pas les ministères, il est responsable devant la majorité de la Chambre des députés, c'est-à-dire devant la majorité qui a exigé la loi. C'est une responsabilité qui ne lui pèsera guère. (Très bien! très bien! au centre et à droite.)

Mais, en vérité, en quelles circonstances et devant quelle majorité la responsabilité du ministre sera-t-elle une atténuation de sa situation comme juge? Quand un ministre commet une violation de la loi, et qu'on la lui reproche dans le Parlement, alors, mais seulement alors, en raison de la loi positivement, matériellement violée, on peut obtenir réparation. Mais quand un ministre aura déplacé un magistrat, l'eût-il fait sans raison, ou même contre toute raison, est-ce qu'il se trouvera une majorité pour en faire le sujet d'une crise ministérielle? Est-ce que vous n'avez pas, vous-mêmes, par votre loi, investi le ministre de la toute puissance? Est-il obligé de donner des motifs? Non, non; la liste ne sera pas discutée; ses victimes ne seront pas défendues, on n'ira pas chercher leur dossier, car la majorité du Parlement ne le souffrirait pas. Par conséquent, cette circonstance de la responsabilité du ministre n'est pas une réponse, et quand on vient nous dire : non, ce n'est pas un commissaire, c'est une responsabilité! Je réponds : d'abord, c'est une responsabilité illusoire, et ensuite cette responsabilité, c'est la confusion du pouvoir judiciaire avec le pouvoir exécutif. (Très bien! très bien! et applaudissements sur les mêmes bancs.)

Je reconnais, messieurs, qu'il nous reste, à l'heure qu'il est, dans nos lois, quelque trace de l'ancienne confusion du pouvoir exécutif et du pouvoir judiciaire; elle est à mon avis profondément regrettable. Nous en avons vu tout récemment un exemple. Il y a un tribunal en France, un seul, que le ministre a le droit de présider.

Quand le Gouvernement embrasse une politique, soutient une doctrine, et qu'il trouve devant lui l'opposition de la magistrature, dans le tribunal le plus élevé, dans celui qui, en définitive, règle, en cas de conflit, les attributions des juges, le ministre a le droit d'aller en personne prendre la présidence, apporter le poids de l'autorité que lui donne sa place, et si le tribunal est partagé par égalité, faire lui-même la majorité par son vote. Il a ce droit exorbitant, je le reconnais, il est écrit dans une loi française.

Un sénateur à gauche. Cette loi, vous l'avez votée.

M. Jules Simon. Ce n'est pas une raison, parce que nous avons une loi déplorable, et que nous en avons vu dernièrement une application déplorable, pour que nous fassions aujourd'hui une loi entachée du même vice, et qui rende cette ingérence du pouvoir exécutif dans le pouvoir judiciaire, nécessaire et obligatoire pour le Gouvernement. (Vive approbation sur les mêmes bancs.) C'est pour cela que je dis qu'il est pénible de voir la République entrer dans une voie où elle trouve devant elle des exemples tellement odieux qu'on ne peut les lui rappeler sans soulever les orages dont vous venez tout à l'heure d'être les témoins. (Très bien! très bien! au centre et à droite. — Exclamations à gauche.)

Il y a une dernière analogie, que je vous signale, entre les deux entreprises, c'est l'identité de la cause.

Il s'agissait, pour l'Empire, de se débarrasser par le moyen le plus court des obstacles qui gênaient sa politique. Et vous, faites-vous autre chose en ce moment-ci? (Vive agitation à gauche.) Dans les premiers jours de la discussion vous sembliez chercher encore des chefs d'accusation; vous en étiez, en apparence, aux tâtonnements; vous nous parliez des cris de Vive le roi! des lampions renversés, des coups de chapeaux refusés. (Rires à droite.) Et ce n'est qu'ensuite je le constatais samedi, que vous êtes venus à la tribune nous apporter je ne sais quelles négociations politiques, que je désapprouve comme vous, et qui sont plus fâcheuses pour le Gouvernement qui faisait les offres, que pour les magistrats qui avaient le tort ou la honte de les accepter.

Nous en étions là lorsque le président du conseil nous a apporté tout à coup un nouvel élément à la question. Il nous a dit : Mais cette magistrature, nous en avons d'autant plus de raison de la frapper, nous en avons d'autant plus besoin qu'elle s'est mise en insurrection contre le Gouvernement dans l'affaire des décrets. Eh bien, ce mot-là a été pour moi une révélation. J'ai compris votre insistance, votre colère. (Très bien! très bien! sur les mêmes bancs. — Rumeurs à gauche.)

Oui, la magistrature, en grande majorité, a été contre vous dans votre campagne des décrets, d'accord en cela avec plus d'un jurisconsulte, avec plus d'un républicain... (Interruptions à gauche. — Oui, oui! sur divers bancs à gauche.) ...et ce n'est pas seulement pour cette loi-ci, c'est pour la campagne des décrets, que je vous accuse d'être sortis de la voie où l'on peut rendre la République souhaitable et durable et que je vous avertis, avec tout ce qui est sensé et clairvoyant dans notre pays, qu'il est grand temps de changer de conduite. (Rumeurs à gauche.) Vous avez bien fait de rappeler les décrets à propos de cette loi, vous avez eu raison de les joindre ensemble. (Très bien! très bien! à droite et au centre.)

Vous avez eu raison de dire que les magistrats avaient été hostiles aux décrets, et d'avouer que vous vouliez les en punir. Et pourtant qui frappez-vous? Les 400 magistrats dont on parlait tout à l'heure qui ont mieux aimé se retirer et briser eux-mêmes leur carrière que de s'associer à vos actes? Non, vous ne pouvez plus rien contre ceux-là. Ce sont les autres; et que leur reprochez-vous? Les arrêts qu'ils ont rendus! C'est du nouveau!... (Très bien! très bien! et applaudissements répétés à droite et au centre.) Quoi! vous punissez les magistrats pour les arrêts qu'ils ont rendus! (Nouvelle approbation sur les mêmes bancs.) Pour moi, je croyais que, quand des magistrats assis sur leurs sièges, rendent des arrêts et des arrêts qu'ils savent contraires à la politique et à la volonté du Gouvernement, ils s'honoraient profondément par leur indépendance... (Très bien! très bien! sur les mêmes bancs.)... et plus je les voyais indépendants, plus je les voyais grands, et plus je disais : Voilà des juges. (Nouveaux et vifs applaudissements au centre et à droite.)

Mais il paraît, messieurs, qu'on a changé tout cela, et que, désormais, il faudrait être juges pour obéir et pour rendre des services. (Rumeurs à gauche. — Nouveaux applaudissements à droite et au centre.) Eh bien, c'est ce que nous ne voulons pas; c'est parce que nous ne le voulons pas que je viens une fois de plus répéter à la tribune ce que j'ai dit il y a quelques années : nous avons devant nous un système de gouvernement, et comme ce système de gouvernement est contraire à la justice et à la liberté, nous le combattrons jusqu'à épuisement de nos forces. (Applaudissements prolongés à droite et au centre. — Vives exclamations et protestations à gauche. — L'orateur, en retournant à son rang, est vivement félicité par un grand nombre de ses collègues.)

LE VOTE DE L'ARTICLE 15

(DEVENU L'ARTICLE 11 DE LA LOI)

Nous croyons devoir reproduire ici, d'après le *Journal Officiel*, les noms des sénateurs qui ont voté ou qui se sont abstenus dans le scrutin du 28 juillet, à la suite duquel le paragraphe 2 de l'article 15 a été adopté et la magistrature définitivement livrée à l'arbitraire de M. Martin-Feuillée.

Nous reproduisons également deux articles publiés par la *Gazette de France* à l'occasion de ce scrutin, les 31 juillet et 3 août 1883; ils donneront une juste idée des sentiments que toute la presse honnête exprimait, et de la réprobation indignée dont elle frappait les honteuses manœuvres à l'aide desquelles le gouvernement a obtenu l'apparence mensongère d'une majorité.

SCRUTIN

SUR LE 2e PARAGRAPHE DE L'ARTICLE 15 DU PROJET DE LOI SUR LA RÉFORME DE L'ORGANISATION JUDICIAIRE

Nombre des votants.................. 263
Majorité absolue.................. 132

Pour l'adoption.......... 133
Contre.................. 130

Le Sénat a adopté.

ONT VOTÉ POUR :

MM. Arago (Emmanuel). Arbel.

Barbey. Barne. Béral. Berlet. Berthelot. Blanc (Xavier). Bonnet. Bozérian. Brugerolle. Brun (Charles).

Callen. Camparan. Carnot. Carquet. Cazot (Jules). Chalamet. Challemel-Lacour. Chardon. Charton (Edouard). Chaumontel. Chavassieu. Chiris. Clamageran. Claude. Combescure (Clément). Corbon. Cordelet. Cordier.

Dauphin. Delacroix. Demiantte. Demôle. Deschanel. Devaux. Dietz-Monnin. Dufay. Dupouy. Dutilleul (Jules).

Escarguel.

Faidherbe (général). Farre (général). Faye. Ferrouillat. Foubert. Foucher de Careil. Fournier (Casimir). Frébault (général). Freycinet (de). Frézoul.

Galloni d'Istria. Garrisson. Gayot (Emile). Gazagne. George. Goguel. Goutay. Grévy (Albert). Grévy (général). Griffe. Guiffrey (Georges). Guillemaut (général). Guyot. Guyot-Lavaline.

Honnoré. Huguet (A.). Humbert.

Issartier (Henri).

Jacques. Jaurès (amiral). Jobard.

Kiener.

Labiche (Emile). Labiche (Jules). Labitte. Labordère. Lafayette (Edmond de). Lalanne (Léon). Lamorte. Laurent-Pichat. Le Bastard. Leblond. Lecointe (général). Le Lièvre. Lemoinne (John). Le Monnier. Lur-Saluces (comte Henri de).

Magniez. Magnin. Malens. Martin (Henri). Massé. Masson de Morfontaine. Mathey (Alfred). Merlin. Michal-Ladichère. Michaux. Millaud (Edouard). Munier.

Naquet. Ninard. Noblot.

Oudet.

Palotte. Parent (Savoie). Pelletan (Eugène). Péronne. Peyrat. Pons.

Rampont (Yonne). Reignié (de). Renaud (Michel). Ribière. Rigal. Robin. Ronjat. Roussel (Théophile). Rubillard.

Salneuve. Scherer. Scheurer-Kestner. Schœlcher.

Tenaille-Saligny. Testelin. Thurel. Tirard. Tolain.

Verninac (de). Victor Hugo. Vigarosy. Vissaguet. Vivenot.

ONT VOTÉ CONTRE :

MM. Adam (Seine-et-Marne). Allou. Ancel. Audigné (général marquis d'). Andlau (général comte d'). Arnaudeau (général). Audiffret-Pasquier (duc d'). Andren de Kerdel.

Baragnon (Louis-Numa). Bardoux. Barrot (Ferdinand). Barthe (Marcel). Barthélemy Saint-Hilaire. Bathie. Béraldi. Bérenger. Bocher. Boffinton. Boisse. Bondy (comte de). Bosredon (de). Brémond d'Ars (général marquis de). Broglie (duc de). Brun (Lucien). Brunet (Joseph). Buffet.

Calmon. Canrobert (maréchal) Carayon-Latour (Joseph de). Carné (marquis de). Chabaud-Latour (général baron de). Chadois (colonel de). Champagny (vicomte Henri de). Chantemerle (de). Cherpin. Chesnelong. Clément (Léon). Corne. Cornulier (comte de). Cornulier-Lucinère (comte de).

Dauphinot. Delbreil. Delsol. Denis (Gustave). Denormandie. Didier (Henry). Douhet (comte de). Duboys-Fresney (général). Du Chaffaut (comte). Dufresne. Dumesnil. Dumon. Dupuy-de-Lôme. Duval.

Espivent de la Villesboisnet (général comte).

Feray. Fourichon (amiral). Fournier (Henry) (Cher). Fournier (Indre-et-Loire). Fourtou (de). Fresneau.

Gailly. Gaudineau. Gaulthier de Rumilly. Gavardie (de). Gilbert-Boucher. Gouin. Grandperret.

Halna du Fretay (amiral). Haussonville (comte d').

Jauréguiberry (amiral). Joubert (Achille). Jouin.

Kolb-Bernard. Krantz.

Lacave-Laplagne. La Caze (Louis). Lacomme. Ladmirault (général de). Lafond de Saint-Mür (baron). La Jaille (général comte de). Lambert de Sainte-Croix. Lareinty (baron de). La Sicotière (de). Lavrignais (de). Lefranc (Victor). Le Guay (baron). Le Guen. Lenoël (Emile). Lizot. Lorgeril (vicomte de).

Maleville (marquis de). Martenot. Mayran. Mérode (comte de). Michel. Monneraye (comte de La). Montaignac (amiral marquis de).

Pajot. Parieu (de). Paulmier. Piétri. Poriquet. Pouyer-Quertier.

Raismes (de). Ravignan (baron de). Rémusat (Paul de). Rivière (duc de). Robert (général). Robert de Massy. Roy de Loulay. Rozière (de).

Saint-Pierre (vicomte de). Saint-Vallier (comte de). Saisy (Hervé de). Say (Léon). Simon (Jules). Soubigou.

Tailhand. Théry. Trévenenc (comte de). Tréville (comte de). Tribert.

Vallée (Oscar de). Vast-Vimeux (baron). Veauce (baron de). Viellard-Migeon. Voisins-Lavernière (de).

Wallon. Würtz.

N'ONT PAS PRIS PART AU VOTE :

MM. Bazille (Gaston). Billot (général). Boucher-Cadart.

Chabron (général de). Cavinot.

Deffis (général). Dieudé-Defly.

Eymard-Duvernay.

Guinot.

Hébrard (Adrien).

Jacques Hébrard.

Lagache (Célestin). Lasteyrie (Jules de). Le Royer. Luro.

Martel. Massiet du Biest. Mazeau. Milhet-Fontarabie.

Roger-Marvaise.

Teisserenc de Bort.

ABSENTS PAR CONGÉ :

MM. Bernard. Donnot. Duclerc (E). Dupré. Fayolle. Gent. Gresley (général). Meinadier (colonel). Pélissier (général). Waddington.

L'ARTICLE 15

L'iniquité est consommée; dans l'histoire des spoliations républicaines l'article 15 sera désormais le digne pendant de l'article 7; avec celui-ci le gouvernement présidé par M. J. Ferry a fait l'expulsion des religieux, avec celui-là il va dresser la table de proscription des magistrats.

On a procédé avec la même loyauté dans l'un et l'autre cas; le gouvernement a dit qu'il fallait bien supprimer des magistrats puisqu'on supprimait des sièges; mensonge hypocrite! on ne supprime les sièges que pour supprimer les magistrats; la suppression d'un siège entraîne la cessation des fonctions de celui qui l'occupe, c'est vrai, mais elle ne permet pas de chasser son voisin du siège qui n'est pas supprimé.

En disant que les éliminations rendues nécessaires par la suppression d'un certain nombre de sièges de magistrats, « porteront sur l'ensemble du personnel, indistinctement », le Sénat a donné au gouvernement le droit de chasser un premier président parce qu'il y a quelque part en France un siège de substitut à supprimer!

Il y a 600 sièges de magistrats, tant amovibles qu'inamovibles, à supprimer.

Il restera désormais 500 magistrats de cour d'appel; sur les 738 qui existent aujourd'hui, le gouvernement n'en a donc que 238 à supprimer; il peut cependant en *éliminer* 600 si cela lui plaît, remplacer les 362 qu'il aura éliminés en trop par des créatures à sa dévotion, choisies dans les rangs inférieurs de la magistrature, et par cette simple opération se rendre maître de la justice en France, puisque presque toutes les affaires civiles et toutes les affaires correctionnelles peuvent toujours être déférées aux cours par la voie de l'appel.

Voilà en deux mots la monstruosité que le Sénat a votée.

M. le garde des sceaux appelle cela respecter l'inamovibilité.

Nos lecteurs comprendront que nous nous interdisions aujourd'hui des appréciations auxquelles nous ne serions pas assuré de conserver la modération de langage dont nous ne voulons pas nous départir; toutefois, nous avons le droit de faire peser la responsabilité d'un pareil vote, non seulement sur ceux qui l'ont émis et dont nous avons donné les noms hier, mais aussi sur ceux qui, plus coupables encore peut-être, reconnaissant qu'il est odieux, n'ont cependant pas osé l'empêcher.

L'amendement de M. Wallon avait pour but précisément d'empêcher qu'on pût faire sortir par élimination des magistrats d'un autre rang que celui des sièges à supprimer; 129 voix ont voté pour, 143 contre; il a été rejeté.

Le paragraphe de la commission autorisant l'élimination, indistinctement sur tout le personnel, a été voté par 133 voix contre 130.

Il est de toute évidence que ceux qui avaient voté *pour* l'amendement Wallon étaient opposés au paragraphe de la commission, puisque l'amendement avait pour but de l'écarter; aussi on les retrouve tous dans le vote *contre* le paragraphe de la commission, tous, moins trois qui se sont abstenus.

Si ces trois sénateurs avaient eu jusqu'au bout le courage de leur opinion, que serait-il arrivé?

Une chose bien simple.

Au lieu de 263 votants, dont la majorité absolue était 132, on aurait eu 263 votants plus 3, c'est-à-dire 266, dont la majorité absolue était 134, et le paragraphe de la commission n'ayant réuni que 133 voix, il était rejeté.

C'est donc bien à leur abstention qu'il faut attribuer la consommation de cette épouvantable iniquité.

Pourquoi se sont-ils abstenus?

Pourquoi, ayant voté une demi-heure auparavant contre le paragraphe de la commission, en faveur d'un amendement qui en était la négation, n'ont-ils plus osé voter contre lui une demi-heure après?

Nous n'avons pas à descendre dans les secrets de leur cœur, mais ne pouvant nous en prendre à leur intelligence, puisqu'ils avaient un avis, nous ne pouvons nous adresser qu'à leur conscience, en laissant retomber sur elle tout le poids d'une iniquité qu'ils ont vue, contre laquelle ils ont d'abord protesté et à laquelle le courage, non la conviction, leur a définitivement manqué pour s'opposer quand un bulletin suffisait à l'empêcher.

Grâce à eux, voilà les magistrats condamnés à être décimés, non pas selon les nécessités que la suppression d'un certain nombre de sièges pouvait entraîner, mais au gré du ministre, c'est-à-dire des rancunes et des haines des députés. M. le garde des sceaux a beau dire que son honneur y est engagé, c'est parfaitement vrai et nous voulons croire qu'il ne désire pas le compromettre plus qu'il ne l'est, mais nous nous rappelons Seignobos et nous savons ce qui en est. Celui-là a été cynique; ses successeurs auront appris de lui qu'en pareil cas il ne faut pas trop se vanter de ses succès; mais ce sera absolument la même chose, à cela près.

Comme l'a dit M. Jouin, c'est l'arbitraire le plus absolu et le plus effrayant, mis au service de la plus détestable injustice.

Nous plaignons certes les magistrats que l'ostracisme va frapper, mais nous plaindrions bien davantage, s'ils n'étaient pas indignes d'être plaints, ceux de leurs collègues que M. le garde des sceaux jugera assez serviles pour leur survivre ou pour les remplacer.

Quant aux procureurs généraux, M. le garde des sceaux va les réduire au rôle de valets de bourreau, chargés de lui désigner les victimes et de les lui amener.

Le gouvernement a cru faire un acte de haute politique en égorgeant les magistrats qui se montrent rebelles au point de ne pas saluer assez bas ses préfets; il a obtenu pour trois mois la dictature qu'il demandait; nous verrons quel en sera le bienfait.

Il y a un résultat qu'il peut dès aujourd'hui considérer comme tout acquis, c'est qu'il n'a plus d'adversaires, il a des ennemis.

Au point d'iniquité où il en est arrivé, ce n'est plus de l'opposition que rencontre un gouvernement, c'est de la haine, et un jour ou l'autre la haine finit par porter ses fruits.

La République, telle que l'ont faite nos maîtres, est devenue une abomination: c'est l'arène où se donnent carrière toutes les convoitises, toutes les rancunes, toutes les passions, toutes les hontes, toutes les insanités; rien ne ressemble moins à cette République idéale qu'on faisait miroiter à nos yeux comme devant et pouvant seule résoudre le problème de l'ordre et de la liberté; on y vote l'amnistie des gredins, on n'y peut pas même voter l'amnistie des honnêtes gens.

Ce que durera encore son orgie, nous n'en savons rien; trop longtemps à coup sûr pour l'honneur de la France; mais le jour où elle finira, la première chose à faire sera de reprendre le balai de M. Martin-Feuillée pour nettoyer l'écurie d'Augias, et sans toucher plus que lui à l'inamovibilité, de rétablir sur leurs sièges les magistrats qu'il va estimer assez honorables pour en être chassés.

« L'INCIDENT EST CLOS »

C'est en ces termes que M. Humbert, vice-président du Sénat, a mis fin aux révélations qui rendaient éclatante et manifeste l'indigne supercherie par laquelle a été obtenu le vote du paragraphe 2 de l'article 15, qui met la Magistrature tout entière, pendant trois mois, à la merci du gouvernement.

Il est possible que l'incident soit clos pour le Sénat, la majorité qui y étrangle la justice peut bien y étouffer aussi la vérité; mais il n'est pas clos pour l'opinion publique, et il restera ouvert devant elle tant que dureront les abominables conséquences de ce vote, duquel il n'y a plus autre chose à dire, sinon qu'il a été escroqué.

Les révélations faites devant le Sénat nous imposent, à nous, une rectification que notre devoir est de faire sans plus tarder.

Nous avions dit, avec l'*Officiel* sous les yeux, que l'abstention de MM. Dieudé-Defly, Lagache et Teisserenc de Bort avait seule permis aux partisans du paragraphe de la commission de faire une majorité suffisante pour qu'il fût adopté, et nous avions démontré qu'une responsabilité d'autant plus grande pesait sur ces trois messieurs que ce n'était pas la conviction, mais le courage qui leur avait manqué pour soutenir, dans cette épreuve suprême, l'opinion que dans un vote précédent ils avaient nettement exprimée.

Notre démonstration demeure intacte en ce qui concerne les deux derniers; la vérité exige que nous la retirions en ce qui concerne le premier.

M. Dieudé-Defly n'a pas reculé ; il ne s'est pas refugié dans l'abstention qui, au point de vue de la responsabilité parlementaire, est en pareil cas une.... défaillance ; il a voté, et il a voté contre le paragraphe que la majorité a adopté. Mais une main habile a annulé son vote en déposant en son nom un second bulletin contraire à celui qui venait d'être déposé, de sorte que M. Dieudé-Defly a été considéré comme n'ayant pas voté.

Il n'est pas seul dans ce cas ; M. Martel avait donné mandat par écrit à M. Barthélemy-Saint-Hilaire de voter pour lui contre le paragraphe de la commission ; M. Barthélemy-Saint-Hilaire a en effet déposé dans l'urne, au nom de M. Martel, un bulletin conforme, mais une autre main a glissé dans l'urne au nom de M. Martel un bulletin manuscrit contraire à celui que M. Barthélemy-Saint-Hilaire venait d'y déposer et le vote de M. Martel contre le paragraphe de la commission s'est encore ainsi trouvé annulé.

Ce n'est pas tout ; on a compté le vote de M. Naquet, dont l'élection venait d'être validée au cours de la séance; mais M. Naquet ne pouvait pas voter, car il faisait toujours partie de la Chambre des députés, sa démission n'ayant encore été ni donnée ni acceptée, à ce point qu'il peut encore, à l'heure qu'il est, rester député si cela lui plait.

Il est facile de voir, dès lors, que le vote a été absolument faussé ; on n'a compté que 263 votants, il y en avait 265 puisque MM. Martel et Dieudé-Defly avaient voté; d'un autre côté, il fallait en retrancher M. Naquet, qui n'avait pas le droit de voter ; le chiffre des votants se trouvait ainsi ramené à 264, dont la majorité absolue était 133 ; or le vote de M. Naquet cessant de figurer parmi les 133 par lesquels le paragraphe a été adopté, ce paragraphe ne réunissait plus la majorité et il était rejeté.

Nous avons donc raison de dire que ce paragraphe abominable n'a pas été voté, il a été escroqué.

De quel nom faut-il appeler en effet cette manœuvre frauduleuse par laquelle on va prendre dans le pupitre d'un sénateur, et malgré son intention formellement exprimée, un bulletin contraire à celui qu'il a donné à un ami mandat exprès de déposer et que celui-ci a effectivement déposé ? Elle tend à « persuader l'existence » d'un fait faux, à savoir que ledit sénateur, en annulant son premier vote, a voulu ne pas voter ; l'article 405 du Code pénal l'appelle tout crûment une manœuvre d'escroquerie.

Comment convient-il d'appeler le fait d'écrire à la main sur un bulletin le nom d'un sénateur et de voter pour lui, non seulement sans son assentiment, mais contrairement à sa volonté manifestée? Les articles **144**, **145** et **146** du Code pénal l'appellent un faux, et si un officier public se rendait coupable de quelque chose de semblable, il serait condamné aux travaux forcés à perpétuité.

Voilà cependant à l'aide de quels moyens l'immolation de toute la magistrature a été votée.

S'il ne s'était pas trouvé dans le Sénat des gens qui ne reculent pas devant de pareilles extrémités, la Magistrature était réduite, mais non livrée, sans qu'il fût même besoin de demander à MM. Lagache et Teisserenc de Bort d'avoir le courage de dire leur avis et de la sauver.

Qui a mis ces deux bulletins faux dans l'urne où le sort de la Magistrature s'agitait ? Qui sont les deux coupables ?

Il faut qu'ils aient senti eux-mêmes l'ignominie de leur conduite pour que pas un d'eux n'ait osé se déclarer.

C'était bien simple cependant, s'ils n'avaient eu qu'une erreur à se reprocher ; ils sont demeurés cois, vociférant avec la majorité, mais laissant planer sur d'autres le poids de cette honte sans oser entreprendre la tâche impossible de se justifier.

Eh bien ! le parlement donne à l'Europe de beaux exemples en fait de moralité ! A la Chambre, un député reproche ouvertement à ses collègues d'avoir reçu des pots-de-vin pour trahir les intérêts de leur pays ; il y en a deux en tous cas « de l'entourage de Gambetta», qui sont certainement coupables d'avoir reçu chacun 8,000 francs pour mettre leur mandat et leur influence au service d'affaires véreuses dont les actionnaires sont aujourd'hui ruinés ; et voilà qu'au Sénat il se trouve des sénateurs qui chipent les bulletins des autres, en écrivent au besoin de leur main, et s'en servent pour sacrifier à leurs rancunes et à leurs haines (peut-être à leurs convoitises, car il y aura ainsi des places de premier président à donner), des magistrats qui n'ont fait que leur devoir et dont le seul tort est de ne pas saluer assez bas le préfet !

C'est une honte dont l'opprobre rejaillit au front de tout Français.

Tendez le cou, nobles victimes que tant de généreux efforts n'ont pu réussir à préserver ; les meilleurs d'entre vous vont mourir ; M. le garde des sceaux s'apprête à les égorger ; mais, sachez-le bien du moins, l'arme qu'il brandit déjà sur vos têtes, ce n'est pas la vraie majorité du Sénat qui la lui a donnée, vous pouvez voir de quoi elle est forgée.

LOI

SUR LA RÉFORME DE L'ORGANISATION JUDICIAIRE

Le Sénat et la Chambre des députés ont adopté,

Le Président de la République promulgue la loi dont la teneur suit :

Art. 1er. — En toute matière, les arrêts des cours d'appel sont rendus par des magistrats délibérant en nombre impair.

Ils sont rendus par cinq juges au moins, président compris.

Lorsque les membres d'une cour siégeant dans une affaire seront en nombre pair, le dernier des conseillers, dans l'ordre du tableau, devra s'abstenir.

Pour le jugement des causes qui doivent être portées aux audiences solennelles, les arrêts seront rendus par neuf juges au moins.

Le tout à peine de nullité.

Art. 2. — Chaque cour d'appel comprendra le nombre de chambres déterminé au tableau A annexé à la présente loi et sera composée, outre le premier président, du nombre de présidents et de conseillers indiqué au même tableau. Outre les chambres dont le nombre est ainsi déterminé, les [illegible]urs comprendront une chambre d'accusati[illegible] constituée conformément au décret du 12 juin 1880.

Il y aura près de chaque cour un procureur général, des avocats généraux et substituts, un greffier en chef et des commis-greffiers, en nombre déterminé au même tableau.

Si les besoins du service l'exigent, il pourra être formé, par règlement d'administration publique, une chambre temporaire composée de conseillers pris dans d'autres chambres.

Il pourra, aux mêmes conditions, être nommé un deuxième substitut dans les cours qui, d'après le tableau A, n'en ont qu'un seul.

Art. 3. — Toutes les cours d'appel, hors celle de Paris, sont assimilées; toute distinction de classe est supprimée.

Les traitements des magistrats composant les cours sont fixés ainsi qu'il suit :

A Paris :

Premier président	25.000
Présidents	13.750
Conseillers	11.000
Procureur général	25.000
Avocats généraux	13.200
Substitut	11.000
Greffiers en chef	8.000
Commis-greffier	5.000

Dans les autres cours :

Premier président	18.000
Présidents	10.000
Conseillers	7.000
Procureur général	18.000
Avocats généraux	8.000
Substituts	6.000
Greffiers en chef	4.200
Commis-greffiers	3,500

Art. 4. — Les jugements de tribunaux de première instance sont rendus par des magistrats délibérant en nombre impair.

Ils sont rendus par trois juges au moins. Lorsque les membres d'un tribunal siégeant dans une affaire seront en nombre pair, le dernier des juges, dans l'ordre du tableau, devra s'abstenir

Le tout à peine de nullité.

Art. 5. — Les tribunaux seront composés conformément aux indications du tableau B annexé à la présente loi.

En outre, toutes les fois que les besoins du service l'exigeront, il pourra, par un décret rendu en conseil d'Etat, être créé dans les tribunaux chefs-lieux de cour d'assises un nouvel emploi de juge. Dans tous les tribunaux, il pourra, suivant les besoins du service, être créé aux mêmes conditions un emploi de substitut.

Art. 6. — Un substitut ou un juge suppléant pourra, si les besoins du service l'exigent, être délégué par le procureur général pour remplir dans le ressort de la cour, près d'un autre tribunal que celui de sa résidence, les fonctions du ministère public.

Art. 7. — Les tribunaux, celui de la Seine excepté, sont répartis en trois classes.

Les traitements des magistrats des tribunaux sont fixés ainsi qu'il suit :

1° A Paris :

Le président	20.000
Les vice-présidents	10.000
Les juges d'instruction	10.000
Les juges	8.000
Le procureur de la République	20.000
Les substituts	8.000
Le greffier en chef	6.000
Les commis-greffiers	4.000

2° Dans les villes dont la population atteint le chiffre de 80.000 habitants :

Les présidents	10.000
Vice-présidents	7.000
Juges d'instruction	6.500
Juges	6.000
Procureurs	10.000
Substituts	5.000
Greffiers	2.400
Commis-greffiers	3.000

Les tribunaux de Nice et de Versailles sont assimilés, au point de vue du traitement des magistrats, aux tribunaux siégeant dans les villes dont la population atteint 80,000 habitants.

3° Dans les villes dont la population atteint le chiffre de 20.000 habitants :

Les présidents	7.000
Vice-présidents	5.500
Juges d'instruction	5.000
Juges	4.000
Procureurs	7.000
Substituts	3.500
Greffiers	1.500
Commis-greffiers	2.500

Le tribunal de Chambéry est assimilé, au point de vue du traitement des magistrats, aux tribunaux siégeant dans les villes dont la population atteint 20.000 habitants.

4° Dans les autres villes :

Les présidents	5.000
Vice-présidents	4.000
Juges d'instruction	3.500
Juges	3.000
Procureurs	5.000
Substituts	2.800
Greffiers	1.200
Commis-greffiers	2.000

Art. 8. — Le tribunal d'Alger est assimilé, au point de vue du traitement des magistrats, aux tribunaux siégeant dans les villes dont la population atteint 80.000 habitants.

Les membres des tribunaux de Constantine, d'Oran, de Blidah, de Bône et de Tlemcen reçoivent le traitement alloué aux membres des tribunaux siégeant en France dans les villes dont la population atteint 20.000 habitants.

Les traitements des magistrats des tribunaux de Batna, Bougie, Guelma, Mascara, Mostaganem, Orléansville, Philippeville, Sétif, Sidi-bel-Abbès et Tizi-Ouzou sont fixés ainsi qu'il suit :

Présidents	6.000
Juges d'instruction	4.300
Juges	3.750
Procureurs	6.000
Substituts	3.500

Les dispositions des lois, décrets et ordonnances réglant le traitement des juges suppléants près les tribunaux de l'Algérie, des assesseurs musulmans ou kabiles qui font partie des juridictions algériennes et des interprètes attachés à ces juridictions, continuent à recevoir leur application.

Il n'est apporté aucune modification aux traitements actuels des greffiers près ces tribunaux ; mais ceux des commis greffiers sont augmentés de 500 francs.

Art. 9. — Les traitements des juges de paix, ceux des greffiers près les tribunaux de commerce demeurent, jusqu'à ce qu'il en ait été autrement ordonné, fixés aux chiffres auxquels ils s'élèvent actuellement,

Art. 10. — Ne pourra, à peine de nullité, être appelé à composer la cour ou le tribunal, tout magistrat titulaire ou suppléant dont l'un des avocats ou avoués représente l'une des parties intéressées au procès, sera parent ou allié jusqu'au troisième degré inclusivement.

Art. 11. — Dans un délai de trois mois, à partir de la promulgation de la présente loi, il sera procédé, par application des règles ci-dessus établies, à la réduction du personnel des cours d'appel et des tribunaux.

Les éliminations porteront sur l'ensemble du personnel indistinctement.

Le nombre des magistrats éliminés, soit parce qu'ils n'auront pas été maintenus dans les fonctions judiciaires, soit parce qu'ils n'auront pas accepté le poste nouveau qui leur aura été offert, ne pourra dépasser le chiffre des sièges supprimés.

Ne seront pas maintenus, à quelque juridiction qu'ils appartiennent, les magistrats qui, après le 2 décembre 1851, ont fait partie des commissions mixtes.

Art. 12. — Les magistrats qui, par application de la présente loi, n'auront pas été maintenus ou n'auront pas accepté le poste nouveau qui leur aura été offert, recevront à titre de pension de retraite, savoir :

Au-dessus de vingt ans et au-dessous de trente ans de services, la moitié ; au-dessus de dix ans et au-dessous de vingt ans, les deux cinquièmes ; au-dessus de six ans et au-dessous de dix ans, le quart du traitement moyen dont ils ont joui pendant les six dernières années.

Au-dessous de six ans de services, ils recevront le cinquième du traitement moyen dont ils ont joui depuis leur entrée en fonctions.

Les dispositions qui précèdent ne sont pas applicables aux magistrats qui, s'ils restaient en fonctions jusqu'à l'âge fixé par le décret du 1er mars 1852, ne pourraient acquérir droit à la pension aux termes de l'article 5 de la loi du 9 juin 1853, ni invoquer la disposition finale de l'article 11 de ladite loi pour être admis exceptionnellement à une pension de retraite. Il sera alloué à ces magistrats, jusqu'à cet âge, une indemnité annuelle calculée sur les bases ci-dessus.

Les magistrats qui ne seront pas maintenus auront droit, s'ils comptent plus de trente ans de service et quelque soit leur âge, à un soixantième de leur traitement moyen de retraite par année de service en sus de trente. En aucun cas, les pensions et indemnités servies en exécution des dispositions qui précèdent ne pourront excéder le maximum fixé par la loi du 9 juin 1853.

Art. 13. — La cour de cassation constitue le conseil supérieur de la magistrature. Elle ne peut statuer en cette qualité que toutes chambres réunies,

Le procureur général près la cour de cassation représente le Gouvernement devant le conseil supérieur.

Art. 14. — Le conseil supérieur de la magistrature exercera à l'égard des premiers présidents, présidents de chambre, conseillers de la cour de cassation et des cours d'appel, des présidents, vice-présidents, juges, juges suppléants des tribunaux de première instance et de paix tous les pouvoirs disciplinaires actuellement dévolus à la cour de cassation ainsi qu'aux cours et tribunaux, conformément aux dispositions de l'article 82 du sénatus-consulte du 16 thermidor an X, du chapitre 7 de la loi du 20 avril 1810 et des articles 4 et 5 du décret du 1er mars 1852.

Toute délibération politique est interdite aux corps judiciaires.

Toute manifestation ou démonstration d'hostilité au principe ou à la forme du Gouvernement de la République est interdite aux magistrats.

L'infraction aux dispositions qui précèdent constitue une faute disciplinaire.

Art. 15. — Après l'expiration de la période de réorganisation prévue à l'article 11, aucun premier président, président de chambre, conseiller de cour d'appel, aucun président, vice-président, juge ou juge suppléant des tribunaux de première instance ne pourra être déplacé que sur l'avis conforme du conseil supérieur. Ce déplacement ne devra entraîner, pour le magistrat qui en sera l'objet, aucun changement de fonctions, aucune diminution de classe ni de traitement.

Les magistrats que des infirmités graves et permanentes mettraient hors d'état d'exercer leurs fonctions pourront être mis d'office à la retraite, sur avis conforme du conseil supérieur ; cet avis sera donné dans les formes et conditions prescrites par la loi du 16 juin 1824.

Art. 16. — Le conseil supérieur ne pourra être saisi que par le garde des sceaux et il ne devra statuer ou donner son avis qu'après que le magistrat aura été entendu ou dûment appelé.

Art. 17. — Le garde des sceaux a sur les magistrats de toutes les juridictions civiles et commerciales un droit de surveillance.

Il peut leur adresser une réprimande ; cette réprimande est notifiée au magistrat qui en est l'objet par le premier président pour les présidents de chambre, conseillers, présidents, juges et juges suppléants ; par le procureur général pour les officiers du ministère public.

Le garde des sceaux peut mander tout magistrat afin de recevoir ses explications sur les faits qui lui sont imputés.

Art. 18. — Les dispositions ci-dessus relatives aux traitements des magistrats recevront leur application à partir du 1er janvier 1884.

Les diminutions de traitement résultant des dispositions des articles 3 et 7 qui précèdent ne seront pas applicables aux magistrats et aux greffiers en fonctions au moment de la promulgation de la présente loi. Ces magistrats continueront à jouir, à titre personnel, du traitement qui leur est alloué aux termes des lois en vigueur.

Art. 19. — Sont abrogés :

L'article 83 du sénatus-consulte du 16 thermidor an X ;

Les articles 51 à 56 de la loi du 20 avril 1810 ;

Les articles de la loi du 16 juin 1824 contraires aux dispositions de l'article 13 ci-dessus ;

L'article 3 de l'ordonnance du 27 septembre 1828 ;

Les articles 3 à 6 de la loi du 11 avril 1838 ;

Et, en général, toutes les dispositions antérieures contraires aux dispositions qui précèdent.

La présente loi, délibérée et adoptée par le Sénat et par la Chambre des députés, sera exécutée comme loi de l'État.

Fait à Mont-sous-Vaudrey, le 30 août 1883.

JULES GRÉVY.

Par le Président de la République,

Le garde des sceaux,
ministre de la justice et des cultes,

MARTIN-FEUILLÉE.

Tableau A. — COURS D'APPEL

NUMÉROS D'ORDRE	COURS D'APPEL	CHAMBRES	PREMIERS PRÉSIDENTS	PRÉSIDENTS DE CHAMBRE	CONSEILLERS	PROCUREURS GÉNÉRAUX	AVOCATS GÉNÉRAUX	SUBSTITUTS	GREFFIERS EN CHEF	COMMIS GREFFIERS
1	Paris	9	1	9	62	1	7	11	1	12
2	Alger	4	1	4	24	1	4	4	1	6
3	Aix	3	1	3	19	1	3	2	1	4
4	Bordeaux	3	1	3	19	1	3	2	1	4
5	Douai	3	1	3	19	1	3	2	1	4
6	Lyon	3	1	3	19	1	3	2	1	4
7	Montpellier	3	1	3	19	1	3	2	1	4
8	Rennes	3	1	3	19	1	3	2	1	4
9	Rouen	3	1	3	19	1	3	2	1	4
10	Agen	2	1	2	15	1	2	2	1	3
11	Amiens	2	1	2	15	1	2	2	1	3
12	Besançon	2	1	2	15	1	2	2	1	3
13	Caen	2	1	2	15	1	2	2	1	3
14	Dijon	2	1	2	15	1	2	2	1	3
15	Grenoble	2	1	2	15	1	2	2	1	3
	A reporter	46	15	46	309	15	44	41	15	64
	Report	46	15	46	309	15	44	41	15	64
16	Nancy	2	1	2	15	1	2	2	1	3
17	Nîmes	2	1	2	15	1	2	2	1	3
18	Poitiers	2	1	2	15	1	2	2	1	3
19	Riom	2	1	2	15	1	2	2	1	3
20	Toulouse	2	1	2	15	1	2	2	1	3
21	Angers	1	1	1	10	1	1	1	1	2
22	Bastia	1	1	1	9	1	1	1	1	2
23	Bourges	1	1	1	10	1	1	1	1	2
24	Chambéry	1	1	1	9	1	1	1	1	2
25	Limoges	1	1	1	10	1	1	1	1	2
26	Orléans	1	1	1	10	1	1	1	1	2
27	Pau	1	1	1	10	1	1	1	1	2
		63	27	63	451	27	61	59	27	93
			541				147			

Tableau B. — TRIBUNAUX DE PREMIÈRE INSTANCE

TRIBUNAUX	CHAMBRES	PRÉSIDENTS	VICE-PRÉSIDENTS	JUGES D'INSTRUCTION	JUGES	JUGES SUPPLÉANTS	PROCUREURS	SUBSTITUTS	GREFFIERS	COMMIS GREFFIERS
PARIS	11	1	11	24	42	30	1	28	1	40

Tribunaux de première instance siégeant dans les villes de 85,000 habitants et au-dessus

TRIBUNAUX	CHAMBRES	PRÉSIDENTS	VICE-PRÉSIDENTS	JUGES D'INSTRUCTION	JUGES	JUGES SUPPLÉANTS	PROCUREURS	SUBSTITUTS	GREFFIERS	COMMIS GREFFIERS
Bordeaux	[illegible]	[illegible]	[illegible]	[illegible]	[illegible]	[illegible]	[illegible]	[illegible]	[illegible]	[illegible]
Le Havre	[illegible]	[illegible]	[illegible]	[illegible]	[illegible]	[illegible]	[illegible]	[illegible]	[illegible]	[illegible]
Lille	[illegible]	[illegible]	[illegible]	[illegible]	[illegible]	[illegible]	[illegible]	[illegible]	[illegible]	[illegible]
Lyon	[illegible]	[illegible]	[illegible]	[illegible]	[illegible]	[illegible]	[illegible]	[illegible]	[illegible]	[illegible]
Marseille	[illegible]	[illegible]	[illegible]	[illegible]	[illegible]	[illegible]	[illegible]	[illegible]	[illegible]	[illegible]
Nantes	[illegible]	[illegible]	[illegible]	[illegible]	[illegible]	[illegible]	[illegible]	[illegible]	[illegible]	[illegible]
Reims	[illegible]	[illegible]	[illegible]	[illegible]	[illegible]	[illegible]	[illegible]	[illegible]	[illegible]	[illegible]
Rouen	[illegible]	[illegible]	[illegible]	[illegible]	[illegible]	[illegible]	[illegible]	[illegible]	[illegible]	[illegible]
Saint-Étienne	[illegible]	[illegible]	[illegible]	[illegible]	[illegible]	[illegible]	[illegible]	[illegible]	[illegible]	[illegible]
Toulouse	[illegible]	[illegible]	[illegible]	[illegible]	[illegible]	[illegible]	[illegible]	[illegible]	[illegible]	[illegible]
TOTAUX	30	10	20	30	58	40	10	38	10	32

Tribunaux de première instance siégeant dans les villes de 20,000 à 85,000 habitants

TRIBUNAUX	CHAMBRES	PRÉSIDENTS	VICE-PRÉSIDENTS	JUGES D'INSTRUCTION	JUGES	JUGES SUPPLÉANTS	PROCUREURS	SUBSTITUTS	GREFFIERS	COMMIS GREFFIERS
Agen	[illegible]	[illegible]	[illegible]	[illegible]	[illegible]	[illegible]	[illegible]	[illegible]	[illegible]	[illegible]
Aix	[illegible]	[illegible]	[illegible]	[illegible]	[illegible]	[illegible]	[illegible]	[illegible]	[illegible]	[illegible]
Alais	[illegible]	[illegible]	[illegible]	[illegible]	[illegible]	[illegible]	[illegible]	[illegible]	[illegible]	[illegible]
Albi	[illegible]	[illegible]	[illegible]	[illegible]	[illegible]	[illegible]	[illegible]	[illegible]	[illegible]	[illegible]
Alger	[illegible]	[illegible]	[illegible]	[illegible]	[illegible]	[illegible]	[illegible]	[illegible]	[illegible]	[illegible]
Amiens	[illegible]	[illegible]	[illegible]	[illegible]	[illegible]	[illegible]	[illegible]	[illegible]	[illegible]	[illegible]
Angers	[illegible]	[illegible]	[illegible]	[illegible]	[illegible]	[illegible]	[illegible]	[illegible]	[illegible]	[illegible]
Angoulême	[illegible]	[illegible]	[illegible]	[illegible]	[illegible]	[illegible]	[illegible]	[illegible]	[illegible]	[illegible]
Arras	[illegible]	[illegible]	[illegible]	[illegible]	[illegible]	[illegible]	[illegible]	[illegible]	[illegible]	[illegible]
Avignon	[illegible]	[illegible]	[illegible]	[illegible]	[illegible]	[illegible]	[illegible]	[illegible]	[illegible]	[illegible]
Bastia	[illegible]	[illegible]	[illegible]	[illegible]	[illegible]	[illegible]	[illegible]	[illegible]	[illegible]	[illegible]
Besançon	[illegible]	[illegible]	[illegible]	[illegible]	[illegible]	[illegible]	[illegible]	[illegible]	[illegible]	[illegible]
Béziers	[illegible]	[illegible]	[illegible]	[illegible]	[illegible]	[illegible]	[illegible]	[illegible]	[illegible]	[illegible]
Blidah	[illegible]	[illegible]	[illegible]	[illegible]	[illegible]	[illegible]	[illegible]	[illegible]	[illegible]	[illegible]
Blois	[illegible]	[illegible]	[illegible]	[illegible]	[illegible]	[illegible]	[illegible]	[illegible]	[illegible]	[illegible]
Bône	[illegible]	[illegible]	[illegible]	[illegible]	[illegible]	[illegible]	[illegible]	[illegible]	[illegible]	[illegible]
Boulogne	[illegible]	[illegible]	[illegible]	[illegible]	[illegible]	[illegible]	[illegible]	[illegible]	[illegible]	[illegible]
Bourges	[illegible]	[illegible]	[illegible]	[illegible]	[illegible]	[illegible]	[illegible]	[illegible]	[illegible]	[illegible]
A reporter	24	18	6	19	51	39	18	24	18	27
Report	24	18	6	19	51	39	18	24	18	27
Brest	[illegible]	[illegible]	[illegible]	[illegible]	[illegible]	[illegible]	[illegible]	[illegible]	[illegible]	[illegible]
Caen	[illegible]	[illegible]	[illegible]	[illegible]	[illegible]	[illegible]	[illegible]	[illegible]	[illegible]	[illegible]
Cambrai	[illegible]	[illegible]	[illegible]	[illegible]	[illegible]	[illegible]	[illegible]	[illegible]	[illegible]	[illegible]
Carcassonne	[illegible]	[illegible]	[illegible]	[illegible]	[illegible]	[illegible]	[illegible]	[illegible]	[illegible]	[illegible]
Castres	[illegible]	[illegible]	[illegible]	[illegible]	[illegible]	[illegible]	[illegible]	[illegible]	[illegible]	[illegible]
Chalon-sur-Saône	[illegible]	[illegible]	[illegible]	[illegible]	[illegible]	[illegible]	[illegible]	[illegible]	[illegible]	[illegible]
Châlons-sur-Marne	[illegible]	[illegible]	[illegible]	[illegible]	[illegible]	[illegible]	[illegible]	[illegible]	[illegible]	[illegible]
Chartres	[illegible]	[illegible]	[illegible]	[illegible]	[illegible]	[illegible]	[illegible]	[illegible]	[illegible]	[illegible]
Châteauroux	[illegible]	[illegible]	[illegible]	[illegible]	[illegible]	[illegible]	[illegible]	[illegible]	[illegible]	[illegible]
Cherbourg	[illegible]	[illegible]	[illegible]	[illegible]	[illegible]	[illegible]	[illegible]	[illegible]	[illegible]	[illegible]
Clermont-Ferrand	[illegible]	[illegible]	[illegible]	[illegible]	[illegible]	[illegible]	[illegible]	[illegible]	[illegible]	[illegible]
Constantine	[illegible]	[illegible]	[illegible]	[illegible]	[illegible]	[illegible]	[illegible]	[illegible]	[illegible]	[illegible]
Dieppe	[illegible]	[illegible]	[illegible]	[illegible]	[illegible]	[illegible]	[illegible]	[illegible]	[illegible]	[illegible]
Dijon	[illegible]	[illegible]	[illegible]	[illegible]	[illegible]	[illegible]	[illegible]	[illegible]	[illegible]	[illegible]
Douai	[illegible]	[illegible]	[illegible]	[illegible]	[illegible]	[illegible]	[illegible]	[illegible]	[illegible]	[illegible]
Dunkerque	[illegible]	[illegible]	[illegible]	[illegible]	[illegible]	[illegible]	[illegible]	[illegible]	[illegible]	[illegible]
Grenoble	[illegible]	[illegible]	[illegible]	[illegible]	[illegible]	[illegible]	[illegible]	[illegible]	[illegible]	[illegible]
Laval	[illegible]	[illegible]	[illegible]	[illegible]	[illegible]	[illegible]	[illegible]	[illegible]	[illegible]	[illegible]
Le Mans	[illegible]	[illegible]	[illegible]	[illegible]	[illegible]	[illegible]	[illegible]	[illegible]	[illegible]	[illegible]
Limoges	[illegible]	[illegible]	[illegible]	[illegible]	[illegible]	[illegible]	[illegible]	[illegible]	[illegible]	[illegible]
Lorient	[illegible]	[illegible]	[illegible]	[illegible]	[illegible]	[illegible]	[illegible]	[illegible]	[illegible]	[illegible]
Montauban	[illegible]	[illegible]	[illegible]	[illegible]	[illegible]	[illegible]	[illegible]	[illegible]	[illegible]	[illegible]
Montluçon	[illegible]	[illegible]	[illegible]	[illegible]	[illegible]	[illegible]	[illegible]	[illegible]	[illegible]	[illegible]
Montpellier	[illegible]	[illegible]	[illegible]	[illegible]	[illegible]	[illegible]	[illegible]	[illegible]	[illegible]	[illegible]
Moulins	[illegible]	[illegible]	[illegible]	[illegible]	[illegible]	[illegible]	[illegible]	[illegible]	[illegible]	[illegible]
Nancy	[illegible]	[illegible]	[illegible]	[illegible]	[illegible]	[illegible]	[illegible]	[illegible]	[illegible]	[illegible]
Narbonne	[illegible]	[illegible]	[illegible]	[illegible]	[illegible]	[illegible]	[illegible]	[illegible]	[illegible]	[illegible]
Nevers	[illegible]	[illegible]	[illegible]	[illegible]	[illegible]	[illegible]	[illegible]	[illegible]	[illegible]	[illegible]
Nice	[illegible]	[illegible]	[illegible]	[illegible]	[illegible]	[illegible]	[illegible]	[illegible]	[illegible]	[illegible]
Nîmes	[illegible]	[illegible]	[illegible]	[illegible]	[illegible]	[illegible]	[illegible]	[illegible]	[illegible]	[illegible]
Niort	[illegible]	[illegible]	[illegible]	[illegible]	[illegible]	[illegible]	[illegible]	[illegible]	[illegible]	[illegible]
Oran	[illegible]	[illegible]	[illegible]	[illegible]	[illegible]	[illegible]	[illegible]	[illegible]	[illegible]	[illegible]
Orléans	[illegible]	[illegible]	[illegible]	[illegible]	[illegible]	[illegible]	[illegible]	[illegible]	[illegible]	[illegible]
Pau	[illegible]	[illegible]	[illegible]	[illegible]	[illegible]	[illegible]	[illegible]	[illegible]	[illegible]	[illegible]
Périgueux	[illegible]	[illegible]	[illegible]	[illegible]	[illegible]	[illegible]	[illegible]	[illegible]	[illegible]	[illegible]
Perpignan	[illegible]	[illegible]	[illegible]	[illegible]	[illegible]	[illegible]	[illegible]	[illegible]	[illegible]	[illegible]
Poitiers	[illegible]	[illegible]	[illegible]	[illegible]	[illegible]	[illegible]	[illegible]	[illegible]	[illegible]	[illegible]
Rennes	[illegible]	[illegible]	[illegible]	[illegible]	[illegible]	[illegible]	[illegible]	[illegible]	[illegible]	[illegible]
Roanne	[illegible]	[illegible]	[illegible]	[illegible]	[illegible]	[illegible]	[illegible]	[illegible]	[illegible]	[illegible]
A reporter	76	57	19	56	134	129	57	75	57	92

TRIBUNAUX	CHAMBRES	PRÉSIDENTS	VICE-PRÉSIDENTS	JUGES D'INSTRUCTION	JUGES	JUGES SUPPLÉANTS	PROCUREURS	SUBSTITUTS	GREFFIERS	COMMIS GREFFIERS
Report	76	57	19	56	134	129	57	75	57	92
Rochefort	[illegible]	[illegible]	[illegible]	[illegible]	[illegible]	[illegible]	[illegible]	[illegible]	[illegible]	[illegible]
Rochelle (La)	[illegible]	[illegible]	[illegible]	[illegible]	[illegible]	[illegible]	[illegible]	[illegible]	[illegible]	[illegible]
Saint-Quentin	[illegible]	[illegible]	[illegible]	[illegible]	[illegible]	[illegible]	[illegible]	[illegible]	[illegible]	[illegible]
Saint-Omer	[illegible]	[illegible]	[illegible]	[illegible]	[illegible]	[illegible]	[illegible]	[illegible]	[illegible]	[illegible]
Tarbes	[illegible]	[illegible]	[illegible]	[illegible]	[illegible]	[illegible]	[illegible]	[illegible]	[illegible]	[illegible]
Tlemcen	[illegible]	[illegible]	[illegible]	[illegible]	[illegible]	[illegible]	[illegible]	[illegible]	[illegible]	[illegible]
Toulon	[illegible]	[illegible]	[illegible]	[illegible]	[illegible]	[illegible]	[illegible]	[illegible]	[illegible]	[illegible]
Tours	[illegible]	[illegible]	[illegible]	[illegible]	[illegible]	[illegible]	[illegible]	[illegible]	[illegible]	[illegible]
Troyes	[illegible]	[illegible]	[illegible]	[illegible]	[illegible]	[illegible]	[illegible]	[illegible]	[illegible]	[illegible]
Valenciennes	[illegible]	[illegible]	[illegible]	[illegible]	[illegible]	[illegible]	[illegible]	[illegible]	[illegible]	[illegible]
Versailles	[illegible]	[illegible]	[illegible]	[illegible]	[illegible]	[illegible]	[illegible]	[illegible]	[illegible]	[illegible]
Vienne	[illegible]	[illegible]	[illegible]	[illegible]	[illegible]	[illegible]	[illegible]	[illegible]	[illegible]	[illegible]
Valence	[illegible]	[illegible]	[illegible]	[illegible]	[illegible]	[illegible]	[illegible]	[illegible]	[illegible]	[illegible]
TOTAUX	93	70	23	72	158	167	70	91	70	113

Tribunaux de première instance siégeant dans les villes de moins de 20,000 habitants

TRIBUNAUX	CHAMBRES	PRÉSIDENTS	VICE-PRÉSIDENTS	JUGES D'INSTRUCTION	JUGES	JUGES SUPPLÉANTS	PROCUREURS	SUBSTITUTS	GREFFIERS	COMMIS GREFFIERS
Abbeville	[illegible]	[illegible]	[illegible]	[illegible]	[illegible]	[illegible]	[illegible]	[illegible]	[illegible]	[illegible]
Ajaccio	[illegible]	[illegible]	[illegible]	[illegible]	[illegible]	[illegible]	[illegible]	[illegible]	[illegible]	[illegible]
Albertville	[illegible]	[illegible]	[illegible]	[illegible]	[illegible]	[illegible]	[illegible]	[illegible]	[illegible]	[illegible]
Alençon	[illegible]	[illegible]	[illegible]	[illegible]	[illegible]	[illegible]	[illegible]	[illegible]	[illegible]	[illegible]
Ambert	[illegible]	[illegible]	[illegible]	[illegible]	[illegible]	[illegible]	[illegible]	[illegible]	[illegible]	[illegible]
Ancenis	[illegible]	[illegible]	[illegible]	[illegible]	[illegible]	[illegible]	[illegible]	[illegible]	[illegible]	[illegible]
Andelys (Les)	[illegible]	[illegible]	[illegible]	[illegible]	[illegible]	[illegible]	[illegible]	[illegible]	[illegible]	[illegible]
Annecy	[illegible]	[illegible]	[illegible]	[illegible]	[illegible]	[illegible]	[illegible]	[illegible]	[illegible]	[illegible]
Apt	[illegible]	[illegible]	[illegible]	[illegible]	[illegible]	[illegible]	[illegible]	[illegible]	[illegible]	[illegible]
Arbois	[illegible]	[illegible]	[illegible]	[illegible]	[illegible]	[illegible]	[illegible]	[illegible]	[illegible]	[illegible]
Arcis-sur-Aube	[illegible]	[illegible]	[illegible]	[illegible]	[illegible]	[illegible]	[illegible]	[illegible]	[illegible]	[illegible]
Argentan	[illegible]	[illegible]	[illegible]	[illegible]	[illegible]	[illegible]	[illegible]	[illegible]	[illegible]	[illegible]
Aubusson	[illegible]	[illegible]	[illegible]	[illegible]	[illegible]	[illegible]	[illegible]	[illegible]	[illegible]	[illegible]
Auch	[illegible]	[illegible]	[illegible]	[illegible]	[illegible]	[illegible]	[illegible]	[illegible]	[illegible]	[illegible]
Aurillac	[illegible]	[illegible]	[illegible]	[illegible]	[illegible]	[illegible]	[illegible]	[illegible]	[illegible]	[illegible]
Autun	[illegible]	[illegible]	[illegible]	[illegible]	[illegible]	[illegible]	[illegible]	[illegible]	[illegible]	[illegible]
Auxerre	[illegible]	[illegible]	[illegible]	[illegible]	[illegible]	[illegible]	[illegible]	[illegible]	[illegible]	[illegible]
Avallon	[illegible]	[illegible]	[illegible]	[illegible]	[illegible]	[illegible]	[illegible]	[illegible]	[illegible]	[illegible]
Avesnes	[illegible]	[illegible]	[illegible]	[illegible]	[illegible]	[illegible]	[illegible]	[illegible]	[illegible]	[illegible]
Avranches	[illegible]	[illegible]	[illegible]	[illegible]	[illegible]	[illegible]	[illegible]	[illegible]	[illegible]	[illegible]
Bagnères	[illegible]	[illegible]	[illegible]	[illegible]	[illegible]	[illegible]	[illegible]	[illegible]	[illegible]	[illegible]
Barbezieux	[illegible]	[illegible]	[illegible]	[illegible]	[illegible]	[illegible]	[illegible]	[illegible]	[illegible]	[illegible]
Barcelonnette	[illegible]	[illegible]	[illegible]	[illegible]	[illegible]	[illegible]	[illegible]	[illegible]	[illegible]	[illegible]
Bar-le-Duc	[illegible]	[illegible]	[illegible]	[illegible]	[illegible]	[illegible]	[illegible]	[illegible]	[illegible]	[illegible]
Bar-sur-Aube	[illegible]	[illegible]	[illegible]	[illegible]	[illegible]	[illegible]	[illegible]	[illegible]	[illegible]	[illegible]
Bar-sur-Seine	[illegible]	[illegible]	[illegible]	[illegible]	[illegible]	[illegible]	[illegible]	[illegible]	[illegible]	[illegible]
[illegible]	[illegible]	[illegible]	[illegible]	[illegible]	[illegible]	[illegible]	[illegible]	[illegible]	[illegible]	[illegible]
Baugé	[illegible]	[illegible]	[illegible]	[illegible]	[illegible]	[illegible]	[illegible]	[illegible]	[illegible]	[illegible]
Baume	[illegible]	[illegible]	[illegible]	[illegible]	[illegible]	[illegible]	[illegible]	[illegible]	[illegible]	[illegible]
Bayeux	[illegible]	[illegible]	[illegible]	[illegible]	[illegible]	[illegible]	[illegible]	[illegible]	[illegible]	[illegible]
Bayonne	[illegible]	[illegible]	[illegible]	[illegible]	[illegible]	[illegible]	[illegible]	[illegible]	[illegible]	[illegible]
Bazas	[illegible]	[illegible]	[illegible]	[illegible]	[illegible]	[illegible]	[illegible]	[illegible]	[illegible]	[illegible]
Beaune	[illegible]	[illegible]	[illegible]	[illegible]	[illegible]	[illegible]	[illegible]	[illegible]	[illegible]	[illegible]
Beauvais	[illegible]	[illegible]	[illegible]	[illegible]	[illegible]	[illegible]	[illegible]	[illegible]	[illegible]	[illegible]
Belfort	[illegible]	[illegible]	[illegible]	[illegible]	[illegible]	[illegible]	[illegible]	[illegible]	[illegible]	[illegible]
Bellac	[illegible]	[illegible]	[illegible]	[illegible]	[illegible]	[illegible]	[illegible]	[illegible]	[illegible]	[illegible]
Belley	[illegible]	[illegible]	[illegible]	[illegible]	[illegible]	[illegible]	[illegible]	[illegible]	[illegible]	[illegible]
Bergerac	[illegible]	[illegible]	[illegible]	[illegible]	[illegible]	[illegible]	[illegible]	[illegible]	[illegible]	[illegible]
Bernay	[illegible]	[illegible]	[illegible]	[illegible]	[illegible]	[illegible]	[illegible]	[illegible]	[illegible]	[illegible]
Béthune	[illegible]	[illegible]	[illegible]	[illegible]	[illegible]	[illegible]	[illegible]	[illegible]	[illegible]	[illegible]
Blanc (Le)	[illegible]	[illegible]	[illegible]	[illegible]	[illegible]	[illegible]	[illegible]	[illegible]	[illegible]	[illegible]
Blaye	[illegible]	[illegible]	[illegible]	[illegible]	[illegible]	[illegible]	[illegible]	[illegible]	[illegible]	[illegible]
Bonneville	[illegible]	[illegible]	[illegible]	[illegible]	[illegible]	[illegible]	[illegible]	[illegible]	[illegible]	[illegible]
Bougie	[illegible]	[illegible]	[illegible]	[illegible]	[illegible]	[illegible]	[illegible]	[illegible]	[illegible]	[illegible]
Bourg	[illegible]	[illegible]	[illegible]	[illegible]	[illegible]	[illegible]	[illegible]	[illegible]	[illegible]	[illegible]
Bourganeuf	[illegible]	[illegible]	[illegible]	[illegible]	[illegible]	[illegible]	[illegible]	[illegible]	[illegible]	[illegible]
Bourgoin	[illegible]	[illegible]	[illegible]	[illegible]	[illegible]	[illegible]	[illegible]	[illegible]	[illegible]	[illegible]
Bressuire	[illegible]	[illegible]	[illegible]	[illegible]	[illegible]	[illegible]	[illegible]	[illegible]	[illegible]	[illegible]
Briançon	[illegible]	[illegible]	[illegible]	[illegible]	[illegible]	[illegible]	[illegible]	[illegible]	[illegible]	[illegible]
Briey	[illegible]	[illegible]	[illegible]	[illegible]	[illegible]	[illegible]	[illegible]	[illegible]	[illegible]	[illegible]
Brignoles	[illegible]	[illegible]	[illegible]	[illegible]	[illegible]	[illegible]	[illegible]	[illegible]	[illegible]	[illegible]
Brioude	[illegible]	[illegible]	[illegible]	[illegible]	[illegible]	[illegible]	[illegible]	[illegible]	[illegible]	[illegible]
Brive	[illegible]	[illegible]	[illegible]	[illegible]	[illegible]	[illegible]	[illegible]	[illegible]	[illegible]	[illegible]
Cahors	[illegible]	[illegible]	[illegible]	[illegible]	[illegible]	[illegible]	[illegible]	[illegible]	[illegible]	[illegible]
Calvi	[illegible]	[illegible]	[illegible]	[illegible]	[illegible]	[illegible]	[illegible]	[illegible]	[illegible]	[illegible]
Carpentras	[illegible]	[illegible]	[illegible]	[illegible]	[illegible]	[illegible]	[illegible]	[illegible]	[illegible]	[illegible]
Castellane	[illegible]	[illegible]	[illegible]	[illegible]	[illegible]	[illegible]	[illegible]	[illegible]	[illegible]	[illegible]
Castelnaudary	[illegible]	[illegible]	[illegible]	[illegible]	[illegible]	[illegible]	[illegible]	[illegible]	[illegible]	[illegible]
Castelsarrasin	[illegible]	[illegible]	[illegible]	[illegible]	[illegible]	[illegible]	[illegible]	[illegible]	[illegible]	[illegible]
Céret	[illegible]	[illegible]	[illegible]	[illegible]	[illegible]	[illegible]	[illegible]	[illegible]	[illegible]	[illegible]
A reporter	62	60	2	60	83	119	60	35	60	69
Report	62	60	2	60	83	119	60	35	60	69
Chambéry	[illegible]	[illegible]	[illegible]	[illegible]	[illegible]	[illegible]	[illegible]	[illegible]	[illegible]	[illegible]
Chambon	[illegible]	[illegible]	[illegible]	[illegible]	[illegible]	[illegible]	[illegible]	[illegible]	[illegible]	[illegible]
Charleville	[illegible]	[illegible]	[illegible]	[illegible]	[illegible]	[illegible]	[illegible]	[illegible]	[illegible]	[illegible]
Charolles	[illegible]	[illegible]	[illegible]	[illegible]	[illegible]	[illegible]	[illegible]	[illegible]	[illegible]	[illegible]
Châteaubriant	[illegible]	[illegible]	[illegible]	[illegible]	[illegible]	[illegible]	[illegible]	[illegible]	[illegible]	[illegible]
Château-Chinon	[illegible]	[illegible]	[illegible]	[illegible]	[illegible]	[illegible]	[illegible]	[illegible]	[illegible]	[illegible]
Châteaudun	[illegible]	[illegible]	[illegible]	[illegible]	[illegible]	[illegible]	[illegible]	[illegible]	[illegible]	[illegible]
Château-Gontier	[illegible]	[illegible]	[illegible]	[illegible]	[illegible]	[illegible]	[illegible]	[illegible]	[illegible]	[illegible]
Châteaulin	[illegible]	[illegible]	[illegible]	[illegible]	[illegible]	[illegible]	[illegible]	[illegible]	[illegible]	[illegible]
Château-Thierry	[illegible]	[illegible]	[illegible]	[illegible]	[illegible]	[illegible]	[illegible]	[illegible]	[illegible]	[illegible]
Châtellerault	[illegible]	[illegible]	[illegible]	[illegible]	[illegible]	[illegible]	[illegible]	[illegible]	[illegible]	[illegible]
Châtillon-sur-Seine	[illegible]	[illegible]	[illegible]	[illegible]	[illegible]	[illegible]	[illegible]	[illegible]	[illegible]	[illegible]
Châtre (La)	[illegible]	[illegible]	[illegible]	[illegible]	[illegible]	[illegible]	[illegible]	[illegible]	[illegible]	[illegible]
Chaumont	[illegible]	[illegible]	[illegible]	[illegible]	[illegible]	[illegible]	[illegible]	[illegible]	[illegible]	[illegible]
Chinon	[illegible]	[illegible]	[illegible]	[illegible]	[illegible]	[illegible]	[illegible]	[illegible]	[illegible]	[illegible]
Cholet	[illegible]	[illegible]	[illegible]	[illegible]	[illegible]	[illegible]	[illegible]	[illegible]	[illegible]	[illegible]
Civray	[illegible]	[illegible]	[illegible]	[illegible]	[illegible]	[illegible]	[illegible]	[illegible]	[illegible]	[illegible]
Clamecy	[illegible]	[illegible]	[illegible]	[illegible]	[illegible]	[illegible]	[illegible]	[illegible]	[illegible]	[illegible]
Clermont (Oise)	[illegible]	[illegible]	[illegible]	[illegible]	[illegible]	[illegible]	[illegible]	[illegible]	[illegible]	[illegible]
Cognac	[illegible]	[illegible]	[illegible]	[illegible]	[illegible]	[illegible]	[illegible]	[illegible]	[illegible]	[illegible]
Compiègne	[illegible]	[illegible]	[illegible]	[illegible]	[illegible]	[illegible]	[illegible]	[illegible]	[illegible]	[illegible]
Condom	[illegible]	[illegible]	[illegible]	[illegible]	[illegible]	[illegible]	[illegible]	[illegible]	[illegible]	[illegible]
Confolens	[illegible]	[illegible]	[illegible]	[illegible]	[illegible]	[illegible]	[illegible]	[illegible]	[illegible]	[illegible]
Corbeil	[illegible]	[illegible]	[illegible]	[illegible]	[illegible]	[illegible]	[illegible]	[illegible]	[illegible]	[illegible]
Corte	[illegible]	[illegible]	[illegible]	[illegible]	[illegible]	[illegible]	[illegible]	[illegible]	[illegible]	[illegible]
Cosne	[illegible]	[illegible]	[illegible]	[illegible]	[illegible]	[illegible]	[illegible]	[illegible]	[illegible]	[illegible]
Coulommiers	[illegible]	[illegible]	[illegible]	[illegible]	[illegible]	[illegible]	[illegible]	[illegible]	[illegible]	[illegible]
Coutances	[illegible]	[illegible]	[illegible]	[illegible]	[illegible]	[illegible]	[illegible]	[illegible]	[illegible]	[illegible]
Cusset	[illegible]	[illegible]	[illegible]	[illegible]	[illegible]	[illegible]	[illegible]	[illegible]	[illegible]	[illegible]
Dax	[illegible]	[illegible]	[illegible]	[illegible]	[illegible]	[illegible]	[illegible]	[illegible]	[illegible]	[illegible]
Die	[illegible]	[illegible]	[illegible]	[illegible]	[illegible]	[illegible]	[illegible]	[illegible]	[illegible]	[illegible]
Digne	[illegible]	[illegible]	[illegible]	[illegible]	[illegible]	[illegible]	[illegible]	[illegible]	[illegible]	[illegible]
Dinan	[illegible]	[illegible]	[illegible]	[illegible]	[illegible]	[illegible]	[illegible]	[illegible]	[illegible]	[illegible]
Dole	[illegible]	[illegible]	[illegible]	[illegible]	[illegible]	[illegible]	[illegible]	[illegible]	[illegible]	[illegible]
Domfront	[illegible]	[illegible]	[illegible]	[illegible]	[illegible]	[illegible]	[illegible]	[illegible]	[illegible]	[illegible]
Doullens	[illegible]	[illegible]	[illegible]	[illegible]	[illegible]	[illegible]	[illegible]	[illegible]	[illegible]	[illegible]
Draguignan	[illegible]	[illegible]	[illegible]	[illegible]	[illegible]	[illegible]	[illegible]	[illegible]	[illegible]	[illegible]
Dreux	[illegible]	[illegible]	[illegible]	[illegible]	[illegible]	[illegible]	[illegible]	[illegible]	[illegible]	[illegible]
Embrun	[illegible]	[illegible]	[illegible]	[illegible]	[illegible]	[illegible]	[illegible]	[illegible]	[illegible]	[illegible]
Épernay	[illegible]	[illegible]	[illegible]	[illegible]	[illegible]	[illegible]	[illegible]	[illegible]	[illegible]	[illegible]
Épinal	[illegible]	[illegible]	[illegible]	[illegible]	[illegible]	[illegible]	[illegible]	[illegible]	[illegible]	[illegible]
Espalion	[illegible]	[illegible]	[illegible]	[illegible]	[illegible]	[illegible]	[illegible]	[illegible]	[illegible]	[illegible]
Étampes	[illegible]	[illegible]	[illegible]	[illegible]	[illegible]	[illegible]	[illegible]	[illegible]	[illegible]	[illegible]
Évreux	[illegible]	[illegible]	[illegible]	[illegible]	[illegible]	[illegible]	[illegible]	[illegible]	[illegible]	[illegible]
Falaise	[illegible]	[illegible]	[illegible]	[illegible]	[illegible]	[illegible]	[illegible]	[illegible]	[illegible]	[illegible]
Figeac	[illegible]	[illegible]	[illegible]	[illegible]	[illegible]	[illegible]	[illegible]	[illegible]	[illegible]	[illegible]
Flèche (La)	[illegible]	[illegible]	[illegible]	[illegible]	[illegible]	[illegible]	[illegible]	[illegible]	[illegible]	[illegible]
Florac	[illegible]	[illegible]	[illegible]	[illegible]	[illegible]	[illegible]	[illegible]	[illegible]	[illegible]	[illegible]
Foix	[illegible]	[illegible]	[illegible]	[illegible]	[illegible]	[illegible]	[illegible]	[illegible]	[illegible]	[illegible]
Fontainebleau	[illegible]	[illegible]	[illegible]	[illegible]	[illegible]	[illegible]	[illegible]	[illegible]	[illegible]	[illegible]
Fontenay-le-Comte	[illegible]	[illegible]	[illegible]	[illegible]	[illegible]	[illegible]	[illegible]	[illegible]	[illegible]	[illegible]
Forcalquier	[illegible]	[illegible]	[illegible]	[illegible]	[illegible]	[illegible]	[illegible]	[illegible]	[illegible]	[illegible]
Fougères	[illegible]	[illegible]	[illegible]	[illegible]	[illegible]	[illegible]	[illegible]	[illegible]	[illegible]	[illegible]
Gaillac	[illegible]	[illegible]	[illegible]	[illegible]	[illegible]	[illegible]	[illegible]	[illegible]	[illegible]	[illegible]
Gannat	[illegible]	[illegible]	[illegible]	[illegible]	[illegible]	[illegible]	[illegible]	[illegible]	[illegible]	[illegible]
Gap	[illegible]	[illegible]	[illegible]	[illegible]	[illegible]	[illegible]	[illegible]	[illegible]	[illegible]	[illegible]
Gex	[illegible]	[illegible]	[illegible]	[illegible]	[illegible]	[illegible]	[illegible]	[illegible]	[illegible]	[illegible]
Gien	[illegible]	[illegible]	[illegible]	[illegible]	[illegible]	[illegible]	[illegible]	[illegible]	[illegible]	[illegible]
Gourdon	[illegible]	[illegible]	[illegible]	[illegible]	[illegible]	[illegible]	[illegible]	[illegible]	[illegible]	[illegible]
Grasse	[illegible]	[illegible]	[illegible]	[illegible]	[illegible]	[illegible]	[illegible]	[illegible]	[illegible]	[illegible]
Gray	[illegible]	[illegible]	[illegible]	[illegible]	[illegible]	[illegible]	[illegible]	[illegible]	[illegible]	[illegible]
Guelma	[illegible]	[illegible]	[illegible]	[illegible]	[illegible]	[illegible]	[illegible]	[illegible]	[illegible]	[illegible]
Guéret	[illegible]	[illegible]	[illegible]	[illegible]	[illegible]	[illegible]	[illegible]	[illegible]	[illegible]	[illegible]
Guingamp	[illegible]	[illegible]	[illegible]	[illegible]	[illegible]	[illegible]	[illegible]	[illegible]	[illegible]	[illegible]
Hazebrouck	[illegible]	[illegible]	[illegible]	[illegible]	[illegible]	[illegible]	[illegible]	[illegible]	[illegible]	[illegible]
Issoire	[illegible]	[illegible]	[illegible]	[illegible]	[illegible]	[illegible]	[illegible]	[illegible]	[illegible]	[illegible]
Issoudun	[illegible]	[illegible]	[illegible]	[illegible]	[illegible]	[illegible]	[illegible]	[illegible]	[illegible]	[illegible]
Joigny	[illegible]	[illegible]	[illegible]	[illegible]	[illegible]	[illegible]	[illegible]	[illegible]	[illegible]	[illegible]
Jonzac	[illegible]	[illegible]	[illegible]	[illegible]	[illegible]	[illegible]	[illegible]	[illegible]	[illegible]	[illegible]
Langres	[illegible]	[illegible]	[illegible]	[illegible]	[illegible]	[illegible]	[illegible]	[illegible]	[illegible]	[illegible]
Lannion	[illegible]	[illegible]	[illegible]	[illegible]	[illegible]	[illegible]	[illegible]	[illegible]	[illegible]	[illegible]
Laon	[illegible]	[illegible]	[illegible]	[illegible]	[illegible]	[illegible]	[illegible]	[illegible]	[illegible]	[illegible]
Largentière	[illegible]	[illegible]	[illegible]	[illegible]	[illegible]	[illegible]	[illegible]	[illegible]	[illegible]	[illegible]
Lavaur	[illegible]	[illegible]	[illegible]	[illegible]	[illegible]	[illegible]	[illegible]	[illegible]	[illegible]	[illegible]
Lectoure	[illegible]	[illegible]	[illegible]	[illegible]	[illegible]	[illegible]	[illegible]	[illegible]	[illegible]	[illegible]
Lesparre	[illegible]	[illegible]	[illegible]	[illegible]	[illegible]	[illegible]	[illegible]	[illegible]	[illegible]	[illegible]
Libourne	[illegible]	[illegible]	[illegible]	[illegible]	[illegible]	[illegible]	[illegible]	[illegible]	[illegible]	[illegible]
Limoux	[illegible]	[illegible]	[illegible]	[illegible]	[illegible]	[illegible]	[illegible]	[illegible]	[illegible]	[illegible]
Lisieux	[illegible]	[illegible]	[illegible]	[illegible]	[illegible]	[illegible]	[illegible]	[illegible]	[illegible]	[illegible]
Loches	[illegible]	[illegible]	[illegible]	[illegible]	[illegible]	[illegible]	[illegible]	[illegible]	[illegible]	[illegible]
Lodève	[illegible]	[illegible]	[illegible]	[illegible]	[illegible]	[illegible]	[illegible]	[illegible]	[illegible]	[illegible]
Lombez	[illegible]	[illegible]	[illegible]	[illegible]	[illegible]	[illegible]	[illegible]	[illegible]	[illegible]	[illegible]
A reporter	146	142	4	142	167	283	142	76	142	182

TRIBUNAUX	CHAMBRES	PRÉSIDENTS	VICE-PRÉSIDENTS	JUGES D'INSTRUCTION	JUGES	JUGES SUPPLÉANTS	PROCUREURS	SUBSTITUTS	GREFFIERS	COMMIS GREFFIERS
Report.....	146	142	4	142	187	283	142	76	142	162
Lons-le-Saulnier	1	1	»	1	2	2	1	1	1	2
Loudéac	1	1	»	1	1	2	1	»	1	1
Loudun	1	1	»	1	1	2	1	»	1	1
Louhans	1	1	»	1	1	2	1	»	1	1
Lourdes	1	1	»	1	1	2	1	»	1	1
Louviers	1	1	»	1	1	2	1	1	1	1
Lunéville	1	1	»	1	1	2	1	1	1	1
Lure	1	1	»	1	2	2	1	1	1	1
Mâcon	1	1	»	1	1	2	1	1	1	1
Mamers	1	1	»	1	1	2	1	1	1	1
Mantes	1	1	»	1	1	2	1	»	1	1
Marennes	1	1	»	1	1	2	1	»	1	1
Marmande	1	1	»	1	2	2	1	1	1	1
Marvejols	1	1	»	1	1	2	1	»	1	1
Mascara	1	1	»	1	3	»	1	1	1	1
Mauriac	1	1	»	1	1	2	1	»	1	1
Mayenne	1	1	»	1	1	2	1	1	1	1
Meaux	1	1	»	1	2	2	1	1	1	1
Melle	1	1	»	1	1	2	1	»	1	1
Melun	1	1	»	1	2	2	1	1	1	2
Mende	1	1	»	1	2	2	1	1	1	2
Milhau	1	1	»	1	1	2	1	»	1	1
Mirande	1	1	»	1	1	2	1	1	1	1
Mirecourt	1	1	»	1	1	2	1	»	1	1
Moissac	1	1	»	1	1	2	1	1	1	1
Montargis	1	1	»	1	1	2	1	1	1	1
Montbéliard	1	1	»	1	1	2	1	»	1	1
Montbrison	2	1	1	1	4	3	1	2	1	2
Mont-de-Marsan	1	1	»	1	3	2	1	1	1	2
Montdidier	1	1	»	1	1	2	1	»	1	1
Montélimart	1	1	»	1	1	2	1	»	1	1
Montfort	1	1	»	1	1	2	1	»	1	1
Montmédy	1	1	»	1	1	2	1	»	1	1
Montmorillon	1	1	»	1	1	2	1	»	1	1
Montreuil-sur-Mer	1	1	»	1	1	2	1	»	1	1
Morlaix	1	1	»	1	1	2	1	»	1	1
Mortagne	1	1	»	1	1	2	1	»	1	1
Mortain	1	1	»	1	1	2	1	»	1	1
Mostaganem	1	1	»	1	3	»	1	1	1	1
Moutiers	1	1	»	1	1	2	1	»	1	1
Murat	1	1	»	1	1	2	1	»	1	1
Muret	1	1	»	1	1	2	1	»	1	1
Nantua	1	1	»	1	1	2	1	1	1	1
Nérac	1	1	»	1	1	3	1	»	1	1
Neufchâteau	1	1	»	1	1	2	1	»	1	1
Neufchâtel	1	1	»	1	1	2	1	1	1	1
Nogent-le-Rotrou	1	1	»	1	1	2	1	»	1	1
Nogent-sur-Seine	1	1	»	1	1	2	1	»	1	1
Nontron	1	1	»	1	1	2	1	»	1	1
Nyons	1	1	»	1	1	2	1	»	1	1
Oloron	1	1	»	1	1	2	1	»	1	1
Orange	1	1	»	1	1	2	1	»	1	1
Orléansville	1	1	»	1	3	»	1	1	1	1
Orthez	1	1	»	1	1	2	1	»	1	1
Paimbœuf	1	1	»	1	1	2	1	»	1	1
Pamiers	1	1	»	1	1	2	1	»	1	1
Parthenay	1	1	»	1	1	2	1	»	1	1
Péronne	1	1	»	1	1	2	1	»	1	1
Philippeville	1	1	»	1	3	»	1	1	1	1
Pithiviers	1	1	»	1	1	2	1	»	1	1
Ploërmel	1	1	»	1	1	2	1	»	1	1
Pontarlier	1	1	»	1	1	2	1	1	1	1
Pont-Audemer	1	1	»	1	1	2	1	1	1	1
Pontivy	1	1	»	1	1	2	1	»	1	1
Pont-l'Évêque	1	1	»	1	1	2	1	»	1	1
Pontoise	2	1	1	1	4	3	1	1	1	2
Prades	1	1	»	1	1	2	1	1	1	1
Privas	1	1	»	1	2	2	1	1	1	1
Provins	1	1	»	1	1	2	1	»	1	1
Puy (Le)	2	1	1	1	4	3	1	2	1	2
Quimper	1	1	»	1	2	2	1	1	1	2
Quimperlé	1	1	»	1	1	2	1	»	1	1
Rambouillet	1	1	»	1	1	2	1	1	1	1
Redon	1	1	»	1	1	2	1	»	1	1
Remiremont	1	1	»	1	1	2	1	1	1	1
Riom	1	1	»	1	2	2	1	1	1	1
A reporter.....	225	218	7	218	291	431	218	110	218	246

TRIBUNAUX	CHAMBRES	PRÉSIDENTS	VICE-PRÉSIDENTS	JUGES D'INSTRUCTION	JUGES	JUGES SUPPLÉANTS	PROCUREURS	SUBSTITUTS	GREFFIERS	COMMIS GREFFIERS
Report.....	225	218	7	218	291	431	218	110	218	246
Rethel	1	1	»	1	1	2	1	»	1	1
Ribérac	1	1	»	1	1	2	1	»	1	1
Réole (La)	1	1	»	1	1	2	1	»	1	1
Rochechouart	1	1	»	1	1	2	1	»	1	1
Roche-sur-Yon (La)	1	1	»	1	2	2	1	1	1	2
Rocroi	1	1	»	1	1	2	1	»	1	1
Rodez	2	1	1	1	3	2	1	1	1	2
Romorantin	1	1	»	1	1	2	1	»	1	1
Ruffec	1	1	»	1	1	2	1	»	1	1
Sables-d'Olonne (Les)	1	1	»	1	1	2	1	»	1	1
Saint-Affrique	1	1	»	1	1	2	1	»	1	1
Saint-Amand	1	1	»	1	1	2	1	»	1	1
Saint-Calais	1	1	»	1	1	2	1	»	1	1
Saint-Claude	1	1	»	1	1	2	1	»	1	1
Saint-Brieuc	1	1	»	1	2	2	1	1	1	2
Saint-Dié	1	1	»	1	2	2	1	1	1	1
Saint-Flour	1	1	»	1	2	2	1	1	1	2
Saint-Gaudens	2	1	1	1	4	3	1	1	1	2
Saint-Girons	1	1	»	1	1	2	1	1	1	1
Saint-Jean-d'Angély	1	1	»	1	1	2	1	»	1	1
Saint-Jean-de-Maurienne	1	1	»	1	1	2	1	»	1	1
Saint-Julien	1	1	»	1	1	2	1	»	1	1
Saint-Lô	1	1	»	1	1	2	1	1	1	1
Saint-Malo	1	1	»	1	1	2	1	1	1	1
Saint-Marcellin	1	1	»	1	1	2	1	»	1	1
Saint-Mihiel	1	1	»	1	2	2	1	1	1	2
Saint-Nazaire	1	1	»	1	1	2	1	1	1	1
Saint-Palais	1	1	»	1	1	2	1	»	1	1
Saint-Pol	1	1	»	1	1	2	1	»	1	1
Saint-Pons	1	1	»	1	1	2	1	»	1	1
Saint-Sever	1	1	»	1	1	2	1	»	1	1
Saint-Yrieix	1	1	»	1	1	2	1	»	1	1
Sainte-Menehould	1	1	»	1	1	2	1	»	1	1
Saintes	1	1	»	1	2	2	1	1	1	2
Sancerre	1	1	»	1	1	2	1	»	1	1
Sarlat	1	1	»	1	1	2	1	1	1	1
Sartène	1	1	»	1	1	2	1	»	1	1
Saumur	1	1	»	1	1	2	1	»	1	1
Sedan	1	1	»	1	1	2	1	1	1	1
Segré	1	1	»	1	1	2	1	»	1	1
Semur	1	1	»	1	1	2	1	»	1	1
Senlis	1	1	»	1	2	2	1	1	1	1
Sens	1	1	»	1	1	2	1	1	1	1
Sétif	1	1	»	1	3	»	1	1	1	1
Sidi-Bel-Abbès	1	1	»	1	3	»	1	1	1	1
Sisteron	1	1	»	1	1	2	1	»	1	1
Soissons	1	1	»	1	1	2	1	»	1	1
Tarascon	1	1	»	1	2	2	1	1	1	1
Thiers	1	1	»	1	1	2	1	»	1	1
Thonon	1	1	»	1	1	2	1	1	1	1
Tizi-Ouzou	1	1	»	1	3	1	1	1	1	1
Tonnerre	1	1	»	1	1	2	1	»	1	1
Toul	1	1	»	1	1	2	1	»	1	1
Tournon	1	1	»	1	1	2	1	1	1	1
Trévoux	1	1	»	1	1	2	1	1	1	1
Tulle	2	1	1	1	4	3	1	1	1	2
Ussel	1	1	»	1	1	2	1	»	1	1
Uzès	1	1	»	1	1	2	1	»	1	1
Valognes	1	1	»	1	1	2	1	»	1	1
Vannes	1	1	»	1	2	2	1	1	1	2
Vassy	1	1	»	1	1	2	1	1	1	1
Vendôme	1	1	»	1	1	2	1	»	1	1
Verdun	1	1	»	1	1	2	1	»	1	1
Vervins	1	1	»	1	1	2	1	1	1	1
Vesoul	1	1	»	1	2	2	1	1	1	2
Vigan (Le)	1	1	»	1	1	2	1	1	1	1
Villefranche (Aveyron)	1	1	»	1	2	2	1	1	1	1
Villefranche (Hte-Garonne)	1	1	»	1	1	2	1	»	1	1
Villefranche (Rhône)	1	1	»	1	2	2	1	»	1	1
Villeneuve-sur-Lot	1	1	»	1	1	2	1	»	1	1
Vire	1	1	»	1	1	2	1	»	1	1
Vitré	1	1	»	1	1	2	1	»	1	1
Vitry-le-François	1	1	»	1	1	2	1	»	1	1
Vouziers	1	1	»	1	1	2	1	»	1	1
Yssingeaux	1	1	»	1	1	2	1	»	1	1
Yvetot	1	1	»	1	1	2	1	»	1	1
TOTAUX	304	294	10	294	393	580	294	139	294	332

Vu pour être annexé à la loi sur la réforme de l'organisation judiciaire.

Par le Président de la République,
Le garde des sceaux, ministre de la justice et des cultes,
MARTIN-FEUILLÉE.

Le Président de la République française,
JULES GRÉVY.

LISTE ALPHABÉTIQUE

DES

MAGISTRATS DÉMISSIONNAIRES OU REMPLACÉS D'OFFICE

DEPUIS LE 13 DÉCEMBRE 1877 JUSQU'AU 31 DÉCEMBRE 1883

OBSERVATIONS PRÉLIMINAIRES

La liste qui suit a pour but de montrer ce que la République a fait de la magistrature depuis que les républicains se sont emparés du pouvoir après le triomphe des 363, c'est-à-dire dans un espace de six ans.

Nous n'y avons donc pas compris :

1° Les magistrats qui ont quitté la magistrature dans des conditions normales, soit parce qu'ils étaient arrivés à la limite d'âge, soit parce qu'ayant des droits à la retraite, ils ont *demandé* et ont été admis à les faire valoir ; un bon nombre de ces derniers n'ont renoncé prématurément à leurs fonctions que pour ne pas subir les contacts compromettants qui leur étaient imposés, et devraient à ce titre figurer dans le tableau, mais aucune indication ne permettant de les distinguer avec certitude des autres, nous avons dû renoncer à les y porter.

2° Les magistrats qui, sans être arrivés à la limite d'âge et sans avoir des droits à la retraite, nous ont été désignés comme ayant quitté la magistrature pour des raisons personnelles, (par exemple, des raisons de santé), étrangères à la politique du gouvernement.

3° Les magistrats qui ont été forcés de donner leur démission ou ont été frappés de révocation pour des causes contraires à l'honneur ; on a vu, en effet, dans ces dernières années, ce qu'on n'avait jamais vu auparavant ; les choix ont été faits avec un si judicieux discernement que plusieurs des nouveaux élus, tout chauds encore des faveurs du gouvernement, ont dû être révoqués ou donner leur démission, celui-ci pour faits d'immoralité constatés par arrêt, celui-là parce qu'il venait d'être condamné pour outrages à la pudeur, un autre parce qu'il allait passer aux assises pour des faits du même genre, un autre parce qu'il chantait des duos dans les cafés avec une prima donna,... etc., il était inutile de donner leurs noms.

On ne trouvera donc ci-dessous que des magistrats qui ont été frappés par la politique républicaine ou qui, trop dégoûtés de ce qu'elle exigeait d'eux, et sans avoir de droits à la retraite, l'ont volontairement répudiée.

Nous avions pensé d'abord à marquer pour chacun d'eux cette distinction ; elle est toute faite pour les membres de la magistrature inamovible ; en dehors de ceux qui ont été atteints par M. Martin-Feuillée en vertu de la loi dite d'épuration, tous se sont volontairement retirés.

Quant aux membres du parquet, nous avons dû renoncer à faire la distinction ; d'abord parce que la qualité de démissionnaire perd toute signification quand on voit le gouvernement la laisser prendre à un magistrat qu'il est lui-même obligé de traduire en cour d'assises ; ensuite, parce que nous n'aurions pu la faire pour tous ; le gouvernement, en effet, écrasé à un certain moment par les démissions, s'est abstenu de les mentionner à l'*Officiel* dans les décrets de remplacement ; il a si bien fait d'ailleurs, qu'à l'heure qu'il est on ne sait pas lequel on doit honorer le plus, du magistrat qu'il frappe ou de celui qui va au-devant de ses coups.

DURÉE DES SERVICES

Nous n'avons pas cru devoir reproduire le détail des services, nous nous sommes borné à en indiquer la durée, seule mention qui fût essentielle pour faire apprécier combien de carrières les procédés du gouvernement ont prématurément et injustement brisées.

Nous nous sommes servi pour cela de l'*Annuaire judiciaire* publié par M. Frédéric Ozun pour les années 1878 et 1879-1880, ouvrage généralement exact où sont relevés les états de service de tous les magistrats qui étaient en exercice au 1er février 1878 et de ceux qui ont été nommés dans les 20 mois suivants.

Le nombre de ceux dont nous n'avons pu donner le temps de service est relativement très restreint (il est de **110**, dont 7 procureurs, 32 substituts et 57 juges suppléants sur un total de 1545) ; il se compose de tous les magistrats qui, ayant été remplacés avant le 1er février 1878, avaient cessé de figurer sur le premier annuaire, et de tous ceux qui, n'ayant pas encore été nommés au 1er novembre 1879 ne pouvaient figurer sur le second ; pour les premiers, nous n'avons pas réussi à combler la lacune, mais pour les derniers, le lecteur peut le faire lui-même avec grande approximation ; il peut dire presque à coup sûr que tout magistrat dont la durée de service n'est pas précisée, et dont le remplacement n'est pas indiqué comme antérieur à 1879, avait été nommé depuis le 1er novembre 1879, car s'il en était autrement il figurerait dans l'annuaire de M. Ozun.

La seule erreur qui puisse se produire ne concerne que les juges suppléants ; elle tient à ce qu'on ne les remplace pas toujours immédiatement ; il peut donc arriver qu'au moment où il est remplacé, le juge suppléant ait déjà donné sa démission depuis plus ou moins longtemps ; pour éviter autant que possible cette cause d'erreur, nous avons donné chaque fois que nous l'avons pu, l'année de l'acceptation de la démission ; ainsi réduite, la chance de se tromper ne s'applique plus qu'à des juges suppléants qu'on aurait laissés sans successeur, pendant deux ans, elle peut donc être considérée comme à peu près négligeable, et sans influence sur l'exactitude du tableau comme sur les conclusions à en tirer.

Le nom de chaque magistrat est suivi d'une double indication : celle de l'année où il a été remplacé, celle du garde des sceaux sous le ministère duquel il l'a été ; nous désignons celui-ci par une initiale ainsi qu'il suit :

D. : Dufaure (13 décembre 1877-3 février 1879).

R. : Le Royer (4 février 1879-27 décembre 1879).

C. : Cazot (28 décembre 1879-29 janvier 1882).

H. : Humbert (30 janvier 1882-7 août 1882).

Dev. : Devès (8 août 1882-21 février 1883).

M. : Martin-Feuillée (22 février 1883).

Dans cette période de six années nous avons cru devoir distinguer d'une façon spéciale deux époques déterminées, celle des décrets et celle de la loi dite d'épuration.

La première appartient tout entière à M. Cazot, elle s'étend du 1er avril 1880 au 31 décembre 1880 ; tous les magistrats qui ont été remplacés pendant cette période sont désignés par la mention

80 C (*d*).

La seconde appartient tout entière à M. Martin-Feuillée, les magistrats expulsés en vertu de la loi d'épuration sont désignés par la mention

83 E.

Ceux qui ne portent que la mention 83 M, ont été remplacés par M. Martin-Feuillée avant que la loi fût promulguée ; la mention

83 E (*v*).

indique ceux qui, n'ayant pas été compris dans la liste de proscription qui ne pouvait recevoir qu'un nombre de victimes déterminé, se sont éliminés *volontairement* en envoyant leur démission à M. Martin-Feuillée pour ne pas rester dans la magistrature épurée, perdant ainsi, quelle que fût la durée de leurs services, tout droit à indemnité.

Nous n'avons pas indiqué l'âge des magistrats ; nous n'aurions pu le faire qu'en nous adressant à eux-mêmes, ce que nous nous sommes interdit absolument ; mais le lecteur pourra, en général, le déduire très approximativement de ce fait qu'en moyenne la carrière d'un magistrat commence à 25 ans et qu'il est tout à fait rare qu'elle ne soit pas commencée à 27 ans ; 40 ans de service correspondent donc environ à un âge de 65 ou 67 ans.

LISTE ALPHABÉTIQUE

A

ABBADIE .... Procureur de la République près le tribunal de 1re instance de Pau. 14 ans de service .... 79 R.

ABEILHÉ .... Substitut du procureur général près la cour d'appel de Pau. 13 ans de service.. 80 C(*d*).

ABRAM .... Juge suppléant près le tribunal de 1re instance d'Aix. 4 ans de service....... 83 M.

ABRIA .... Juge suppléant près le tribunal de 1re instance de Saint-Yrieux. 11 ans de service........ 79 R.

ACCARIAS .... Conseiller à la cour d'appel de Grenoble. 28 ans de service........ 83 E.

ADAM .... Juge suppléant près le tribunal de 1re instance de Versailles. 5 ans de service. 81 C.

ALAUX .... Juge au tribunal de 1re instance d'Espalion. 16 ans de service........ 83 E.

ALAUX .... Juge au tribunal de 1re instance de Perpignan. 18 ans de service........ 83 E.

ALEXANDRE .... Président de chambre à la cour d'appel de Paris. 42 ans de service........ 83 E.

ALLARD .... Juge suppléant au tribunal de 1re instance de Rouen........ 83 E (*v*).

ALLARD .... Substitut du procureur de la République près le tribunal de 1re instance de Douai. 3 ans de service........ 80 C(*d*).

ALLARD-THEUS .... Substitut du procureur de la République près le tribunal de 1re instance de Gap. 5 ans de service........ 80 C(*d*).

ALLÉGIER .... Juge suppléant près le tribunal de 1re instance de Tournon. 4 ans de service.. 81 C.

ALLEZARD .... Juge au tribunal de 1re instance d'Issoire. 21 ans de service........ 83 E.

ALPY .... Substitut du procureur de la République près le tribunal de Provins. 5 ans de service........ 80 C(*d*).

ALQUIÉ .... Procureur de la République près le tribunal de 1re instance de Nontron. 11 ans de service........ 80 C(*d*).

ALVERNY (d') .... Conseiller à la cour d'appel de Lyon. 24 ans de service........ 83 E.

AMIARD .... Juge au tribunal de 1re instance de Saint-Brieuc. 19 ans de service........ 83 E.

ANCELOT .... Président de chambre à la cour d'appel de Riom. 39 ans de service........ 83 E.

ANCENAY .... Substitut du procureur de la République près le tribunal de 1re instance de Moulins. 5 ans de service........ 80 C.

ANCTIN .... Vice-président au tribunal de 1re instance du Havre. 27 ans de service........ 83 E.

ANDRAU .... Juge suppléant près le tribunal de 1re instance de Quimperlé........ 78 D.

ANGELI .... Procureur de la République près le tribunal de 1re instance de Sétif........ 77 D.

ANGOT DES ROTOURS. Substitut du procureur de la République près le tribunal de 1re instance de la Seine. 27 ans de service........ 80 C(*d*)

ARBEY .... Président du tribunal de 1re instance de Baume. 34 ans de service........ 83 E.

ARBOD .... Vice-Président du tribunal de 1re instance de Valence. 22 ans de service........ 83 E.

ARCHAMBAULT .... Juge suppléant près le tribunal de 1re instance de Loches. 10 ans de service.. 80 C(*d*).

ARIGNON .... Juge au tribunal de 1re instance de Fontenay-le-Comte........ 82 C.

ARMEL .... Procureur de la République près le tribunal de 1re instance de Sisteron........ 82 H.

ARMINJON .... Conseiller à la cour d'appel de Chambéry. 19 ans de service........ 83 E.

ARNAL DU CUREL. Substitut du procureur de la République près le tribunal de 1re instance du Vigan. 5 ans de service........ 79 R.

ARNAULT .... Juge au tribunal de 1re instance du Blanc. 3 ans de service........ 80 C.

ARNAULDET .... Vice-président au tribunal de 1re instance de Niort. 29 ans de service........ 83 E.

ARTIGUENAVE .... Vice-président au tribunal de 1re instance de Tarbes. 33 ans de service........ 83 E.

ARVET .... Substitut à Niort, nommé substitut du procureur de la République près le tribunal de 1re instance de Guéret, non acceptant. 5 ans de service........ 78 D.

ASSE .... Juge au tribunal de 1re instance d'Alençon. 18 ans de service........ 83 E.

ASTAIX .... Juge suppléant près le tribunal de 1re instance de Clermont-Ferrant........ 82 Dev.

AUBERT .... Président du tribunal de 1re instance de Saint-Calais. 18 ans de service........ 83 E.

AUBUGEOIS DE LA VILLE DU BOST, Conseiller à la cour d'appel de Poitiers. 35 ans de service.. 83 E.

AUDIER .... Juge au tribunal de 1re instance de Grenoble. 21 ans de service........ 83 E.

AUFERVILLE (d') .... Procureur de la République près le tribunal de 1re instance de Lyon. 22 ans de service........ 80 C.

AUGERD .... Vice-président au tribunal de 1re instance de Bourg. 34 ans de service........ 83 E.

AUREL .... Substitut du procureur de la République près le tribunal de 1re instance de Briançon. 3 ans de service........ 81 C.

AUTHEMAN (d') .... Juge au tribunal de 1re instance de Céret. 1 an de service........ 80 C (*d*).

AUTHOUARD .... Juge suppléant près le tribunal de 1re instance du Vigan. 15 ans de service... 80 C (*d*).

AUVRAY .... Juge au tribunal de 1re instance de Vire. 21 ans de service........ 83 E.

AUZOLLE .... Président de chambre à la cour d'appel de Nimes. 28 ans de service........ 83 E.

AUZOUY........... Conseiller à la cour d'appel de Montpellier. 27 ans de service.............. 83 E.

AVOUT (d')......... Procureur de la République près le tribunal de 1re instance de Lons-le-Saulnier. 13 ans de service...................... 80 C (d).

AYNÈS............. Juge suppléant près le tribunal de 1re instance de Bourg. 9 ans de service.... 83 E (v).

AZAIS............. Juge suppléant près le Tribunal de 1re instance de Castres. 8 ans de service.... 83 E (v).

B

BABLED........... Procureur général près la cour de Nîmes. 19 ans de service...................... 79 R.

BABLED........... Juge suppléant près le tribunal de 1re instance de Lille. 12 ans de service..... 83 E (v).

BABUTY........... Juge suppléant près le tribunal de 1re instance de Saint-Julien. 5 ans de service................................ 80 C (d).

BACHELIER......... Conseiller à la cour d'appel de Paris. 36 ans de service..................... 83 E.

BAGOT............ Procureur de la République près le tribunal de 1re instance de Neufchâtel. 8 ans de service..................... 82 Dev.

BAGUENIER-DÉSORMEAUX. Juge au tribunal de 1re instance de Cholet. 20 ans de service............ 83 E (v).

BAILE............. Avocat général près la cour d'appel d'Amiens. 22 ans de service........... 80 C (d).

BAILE............. Procureur de la République près le tribunal de 1re instance de Bagnères. 15 ans de service..................... 80 C (d).

BAILLERGEAU...... Juge au tribunal de 1re instance de Cholet. 13 ans de service..................... 83 E (v).

BAILLY............ Substitut du procureur général près la cour de Chambéry. 11 ans de service... 80 C (d).

BAILLY............ Juge au tribunal de 1re instance de Lons-le-Saulnier. 32 ans de service.......... 83 E.

BALESTE D'ASTIER D'USSEL. Juge au tribunal de 1re instance d'Alençon. 20 ans de service............ 83 E.

BALLAUD.......... Substitut du procureur de la République à Saintes, nommé substitut au Mans, non acceptant, 10 de service........... 83 M.

BALLEYDIER....... Président du tribunal de 1re instance de Gex. 27 ans de service............... 83 E.

BALLENUE......... Substitut à Tarbes, nommé substitut du procureur de la République près le tribunal de Mont-de-Marsan. 3 ans de service................................. 79 R.

BARAUDON......... Conseiller à la cour d'appel d'Angers. 18 ans de service..................... 83 E.

BARBIER........... Substitut du procureur de la République près le tribunal de 1re instance du Mans................................ 80 C (d).

BARBIER........... Juge au tribunal de 1re instance de Châtellerault. 11 ans de service.......... 81 C.

BARBIER........... Juge suppléant au tribunal de 1re instance de Blois. 7 ans de service.......... 83 Dev.

BARCILON......... Substitut du procureur de la République près le tribunal de 1re instance de Privas. 6 ans de service.............. 80 C (d).

BARDON........... Premier président de la cour d'appel de Douai. 31 ans de service............ 83 E.

BARDY DE FOURTOU. Juge au tribunal de 1re instance de Ribérac. 7 ans de service............... 83 E.

BARENNES......... Substitut du procureur de la République près le tribunal de 1re instance de Nontron. 3 ans de service............. 80 C (d).

BARLEY (de)....... Juge au tribunal de 1re instance de Forcalquier. 16 ans de service............. 83 E.

BARNY............. Président du tribunal de 1re instance de Guéret. 30 ans de service........... 83 E.

BARON............. Vice-président au tribunal de 1re instance de Melun. 28 ans de service........ 83 E.

BARRAL............ Conseiller à la cour d'appel de Grenoble. 28 ans de service.................. 83 E.

BARRAU (de)....... Substitut du procureur de la République près le tribunal de 1re instance de Condom. 3 ans de service............. 80 C (d).

BARRÉ DE L'ÉPINIÈRE. Juge au tribunal de 1re instance d'Issoudun. 16 ans de service............ 80 C (d).

BARREL............ Juge suppléant au tribunal de 1re instance de Draguignan. 2 ans de service....... 80 C (d).

BARRIÈRE......... Juge au tribunal de 1re instance de Castelnaudary. 17 ans de service.......... 83 E.

BAST (de)......... Juge au tribunal de 1re instance de Châlon-sur-Saône. 23 ans de service.... 83 E.

BASTIDE.......... Juge au tribunal de 1re instance d'Avignon. 12 ans de service.................. 83 E.

BASTIEN........... Président de chambre à la cour d'appel d'Alger. 22 ans de service............ 79 R.

BATAILLE......... Conseiller à la cour d'appel de Paris. 34 ans de service..................... 83 E.

BATBEDAT......... Avocat général près la cour d'appel d'Angers. 22 ans de service............. 80 C.

BATBIE............ Procureur de la République près le tribunal de 1re instance d'Orthez, nommé procureur à Avallon, non acceptant. 9 ans de service..................... 79 R.

BATBIE............ Conseiller à la cour d'appel de Toulouse. 35 ans de service..................... 83 E.

BAUDESSON DE RICHEBOURG. Substitut du procureur de la République près le tribunal de 1re instance de Bourg. 10 ans de service...... 80 C (d).

BAUDRIER......... Président de chambre à la cour d'appel de Lyon. 40 ans de service............ 83 E.

BAYLE............. Président du tribunal de 1re instance de Tulle. 25 ans de service.............. 83 E.

BAZENNERYE....... Substitut du procureur général près la cour d'appel de Bourges. 20 ans de service. 80 C (d).

BAZIN............. Conseiller à la cour d'appel d'Angers. 23 ans de service..................... 83 E.

BAZIRE............ Procureur de la République près le tribunal de 1re instance d'Avallon. 10 ans de service..................... 80 C (d).

BAZOT............. Premier président de la cour d'appel d'Alger. 23 ans de service............ 80 C.

BEAUFILS.......... Substitut du procureur de la République près le tribunal de 1re instance de Lorient. 3 ans de service.............. 80 C (d).

BEAUFILS.......... Procureur de la République près le tribunal de 1re instance de Châteaubriant, 12 ans de service..................... 80 C (d).

BEAUGRAND........ Juge au tribunal de 1re instance d'Avesnes. 18 ans de service..................... 83 E (v).

BEAUJOUR......... Juge suppléant au tribunal de 1re instance de Caen.................................. 82 H.

BEAUMONT (de)..... Procureur de la République près le tribunal de 1re instance de Rambouillet. 19 ans de service..................... 80 C (d).

BEAUNE........... Procureur général près la cour d'appel de Lyon. 21 ans de service............. 79 R.

BEAUNE........... Substitut du procureur de la République près le tribunal de 1re instance de Villeneuve-sur-Lot. 8 ans de service.... 79 R.

BEAURAIN......... Procureur de la République près le tribunal de 1re instance de Tournon. 8 ans de service..................... 80 C.

BEAUSSIER........ Juge au tribunal de 1re instance de Tours. 18 ans de service..................... 83 E.

BEAUVANT (de)..... Président du tribunal de 1re instance de Neufchâteau. 19 ans de service......... 83 E.

BECK.............. Procureur de la République près le tribunal de 1re instance d'Hazebrouck. 14 ans de service..................... 80 C (d).

BECQUART......... Procureur de la République près le tribunal de 1re instance de Saint-Brieuc. 12 ans de service..................... 80 C (d).

BEHAGHEL......... Conseiller à la cour d'appel de Douai. 29 ans de service..................... 83 E.

BÉHIER............ Juge au tribunal de première instance de Dinan. 20 ans de service.............. 83 E.

BELAN............. Juge au tribunal de 1re instance de Redon. 11 ans de service..................... 83 E.

BELENET (de)...... Juge au tribunal de 1re instance de Vesoul. 30 ans de service..................... 83 E.

BELIN............. Avocat général près la cour d'appel de Limoges. 21 ans de service............. 80 C (d).

BELIN............. Avocat général près la cour de Rennes. 14 ans de service..................... 80 C (d).

BELLAMY.......... Conseiller à la cour d'appel de Rennes. 42 ans de service..................... 83 E.

BELLIER DU CHARMEIL. Procureur de la République près le tribunal de 1re instance de Vienne. 14 ans de service..................... 79 R.

BELLOMAYRE (de).. Substitut du procureur de la République près le tribunal de 1re instance de Saintes. 5 ans de service............... 79 R.

BELOT............. Juge au tribunal de 1re instance de Castres. 19 ans de service..................... 83 E.

BÉNARD........... Avocat général près de la cour d'appel de Caen.................................... 82 C.

BÉNARD........... Président du tribunal de 1re instance d'Angoulême. 29 ans de service......... 83 E.

BENOID-PONS...... Procureur de la République près le tribunal de 1re instance de Moulins. 20 ans de service..................... 80 C.

BENOIST.......... Avocat général à la cour de cassation. 28 ans de service..................... 80 C.

BENOIST.......... Président du tribunal de 1re instance de Bar-le-Duc. 24 ans de service.......... 83 E.

BENOIT............ Substitut du procureur général près la cour d'appel de Caen.................. 80 C (d).

BENOIT (de)....... Juge au tribunal de 1re instance de Rodez. 17 ans de service..................... 83 E.

BENOIT............ Substitut du procureur de la République près le tribunal de 1re inst. de Saumur. 82 Dev.

BENOIT DE LA PAILLONNE. Président du tribunal de 1re instance d'Orange. 29 ans de service.... 83 E.

BERBIÉ............ Procureur de la République près le tribunal de 1re instance de Baume-les-Dames. 1 an de service................ 80 C (d).

BERCEGOL DU MOULIN. Substitut du procureur de la République près le tribunal de 1re instance de Lombez, remplacé comme devant être appelé à d'autres fonctions. 8 ans de service..................... 81 C.

BERGOUMIOUX..... Juge au tribunal de 1re instance de Montluçon. 18 ans de service.............. 79 R.

BERLIER DE VAUPLANE. Substitut du procureur général près la cour d'appel de Lyon. 7 ans de service.............................. 80 C.

BERNARD.......... Procureur de la République près le tribunal de 1re instance de Montmorillon. 10 ans de service.................. 80 C (*d*).

BERNARD.......... Substitut du procureur de la République près le tribunal de 1re instance de Nice. 8 ans de service...................... 80 C (*d*).

BERNARD.......... Conseiller à la cour d'appel de Dijon. 30 ans de service...................... 83 E.

BERNARD.......... Juge au tribunal de 1re instance de Saint-Mihiel. 15 ans de service............. 83 E.

BERNARD.......... Juge au tribunal de 1re instance de Poitiers. 21 ans de service.............. 83 E (*v*).

BERNARD DE JANDIN. Juge au tribunal de 1re instance de Saint-Dié. 13 ans de service.......... 83 E.

BERNET-ROLLANDE. Procureur de la République près le tribunal de 1re instance de Riom. 14 ans de service.......................... 80 C (*d*).

BERNIER.......... Juge au tribunal de 1re instance de la Seine. 28 ans de service.............. 85 E.

BERT.............. Procureur de la République près le tribunal de 1re instance de Tournon. 10 ans de service.................... 78 D.

BERTRAUT......... Substitut du procureur de la République près le tribunal de 1re instance de Valence. 4 ans de service.............. 80 C (*d*).

BERTRAND......... Substitut du procureur de la République près le tribunal de 1re instance de Riom. 3 ans de service............... 80 C.

BERTRAND......... Juge suppléant au tribunal de 1re instance de Reims. 5 ans de service.......... 82 Dev.

BERTRAND......... Juge au tribunal de 1re instance de Thiers. 13 ans de service................... 83 M.

BESSE............. Conseiller à la cour d'Alger............ 78 D.

BÉTHENOD......... Procureur de la République près le tribunal de 1re instance de Sisteron. 8 ans de service........................ 79 R.

BEUVAIN DE BEAUSÉJOUR. Juge au tribunal de 1re instance de Lons-le-Saulnier. 20 ans de service.. 83 E.

BEYLIÉ............ Juge suppléant près le tribunal de 1re instance de Grenoble. 7 ans de service..... 82 H.

BEYSSÈRE DES HORTS. Substitut à Gannat, nommé substitut du procureur de la République près le tribunal de 1re instance de Mauriac, non acceptant. 8 ans de service....... 79 R.

BIBAL (de)......... Substitut du procureur général près la cour d'appel de Montpellier. 13 ans de service.............................. 80 C (*d*).

BIDARD............ Substitut du procureur de la République près le tribunal de 1re instance de Lille. 13 ans de service............... 80 C (*d*).

BIDAULT DES CHAUMES. Substitut du procureur de la République près le tribunal de 1re instance de Clamecy. 11 ans de service......... 80 C (*d*).

BIENVENU.......... Juge au tribunal de 1re instance de Loches. 2 ans de service.................. 81 C.

BIENVENUE........ Procureur de la République près le tribunal de 1re instance de Loudéac. 8 ans de service......................... 80 C (*d*).

BIESWAL........... Juge suppléant au tribunal de 1re instance de Lille. 10 ans de service........... 83 E (*v*).

BIGOT............. Président de chambre à la cour d'appel d'Angers. 20 ans de service........... 83 E.

BIMARD............ Procureur de la République près le tribunal de 1re instance de Perpignan. 10 ans de service................... 80 C (*d*).

BIMBENET.......... Conseiller à la cour d'appel d'Orléans. 30 ans de service..................... 83 E.

BLACHÈRE......... Juge au tribunal de 1re instance de Largentière. 10 ans de service............ 82 Dev.

BLAIN............. Juge au tribunal de 1re instance de Doullens. 8 ans de service............... 80 C (*d*).

BLAIN DES CORMIERS. Conseiller à la cour d'appel de Paris 25 ans ans de service................. 83 E.

BLANC............. Juge au tribunal de 1re instance de Gap. 17 ans de service..................... 83 E.

BLANC............. Juge suppléant près le tribunal de 1re instance de Brioude...................... 83 E (*v*).

BLANC-FONTENILLE. Juge au tribunal de 1re instance d'Angoulême. 27 ans de service............. 83 E.

BLANCHARD........ Substitut du procureur de la République, près le tribunal de 1re instance de Bressuire. 6 ans de service............... 80 C (*d*).

BLANCHON......... Substitut du procureur de la République près le tribunal de 1re instance de Gex. 5 ans de service..................... 80 C (*d*).

BLETTERIE (de).... Substitut du procureur de la République près le tribunal de 1re instance de Tulle. 5 ans de service..................... 80 C (*d*).

BLEYGIER de PIERREGROSSE (de). Juge au tribunal de 1re instance d'Orange. 9 ans de service. 83 E.

BLIGNY............ Conseiller à la cour d'appel de Rouen. 23 ans de service..................... 83 E.

BLOCAILLE........ Substitut du procureur de la République près le tribunal de 1re instance de Valenciennes. 11 ans de service......... 80 C.

BLONDEL.......... Conseiller à la cour d'appel de Dijon. 34 ans de service..................... 83 E.

BLOUÈRE.......... Juge suppléant près le tribunal de 1re instance de Saumur. 5 ans de service.... 83 Dev.

BODIN............. Président du tribunal de 1re instance de Nyons. 22 ans de service............. 83 E.

BODIN............. Président du tribunal de 1re instance de Chinon. 26 ans de services.... .... 83 E.

BOHINEUST........ Substitut du procureur de la République près le tribunal de 1re instance de St-Calais. 5 ans de service........... 80 C (*d*).

BOISSARD......... Procureur général près la cour d'appel de Dijon. 20 ans de service. .... 79 R.

BOISSIER (de)...... Conseiller à la cour d'appel de Nîmes. 31 ans de service..................... 83 E.

BOISSONNET....... Substitut du procureur de la République près le tribunal de 1re instance d'Arras. 5 ans de service..................... 80 C (*d*).

BOISVIEL.......... Procureur de la République près le tribunal de 1re instance de Guingamp. 10 ans de service......................... 83 Dev.

BOIVIN-CHAMPEAUX. Premier président de la cour d'appel de Bourges. 36 ans de service.......... 83 E.

BOLLE............. Substitut du procureur de la République près le tribunal de 1re instance de Moulins. 7 ans de service................. 80 C.

BOMMART.......... Juge au tribunal de 1re instance de Douai. 18 ans de service..................... 83 E.

BON................ Vice-président au tribunal de 1re instance de Draguignan. 39 ans de service...... 83 E.

BONAMY........... Juge au tribunal de 1re instance de Châteaulin. 9 ans de service............. 83 E (*v*).

BONAVITA......... Président du tribunal de première instance de Bastia. 31 ans de service..... 83 E.

BONCOMPAING..... Substitut du procureur de la République près le tribunal de 1re instance d'Embrun. 13 ans de service............... 80 C (*d*).

BONHOMME de MONTÉGUT. Vice-président au tribunal de 1re instance de Limoges. 20 ans de service.............................. 83 E.

BONNE (de)........ Procureur de la République près le tribunal de 1re instance de Gaillac. 6 ans de service......................... 80 C (*d*).

BONNECORSE (de).. Conseiller à la cour d'appel d'Aix. 30 ans de service......................... 83 E.

BONNEL........... Juge au tribunal de 1re instance de Cambrai. 18 ans de service............... 80 C (*d*).

BONNET........... Substitut du procureur de la République près le tribunal de 1re instance de la Seine. 18 ans de service............. 80 C (*d*).

BONNEVILLE de MARSANGY. Juge au tribunal de 1re instance d'Arcis-sur-Aube. 9 ans de service..... 83 M.

BONNIEU de la RIVAUDIERE. Juge au tribunal de 1re instance de Quimper. 17 ans de service......... 83 E.

BONVALOT......... Conseiller à la cour d'appel de Dijon. 35 ans de service..................... 83 E.

BOREAU-LAJANADIE.. Conseiller à la cour d'appel de Bordeaux. 34 ans de service............... 83 E.

BORELLY.......... Substitut du procureur de la République près le tribunal de 1re instance de Quimper.............................. 79 R.

BORELLY.......... Juge suppléant près le tribunal civil de la Seine. 6 ans de service............... 80 C (*d*).

BORREL........... Juge suppléant près le tribunal de 1re instance de Carcassonne................. 79 R.

BOTTIEAU......... Conseiller à la cour d'appel de Douai. 35 ans de service..................... 83 E.

BOUBÉE........... Substitut du procureur général près la cour d'appel de Lyon. 15 ans de service.... 80 C (*d*).

BOUCHARDON...... Juge suppléant au tribunal de 1re instance de Guéret. 15 ans de service........... 83 E (*v*).

BOUCHER de RUPELLE. Substitut du procureur général près la cour de Paris. 25 ans de service.... 80 C (*d*).

BOUCLY........... Procureur de la République près le tribunal de 1re instance de Cambrai. 13 ans de service......................... 78 D.

BOUDET........... Substitut du procureur de la République près le tribunal de 1re instance de la Seine. 17 ans de service............. 80 C (*d*).

BOUDOUX d'HAUTEFEUILLE. Juge suppléant près le tribunal de 1re instance de Vervins. 4 ans de service............................ 80 C (*d*).

BOUÉ.............. Substitut du procureur de la République près le tribunal de 1re instance d'Angoulême. 5 ans de service............... 80 C (*d*).

BOUET............. Juge au tribunal de 1re instance d'Agen. 17 ans de service..................... 81 C.

BOUGAUT.......... Procureur de la République près le tribunal de Béziers, remplacé comme devant être appelé à d'autres fonctions. 6 ans de service......................... 78 D.

BOUIC............. Procureur de la République près le tribunal de 1re instance d'Agen. 16 ans de service.............................. 80 C (*d*).

BOUILLON....... Substitut du procureur de la République près le tribunal de 1re instance de Coutances........ 81 C.

BOULANGER....... Juge au tribunal de 1re instance de Remiremont. 6 ans de service........ 83 E.

BOULLAIRE....... Procureur de la République près le tribunal de 1re instance de Reims. 13 ans de service........ 80 C (*d*).

BOULLE-LACROZE.. Juge au tribunal de 1re instance de Condom. 15 ans de service........ 83 E.

BOULLOCHE....... Conseiller à la cour d'appel d'Amiens. 14 ans de service........ 83 E.

BOUQUELON....... Juge au tribunal de 1re instance d'Évreux. 6 ans de service........ 83 E.

BOUQUET....... Juge suppléant au tribunal de 1re instance de Sancerre. 10 ans de service........ 83 M.

BOURBEAU....... Avocat général près la cour d'appel de Besançon. 10 ans de service........ 80 C.

BOURCE....... Procureur de la République près le tribunal de 1re instance de Mayenne. 14 ans de service........ 80 C (*d*).

BOURDOINE....... Juge suppléant près le tribunal de 1re instance d'Auch........ 83 E (*o*).

BOURGADE....... Président de chambre à la cour d'appel de Bordeaux. 30 ans de service........ 83 E.

BOURGEOIS....... Substitut du procureur de la République près le tribunal de 1re instance de Troyes. 9 ans de service........ 80 C (*d*).

BOURGUIGNAT..... Juge suppléant près le tribunal de 1re instance de Chartres. 1 an de service........ 80 C (*d*).

BOURRE....... Juge au tribunal de 1re instance de Chalons. 20 ans de service........ 79 R.

BOURRILLON....... Juge suppléant au tribunal de 1re instance de Forcalquier. 12 ans de service........ 83 E (*o*).

BOUSSAC....... Procureur de la République près le tribunal de 1re instance de Castelsarrazin. 15 ans de service........ 79 R.

BOUSSARD d'HAUTEROCHE. Procureur de la République près le tribunal de 1re instance de Mauriac, nommé substitut à Grenoble, non acceptant. 11 ans de service........ 78 D.

BOUSSION....... Président de chambre à la cour d'appel d'Orléans. 25 ans de service........ 83 E.

BOUTHILLIER-CHAVIGNY (de). Juge au tribunal de 1re instance de la Seine. 36 ans de service... 83 E.

BOUTILLIER du RÉTAIL. Substitut du procureur de la République près le tribunal de 1re instance de Romorantin. 7 ans de service........ 80 C (*d*).

BOUVATTIER....... Président du tribunal de 1re instance de Coutances. 20 ans de service........ 83 E.

BOUVET....... Conseiller à la cour d'appel de Pau. 24 ans de service........ 83 E.

BOUVIER....... Procureur de la République près le tribunal de 1re instance de Brignolles. 7 ans de service........ 80 C (*d*).

BOUVIER....... Conseiller à la cour d'appel de Montpellier. 29 ans de service........ 83 E.

BOYER....... Juge au tribunal de 1re instance de Chalon-sur-Saône. 18 ans de service........ 83 E.

BOYER de BOUILLANE. Substitut du procureur de la République près le tribunal de 1re instance de Valence. 7 ans de service........ 79 R.

BOYER-CHAMMARD. Substitut du procureur de la République près le tribunal de 1re instance de Lille. 13 ans de service........ 80 C (*d*).

BOYSSON (de)....... Substitut du procureur de la République près le tribunal de 1re instance de Lectoure. 2 ans de service........ 80 C (*d*).

BOZON....... Juge suppléant près le tribunal de 1re instance de Montluçon. 8 ans de service. 81 C.

BRAGER....... Conseiller à la cour d'appel de Rennes. 40 ans de service........ 83 E.

BRANET....... Juge au tribunal de 1re instance d'Auch. 14 ans de service........ 83 E.

BRAULT....... Procureur à Nogent-sur-Seine, nommé procureur de la République près le tribunal de 1re instance de Vassy, non acceptant. 8 ans de service........ 78 D.

BRAULT....... Juge au tribunal de 1re instance d'Auxerre. 21 ans de service........ 83 E.

BRESSOT....... Nommé substitut du procureur de la République près le tribunal d'Orange, non acceptant........ 79 R.

BRESSY (de)....... Conseiller à la cour d'appel de Nîmes. 30 ans de service........ 83 E.

BRET....... Président du tribunal de 1re instance de Brignoles. 18 ans de service........ 83 E.

BRETHON....... Juge suppléant près le tribunal de 1re instance de Privas........ 83 E (*o*).

BRETON....... Président du tribunal de 1re instance d'Arcis-sur-Aube. 18 ans de service........ 83 E.

BRETON....... Juge au tribunal de 1re instance de la Seine. 20 ans de service........ 83 E.

BRETTES....... Juge au tribunal de 1re instance de Mont-de-Marsan. 30 ans de service........ 83 E.

BREUIL....... Procureur de la République près le tribunal de 1re instance de Clermont. 12 ans de service........ 82 H.

BREUIL (du)....... Procureur de la République près le tribunal de 1re instance de Troyes........ 82 Dev.

BREUILH....... Procureur de la République près le tribunal de première instance de Nice. 14 ans de service........ 79 R.

BREUZE (de)....... Procureur de la République près le tribunal de 1re instance de Châlons-sur-Marne. 10 ans de service........ 79 R.

BREYNAT....... Président du tribunal de 1re instance de Vienne. 26 ans de service........ 83 E.

BRIÈRE....... Substitut du procureur de la République près le tribunal de 1re instance de Château-Thierry. 5 ans de service........ 83 E.

BRIGUEIL....... Président du tribunal de 1re instance de Lyon. 29 ans de service........ 83 E.

BRIQUET....... Juge suppléant près le tribunal de 1re instance de Tarbes. 6 ans de service........ 83 E (*c*).

BRISSET-SUDRAUD-DESISLES. Procureur de la République près le tribunal de 1re instance de Ruffec. 15 ans de service........ 81 C.

BRIVE (de)....... Juge suppléant au tribunal de 1re instance de Clermont-Ferrand........ 82 Dev

BRUAS....... Procureur de la République près le tribunal de 1re instance de Cholet. 17 ans de service........ 80 C (*d*)

BRUGNON....... Substitut du procureur de la République près le tribunal de la Seine. 14 ans de service........ 80 C (*d*).

BRULEY....... Président du tribunal de 1re instance de Laval. 29 ans de service........ 83 E.

BRUNEL....... Procureur de la République près le tribunal de 1re instance de Mende. 8 ans de service........ 79 R.

BRUNET....... Conseiller à la cour d'appel de Paris, sénateur. 29 ans de service........ 83 E.

BRYE de VERTAMY (de). Président du tribunal de 1re instance de Bourg. 23 ans de service........ 83 E.

BUFFE....... Avocat général près la cour d'appel de Pau. 11 ans de service........ 80 C (*d*).

BUISSON....... Juge au tribunal de 1re instance de Bourgoin. 14 ans de service........ 83 E.

BUISSON....... Conseiller à la cour d'appel de Limoges. 21 ans de service........ 83 E.

BUISSON de LABOULAYE (du). Juge au tribunal de 1re instance de Bourg. 22 ans de service........ 83 E.

BURIN-DESROZIERS. Juge au tribunal de 1re instance de Clermont-Ferrand. 16 ans de service........ 83 E.

BURY (de)....... Juge suppléant au tribunal de 1re instance de Vouziers. 1 an de service........ 80 C (*d*).

BUTTEL....... Substitut du procureur de la République près le tribunal de 1re instance de Mortagne. 1 an de service........ 80 C (*d*).

BUTTET (de)....... Substitut du procureur de la République près le tribunal de 1re instance de Chambéry. 7 ans de service........ 80 C (*d*).

BUSCHE....... Juge suppléant près le tribunal de 1re instance de Versailles. 7 ans de service... 83 E (*c*).

BUSSIERE (de)....... Procureur de la République près le tribunal de 1re instance de Libourne........ 81 C.

C

CADEAU....... Procureur de la République près le tribunal de 1re instance du Blanc. 10 ans de service........ 80 C (*d*).

CAFFAREL....... Juge au tribunal de 1re instance de Vienne. 16 ans de service........ 83 E.

CAILLE....... Juge au tribunal de 1re instance de Chinon. 15 ans de service........ 83 E.

CAIZERGUES....... Juge au tribunal de 1re instance de Montpellier. 21 ans de service........ 83 E.

CAIZERGUES....... Juge au tribunal de 1re instance de Perpignan. 8 ans de service........ 83 E (*o*).

CAMBON DE LAVALETTE. Conseiller à la cour d'appel de Nîmes. 19 ans de service........ 83 E.

CAMBUZAT....... Substitut du procureur de la République près le tribunal de 1re instance de Sedan. 6 ans de service........ 80 C (*d*).

CAMMAS....... Président du tribunal de 1re instance de Castelsarrazin. 29 ans de service........ 83 E.

CAMOIN DE VENCE. Procureur de la République près le tribunal de 1re instance de Marseille. 28 ans de service........

CAMPENON....... Substitut du procureur général près la cour d'appel de Paris. 10 ans de service. 80 C (*d*).

CAMPREDON....... Juge au tribunal de 1re instance de Mortain. 9 ans de service........ 83 E.

CANEAUX....... Juge au tribunal de 1re instance d'Yvetot. 10 ans de service........ 83 E.

CANTEL....... Premier président de la cour d'appel de Dijon. 17 ans de service........ 83 E.

CAPOT DE BARRASTIN. Président du tribunal de 1re instance d'Agen. 27 ans de service........ 83 E.

CAPVAL....... Juge suppléant près le tribunal de 1re instance d'Issoudun........ 83 M.

CARADEC....... Président du tribunal de 1re instance de Vannes. 35 ans de service........ 83 E.

CARDOT...... Avocat général près la cour d'appel de Dijon, nommé avocat général près la cour d'appel de Riom. Non acceptant. 18 ans de service...... 81 C.

CARENNE...... Procureur de la République près le tribunal de 1re instance de Mont-de-Marsan. 12 ans de service...... 79 R.

CARESME...... Président de chambre à la cour d'appel d'Aix. 27 ans de service...... 83 E.

CARMANTRAND DE LA ROUSSILHE. Substitut du procureur de la République à Yssingeaux...... 77 D.

CARMANTRAND DE LA ROUSSILHE. Conseiller à la cour d'appel de Riom. 27 ans de service...... 83 E.

CARON...... Conseiller à la cour d'appel d'Amiens. 31 ans de service...... 83 E.

CARQUET...... Nommé substitut près le tribunal de 1re instance de Nantua. Non acceptant...... 78 D.

CARRÉ...... Juge au tribunal de 1re instance de Montmorillon. 13 ans de service...... 82 Dev.

CARTIER...... Procureur de la République près le tribunal de 1re instance de Rocroi. 19 ans de service...... 80 C.

CASABIANCA...... Procureur de la République près le tribunal de 1re instance de Carpentras. 14 ans de service...... 80 C (*d*).

CASABIANCA (DE)... Conseiller à la cour d'appel de Bastia. 29 ans de service...... 83 E.

CASALTA...... Juge au tribunal de 1re instance de Bastia. 27 ans de service...... 83 E.

CASSAIGNEAU...... Juge au tribunal de 1re instance d'Orléansville...... 82 Dev.

CASSAIGNEAU...... Conseiller à la cour d'appel d'Agen. 34 ans de service...... 83 E.

CASTAN...... Substitut du procureur de la République près le tribunal de 1re instance de Sancerre...... 81 C.

CASTÉJA...... Procureur de la République près le tribunal de 1re instance de Libourne. 12 ans de service...... 79 R.

CASTELBAJAC (DE). Substitut du procureur de la République près le tribunal de 1re instance de Constantine. 5 ans de service...... 80 C.

CASTELLANI...... Juge suppléant près le tribunal de 1re instance d'Ajaccio...... 83 M.

CASTILHON...... Juge au tribunal de 1re instance de Valence. 19 ans de service...... 83 E.

CATTA...... Substitut du procureur de la République près le tribunal de 1re instance de Nantes. 13 ans de service...... 80 C. (*d*).

CAUSSADE...... Président du tribunal de 1re instance de Condom. 33 ans de service...... 83 E.

CAUSSÉ...... Conseiller à la cour d'appel de Toulouse. 31 ans de service...... 83 E.

CAUSSIN DE PERCEVAL. Juge au tribunal de 1re instance de la Seine. 30 ans de service...... 83 E.

CAZABONNE...... Substitut du procureur de la République près le tribunal de 1re instance de Cahors. 5 ans de service...... 80 C (*d*).

CAZEAUX...... Substitut du procureur de la République près le tribunal de 1re instance de Lons-le-Saulnier. 2 ans de service...... 80 C (*d*).

CELLIER...... Procureur de la République près le tribunal de 1re instance de Thiers. 15 ans de service...... 80 C.

CHABOUD...... Vice-président au tribunal de 1re instance de Chambéry. 25 ans de service...... 83 E.

CHAFFAUT (DU)...... Substitut du procureur de la République près le tribunal de 1re instance d'Uzès. 3 ans de service...... 80 C (*d*).

CHAILLOUS...... Juge au tribunal de 1re instance d'Angers. 16 ans de service...... 83 E.

CHAINE...... Procureur de la République près le tribunal de 1re instance de Tlemcen. 6 ans de service...... 80 C.

CHAIS...... Substitut du procureur de la République près le tribunal de 1re instance d'Orange. 15 ans de service...... 79 R.

CHAISEMARTIN...... Substitut du procureur de la République près le tribunal de 1re instance de Limoges. 15 ans de service...... 80 C (*d*).

CHALUS (DE)...... Juge au tribunal de 1re instance de Dieppe. 18 ans de service...... 83 E.

CHAMAYOU...... Procureur à Montpellier. Nommé juge près le tribunal de 1re instance de Cherbourg. Non acceptant. 18 ans de service...... 78 D.

CHAMBELLAN...... Nommé substitut de procureur de la République près le tribunal de 1re instance de Louhans. Non acceptant...... 80 C (*d*).

CHAMBOURDON...... Juge au tribunal de 1re instance de La Roche-sur-Yon. 19 ans de service...... 83 E.

CHAMPEAUX...... Juge au tribunal de 1re instance d'Avesnes. 8 ans de service...... 83 E.

CHAMPEVILLE DE BOISJOLLY. Conseiller à la cour d'appel d'Orléans. 35 ans de service...... 83 E.

CHAMPS (DE)...... Substitut du procureur de la République près le tribunal de 1re instance de Montbrison. 5 ans de service...... 80 C (*d*).

CHANON...... Juge au tribunal de 1re instance de Quimperlé. 7 ans de service...... 83 E.

CHANUT...... Procureur de la République près le tribunal de 1re instance de Nogent-sur-Seine. 12 ans de service...... 82 H.

CHAPERON...... Président du tribunal de 1re instance de Livourne. 9 ans de service...... 83 E.

CHARAIN...... Conseiller à la cour d'appel de Limoges. 35 ans de service...... 83 E.

CHARDON DE BEAUVAIS CHENEMOIREAU. Substitut du procureur de la République près le tribunal de 1re instance de Laval. 6 ans de service...... 79 R.

CHARIL DE RUILLÉ. Conseiller de la cour d'appel d'Angers. 22 ans de service...... 83 E.

CHARLEMAGNE...... Substitut du procureur de la République près le tribunal de 1re instance de Caen. 5 ans de service...... 83 M.

CHARLOT...... Juge au tribunal de 1re instance de Nancy. 26 ans de service...... 83 E.

CHAROY...... Procureur de la République près le tribunal de 1re instance de Romorantin. 9 ans de service...... 79 R.

CHARPENTIER...... Substitut du procureur de la République près le tribunal de 1re instance de la Seine. 17 ans de service...... 80 C (*d*).

CHARPENTIER...... Juge au tribunal de 1re instance de Carpentras. 30 ans de service...... 83 E.

CHARREYRON...... Conseiller à la cour d'appel de Limoges. 27 ans de service...... 83 E.

CHARREYRON...... Juge au tribunal de 1re instance de Bellac. 12 ans de service...... 83 E (*v*).

CHARTIER...... Président du tribunal de 1re instance de Péronne. 19 ans de service...... 83 E.

CHARVÉRIAT...... Procureur de la République près le tribunal de 1re instance de Belley. 8 ans de service. Nommé à Château-Chinon. Non acceptant...... 80 C.

CHARVET...... Procureur de la République près le tribunal de 1re instance de Digne. 7 ans de service...... 80 C (*d*).

CHARVET...... Substitut du procureur de la République près le tribunal de 1re instance de Gap. 8 ans de service...... 80 C (*d*).

CHASSAIGNE...... Substitut du procureur général près la cour d'appel de Caen. 6 ans de service. 82 Dev.

CHASSAIN DE LA PLASSE. Juge suppléant près le tribunal de 1re instance de Roanne. 6 ans de service. 81 C.

CHATELAIN...... Conseiller à la cour d'appel d'Orléans. 27 ans de service...... 83 E.

CHAUDRU DE RAYNAL. Procureur général près la cour de cassation. 45 ans de service...... 79 R.

CHAUDRU DE RAYNAL. Substitut du procureur général près la cour d'appel de Paris. 12 ans de service. 80 C (*d*).

CHAUDESAIGUES DE TRARIEUX (DE). Conseiller à la cour d'appel de Riom. 31 ans de service...... 83 E.

CHAUFFARD...... Président du tribunal de 1re instance de Lavaur. 30 ans de service...... 83 E.

CHAULIN...... Substitut du procureur de la République près le tribunal de 1re instance de la Seine. 13 ans de service...... 80 C (*d*).

CHAUMEL-DIENNE (DE). Procureur de la République près le tribunal de 1re instance d'Issoire. 11 ans de service...... 80 C.

CHAUVENET...... Juge suppléant près le tribunal de 1re instance de Céret...... 78 D.

CHAUVENET (DE)... Procureur de la République près le tribunal de 1re instance de Péronne. 10 ans de service...... 80 C (*d*)

CHAUVIN...... Conseiller à la cour d'appel de Dijon. 39 ans de service...... 83 E.

CHAVANNES (DE)... Procureur de la République près le tribunal de 1re instance de Pithiviers. Nommé à Sancerre. Non acceptant. 18 ans de service...... 83 M

CHEMISON-DUBOIS.. Président du tribunal de 1re instance de Rochechouart. 21 ans de service...... 83 E.

CHENOT...... Substitut à Beaune. Nommé substitut du procureur de la République près le tribunal de 1re instance de Mauriac. Non acceptant. 6 ans de service...... 79 R.

CHERTIER...... Substitut du procureur de la République près le tribunal de 1re instance de Nevers. 11 ans de service...... 80 C (*d*).

CHESNE...... Président du tribunal de 1re instance de Beaune. 30 ans de service...... 83 E.

CHEVALIER...... Procureur de la République près le tribunal de 1re inst. de Tours. 21 ans de service. 80 C (*d*).

CHEVALIER-DUFAU. Conseiller à la cour d'appel de Riom. 36 ans de service...... 83 E.

CHEVALIER-DUFAU. Juge suppléant près le tribunal de 1re instance de Clermont-Ferrand. 6 ans de service...... 83 E.

CHEVALLIER...... Juge au tribunal de 1re instance de Rouen. 27 ans de service...... 83 E.

CHEVRIER...... Substitut du procureur de la République près le tribunal de 1re instance de Compiègne. 10 ans de service...... 80 C.

CHIPON............ Substitut du procureur de la République près le tribunal de 1re instance de Besançon, 7 ans de service............ 80 C.

CHIROSSEL......... Juge suppléant près le tribunal de 1re instance de Valence. 4 ans de service..... 83 E (*v*).

CHOMEL............ Substitut du procureur de la République près le tribunal de 1re instance de Bourg. 6 ans de service................ 80 C (*d*).

CHONEZ............ Président de chambre à la cour d'appel de Bourges. 35 ans de service.......... 83 E.

CHOPPIN D'ARNOUVILLE. Avocat général près la cour d'appel de Paris. 23 ans de service............ 79 R.

CHOPY............ Président du tribunal de 1re instance de Rochefort. 28 ans de service............ 83 E.

CHOQUET........... Juge suppléant près le tribunal de 1re instance de Vervins. 2 ans de service..... 80 C (*d*).

CHOVEL........... Juge au tribunal de 1re instance de Montbrison. 14 ans de service............... 83 M.

CHRESTIEN DE POLI. Substitut du procureur de la République près le tribunal de 1re instance de Dreux. 7 ans de service............... 83 E (*v*).

CIVAL............. Vice-président au tribunal de 1re instance de Dijon. 34 ans de service........... 83 E.

CIMETIÈRE......... Substitut du procureur de la République près le tribunal de 1re instance de Montpellier.......................... 83 M.

CLAPPIER.......... Avocat général près la cour d'appel de Nimes. 14 ans de service.............. 80 C.

CLAPPIER.......... Procureur général près la cour d'appel de Grenoble. 21 ans de service............ 80 C (*d*).

CLAPPIER.......... Conseiller à la cour d'appel d'Aix. 28 ans de service............................ 83 E.

CLERC............. Conseiller à la cour d'appel de Besançon. 23 ans de service.................... 83 E.

CLERGEAUD......... Juge au tribunal de 1re instance de Moissac. 13 ans de service................. 83 E.

CLÉRISSE.......... Procureur de la République près le tribunal de 1re instance de Saint-Palais. 13 ans de service...................... 81 C.

COCHE............. Juge au tribunal de 1re instance de Saint-Marcellin. 8 ans de service............ 83 E.

COCHON DE LAPPARENT. Conseiller à la cour d'appel de Bourges. 30 ans de service............ 83 E.

CODET-BOISSE...... Substitut du procureur de la République près le tribunal de 1re instance de Rochechouart. 5 ans de service........ 80 C (*d*).

COIRARD........... Substitut du procureur général près la cour d'appel de Montpellier. 10 ans de service................................ 80 C (*d*).

COLAS DE FRANCS.. Procureur de la République près le tribunal de 1re instance de Loches. 7 ans de service.................................. 80 C (*d*).

COLAS DE LA NOUE. Substitut du procureur général près la cour d'appel d'Angers. 14 ans de service. 80 C (*d*).

COLCOMBET......... Juge au tribunal de 1re instance de Lyon. 19 ans de service...................... 83 E.

COLLAS............ Substitut du procureur de la République près le tribunal de 1re instance de Mâcon. 8 ans de service......................... 80 C (*d*).

COLLENOT.......... Procureur à Épinal, nommé procureur de la République près le tribunal de 1re instance de Toul, non acceptant. 10 ans de service.......................... 78 D.

COLLIN-DUFRESNE. Conseiller à la cour d'appel de Grenoble. 31 ans de service...................... 83 E.

COLLINET DE LA SALLE. Président du tribunal de 1re instance de Quimperlé.................. 83 E.

COLMET-DAAGE..... Juge suppléant près le tribunal de 1re instance de la Seine. 13 ans de service... 83 M.

COLOMBEL.......... Juge suppléant près du tribunal de 1re instance d'Evreux. 17 ans de service...... 83 M.

COMBES (DE)........ Substitut du procureur de la République près le tribunal de 1re instance de Lyon. 12 ans de service......................... 80 C (*d*).

COMBETTES........ Substitut du procureur de la République près le tribunal de 1re instance des Andelys. 7 ans de service............ 80 C (*d*).

COMERSON.......... Juge suppléant près le tribunal de 1re instance de Baume-les-Dames. 2 ans de service.................................. 81 C.

COMPANG........... Nommé substitut du procureur de la République près le tribunal de 1re instance de Thonon, non acceptant....... 80 C.

COMTE............. Procureur de la République près le tribunal de 1re instance de Chinon. 11 ans de service.............................. 81 C.

CONDAMINAS....... Conseiller à la cour d'appel de Dijon. 29 ans de service....................... 83 E.

COQUEBERT DE NEUVILLE. Substitut du procureur de la République près le tribunal de 1re instance de Châteaubriant. 1 an de service. 80 C (*d*).

COQUERET.......... Procureur de la République près le tribunal de 1re instance de Caen. 13 ans de service.............................. 80 C (*d*).

COQUILLIETTE...... Procureur de la République près le tribunal de 1re instance d'Amiens. 29 ans de service.................................. 79 R.

CORBIN............ Juge au tribunal de 1re instance de Blois. 29 ans de service..................... 83 E.

CORNU............. Vice-président au tribunal de 1re instance d'Orléans. 25 ans de service.......... 83 E.

COSNARD DESCLOZETS. Conseiller à la cour d'appel de Caen. 31 ans de service.................... 83 E.

COSTARD........... Procureur de la République près le tribunal de 1re instance de Dinan. 12 ans de service.............................. 79 R.

COTTINEAU......... Substitut du procureur de la République près le tribunal de 1re instance de Quimper. 4 ans de service............. 80 C (*d*).

COUGET............ Président du tribunal de 1re instance de Muret. 20 ans de service............... 83 E.

COULOMME......... Juge au tribunal de 1re instance de Bagnères. 13 ans de service.................. 83 M.

COURBE............ Président du tribunal de 1re instance de Jonzac. 22 ans de service.............. 83 E.

COURBE............ Juge suppléant près le tribunal de 1re instance de Loudun. 6 ans de service..... 83 E (*v*).

COURBON........... Juge suppléant près le tribunal de 1re instance de Saint-Étienne. 14 ans de service. 80 C (*d*).

COURDIN........... Conseiller à la cour d'appel de Toulouse. 18 ans de service..................... 83 E.

COUREAU........... Substitut du procureur de la République près le tribunal de 1re instance de Segré. 80 C (*d*).

COURET............ Procureur de la République près le tribunal de 1re instance de Nogent-le-Rotrou. 8 ans de service....................... 79 R.

COURRÈGES (DE)... Substitut à Tarbes, nommé substitut du procureur de la République près le tribunal de 1re instance de Rodez, non acceptant. 6 ans de service........... 79 R.

COURTET DE L'ISLE. Juge suppléant près le tribunal de 1re instance de Tarascon. 3 ans de service..... 81 C.

COURTOISE DE FORGUES. Procureur de la République près le tribunal de 1re instance de Vire. 13 ans de service.............................. 81 C.

COUSCHER......... Président du tribunal de 1re instance de Baugé.............................. 83 E.

COUSSEMAKER (DE). Juge suppléant près le tribunal de 1re instance de Dunkerque. 3 ans de service.............................. 80 C (*d*).

COUTOUX........... Président du tribunal de 1re instance du Mans. 20 ans de service............... 83 E.

COUTRET........... Président de chambre à la cour d'appel d'Angers. 32 ans de service............ 83 E.

COUTURIER......... Juge suppléant près le tribunal de 1re instance d'Agen. 3 ans de service...... 80 C (*d*).

COUTURIER......... Juge au tribunal de 1re instance de Bressuire. 6 ans de service................ 80 C (*d*).

COUYER DE LA CHESNARDIERE. Juge suppléant près le tribunal de 1re instance de Fougères........ 83 E (*v*).

COZON............. Président du tribunal de 1re instance de Nantua. 19 ans de service............. 83 E.

CREN.............. Substitut du procureur de la République près le tribunal de 1re instance de Corte. 79 R.

CROPP............. Juge au tribunal de 1re instance de Quimper. 13 ans de service.............. 83 E.

CROUAN............ Procureur de la République près le tribunal de 1re instance de Saint-Brieuc. 8 ans de service........................ 80 C (*d*).

CROUZET........... Substitut du procureur de la République près le tribunal de 1re instance d'Albi. 2 ans de service......................... 80 C (*d*).

CRUCY............. Vice-président au tribunal de Nantes. 38 ans de service....................... 83 E.

CUNIAC............ Substitut du procureur de la République près le tribunal de 1re instance de Chaumont. 4 ans de service........... 80 C (*d*).

CURIÈRE DE CASTELNAU (DE). Substitut du procureur général près la cour de Nîmes. 11 ans de service.............................. 80 C.

CUSSONNIÈRE...... Procureur de la République près le tribunal de 1re instance de Mortagne. 8 ans de service.............................. 80 C (*d*).

CYROT............. Juge suppléant près le tribunal de 1re instance de Beaune. 7 ans de service...... 83 M.

CYVOCT............ Juge au tribunal de première instance de Belley. 14 ans de service............... 83 E.

D

DABANCOUR........ Juge au tribunal de 1re instance de Mâcon, 18 ans de service.................. 83 E.

DACLIN............ Conseiller à la cour d'appel de Besançon. 32 ans de service...................... 83 E.

DA COSTA ATHIAS. Procureur de la République à Vendôme, nommé substitut du procureur général à Alger, non acceptant. 13 ans de services............................... 81 C.

DAGUILHON-PUJOL. Premier président de la cour d'appel de Pau. 35 ans de service.................. 83 E.

DAIGUZON.......... Juge au tribunal de 1re instance de Chateauroux. 22 ans de service............ 83 E.

DANICOURT........ Juge suppléant près le tribunal de 1re instance d'Amiens. 9 ans de service....... 82 H.

DANIELLOU	Juge au tribunal de 1re instance de Morlaix. 8 ans de service	83 E.
DANLOUX DU MESNIL	Juge au tribunal de 1re instance de la Seine. 29 ans de service	83 E (v).
DANNIAUX	Juge au tribunal de 1re instance de Valenciennes. 20 ans de service	83 E.
DAPEYRON-DOUMIS	Juge au tribunal de 1re instance de Mauriac. 31 ans de service	83 E.
DARBOIS	Procureur de la République près le tribunal de 1re instance de Boulogne. 11 ans de service	80 C (d).
DARESTE de la CHAVANNE	Substitut du procureur de la République près le tribunal de 1re instance de Montbrison. 4 ans de service	80 C (d).
DARRICAU	Juge au tribunal de 1re instance de Bayonne. 13 ans de service	83 E.
DARTIGE	Président du tribunal de 1re instance de Limoges. 33 ans de service	83 E.
DAUDIN-CLAVEAUD	Président du tribunal de 1re instance de Blaye. 29 ans de service	83 E.
DAUMESNIL	Juge au tribunal de 1re instance de Caen. 27 ans de service	83 E.
DAVIAUD	Vice-président au tribunal de 1re instance de Bordeaux. 29 ans de service	83 E.
DAVID	Juge suppléant près le tribunal de 1re instance de Blaye	79 R.
DAYRAS	Substitut du procureur de la République près le tribunal de 1re instance de Brives. 5 ans de service	80 C (d).
DEBANNE	Avocat général près la cour d'appel de Lyon. 19 ans de service	88 C (d).
DEBEST de LACROUSILLE	Procureur de la République près le tribunal de 1re instance de Nontron. 10 ans de service	79 R.
DECOUX-LAGOUTTE	Juge au tribunal de 1re instance de Bordeaux. 10 ans de service	83 E.
DEFFIS	Procureur de la République près le tribunal de 1re instance de Figeac. 11 ans de service	79 R.
DEGOUTTIN	Juge suppléant près le tribunal de 1re instance de Verdun. 5 ans de service	82 C.
DEGUERRE	Substitut du procureur de la République près le tribunal de 1re instance de Neufchâteau. 5 ans de service	82 H.
DELABOUCHARDIÈRE	Juge suppléant près le tribunal de 1re instance de Châtellerault	82 C.
DELACROIX	Juge au tribunal de 1re instance de Troyes. 15 ans de service	83 E.
DELAGRANGE	Juge suppléant près le tribunal de 1re instance d'Autun	83 E (v).
DELAHAYE	Juge au tribunal de 1re instance de la Seine. 23 ans de service	83 E.
DELAINE	Juge au tribunal de 1re instance de Troyes. 15 ans de service	83 E.
DELALANDE	Substitut du procureur de la République près le tribunal de 1re instance de Châtellerault. Nommé à Marvejols, non acceptant. Révoqué. 6 ans de service	80 C (d).
DELALANDE	Juge au tribunal de 1re instance de Romorantin. 30 ans de service	83 E.
DELALO	Président du tribunal de 1re instance de Saint-Flour. 25 ans de service	83 E.
DELAMARCHE	Substitut du procureur de la République près le tribunal de 1re instance de Louhans. 11 ans de service	80 C (d).
DELANOUE	Juge au tribunal de 1re instance de Fontainebleau. 20 ans de service	83 E.
DELAPALME	Juge au tribunal de 1re instance de la Seine. 28 ans de service	83 E.
DELATTRE	Conseiller à la cour d'appel d'Amiens. 34 ans de service	83 E.
DELEPOUVE	Vice-président au tribunal de 1re instance d'Amiens. 28 ans de service	83 E.
DELÉTOILLE	Juge suppléant près le tribunal de 1re instance de Béthune. 6 ans de service	83 E (v).
DELILE-MANIÈRE	Substitut du procureur de la République près le tribunal de 1re instance de Blaye. 5 ans de service	80 C (d).
DELIONS	Juge au tribunal de 1re instance d'Auxerre. 24 ans de service	83 E.
DELLAC	Conseiller à la cour d'appel de Montpellier. 36 ans de service	83 E.
DELLAS	Juge au tribunal de 1re instance de Mirande. 3 ans de service	81 C.
DELMAS	Juge au tribunal de 1re instance de Céret. 10 ans de service	83 E.
DELOYNE	Juge suppléant près le tribunal de 1re instance de Blois	83 M.
DELUGIN	Président du tribunal de 1re instance de Ribérac. 18 ans de service	83 E.
DELVINCOURT	Juge au tribunal de 1re instance de Péronne. 10 ans de service	82 H.
DEMANGEAT	Procureur de la République près le tribunal de première instance de Lannion. 13 ans de Service	83 Dev.
DEMONTZEY	Président du tribunal de 1re instance de Nançy. 28 ans de service	83 E.
DENARIÉ	Conseiller à la cour d'appel de Chambéry. 38 ans de service	83 E.
DENAT	Juge au tribunal de 1re instance d'Albi. 18 ans de service	82 Dev.
DEPIOT	Substitut du procureur de la République près le tribunal de 1re instance d'Angoulême. 13 ans de service	80 C (d).
DEPOMMIER	Juge au tribunal de 1re instance d'Annecy. 23 ans de service	83 E.
DEROME	Président de chambre à la cour d'appel de Rennes. 32 ans de service	83 E.
DEROUET	Substitut du procureur de la République près le tribunal de 1re instance de Vendôme. 6 ans de service	80 C.
DESARNAUTS	Président de chambre à la cour d'appel de Toulouse. 35 ans de service	83 E.
DESAZARS	Procureur de la République près le tribunal de 1re instance d'Albi. Nommé à Saint-Flour, non acceptant. 18 ans de service	79 R.
DESCHAMPS	Procureur de la République près le tribunal de 1re instance de Bayeux. 15 ans de service	80 C (d).
DESCHAMPS	Juge suppléant près le tribunal de 1re instance d'Orléans. 4 ans de service	80 C (d).
DESCHAMPS	Juge suppléant près le tribunal de 1re instance de Bône. 1 an de service	80 C (d).
DESCHAMPS	Conseiller à la cour d'appel d'Orléans 37 ans de service	83 E.
DESCHEIZES	Substitut du procureur de la République près le tribunal de 1re instance de Guéret. 8 ans de service	80 C (d.)
DESCHOTT	Substitut du procureur de la République près le tribunal de 1re instance de Montmédy. 1 an de service	80 C (d).
DESJARDINS	Substitut du procureur de la République près le tribunal de 1re instance de la Seine. 13 ans de service	79 R.
DESJARDINS	Juge suppléant près le tribunal de 1re instance de Lille. 8 ans de service	83 E (v).
DESMYTTÈRE	Substitut du procureur de la République près le tribunal de 1re instance de Boulogne. 6 ans de service	80 C (d).
DESPATYS	Substitut du procureur de la République près le tribunal de 1re instance de la Seine. 15 ans de service	79 R.
DESPLAGNES	Procureur de la République à Grenoble. Nommé substitut du procureur général près la cour d'appel de Chambéry, non acceptant. 21 ans de service	78 D.
DESROCHES	Juge au tribunal de 1re instance de Brive. 6 ans de service	83 E.
DESSERTEAUX	Substitut du procureur de la République près le tribunal de 1re instance de Dijon. 7 ans de service	80 C (d)
DESVERGNES-LAFONT-FAYE	Président du tribunal de 1re instance de Chambon. 25 ans de service	83 E.
DETOURBET	Avocat général près la cour d'appel d'Amiens. 14 ans de service	80 C (d).
DETROGES	Juge suppléant près le tribunal de 1re instance de Riom. 4 ans de service	79 R.
DEVIENNE	Conseiller à la cour d'appel de Lyon. 24 ans de service	83 E.
DEVIMEUX	Avocat général près la cour de Bourges. 11 ans de service	80 C (d).
DIFFRE	Procureur général près la cour d'appel de Toulouse. 30 ans de service	79 R.
DIGNAC	Procureur à Castelsarrazin, Nommé procureur de la République près le tribunal de 1re instance de Sétif, non acceptant. 10 ans de service	79 R.
DISSANDES-LAVILLATTE	— Procureur de la République près le tribunal de 1re instance de Montluçon. 16 ans de service	79 R.
DODOZ	Président du tribunal de 1re instance d'Avallon. 19 ans de service	83 E.
DOÉ DE MAINDREVILLE	Président du tribunal de 1re instance de Dunkerque. 31 ans de service.	83 E.
DOLLIEULES	Substitut du procureur de la République près le tribunal de 1re instance de Sétif. 3 ans de service	80 C.
DOMENECH	Substitut à Carcassonne. Nommé substitut du procureur de la République près le tribunal de 1re instance de Blidah, non acceptant. 9 ans de service	79 R.
DOMENGET	Juge au tribunal de première instance de Bergerac. 29 ans de service	80 E.
DOMPIERRE	Substitut du procureur de la République près le tribunal de 1re instance de Boulogne	80 C (d).
DONCIEUX	Vice-président au tribunal de 1re instance de Valence. 23 ans de service	83 E.
DOREAU	Juge suppléant près le tribunal de 1re instance de Mamers	80 C.
DOUHET DE VILLOSSANGES (de)	Avocat général près la cour d'appel de Riom. 19 ans de service	80 C (d).
DOURDAN	Juge suppléant près le tribunal de 1re instance de Libourne	78 D.

DRAGON DE GOMIÉCOURT. Substitut du procureur de la République près le tribunal de 1re instance de Castelsarrazin. 3 ans de service ... 78 D.

DROINEAUX ... Juge suppléant près le tribunal de 1re instance du Mans. 8 ans de service ... 83 E (o).

DUBARLE ... Substitut du procureur de la République près le tribunal de 1re instance de Troyes. 7 ans de service ... 80 C (d).

DUBÉDAT ... Conseiller à la cour d'appel de Toulouse. 35 ans de service ... 83 E.

DUBÉDOUT ... Juge au tribunal de 1re instance à Saint-Sever. 18 ans de service ... 83 E.

DUBÉZIN ... Conseiller à la cour d'appel d'Orléans. 27 ans de service ... 83 E.

DUBOIS ... Substitut du procureur général près la cour d'appel de Paris. 18 ans de service. 80 C (d).

DUBOIS ... Conseiller à la cour de Bourges. 20 ans de service ... 83 E.

DUBOIS ... Président du tribunal de 1re instance de Châteauroux. 33 ans de service ... 83 E.

DUBOIS DES TERMES Juge suppléant près le tribunal de 1re instance de Poitiers ... 82 C.

DUBOSQ ... Substitut du procureur de la République près le tribunal de 1re instance de Cognac. 10 ans de service ... 80 C (d).

DUBOURG ... Juge au tribunal de 1re instance de Caen. 20 ans de service ... 83 E.

DUBOZ ... Conseiller à la cour d'appel de Besançon. 22 ans de service ... 83 E.

DUBREUIL ... Nommé substitut du procureur de la République près le tribunal de 1re instance de Lodève, non acceptant ... 80 C (d).

DUBRON ... Avocat général près la cour d'appel de Nîmes. 11 ans de service ... 80 C (d).

DUCHAMP ... Procureur de la République près le tribunal de 1re instance de Moissac. 12 ans de service ... 79 R.

DUCHAPLET DE MAILLEBOIS. Juge au tribunal de 1re instance de Dreux. 6 ans de service ... 83 E.

DUCHASTENIER ... Procureur général près la cour d'appel d'Angers. 23 ans de service ... 79 R.

DUCHON ... Juge suppléant près le tribunal de 1re instance de Marennes. 3 ans de service ... 80 C.

DUCOMBEAU ... Juge au tribunal de 1re instance de Rochechouart. 19 ans de service ... 83 E (o).

DUDOUIT ... Substitut du procureur de la République près le tribunal de 1re instance d'Oran. 81 C.

DUFAUR DE GAVARDIE. Conseiller à la cour d'appel de Pau. 35 ans de service ... 83 E.

DUFAY ... Juge au tribunal de 1re instance de Beaune. 20 ans de service ... 83 E.

DUFORT ... Juge au tribunal de 1re instance de Barcelonnette. 2 ans de service ... 80 C (d).

DUFOUR ... Substitut du procureur de la République près le tribunal de 1re instance de Narbonne. 19 ans de service ... 80 C (d).

DUFOUR ... Juge au tribunal de 1re instance de Toulouse. 28 ans de service ... 83 E.

DUFOUR D'ASTAFORT. Substitut du procureur général près la cour d'appel de Poitiers. 10 ans de service ... 80 C.

DUFOUR DE LA THUILLERIE. Juge suppléant près le tribunal de 1re instance de Domfront. 4 ans de service ... 82 Dev.

DUFOURCET ... Juge au tribunal de 1re instance de Dax. 11 ans de service ... 83 E.

DULIÈGE ... Avocat général près la cour d'appel de Bourges. 15 ans de service ... 80 C (d).

DULONG DE ROSNAY. Substitut du procureur de la République près le tribunal de 1re instance de Vienne. 5 ans de service ... 80 C.

DUMANS ... Substitut du procureur de la République près le tribunal de 1re instance de La Flèche. 3 ans de service ... 80 C (d).

DUMAREST ... Substitut du procureur de la République près le tribunal de 1re instance de Saint-Étienne. 8 ans de service ... 79 R.

DUMAS ... Substitut du procureur de la République près le tribunal de 1re instance de Châteaudun. 5 ans de service ... 81 C.

DUMAS ... Juge suppléant près le tribunal de 1re instance de Saint-Yrieix ... 83 E (o).

DUMAS ... Juge suppléant près le tribunal de 1re instance de Rambouillet. 7 ans de service. 83 E (o).

DUMAY ... Juge au tribunal de 1re instance d'Autun. 15 ans de service ... 83 E.

DUMÉRIL ... Juge au tribunal de 1re instance de Moulins. 12 ans de service ... 83 E.

DUMONT ... Procureur de la République près le tribunal de 1re instance d'Angers. 10 ans de service ... 80 C (d).

DUNAL ... Avocat général près la cour d'appel de Montpellier. 20 ans de service ... 83 E (o).

DUNOYER ... Juge au tribunal de 1re instance de Vendôme. 13 ans de service ... 83 E.

DUPASQUIER ... Substitut du procureur de la République près le tribunal de 1re instance d'Annecy. 6 ans de service ... 80 C (d).

DUPIN DE LA FORCADE. Procureur de la République près le tribunal de 1re instance de Condom. 2 ans de service ... 79 R.

DUPONT ... Conseiller à la cour d'appel de Caen. 31 ans de service ... 83 E.

DUPORT ... Juge suppléant près le tribunal de 1re instance de Lyon. 9 ans de service ... 83 E (o).

DUPRAY DE LA MAHÉRIE. Conseiller à la cour d'appel de Caen. 33 ans de service ... 83 E.

DUPRÉ-LATOUR ... Substitut du procureur de la République près le tribunal de 1re instance de Toulon. 6 ans de service ... 80 C (d).

DUPUY ... Avocat général près la cour d'appel d'Aix. 15 ans de service ... 80 C (d).

DUPUY ... Juge au tribunal de 1re instance de Cahors. 31 ans de service ... 83 E.

DUPUY DE QUÉRIZIEUX. Juge au tribunal de 1re instance de Bourg. 7 ans de service ... 83 E (o).

DURAND ... Juge suppléant près le tribunal de 1re instance de Louhans. 13 ans de service ... 79 R.

DURAND ... Juge suppléant près le tribunal de 1re instance de Poitiers. 21 ans de service ... 83 E (o).

DURANTI-LACALADE (de). Conseiller à la cour d'appel d'Aix. 33 ans de service ... 83 E.

DURBAN ... Juge suppléant près le tribunal de 1re instance de Muret. 31 ans de service ... 81 C.

DUSSAUX ... Juge au tribunal de 1re instance de Tizi-Ouzou. Nommé substitut à Constantine, non acceptant. 4 ans de service ... 83 M.

DUTEMPLE ... Juge suppléant près le tribunal de 1re instance de Cambrai ... 82 H.

DUTERTRE ... Juge au tribunal de 1re instance de Dinan. 26 ans de service ... 83 E.

DUTOUR ... Conseiller à la cour d'appel de Pau. 33 ans de service ... 83 E.

E

EMBLARD ... Juge au tribunal de 1re instance de Saint-Marcellin. 10 ans de service ... 82 H.

EPARVIER ... Avocat général près la cour d'appel de Riom. 15 ans de service ... 80 C (d).

ERNAULT D'ORVAL. Juge au tribunal de 1re instance de Valognes. 24 ans de service ... 83 E.

ERNOUL DE LA CHÊNELIÈRE. Juge au tribunal de 1re instance de Saint-Brieuc, 28 ans de service ... 83 E

ESPINAY (d') ... Conseiller à la cour d'appel d'Angers. 28 ans de service ... 83 E.

ESPOURRIN (d') ... Juge au tribunal de 1re instance de Tarbes. 16 ans de service ... 83 E.

ESTIVALS ... Juge suppléant près le tribunal de 1re instance de Villefranche (Aveyron) ... 81 C.

EVRARD ... Juge suppléant près le tribunal de 1re instance de Saint-Omer ... 82 Dev.

EYCHÈNE ... Juge suppléant près le tribunal de 1re instance de Toulouse. 4 ans de service. 78 D.

EYRAGUES (d') ... Substitut du procureur de la République près le tribunal de 1re instance d'Argentan. 3 ans de service ... 80 C (d).

EYSSELLE ... Substitut du procureur de la République près le tribunal de 1re instance d'Apt. 3 ans de service ... 80 C (d).

F

FABRE ... Substitut du procureur de la République près le tribunal de 1re instance d'Aix. 1 an de service ... 80 C (d).

FABRE ... Juge au tribunal de 1re instance de Draguignan. 21 ans de service ... 83 E.

FABRE ... Juge au tribunal de 1re instance de Millau. 16 ans de service ... 83 E.

FABRE DE LA BÉNODIÈRE. Conseiller à la cour d'appel de Bordeaux. 27 ans de service ... 83 E.

FACHARD ... Juge au tribunal de 1re instance de Lure. 11 ans de service ... 83 E (o).

FALGOT ... Juge suppléant près le tribunal de 1re instance de Lavaur. 5 ans de service ... 82 H.

FALIGAN ... Président du tribunal de 1re instance de Cholet. 13 ans de service ... 83 E.

FALVELLY (de) ... Juge au tribunal de 1re instance d'Aurillac. 24 ans de service ... 83 E.

FAUCHE ... Substitut du procureur de la République près le tribunal de 1re instance de Reims. 13 ans de service ... 80 C.

FAUDON ... Conseiller à la cour d'appel de Nîmes. 31 ans de service ... 83 E.

FAUGIER ... Juge au tribunal de 1re instance de Vienne. 18 ans de service ... 83 E

FAULQUIER ... Juge suppléant près le tribunal de 1re instance de la Seine. 14 ans de service. 83 E (o).

FAURE ... Président du tribunal de 1re instance de Valence. 30 ans de service ... 83 E.

FAURE.............. Juge au tribunal de 1re instance de Saint-Marcellin. 14 ans de service...... 83 E.

FAURE.............. Juge au tribunal de 1re instance de Toulouse. 29 ans de service.............. 83 E.

FAURE-BEAULIEU.. Conseiller à la cour d'appel d'Agen. 20 ans de service.............................. 83 E.

FAVRE-GILLY....... Conseiller à la cour d'appel de Grenoble. 27 ans de service........................ 83 E.

FAYE............... Substitut du procureur de la République près le tribunal de 1re instance de Bordeaux. 12 ans de service.............. 79 R.

FEILDEL........... Président du tribunal de 1re instance de Paimbœuf. 24 ans de service........... 83 E.

FÉRAND............ Procureur de la République près le tribunal de 1re instance de Saintes. 14 ans de service.............................. 79 R.

FÉRAUDIÈRE (de la). Conseiller à la cour d'appel d'Angers. 21 ans de service........................ 83 E.

FERLET............ Président du tribunal de 1re instance de Bar-sur-Seine. 17 ans de service...... 83 E.

FERMÉ............. Juge suppléant près le tribunal de 1re instance de Saumur. 7 ans de service.. 82 Dev.

FINAS-DUPLAN..... Procureur de la République près le tribunal de 1re instance de Chambéry. 17 ans de service........................ 79 R.

FLAMAND.......... Substitut du procureur de la République près le tribunal de 1re instance de Versailles.............................. 80 C (*d*).

FLAMAND.......... Nommé substitut du procureur de la République près le tribunal de 1re instance de Neufchâtel, non acceptant.......... 78 D.

FLEURY............ Juge au tribunal de 1re instance de Caen. 22 ans de service........................ 83 E.

FLEURY............ Juge au tribunal de 1re instance d'Alençon. 27 ans de service........................ 83 E.

FLOUEST........... Procureur général près la cour d'appel d'Orléans. 26 ans de service............ 80 C.

FOISIL............. Juge au tribunal de 1re instance de Coutances. 7 ans de service............... 83 E.

FONTAINE DE RESBECQ (de). Procureur de la République près le tribunal de 1re instance de Poitiers. 14 ans de service........................ 79 R.

FONTANT.......... Juge au tribunal de 1re instance de Rochefort. 27 ans de service................ 83 E.

FORAY............. Juge suppléant près le tribunal de 1re instance de Lyon. 10 ans de service.... 81 C.

FORCADE (de)...... Conseiller à la cour d'appel de Bordeaux. 29 ans de service........................ 83 E.

FOREST............ Juge suppléant près le tribunal de 1re instance d'Oloron...................... 81 C.

FORTIER-MAIRE.... Procureur général près la cour d'appel de Poitiers. 20 ans de service............ 79 R.

FORTUNET......... Juge au tribunal de 1re instance de Carpentras. 35 ans de service............. 83 E.

FOUCQUETEAU..... Substitut du procureur général près la cour d'appel d'Orléans. 17 ans de service.............................. 80 C (*d*).

FOUQUERAY........ Juge suppléant près le tribunal de 1re instance du Mans. 6 ans de service..... 83 E (*v*).

FOURCHY.......... Avocat général près la cour d'appel de Paris. 25 ans de service................ 80 C.

FOURNÈS.......... Substitut du procureur de la République près le tribunal de 1re instance de Foix 3 ans de service........................ 80 C (*d*).

FOURNIÉ........... Président du tribunal de 1re instance d'Auch. 28 ans de service.............. 83 E.

FOURNIÉ........... Juge suppléant près le tribunal de 1re instance de Lombez. 20 ans de service. 83 E (*v*).

FOURNIER.......... Juge suppléant près le tribunal de 1re instance de Marseille. 2 ans de service. 81 C.

FOURNIER.......... Conseiller à la cour d'appel d'Angers. 30 ans de service........................ 83 E.

FOURNIER.......... Juge suppléant près le tribunal de 1re instance de Château-Gontier.......... 83 E (*v*).

FOURTANIER....... Juge suppléant près le tribunal de 1re instance de Villefranche (Hte-Garonne). 15 ans de service........................ 83 M.

FRABOULET........ Juge au tribunal de 1re instance de Saint-Brieuc. 20 ans de service............. 83 E.

FRANÇOIS.......... Juge suppléant près le tribunal de 1re instance de Lunéville................... 79 R.

FRANÇOIS-SAINT-MAUR. Président de chambre à la cour de Pau. 35 ans de service............... 83 E.

FREMAUX.......... Substitut du procureur de la République près le tribunal de Compiègne. 8 ans de service.............................. 82 H.

FRÉREJOUAN DU SAINT. Substitut du procureur de la République près le tribunal de 1re instance d'Aubusson. 4 ans de service.......... 80 C (*d*).

FRESSANGES-DUBOST. Substitut du procureur de la République près le tribunal de 1re instance de Nantua. 3 ans de service.............. 79 R.

FRIZEL............. Juge suppléant près le tribunal de 1re instance de Tarascon. 4 ans de service. 82 C.

FROIDEFOND DES FARGES (de). Procureur de la République près le tribunal de 1re instance de Versailles. 17 ans de service............... 80 C (*d*).

FROISSART......... Procureur général près la cour d'appel de Limoges. 19 ans de service............ 80 C (*d*).

FROMENT.......... Procureur de la République près le tribunal de 1re instance de Nancy....... 78 D.

FROMENTEL (de)... Substitut du procureur de la République près du tribunal de 1re instance d'Hazebrouck. 8 ans de service............... 80 C (*d*).

FURNE............. Juge suppléant près le tribunal de 1re instance d'Hazebrouck. 8 ans de service. 81 C.

FUSIER-HERMANN. Procureur de la République près le tribunal de 1re instance de Segré. 7 ans de service.............................. 80 C (*d*).

FUYE (de la)....... Substitut du procureur de la République près le tribunal de 1re instance de la Seine. 20 ans de service.............. 80 C (*d*).

FUZELIER.......... Juge au tribunal de 1re instance de Cherbourg. 21 ans de service............... 78 D.

G

GABRIELLI......... Substitut du procureur de la République près le tribunal de 1re instance de Bastia. 1 an de service.................... 78 D.

GABRIELLI (de)..... Procureur général près la cour de Bordeaux. 28 ans de service............. 79 R.

GAGON............. Président du tribunal de 1re instance de St-Brieuc, 37 ans de service.......... 83 E.

GAILLARD.......... Conseiller à la cour d'appel de Bordeaux. 29 ans de service........................ 83 E.

GAILLARD de la DIONNERIE. Conseiller à la cour d'appel de Poitiers. 32 ans de service............ 83 E.

GAILLARD de la DIONNERIE. Président du tribunal de 1re instance de Fontenay. 28 ans de service. 83 E.

GAIN............... Procureur de la République près le tribunal de 1re instance de Bordeaux. 15 ans de service........................ 80 C.

GALONIÉ de MIREMONT. Juge suppléant près le tribunal de 1re instance de Lodève. 9 ans de service. 83 M.

GALTIER........... Juge suppléant près le tribunal de 1re instance de Castres........................ 80 C (*d*).

GAND.............. Juge au tribunal de 1re instance de Lille. 21 ans de service........................ 83 E (*v*).

GANDAILLIER (*)... Procureur de la République près le tribunal de 1re instance d'Orange. Révoqué.............................. 83 M.

GARDELLE......... Substitut du procureur général près la cour d'appel de Pau. 12 ans de service. 80 C (*d*).

GARDIN de la BOURDONNAYS. Juge au tribunal de 1re instance de Brest. 28 ans de service...... 83 E.

GARÈS............. Juge suppléant près le tribunal de 1re instance de Bagnères........................ 80 C.

GARNIER........... Juge suppléant près le tribunal de 1re instance de Forcalquier.................. 79 R.

GARNIER........... Juge suppléant près le tribunal de 1re instance de Saintes........................ 79 R.

GARNIER........... Procureur de la République près le tribunal de 1re instance de Lourdes. 11 ans de service.............................. 80 C (*d*).

GARNIER de LABAREYRE. Juge au tribunal de 1re instance de Valence. 25 ans de service.......... 83 E.

GARRELON......... Juge au tribunal de 1re instance de Mont-de-Marsan. 13 ans de service.......... 83 E.

GAS................ Substitut du procureur de la République près le tribunal de 1re instance d'Aurillac, nommé juge au Puy, non acceptant.............................. 83 E (*v*).

GAUBAN............ Procureur à Sarlat, nommé procureur de la République près le tribunal de 1re instance de Prades, non acceptant. 9 ans de service.............................. 78 D.

GAUCHET........... Juge suppléant près le tribunal de 1re instance d'Avesnes, 6 ans de service..... 83 E (*v*).

GAUDIANI.......... Juge au tribunal de 1re instance de Calvi. 23 ans de service........................ 83 E.

GAUDRON.......... Juge au tribunal de 1re instance de Blois. 23 ans de service........................ 83 E.

GAUDRY............ Juge au tribunal de première instance de Sétif. 4 ans de service................. 79 R.

GAULNIER.......... Juge au tribunal de 1re instance de Bourges. 25 ans de service........................ 83 E.

GAULTIER des BORDES. Substitut du procureur de la République près le tribunal de 1re instance de la Seine. 19 ans de service......... 79 R.

GAULTIER de la FERRIÈRE. Avocat général près la cour d'appel de Rouen. 14 ans de service........ 80 C (*d*).

GAULTIER de St-PAULET. Procureur de la République près le tribunal de 1re instance de Thonon. 9 ans de service........................ 80 C.

GAUSSORGUES (*).. Substitut du procureur de la République près le tribunal de 1re instance d'Orange.............................. 83 N.

(*) MM. Gandaillier et Gaussorgues étaient d'ardents républicains qui ont quitté la magistrature parce qu'ils ne pouvaient supporter plus longtemps les procédés malséants et tyranniques dont ils étaient l'objet; la révocation du premier et la démission du second ont donné lieu devant la Chambre à une vive discussion.

GAUTHRY.......... Juge suppléant près le tribunal de 1re instance de Sens. 11 ans de service....... 80 C (d).

GAUTIER.......... Juge au tribunal de 1re instance de Chambon. 9 ans de service.................. 83 E.

GAUTRET.......... Nommé juge suppléant près le tribunal de 1re instance de Jonzac, non acceptant.................. 83 Dev.

GAVOT.......... Vice-président au tribunal de 1re instance de Nice. 23 ans de service.............. 83 E.

GAYET.......... Substitut du procureur de la République près le tribunal de Grenoble. 11 ans de service.................. 79 R.

GAYTOU.......... Conseiller à la cour d'appel de Toulouse. 32 ans de service.................. 83 E.

GAZEAU.......... Substitut à La Flèche, nommé substitut du procureur de la République près le tribunal de 1re instance de Charolles, non acceptant. 5 ans de service...... 79 R.

GELCEN (de).......... Juge suppléant près le tribunal de 1re instance de Prades. 27 ans de service..... 82 Dev.

GÉLINEAU.......... Substitut du procureur de la République près le tribunal de 1re instance de Ruffec, 4 ans de service.................. 80 C (d).

GÉNIEIS.......... Procureur de la République près le tribunal de Villefranche (Aveyron). 11 ans de service.................. 80 C.

GENSSE.......... Procureur de la République près le tribunal de 1re instance de Senlis. 11 ans de service.................. 80 C (d).

GENTIL de ROSIER. Procureur de la République près le tribunal de 1re instance d'Ussel. 15 ans de service.................. 83 M.

GÉRARDIN.......... Conseiller à la cour d'appel de Nancy. 32 ans de service.................. 83 E.

GÉRIN.......... Conseiller à la cour d'appel de Paris. 32 ans de service.................. 83 E.

GERVAIS.......... Substitut du procureur de la République près le tribunal de 1re instance de Mont-de-Marsan. 1 an de service.......... 80 C (d).

GERVAIS d'ALDIN.. Juge au tribunal de 1re instance de Péronne. 25 ans de service.............. 78 D.

GESBERT de la NOE-SEICHE. Président de chambre à la cour d'appel de Rouen. 25 ans de service... 83 E.

GIAMARCHI.......... Conseiller à la cour d'appel de Bastia. 30 ans de service.................. 83 E.

GIBERT.......... Juge au tribunal de 1re instance de Saint-Flour. 10 ans de service.............. 83 E.

GIBERT.......... Juge au tribunal de 1re instance de Saumur. 20 ans de service .... 83 E.

GIGOUNOUS de VERDON. Substitut du procureur général près la cour de Bourges. 7 ans de service... 80 C.

GIMELLE.......... Président de chambre à la cour d'appel de Chambéry. 31 ans de service....... 83 E.

GINOT.......... Juge suppléant près le tribunal de 1re instance de Poitiers. 17 ans de service... 83 E (o).

GIRARDON.......... Substitut du procureur de la République près le tribunal de 1re instance de Saint-Jean-de-Maurienne. 2 ans de service... 80 C (d).

GIRAUT.......... Conseiller à la cour d'appel d'Angers, 20 ans de service.................. 83 E.

GIRON.......... Président du tribunal de 1re instance d'Alais. 21 ans de service.............. 83 E.

GIVORD.......... Substitut du procureur de la République près le tribunal de 1re instance de Bonneville.................. 79 R.

GLANDAZ.......... Conseiller à la cour d'appel de Paris. 26 ans de service.................. 83 E.

GLOS (de).......... Conseiller à la cour d'appel de Grenoble. 32 ans de service.................. 83 E.

GODARD.......... Président du tribunal de 1re instance de Bayeux. 27 ans de service.............. 83 E.

GODELLE.......... Avocat général près la cour de cassation. 22 ans de service.................. 78 D.

GODEMEL.......... Juge suppléant près le tribunal de 1re instance de Gannat.................. 81 C.

GODINEAU.......... Juge suppléant près le tribunal de 1re instance de Lesparre. 14 ans de service... 81 C.

GOIN.......... Juge au tribunal de 1re instance d'Autun. 7 ans de service.................. 78 D.

GOIRAND de la BAUME. Juge au tribunal de 1re instance de Nîmes. 19 ans de service.............. 83 E.

GOIZET.......... Juge suppléant au tribunel de 1re instance de Cholet.................. 83 E (o).

GOLBÉRY.......... Juge suppléant près le tribunal de 1re instance de St-Dié. 6 ans de service...... 83 E (c).

GONDALLIER de TUGNY. Président du tribunal de 1re instance de Soissons. 31 ans de service......... 83 E.

GORCE (de la)....... Procureur de la République près le tribunal de 1re instance de Douai. 14 ans de service.................. 80 C (d).

GORCE (de la)....... Substitut du procureur de la République près le tribunal de 1re instance de Saint-Omer. 9 ans de service.............. 80 C (d).

GORRSSE (de)....... Président du tribunal de 1re instance d'Albi. 21 ans de service.............. 83 E.

GOTTERON.......... Juge suppléant près le tribunal de 1re instance d'Angoulême. 3 ans de service... 79 R.

GOUJET.......... Conseiller à la cour d'appel de Dijon. 9 ans de service.................. 83 E.

GOUIN.......... Procureur de la République près le tribunal de 1re instance de Jonzac. 8 ans de service.................. 82 H.

GOURDET.......... Substitut du procureur général près la cour d'appel d'Aix. 9 ans de service... 80 C (d).

GOURDIN.......... Juge au tribunal de 1re instance de La Roche-sur-Yon. 9 ans de service....... 83 E.

GOUTARD.......... Nommé substitut du procureur de la République près le tribunal de 1re instance d'Argentan, non acceptant.............. 81 C.

GOYBET.......... Conseiller à la cour d'appel de Chambéry. 25 ans de service.................. 83 E.

GRAHAM.......... Juge au tribunal de 1re instance de Guéret. 17 ans de service.................. 83 M.

GRANDIÈRE (de la). Procureur à St-Sever, nommé procureur de la République près le tribunal de 1re instance de Mamers, non acceptant. 12 ans de service.................. 82 H.

GRANIÉ.......... Conseiller à la cour d'appel de Toulouse. 32 ans de service.................. 83 E.

GRATTERY.......... Vice-président au tribunal de 1re instance de la Seine. 21 ans de service .... 83 E.

GRAVILLE.......... Juge suppléant près le tribunal de 1re instance de Nevers.................. 83 E (o).

GRÉAU.......... Substitut du procureur de la République près le tribunal de 1re instance de Montreuil. 1 an de service.............. 80 C (d).

GRELLET.......... Juge près le tribunal de 1re instance de Lavaur. 26 ans de service.............. 80 C (d).

GRELLICHE.......... Conseiller à la cour de Riom. 34 ans de service.................. 83 E.

GRELLIER-POUGEARD. Président du tribunal de 1re instance de Cognac. 23 ans de service.......... 83 E.

GRENIER de CARDENAL. Substitut du procureur de la République près le tribunal de 1re instance de Cahors. 6 ans de service.......... 80 C (d).

GRÉPAT.......... Juge au tribunal de 1re instance de Nantua. 13 ans de service.............. 83 E.

GRÉVIN.......... Avocat général près la cour d'appel de Douai. 16 ans de service.............. 80 C (d).

GRIFFATON.......... Vice-président au tribunal de 1re instance du Mans. 31 ans de service.......... 83 E.

GRIFFOND.......... Juge au tribunal de 1re instance de Baume. 13 ans de service.................. 83 E.

GRIMARDIAS.......... Juge au tribunal de 1re instance de Montdidier. 7 ans de service.............. 80 C (d).

GRIMAUD.......... Vice-président au tribunal de 1re instance de St-Marcellin. 39 ans de service.... 83 E.

GRIVEAU.......... Procureur de la République près le tribunal de 1re instance du Puy. 9 ans de service.................. 80 C (d).

GRONNIER.......... Procureur de la République près le tribunal de 1re instance de St-Omer. 10 ans de service.................. 80 C (d).

GROS.......... Conseiller à la cour d'appel de Chambéry. 39 ans de service.................. 83 E.

GROUSSET.......... Substitut du procureur de la République près le tribunal de 1re instance de Nîmes. 11 ans de service.............. 80 C (d).

GROUSSOU (de)..... Substitut du procureur général près la cour d'appel d'Agen. 14 ans de service. 80 C (d).

GRUET-MASSON.... Président du tribunal de 1re instance de St-Claude. 28 ans de service.......... 83 E.

GUÉHEN.......... Juge au tribunal de 1re instance d'Auch. 12 ans de service.................. 83 E.

GUENOT.......... Président du tribunal de 1re instance de Louhans. 30 ans de service.......... 83 E.

GUÉRIN de VAUX... Procureur de la République près le tribunal de 1re instance de Ste-Menehould. 14 ans de service.................. 83 Dev.

GUÉRIN du GRAND LAUNAY. Juge au tribunal de 1re instance de Nantes. 23 ans de service.......... 83 E.

GUERQUIN.......... Juge au tribunal de 1re instance de Charleville. 14 ans de service.............. 81 C.

GUESNIER.......... Juge au tribunal de 1re instance de Rouen. 22 ans de service.................. 83 E.

GUÈZE.......... Procureur de la République près le tribunal de 1re instance de Lavaur. 10 ans de service.................. 80 C (d).

GUEZET-DUCOUDRAY. Vice-président au tribunal de 1re instance d'Avranches. 9 ans de service... 83 E.

GUIBAT.......... Juge au tribunal de 1re instance du Vigan. 16 ans de service.................. 83 M.

GUIBOURG.......... Président du tribunal de 1re instance de Nantes. 5 ans de service.............. 83 E.

GUILHOU.......... Juge au tribunal de 1re instance de Tizi-Ouzou.................. 78 D.

GUILLARD.......... Procureur de la République près le tribunal de 1re instance de la Réole, nommé à Digne, non acceptant. 11 ans de service.................. 80 C.

GUILLAUME........ Substitut du procureur de la République près le tribunal de 1re instance de Rennes. 7 ans de service............. 80 C(*d*)

GUILLAUME...... Juge suppléant près le tribunal de 1re instance de St-Mihiel. 8 ans de service.. 80 C(*d*).

GUILLAUME de SAUVILLE. Procureur à Bar-sur-Seine, nommé procureur de la République près le tribunal de 1re instance de Mortain, non acceptant. 7 ans de service........... 79 R.

GUILLAUMIN....... Substitut du procureur général près la cour d'appel de Bordeaux. 15 ans de service.............................. 80 C(*d*).

GUILLAUMIN..... Juge suppléant au tribunal de 1re instance de Bonneville.......................... 80 C(*d*).

GUILLE-DESBUTTES. Conseiller à la cour d'appel d'Orléans. 27 ans de service..................... 83 E.

GUILLEMARD....... Juge au tribunal de 1re instance de la Seine. 16 ans de service................ 83 E.

GUILLIBERT....... Conseiller à la cour d'appel d'Aix. 20 ans de service......................... 83 E.

GUILS.............. Juge suppléant près le tribunal de 1re instance de Corte...................... 83 M.

GUIRAL............ Nommé procureur de la République près le tribunal de 1re instance de Louviers, non acceptant....................... 83 M.

GUITTON........... Juge au tribunal de 1re instance de La Roche-sur-Yon. 32 ans de service...... 83 E (*v*).

GUYOT d'AMFREVILLE. Avocat général près la cour d'appel de Limoges. 18 ans de service............ 80 C(*d*).

GUIZARD........... Substitut du procureur de la République près le tribunal de 1re instance de Montpellier, 6 ans de service............... 80 C.

H

HABER.............. Substitut du procureur de la République près le tribunal de 1re instance de Bonneville. 4 ans de service............. 80 C.

HALLO.............. Juge suppléant au tribunal de 1re instance de Draguignan........................ 83 E (*v*).

HANNEQUIN......... Conseiller à la cour d'appel de Nancy. 28 ans de service...................... 83 E.

HANQUEZ........... Procureur de la République près le tribunal de 1re instance de Vervins, nommé à Valenciennes, non acceptant. 14 ans de service.......................... 78 D.

HARDOIN........... Conseiller à la cour d'appel de Paris. 29 ans de service......................... 83 E.

HARDOUIN.......... (1) Directeur des affaires criminelles et des grâces au ministère de la justice. — Sera appelé à d'autres fonctions. — 20 ans de service....................... 77 D.

HARDOUIN......... Substitut du procureur de la République près le tribunal de 1re instance d'Amiens. 8 ans de service.................. 80 C(*d*).

HARDOUIN.......... Conseiller à la cour d'appel de Bourges. 33 ans de service...................... 83 E.

HAUCOUR (d')....... Président du tribunal de 1re instance de Lorient. 25 ans de service............ 83 E.

HAZARD............ Avocat général près la cour d'appel de Caen. 12 ans de service.................. 82 Dev.

HAZARD............ Conseiller à la cour d'appel de Douai. 33 ans de service........................ 83 E.

HÉBERT de la ROUSSELIÈRE. Substitut du procureur de la République près le tribunal de 1re instance de Cholet. 6 ans de service...... 80 C.

HECTOR de ROCHEFONTAINE (d'). Juge suppléant près le tribunal de 1re instance de Belley........ 79 R.

HECTOR de ROCHEFONTAINE (d'). Conseiller à la cour d'appel de Lyon. 29 ans de service........... 83 E.

HÉDOUVILLE (de).. Juge au tribunal de 1re instance d'Abbeville. 9 ans de service................ 83 E.

HÉMAR............. Avocat général près la cour d'appel de Paris. 27 ans de service................. 79 R.

HÉMAR............. Procureur de la République près le tribunal de 1re instance de Chartres. 13 ans de service............................ 80 C.

HENNET de BERNOVILLE. Juge suppléant près le tribunal de 1re instance de Laon. 3 ans de service...................................... 80 C(*d*).

HERBAULT......... Substitut du procureur de la République près le tribunal de 1re instance de Niort. 6 ans de service......................... 81 C.

HERBELOT (d')..... Avocat général près la cour d'appel de Paris. 20 ans de service................ 80 C(*d*).

HERTZ............. Substitut du Procureur de la République près le tribunal de 1re instance de Vouziers................................... 79 R.

HERVO............. Vice-président du tribunal de 1re instance de Nantes. 40 ans de service..... 83 E.

HESSE.............. Procureur de la République près le tribunal de 1re instance de Vervins. 12 ans de service........................... 79 R.

HILAIRE........... Juge au tribunal de 1re instance de Tournon. 8 ans de service................. 83 E.

HIRON.............. Conseiller à la cour d'appel d'Angers. 27 ans de service...................... 83 E.

HOMMEY........... Procureur de la République près le tribunal de 1re instance de Mamers, nommé à St-Sever, non acceptant. 9 ans de service......................... 82 H.

HORVAIS........... Substitut du procureur de la République près le Tribunal de 1re instance de Saint-Calais.............................. 82 Dev.

HOUDAILLE......... Juge suppléant près le tribunal de 1re instance de Pontoise. 5 ans de service.... 81 C.

HOUDAILLE......... Conseiller à la cour d'appel de Nancy. 40 ans de service..................... 83 E.

HOUDAIN (d')....... Juge au tribunal de 1re instance de la Seine. 38 ans de service................ 83 E.

HOUITTE de la CHESNAYE. Substitut du procureur de la République près le tribunal de 1re instance de St-Brieuc. 8 ans de service.. 80 C(*d*).

HOURS............. Substitut du procureur de la République près le tribunal de 1re instance de Gannat. 3 ans de service................... 79 R.

HOUZELOT.......... Juge au tribunal de 1re instance de Bar-le-Duc. 22 ans de service............ 83 E.

HUART.............. Avocat général près la cour d'appel de Besançon. 9 ans de service............ 80 C(*d*).

HUART de VERNEUIL. Procureur de la République près le tribunal de 1re instance d'Issoudun. 14 ans de service............................. 79 R.

HUDELOT........... Juge suppléant au tribunal de 1re instance de Semur. 7 ans de service........... 83 E (*v*).

HUET.............. Juge suppléant au tribunal de 1re instance de Gien. 6 ans de service............. 83 E (*v*).

HUGUET de CHATAUX. Substitut du procureur de la République près le tribunal de 1re instance d'Angers. 5 ans de service....... 79 R.

HUGON............ Juge au tribunal de 1re instance de Nevers. 24 ans de service................ 83 E.

HAYET.............. Substitut du procureur de la République près le tribunal de 1re instance de Romorantin................................ 82 Dev.

I

IMGARBE de LEFFEMBERG. Procureur général près la cour d'appel de Paris. 31 ans de service..... 79 R.

ISOARD de CHENEVILLE (d'). Procureur de la République près le tribunal de 1re instance de Barcelonnette. 8 ans de service........... 80 C.

IZARN.............. Vice-président au tribunal de 1re instance de Cahors. 18 ans de service.......... 83 E.

IZOARD............. Premier président de la cour d'appel de Bordeaux. 37 ans de service.......... 83 E.

J

JAC................ Premier président de la cour d'appel d'Angers. 27 ans de service.............. 83 E.

JACQUEMIN......... Juge suppléant près le tribunal de 1re instance de Dinan. 3 ans de service...... 82 Dev.

JACQUEMIN......... Président du tribunal de 1re instance de Joigny. 23 ans de service.............. 83 E.

JACQUES........... Président du tribunal de 1re instance d'Avignon. 34 ans de service............. 83 E.

JALLASSON......... Procureur à Sancerre, nommé procureur de la République près le tribunal de 1re instance d'Espalion, non acceptant. 4 ans de service......................... 78 D.

JANSELME.......... Juge suppléant près le tribunal de 1re instance de Forcalquier................... 81 C.

JAPIOT............. Procureur de la République près le tribunal de 1re instance de Senlis. 5 ans de service............................... 82 H.

JARRY.............. Substitut du procureur de la République près le tribunal de 1re instance de Mayenne. 3 ans de service............ 80 C(*d*).

JAUCOURT-PERROY. Juge au tribunal de 1re instance de Bazas. 15 ans de service............... 80 C.

JAUFFRET.......... Procureur de la République près le tribunal de 1re instance d'Avallon. 15 ans de service. Nommé à Civray, non acceptant.................................. 80 C.

JEAN.............. Substitut du procureur de la République près le tribunal de 1re instance de Villefranche. 6 ans de service............. 80 C(*d*).

JEANNEQUIN....... Président du tribunal de 1re instance de Lunéville. 36 ans de service........... 83 E.

(1) Est-il besoin de dire que les « autres fonctions », auxquelles on annonçait devoir appeler M. Hardouin, étaient et sont toujours restées, pour lui comme pour tous ceux de la présente liste qui ont été remplacés avec la même promesse, dans les brouillards du Mississipi.

M. Hardouin est le premier en date de la longue série de victimes que les lecteurs ont sous les yeux; il est piquant aujourd'hui de constater que le jour même (18 décembre 1877) où était rendu le décret qui chassait M. Hardouin de ses fonctions au ministère, il en était rendu un autre qui y faisait entrer comme sous-secrétaire d'État... M. Savary ! Cela présageait assez dans quel esprit la prétendue réforme du personnel judiciaire allait s'opérer, et ce premier acte de la République triomphante contenait en germe tous ceux qu'elle a perpétrés depuis, avec un égal discernement, dans le même ordre d'idées.

JEAUFFREAU de LAGÉRIE. Substitut du procureur de la République près le tribunal de 1re instance de Moissac.... 79 R.

JEAUFFREAU de LAGÉRIE. Substitut du procureur de la République près le tribunal de 1re instance de Lourdes.... 82 Dev.

JEAUFFREAU de LAGÉRIE. Conseiller à la cour d'appel de Paris. 22 ans de service.... 83 E.

JOBARD.... Juge suppléant près le tribunal de 1re instance de Pontarlier. 6 ans de service.... 83 E (v).

JOLY de MOIREY.... Juge au tribunal de 1re instance de Melun. 16 ans de service.... 83 E.

JOUOT.... Président du tribunal de 1re instance de Nogent-le-Rotrou. 24 ans de service.... 83 E.

JOURDAIN.... Conseiller à la cour d'appel de Toulouse. 34 ans de service.... 83 E.

JOUSLAIN.... Procureur de la République près le tribunal de 1re instance de Châtellerault. 7 ans de service.... 83 M.

JOUSSET.... Conseiller à la cour d'appel d'Angers. 32 ans de service.... 83 E.

JOYAU.... Substitut du procureur de la République près le tribunal de 1re instance de Vitré. 9 ans de service.... 80 C (d).

JOYET (de).... Juge suppléant près le tribunal de 1re instance de Bourganeuf. 4 ans de service. 79 R.

JULHIET.... Président de chambre à la cour d'appel de Dijon. 33 ans de service.... 83 E.

JULLIEN.... Substitut du procureur de la République près le tribunal de 1re instance de Saint-Quentin. 5 ans de service.... 81 C.

JULLIEN.... Vice-président au tribunal de 1re instance de Reims. 28 ans de service.... 83 E.

JUMEAU.... Juge au tribunal de 1re instance de Melun. 16 ans de service.... 83 E.

JUTIER.... Juge au tribunal de 1re instance de Moulins. 41 ans de service.... 83 E.

K

KESLING (de).... Conseiller à la cour d'appel de Chambéry. 23 ans de service.... 83 E.

KETTERER.... Juge suppléant près le tribunal de 1re instance d'Épernay. 3 ans de service.... 82 Dev.

L

LABAT.... Conseiller à la cour d'appel d'Agen; 30 ans de service.... 83 E.

LABBÉ.... Juge suppléant près le tribunal de première instance de Bayeux.... 82 Dev.

LABORDE.... Procureur de la République près le tribunal de première instance de Villefranche (Hte-Garonne). 7 ans de service.... 79 R.

LABUTRIÉ.... Juge suppléant près le tribunal de première instance de Nontron. 5 ans de service. 82 H.

LACAILLE.... Juge au tribunal de première instance de la Seine. 19 ans de service.... 83 E.

LACARRIÈRE.... Président de chambre à la cour d'appel de Riom. 32 ans de service.... 83 E.

LACASSAGNE.... Juge suppléant près le tribunal de première instance de Lombez.... 83 Dev.

LACOIN.... Substitut du procureur de la République près le tribunal de première instance de Dax. 8 ans de service.... 80 C (d).

LACOINTA.... Avocat général près la cour de cassation. 21 ans de service.... 80 C (d).

LACROIX (de).... Juge suppléant près le tribunal de première instance de Perpignan. 17 ans de service.... 83 E (v).

LACTIVIER (de).... Substitut du procureur de la République près le tribunal de première instance de Nogent-sur-Seine. 6 mois de service.... 80 C (d).

LADEY.... Procureur de la République près le tribunal de première instance de Châlon-sur-Saône. 13 ans de service.... 79 R.

LAFONT.... Juge au tribunal de première instance de Tarascon. 9 ans de service.... 83 E.

LAGARDE.... Président du tribunal de première instance de Lectoure. 22 ans de service.... 83 E.

LAGE DE LOMBRIÈRE (de). Substitut du procureur de la République près le tribunal de première instance d'Auch. 7 ans de service.... 79 R.

LAGRANGE.... Procureur de la République près le tribunal de première instance de Saumur. 15 ans de service.... 80 C (d).

LAGRANGE.... Substitut du procureur de la République près le tribunal de première instance de Lyon. 17 ans de service.... 80 C (d).

LAGREVOL (de).... Substitut du procureur de la République près le tribunal de première instance de Lyon. 17 ans de service.... 80 C (d).

LAHOUGUE.... Président du tribunal de première instance d'Avranches. 23 ans de service.... 83 E.

LAIGNEL.... Conseiller à la cour d'appel de Pau. 29 ans de service.... 83 E.

LAIR.... Conseiller à la cour d'appel d'Angers. 19 ans de service.... 83 E (v).

LAISNÉ.... Juge suppléant près le tribunal de première instance de Lisieux. 9 ans de service.... 79 R.

LAJUDIE (de).... Substitut du procureur de la République près le tribunal de première instance de Montpellier. 12 ans de service.... 80 C.

LALANDE.... Juge suppléant près le tribunal de première instance de Valence. 4 ans de service.... 83 E (v).

LALLEMENT.... Procureur à Verdun, nommé procureur de la République près le tribunal de première instance de Lunéville; non acceptant. 19 ans de service.... 79 R.

LAMARQUE D'ARROUZAT. Président du tribunal de première instance de Verdun. 23 ans de service. 83 E.

LAMBECH.... Juge suppléant près le tribunal de première instance d'Arbois. 3 ans de service.... 80 C (d).

LAMBERT.... Substitut du procureur de la République près le tribunal de première instance d'Angers. 1 an de service.... 80 C (d).

LAMBERT.... Juge au tribunal de première instance de Chaumont. 18 ans de service.... 82 H.

LAMBERT.... Président du tribunal de première instance de Confolens. 33 ans de service.... 83 E.

LAMBERT.... Juge au tribunal de première instance de Nantes. 29 ans de service.... 83 E.

LAMBINET.... Juge au tribunal de première instance de Versailles. 17 ans de service.... 82 H.

LANDEL.... Juge au tribunal de première instance du Mans. 24 ans de service.... 83 E.

LANDEL.... Juge au tribunal de première instance de Châtillon-sur-Seine. 18 ans de service. 83 E.

LANFRANC DE PANTHOU. Procureur général près la cour d'appel d'Agen. 20 ans de service.... 79 R.

LANGLE DE CAREY (de). Juge au tribunal de première instance de Nevers. 16 ans de service.... 83 E.

LANSADE.... Juge suppléant près le tribunal de première instance de Bordeaux. 2 ans de service.... 81 C.

LAPLAGNE-BARRIS. Conseiller à la Cour d'appel de Paris. 40 ans de service.... 83 E.

LAPORTERIE (de).... Juge suppléant près le tribunal de première instance de Pau.... 83 E (c).

LARACINE.... Conseiller à la cour d'appel de Chambéry. 32 ans de service.... 83 E.

LARCHER.... Juge au tribunal de première instance de Beaune. 19 ans de service.... 83 E.

LARNAGE (de).... Juge au tribunal de première instance d'Orange. 10 ans de service.... 82 C.

LAROZE.... Substitut du procureur de la République près le tribunal de première instance de Condom.... 79 R.

LARRALDE-DIUSTÉGUY (de). Président du tribunal de première instance de Bayonne. 30 ans de service.... 83 E.

LARUE.... Juge au tribunal de première instance de Foix. 12 ans de service.... 83 E.

LARUE.... Juge suppléant près le tribunal de première instance de Vervins. 13 ans de service.... 83 E (c).

LASNIER.... Conseiller à la cour d'appel de Riom.... 83 E.

LATOUR.... Juge au tribunal de première instance de Bagnères. 18 ans de service.... 79 R.

LATOUR.... Substitut du procureur de la République près le tribunal de première instance d'Ajaccio. 7 ans de service.... 80 C.

LATOUR-DEJEAN.... Procureur de la République près le tribunal de première instance de Saint-Pons. 13 ans de service.... 83 E (v).

LAURAND.... Juge au tribunal de première instance de Tours. 19 ans de service.... 83 E (v).

LAURENS.... Substitut du procureur de la République près le tribunal de première instance de Lyon. 12 ans de service.... 80 C (d).

LAURENT.... Juge suppléant près le tribunal de première instance de Pithiviers. 3 ans de service.... 80 C (d).

LAURENT.... Juge au tribunal de première instance d'Épinal. 13 ans de service.... 83 E.

LAUTOUR.... Procureur de la République près le tribunal de première instance d'Évreux. 14 ans de service.... 79 R.

LAVAL.... Substitut du procureur général près la cour d'appel de Paris. 9 ans de service. 79 R.

LAVALLÉE.... Juge au tribunal de première instance de Vannes. 14 ans de service.... 83 E.

LAVIELLE.... Président du tribunal de première instance d'Orthez. 21 ans de service.... 83 E.

LAVOISOT.... Juge au tribunal de première instance de Boulogne. 16 ans de service.... 78 D.

LAVONDÈS.... Procureur de la République près le tribunal de première instance de Moutiers. 8 ans de service.... 79 R.

LEBBE.... Juge suppléant près le tribunal de première instance de Condom.... 83 E (c).

LE BESCOND DE COATPONT. Juge suppléant près le tribunal de première instance de Brest. 14 ans de service.... 83 E (c).

LEBON.............. Avocat général près la cour d'appel de Dijon. 14 ans de service.............. 80 C (*d*).

LEBON.............. Conseiller à la cour de Bourges. 31 ans de service.............................. 83 E.

LEBRUN............ Juge suppléant près le tribunal de première instance de Coutances.......... 78 D.

LEBOUCHER........ Procureur de la République près le tribunal de première instance de Nantes. 24 ans de service...................... 80 C (*d*).

LECARUYER DE BEAUVAIS. Juge suppléant près le tribunal de première instance d'Auxerre. 4 ans de service.............................. 81 C.

LECHEVALLIER.... Substitut à Senlis, nommé substitut du procureur de la République près le tribunal de première instance de Château-Thierry; non acceptant. 5 ans de service.............................. 79 R.

LECLERC.......... Substitut du procureur de la République près le tribunal de première instance de Saint-Mihiel. 7 ans de service..... 82 H.

LECOQ.............. Juge suppléant au tribunal de première instance de Bazas. 14 ans de service... 80 C (*d*).

LÉCUREUX......... Procureur de la République près le tribunal de première instance de Roanne. 12 ans de service...................... 80 C (*d*).

LEDDET............ Substitut du procureur de la République près le tribunal de première instance de Mamers. 6 ans de service.......... 83 E (*v*).

LEDÉMÉ............ Substitut du procureur de la République près le tribunal de 1re instance de Saumur. 6 ans de service. Nommé à Lodève, Non acceptant............... 80 C (*d*).

LEFÈVRE........... Substitut du procureur de la République près le tribunal de 1re instance d'Issoudun.............................. 80 C (*d*).

LEFÈVRE........... Vice-président au tribunal de Chartres. 22 ans de service...................... 83 E.

LEGALL DE KERLINOU. Vice-président au tribunal de 1re instance de Rennes. 17 ans de service.............................. 83 E.

LEGAY.............. Conseiller à la cour d'appel de Rouen. 24 ans de service...................... 83 E.

LEGENTIL.......... Juge au tribunal de 1re instance d'Arras. 38 ans de service...................... 83 E.

LEGENTIL.......... Conseiller à la cour d'appel de Rouen. 37 ans de service...................... 83 E.

LEGOUX............ Substitut du procureur général près la cour d'appel de Dijon. 16 ans de service. 80 C (*d*).

LEHAULT DE BAINVILLE. Vice-président au tribunal de 1re instance de Laval. 30 ans de service. 83 E.

LEHOUX............ Juge au tribunal de 1re instance de Laval. 18 ans de service...................... 83 E.

LELEU DE LA SIMONE. Conseiller à la cour d'appel d'Amiens. 28 ans de service...................... 83 E.

LELIÈVRE.......... Président du tribunal de 1re instance d'Angers. 33 ans de service.......... 83 E.

LÉLU.............. Procureur de la République près le tribunal de 1re instance de Laval. Nommé à Tulle. Non acceptant. 13 ans de service. 79 R.

LEMAIGRE.......... Conseiller à la cour d'appel de Limoges. 31 ans de service...................... 83 E.

LEMAIRE........... Juge suppléant près le tribunal de 1re instance de Romorantin. 4 ans de service. 81 C.

LEMAIRE........... Juge suppléant près le tribunal de 1re instance de Saint-Quentin. 7 ans de service. 83 E (*v*).

LEMENUET DE LA JUGANNIÈRE. Conseiller à la cour d'appel de Caen. 29 ans de service.......... 83 E.

LEMONNIER........ Procureur de la République près le tribunal de 1re instance de Rouen. 20 ans de service.............................. 78 D.

LEMOUTIER........ Substitut du procureur de la République près le tribunal de 1re instance de Cholet.............................. 80 C (*d*).

LENOEL............ Juge suppléant près le tribunal de 1re instance de Clermont. 4 ans de service... 79 R.

LENTAIGNE......... Juge au tribunal de 1re instance de Falaise. 8 ans de service...................... 83 E (*v*).

LÉON.............. Président du tribunal de 1re instance de Gien. 31 ans de service.......... 83 E.

LÉONI............. Substitut du procureur de la République près le tribunal de 1re instance de Sartène. 2 ans de service.............. 79 R.

L'ÉPINE........... Juge au tribunal de 1re instance de Beauvais. 20 ans de service.............. 83 E.

LERMIER........... Juge suppléant près le tribunal de 1re instance d'Alençon. 18 ans de service..... 82 Dev.

LEROUGE........... Juge suppléant près le tribunal de 1re instance de Charolles. 4 ans de service... 80 C (*d*).

LE ROUVILLON..... Juge suppléant près le tribunal de 1re instance de Saint-Calais. 15 ans de service. 83 E (*v*).

LEROUX DE BRETAGNE. Président du tribunal de 1re instance de Béthune. 28 ans de service.......... 83 E.

LEROY.............. Conseiller à la cour d'appel de Douai. 27 ans de service...................... 83 E.

LE ROY............. Président du tribunal de 1re instance de Lille. 31 ans de service.............. 83 E.

LESBAUPIN......... Juge au tribunal de 1re instance de Saint-Malo. 11 ans de service.............. 83 E.

LESCOT............ Président du tribunal de 1re instance de Vesoul. 29 ans de service.............. 83 E.

LESOURD........... Substitut du procureur de la République près le tribunal de 1re instance d'Orléans. 9 ans de service...................... 80 C (*d*).

LESPINAS.......... Juge au tribunal de 1re instance de Saint-Yrieix. 6 ans de service.............. 83 E.

LESPINASSE........ Avocat général près la cour d'appel de Pau. 39 ans de service.............. 80 C (*d*).

LESPINASSE........ Substitut du procureur de la République près le tribunal de 1re instance de Moissac.............................. 80 C (*d*).

LESTAPIS (DE)...... Procureur de la République près le tribunal de 1re instance de Lourdes. 10 ans de service.............................. 80 C.

LE SUEUR.......... Procureur de la République près le tribunal de 1re instance de Saint-Flour. Nommé à Saint-Mihiel. Non acceptant. 10 ans de service...................... 79 R.

LESUR............. Procureur de la République près le tribunal de 1re instance de Montreuil. 9 ans de service...................... 79 R.

LE TILLY.......... Substitut du procureur de la République près le tribunal de 1re instance de Mauriac. Révoqué...................... 82 C.

LEURY............. Avocat général près la cour d'Appel d'Angers. 9 ans de service.............. 80 C (*d*).

LEYMARIE (DE)..... Substitut du procureur de la République près le tribunal de 1re instance de Fontainebleau. 2 ans de service....... 78 D.

LIAIS.............. Procureur à Avranches. Nommé procureur de la République près le tribunal de 1re instance de Tournon. Non acceptant. 11 ans de service...................... 78 D.

LIÈGE D'IRAY...... Avocat général près la cour d'appel de Toulouse. 23 ans de service.......... 83 E.

LOBINHES.......... Conseiller à la cour d'appel de Chambéry. 22 ans de service...................... 83 E.

LOISEAU........... Substitut du procureur de la République près le tribunal de 1re instance de Dôle. 5 ans de service.............. 80 C (*d*).

LOISEAU........... Président du tribunal de 1re instance de Mayenne. 23 ans de service.......... 83 E.

LOISEL............ Juge au tribunal de 1re instance de Dijon. 20 ans de service...................... 83 E.

LOMAS (DE)........ Substitut du procureur général près la cour d'appel de Caen. 10 ans de service. 80 C (*d*).

LOMBART........... Procureur de la République près le tribunal de 1re instance de Saint-Marcellin. Nommé à Rochechouart. Non acceptant.............................. 78 D.

LOMBART........... Conseiller à la cour d'appel de Besançon. 27 ans de service...................... 83 E.

LOMBASLE.......... Substitut du procureur de la République près le tribunal de 1re instance de Perpignan.............................. 80 C (*d*).

LONGIN............ Substitut du procureur de la République près le tribunal de 1re instance de Montbéliard.............................. 79 R.

LOREL.............. Procureur de la République près le tribunal de 1re instance d'Abbeville. 19 ans de service.............................. 79 R.

LORENCHET DE MONTJAMONT. Procureur de la République près le tribunal de 1re instance de Langres. 9 ans de service.............. 80 C (*d*).

LOTA............... Substitut du procureur de la République près le tribunal de 1re instance de Corte. 1 an de service...................... 78 D.

LOUCHET........... Substitut du procureur de la République près le tribunal de 1re instance de la Seine. 14 ans de service.............. 80 C (*d*).

LOYSEAU........... Substitut du procureur de la République près le tribunal de Nantes. 7 ans de service.............................. 83 E.

LUBIGNAC.......... Juge au tribunal de 1re instance de Tulle. 19 ans de service...................... 83 E.

LUBIN............. Président du tribunal de 1re instance de Montélimar. 28 ans de service.......... 83 E.

LUSSAN............ Procureur de la République près le tribunal de 1re instance de Brives. 15 ans de service.............................. 79 R.

LUZA.............. Juge suppléant près le tribunal de 1re instance de Mayenne. 6 ans de service.... 83 E.

M

MACAVOY.......... Président du tribunal de 1re instance d'Orléans. 31 ans de service.......... 83 E.

MADELIN........... Procureur de la République près le tribunal de 1re instance de Bar-le-Duc, nommé à St.-Flour, non acceptant. 20 ans de service...................... 82 Dev.

MADON............. Président de Chambre à la cour d'appel d'Aix. 18 ans de service.............. 83 E.

MADON............. Juge au tribunal de 1re instance de Brignoles. 7 ans de service.............. 83 E.

MAFFRE de MONTJOIE. Juge suppléant près le tribunal de 1re instance de Beziers...................... 80 C (*d*).

MAGE........ Juge au tribunal de 1re instance de Gourdon. 16 ans de service........ 80 C (*d*).

MAILLIER (de)...... Procureur de la République près le tribunal de 1re instance de Marennes. 11 ans de service........ 80 C (*d*).

MAILHOS........ Juge au tribunal de 1er instance de Montauban. 16 ans de service........ 83 E.

MAIN de BOISSIÈRE. Président du tribunal de 1re instance de St-Jean-d'Angély. 33 ans de service........ 83 E.

MAIRE........ Juge suppléant près le tribunal de 1re instance de Besançon. 4 ans de service.. 80 C.

MAISONNIER........ Substitut du Procureur de la République près le tribunal de 1er instance de Mont-de-Marsan. 7 ans de service.... 80 C (*d*).

MAITREJEAN........ Président de Chambre à la cour d'appel de Rennes. 32 ans de service........ 83 E.

MALLARD........ Substitut du Procureur de la République près le tribunal de 1re instance de St-Amand. 8 ans de service........ 80 C.

MALLEVERGNE de la FAYE. Juge suppléant près le tribunal de 1re instance de Limoges. 17 ans de service........ 83 E (*o*).

MALVAL........ Conseiller à la cour d'appel de Poitiers. 19 ans de service........ 83 E.

MANGIN........ Juge au tribunal de 1re instance de Saintes. 19 ans de service........ 78 D.

MARAVAL........ Juge au tribunal de 1re instance de Carcassonne. 21 ans de service....... 83 E.

MARC........ Substitut du Procureur de la République près le tribunal de 1re instance du Havre. 8 ans de service........ 80 C (*d*).

MARCILLAC (de).... Juge au tribunal de 1re instance de Bourges. 20 ans de service........ 82 H.

MARESCHAL........ Avocat général près la cour d'appel de Chambéry. 19 ans de service........ 80 C (*d*).

MARGOT-DUCLOT... Vice-président au tribunal de 1re instance de Gap. 22 ans de service...... 83 E.

MARIE........ Procureur de la République près le tribunal de 1re instance de Louviers. 8 ans de service........ 80 C.

MARIE........ Juge suppléant près le tribunal de 1re instance de Melun. 6 ans de service... 83 E (*c*).

MARION........ Juge au tribunal de 1re instance de Lille. 17 ans de service........ 83 E.

MARLIER........ Substitut du Procureur de la République près le tribunal de 1re instance de la Seine. 13 ans de service........ 80 C (*d*).

MARTEL........ Juge suppléant près le tribunal de 1re instance de Péronne. 18 ans de service.. 78 D.

MARTEL........ Juge au tribunal de 1re instance d'Apt. 10 ans de service........ 83 E.

MARTELLIÈRE...... Juge au tribunal de 1re instance de Pithiviers. 26 ans de service........ 83 E.

MARTIN........ Procureur à Segré; nommé Procureur de la République près le tribunal de 1re instance de St-Claude, non acceptant. 10 ans de service........ 79 R.

MARTIN........ Juge suppléant près le tribunal de 1re instance de Nontron........ 81 C.

MARTIN........ Vice-président au tribunal de 1re instance d'Alençon. 17 ans de service.... 83 E.

MARTIN-CHANTAGRU. Conseiller à la cour d'apel de Limoges. 38 ans de service........ 83 E.

MARTIN de FONJAUDRAN. Conseiller à la cour d'appel de Limoges. 30 ans de service........ 83 E.

MARTY........ Juge au tribunal de 1re instance de St-Pons. 6 ans de service........ 80 C (*d*).

MARX........ Juge suppléant près le tribunal de 1re instance de Libourne........ 83 M.

MARYE........ Conseiller à la cour d'appel de Rouen. 23 ans de service........ 83 E.

MAS-LATRIE (de).... Juge au tribunal de 1re instance de Muret. 12 ans de service........ 83 E (*o*).

MASCAREL........ Substitut du Procureur de la République près le tribunal de 1re instance de Poitiers........ 79 R.

MASCAUX........ Avocat général près la cour d'appel de Douai. 11 ans de service........ 80 C (*d*).

MASSE........ Substitut du Procureur de la République près le tribunal de 1re instance d'Aix. 8 ans de service, nommé à Digne, non acceptant........ 80 C.

MASSIN........ Substitut du Procureur de la République près le tribunal de Châlon-sur-Saône. 3 ans de service........ 81 C.

MATAGRIN........ Président du tribunal de 1re instance de Melun. 20 ans de service........ 83 E.

MATHIEU........ Conseiller à la cour d'appel de Nancy, 27 ans de service........ 83 E.

MATHIEU........ Conseiller à la cour d'appel de Nîmes. 23 ans de service........ 83 E.

MATHIEU de VIENNE. Substitut du Procureur général près la cour d'appel de Nancy. 10 ans de service........ 80 C (*d*).

MATHIEU de VIENNE. Substitut du Procureur de la République près le tribunal de 1re instance de Pontoise. 3 ans de service........ 82 H.

MAUGEIS........ Substitut du Procureur de la République près le tribunal de 1re instance de Perpignan. 2 ans de service....... 80 C (*d*)

MAUGER........ Juge du tribunal de 1re instance de St-Amand. 15 ans de service...... .. 83 E (*o*).

MAUGUIN........ Juge au tribunal de 1re instance du Mans. 30 ans de service........ 83 E.

MAURAT-BALLANGE. Conseiller à la cour d'appel de Limoges. 35 ans de service........ 83 E.

MAURE........ Conseiller à cour d'appel de Nançy. 27 ans de service........ 83 E.

MAUREL........ Vice-président au tribunal de 1re instance de Marseille. 10 ans de service. 81 C.

MAUREL........ Juge au tribunal de 1re instance de Vitry-le-François........ 78 D.

MAURICE........ Conseiller à la cour d'appel de Douai. 24 ans de service........ 83 E.

MAURIN........ Procureur de la République près le tribunal de 1re instance d'Uzès. 8 ans de service........ 80 C (*d*).

MAUSSION de CANDÉ (de). Juge au tribunal de 1re instance de Rochefort........ 78 D.

MAZAS........ Procureur de la République près le tribunal de 1re instance de Trévoux. 11 ans service........ 80 C (*d*).

MAZIÈRES........ Président du tribunal de 1re instance de Civray. 27 ans de service........ 83 E.

MEAUDRE........ Juge au tribunal de 1re instance de Lyon. 29 ans de service........ 83 E.

MENANT........ Juge au tribunal de 1re instance de Beaune. 22 ans de service........ 83 E.

MENGIN de BIONVAL. Procureur général près la cour d'appel de Montpellier........ 78 D.

MENNESSON........ Juge suppléant près le tribunal de 1re instance de Reims. 6 ans de service........ 81 C.

MENVIELLE (de)..... Juge au tribunal de 1re instance de Pau. 15 ans de service........ 83 E.

MERCIER........ Juge au tribunal de 1re instance de Cognac. 18 ans de service........ 83 E.

MERCIER........ Juge au tribunal de 1re instance de Roanne. 6 ans de service........ 83 E.

MERCIER........ Juge au tribunal de 1re instance de Mende. 13 ans de service........ 83 E.

MÉRIC DE BELLEFOND. Juge au tribunal de 1re instance de Brives. 12 ans de service........ 83 E.

MERLAND........ Juge suppléant près le tribunal de 1re instance de La Roche-sur-Yon. 11 ans de service........ 79 R.

MERSIÉ........ Juge au tribunal de 1re instance de Montpellier. 26 ans de service........ 83 E.

MERVEILLEUX DU VIGNAU. Premier président de la Cour d'appel de Poitiers. 32 ans de service. 83 E.

MESLON (de)........ Juge au tribunal de 1re instance de Libourne. 7 ans de service........ 83 E.

MESMIN........ Juge suppléant au tribunal de 1re instance de Nancy. 31 ans de service........ 83 E (*c*).

MESSIÉ........ Vice-président au tribunal de 1re instance de Carpentras. 28 ans de service...... 83 E.

MÉTIVIER........ Substitut du procureur général près la Cour d'appel d'Angers. 8 ans de service 79 R.

METMAN........ Substitut du procureur général près la Cour d'appel d'Orléans. 11 ans de service........ 80 C.

METTETAL........ Substitut du procureur de la République près le tribunal de 1re instance de la Seine. 17 ans de service........ 80 C.

MEYNARD DE FRANC. Substitut du procureur de la République près le tribunal de 1re instance de Saint-Flour. 7 ans de service........ 83 E (*c*).

MICAULT........ Procureur de la République près le tribunal de 1re instance de Saint-Brieuc. 17 ans de service........ 79 R.

MICHEL........ Président du tribunal de 1re instance de Saint-Malo. 29 ans de service........ 83 E.

MICHOUD........ Juge suppléant près le tribunal de 1re instance de Bourgoin. 4 ans de service... 83 E (*o*).

MIGNON........ Substitut du procureur de la République de 1re instance de Lisieux. 8 ans de service........ 82 H.

MILLET........ Juge au tribunal de 1re instance de Valence. 19 ans de service........ 83 E.

MILLEVILLE (de)... Juge au tribunal de 1re instance de Pont-Audemer. 7 ans de service........ 83 E.

MILLEVOYE........ Substitut du procureur de la République près le tribunal de 1re instance de Lyon. 5 ans de service........ 80 C (*d*).

MIRON DE L'ÉPINAY. Substitut du procureur de la République près le tribunal de 1re instance de Tours. 7 ans de service........ 80 C.

MIS........ Juge au tribunal de 1re instance de Montauban. 16 ans de service........ 83 E.

MODILLE-VILLENEUVE. Juge au tribunal de 1re instance de Ploermel. 18 ans de service........ 83 E.

MOISSON........ Premier président de la Cour d'appel de Riom. 40 ans de service........ 83 E.

MOLLE........ Vice-président du tribunal de 1re instance d'Evreux. 21 ans de service........ 83 E.

MOLY (de)......... Président du tribunal de 1re instance de Foix. 12 ans de service............. 83 E.

MONCLAR (de)...... Conseiller à la Cour d'appel de Pau. 27 ans de service..................... 83 E.

MONTARLOT........ Procureur à Meaux, nommé procureur de la République près le tribunal de 1re instance de Saint-Brieuc; non acceptant. 16 ans de service..................... 79 R.

MONTAZEL......... Substitut du procureur de la République près le tribunal de 1re instance de Saint-Affrique. 2 ans de service........... 81 C.

MONGIN............ Juge au tribunal de 1re instance de Chaumont. 21 ans de service............. 83 E.

MONROE, dit Roë... Substitut du procureur de la République près le tribunal de 1re instance d'Annecy. 6 ans de service................ 80 C (*d*).

MONTSARRAT...... Juge au tribunal de 1re instance de la Seine. 24 ans de service.............. 83 E.

MONTÉAGE......... Substitut du procureur de la République près le tribunal de 1re instance de Laval. 5 ans de service............. 80 C (*d*).

MONTERA (de)...... Avocat général près la Cour d'appel de Bastia. 18 ans de service.............. 79 R.

MONTMONT........ Procureur de la République près le tribunal de 1re instance de Beaune. 13 ans de service........................... 79 R.

MORANÇAIS (de).... Procureur de la République près le tribunal de 1re instance du Mans. 15 ans de service........................... 80 C.

MORAND............ Juge suppléant au tribunal de 1re instance de Saint-Amand. 29 ans de service... 83 E (*o*).

MORANDIÈRE...... Juge suppléant près le tribunal de 1re instance de Jonzac. 7 ans de service...... 82 H.

MORARD........... Juge au tribunal de 1re instance de Villefranche (Rhône). 17 ans de service.... 83 E.

MORATI (de)....... Conseiller à la Cour d'appel de Bastia. 24 ans de service..................... 83 E.

MORCRETTE....... Premier président de la Cour d'appel de Bastia. 43 ans de service............ 83 E.

MOREAU........... Substitut du procureur de la République près le tribunal de 1re instance d'Avallon. 6 ans de service................. 80 C (*d*).

MOREAU........... Juge au tribunal de 1re instance de Lunéville. 15 ans de service.............. 83 E.

MOREL............. Président du tribunal de 1re instance de Castellane. 9 ans de service......... 80 C.

MORRY............ Conseiller à la Cour d'appel d'Angers. 20 ans de service..................... 83 E.

MORTUREUX....... Substitut du procureur de la République près le tribunal de 1re instance de Belley. 3 ans de service.................. 80 C (*d*).

MOTAS............. Président du tribunal de 1re instance de Villeneuve-sur-Lot. 27 ans de service.. 83 E.

MOTTET DE LA FONTAINE. Procureur de la République près le tribunal de 1re instance de Saint-Mihiel. 19 ans de service; nommé à Saint-Flour, non acceptant........... 79 R.

MOU............... Juge au tribunal de 1re instance de Sens. 10 ans de service..................... 83 E (*o*).

MOUILLIÉ.......... Substitut du procureur de la République près le tribunal de 1re instance de Figeac. 3 ans de service.............. 79 R.

MOULIN DE LA BARTHÈTE (du). Procureur de la République près le tribunal de 1re instance de Tarbes; nommé substitut à Lille, non acceptant. 16 ans de service.......... 78 D.

MOULINEAU........ Avocat général près la Cour d'appel de Caen. 16 ans de service.............. 80 C (*d*).

MOULNIER......... Substitut du procureur de la République près le tribunal de 1re instance de Chinon. 5 ans de service.............. 80 C.

MOUNIER.......... Substitut du procureur de la République près le tribunal de 1re instance de Vesoul............................ 80 C

MURY.............. Juge suppléant près le tribunal de 1re instance de Belfort. 4 ans de service..... 80 C (*d*).

MUGNIER.......... Juge au tribunal de 1re instance de Moutiers. 35 ans de service............... 83 E.

MULSANT.......... Président du tribunal de 1re instance de Roanne. 26 ans de service............ 83 E.

MUTIAUX.......... Juge suppléant près le tribunal de 1re instance d'Issoudun. 7 ans de service..... 81 C.

MYTHON (de)....... Vice-président au tribunal de 1re instance de Beauvais. 25 ans de service....... 83 E.

N

NATHAN (de)....... Procureur de la République, près le tribunal de 1re instance de Nyons. 7 ans de service........................... 79 R.

NAVEL............. Juge suppléant près le tribunal de 1re instance de Montélimar................ 78 D.

NAZ............... Juge au tribunal de 1re instance de Bonneville. 29 ans de service............ 83 E.

NEBOUT DE RIBEROL (de). Juge au tribunal de 1re instance de Mirande......................... 82 H.

NEVEU LEMAIRE.. Substitut du procureur général près la cour d'appel de Rouen. 11 ans de service............................... 80 C (*d*).

NICOLAS........... Substitut du procureur de la République près le tribunal de 1re instance de Caen. 8 ans de service............... 80 C (*d*).

NICOLAS........... Juge au tribunal de 1re instance de Chartres. 11 ans de service.......... 83 E.

NICOL DE LA BEILLESSUE. Vice-président au tribunal de 1re instance de St-Brieuc. 33 ans de serv. 83 E.

NINNIN............ Président du tribunal de 1re instance de Sedan. 35 ans de service............ 83 E.

NIVARD............ Juge au tribunal de 1re instance de Niort. 20 ans de service.................... 83 E.

NIVET.............. Procureur de la République près le tribunal de 1re instance de Draguignan. 7 ans de service.......................... 80 C (*d*).

NOEL............... Juge suppléant près le tribunal de 1re instance de Remiremont............... 78 D.

NOEL............... Conseiller à la cour d'appel de Caen. 34 ans de service....................... 83 E.

NOEL............... Conseiller à la cour d'appel de Nancy. 36 ans de service..................... 83 E.

NOIZET............. Juge au tribunal de 1re instance de Charleville. 23 ans de service............. 83 E.

NORMAND.......... Conseiller à la cour d'appel d'Orléans. 31 ans de service..................... 83 E.

NOURRY........... Vice-président au tribunal de 1re instance de Vannes. 32 ans de service......... 83 E.

NOUVION.......... Procureur de la République près le tribunal de 1re instance d'Auch. 13 ans de service............................. 79 R.

NOVEL............. Conseiller à la cour d'appel de Grenoble. 32 ans de service.................... 83 E.

NOYELLES......... Substitut du procureur général près la cour d'appel d'Amiens. 12 ans de service............................. 80 C (*d*).

O

ODDE DE LA TOUR DU VILLARD. Président du tribunal de 1re instance de Tarascon. 24 ans de serv. 83 E.

OLIVIER........... Substitut du Procureur de la république près le tribunal de 1re instance de Saint-Brieuc. 2 ans de service........ 80 C (*d*).

OLLIVIER.......... Substitut du procureur de la République près le tribunal de Libourne. 7 ans de service............................. 81 C.

ORGEVAL-DUBOUCHÉ (d'). Nommé procureur de la République près le tribunal de 1re instance de St-Claude, non acceptant................ 79 R.

ORIVAL (d')........ Juge au tribunal de 1re instance de Besançon. 13 ans de service............ 79 R.

OUDOT............. Procureur de la République près le tribunal de 1re instance de Provins. 10 ans de service........................... 79 R.

OURSEL............ Substitut du procureur de la République près le tribunal de 1re instance de Rouen. 16 ans de service.............. 80 C (*d*).

OYSELET DE CHEVROZ. Juge au tribunal de 1re instance de Vesoul. 21 ans de service............ 83 E.

P

PACORET ST-BON.. Avocat général près la cour d'appel de Grenoble. 21 ans de service........... 83 E.

PAGÈS............. Substitut du procureur général près la cour d'appel de Paris. 21 ans de service............................... 80 C (*d*).

PAGÈS............. Procureur de la République près le tribunal de 1re instance de Dié. 8 ans de service............................. 80 C (*d*).

PAGÈS DE BEAUFORT. Substitut du procureur de la République près le tribunal de 1re instance de Sisteron. 2 ans de service........... 79 R.

PAGNERRE........ Juge au tribunal de 1re instance de Ste-Menehould. 6 ans de service.......... 80 C (*d*).

PAILLARD.......... Substitut du procureur général près la cour d'appel d'Amiens. 7 ans de service 80 C (*d*).

PAL................ Juge au tribunal de 1re instance de Die. 20 ans de service..................... 83 E (*o*).

PALARÈS........... Juge suppléant près le tribunal de 1re instance de Prades..................... 83 Dev.

PANSIER........... Conseiller à la cour d'appel de Nîmes. 21 ans de service.................... 83 E.

PAPILLON.......... Président du tribunal de 1re instance de Pontarlier. 21 ans de service......... 83 E.

PAPILLON.......... Président du tribunal de 1re instance d'Étampes. 24 ans de service.......... 83 E.

PARADES (de)...... Conseiller à la cour d'appel d'Agen. 35 ans de service...................... 83 E.

PARENTEAU-DUBEUGNON. Président du tribunal de 1re instance de La Roche-sur-Yon. 25 ans de service............................ 82 E.

PARMENTIER...... Substitut du procureur de la République près le tribunal de 1re instance de Mende. 6 ans de service............. 80 C (*d*).

PARMENTIER...... Vice-président au tribunal de 1re instance de Châteauroux ; 31 ans de service.... 83 E.

PASCAULT......... Conseiller à la cour d'appel de Poitiers; 33 ans de service........................ 83 E.

PASSET............ Juge au tribunal de 1re instance de Tarbes.. 82 H.

PASTOUREAU DE LABRAUDIERE, Substitut du procureur de la République près le tribunal de 1re instance de Périgueux; 7 ans de service. 80 C. (*d*).

PATENOTRE........ Juge au tribunal de 1re instance de Nogent-sur-Seine ; 8 ans de service.... 82 H.

PATU DE ROSEMOND, Procureur de la République près le tribunal de 1re instance de Tonnerre ; 11 ans de service........................ 80 C. (*d*).

PATUREAU-MIRAND, Juge au tribunal de 1re instance de la Châtre; 18 ans de service............ 83 E.

PAUL (de)........... Juge suppléant près le tribunal de 1re instance de Versailles ; 7 ans de service.. 83 E. (*c*).

PAULMIER.......... Conseiller à la cour d'appel d'Orléans ; 35 ans de service........................ 83 E.

PAVIE.............. Procureur de la République près le tribunal de 1re instance de St-Calais ; 7 ans de service.................................. 80 C. (*d*)

PAVIE.............. Juge au tribunal de 1re instance de Mamers ; 12 ans de service................ 83 E. (*c*).

PÉCOUL............ Juge au tribunal de 1re instance de Tlemcen ; 3 ans de service.................. 82 Dev.

PÉGAT............. Procureur de la république près le tribunal de 1re instance de Lodève ; 16 ans service.................................... 80 C. (*d*).

PÉLERIN (de)....... Procureur de la République près le tribunal de 1re instance d'Avignon ; 14 ans de service........................ 78 D.

PÉLERIN........... Procureur de la République près le tribunal de 1re instance du Havre ; 18 ans de service................................ 80 C. (*d*).

PELLETIER........ Conseiller à la cour d'appel d'Orléans ; 25 ans de service........................ 83 E.

PÈNE............... Substitut du procureur de la République près le tribunal de 1re instance de Lourdes ; 3 ans de service.............. 80 C.

PELTIER............ Juge au tribunal de 1re instance d'Angers ; 29 ans de service................ 83 E. (*c*).

PELTREAU-VILLENEUVE, nommé procureur de la République près le tribunal de 1re instance d'Arcis sur-Aube ; non acceptant.. ..... 79 R.

PERIER............. Substitut du procureur de la République près le tribunal de 1re instance d'Abbeville. 5 ans de service.................. 82 H.

PÈRIER DE LARSAN (du). Procureur de la République près le tribunal de 1re instance d'Angoulême. 6 ans de service........................ 80 C (*d*).

PERNOT DU BREUIL. Vice-président au tribunal de 1re instance d'Épinal. 18 ans de service....... 79 R.

PERRIN............. Procureur de la République près le tribunal de 1re instance d'Autun. 12 ans de service.................................... 80 C (*d*).

PERROCHE......... Procureur de la République près le tribunal de 1re instance de Dijon. 9 ans de service.................................. 80 C (*d*).

PERROT............ Substitut du procureur de la République près le tribunal de 1re instance d'Avignon. 10 ans de service.............. 79 R.

PERROT de CHÈZELLES. Vice-président au tribunal de 1re instance de la Seine. 29 ans de service.... 83 E.

PERROTIN.......... Conseiller à la cour d'appel d'Aix. 20 ans de service.................................. 83 E.

PERROTIN.......... Président du tribunal de 1re instance de Morlaix. 23 ans de service............ 83 E.

PERROY............ Président du tribunal de 1re instance de St-Amand. 29 ans de service.......... 83 E.

PERSONNE...... ... Conseiller à la cour d'appel de Dijon. 30 ans de service........................ 83 E.

PETIT...... .... Procureur de la République près le tribunal de 1re instance de Blois. 13 ans de service.................................... 80 C (*d*).

PETIT............... Président du tribunal de 1re instance de St-Marcellin. 15 ans de service........ 83 E.

PETITEAU.......... Juge suppléant près le tribunal de 1re instance des Sables-d'Olonne............ 83 E (*c*).

PETITJEAN-ROGET. Procureur de la République près le tribunal de 1re instance de Clermont-Ferrand. 12 ans de service. Nommé à Annecy, non acceptant.................................. 79 R.

PEYRECAVE........ Avocat général près la cour d'appel de Bordeaux. 16 ans de service.......... 80 C (*d*).

PEYROT............ Président de chambre à la cour d'appel de Limoges. 40 ans de service............ 83 E.

PEYTES DE MONTCABRIER (de). Procureur de la République près le tribunal de 1re instance de Bazas; 12 ans de service.................. 80 C (*d*).

PHÉLIP............. Juge au tribunal de 1re instance de Lyon 9 ans de service........................ 83 E.

PHILIPPE........... Président du tribunal de 1re instance de Vitry-le-François. 29 ans de service.. 83 E.

PHILOUZE.......... Juge au tribunal de 1re instance de Rennes. 20 ans de service........................ 83 E.

PHULPIN........... Juge suppléant près le tribunal de première instance de St-Dié. 17 ans de service.................................... 83 E (*c*).

PIAT-DESVIAL...... Vice-président au tribunal de 1re instance de Grenoble. 31 ans de service......... 83 E.

PICARD............ Vice-président au tribunal de 1re instance de Charleville. 29 ans de service...... 83 E.

PICAS.............. Président au tribunal de 1re instance de Perpignan. 26 ans de service........... 83 E.

PICAUD............ Juge suppléant près le tribunal de 1re instance de Chambon. 6 ans de service... 83 M.

PICHAT............ Conseiller à la cour d'appel de Grenoble 36 ans de service........................ 83 E.

PICHARD.......... Procureur de la République près le tribunal de 1re instance de Thonon. 4 ans de service.................................. 80 C (*d*).

PICHARD DE LATOUR (de). Conseiller à la cour d'appel de Bordeaux. 23 ans de service........... 81 C.

PICOLET D'HERMILLON. Conseiller à la cour d'appel de Bourges. 23 ans de service............ 83 E.

PICOT.............. Juge suppléant près le tribunal de 1re instance de Blois. 20 ans de service....... 83 M.

PICOT-LABAUME... Juge au tribunal de 1re instance de Gap. 15 ans de service........................ 83 E (*c*).

PICQUET........... Juge au tribunal de 1re instance du Havre. 18 ans de service........................ 83 E.

PIERRON.......... Avocat général près la cour d'appel de Douai. 18 ans de service.............. 80 C (*d*).

PIERRON DE MONDÉSIR. Juge au tribunal de 1re instance de Nogent-le-Rotrou. 16 ans de service.... 83 E.

PIERROT........... Avocat général près la cour d'appel de Nancy. 21 ans de service.............. 79 R.

PIET-LATAUDRIE... Vice-président au tribunal de 1re instance de Saintes. 13 ans de service.......... 83 E.

PIÉTRI............. Conseiller à la cour d'appel de Bastia. 20 ans de service. .... 83 E.

PIETTE............ Juge au tribunal de 1re instance de Vervins. 20 ans de service.................. 83 E (*c*).

PIGANIOL.......... Nommé substitut du procureur de la République près le tribunal de 1re instance de St-Jean-de-Maurienne, non acceptant.................................... 82 H.

PIGEON............ Procureur de la République près le tribunal de 1re instance de Bellac. 11 ans de service.................................... 79 R.

PIGNOLET......... Juge suppléant près le tribunal de 1re instance de Beaune. 16 ans de service ... 83 E (*c*).

PIGNON............ Juge suppléant près le tribunal de 1re instance de Châtillon-sur-Seine. 11 ans de service.................................... 83 M

PILLEMENT........ Procureur de la République près le tribunal de 1re instance de Rethel. 9 ans de service.................................. 79 R.

PINCZON DU SEL DES MONTS. Juge au tribunal de 1re instance de Mantes. 30 ans de service.... 83 E.

PINGAT............ Juge au tribunal de 1re instance de Beaune. 17 ans de service.............. 83 E.

PIOLET............ Juge suppléant près le tribunal de 1re instance des Andelys. 3 ans de service.... 80 C (*d*).

PLAGNAT.......... Président du tribunal de 1re instance d'Annecy. 33 ans de service.......... 83 E.

PLANCHENAULT.... Conseiller à la cour d'appel d'Angers. 24 ans de service........................ 83 E.

PLANTERROSE..... Conseiller à la cour de Pau. 29 ans de service.................................. 83 E.

POILROUX......... Procureur de la République près le tribunal de 1re instance de Brignoles. 7 ans de service........................ 78 D.

POIREL... .... Procureur de la République près le tribunal de 1re instance de Verdun. 24 ans de service.................................. 83 Dev.

POMAREL.......... Juge au tribunal de 1re instance de Sarlat. 21 ans de service.................. 83 E.

PONCET........... Juge au tribunal de 1re instance de Dôle. 12 ans de service........................ 82 Dev.

PONTENIER DE LA GIRARDIÈRE. Juge suppléant près le tribunal de 1re instance de Melle. 6 ans de service.................................. 79 R.

PONTICOURT...... Procureur de la République près le tribunal de 1re instance de Béthune. 13 ans de service......... .... 80 C (*d*).

PORTAL............ Juge suppléant près le tribunal de 1re instance du Havre. 4 ans de service...... 81 C.

PORTALÈS......... Président du tribunal de 1re instance du Vigan. 38 ans de service.............. 83 E.

PORTIER DU BELLAIR. Conseiller à la cour d'appel de Chambéry. 35 ans de service.............. 83 E.

POUCHELON........ Juge au tribunal de 1re instance de Bourgoin. 35 ans de service.............. 83 E.

POUILLAUDE DE CARNIÈRES. Substitut du procureur de la République près le tribunal de 1re instance de Saumur. 3 ans de service.... 80 C (*d*).

POUMAYRAC....... Président du tribunal de 1re instance de St-Affrique. 24 ans de service........ 83 E.

POYET............. Juge suppléant près le tribunal de 1re instance de Melun. 5 ans de service..... 83 E (*c*).

PRANDIÈRE (de).... Procureur général près la cour d'appel de Grenoble.. 78 *D.*

PRAX.............. Juge suppléant près le tribunal de 1re instance de Montauban.................. 83 E (c).

PRÉMONT.......... Conseiller à la cour d'appel de Caen. 26 ans de service.......................... 83 E.

PRESTAT.......... Procureur de la République près le tribunal de 1re instance de Melun. 15 ans service................................. 79 R.

PREUX............ Procureur général près la cour d'appel de Riom, nommé à Agen, non acceptant. 29 ans de service................ 78 D.

PRÉVOST.......... Substitut du procureur de la République près le tribunal de 1re instance d'Évreux. 11 ans de service............. 83 E (c).

PRÉVOT-LEYGONIE. Conseiller à la cour d'appel de Poitiers. 22 ans de service...................... 83 E.

PRIVAT............ Substitut du procureur de la République près le tribunal de 1re instance du Mans. 7 ans de service................ 80 C (d).

PROUHO........... Substitut du procureur de la République près le Tribunal de 1re instance d'Albi. 6 ans de service .... 79 R.

PROUST............ Substitut du procureur de la République près le tribunal de 1re instance de la Seine. 14 ans de service.............. 80 C (d).

PUGET............. Procureur de la République près le tribunal de 1re instance de Ploërmel. 7 ans de service........................ 80 C (d).

PUGET............. Juge au tribunal de 1re instance de Saint-Julien. 11 ans de service............... 83 E.

PUJO............... Nommé procureur près le tribunal de 1re instance de Castelnaudary, non acceptant. 11 ans de service.......... 78 D.

PUJOLS............ Juge au tribunal de 1re instance d'Épernay. 11 ans de service............... 79 R.

PUVIS DE CHAVANNES. Substitut du procureur de la République près le tribunal de 1re instance de Joigny. 4 ans de service. Nommé substitut à Mauriac, non acceptant.... 80 C (d).

PY................. Juge au tribunal de 1re instance de Lure. 17 ans de service...................... 83 E.

Q

QUENSON MANIER DE LA HENNERIE. Juge au tribunal de 1re instance d'Hazebrouck. 18 ans de service.................................. 81 C.

QUERNEAU-LAMORIE. Juge suppléant près le tribunal de 1re instance d'Angers.................... 83 E (c).

QUESLIER.......... Juge suppléant près le tribunal de 1re instance de Mortain. 15 ans de service... 80 C (d).

QUEST............. Président du tribunal de 1re instance de Vervins. 24 ans de service............ 83 E.

QUINION-HUBERT.. Conseiller à la cour d'appel de Douai. 21 ans de service........................ 83 E.

R

RABELLEAU....... Substitut du procureur de la République près le tribunal de 1re instance de Loches. 6 ans de service.................... 80 C.

RABOTTEAU....... Substitut du procureur de la République près le tribunal de 1re instance de Civray. 5 ans de service.............. 80 C (d).

RACANIÉ-LAURENS. Procureur de la République près le tribunal de 1re instance d'Albertville. 3 ans de service.......................... 80 C (d).

RACANIÉ-LAURENS. Conseiller à la cour d'appel de Montpellier. 35 ans de service.............. 83 E.

RAMEL............. Juge suppléant près le tribunal de 1re instance de Chinon. 5 ans de service..... 79 R.

RAPIN.............. Juge suppléant près le tribunal de 1re instance de Bourges. 22 ans de service..... 83 E (c).

RAVAUD............ Procureur de la République près le tribunal de 1re instance de Clamecy. 18 ans ans de service......................... 79 R.

RAVEL D'ESCLAPON (de). Juge au tribunal de 1re instance d'Aix. 22 ans de service...................... 83 E.

RAVIER DU MAGNY. Vice-président au tribunal de 1re instance Lyon. 35 ans de service............... 83 E.

RAVINET........... Juge suppléant près le tribunal de 1re instance de Nantua. 3 ans de service..... 80 C (d).

RAYMOND-CHARBONNOUX. Juge au tribunal de 1re instance du Puy. 14 ans de service............. 80 C (d).

RAYNAUD.......... Procureur de la République près le tribunal de 1re instance de Villefranche (Rhône). 10 ans de service............ 80 C (d).

REBOUD........... Substitut du procureur de la République près le tribunal de 1re instance de Valence. 6 ans de service.................. 80 C (d).

REBOULH DE VEYRAC. Juge au tribunal de 1re instance de Melun. 17 ans de service............... 83 E.

REFOULÉ.......... Vice-président au tribunal de 1re instance de Blois. 38 ans de service............. 83 E.

REGNAUD DE BELLE-SEIZE. Procureur de la République près le tribunal de 1re instance de Gex. 6 ans de service................................ 79 R.

REMIGAUD.......... Nommé juge suppléant près le tribunal de 1re instance de Vannes, non acceptant.. 83 M.

REMY............... Juge suppléant près le tribunal de 1re instance de Lille. 13 ans de service....... 83 E (c).

RENARD............ Juge au tribunal de 1re instance de Loches, 15 ans de service............. 80 C (d)

RENDU.............. Juge suppléant près le tribunal de 1re instance de Provins. 5 ans de service...... 81 C.

RENOUF-DUBREUIL. Substitut du procureur de la République près le tribunal de 1re instance de La Flèche. 7 ans de service.................. 80 C

RENUCCI........... Substitut du procureur de la République près le tribunal de 1re instance de Bastia. 3 ans de service................... 79 R.

REPOUX............ Juge suppléant près le tribunal de 1re instance d'Autun. 9 ans de service..... 83 E (c).

RÉTIF.............. Vice-président au tribunal de 1re instance d'Auxerre. 28 ans de service.......... 83 E.

RETOUT............ Substitut du procureur de la République près le tribunal de 1re instance de Caen. 5 ans de service......................... 80 C (d).

REVEL.............. Procureur de la République près le tribunal de 1re instance d'Orange. 19 ans de service.......................... 80 C.

REYNÉ............. Substitut du procureur de la République près le tribunal de 1re instance de La Roche-sur-Yon. 3 ans de service...... 80 C (d).

RIBAULT DE LAUGARDIÈRE. Juge suppléant près le tribunal de 1re instance de Bourges. 9 ans de service........................... 83 Dev.

RIBAULT DE LAUGARDIÈRE. Conseiller à la cour d'appel de Bourges. 26 ans de service........... 83 E.

RIBBE (de).......... Juge au tribunal de 1re instance de Nice. 15 ans de service...................... 83 E.

RICHARD........... Procureur de la République près le tribunal de 1re instance de La Roche-sur-Yon. 16 ans de service.......... 80 C (d).

RICHARD........... Substitut du procureur de la République près le tribunal de 1re instance de Châteauroux. 4 ans de service......... 80 C (d).

RICHARD........... Substitut du procureur de la République près le tribunal de 1re instance de Langres. 7 ans de service........... 80 C (d).

RICHARD........... Vice-président au tribunal de 1re instance d'Angers. 23 ans de service.......... 83 E.

RICHARD........... Juge au tribunal de 1re instance de Chambéry. 17 ans de service......... 83 E.

RICHARD........... Juge au tribunal de 1re instance de Saint-Flour. 9 ans de service................ 83 E.

RICHEBOURG (de).. Substitut du procureur de la République près le tribunal de 1re instance de Bourg. 10 ans de service............ 80 C (d).

RIEUSSEC.......... Substitut du procureur de la République près le tribunal de 1re instance de Villefranche (Rhône). 6 ans de service..... 80 C (d).

RIGAL.............. Substitut du procureur de la République près le tribunal de 1re instance de Tournon. 3 ans de service............ 80 C (d).

RIGAL.............. Juge au tribunal de 1re instance d'Albi. 30 ans de service...................... 83 E.

RIGAUT............ Premier président de la cour d'appel d'Aix. 21 ans de service............... 83 E.

RIGAUT (de)........ Juge suppléant près le tribunal de 1re instance de Castelnaudary. 8 ans de service.......................... 83 E (c).

RIMBAULT......... Substitut du procureur de la République près le tribunal de Tours, nommé à Angers, non acceptant, 10 ans de service. 79 R.

RIOU............... Procureur à Quimper, nommé procureur de la République près le tribunal de 1re instance de Bergerac, non acceptant. 10 ans de service....................... 79 R.

RIPERT D'ALAUZIER. Procureur de la République près le tribunal de 1re instance d'Arbois. 7 ans de service.................................. 80 C.

RIQUOIR........... Nommé substitut du procureur général près la cour d'appel de Dijon, non acceptant. 13 ans de service........................ 78 D.

RISTON............ Conseiller à la cour d'appel de Nancy. 34 ans de service........................ 83 E.

RIVALS............. Substitut du procureur de la République près le tribunal de 1re instance de Prades. 3 ans de service................ 79 R.

RIVE................ Procureur général près la cour d'appel de Douai. 2 ans de service .... 80 C (d).

RIVES............... Substitut du procureur de la République près le tribunal de 1re instance de Perpignan. 7 ans de service................ 80 C.

RIVIER.............. Président du tribunal de 1re instance de Grenoble. 43 ans de service........... 83 E.

RIVIÈRE........... Juge suppléant près le tribunal de 1re instance de Rodez. 6 ans de service.... 80 C.

RIVIÈRE........... Substitut du procureur de la République près le tribunal de 1re instance de Rambouillet. 2 ans de service................ 80 C (d).

RIVIÈRE-BODIN.... Conseiller à la cour d'appel de Bordeaux. 35 ans de service........................ 83 E.

ROBERT........... Procureur de la République près le tribunal de 1re instance de Saint-Malo. 10 ans de service..................... 80 C.

ROBERT........... Procureur de la République près le tribunal de 1re instance de Montbéliard. 8 ans de service..................... 80 C (*d*).

ROBERT........... Juge suppléant près le tribunal de 1re instance de Pontoise. 4 ans de service. 81 C.

ROBERT........... Juge au tribunal de 1re instance de Cosne. 16 ans de service..................... 83 E.

ROBERT........... Juge au tribunal de 1re instance de Riom. 22 ans de service..................... 83 E.

ROBERT........... Juge au tribunal de 1re instance de Murat. 9 ans de service..................... 83 E.

ROBILLARD DE BEAUREPAIRE. Conseiller à la cour d'appel de Caen 31 ans de service............. 83 E.

ROBINET.......... Substitut du procureur de la République près le tribunal de 1re instance de Lons-le-Saulnier. 4 ans de service.......... 80 C (*d*).

ROBINET DE CLÉRY. Avocat général près la cour de cassation. 20 ans de service..................... 80 C.

ROCHEFORT (de)... Président du tribunal de 1re instance de Moulins. 31 ans de service............. 83 E.

ROCHETON......... Procureur de la République près le tribunal dé 1re instance de Florac. 11 ans de service..................... 80 C (*d*).

ROGER............ Substitut du procureur de la République près le tribunal de 1re instance de Bourges. 8 ansde service............... 80 C (*d*).

ROGER............ Juge au tribunal de 1re instance de Coutances. 16 ans de service............... 83 E.

ROGIER........... Conseiller à la cour d'appel de Limoges. 30 ans de service..................... 83 E.

ROGUES DE FURSAC. Juge au tribunal de 1re instance de Limoges. 15 ans de service............... 83 E.

ROIDOT........... Président du tribunal de 1re instance d'Autun. 33 ans de service............. 83 E.

ROLAND........... Vice-président au tribunal de 1re instance de Digne. 8 ans de service............. 83 E.

ROLLAND.......... Président du tribunal de 1re instance de Dijon. 25 ans de service............. 83 E.

ROLLAND (de)...... Nommé juge au tribunal de 1re instance de Digne, non acceptant............... 83 M.

ROLLAT........... Juge suppléant près le tribunal de 1re instance de Gannat..................... 83 E (*v*).

ROLLIN........... Juge suppléant près le tribunal de Nancy. 3 ans de service..................... 80 C.

RONDEAU.......... Conseiller à la cour d'appel de Poitiers. 35 ans de service..................... 83 E.

RONDET........... Substitut du procureur de la République près le tribunal de 1re instance de Vienne. 8 ans de service............. 79 R.

ROPARS........... Juge suppléant près le tribunal de 1re instance de Châteaubriand. 5 ans de service..................... 80 C (*d*).

ROQUEFORT (de)... Substitut du procureur de la République près le tribunal de 1re instance de Brignoles. 3 ans de service............ 80 C (*d*).

ROSSET DE TOURS. Substitut du procureur de la République près le tribunal de 1re instance de Marseille. 7 ans de service............... 79 R.

ROSSI............ Juge au tribunal de 1re instance d'Ajaccio. 18 ans de service..................... 83 E.

ROSTEING-FEYA.... Juge au tribunal de 1re instance de Vienne. 27 ans de service............. 83 E.

ROUBICHON........ Juge suppléant près le tribunal de 1re instance de Pamiers..................... 83 E (*c*).

ROUCHY........... Juge suppléant près le tribunal de 1re instance de Mauriac. 10 ans de service.... 80 C (*d*).

ROUDIER.......... Juge suppléant près le tribunal de 1re instance de Draguignan .... 78 D.

ROUFFY........... Président du tribunal de 1re instance de Clermont-Ferrand. 35 ans de service... 83 E.

ROUGÉ............ Substitut du procureur de la République près le tribunal de 1re instance de Châlon-sur-Saône. 5 ans de service. 81 C.

ROUGEMONT (de)... Juge suppléant près le tribunal de 1re instance de Marseille. 29 ans de service... 81 C.

ROUSSEAU......... Juge au tribunal de 1re instance d'Aubusson. 11 ans de service............. 83 E.

ROUSSELET........ Substitut du procureur de la République près le tribunal de 1re instance d'Orléans. 14 ans de service .... 80 C (*d*).

ROUSSELIN........ Juge au tribunal de 1re instance de Dieppe. 25 ans de service..................... 83 E.

ROUSSET.......... Sustitut du procureur de la République près le tribunal de 1re instance de La Roche-sur-Yon. 5 ans de service...... 80 C (*d*).

ROUSSIN.......... Substitut du procureur de la République près le tribunal de 1re instance de Marseille. 6 ans de service............... 80 C (*d*).

ROUTIER.......... Substitut du procureur de la République près le tribunal de 1re instance de Saint-Pol. 7 ans de service............... 80 C (*d*).

ROUVILLE (de)..... Substitut du procureur de la République près le tribunal de 1re instance de Lodève. 3 ans de service............... 81 C.

ROUX............. Substitut du procureur de la République près le tribunal de 1re instance de Clermont-Ferrand. 7 ans de service....... 80 C (*d*)

ROUX............. Conseiller à la cour d'appel de Riom. 33 ans de service..................... 83 E.

ROYER (de)........ Substitut du procureur de la République près le tribunal de 1re instance de Versailles. 7 ans de service............... 80 C (*d*).

ROYER-COLLARD... Juge au tribunal de 1re instance de Pontoise. 3 ans de service............... 81 C.

ROYER DE LOCHE.. Juge au tribunal de 1re instance de Bourgoin. 14 ans de service............... 83 E.

RUDELLE.......... Substitut du procureur de la République près le tribunal de 1re instance de Versailles. 12 ans de service............... 80 C (*d*).

RUELLE (de la)..... Vice-président au tribunal de 1re instance de Versailles. 34 ans de service....... 83 E.

RUNEL............ Président du tribunal de 1re instance de Florac. 17 ans de service............. 83 E.

S

SACAZE........... Substitut du procureur de la République près le tribunal de 1re instance de Chartres. 9 ans de service............. 80 C.

SACHET........... Président du tribunal de 1re instance de Poitiers. 35 ans de service .... 83 E.

SAGNIER.......... Juge suppléant près le tribunal de 1re instance d'Avignon. 9 ans de service..... 83 Dev.

SAINT-BLANCARD.. Substitut du procureur de la République près le tribunal de 1re instance de Saintes. 9 ans de service............. 83 E (*c*).

SAINT-GILLES...... Procureur de la République près le tribunal de 1re instance de Joigny. 10 ans de service..................... 79 R.

SAINT-LANNE...... Substitut du procureur de la République près le tribunal de 1re instance de Chinon. 12 ans de service............. 82 H.

SAINT-LAURENS.... Substitut du procureur de la République près le tribunal de 1re instance de Villefranche (Haute-Garonne) .... 79 R.

SAINT-LOUP (DE) ... Procureur de la République près le tribunal de 1re instance de Dijon. 16 ans de service..................... 79 R.

SAINT-MARTIN PAILHAS (DE) Vice-Président au tribunal de 1re instance Toulouse. 24 ans de service. 83 E.

SAINT-SAUD (DE)... Jug> suppléant près le tribunal de 1re instance de Lourdes. 3 ans de service..... 80 C (*d*).

SALAUN,.......... Nommé substitut du procureur de la République près le tribunal de 1re instance de Lannion. Non acceptant...... 81 C.

SALELLES (DE)..... Juge suppléant près le tribunal de 1re instance de Lille..................... 83 E (*c*).

SALESSE.......... Substitut du procureur de la République près le tribunal de 1re instance de Grenoble. 8 ans de service............... 80 C (*d*).

SALETTES (DE)..... Président du tribunal de 1re instance de Dax. 22 ans de service............... 83 E.

SALLÉ............ Conseiller à la cour d'appel de Bourges. 39 ans de service..................... 83 E.

SALMON-LAUBOURGÈRE. Président du tribunal de 1re instance de Dinan. 34 ans de service..... 83 E.

SALVETON......... Conseiller à la cour d'appel de Lyon. 32 ans de service..................... 83 E.

SARAZIN.......... Juge au tribunal de 1re instance de Chaumont. 15 ans de service............... 79 R.

SARIEN (DE)....... Procureur de la République près le tribunal de 1re instance de Pamiers. 12 ans de service..................... 80 C (*d*).

SARLAT........... Substitut du procureur de la République près le tribunal de 1re instance de Bergerac. 12 ans de service............... 82 C.

SARRAZY.......... Juge suppléant près le tribunal de 1re instance de Condom. 12 ans de service.... 83 E (*c*

SARREBOURSE DE LA GUILLONNIÈRE. Substitut du procureur de la République près le tribunal de 1re instance de Gien. 2 ans de service.. 79 R

SARREBOURSE DE LA GUILLONNIÈRE. Juge au tribunal de 1re instance d'Orléans. 28 ans de service. 83 E.

SARRUS........... Juge au tribunal de 1re instance de Digne. 11 ans de service..................... 83 E (*o*).

SARRUT........... Conseiller à la cour d'appel de Toulouse. 31 ans de service..................... 83 E.

SARTHE-SARRIVATET. Juge au tribunal de 1re instance de Toulouse. 26 ans de service........... 83 E.

SAULNIER......... Vice-président au tribunal de 1re instance de Moulins. 18 ans de service... 83 E.

SAULNIER DE LA PINELAIS. Avocat général près la cour d'appel de Rennes. 17 ans de service.. 80 C (*d*)

SAUSSEY (DU)...... Conseiller à la cour d'appel de Caen. 31 ans de service..................... 83 E.

SAUVÉ............ Procureur de la République près le tribunal de 1re instance de Limoges. 15 ans de service..................... 80 C (*d*).

SAVARY........... Procureur de la République près le tribunal de 1re instance de Saint-Pol. 11 ans de service..................... 80 C (*d*)

SAVATIER .... Juge au tribunal de 1re instance de Poitiers. 26 ans de service................ 83 E.

SAVOYE.. .... Substitut du procureur de la République près le tribunal de 1re instance de Trévoux. 3 ans de service............ 80 C (*d*).

SCHAUFFLER....... Vice-président au tribunal de 1re instance de Nancy. 30 ans de service........... 83 E.

SCHEULT .... Procureur de la République près le tribunal de 1re instance de Loches....... 79 R.

SCOSSA .... Juge suppléant près le tribunal de 1re instance d'Hazebrouck. 1 an de service.... 80 C (*d*).

SEBAUX............. Juge suppléant près le tribunal de 1re instance de Laval. 9 ans de service...... 80 C (*d*).

SÉGURET (DE)....... Juge au tribunal de 1re instance de Redon. 28 ans de service..................... 82 C.

SEILLANT .... Juge suppléant près le tribunal de 1re instance de Mirande..................... 79 R.

SEMÉZIÉS........... Juge au tribunal de 1re instance de Montauban. 12 ans de service............ 83 E (*c*).

SERÉ............... Juge au tribunal de 1re instance de Foix. 27 ans de service..................... 83 E.

SERGENT .... Avocat général près la cour d'appel de Poitiers. 16 ans de service............ 79 R.

SÉRIZIER........... Juge suppléant près le tribunal de 1re instance de Saint-Amand. 11 ans de service. 79 R.

SERRES DE GAUZY.. Substitut du procureur de la République près le tribunal de 1re instance de Dôle 3 ans de service...................... 80 C (*d*).

SERRES DE GAUZY.. Juge au tribunal de 1re instance de Castelnaudary. 10 ans de service.......... 83 E.

SERRIGNY.......... Substitut du procureur de la République près le tribunal de 1re instance de Dijon. 12 ans de service.............. 79 R.

SERVAT-BARBEREN. Président du tribunal de 1re instance de d'Oloron. 27 ans de service........... 83 E.

SERVILLE .... Procureur de la République près le tribunal de 1re instance de Saint-Julien. 12 ans de service...................... 80 C (*d*).

SERVILLE .... Conseiller à la cour d'appel de Toulouse. 35 ans de service..................... 83 E.

SÉVERIE............ Juge au tribunal de 1re instance de Coutances. 15 ans de service.............. 83 E.

SÈZE (DE)........... Procureur à Morlaix. Nommé procureur de la République près le tribunal de 1re instance de Montauban. Non acceptant. 13 ans de service...................... 78 D.

SIÉYE.............. Substitut du procureur de la République près le tribunal de 1re instance d'Oran. 83 M.

SIMON.............. Procureur général à Aix. Nommé procureur général près la cour d'appel d'Agen. Non acceptant. 18 ans de service....... 79 R.

SIMONIN............ Substitut du procureur de la République près le tribunal de 1re instance de Nancy. 6 ans de service.................. .... 79 R.

SIMONIN............ Conseiller à la cour d'appel de Nancy. 38 ans de service..................... 83 E.

SOLON....... .... Vice-président du tribunal de 1re instance d'Auch. 35 ans de service............ 83 E.

SORET DE BOISBRUNET. Avocat général près la cour d'appel de Caen. 19 ans de service............ 80 C (*d*).

SORIN-DESSOURCES. Président du tribunal de Saint-Jean-d'Angély. 38 ans de service............ 83 E.

SOUBRAT........... Conseiller à la cour d'appel d'Aix. 12 ans de service......................... 83 E.

SOUEF.............. Procureur général près la cour d'appel d Amiens............................ 78 D.

SOURBET........... Substitut du procureur de la République près le tribunal de 1re instance de Pau. 7 ans de service...................... 80 C (*d*).

SOURY-LAVERGNE.. Juge au tribunal de 1re instance de Rochechouart. 9 ans de service...... 83 E.

STEPHANOPOLI..... Conseiller à la cour d appel de Bastia. 35 ans de service..................... E.

STOEFFELS......... Juge au tribunal de 1re instance de Nancy 19 ans de service.................... *d*).

SURVILLE (DE)...... Substitut du procureur de la République près le tribunal de 1re instance de Digne. 7 ans de service.............. 82 H

T

TAILLE (de la)...... Substitut du procureur de la République près le tribunal de première instance de Blois; 8 ans de service............ 80 C (*d*).

TAILLE (de la)...... Conseiller à la Cour d'appel d'Orléans; 34 ans de service................... 83 E.

TALLON.......... .. Substitut du procureur de la République près le tribunal de première instance de Clermont-Ferrand; 6 ans de service.... 80 C (*d*).

TANCHON.......... Vice-président au tribunal de première instance de Tulle, 26 ans de service.... 83 E.

TARDIF DE MOIDREY. Avocat général près la cour d'appel de Caen................................. 79 R.

TARLÉ (de)......... Substitut du procureur de la République près le tribunal de première instance d'Angers; 7 ans de service............ 79 R.

TAVERNIER .... Substitut du procureur de la République près le tribunal de première instance de Vesoul; 5 ans de service.............. 79 R.

TAVERNIER........ Conseiller à la Cour d'appel d'Aix; 24 ans de service............................ 83 E.

TAYRAC (de)........ Substitut du procureur de la République près le tribunal de première instance de Lodève; 6 ans de service............. 80 C.

TEISSÈRE........... Conseiller à la cour d'appel de Grenoble; 20 ans de service..................... 83 E.

TERNISIEN DE BOIVILLE. Procureur de la République près le tribunal de première instance de Doullens; 14 ans de service........... 80 C (*d*).

TERRET............ Président du tribunal de première instance de Villefranche (Rhône); 22 ans de service................................ 83 E (*c*).

TERRIER DE LAISTRE. Procureur de la République près le tribunal de première instance de Brest; 19 ans de service....................... 83 E.

TESSIER............ Juge au tribunal de première instance de Mortagne; 15 ans de service.......... 83 M.

TESTARD........... Substitut du procureur de la République près le tribunal de première instance de Fontenay; 4 ans de service........... 80 C (*d*).

TESTE .... Président du tribunal du première instance de Bourgoin; 41 ans de service....... 83 E.

TEULLÉ............. Président du tribunal de première instance de Moissac; 22 ans de service......... 83 E.

TEYRAS DE GRANDVAL. Juge au tribunal de première instance de Vassy; 5 ans de service........... 82 H.

THEURAULT........ Substitut du procureur de la République près le tribunal de première instance de Mende; 5 ans de service............. 80 C (*d*).

THÈVENIN.......... Substitut du procureur de la République près le tribunal de première instance de la Seine; 13 ans de service........... 79 R.

THIERIET DE LUYTON (de). Substitut du procureur de la République près le tribunal de première instance de Dôle; 5 ans de service..... 83 M.

THIERRY........... Juge au tribunal de première instance de Nice; 41 ans de service............... 83 E.

THIESSET.......... Juge suppléant près le tribunal de première instance de Troyes; 7 ans de service............................... 82 Dev.

THIOLLAZ (de)...... Juge président à Mayotte; 5 ans de service............................... 80 C (*d*).

THOLOUZE (de)..... Conseiller à la cour d'appel d'Agen; 32 ans de service........................... 83 E.

THOLOUZE (de)..... Substitut du procureur de la République près le tribunal de première instance de Lesparre; 7 ans de service............ 80 C (*d*)

THOYOT............ Procureur de la République près le tribunal de première instance des Andelys; 8 ans de service...................... 83 M.

THUBÉ............. Substitut du procureur général près la Cour d'appel de Rennes; 6 ans de service............................... 80 C (*d*).

TILLONBOIS DU VALLEUIL. Juge au tribunal de première instance de Chartres; 18 ans de service. 83 E.

TINEL DE LISSAC.. Président du tribunal de première instance de Villefranche (Hte-Garonne); 22 ans de service........................... 82 Dev.

TIREL DE LA MARTINIÈRE. Substitut du procureur de la République près le tribunal de première instance de la Seine; 2 ans de service .... 79 R.

TISSOT............. Juge au tribunal de première instance de Pontarlier; 9 ans de service........... 83 E.

TISSOT............. Président du tribunal de première instance de Moutiers; 23 ans de service........ 83 E.

TIXIER DE LA CHASSAGNE. Substitut du procureur général près la cour d'appel de Limoges; 15 ans de service........................... 80 C (*d*).

TOINET............. Avocat général près la cour d'appel de Poitiers; 10 ans de service............ 80 C (*d*).

TOLLON............. Juge au tribunal de première instance de Marseille; 16 ans de service.......... 83 E.

TONDUT .... Procureur de la République près le tribunal de première instance de Bergerac; 18 ans de service........................ 80 C.

TORNÉZY .... Procureur de la République près le tribunal de première instance de Saint-Jean-d'Angély; 11 ans de service...... 80 C (*d*).

TORQUAT.......... Conseiller à la cour d'appel de Rennes; 25 ans de service..................... 83 E.

TOURNADRE (de)... Substitut du procureur de la République près le tribunal de première instance de Marseille; 16 ans de service........ 79 R.

TOURNAMILLE...... Juge au tribunal de première instance de Toulouse; 8 ans de service........... 83 E.

TOURNÉ........... Président du tribunal de première instance de Mont-de-Marsan; 21 ans de service. 83 E.

TOURNIER......... Procureur de la République près le tribunal de première instance de Carcassonne; 12 ans de service............. 79 R.

TOURNYER......... Procureur général près la cour d'appel de Caen; 22 ans de service............. 79 R.

TOUSSAINT......... Procureur de la République près le tribunal de première instance de Mâcon; 24 ans de service..................... 80 C (d).

TOUSSAINT......... Substitut du procureur de la République près le tribunal de Lille; 6 ans de service.............................. 80 C (d).

TRÉBUTIEN......... Conseiller à la cour d'appel de Caen; 36 ans de service..................... 83 E.

TREMENGE DE LA ROUSSIÈRE. Substitut du procureur de la République près le tribunal d'Issoire; 6 ans de service..................... 80 C.

TRÉVEDY.......... Président du tribunal de première instance de Quimper; 28 ans de service........ 83 E

TRIBES............ Substitut du procureur de la République près le tribunal de première instance de Privas; 6 ans de service............... 80 C (d).

TRINIAC........... Conseiller à la cour d'appel de Riom; 27 ans de service..................... 83 E.

TRINQUET.......... Juge suppléant près le tribunal de première instance d'Hazebrouck; 6 ans de service.............................. 79 R.

TROCHON........... Substitut du procureur de la République près le tribunal de première instance de Rouen; 14 ans de service.......... 83 E (o).

TROMBERT......... Juge suppléant près le tribunal de première instance de Mâcon............ 82 H.

TROPAMER......... Président de chambre à la cour d'appel d'Agen; 41 ans de service............. 83 E.

TROUILLIOUD DE LANVERSIN (de). Juge au tribunal de première instance de Largentière; 24 ans de service.............................. 83 E.

TRUCHOT........... Substitut à Lure, nommé substitut du procureur de la République près le tribunal de première instance de Gaillac; non acceptant; 5 ans de service...... 79 R.

TURREL............ Substitut du procureur de la République près le tribunal de première instance de Lille; 8 ans de service,................ 80 C (d)

U

UBEXI (d')......... Juge au tribunal de 1re instance d'Épinal 15 ans de service..................... 82 H.

USANNAZ.......... Suppléant près le tribunal de 1re instance d'Orléans; 2 ans de service........... 80 C. (d).

UZER (d')......... Juge au tribunal de 1re instance de Mont-de-Marsan; 15 ans de service......... 83 E.

V

VACHERESSE....... Président du tribunal de 1re instance d'Embrun; 5 ans de service.......... 83 E.

VACHER-LEPOUGE. Procureur de la République près le tribunal de 1re instance des Sables-d'Olonne; 4 ans de service.......................... 83 M.

VACHEZ............ Substitut du procureur de la République près le tribunal de 1re instance d'Issoudun; 7 ans de service.......... 80 C.

VALLOIS........... Juge suppléant près le tribunal de 1er instance de Fontenay; 6 ans de service.............................. 83 E. (o).

VALROGER (de)..... Vice-président au tribunal de 1re instance de Lille; 19 ans de service.......... 83 E.

VANDIER........... Substitut du procureur de la République près le tribunal de 1re instance de Bougie; 7 ans de service................ 83 E. (o).

VANEL.............. Substitut du procureur de la République près le tribunal de 1re instance de Bayeux; 10 ans de service........... 80 C. (d)

VANEY.............. Conseiller de la cour d'appel de Paris; 31 ans de service........................ 83 E.

VANNESSON........ Président du tribunal de 1re instance de Gray; 27 ans de service.............. 83 E.

VAQUÉ............. Juge au tribunal de 1re instance de Daguères; 7 ans de service.............. 83 M.

VASSARD........... Président du tribunal de 1re ins ance de Reims; 29 ans de service............ 83 E.

VATAR.............. Conseiller à la cour d'appel de Rennes; 30 ans de service..................... 83 E.

VAULOGÉ.......... Procureur général près la cour d'appel de Rouen; 20 ans de service............... 79 R.

VAUX D'ACHY (de).. Substitut du procureur de la République près le tribunal de 1re instance de Vassy; 2 ans de service.................. 80 C. (d).

VÉDEL.............. Vice-président au tribunal de 1re instance de Montpellier; 25 ans de service...., 83 E.

VELLOT............ Juge suppléant près le tribunal de 1re instance de Valence; 7 ans de service... 80 C. (d)

VERDAVAINE....... Juge suppléant près le tribunal de 1re instance de Valenciennes; 11 ans de service.............................. 83 E. (o).

VERD-DELANDINE. Juge au tribunal de 1re instance du Puy; 9 ans de service.,.................... 83 E.

VERDET............ Substitut du procureur de la la République près le tribunal de 1re instance de Nyons; 2 ans de service.......... 78 D.

VERGER............ Juge au tribunal de 1re instance de Carpentras; 15 ans de service........ 83 E.

VERGER............ Vice-président au tribunal de 1re instance de Marseille; 31 ans de service....... 83 E.

VERLET............ Juge au tribunal de 1re instance du Mans; 24 ans de service.............. 83 E.

VERNAY (de)....... Juge suppléant près le tribunal de 1re instance de Châteauroux............... 80 C. (d).

VERNE DE BACHELARD, Conseiller à la cour d'appel de Lyon; 34 ans de service............ 83 E.

VERNET............ Procureur de la République près le tribunal de 1re instance de Carcassonne; 8 ans de service......................... 80 C. (d)

VERNET............ Substitut du procureur de République près le tribunal de 1re instance de Carpentras; 8 ans de service........ 80 C. (d).

VERNET............ Président du tribunal de 1re instance de Largentière; 9 ans de service.......... 83 E.

VERNHES.......... Substitut du procureur de la République près le tribunal de 1re instance de La Roche-sur-Yon; 5 ans de service...... 80 C. (d).

VÉRON............. Juge au tribunal de 1re instance de Château-Gontier; 11 ans de service..... 79 R.

VERRIER........... Juge au tribunal de 1re instance d'Alais 15 ans de service........................ 83 E.

VERRION.......... Président du tribunal de 1re instance de Draguignan; 13 ans de service......... 83 E.

VÈZE (de la)...... Procureur de la République près le tribunal de 1re instance de Saumur; 9 ans service.............................. 79 R.

VIAL............... Procureur de la République près le tribunal de 1re instance de Troyes; 18 ans de service......................... 80 C. (d).

VIÉNOT............ Juge suppléant près le tribunal de 1re instance de Chaumont; 4 ans de service.............................. 81 C.

VIÉNOT............ Juge suppléant près le tribunal de 1re instance de St-Brieuc................. 82 Dev.

VIGNAUX........... Procureur de la République près le tribunal de 1re instance de Narbonne; 9 ans de service.......................... 80 C. (d).

VIGNOLET......... Juge au tribunal de 1re instance de Senlis............................ 82 Dev.

VILFEU............ Substitut du procureur de la République près le tribunal de 1re instance du Mans; 6 ans de service; nommé à Chambéry; non acceptant........... 80 C.

VILFEU............ Juge suppléant près le tribunal de 1re instance de Laval..................... 80 C. (d).

VILLARET (de)..... Juge suppléant près le tribunal de 1re instance de Montpellier; 24 ans de service.............................. 83 E (o).

VILLARS........... Conseiller à la cour d'appel de Grenoble; 39 ans de service..................... 83 E.

VILLE-HÉLIO (de la) Juge suppléant près le tribunal de 1re instance de Dax; 11 ans de service,.. 83 E (o).

VILLIERS........... Procureur à Vesoul, nommé substitut du procureur de la République près le tribunal de 1re instance de Rouen; non acceptant.......................... 79 R.

VIMAL............. Conseiller à la cour d'appel de Riom; 28 ans de service..................... 83 E.

VIMARD............ Procureur de la République près le tribunal de 1re instance de Dieppe; 11 ans de service.......................... 79 R.

VINCENT........... Juge au tribunal de 1re instance de Nantes; 11 ans de service............ 81 C.

VINNEBAUX........ Président du tribunal de 1re instance de Dreux; 27 ans de service............. 83 E.

VIVIE-RÈGIE (de).. Procureur de la République près le tribunal de 1re instance de Marmande; 9 ans de service...................... 79 R.

VORS.............. Juge au tribunal de 1re instance d'Espalion; 12 ans de servcie.............. 83 E

VRAC............. Substitut du procureur de la République près le tribunal de 1re instance de Coutances; 12 ans de service............ 80 C. (d).

VUILLERMOZ....... Procureur de la République près le tribunal de 1re instance de Besançon; 17 ans de service......................... 80 C. (d).

W

WARENGHIEN (de). Substitut du procureur de la République près le tribunal de 1re instance de St-Omer; 5 ans de service.............. 80 C. (d).

WARENGHIEN (de). Substitut du procureur de la République près le tribunal de 1re instance du Havre, 7 ans de service.............. 80 C. (d)

Y

YTURBIDE .... Juge suppléant près le tribunal de 1re instance de Bayonne, 6 ans de service .... 83 E. (c).

YZOPT.............. Conseiller à la cour d'appel de Rennes, 37 ans de service .... 83 E.

Total : 1545

Si l'on décompose ce chiffre de 1545, *on peut s'assurer que la part de chaque ministre dans l'épuration qui a commencé le* 18 *décembre* 1877 *pour prendre fin le* 31 *décembre* 1883 *est la suivante :*

M. Dufaure	54
M. Le Royer	81
M. Cazot	491
M. Humbert	36
M. Devès	41
M. Martin-Feuillée	842
	1545

TABLEAU DIVISÉ PAR RESSORTS DE COUR D'APPEL

DES

MAGISTRATS ÉLIMINÉS EN VERTU DE LA LOI DU 30 AOUT 1883

PAR M. MARTIN-FEUILLEE

OBSERVATIONS PRÉLIMINAIRES

Le tableau suivant reproduit la liste exacte des 613 magistrats expulsés par M. Martin-Feuillée en vertu de la loi du 30 août 1883; la division étant faite par ressort de Cour d'appel, il sera facile de se rendre compte des ravages opérés.

Nous avons dû, en tête de chaque liste de proscription, inscrire en lettres capitales les noms des premiers présidents et procureurs généraux qui étaient en exercice dans le ressort, et qui ont aidé M. Martin-Feuillée à la dresser; il va de soi que nous avons omis ceux qui ont été eux-mêmes révoqués; ayant été les premières victimes de l'iniquité, il est clair qu'ils ne s'y sont point associés.

Parmi ceux dont on trouvera ci-après les noms, les uns sont fiers, les autres sont honteux de ce qu'ils ont fait, ces derniers disent volontiers : « Ce n'est pas moi, c'est le procureur général... c'est le préfet ! »

Nous avions hésité à les placer tous sur le même rang, et faute de pouvoir faire la part exacte de chacun, nous avions pris le parti de ne pas les désigner, nous avons dû revenir sur cette détermination devant les pressantes réclamations qui nous ont été adressées par un assez grand nombre d'expulsés.

« En quoi, nous écrit-on par exemple, la participation d'un premier président peut-elle être moindre que celle du procureur général à qui il était associé? Comment aurait-il pu conserver la confiance de M. Martin-Feuillée s'il ne lui avait pas prouvé qu'elle était bien placée, et comment aurait-il pu en fournir la preuve s'il avait refusé de lui désigner les victimes à sacrifier? La moindre hésitation eût suffi à le rendre suspect, et à fort juste titre, il faut bien l'avouer, car du moment où il restait premier président, il ne pouvait se soustraire à l'obligation de fournir au garde des sceaux les renseignements qui lui étaient demandés. Pour ce qui est de savoir s'il lui en a été demandé, c'est un point qui ne saurait même pas être discuté ; de deux choses l'une en effet : ou le premier président était dévoué ou il était suspect; s'il était dévoué, c'était un auxiliaire dont M. Martin-Feuillée n'avait aucune raison de se priver ; s'il était suspect, M. Martin-Feuillée ne pouvait le conserver qu'après l'avoir forcé de brûler ses vaisseaux et de s'engager de façon à ne plus pouvoir reculer désormais; or, il avait pour cela le moyen le plus simple du monde, qui était de l'inviter à s'expliquer sur les révocations et les nominations à faire, puisque c'est précisément là un acte de son métier.

« Ceux qui prétendent n'avoir rien écrit se jouent un peu trop de notre crédulité, on verra un jour si c'est vrai; mais s'ils n'ont pas écrit, c'est simplement parce que M. Martin-Feuillée leur a permis de se borner à parler.

« Et quand ils n'auraient ni écrit, ni parlé, en quoi leur affaire serait-elle meilleure ? En sommes-nous donc arrivés à ce point que ce soit acte de courage ou de vertu de laisser en silence commettre un crime qu'on a mission spéciale d'empêcher, sous prétexte que si on essayait de protester on s'exposerait à être blessé ou tué? Autres se sont montrés ces 300 magistrats du parquet, de tout âge, de toute classe et de tout rang, qui ont fièrement déposé leur robe plutôt que de s'associer, même par leur silence, à la grande iniquité des décrets! Autre se montre chaque jour le moindre agent de police qui risque sans hésiter, non pas seulement ses appointements, mais sa vie, pour protéger un passant attaqué!

« Concevez-vous un général qui, chargé de la sûreté de ses soldats, les laisserait massacrer dans leur camp, et viendrait dire ensuite pour se disculper : Ce n'est pas moi, c'est l'ennemi, moi je suis resté sous ma tente pendant qu'on les tuait? Un soldat peut, en pareil cas, songer à sauver sa tête, le général n'a qu'à se faire tuer s'il veut demeurer honoré.

« Si le rôle du premier président est un rôle de muet, qu'on mette une bûche à la place, elle coûtera moins cher et vaudra tout autant ».

Il est facile de voir que le magistrat qui écrivait ces lignes, tout meurtri encore de ses blessures, était profondément pénétré de ce qu'il disait; mais pour être écrites en un style un peu vif, elles nous ont paru cependant exprimer une idée assez vraie, étant donné surtout qu'on ne s'est pas borné à désigner, pour les mettre dehors, des titulaires de sièges supprimés, — à quoi on aurait compris à la rigueur qu'un magistrat pût encore se prêter, puisque la loi était votée — mais que l'exécution a frappé 226 juges, conseillers, vice-présidents, présidents ou premiers présidents dont les sièges n'étaient pas supprimés. Nous avons donc cru devoir céder au désir qui nous était exprimé, nous abstenant d'ailleurs de tout commentaire personnel sur aucun des hauts fonctionnaires que M. Martin-Feuillée a ainsi conservés.

Il les a marqués du sceau de sa confiance, tant pis pour eux, il était bien facile à ceux qui ne l'avaient pas encourue de s'en laver, la chose en valait la peine, et si cher que leur coûtât le nettoyage, il n'eût jamais été trop payé.

NOMS ET QUALITÉS DES 613 MAGISTRATS ÉLIMINES

EN VERTU DE LA LOI DU 30 AOUT 1883

RESSORT DE LA COUR D'AGEN

Premier Président : M. DRÊME.
Procureur général : M. VERDIER.

1 PRÉSIDENT DE CHAMBRE

M. Tropamor.

5 CONSEILLERS

MM. Cassaigneau.
De Parados.
Labat.
De Tholouze.
Faure-Beaulieu.

5 PRÉSIDENTS

MM. Fournié, à Auch.
Caussade, à Condom.
Lagarde, à Lectoure.
Capot de Barrastin, à Agen.
Motas, à Villeneuve-sur-Lot.

2 VICE-PRÉSIDENTS

MM. Izarn, à Cahors.
Solon, à Auch.

4 JUGES

MM. Branet, à Auch.
Guchen, à Auch.
Dupuy, à Cahors.
Boulle-Lacroze, à Condom.

RESSORT DE LA COUR D'AIX

Procureur général : M. BESSAT.

1 PREMIER PRÉSIDENT

M. Rigaut.

2 PRÉSIDENTS DE CHAMBRE

MM. Caresme.
Madon.

7 CONSEILLERS

MM. De Bonnecorse.
Clappier.
Perrotin.
Tavernier.
De Duranti Lacalade.
Guillibert.
Soubrat.

3 PRÉSIDENTS

MM. Odde de la Tour du Villard, à Tarascon.
Bret, à Brignoles.
Verrion, à Draguignan.

4 VICE-PRÉSIDENTS

MM. Roland, à Digne.
Bon, à Draguignan.
Verger, à Marseille.
Gavot, à Nice.

8 JUGES

MM. Fabre, à Draguignan.
De Ravel d'Esclapon, à Aix.
Thierry, à Nice.
De Ribbe, à Nice.
Tollon, à Marseille.
Lafont, à Tarascon.
De Barlet, à Forcalquier.
Madon, à Brignoles.

RESSORT DE LA COUR D'AMIENS

Premier Président : M. DAUPHIN.
Procureur général : M. MELCOT.

4 CONSEILLERS

MM. Leleu de la Simone.
De Lattre.
Caron.
Boulloche.

3 PRÉSIDENTS

MM. De Tugny, à Soissons.
Quest, à Vervins.
Chartier, à Péronne.

2 VICE-PRÉSIDENTS

MM. De Mython, à Beauvais.
Delepouve, à Amiens.

2 JUGES

MM. De Hédouville, à Abbeville.
Lépine, à Beauvais.

1 SUBSTITUT

M. Brière, à Château-Thierry.

RESSORT DE LA COUR D'ANGERS

Procureur général : M. AUGER.

1 PREMIER PRÉSIDENT

M. Jac.

2 PRÉSIDENTS DE CHAMBRE

MM. Coutret.
Bigot.

11 CONSEILLERS

MM. Fournier.
D'Espinay.
Jousset.
Planchenault.
Bazin.
Charil de Ruillé.
Morry.
Giraud.
Hiron.
Baraudon.
Picault de la Féraudière.

7 PRÉSIDENTS

MM. Lelièvre, à Angers.
Couscher, à Baugé.
Faligan, à Chollet.
Bruley, à Laval.
Loisel, à Mayenne.
Coutoux, au Mans.
Aubert, à Saint-Calais.

3 VICE-PRÉSIDENTS

MM. Richard, à Angers.
Lehault de Bainville, à Laval.
Griffaton, au Mans.

6 JUGES

MM. Landel, au Mans.
Mauguin, au Mans.
Verlet, au Mans.
Gibert, à Saumur.
Leboux, à Laval.
Chaillous, à Angers.

RESSORT DE LA COUR DE BASTIA

Procureur général : M. VÈZES.

1 PREMIER PRÉSIDENT

M. Morcrette.

5 CONSEILLERS

MM. De Casabianca.
Stéphanopoli.
Giamarchi.
De Morati.
Pietri.

1 PRÉSIDENT

M. Bonavita, à Bastia.

3 JUGES

MM. Rossi, à Ajaccio.
Casalta, à Bastia.
Gaudiani, à Calvi.

RESSORT DE LA COUR DE BESANÇON

Premier Président : M. CHAUFFOUR.
Procureur général : M. MAZEAUD.

4 CONSEILLERS

MM. Lombart.
Daclin.
Clerc.
Duboz.

5 PRÉSIDENTS

MM. Arbey, à Baume.
Papillon, à Pontarlier.
Gruet-Masson, à Saint-Claude.
Vannesson, à Gray.
Lescot, à Vesoul.

8 JUGES

MM. Bailly, à Lons-le-Saulnier.
Oyselet de Chevroz, à Vesoul.
De Bèlenet, à Vesoul.
Dufay, à Baume.
Griffond, à Baume.
Tissot, à Pontarlier.
Py, à Lure.
Beuvain de Beauséjour, à Lons-le-Saulnier.

RESSORT DE LA COUR DE BORDEAUX

Procureur général : M. POULET.

1 PREMIER PRÉSIDENT

M. Izoard.

1 PRÉSIDENT DE CHAMBRE

M. Bourgade.

5 CONSEILLERS

MM. Boreau-Lajanadie.
De Forcade.
Gaillard.
Fabre de la Bénodière.
Rivière-Bodin.

6 PRÉSIDENTS

MM. Bénard, à Angoulême.
Grellier-Poujoard, à Cognac.
Lambert, à Confolens.
Delugin, à Ribérac.
Daudin-Claveaud, à Blaye.
Chaperon, à Livourne.

1 VICE-PRÉSIDENT

M. Daviaud, à Bordeaux.

7 JUGES

MM. Domengot, à Bergerac.
Pomarel, à Sarlat.
Decoux-Lagoutte, à Bordeaux.
Blanc-Fontenille, à Angoulême.
Mercier, à Cognac.
Bardy de Fourtou, à Riberac.
De Meslon, à Libourne.

RESSORT DE LA COUR DE BOURGES

Procureur général : M. ALPHANDÉRY.

1 PREMIER PRÉSIDENT

M. Boivin-Champeaux.

1 PRÉSIDENT DE CHAMBRE

M. Chonez.

7 CONSEILLERS

MM. Sallé.
Hardouin.
Dubon.
Cochon de Lapparent.
Ribault de Laugardière.
Picolet d'Hermillon.
Lebon.

2 PRÉSIDENTS

MM. Perroy, à Saint-Amand.
Dubois, à Châteauroux.

1 VICE-PRÉSIDENT

M. Parmentier, à Châteauroux.

6 JUGES

MM. Daiguzon, à Châteauroux.
Robert, à Cosne.
Hugon, à Nevers.
De Laugle de Cary, à Nevers.
Gaulmier, à Bourges.
Patureau-Mirand, à la Chatre.

RESSORT DE LA COUR DE CAEN

Premier Président : M. HOUYVET.
Procureur général : M. FAGUET.

9 CONSEILLERS

MM. Dupray de la Mahérie.
Le Menuet de la Juganniêre.
Robillard de Beaurepaire.
Dupont.
Noël.
Du Saussey.
Trébutien.
Frémont.
Cosnard Desclozets.

3 PRÉSIDENTS

MM. Godard, à Bayeux.
La Hougue, à Avranches.
Bouvattier, à Coutances.

1 VICE-PRÉSIDENT

M. Martin, à Alençon.

13 JUGES

MM. Guezet-Ducoudray, à Avranches.
Campredon, à Mortain.
Dubourg, à Caen.
Daumesnil, à Caen.
Fleury, à Caen.
Séverie, à Coutances.
Roger, à Coutances.
Foisil, à Coutances.
Ernault d'Orval, à Valognes.
Fleury, à Alençon.
Balestc d'Astier d'Ussel, à Alençon.
Asse, à Alençon.
Auvray, à Vire.

RESSORT DE LA COUR DE CHAMBÉRY

Premier Président : M. MONROE, dit ROË.
Procureur général : M. LASSERRE.

1 PRÉSIDENT DE CHAMBRE

M. Gimelle.

8 CONSEILLERS

MM. Donarié.
Gros.
Portier du Bellair.
De Kesling.
Arminjon.
Goybet.
Laracine.
Lobinhes.

2 PRÉSIDENTS

MM. Plagnat, à Annecy.
Tissot, à Moutiers.

1 VICE-PRÉSIDENT

M. Chaboud, à Chambéry.

5 JUGES

MM. Naz, à Bonneville.
Richard, à Chambéry.
Mugnier, à Moutiers.
Depommier, à Annecy.
Puget, à Saint-Julien.

RESSORT DE LA COUR DE DIJON

Procureur général : M. FOCHIER.

1 PREMIER PRÉSIDENT

M. Cantel.

1 PRÉSIDENT DE CHAMBRE

M. Julhiet.

7 CONSEILLERS

MM. Chauvin.
Blondel.
Condaminas.
Bonvalot.
Bernard.
Personne.
Goujet.

4 PRÉSIDENTS

MM. Chesne, à Beaune
Rolland, à Dijon.
Roidot, à Autun.
Guénot, à Louhans.

1 VICE-PRÉSIDENT

M. Cival, à Dijon.

10 JUGES

MM. Loiseau, à Dijon.
Dumay, à Autun.
Mongin, à Chaumont.
Larcher, à Beaune.
Menant, à Beaune.
Pingat, à Beaune.
De Bast, à Châlon-sur-Saône.
Boyer, à Châlon-sur-Saône.
Dabancour, à Macon.
Landel, à Châtillon-sur-Seine.

RESSORT DE LA COUR DE DOUAI

Procureur général : M. MARIGNAN.

1 PREMIER PRÉSIDENT

M. Bardon.

6 CONSEILLERS

MM. Hazard.
Botticau.
Behaghel.
Leroy.
Maurice.
Quinion-Hubert.

3 PRÉSIDENTS

MM. Le Roy, à Lille.
Doë de Maindreville, à Dunkerque
Leroux de Bretagne, à Béthune.

1 VICE-PRÉSIDENT

M. de Valroger à Lille.

5 JUGES

MM. Champeaux, à Avesnes.
Bommart, à Douai.
Marion, à Lille.
Danniaux, à Valenciennes.
Le Gentil, à Arras.

RESSORT DE LA COUR DE GRENOBLE

Premier Président : M. MALENS.
Procureur général : M. LEGRIS.

9 CONSEILLERS

MM. De Glos.
Collin Dufresne.
Villars.
Novel.
Pichat.
Favre-Gilly.
Teissère.
Barral.
Accarias.

1 AVOCAT GÉNÉRAL

M. Pacoret Saint-Bon

8 PRÉSIDENTS

MM. Rivier, à Grenoble.
Vacheresse, à Embrun.
Bodin, à Nyons.
Teste, à Bourgoin.
Petit, à Saint-Marcellin.
Breynat, à Vienne.
Lubin, à Montélimar.
Faure, à Valence.

4 VICE-PRÉSIDENTS

MM. Arbod, à Valence.
Donciéux, à Valence.
Piat-Desvial, à Grenoble.
Grimaud, à Saint-Marcellin.

14 JUGES

MM. Margot-Duclot, à Gap.
Blanc, à Gap.
Millet, à Valence.
Castilhon, à Valence.
Garnier de Labareyre, à Valence.
Pouchelon, à Bourgoin.
Royer de Loche, à Bourgoin.
Buisson, à Bourgoin.
Audier, à Grenoble.
Faure, à Saint-Marcellin.
Coche, à Saint-Marcellin.
Rosteing-Feyn, à Vienne.
Faugier, à Vienne.
Caffarel, à Vienne.

RESSORT DE LA COUR DE LIMOGES

Premier Président : M. OGER DU ROCHER.
Procureur général : M. PIETTE.

1 PRÉSIDENT DE CHAMBRE

M. Peyrot.

8 CONSEILLERS

MM. Martin-Chantagru.
Maurat Ballange.
Charreyron.
Lemaigre.
Charain.
Buisson.
Rogier.
Martin de Fonjaudran.

5 PRÉSIDENTS

MM. Bayle, à Tulle.
Desvergnes-Lafont, à Chambon.
Barny, à Guéret.
Chemison-Dubois, à Rochechouart
Dartige, à Limoges.

2 VICE-PRÉSIDENTS

MM. Tanchon, à Tulle.
Bonhomme de Montégut, à Limoges.

8 JUGES

MM. Lubignac, à Tulle.
Méric de Bellefond, à Brives.
Desroches, à Brives.
Rogues de Fursac, à Limoges.
Soury-Lavergne, à Rochechouart.
Lespinas, à Saint-Yrieix.
Rousseau, à Aubusson.
Gautier, à Chambon.

RESSORT DE LA COUR DE LYON

Procureur général : M. FABREGUETTE.

1 PRÉSIDENT DE CHAMBRE

M. Baudrier.

5 CONSEILLERS

MM. d'Hector de Rochefontaine.
Verne de Bachelard.
Salveton.
Devienne.
D'Alveroy.

6 PRÉSIDENTS

MM. Brigueil, à Lyon.
Debryo de Vertamy, à Bourg.
Balleidier, à Gex.
Cozon, à Nantua.
Mulsant, à Roanne.
Terret, à Villefranche.

2 VICE-PRÉSIDENTS

MM. Augerd, à Bourg.
Ravier du Magny, à Lyon.

8 JUGES

MM. Méandre, à Lyon.
Phelip, à Lyon.
Colcombet, à Lyon.
Cyvoct, à Belley.
Grépat, à Nantua.
Du Buisson de la Boulaye, à Bourg.
Mercier, à Roanne.
Morard, à Villefranche.

RESSORT de la COUR de MONTPELLIER

Premier Président : M. PENCHINAT.
Procureur général : M. ROUSSELLIER.

4 CONSEILLERS

MM. Dellac.
Racanié-Laurens.
Bouvier.
Auzouy.

3 PRÉSIDENTS

MM. Picas, à Perpignan.
Celles, à Millau.
Poumayrac, à Sainte-Affrique.

1 VICE-PRÉSIDENT

M. Védel, à Montpellier.

11 JUGES

MM. Barrière, à Castelnaudary.
Serres de Gauzy, à Castelnaudary
Alaux, à Espalion.
Vors, à Espalion.
Delmas, à Céret.
Maraval, à Carcassonne.
De Benoît, à Rodez.
Caizergues, à Montpellier.
Mersié, à Montpellier.
Fabre, à Millau.
Alaux, à Perpignan.

1 SUBSTITUT

M. Jourdanne, à Espalion.

RESSORT DE LA COUR DE NANCY

Premier Président : M. SERRE.
Procureur général : M. FOURCADE.

8 CONSEILLERS

MM. Houdaille.
Simonin.
Riston.
Noël.
Mauro.
Hannequin.
Gerardin.
Mathieu.

6 PRÉSIDENTS

MM. Ninnin, à Sedan.
Jeannequin, à Lunéville.
Demontzey, à Nancy.
Benoit, à Bar-le-Duc.
Lamarque d'Arrouzat, à Verdun.
De Beauvant, à Neufchâteau.

2 VICE-PRÉSIDENTS

MM. Picard, à Charleville.
Schauffler, à Nancy.

7 JUGES

MM. Noizet, à Charleville.
Charlot, à Nancy.
Houzelot, à Bar-le-Duc.
Boulanger, à Remiremont.
Bernard de Jandin, à Saint-Dié.
Laurent, à Épinal.
Bernard, à Saint-Mihiel.

RESSORT DE LA COUR DE NIMES

Premier Président : M. GOUAZÉ.
Procureur général : M. CANDELLÉ-BAYLE.

1 PRÉSIDENT DE CHAMBRE

M. Auzolle.

6 CONSEILLERS

MM. Faudon.
De Boissier.
De Bressy.
Pansier.
Mathieu.
Cambon de Lavalette.

6 PRÉSIDENTS

MM. Vernet, à Largentière.
Giron, à Alais.
Portalis, au Vigan.
Runel, à Florac.
Jacques, à Avignon.
Benoit de la Paillonne, à Orange.

1 VICE-PRÉSIDENT

M. Messié, à Carpentras.

11 JUGES

MM. Martel, à Apt.
De Bleygier de Pierregrosse, à Orange.
Goirand de la Baume, à Nîmes.
De Trouillioud de Lanversin, à Largentière.
Hilaire, à Tournon.
Verrier, à Alais.
Mercier, à Mende.
Fortunet, à Carpentras.
Charpentier, à Carpentras.
Verger, à Carpentras.
Bastide, à Avignon.

RESSORT DE LA COUR D'ORLÉANS

Premier Président : M. DUMAS.
Procureur général : M. FAU.

1 PRÉSIDENT DE CHAMBRE

M. Boussion.

10 CONSEILLERS

MM. Paulmier.
Deschamps.
De la Taille.
Champeville de Bois-Jolly.
Bimbenet.
Du Bézin.
Pelletier.
Guille Desbuttes.
Normand.
Chatelain.

3 PRÉSIDENTS

MM. Macavoy, à Orléans.
Léon, à Gien.
Bodin, à Chinon.

2 VICE-PRÉSIDENTS

MM. Refoulé, à Blois.
Cornu, à Orléans.

8 JUGES

MM. Corbon, à Blois.
Gaudron, à Blois.
Sarrebourse de la Guillonnière, à Orléans.
Caille, à Chinon.
Beaussier, à Tours.
Delalande, à Romorantin.
Martellière, à Pithiviers.
Dunoyer, à Vendôme.

RESSORT DE LA COUR DE PARIS

Premier Président : M. PÉRIVIER.
Procureur général : M. LOEW.

1 PRÉSIDENT DE CHAMBRE

M. Alexandre.

9 CONSEILLERS

MM. Laplagne-Barris.
Bachelier.
Hardouin.
Vaney.
Bataille.
Glandaz.
Brunet.
Blain des Cormiers.
Gérin.

10 PRÉSIDENTS

MM. Vassard, à Reims.
Breton, à Arcis-sur-Aube.
Forlet, à Bar-sur-Seine.
Vinnebaux, à Dreux.
Jouot, à Nogent-le-Rotrou.
Philippe, à Vitry-le-Français.
Matagrin, à Melun.
Papillon, à Étampes.
Dodoz, à Avallon.
Jacquemin, à Joigny.

7 VICE-PRÉSIDENTS

MM. Grattery, à Paris.
Perrot de Chezelles, à Paris.
Lefebvre, à Chartres.
Jullien, à Reims.
Baron, à Melun.
De la Ruelle, à Versailles.
Rétif, à Auxerre.

22 JUGES

MM. Bernier, à Paris.
Montsarrat, à Paris.
Delapalme, à Paris.
De Bouthillier-Chavigny, à Paris.
Delahaye, à Paris.
Caussin de Perceval, à Paris.
Lacaille, à Paris.
Guillemard, à Paris.
D'Houdain, à Paris.
Breton, à Paris.
Delanoue, à Fontainebleau.
Delaine, à Troyes.
Delacroix, à Troyes.
Tillonbois de Valleuil, à Chartres.
Nicolas, à Chartres.
Joly de Morey, à Melun.
Reboul de Veyrac, à Melun.
Jumeau, à Melun.
Duchaplet de Maillebois, à Dreux.
Delions, à Auxerre.
Brault, à Auxerre.
Pierron de Mondésir, à Nogent-le-Rotrou.

1 SUBSTITUT

M. Loyseau, à Mantes.

RESSORT DE LA COUR DE PAU

Procureur général : M. DELCURROU.

1 PREMIER PRÉSIDENT

M. Daguilhon-Pujol.

1 PRÉSIDENT DE CHAMBRE

M. François Saint-Maur.

7 CONSEILLERS

MM. Dufour.
Duffaur de Gavardie.
Laignel.
De Monclar.
Planterose.
Jeauffreau de Lagené.
Bouvet.

5 PRÉSIDENTS

MM. De Salettes, à Dax.
Tourné, à Mont-de-Marsan.
De Larralde-Diustéguy, à Bayonne.
Servat-Barberen, à Oloron.
Lavielle, à Orthez.

1 VICE-PRÉSIDENT

M. Artiguenave, à Tarbes.

8 JUGES

MM. Brettes, à Mont-de-Marsan.
Garrelon, à Mont-de-Marsan.
D'Uzer, à Mont-de-Marsan.
Darricau, à Bayonne.
D'Espourrin, à Tarbes.
De Menvielle, à Pau.
Dubedout, à Saint-Sever.
Dufourcet, à Dax.

RESSORT DE LA COUR DE POITIERS

Procureur général : M. PÉRET.

1 PREMIER PRÉSIDENT

M. Merveilleux du Vignau.

6 CONSEILLERS

MM. Aubugeois de la Ville-du-Bost.
Pascault.
Rondeau.
Malval.
Prévost-Leygonie.
Gaillard de la Dionnerie.

8 PRÉSIDENTS

MM. Courbe, à Jonzac.
Chopy, à Rochefort.
Sorin-Dessources, à Saint-Jean-d'Angély.
Main de Boissière, à Melle.
Gaillard de la Dionnerie, à Fontenay.
Parenteau-Dubeugnon, à la Roche-sur-Yon.
Mazières, à Civray.
Sachet, à Poitiers.

2 VICE-PRÉSIDENTS

MM. Arnauldet, à Niort.
Piet-Lataudrie, à Saintes.

5 JUGES

MM. Nivard, à Niort.
Savatier, à Poitiers.
Chambourdon, à la Roche-sur-Yon.
Gourdin, à la Roche-sur-Yon.
Fontant, à Rochefort.

RESSORT DE LA COUR DE RENNES

Premier Président : M. GAILLARD DE KERBERTIN.
Procureur général : M. MICHEL-JAFFARD.

2 PRÉSIDENTS DE CHAMBRE

MM. Maltrejean.
Derôme.

5 CONSEILLERS

MM. Yzopt.
Brager.
Bellamy.
Torquat.
Vatar.

10 PRÉSIDENTS

MM. Guibourd, à Nantes.
Salmon-Laubourgère, à Dinan.
Gagon, à Saint-Brieuc.
Perrotin, à Morlaix.
Trévedy, à Quimper.
Collinet de la Salle, à Quimperlé.
Michel, à Saint-Malo.
Feildel, à Paimbœuf.
D'Haucour, à Lorient.
Caradec, à Vannes.

5 VICE-PRÉSIDENTS

MM. Nicol de la Beillessue, à St-Brieuc.
Le Gall de Kerlinou, à Rennes.
Crucy, à Nantes.
Hervo, à Nantes.
Nourry, à Vannes.

18 JUGES

MM. Ernoul de la Chenelière, à Saint-Brieuc.
Amiard, à Saint-Brieuc.
Fraboulet, à Saint-Brieuc.
Philouze, à Rennes.
Daniellou, à Morlaix.
Bonnieu de la Rivaudière, à Quimper.
Cropp, à Quimper.
Pincson du Sel-des-Monts, à Nantes.
Lambert, à Nantes.
Guérin du Grand-Launay, à Nantes.
Lavallée, à Vannes.
Dutertre, à Dinan.
Béhier, à Dinan.
Gardin de la Bourdonnaye, à Brest.
Bolan, à Redon.
Chanon, à Quimperlé.
Lesbaupin, à Saint-Malo.
Modille-Villeneuve, à Ploërmel.

RESSORT DE LA COUR DE RIOM

Procureur général : M. ALLARY.

1 PREMIER PRÉSIDENT

M. Moisson.

2 PRÉSIDENTS DE CHAMBRE

MM. Ancelot.
Lacarrière.

8 CONSEILLERS

MM. Grelliche.
Roux.
Vimal.
Chevalier-Dufau.
Carmantrand de la Roussille.
De Chaudesaignes de Tarieux.
Lasnier.
Triniac.

3 PRÉSIDENTS

MM. Delalo, à Saint-Flour.
Rouffy, à Clermont-Ferrand.
De Rochefort, à Moulins.

1 VICE-PRÉSIDENT

M. Saulnier, à Moulins.

11 JUGES

MM. Burin-Desroziers, à Clermont-Ferrand.
Robert, à Riom.
Jutier, à Moulins.
Doméril, à Moulins.
De Falvelly, à Aurillac.
Dapeyron-Doumis, à Mauriac.
Gibert, à Saint-Flour.
Richard, à Saint-Flour.
Allezard, à Issoire.
Verd-Delandine, au Puy.
Robert, à Murat.

RESSORT DE LA COUR DE ROUEN

Premier Président : M. MONTAUBIN.
Procureur général : M. DENIS.

1 PRÉSIDENT DE CHAMBRE

M. Gesbert.

4 CONSEILLERS

MM. Legentil.
Marye.
Legay.
Bligny.

2 VICE-PRÉSIDENTS

MM. Molle, à Évreux.
Anctin, au Havre.

8 JUGES

MM. Chevallier, à Rouen.
Guesnier, à Rouen.
[illegible]x, à Yvetot.
De Chalus, à Dieppe.
Rousselin, à Dieppe.
Picquet, au Havre.
Bouquelon, à Évreux.
De Milleville, à Pont-Audemer.

RESSORT DE LA COUR DE TOULOUSE

Premier Président :
M. SAINT-GRESSE.
Procureur génèarl :
M. LARDENOIS.

1 PRÉSIDENT DE CHAMBRE

M. Desarnauts.

9 CONSEILLERS

MM. Granié.
Serville.
Gayton.
Caussé.
Dubédat.
Courdin.
Batbie.
Sarrut.
Jourdain.

1 AVOCAT GÉNÉRAL

M. Liége-d'Yray.

6 PRÉSIDENTS

MM. De Moly, à Foix.
Couget, à Muret.
De Gorrsse, à Albi.
Chauffard, à Lavaur.
Cammas, à Castelsarrazin.
Teullé, à Moissac.

1 VICE-PRÉSIDENT

M. de S.-Martin-Pailhas, à Toulouse.

12 JUGES

MM. Dufour, à Toulouse.
Tournamille, à Toulouse.
Sarthe-Sarrivatet, à Toulouse.
Faure, à Toulouse.
Seré, à Foix.
Larue, à Foix.
Garié, à Saint-Girons.
Mis, à Montauban.
Mailhos, à Montauban.
Rigal, à Albi.
Belot, à Castres.
Clergeaud, à Moissac.

RÉCAPITULATION

Les victimes de M. Martin-Feuillée se répartissent ainsi :

COURS.	*Premiers présidents*	10
	Présidents de chambre	20
	Conseillers	176
TRIBUNAUX. . .	*Présidents*	123
	Vice-présidents	50
	Juges	229
	Membres du Parquet	5
		613

en d'autres termes, l'exécution de la loi comportait la suppression de 383 *sièges et par conséquent l'élimination de* 383 *magistrats* inamovibles, *M. Martin-Feuillée en a mis par terre* 608 !

Elle comportait la suppression de 231 *sièges de magistrats* amovibles, *et par conséquent l'élimination de* 231 *membres du Parquet; M. Martin-Feuillée en a éliminé* 5 !

Tableau exact du travail auquel a donné lieu la prétendue réforme de la Magistrature.

1° Du 1er août au 3 décembre 1883, c'est-à-dire pendant la période d'un mois de préparation qui a suivi le vote de la loi et celle de trois mois fixée pour son exécution, il a été rendu :

613 décrets d'élimination ;
904 décrets de nomination ou déplacement ;
46 décrets déplaçant pour la seconde fois le même magistrat ;
3 décrets déplaçant pour la troisième fois le même magistrat ;
9 décrets rapportant des nominations.

2° Du 3 décembre 1883 au 24 mai 1884, il a été rendu :

46 décrets nommant pour la seconde fois des magistrats déjà compris dans les précédents ;
359 décrets de nomination ou d'avancement en faveur de magistrats qui n'avaient pu profiter de l'épuration ;
13 décrets nommant une seconde fois treize de ces magistrats.

En tout : 1993 décrets.
En moyenne : plus de 200 par mois,
près de 7 par jour,
Pendant près de dix mois.

NOTICES

SUR

590 MAGISTRATS CHASSÉS DE LA MAGISTRATURE

PAR M. MARTIN-FEUILLÉE

« Vous pouvez être sûrs que j'examinerai
« personnellement tous les dossiers. »
(MARTIN-FEUILLÉE, séance du 28 juillet 1883.)

Nous croyons nécessaire de faire précéder ces Notices :

1° Du discours prononcé au Sénat dans la séance du 26 décembre 1883 par M. Denormandie, sénateur républicain, sur la manière dont il a été procédé à l'exécution de la loi ;

2° D'une des nombreuses appréciations auxquelles cette exécution a donné lieu dans la presse de province, mieux placée que toute autre pour la juger, et que nous emprunterons à un ancien magistrat.

DISCOURS DE M. DENORMANDIE

M. Denormandie. Messieurs, j'ai depuis longtemps prévenu M. le ministre de la justice que je me proposais, à l'occasion de la discussion du budget de son département, d'examiner les conditions dans lesquelles avaient été exécutée la loi sur la magistrature. C'est donc d'accord avec lui que cette indication a été prise.

Il m'a semblé que, comme au budget du ministère de la justice figure une somme d'une certaine importance pour l'allocation des pensions de retraite, dans les conditions que vous savez, il y avait là une occasion naturelle et conforme à la tradition parlementaire de s'expliquer sur cette question.

Le point de départ des observations que je viens soumettre au Sénat, est double. Il faut d'abord que je vous rappelle l'économie de la loi, non pas son économie générale; ainsi j'écarte, bien entendu, toutes les questioos qui ne se rattachent pas directement au fait même de l'exécution, je rappelle seulement qu'après que tous les amendements qui avaient été successivement proposés eussent été écartés, on s'est trouvé placé en présence du chiffre des magistrats mis à la retraite, et de la composition de ce chiffre. Or, la loi prescrivait la suppression de 383 sièges de sénateurs inamovibles, (Hilarité générale.)

Un sénateur à droite. Cela pourra venir!

M. Denormandie. J'espère, Messieurs, que ce *lapsus* ne nous portera pas malheur. (Sourires). Donc on supprimait 383 sièges de magistrats inamovibles, plus 231 sièges de magistrats amovibles, total : 614. Je rappelle ainsi dans quelle situation, et en présence de quels sacrifices nécessaires la loi nous plaçait. J'ai dit que ma discussion avait un autre point de départ obligé : il consiste à remettre sous les yeux du Sénat les déclarations qui ont été faites à cette tribune même par le Gouvernement. En effet, le Sénat se souvient qu'il y avait là de très grosses difficultés et, de la part d'un certain nombre de nos collègues, une hésitation bien naturelle. On était en présence d'un arbitraire absolu; le Gouvernement avait demandé et obtenu une liberté grande, une faculté complète, considérable.

Je laisse de côté, bien entendu, ceux de nos collègues qui étaient absolument opposés à la loi, ainsi que ceux qui y étaient résolument favorables. En dehors de ces deux catégories de sénateurs, nous avions de nombreux collègues qui étaient très préoccupés de ce côté arbitraire, de cette faculté non mesurée donnée au Gouvernement, et qui, par conséquent, avaient besoin d'être rassurés. C'est ce que le Gouvernement a très bien compris; aussi vous avez reçu à la tribune, de M. le garde des sceaux et de M. le président du conseil lui-même, certaines déclarations qu'il est capital de mettre sous les yeux du Sénat.

Dans la séance du 20 juillet, M. le garde des sceaux s'exprimait ainsi : « Aujourd'hui, messieurs, nous ne faisons rien de semblable; nous venons purement et simplement vous dire : Il nous parait utile, il nous parait nécessaire, de l'aveu des hommes les plus compétents, de réduire le nombre des magistrats, et alors, nous demandons simplement que le chiffre des éliminations soit rigoureusement égal au chiffre même des réductions.

« Il ne sera pas possible de faire entrer dans la magistrature un seul élément nouveau; la magistrature se reconstituera elle-même et par elle-même.

« Dans ces conditions, messieurs, je l'affirme, aucune atteinte n'est portée au principe de l'inamovibilité. »

Le 28 juillet, le ministre disait encore :

« Ainsi, lorsqu'un déplacement offert ne sera pas accepté, il sera compté comme une élimination, il viendra en déduction du chiffre des éliminations. S'il y en a 600 — c'est, en nombre rond, le chiffre du projet que vous avez voté — s'il y a 600 réductions de sièges, le chiffre des éliminations ne pourra le dépasser.

« Quoiqu'on fasse, de quelque manière qu'on s'y prenne, il sera absolument impossible, soit directement, soit indirectement, de faire entrer dans la magistrature un seul homme qui n'en fait pas déjà partie.

« Et alors, messieurs, je demande ce que devient toute cette argumentation qui a été la principale jusqu'au moment où cette rédaction a été proposée; que deviennent ces gros mots de curée des places, de fonctions distribuées à nos créatures, à nos agents électoraux? Il faut rayer tout cela du vocabulaire de l'opposition : Que reste-t-il?

« *M. Chesnelong.* Il reste la vengeance!

« *M. le garde des sceaux.* Ainsi donc, tout se réduit à ceci : 600 réductions de sièges et dès lors la nécessité de faire sortir 600 magistrats... (Ah! voilà! à droite)... de les faire sortir de l'ensemble de la magistrature. En dehors même de toute considération politique, c'est le seul moyen acceptable; il faut, en outre, traiter convenablement ceux qui ne sont pas conservés, et la commission l'a fait...

« Nous nous interdisons de faire entrer, dans cette reconstitution de la magistrature, un seul de nos amis, et nous traitons ceux que nous ne gardons pas et qui, apparemment, ne sont pas des nôtres, avec une véritable largesse. »

Le même jour, M. le garde des sceaux reprend la parole :

« ... Je crois avoir le droit de déclarer ici que jamais je n'ai eu semblable pensée; que j'ai toujours eu l'intention, la volonté d'appliquer loyalement cette loi; que jamais je n'aurai recours à des subterfuges pour aller au-delà des nécessités, ni au-delà des volontés du Sénat; je l'ai déjà dit, mais j'y insiste de nouveau : si j'ai la lourde tâche d'appliquer cette loi, je sens toute la responsabilité qui pèsera sur moi.

« *M. Batbie.* Vous attachez votre nom à une triste besogne!

« *M. le garde des sceaux.* Vous pouvez être bien sûrs que j'examinerai personnellement tous les dossiers.

« *M. Batbie.* C'est déjà fait!

« *M. le garde des sceaux.* Vous pouvez être certains que je lirai, avec le plus grand soin, tous les rapports des chefs de cours; que je ne me contenterai pas de leurs explications écrites, que je les appellerai auprès de moi pour compléter leurs rapports par des explications verbales; que je recueillerai tous les renseignements; que je me livrerai aux enquêtes les plus minutieuses; car je comprends très bien que la magistrature reconstituée ne doit pas être, au point de vue professionnel, inférieure à la magistrature actuelle; — je comprends très bien qu'il y va de l'intérêt de la République dont je suis le serviteur dévoué, — je comprends très bien qu'il y va de mon honneur! (Rumeurs à droite. — Vifs applaudissements à gauche.) »

Le même jour encore un incident se produit; je le rappelle :

« *M. Batbie* Je demande à M. le garde des sceaux s'il veut réaliser les bonnes intentions qu'il a montrées à la fin de son discours, de ne faire les éliminations, s'il reçoit le pouvoir de les faire, que sur le rapport des magistrats, et de ne pas chercher les éléments de son travail dans la collaboration des préfets.

« *M. le garde des sceaux.* Vous pouvez en être sûrs!

« *M. Batbie.* Je crains, au contraire, que les éliminations pour lesquelles on vous demande des pleins pouvoirs, ne soient préparées à la préfecture, et qu'elles ne viennent pas du palais de justustice! (Très bien! très bien! à droite.)

« *M. le garde des sceaux.* Je vous répète que vous pouvez être sûr du contraire. » :

Enfin, toujours le même jour, M. le président du conseil prend la parole en ces termes : « Il ne reste plus que le choix, et c'est le seul procédé possible.

« Mais, dites-vous, le choix c'est l'arbitraire. »

« *M. Jules Simon.* Certainement. »

« *M le président du conseil.* Je vous réponds : Non! ce n'est pas l'arbitraire. C'est la responsabilité. (Nouvelles exclamations et protestations à droite.)

« *A gauche.* Mais oui! — Parfaitement!

« *M. le baron de Lareinty.* Il y a longtemps qu'on abuse de ce mot là! »

« *M. le président.* Messieurs, voulez-vous vous abstenir d'interrompre. »

« *M. le président du conseil.* C'est la responsabilité de M. le garde des sceaux; c'est la responsabilité du Gouvernement tout entier, qui n'hésitera pas à venir rendre publiquement compte, si vous l'y invitez, de l'usage qu'il aura fait de votre confiance que vous ne lui refuserez pas. (Murmures à droite et au centre. — Approbation à gauche.)

« *M. le baron de Lareinty.* Les morts ne reviennent pas. »

« *M. le président.* N'interrompez pas, monsieur de Lareinty, vous n'avez pas la parole. »

« *M. le président du conseil.* Mais ce choix sera-t-il inspiré en partie par des considérations politiques? Messieurs, je ne le nie pas : dans une certaine mesure, les considérations politiques éclaireront les décisions de M. le garde des sceaux. (Ah! ah! à droite.)

« *Un sénateur à gauche.* Nous l'espérons bien!

« *M. le président du conseil.* Est-ce à dire, messieurs, que nous craignons de voir des hommes assez égarés par la passion, assez ignorants des choses humaines, pour pousser l'usage de ce droit limité d'ailleurs par la garantie de la responsabilité ministérielle; (Exclamations ironiques à gauche.) jusqu'à travailler à la création d'une magistrature qui lui ferait de la politique sur le siège. (Rumeurs à gauche.)

« Il serait insensé de poursuivre un pareil idéal, de chercher à former de nos mains une magistrature militante. Mais au bout de quelque temps, cette magistrature militante, quoique républicaine, susciterait dans le pays un mouvement de réaction semblable à celui qui emporte, à l'heure qu'il est, la magistrature militante du passé. » (Très bien! à gauche. — Bruit à droite.)

Telles sont, messieurs, les déclarations qui ont été faites par le Gouvernement notamment dans les séances des 20 et 28 juillet dernier.

Il était certainement capital de vous les rappeler; j'étais donc fondé à dire qu'elles étaient le point de départ obligé de ma discussion. Je puis même ajouter que ces déclarations constituent, en réalité, de véritables engagements.

Il y avait un sentiment assez naturel, c'est que l'exécution pouvait se faire dans des conditions normales, Sans doute la loi était bien dure; sans doute, quand on songeait à l'exécution de cette loi, on la trouvait même bien cruelle, mais enfin elle pouvait être exécutée, d'une façon hiérarchique et, en définitive, en observant et le temps d'ancienneté, ainsi que l'avancement ordinaire, c'est-à-dire les conditions que respecte généralement la chancellerie.

Eh bien, je ne crois pas que l'exécution ait été faite dans les conditions que j'indique là. Si vous avez un doute à cet égard, je puis vous mettre sous les yeux ce qui touche, par exemple, les premiers présidents de cour d'appel.

Et ici, je puis faire observer au Sénat que, comme toute l'organisation judiciaire a été respectée, comme toutes les cours ont été conservées entières, aucun premier président n'était frappé de plein droit par la loi.

J'entends bien que le Gouvernement avait ce que j'appelais tout à l'heure sa grande faculté, son arbitraire, ce qui, précisément, avait effrayé si justement un grand nombre d'entre nous; mais, dans tout cela, on pouvait espérer une certaine mesure. Il y a 27 premiers présidents et pas un n'était frappé de plein droit par la loi, et cependant le décret du 5 septembre dernier en a fait descendre dix de leurs sièges, c'est-à-dire plus du tiers.

Je dis que c'est là une mesure extrêmement grave et qui, certainement, a dépassé ce qu'on pouvait, au point de vue de cette grande magistrature, redouter comme mesure dans l'exécution. Ces premiers présidents, vous savez bien que c'est la lumière même, vous savez bien que ce sont les dépositaires des grandes traditions, (Rumeurs à gauche).

Voix nombreuses à droite. Oui! oui! certainement.

M. Denormandie. Ce sont eux qui ont fait la force et l'honneur de la magistrature. (Très bien! à droite.)

Je voudrais, autant que possible, éviter de prononcer des noms; je crois qu'il est de haute convenance parlementaire de ne le faire que sur des points de nécessité absolue.

Lorsqu'on fait descendre de leurs sièges les premiers présidents des cours de Douai, d'Angers, d'Aix, de Bourges, de Riom, de Bordeaux, de Bastia, de Dijon, de Poitiers, de Pau, je dis que l'on décapite les cours d'appel. (Très bien! très bien! à droite.)

Et lorsqu'on recherche quelle a pu être la raison — il faut y arriver, — quel a pu être le motif d'une pareille mesure, je dois dire qu'on ne le trouve pas facilement : on rencontre à la vérité cette circonstance que ces magistrats (quelques-uns d'entre eux surtout) se sont trouvés mêlés et ont eu à connaître des difficultés qui se sont élevées sous la forme judiciaire, lors de l'exécution des décrets que vous connaissez; lorsqu'il y a eu débat aux deux degrés de juridiction, puis déclinatoires, c'est précisément devant quelques-uns de ces magistrats que les affaires ont été portées. En sorte qu'il est permis de se demander s'il n'y a pas, dans la mesure qui les a frappés, quelque souvenir, quelque blâme de leur indépendance d'esprit et de caractère.

Je n'ajouterai pas un mot, parce que je ne voudrais pas retenir le Sénat trop longtemps.

Un sénateur au centre. Oh! il a le temps!

M. Denormandie. J'ai là, par exemple, une indication sur les conseillers de cour d'appel; j'en ai aussi sur les cours d'appel en général.

Dans toutes les localités où ont été frappés certains magistrats que leur valeur et leur situation semblaient devoir protéger; dans toutes les localités où certaines cours, par exemple ont été exceptionnellement frappées ce fut une surprise générale, puis un mécontentement et un regret profonds. Il a été impossible de découvrir pour quoi, pour quelle cause de pareils hommes ont pu être frappés. Je passe, pour éviter de m'arrêter aux détails et aussi pour échapper à la tentation de prononcer des noms.

Voici la cour de Paris, par exemple, qui a vu disparaître dix de ses magistrats; je suis un peu gêné pour en parler. quelques-uns sont mes amis, je glisserai donc rapidement, mais je puis dire que tous sont des hommes de très grande valeur, des hommes très modérés, et je puis attester personnellement que la plupart d'entre eux n'ont jamais prononcé un mot de politique, et que leur destitution a causé un étonnement profond.

La cour d'Orléans, sur 23 conseillers, en a vu disparaître 10. La cour de Chambéry également.

Ce sont des proportions inouïes, mais il y a quelque chose de plus fort : c'est la cour d'Angers.

Ah! si vous parlez de la cour d'Angers, en France, on exprimera partout un sentiment de véritable douleur, parce que c'était une cour d'une grande distinction juridique; parce qu'elle compte des magistrats d'une haute capacité, et que le premier président est un homme d'une haute valeur d'une autorité incontestable et qui avait dans tout le ressort de sa cour une situation exceptionnelle et bien justifiée...

M. le comte de Tréveneuc. C'est pour cela qu'on l'a révoqué!

M. Denormandie. ...et d'une modération absolue. (Très bien! très bien! à droite.)

Eh bien, messieurs, dans la cour d'Angers, on a frappé quatorze conseillers! Un quinzième a été déplacé et deux autres, indignés, ont donné leur démission. Cette cour a disparu ainsi en presque totalité. (Bruit à droite.)

Voilà, messieurs, dans quelles proportions l'exécution a eu lieu.

Si maintenant, je jette les yeux sur les tribunaux, je ne serai pas plus long que pour les cours...

M. Bocher. Vous avez le temps : Parlez!

M. Denormandie. ... Pour les tribunaux, je ferai la même réflexion que tout à l'heure, et je dirai que c'est encore plus choquant à cause du nombre des révocations. Les tribunaux ont été maintenus et je suis très heureux de saluer en passant notre excellent collègue, M. Michel, qui avait fait un discours si remarquable sur ce point particulier.

Eh bien, les tribunaux ont été maintenus. Rien n'était changé, aucun président n'était condamné par la loi. Et tous, au lendemain du vote, ont pu croire, ayant le sentiment de leur valeur, de leur dignité, ayant conscience qu'ils n'avaient jamais fait quoi que ce soit contre les institutions de leur pays, tous dis-je, ont pu croire que leur situation serait respectée, à quelques exceptions près. Eh bien! on en a frappé 117! (Exclamations à droite). Et, pourquoi ces présidents de tribunaux ont-ils été frappés? Ah! je vais vous le dire.

Le président du tribunal de Lille a rendu la première ordonnance de référé qui, en 1880, ait affirmé la compétence de l'autorité judiciaire, lors de l'expulsion des religieux.

Le président du tribunal de Lyon a rendu une semblable ordonnance, le président du tribunal de Nantes également. Il en est de même de celui de Grenoble comme aussi de ceux de Nancy, de Brignoles, d'Avignon. Il faudrait en citer un bien plus grand nombre encore.

Quant à ceux qui n'ont pas eu à rendre des ordonnances de référé ou à connaître d'affaires portées devant eux comme présidents de tribunaux, on est réduit à des suppositions sur les causes probables de leurs révocations.

Ces causes probables sont, par exemple, des alliances de famille ou des habitudes religieuses, ou le fait d'avoir résisté à la pression des organes de l'opinion radicale.

De même que certaines cours ont été frappées exceptionnellement, de même certains tribunaux l'ont été également; le tribunal de la Seine, par exemple, a été fort éprouvé, mais je dois ici observer la même réserve que tout à l'heure pour la cour de Paris. Je ne pourrais que reproduire les mêmes observations sur la valeur des hommes. Il y a même ceci de très singulier, c'est que dans le nombre des magistrats du tribunal de la Seine, il y en a deux ou trois qui, évidemment, ont été frappés à cause du nom qu'ils portent. (Exclamations et murmures à droite.) Ce sont des noms qui se rattachent aux anciens régimes, ou à des familles de, grande notoriété; or, il se trouve précisément que ce sont ces hommes-là qui, de fait et dans les conversations du palais de justice ou de la familles soutenaient le plus habituellement les institutions existantes. (Sourires ironiques à droite.) De telle sorte que, rien n'a paru plus pénible et même plus surprenant que la mesure qui les a frappés.

Si je prends les autres tribunaux, je constate que Valence a été frappée d'une façon extraordinaire.

Un sénateur à droite. C'est vrai!

M. Denormandie. J'entends qu'on me dit : C'est vrai!

Je vois que je ne suis pas le seul à l'avoir remarqué. A l'occasion de ce tribunal de Valence, on aurait, par une sorte de parole prophétique, déclaré ceci : « Ils seront tous destitués, sauf peut-être un. » (Rires à droite.)

Il faut dire, messieurs, qu'il y a dans ce tribunal, neuf magistrats, et que le « un » auquel on a fait allusion, a été, en effet, respecté; il est devenu, je crois, président d'un autre siège.

Sur les neuf qui restaient, il y en a un auquel on a ôté l'instruction; je ne crois pas que ce soit là une preuve de faveur. Il y en a un second et un troisième qui ont été envoyés en disgrâce dans d'autres sièges; et il y en a eu six qui sont restés absolument sur le carreau. Voilà l'exécution du tribunal de Valence.

Si j'entrais, messieurs, dans l'examen des faits particuliers, ce que je ne veux pas faire, je vous montrerais qu'il y a eu un juge d'instruction de Saint-Brieuc...

M. le comte de Tréveneuc. Oui !

M. de Normandie. Qui avait rendu une ordonnance de non-lieu.....

M. le comte de Tréveneuc. M. Fraboulet.....

M. Denormandie.....à l'occasion d'un discours que l'on prétendait avoir été tenu par un ecclésiastique dans la chaire. Cet ecclésiastique était poursuivi ; le juge d'instruction, en son âme et conscience rend une ordonnance de non-lieu. Le ministère public se pourvoit contre l'ordonnance. C'était son droit. L'affaire suit son cours naturel. Elle va en cour d'assises, et l'accusé est acquitté. Mais le juge d'instruction ne l'a pas été— il était, paraît-il, impardonnable. Il a été révoqué. (Exclamations à droite.)

Les tribunaux du ressort d'Angers ont été, comme la cour elle-même, exceptionnellement frappés. Il y avait sept postes à supprimer dans le siège et huit dans le parquet. Total quinze.

On a frappé exclusivement ceux du siège...

M. Tolain. Et on a eu raison !

M. Denormandie... et je m'expliquerai tout à l'heure sur ce point qui a eu des conséquences très graves.

Donc dans ce ressort d'Angers on a fait disparaître 15 magistrats inamovibles, savoir : 7 présidents, plus 3 vice-présidents, plus 5 juges, total 15.

Messieurs, je me suis rappelé, en examinant cette triste affaire, qu'à une de nos séances de juillet dernier, et préalablement au débat luimême, l'honorable M. Buffet avait provoqué une enquête et vous avait demandé de la prescrire.

Il ne demandait certes pas une enquête générale de l'opinion publique, mais une enquête auprès des membres du barreau, témoins chaque jour des travaux de la magistrature, comme aussi de sa tenue, de son langage, de son attitude. — Vous avez cru devoir refuser cette enquête. — Il m'est agréable de pouvoir vous montrer par un exemple pris entre beaucoup d'autres, ce qu'elle eût été.

A Dijon, les membres du conseil de l'ordre des avocats se sont, le 24 août dernier, avant l'exécution de la loi, rendus dans le cabinet de M. le premier président Cantel, et là Me Ally, bâtonnier de l'ordre, s'adressant à ce magistrat lui a dit :

« La démarche que nous faisons auprès de vous — uniquement inspirée par la respectueuse affection que nous vous portons — a lieu en dehors de toute préoccupation politique.

« Je sais à cet égard la réserve que les convenances m'imposent.

« Puis-je oublier, d'ailleurs, que je parle à un magistrat, héritier des grandes traditions judiciaires, qui toujours a mis son suprême honneur à écarter la politique du prétoire et à rester en toutes circonstances le serviteur courageux et impassible de la loi ?

« Mais la réduction opérée sur les sièges de notre cour nous touche personnellement, puisqu'elle entraîne la mise à la retraite de magistrats que nous estimons et que nous aimons.

« C'est avec un sentiment de douloureuse tristesse que nous les verrons s'éloigner du palais. Leurs lumières et leur nombre augmentaient la solennité de nos débats et fortifiaient la confiance des plaideurs.

« Puissent-ils, ceux qui nous quitteront, laisser avec leur souvenir, les traditions de science profonde, de travail, d'indépendance et de scrupuleuse impartialité, qui font la grandeur et la force de la magistrature française, sans lesquelles celle-ci ne pourrait vivre ! Car le jour où elle les oublierait, la justice ne mériterait plus son nom ! »

M. le premier président a répondu en ces termes :

« Messieurs, je suis profondément touché de votre visite et des paroles si affectueuses que M. le bâtonnier vient de m'adresser en votre nom. Pour mes collègues et pour moi, je vous en remercie.

« Les circonstances au milieu desquelles s'achève l'année judiciaire jettent sur notre séparation une douloureuse tristesse. Autrefois, nous nous disions : au revoir ; aujourd'hui ces mots expirent sur nos lèvres, car nous voyons se dresser devant nous un point d'interrogation menaçant.

« Les noms de ceux d'entre nous qui ne remonteront plus sur les sièges ne sont point encore officiellement connus. Il serait téméraire de les pressentir et peu convenable de les signaler d'avance. Mais quel que soit le sort réservé à chacun de ses membres, on peut affirmer que la magistrature française est frappée au cœur.

« L'heure présente marque pour elle la fin d'une des périodes de son histoire et le commencement d'une autre.

« Que sera cette phase nouvelle qu'on va inaugurer dans quelques mois ? Ce n'est ici ni le temps ni le lieu de le rechercher. Je ne veux point vous parler de l'avenir de la magistrature, mais seulement de ce passé qui nous est commun, de ces années que nous venons de traverser ensemble, travaillant de concert, chacun à notre place, et dans la mesure de nos forces, à cette œuvre si haute, si belle et parfois si difficile de la justice.

« Vous êtes nos témoins et nous sommes les vôtres.

« Il n'est aucun détail de notre vie judiciaire qui ne se passe sous vos yeux et vous savez que si nous ne sommes point à l'abri de l'erreur, il est une chose qui jamais ne nous a fait défaut, c'est la volonté d'être juste.

« Si c'est pour séparer la justice de la politique qu'on nous fait descendre de nos sièges, on commet une cruelle méprise, car vous venez de le dire, monsieur le bâtonnier, et j'ai recueilli vos paroles avec une légitime fierté, la justice, entre nos mains, a toujours été pure de tout alliage, étrangère aux passions qui s'agitent dans les assemblées politiques, — ni royaliste, ni républicaine, mais tout simplement et en un seul mot, la justice. »

Quel digne et beau langage, messieurs, comme il respire bien la profonde honnêteté et le grand sentiment des devoirs de la charge.

Du reste, vous savez, car vous l'avez tous lu, que dans un très grand nombre de localités, depuis que la loi a reçu son exécution, les barreaux se sont fait un honneur et un devoir d'ouvrir leurs rangs aux magistrats dépossédés et d'y choisir leurs bâtonniers pour la présente année judiciaire.

Messieurs, après avoir parlé des anciens magistrats, de ceux qu'on me permettra peut-être, sans blesser aucune convenance, d'appeler des victimes; je pourrais être entraîné à parler des nouveaux magistrats ; je ne le ferai pas, je n'en dirai pas un mot, je ne prononcerai même pas un nom, je dirai même que je ne ferai pas ce que je viens de faire, c'est-à-dire que je ne me permettrai aucune allusion, je ne ferai aucune indication qui puisse paraître viser une situation quelconque ; je crois que du jour au lendemain on fait occuper les postes de la magistrature et souvent les postes les plus élevés, par des hommes qui n'ont, assurément ni l'expérience, ni les traditions, ni la capacité, ni, en un mot, les éléments nécessaires pour remplacer ceux auxquels ils sont appelés à succéder.

Une voix à droite. Evidemment.

M. Denormandie. Mais précisément parce qu'ils sont aujourd'hui magistrats, ils sont couverts à nos yeux et je ne ferai pas la moindre allusion, et je passe.

Comment a-t-on procédé ?

On a procédé dans des conditions non pas seulement irrégulières, vous verrez tout à l'heure à quel point de vue, mais dans des conditions de trouble, d'incertitude extraordinaire et qui peut-être permettent de voir un peu dans quelles conditions cette exécution même a eu lieu. Ainsi, je crois pouvoir dire qu'il y a très peu de magistrats qui n'aient été pendant ces mois de septembre et d'octobre, déplacés deux fois et même trois fois. On peut dire que ç'a été évidemment la période voyageuse de la magistrature.

J'ai là sous les yeux un tableau contenant les noms des magistrats et en nombre assez grand, allant en quelques jours d'un poste à un autre, puis à un autre encore.

Tels autres sont nommés juges, puis deviennent substituts; d'autres, de substituts, deviennent juges. C'est un remue ménage, pardon de l'expression, continuel.

On va, on vient, on retourne, on accepte et puis on refuse. Tout cela les mêmes personnes pour les mêmes sièges, on ne peut pas s'entendre; enfin, bref pour ne pas vous attarder sur des détails, il me suffira de vous dire que, par exemple, au tribunal de Castelsarrazin, en quelques semaines, il y a eu une révocation et quatre nominations pour le siège de président. (Rires à droite.)

La présidence du tribunal de Castelsarrazin n'a réussi à être occupée qu'à la quatrième fois. Je dis que tout cela indique une façon de faire vraiment bien extraordinaire.

Je glisse absolument sur un fait étrange, et vraiment bien pénible à apprendre; il est de notoriété publique dans une ville importante qu'un homme qui était détenu au dépôt et qui était accusé d'ivresse manifeste et d'outrages aux agents a vu s'écarter les chances de poursuites et intervenir une ordonnance de non-lieu parce qu'il était destiné à entrer dans la magistrature ! (Applaudissements ironiques à droite.)

M. le général comte Espivent de la Villesboisnet. Très joli !

M. Martin Feuillée, *garde des sceaux.* J'ignore absolument le fait auquel vous faites allusion et je vous serais obligé de me le faire connaître.

M. Denormandie. J'en suis convaincu, et non seulement ce fait vous est inconnu, mais bien d'autres encore ; j'ai beaucoup d'estime pour votre personne, monsieur le ministre, et je suis certain que la plupart des choses ont été faites à votre insu.

M. le garde des sceaux. En attendant que j'aie la preuve de ce fait, je crois devoir protester.

M. Denormandie. Il y a un magistrat du tribunal de la Seine, qui n'était pas au nombre des magistrats frappés. Il paraît qu'au dernier moment, on a appris qu'il fallait absolument une vacance de plus, au tribunal de la Seine, et on a pris un nom sur l'agenda. Pourquoi ? sur quelles données ? Magistrat excellent, qui rend de réels services, avec dévouement, avec abnégation, depuis quinze ou ou vingt ans. On a pris son nom.

M. le ministre de la justice. Je proteste.

M. Denormandie. Je vous donnerai ce nom ...

M. le ministre de la justice. Cette fois, je proteste absolument !... (Rires ironiques à droite.)

M. Denormandie. Voici un autre exemple : monsieur de Labattut qui le 7 octobre est nommé juge suppléant au tribunal de première instance de la Seine. Il s'appelle M. Pélissier de Labattut, Jean-Baptiste, — c'est au *Journal officiel* — Gaston, avocat, docteur en droit. Mais il y avait un autre M. de Labattut qui avait sollicité la place. Ce n'est pas du tout celui-là. Il était bien, à la vérité, avocat; il était docteur en droit; et on avait si peu pris de renseignements sur lui, qu'on à nommé au hasard un M. Labattut qui n'était pas le candidat... (Exclamations et rires à droite.)

M. le ministre de la justice. Il y a eu dans le *Journal officiel* une erreur matérielle qui à été rectifiée par erratum.

M. le général comte Espivent de la Villesboisnet. Très joli !

M. Denormandie. M. le ministre de la justice dit que c'est une erreur matérielle...

M. le ministre Dans le nom.

M. Denormandie. Il y a eu un erratum à la vérité. Je vais le lire. Le 14 octobre, en effet, intervient un second décret ainsi conçu :

«... juge suppléant au tribunal de première instance de la Seine, M. de Laborie de Labattut (Chales-Ferdinand), avocat, docteur en droit. » Le premier s'appelait Jean-Baptiste-Gaston, le second s'appelle Charles-Ferdinand. Le premier avait pour premier nom propre Péllissier, le second porte celui de Laborie.

Je comprends un erratum quand il y a erreur sur une date de naissance, sur un prénom, sur un détail qui ne touche pas à l'identité, mais substituer une personne à une autre personne par voie d'erratum — j'avoue que je n'ai pas beaucoup vu cela.

Je ne dis rien que de très exact. (Rire approbatifs à droite.)

M. Tolain. Tout cela n'est pas bien drôle.

M. Denormandie. C'est au moins bien singulier.

Voilà, messieurs, comment l'exécution paraît avoir été faite et comment, en réalité, elle a été faite. Vous voyez qu'au point de vue soit du nombre des magistrats, soit de la qualité de ces mêmes magistrats, soit de la façon de procéder, elle est évidemment reprochable.

On se demande comment ces faits ont pu se produire et on en vient assez naturellement à penser que, bien évidemment, malgré les déclarations du Gouvernement, il a pu être exercé sur sa volonté une pression manifeste pour arriver à une exécution que je n'hésite pas à qualifier de véritablement injuste. Et lorsque dans cet ordre d'idées nous nous reportons à ce que disaient certains journaux, dont les opinions sont bien connues, nous y trouvons des choses qui sont absolument révélatrices; nous y trouvons des exigences singulières quelques jours avant l'exécution de la loi, et ces exigences sont suivies de décrets d'exécution...

Un sénateur à droite. C'est cela !

M. Denormandie... et, parfois, d'articles dans lesquels on se vante d'avoir obtenu en effet l'exécution. (Sourires approbatifs sur divers bancs.) Lorsque ceci se produit, sur une assez grande échelle, non pas comme un fait particulier, isolé, on ne peut pas ne pas être frappé de l'action exercée par l'opinion avancée ou par ses représentants sur les intentions et sur les mesures d'exécution du Gouvernement.

Je vous ai parlé tout à l'heure, messieurs, des premiers présidents de cours d'appel; mais, le 25 août, le journal *le Rappel* annonçait la mesure. — c'est une façon d'exiger,, — et il prononçait tous les noms, ceux précisément des premiers présidents qui ont été frappés. Il prononçait en outre le nom du premier président de la cour d'appel de Lyon; mais celui-ci a été épargné parce que, quelques jours après, il était atteint par la limite d'âge.

A Angers, il y a un magistrat nomméMorry; voici ce que disait le journal *la Lanterne* à son sujet — je ne fais pas le procès des journaux qui ne sont pas mes justiciables pas plus qu'ils ne sont justiciables du Sénat et qui sont dans leur droit, dans l'exercice de leur droit en soutenant leur opinion, mais en réalité dans cette affaire, je crains qu'il n'y ait eu une pression exercée et qui peut expliquer bien des choses; voici ce que disait la *Lanterne* le 21 août :

« Il y a à la cour d'Angers un magistrat du nom de Morry. Ce monsieur était, en 1871, procureur de la République au Mans où il traquait les républicains pendant le premier ordre moral...

« Ce personnage est à expulser sans pitié des rangs d'une magistrature républicaine. »

Or, il a été révoqué le 15 septembre.

On écrivait de Mâcon au journal *la Lanterne* :

« ...Explique qui voudra cette manière d'agir et de raisonner. Allons vite, un coup de balai dans cette magistrature mâconnaise! Le besoin plus que jamais s'en fait réellement sentir. »

Or ces magistrats ont été révoqués ou déplacés avec des conditions de disgrâce.

Le journal du 30 août contenait ceci :

« Il importe que la presse signale au Gouvernement les magistrats inamovibles qui ont fait la guerre à la République. Au nom des républicains de Nogent-le-Rotrou, nous vous prions d'appeler l'attention du Gouvernement sur M. Jouot, président du tribunal civil de Nogent-le-Rotrou, une des fines fleurs de la réaction, ancien membre de la commission municipale pendant le 16 mai, et son digne acolyte, M. de Mondésir, juge. »

M. Jouot, président, est révoqué le 23 septembre, et M. de Mondésir, juge, est révoqué le 6 octobre.

Dans le journal du 9 septembre, on lit :

« Par suite de la nouvelle organisation judiciaire, supprimant une chambre, le vice-président et deux juges seront mis à pied. Le ministre de la justice a l'embarras du choix. »

....

« M. Debrie de Vertamy, président, et M. Augerd, vice-président, de Laboulaye et Dupuy de Quérézieux, juges, n'ayant pas eu le courage de démissionner, seront sans aucun doute atteints par la loi. »

MM. Debrie de Vertamy, président, et Augerd, vice-président, ont été révoqués le 23 septembre.

M. Du Buisson de Laboulaye, juge, a été révoqué le 6 octobre et le juge suppléant a donné sa démission qui a été acceptée.

Le journal du 14 septembre porte :

« M. le garde des sceaux s'est probablement souvenu du joli travail qui s'était fait dans la cour de Pau... Il n'oubliera pas non plus, nous l'espérons, le faussaire qui préside le tribunal de Mont-de-Marsan, et les quatre faux témoins qui l'assistent. »

Celui du 26 septembre :

« Tout le monde s'étonnera que le président faussaire du tribunal de Mont-de-Marsan, M. Tourné, qui s'est fait une si triste renommée, ne soit pas compris dans ce mouvement. Est-ce un oubli du garde des sceaux? M. Tourné continuera-t-il à rendre la justice à faux poids? Nous ne pouvons le croire, le scandale serait trop grand ! »

Or M. Tourné a été révoqué le 23 septembre et les autres magistrats l'ont été les 26 septembre et 6 octobre et cela tout naturellement, car le journal du 27 septembre portait :

« *Les juges faux témoins de Mont-de-Marsan.* » M. Tourné, le président faussaire de Mont-de-Marsan, que nos lecteurs connaissent, est révoqué. — C'est fort bien ! C'est un commencement d'exécution. — Il reste à compléter le balayage du même tribunal par l'exécution des juges faux témoins qui sont : MM. Garrelon, Marrast, d'Unzer et Lacadé !

« Nous espérons bien voir ces quatre noms figurer au prochain mouvement à l'*Officiel*. »

Et le journal du 9 octobre :

« Dans la liste des juges dont on nous débarrasse, nous avons le plaisir de trouver trois des quatre faux témoins qui falsifiaient la justice à Mont-de-Marsan sous les ordres de M. l'ex-président Tourné.

« Le quatrième, à ce qu'il paraît, est en voie d'élimination naturelle et prochaine. La morale publique est donc satisfaite sur ce point... et la *Lanterne* également ! ! »

M. de Gavardie. *La Lanterne* avait perdu un procès.

M. Denormandie. On lit dans le journal du 18 septembre :

« Un avancement est dû à M. Dodoz, qui consiste à le sortir du prétoire pour le mettre dans la rue ».

Il est révoqué le 23 septembre.

Le journal du 18 septembre porte :

« Le comité démocratique de Châteauroux, dans sa dernière réunion mensuelle, a émis le vœu que tous les membres du tribunal de Châteauroux soient remplacés dans le plus bref délai par des magistrats sincèrement dévoués au Gouvernement de la République ».

MM. Dubois et Parmentier ont été révoqués le 23 Septembre.

M. Daiguison, juge, l'a été le 6 octobre.

Le journal du 20 septembre dit :

« *Les magistrats prévaricateurs de Pau.* — Les conseillers prévaricateurs de la cour de Pau, qui avaient condamné la *Lanterne* dans l'affaire du président Tourné, se nommaient : François Saint-Maur, de Montgaurin, Duffaur de Gavardie, de Montclar, de Planterose, Bouvet.

« Tous ces magistrats sont atteints par le mouvement judiciaire, à l'exception de M. de Montgaurin, Cinq sur six ! » ils avaient été, en effet, révoqués le 15 septembre.

Le journal du 30 septembre porte :

« Il doit encore y avoir auprès du tribunal de Dax un M. de la Ville-Hélio, exerçant le métier de juge. »

Journal du 3 octobre :

« Ainsi, voilà un département où la magistrature lutte pendant des années et contre le Gouvernement et contre le parquet. Le parquet n'en peut mais, il avoue son impuissance, son découragement, on ne fait rien pour lui. *La Lanterne* est venue à son secours, — elle avait le choix entre Dax et Mont-de-Marsan, deux affaires qui étaient à point, elle opta pour Mont-de-Marsan. Nos lecteurs savent le reste. Que pense de tout cela M. le garde des sceaux?

Journal du 12 octobre :

« M. Martin Feuillée dans son dernier échenillage de la magistrature, a oublié le tribunal de Dax. Il y a pourtant là toute une bande de juges réactionnaires, cléricaux militants, à balayer, parmi lesquels le juge de la Ville-Hélio.

« *La Lanterne* a relevé ces jours derniers les faits et gestes de cette belle magistrature qui pour l'instant ne souffle mot. Allons M. le garde des sceaux, un coup de balai par là ! — C'est l'instant ! — C'est le moment !

Et le journal du 24 octobre :

« M. de la Ville-Hélio, juge au tribunal de Dax, sur lequel nous avons appelé l'attention du garde des sceaux, n'a pas attendu sa révocation, il a donné spontanément sa démission. Nous aimons les magistrats qui s'exécutent eux-mêmes, quand c'est devenu nécessaire. »

La démission a été acceptée le 24 octobre.

Journal du 9 octobre :

« Parmi les magistrats mis à la retraite, signalons M. de Falvelly, juge au tribunal d'Aurillac, que la *Lanterne* a dénoncé au garde des sceaux, etc... »

Il y a eu erreur ou retard, car il avait été révoqué le 6 octobre. (Sourires à droite.)

Journal du 11 octobre :

« On nous écrit de Melun :

« La population républicaine de Melun a été douloureusement affectée d'apprendre que M. Jumeau, juge au tribunal de première instance, était maintenu dans ses fonctions. »

Journal du 23 octobre :

« Parmi les magistrats admis à faire valoir leurs droits à la retraite, nous trouvons dans le cinquième et dernier mouvement judiciaire paru hier au *Journal officiel*, M. Jumeau, juge au tribunal de Melun, sur la situation duquel nous avons, ces jours derniers, appelé toute l'attention du garde des sceaux. »

Journal du 29 novembre :

« M. Jumeau a été révoqué quelques jours après qu'un entrefilet de la *Lanterne* eut fait connaître les tristes antécédents de ce personnage.

Il fut révoqué le 20 octobre.

Journal du 12 octobre :

« La révolte, toujours la révolte contre le parquet qui s'arrête et le ministère qui capitule.

« Allons ! M. le garde des sceaux, il faut revenir à Clermont avec le balai de Mont-de-Marsan et de Pau. »

M. Dausse a été nommé juge à Château-Thierry par décret du 6 octobre; on s'est contenté d'un déplacement.

Journal du 16 novembre, on y lit :

« Parmi les huit mises à la retraite parues avant-hier, nous sommes heureux d'enregistrer celle de M. Gauthier..........................

« La *Lanterne* avait appelé l'attention du garde des sceaux sur ce magistrat....................

« M. Martin-Feuillée l'a enfin mis à la retraite. » — Il fut, en effet, révoqué le 13 novembre.

Journal du 22 septembre :

« Il est évident que le mouvement judiciaire paru mardi au *Journal officiel*, a prouvé la justesse des attaques de la *Lanterne* contre les magistrats.

« M. Martin-Feuillée lui-même a révoqué nombre de personnages que la *Lanterne* lui avait signalés.

Nous estimons que la campagne dirigée par la *Lanterne* contre ces magistrats, a servi à M. le garde des sceaux pour l'assainissement qu'il a entrepris de ces fameuses écuries d'Augias judiciaires que l'Europe nous a toujours enviées, sans jamais nous les prendre.

« Le nettoyage complet de la magistrature nécessiterait un travail d'Hercule, évidemment au-dessus des forces de M. Martin-Feuillée.

« Nous sommes néanmoins obligés de constater que les magistrats qu'il a pu mettre à la retraite, avaient été tellement signalés à l'indignation publique par la *Lanterne*, que le garde des sceaux doit reconnaître lui-même que la *Lanterne* n'a jamais poursuivi que la réforme des abus et l'affermissement de la République. »

Voilà, sur ce point, ce que j'avais à communiquer au Sénat et ce qui établit manifestement, et d'une façon indiscutable, qu'il y a eu évidemment une pression exercée. Je sais bien que M. le garde des sceaux peut me dire qu'il n'avait prononcé de discours ni à Rouen ni au Havre et que, par conséquent, il n'avait pas pris d'engagement ni d'attitude politique. (Rires approbatifs à droite.

Mais si M. le garde des sceaux n'a parlé ni à Rouen ni au Havre, il avait, du moins, parlé au Sénat, ce que nous apprécions davantage; il avait promis, dans des discours réitérés que j'ai mis par partie sous les yeux du Sénat, de faire personnellement des enquêtes, des investigations, des instructions qui nous permettaient d'espérer que de pareilles exigences ne recevraient pas la satisfaction que vous avez vue.

Cette façon de procéder, cette manière d'exécuter a une très regrettable conséquence. Je vais chercher à le faire comprendre au Sénat en quelques mots.

Vous savez, messieurs, — je l'ai dit tout à

l'heure, — que la catégorie des magistrats inamovibles condamnés était de 383 et que les magistrats amovibles étaient au nombre de 231. On s'est préoccupé, au dernier moment, après le vote de l'article 15, des conséquences possibles d'une faculté aussi exorbitante, s'étendant sur les deux ordres de magistrats ; et c'est ici que se place dans nos souvenirs l'amendement de l'honorable M. Baragnon.

M. Baragnon disait, en effet, au Sénat : L'art. 15 est voté; c'est entendu, il n'y a plus à y revenir, mais il pourrait être possible de cantonner, de limiter l'exécution. Et il ajoutait en soutenant cette thèse que je crois essentiellement juste : Les magistrats amovibles ne sont pas dans les mêmes conditions que les autres. Ce sont des officiers du parquet; ce sont des agents du Gouvernement ; ce sont des magistrats qui, en définitive, sont révocables *ad nutum*. Ceux-là ne sont pas dans la même situation que les autres; ils disparaissent avec le siège lui-même.

Le siège est supprimé par la loi, l'homme disparaît avec son siège.

A côté de ces magistrats amovibles, vous avez des magistrats inamovibles qui ont une sorte de propriété, d'investiture personnelle. Le siège disparaît, mais l'homme qui a reçu une investiture reste; il survit. Le Gouvernement nous disait lui-même que l'inamovibilité survivait à la loi.

L'honorable M. Baragnon disait : « Il faut cantonner l'exécution. » Ici on l'arrêtait en disant : « Comment ! cantonner l'exécution ! Mais si vous y mettez cette rigueur, qu'adviendra-t-il alors de nos magistrats, s'écriait l'honorable M. Dauphin, qui prit avec éloquence, dans les meilleurs termes, la défense de son ancien personnel ?

Alors, tous les magistrats du parquet vont disparaître, et ils n'ont pas la ressource de recevoir une pension de retraite : on interrompait l'honorable M. Dauphin en lui disant : Rassurez-vous, si ce n'est qu'une question d'argent et d'allocation on créera une allocation pour donner satisfaction à l'idée que vous exprimez.

Néanmoins et malgré ces observations, l'amendement fut repoussé; et, par conséquent, la faculté du ministre dut s'exercer dans son plein dans la généralité des deux catégories.

On crut — je dois reconnaître que c'était une naïveté, et je le dis parce que je l'avais cru moi-même — on crut qu'au moins il y aurait un certain nombre de magistrats amovibles qui seraient condamnés; on crut que parmi ces 231 magistrats amovibles il y avait certainement des hommes qui n'étaient pas tout à fait à la hauteur de leurs fonctions, qui n'avaient pas donné les preuves de capacité, d'honorabilité suffisantes ou d'instruction, et qu'il y aurait au moins un certain nombre correspondant de magistrats inamovibles.

Eh bien, messieurs, cela a été une illusion complète, et complète à ce point que l'exécution tout entière a porté sur les inamovibles, et qu'il y en a seulement deux parmi les magistrats amovibles qui ont été remplacés, qui ont disparu, qui n'ont pas conservé de place dans la magistrature ; l'exécution de la loi, par conséquent, a porté tout entière non pas sur 614, — car on m'a fait l'honneur de me dire que par ma question du mois de novembre, j'avais sauvé un magistrat — mais sur 613.

Il reste donc 611 magistrats inamovibles qui ont été sacrifiés.

Eh bien! messieurs, je dis que l'exécution qui a été faite est une exécution qui dépasse évidemment toutes les idées que le Sénat avait pu se faire à cet égard. (Rumeurs à gauche. — Assentiment à droite et au centre.)

Mais, ce n'est pas seulement la question des personnes qui ont été ainsi frappées, condamnées, exécutées, permettez-moi de vous dire, à un point de vue plus élevé, que c'est aussi la question de l'œuvre de la justice qui est compromise; et tous ceux ici qui appartiennent ou qui ont appartenu à la vie judiciaire, peuvent, je le crois, je l'espère, me servir de témoins sur l'attestation que j'ai apportée.

Est-ce que vous croyez qu'il n'y a pas une démarcation complète entre ces deux ordres de magistrats? Est-ce que vous croyez qu'on peut impunément faire passer des rangs d'une magistrature dans ceux d'une autre.

Les magistrats inamovibles? Ce sont ceux, vous le savez bien, qui sont chargés d'entendre les plaideurs ou leurs représentants, qui sont chargés d'examiner, qui sont chargés d'instruire, qui sont chargés de juger, de prononcer, de rendre la sentence, et cela exige évidemment des qualités d'esprit d'un genre particulier.

Les magistrats du parquet, je n'ai pas besoin de le dire, — je ne fais ici la leçon à personne, — sont, comme je le disais il y a un instant, des officiers publics, des agents du Gouvernement; ils exercent une fonction éminemment militante; ils poursuivent les crimes, les délits, ils instruisent; ils possèdent évidemment des habitudes d'esprit entièrement différentes des autres.

J'entends bien qu'au bout d'un certain temps — et c'est là ce qu'on pourrait m'objecter — au bout de quinze ou vingt ans, par exemple, quand un magistrat est arrivé à un certain âge, qu'il n'a plus la fougue de la jeunesse, qu'il possède une grande expérience, il peut incontestablement quitter son siège d'avocat général, de procureur général, et s'asseoir dans un siège de président ou de conseiller, oui; mais, tout à coup, prendre dans la magistrature amovible, dans la magistrature qui constitue les officiers du parquet, les agents du Gouvernement qui exercent les fonctions militantes dont je parle et qui, souvent, sont entraînés à des ardeurs, à des passions, — je dirai même que c'est souvent une nécessité de leur ministère — prendre, dis-je, des magistrats amovibles et les précipiter tout à coup au nombre de 231, aveuglément, dans les rangs de la magistrature assise, tranquille, calme, non passionnée... (Exclamations et rires à gauche).... qui est appelée à rendre des sentences, je dis que c'est apporter un véritable trouble à l'œuvre de justice. (Très bien ! très bien ! à droite et au centre. — Dénégations à gauche.)

Un mot encore sur ce point.

Les fonctions de la magistrature assise à laquelle je viens de faire allusion ne se bornent pas seulement à entendre le plaideur et à juger. Il y a, parmi ces fonctions, la partie la plus difficile, celle que généralement on ne connaît pas, car, lorsqu'on parle d'un juge ou d'un tribunal, on se fait toujours par la pensée à l'idée de voir une collectivité de 3, 4, 5, 6 personnes assises autour d'un siège et jugeant un plaideur. Ce n'est pas cela, et je fais ici allusion aux occupations qu'un magistrat remplit seul.

La fonction du juge unique est une fonction des plus délicates et des plus difficiles. Soit qu'il fonctionne comme magistrat chargé de faire une enquête sur des faits extrêmement difficiles à saisir dans leur réalité, soit qu'il ait à interroger en matière d'interdiction, soit qu'il ait à répondre chaque jour tout seul, et sous sa responsabilité personnelle, à de nombreuses requêtes et à rendre des ordonnances qui disposent quelquefois de l'honneur et de la fortune des citoyens et souvent sans recours, soit que, jugeant en référé, il ait à trancher également tout seul les plus graves questions, il exerce sous cette forme, sous cette dénomination de juge unique, une fonction dont la gravité, dont l'importance est excessive.

Eh bien, je dis et je répète que jeter du jour au lendemain 231 magistrats, n'ayant aucune habitude de ce travail, de ce genre d'occupations dans la magistrature inamovible, c'est apporter un trouble profond dans l'exercice et dans l'œuvre même de la justice.

Et, messieurs, il ne suffit pas d'avoir conçu ce programme d'exécution si rigoureux, si étendu, si exclusif; il fallait encore pouvoir le remplir, et cela présentait bien des difficultés. Je crois — je ne sais si je me trompe — que j'aborde ici — et je termine — la question peut-être la plus grave et la plus délicate des observations que j'ai à soumettre au Sénat.

C'était, dis-je, une œuvre difficile que de donner satisfaction dans une pareille mesure aux exigences et aux demandes qui pouvaient se produire; eh bien, voici comment on s'y est pris.

M. le garde des sceaux, lors de la question que j'ai eu l'honneur de lui poser au mois de novembre, a contesté que le retard de la promulgation ait tenu à une intention. M. le garde des sceaux m'a dit qu'il était nécessaire de laisser passer tout le mois d'août sans promulguer, parce que, s'il avait promulgué au lendemain du vote de la loi, c'est-à-dire le 2 août, il se serait produit dans l'œuvre quotidienne de la justice un trouble profond; qu'on eût été obligé de suspendre les affaires, de reprendre les conclusions, de recommencer les procès pendants, en un mot, que c'était inadmissible.

J'ai le regret de ne pas partager cette manière de voir, et voici pourquoi : c'est que la loi n'était pas une de ces lois qui, par elles-mêmes, portent le plein de leur effet; elle n'était pas complète au point de vue de l'exécution. Vous savez à merveille, messieurs, qu'il y a beaucoup de lois — je reconnais que c'est le plus grand nombre — qui portent pour ainsi dire en elle-même tous leurs sacrements nécessaires et qui peuvent s'exécuter du jour au lendemain. Il en est d'autres, au contraire, qui ont besoin, par exemple, d'un règlement d'administration publique; en ce cas, la loi le mentionne; d'autres ont besoin d'un décret pour être complétées.

La loi sur la magistrature est de ce nombre. Pourquoi ? C'est qu'elle ne condamnait pas les personnes : elle condamnait le siège. Elle faisait disparaître un certain nombre de sièges sur un plus grand encore. Mais la loi n'était et ne pouvait être exécutée que par une série de décrets qui sont, en effet, intervenus aux mois de septembre et d'octobre.

Ces décrets font disparaître un certain nombre de magistrats et les remplacent par d'autres. Par conséquent, la promulgation de la loi, le 2 août, n'avait pas du tout la conséquence que M. le garde des sceaux y attribuait. Par conséquent, il n'y avait aucune raison sérieuse pour retarder la promulgation.

D'ailleurs, veuillez le remarquer, lorsqu'un magistrat est saisi d'une affaire, que cette affaire est en cours d'exécution, et qu'il est nommé, par exemple, à un degré supérieur, il achève l'affaire; son investiture seule ou son serment change sa qualité et ses occupations. Par conséquent, il faut écarter cette thèse. La promulgation devait être faite, et permettez-moi d'ajouter que tout le monde l'avait compris ainsi; c'est même la raison qu'on mettait en avant lorsqu'on nous priait de voter avec une si grande rapidité. On nous disait, en faisant un calcul qui était très exact, on nous disait : Trois mois, savoir : le premier mois pour préparer et instruire l'exécution ; septembre et octobre pour les décrets, afin que, le premier novembre, la magistrature, à son retour, rentre en toute sécurité, avec indépendance, et dans les conditions nouvelles que nous lui préparons.

Par conséquent, dans la pensée de tout le monde et du Gouvernement lui-même, on pouvait évidemment promulguer le lendemain.

Pourquoi M. le garde des sceaux ne l'a-t-il pas fait ? Je ne puis évidemment pas scruter sa conscience, mais je suis assez porté à croire qu'on supposait, ayant besoin d'un très grand nombre de places pour satisfaire toutes les exigences que l'on voyait déjà venir, je suis assez porté, dis-je, à croire qu'on espérait voir se produire un grand nombre de démissions; je suis assez porté à croire qu'on avait fait ce calcul que, la loi étant votée et par conséquent portée du jour au lendemain à la connaissance de la France entière, sans attendre même la promulgation qui n'était plus qu'une chose de forme, il allait se produire dans les rangs de la magistrature un assez grand nombre de démissions qui auraient ainsi ouvert la voie à la possibilité d'y faire entrer des magistrats nouveaux.

Ce qui m'a donné cette idée-là, c'est que, pendant le mois d'août, il s'est produit des vacances. La promulgation n'avait point eu lieu, je viens de l'expliquer longuement, et cependant il s'est produit des vacances; il s'en est produit 33 : 2 conseillers de cassation, 3 conseillers de cour d'appel, 4 présidents de tribunaux, 2 vice-présidents, 16 juges et 5 substituts, total : 33.

Vous vous rappelez que M. le garde des sceaux avait dit qu'il ne ferait entrer dans la magistrature aucun sujet nouveau, aucun homme qui y fût étranger et qu'il vous avait donné par là une sécurité relative. Or, pendant le mois d'août et par les décrets des 4, 19 et 20 août, on a nommé 33 personnes dont aucune n'appartenait à la magistrature... (Exclamations à droite.) en voici le décompte : 19 avocats, 4 anciens avoués, 6 juges suppléants et 4 anciens magistrats, total 33.

Maintenant, chose assez curieuse, ces postes divers auxquels on nommait ainsi des hommes nouveaux qu'on avait pris l'engagement de ne pas faire entrer dans la magistrature, ces postes étaient, pour une partie, supprimés par la loi. Vous entendez, messieurs, la loi venait de les supprimer. Je comprends bien que, pour ne pas arrêter l'œuvre de la justice, son recrutement nécessaire, on nomme, même pendant le mois d'août, des magistrats à la place d'autres, mais des magistrats à des sièges qui ne sont pas atteints par la loi, qui ont encore force et vigueur.

Ici, au contraire, on a nommé à des sièges qui venaient d'être frappés; on a fait asseoir des hommes, nouveaux en général, sur des sièges qui venaient d'être supprimés par la loi; on les a fait asseoir sur des sièges qui étaient condamnés par le législateur et qui n'existaient plus. Et pourquoi? Mais par un raisonnement bien simple.

C'est parce qu'une fois qu'à tort ou à raison un certain nombre d'hommes, pris parmi les amis ou les personnes auxquelles on porte intérêt, sont entrés ainsi par cette petite porte, par cette porte dérobée, je puis bien l'appeler ainsi... (Rires approbatifs à droite)... dans les rangs de la magistrature, une fois qu'il y sont, il faut bien qu'on leur donne une place d'un caractère plus définitif, et, alors, on en fait partir d'autres plus anciens.

Voilà, messieurs, évidemment, quel a été le calcul ; mais, tenez, il y a quelque chose qui est particulièrement grave dans ce qui est déjà si grave. Je vous ai dit qu'on avait nommé de cette manière des hommes nouveaux à des sièges supprimés. Eh bien, écoutez, un peu ceci :

A Nantes, on nomme juge au tribunal un avoué. Le poste était vacant depuis environ quatre mois et il ne semblait pas que l'on eût la pensée de l'utiliser.

Il faut dire en effet au Sénat que, depuis un certain nombre d'années, — cela s'est toujours fait, mais surtout depuis que l'on était, avec raison, préoccupé du trop grand nombre de sièges dans la magistrature, car c'était là qu'était la réforme véritable, nécessaire, sur laquelle nous étions tous d'accord — il y avait des sièges à supprimer : alors, pour commencer peu à peu cette réforme que M. Dufaure avait déjà entreprise dans une certaine mesure, quand un magistrat venait à diparaître dans une localité où les besoins du service n'exigeaient pas sa présence, on ne le remplaçait pas, et le siège lui-même se trouvait ainsi supprimé.

A Bayeux, le même fait se produit, mais dans des conditions encore plus graves, parce qu'on nomme au siège vacant à ce tribunal un magistrat qui était juge suppléant dans une autre ville et que l'on met tout à coup à la place d'un juge retraité depuis dix-huit mois.

Il ne s'agit plus ici, par conséquent, d'un siège qui vient d'être supprimé il y a quinze jours ; il ne s'agit plus ici d'un siège qui est vacant depuis trois ou quatre mois ; on pourrait dire encore que la nomination avait été retardée, mais qu'on avait l'intention d'y pourvoir; non! ces excuses ne vaudraient rien, pour cette nomination faite à un siège vacant depuis dix-huit mois.

Autre fait : à Mortagne, on nomme comme juge un juge suppléant du tribunal d'Alençon. Or, ce siège de Mortagne était vacant, savez-vous depuis quand ? Depuis trois ans. (Exclamations à droite.)

Et cela est si vrai, que le magistrat qui l'avait occupé, étant rentré dans la magistrature, avait été nommé récemment président dans une autre localité.

A Lizieux, il est pourvu à un siège abandonné depuis trois ans et demi, par suite d'un décès arrivé en avril 1880; on y nomme un ancien avoué au tribunal de Quimperlé.

A Coutances, on nomme un ancien avoué à la place de M. Leloup. Eh bien, il était bien vacant, ce siège-là, et on ne dira pas le contraire il y avait cinq ans qu'il n'avait plus de titulaire! (Exclamations et rires à droite.) Cinq ans! et cela m'a paru tellement extraordinaire, que j'ai tenu à me procurer l'acte de décès du magistrat que je viens de nommer; je mets cette pièce sous les yeux du Sénat. (Rires.)

J'ai encore un certain nombre de documents que je passe sous silence pour épargner les moments du Sénat...

A droite. Parlez ! parlez ! nous avons le temps !

M. Denormandie. Qu'est-ce que c'est que tout cela, messieurs ? Ce sont des faits inouïs. C'est une pratique suivie dès le commencement et qui consiste, pour faire entrer dans la magistrature un plus grand nombre de personnes à sa dévotion (C'est cela ! à droite), à condamner la totalité des magistrats inamovibles et à nommer, pendant cette époque psychologique du mois d'août, un certain nombre d'amis, et ensuite à pourvoir soit ces mêmes personnes, soit d'autres encore, de sièges réputés libres, en exercice, appartenant à l'œuvre quotidienne de la justice, et qui, en réalité, sont des sièges morts, abandonnés, qu'on va pour ainsi dire, chercher dans la poussière des sépulcres (Exclamations à gauche) pour les faire revivre par une fiction téméraire ; on leur redonne ainsi une existence, malgré la démission des titulaires, malgré leur éloignement, malgré leurs nouvelles fonctions, malgré leur décès ; on les reprend par cette fiction que je qualifierais volontiers d'audacieuse, et on y fait asseoir, à l'aide de la même fiction, des hommes dont on veut assurer le sort, qu'on impose ainsi à la magistrature dont ils feront partie le lendemain. (C'est cela ! à droite) Il faut bien les pourvoir ! Voilà, messieurs, la gravité de pareils faits ; et cela se passe dans cette période si difficile du mois d'août, entre le vote de la loi et sa promulgation.

Eh bien ! même après la promulgation, voici un décret du 6 octobre 1883, dans le même ordre d'idées; un siège de président de chambre à la cour de Grenoble est supprimé, et il se trouve que la limite d'âge a atteint un des présidents. C'est une bonne fortune, ce me semble, et M. le garde des sceaux aurait dû en juger de même, puisque le siège était condamné par la loi. Voilà des magistrats qui se trouvent condamnés par le décret de 1852 sur la limite d'âge, et la loi se trouve exécutée. Eh bien, on nomme à ces fonctions de président de chambre un avocat général à la cour de Chambéry, dont on veut assurer la retraite.

A Poitiers, quatre sièges de conseillers étaient condamnés par la loi ; l'un des titulaires demande sa mise à la retraite ; c'est un homme qu'il fallait embrasser (Sourires) : son siège a disparu et il s'en va de lui-même, volontairement ; la loi était donc exécutée. Eh bien, on nomme quelqu'un à la place de ce conseiller qui se retire.

A Rennes, un président demande sa mise à la retraite : voilà encore un homme qui vous apportait une bonne fortune; vous l'avez remplacé !

A Riom, c'est la même chose.

Eh bien ! je dis que, dans de pareilles conditions, la loi n'a pas été exécutée comme elle aurait dû l'être.

Et quels sont ces hommes qui ont été ainsi frappés ? Des hommes qui étaient l'honneur et la distinction même. Je ne veux, bien entendu, rien dire d'excessif; je ne prétends pas que, dans le nombre de ceux qui ont été frappés, il n'y en ait pas contre lesquels vous ayez eu des griefs légitimes. Cela doit être, sur une collectivité aussi considérable. Mais je dis que la plupart des hommes qui ont été frappés, qu'un très grand nombre d'entre eux, l'ont été injustement.

C'étaient, je le répète, des hommes d'honneur, de distinction, de savoir, qui avaient passé leur vie entière dans la pratique de la plus délicate et de la plus difficile des fonctions ; et qui avaient ainsi rendu, sous cette forme, des services très appréciés à leurs concitoyens.

Hommes modestes, hommes réservés, hommes, en général, sans fortune qui ont été ainsi frappés dans des conditions dont vous n'avez pas assez mesuré la portée et les conséquences ! (Très bien ! très bien ! à droite.)

Au mois d'octobre, à la suite de toutes ces exécutions — je demande pardon au Sénat d'apporter ici un fait qui m'est un peu personnel — j'allai voir un de ceux qui ont été exclus : un homme des plus recommandables; trois générations de magistrats, des enfants, et pas de fortune. Je suis frappé de l'accueil qui m'est fait : liberté d'allure, liberté d'esprit, sourire aux lèvres, une aisance extraordinaire. J'étais confondu. Lorsque je le quittai, je fus reconduit jusqu'à la porte par un ami intime de la maison auquel je ne pus cacher ma surprise, mon étonnement, et, en même temps, mon admiration. Il me dit : Oui, c'est vrai, il y a là une vaillance extraordinaire; mais si vous étiez venu ce matin, vous les auriez vu tous en larmes !

Messieurs, il en est de même chez un très grand nombre de ces magistrats mis à la retraite.

Comme je disais à cette même personne : Je comprends les préoccupations que doit causer à notre ami sa situation, — je faisais allusion au défaut de fortune. — Non, non, me répondit-il, ce n'est pas de cela qu'il se préoccupe; il n'y songe pas un seul instant ; il vivait de peu, il vivra de moins encore; mais trois générations de magistrature, mais les enseignements et les traditions de sa famille, mais l'avenir réservé à ses enfants, voilà ce qui fait sa véritable douleur !

Voilà, messieurs, un spectacle qu'il faudrait méditer ! (Appudissements à droite et au centre.)

Et comment ces hommes ont-ils été frappés, en général ?

Ici, je ne serai démenti par personne : ont-ils été appelés, ont-ils été entendus, ont-ils été mis à même de faire une réponse contradictoire aux reproches quels qu'ils soient, politiques ou autres, qu'on pouvait avoir à leur adresser ?

M. Bocher. Non ! La délation !

M. Denormandie. Pas un, messieurs, n'a été appelé; pas un n'a été mis à même de s'expliquer, pas un ! Ils ont été dénoncés, ils ont été signalés bassement, par des rapports occultes, d'agents qui ne se montrent pas. (Très bien ! très bien ! à droite).

Ils ont été signalés, ici, pour satisfaire une vengeance locale, là, par une jalousie de famille ou autre ; (Nouvelles marques d'assentiment sur les mêmes bancs.) ailleurs, par la haine d'un plaideur. C'est ainsi qu'ils ont été frappés, et frappés par derrière, ce qui jamais ne s'étaient vu ! (Très bien ! et vifs applaudissements à droite et au centre.)

Voilà comment la loi a été exécutée; il importe de le dire, messieurs, est-ce que M. le garde des sceaux est personnellement responsable de ces choses-là ?

A droite. Oui ! oui !

M. Denormandie. Non, messieurs...

M. le baron de Ravignan. Si ! lors du vote de la loi, il a revendiqué cette responsabilité.

M. Denormandie. Aux derniers jours de nos grands débats sur cette question, les interrupteurs ont dit à M. le garde des sceaux ;

« Vous acceptez là une terrible besogne. » D'autres : « Vous prenez un engagement téméraire. »

Mais, si j'avais pris la parole à ce moment, je lui aurais dit : « Vous prenez un engagement que vous ne pourrez tenir. Faites y attention, parce que c'est matériellement impossible. »

J'ai pu m'en rendre compte par l'étude personnelle que j'ai faite d'un certain nombre de faits et de circonstances, — il était matériellement impossible que vous puissiez, dans un si bref délai, non seulement connaître du sort de 614 magistrats, mais je dirai même du sort de deux ou trois mille magistrats, — car la magistrature tout entière a été remuée à cette occasion.— Vous ne le pouviez pas !

En effet, messieurs, il est arrivé ce qui pouvait et devait arriver : M. le garde des sceaux a été évidemment trompé.. (Dénégations à droite) trompé par des agents subalternes, par des rapports, et, en conséquence, en lui signalant aujourd'hui ces faits, non pas pour les tourner contre lui — je présente seulement des observations général à l'occasion du budget de la justice — (Rumeurs à gauche) je lui dis : Faites-y attention ! il y a là des faits de la plus haute gravité et qui ont eu peut-être pour résultat de faire entrer dans la magistrature un certain nombre de personnes indignes ou incapables ; ces faits doivent vous rendre vigilant et il faut que désormais vous vous appliquiez, personnellement au moins, à la reconstitution partielle de cette magistrature avec une attention scrupuleuse, avec le sentiment que vous ne pouvez pas manquer d'avoir des devoirs de votre grande charge. C'est à cela, messieurs, qu'il faut que le garde des sceaux applique tous ses efforts. (Très bien ! très bien ! au centre. —Interruptions à gauche.)

Un mot encore et j'ai fini.

On raconte qu'au commencement de ce siècle un grand procès était pendant devant la justice à l'occasion d'un complot militaire. Il y avait doute sur les faits; les juges hésitaient, et celui qu'on appelait à cette époque le juge — c'était son titre et sa qualité — ne craignit pas de se transporter auprès du président du tribunal et de lui dire : Pourquoi ne condamneriez vous pas ? Le chef de l'État fera grâce ! Et le président de répondre : Et qui nous fera grâce à nous ? (Très bien ! très bien ! à droite.)

Voilà, messieurs, les magistrats comme nous les avions autrefois, et comme nous désirons les avoir dans l'avenir. (Applaudissements répétés à droite et au centre.)

Voici maintenant comment s'expliquait sur l'exécution faite par M. Martin-Feuillée, un ancien magistrat démissionnaire lors des décrets, et qui, moins obligé que M. Denormandie à des ménagements parlementaires, traduisait avec plus de vérité les impressions que l'œuvre de M. Martin-Feuillée inspire à tous les honnêtes gens.

Ce magistrat est M. Lucien Millevoye, ancien substitut à Lyon, dont le père, premier président à Lyon, avait la douleur de ne pas se voir associé à ses anciens collègues dans la proscription, parce que quelques jours à peine le séparaient de ses 70 ans.

M. Lucien Millevoye publiait, le 12 octobre 1883, dans un journal de province, l'article suivant; nous ne pourrions pas mieux dire.

LES PROSCRIPTIONS

C'est fait : la magistrature est mutilée, la justice est avilie. Des hommes que leur médiocrité destinait aux rôles les plus infimes, devenus par l'égarement de leurs concitoyens représentants et ministres, ont porté la main sur des traditions nationales, violé des respects séculaires. Désespérant d'atteindre à la hauteur où la dignité du caractère, le culte du bien, la recherche du vrai, avaient élevé la magistrature, ils ont entrepris de la faire descendre jusqu'à eux : c'est indiquer d'un mot toute la déchéance qu'ils ont infligée à cette grande institution.

On s'étonne que dans cette proscription des meilleurs et des plus dignes, certains magistrats qui s'étaient signalés eux-mêmes aux colères des sacrificateurs par l'indépendance de leur opinion et la liberté de leur langage, aient été épargnés. Nous devons au public l'explication de cette modération apparente. La loi ayant limité le nombre de victimes, le ministère a préféré frapper les présidents, les juges, les conseillers les plus jeunes, dont il eût fallu supporter pendant de longues années la courageuse résistance. Il était inutile de frapper sur leurs sièges ceux qui touchent au terme légal de leur carrière ; dans quelques mois, dans quelques semaines, ils cesseront d'être un embarras pour le pouvoir, un obstacle à ses fantaisies arbitraires. Ils restent un jour encore, comme ces débris qui par leur majesté attestent la grandeur passée des monuments détruits.

Quel homme a-t-on choisi pour cette œuvre de basse vengeance ? Est-ce un républicain de vieille origine, entraîné par un dévouement aveugle à la République ? Ce zèle ardent est-il sincère ? Non, cette immolation condamnée par les esprits équitables, réprouvée par les cœurs honnêtes, cette spoliation qui soulèvera l'indignation de l'histoire n'a même pas pour se justifier l'excuse de la nécessité ou celle de la passion. C'est treize ans après la chute de l'Empire qu'on proclame le besoin de sauver la République des complots de la magistrature impériale ! Parce que tous les magistrats nommés par l'Empire n'ont pas, comme M. Martin-Feuillée, renié, insulté le gouvernement qu'ils ont aimé et servi, veut-on en conclure qu'ils mettaient en péril les lois, la constitution républicaine ? Toutes les déclamations qu'on a prodiguées pour consommer la ruine de la vieille magistrature, n'ont été que des prétextes destinés à masquer l'âpre désir de la curée. C'est une proie dont l'opportunisme se saisit ; ce sont des dépouilles que le garde des sceaux distribue à ses faméliques complaisants.

Ceux qui connurent sous l'Empire M. Martin-Feuillée, obséquieux devant le pouvoir jusqu'à la platitude, respectueux de la magistrature, empressé à lui témoigner sa déférence, ignoraient que sous cette physionomie banale d'avocat de troisième ordre, se cachait l'âme d'un espion et d'un traître.

Il avait accepté dans cette collaboration intime confiance, sympathies, services, bienfaits, tout ce qui peut obliger irrévocablement un homme envers d'autres hommes lorsqu'il est accessible aux sentiments d'honneur et de reconnaissance.

Ce renégat a prouvé qu'il savait s'affranchir de tous les liens de la conscience et que pour lui l'indépendance est surtout l'indépendance du cœur.

Martin-Feuillée livrant pendant un mois la justice aux marchandages des *sous-vétérinaires*, quel trait pour stigmatiser le triste régime que nous subissons ! On a vu les députés, les sénateurs se presser dans les antichambres de la chancellerie, apportant l'expression de leurs rancunes, réclamant la récompense d'un service, dénonçant, menaçant, cabalant... Ils ont dit : « ce magistrat a jugé contre moi ; cet autre a voté contre moi ; celui-ci ne me salue pas, celui-là va à l'église ; ce conseiller a dans son salon une photographie de l'Empereur ou du roi ; ce président n'a pas illuminé au 14 juillet ; ce juge a été élevé dans une maison religieuse. » Ces niaiseries ont été accueillies, pesées comme autant d'indices d'indiscipline, de symptômes de révolte.

On a vu les influences démagogiques se disputer avec aigreur les sièges vacants. Les hautes situations judiciaires qui étaient jadis le couronnement d'une longue et honorable carrière, ont été mises à l'encan, vendues au plus offrant. Chaque nomination a été le paiement d'une surenchère, le gage d'une complaisance parlementaire. C'est par de tels moyens que le cabinet achète l'indulgence des Chambres pour sa politique extérieure et pour son administration financière.

On a vu enfin des membres des parquets, improvisés agents de la police ministérielle, épier les démarches de collègues, surprendre le secret de leurs pensées, pour porter ensuite au gouvernement des révélations souvent mensongères, et demander honteusement le prix de leurs délations.

Non contents de déposséder la magistrature, les exécuteurs ont essayé de la déconsidérer, oubliant qu'il n'appartient qu'aux honnêtes gens d'infliger le déshonneur, et que la probité seule a droit de flétrir.

Ne pouvant avilir leurs adversaires par un décret, ils les ont livrés aux outrages de leur presse. L'injure a été répandue avec d'autant plus de hardiesse qu'on se sentait sûr de l'impunité. Pour tenir en respect toutes les petites lâchetés, il faut avoir à l'époque où nous sommes une plume ou une épée. La magistrature ne pouvait accepter ce rôle militant sans manquer à sa dignité ; elle n'a opposé aux invectives qu'un silence hautain : même en tombant elle a dédaigné de se défendre ; c'est une noble et fière attitude. « On ne discute pas avec la calomnie, a écrit un auteur contemporain, on l'écrase ou on la subit. »

La magistrature subit aujourd'hui la calomnie, l'avenir la vengera ; l'opinion de la foule elle-même lui reviendra. S'il reste actuellement quelque chose des diffamations accumulées contre elle, bientôt ce quelque chose ne sera plus rien. Ses ennemis se sont vantés d'avoir écouté aux portes des prétoires, d'avoir entendu des paroles qui n'ont jamais été prononcées, d'avoir découvert des conspirateurs qui n'ont existé que dans les rapports des dénonciateurs intéressés. Le temps balaiera ces mensonges. C'est à l'histoire que reviendra le droit de juger la vieille magistrature française : c'est le seul tribunal qu'elle accepte, c'est le seul qui puisse lui apporter le calme d'un jugement impartial.

La France ne tardera pas à comprendre qu'en détruisant l'ancienne magistrature, en anéantissant le principe de l'inamovibilité, en soumettant ainsi le choix des juges à l'arbitraire des pouvoirs révolutionnaires, le gouvernement républicain a sacrifié les intérêts du justiciable. « L'indépendance de la magistrature, a dit un magistrat illustre, est sa principale force. En commandant de la respecter, le législateur veille moins à l'intérêt du juge qu'à l'intérêt public. »

Ces magistrats qu'on chasse ont été l'honneur de leur pays ; on ne les remplace pas. Conservateurs, sachons rendre hommage à ces hommes qui ont poursuivi jusqu'au bout l'œuvre éternelle et patiente de la justice, sans préoccupation du bruit qui s'est fait autour de leurs audiences, ni des préventions dans lesquelles on s'est efforcé d'envelopper l'opinion.

Ce qui frappe le plus chez eux c'est la fermeté du caractère, c'est aussi la facilité dans l'accomplissement du devoir. Remplir toutes leurs obligations et se tenir récompensés de leur propre témoignage, ce fut la règle qui dirigea leur carrière. L'amer découragement d'un philosophe a publié que « les vérités de l'âme sont des phares à feux changeants. » La vie entière des magistrat d'hier proteste contre cette doctrine. Ni les faveurs, ni les revers de leur destinée n'obscurciront la grande lueur qu'ils tenaient de leur conscience. Ils descendent sans étonnement et sans murmure des sièges où ils rendaient la justice, pour accepter les difficultés pénibles d'une vie toute nouvelle. L'adversité, cette grande tentatrice des faibles, les trouve inébranlables dans la fidélité à leurs convictions. Ils ont mis dans leur conduite la sévérité absolue, l'inflexible unité.

Sachons nous inspirer de ces exemples, détournons nous de ceux que nous offrent les habiles, les intrigants, les transfuges qui, suivant l'expression de Saint-Simon « ont le nez tourné à la fortune ».

Nous devrions même remercier le gouvernement de la République si, à force d'attentats contre les droits et contre les personnes, il parvient à nous donner ce qui nous manque trop souvent : la force de haïr et la faculté de nous souvenir.

NOTICES (*)

Ce monument a été élevé à la gloire éternelle de M. Martin-Feuillée, avec les ossements de ses victimes.

M. ACCARIAS

CONSEILLER A GRENOBLE

28 ans de service.

M. Accarias porte un nom respecté et aimé à Grenoble; son père y a laissé d'impérissables souvenirs au tribunal qu'il a longtemps présidé.

M. Accarias avait conquis son siège de conseiller par vingt années d'une carrière irréprochable. Absorbé dans ses fonctions, scrupuleux, d'une intégrité farouche, d'une austérité exemplaire, d'une dignité parfaite, il avait toutes les vertus du magistrat, par conséquent tous les titres à la révocation qui vient de le frapper.

Un trait achèvera de le peindre : il a un cousin qui, rompant avec les traditions de sa famille, s'est jeté dans le mouvement radical, c'est le professeur de droit devenu récemment inspecteur général des Facultés.

Ce haut et puissant seigneur républicain lui écrivit il y a quelques semaines en offrant de le recommander à la chancellerie contre une révocation trop facile à prévoir; la réponse ne se fit pas attendre, le magistrat signifia énergiquement à ce patron de bonne volonté l'interdiction la plus formelle de prononcer son nom, considérant toute intervention en sa faveur comme une offense à sa dignité.

M. ALAUX

JUGE A PERPIGNAN

13 ans de service, dont 9 comme juge à Perpignan.

Pas d'autre crime que d'être l'ami de M. le président Picas, par suite suspect d'être capable comme lui, de rendre ses ordonnances de référé où le simple exposé du droit suffit, sinon à arrêter, du moins à flétrir l'arbitraire et la violence de MM. les préfets.

En conséquence, révoqué.

M. ALAUX

JUGE A ESPALION

M. Alaux était un magistrat irréprochable et tout le monde le savait bien à Espalion, où il exerce ses fonctions depuis 16 ans.

(*) La *Gazette de France* a publié un certain nombre de ces notices pendant les mois de septembre, octobre, novembre et décembre 1883; il sera, en général, facile au lecteur de les distinguer, nous n'y avons apporté que peu de changements, afin d'y laisser toujours voir les impressions du moment.

Il est à peine besoin d'ajouter que les notices qui vont suivre sont de simples esquisses, et qu'aucune d'elles n'a la prétention d'avoir tout dit sur le magistrat qu'elle concerne; pour qu'elles fussent complètes, il aurait fallu demander des renseignements à la partie intéressée elle-même, et, par un sentiment que tout le monde comprendra, nous nous le sommes interdit d'une façon absolue; nous n'avons dit, en somme, que ce que chacun autour d'eux pouvait attester.

Mais il avait le tort d'être en bonnes relations avec le sénateur réactionnaire Mayran, ainsi qu'avec M. Affre, parent de ce dernier, Président.

Or le député, qui est en même temps avocat, tenait à changer le Tribunal (1); c'est pourquoi les deux juges ont été révoqués; quant au président, on s'est montré magnanime envers lui; il touche à ses 70 ans, ce n'était pas la peine de perdre sur lui un coup de dent.

M. ALEXANDRE

PRÉSIDENT DE CHAMBRE A LA COUR DE PARIS

42 ans de service, dont 13 comme président.

Frappé pour avoir fait partie en 1852 des commissions mixtes comme procureur impérial à Strasbourg; il ne s'était pourtant rallié au régime nouveau créé par le coup d'État qu'après l'avoir vu ratifié par des manifestations de l'opinion publique plusieurs fois répétées; bien plus, il s'était montré si résolu à ne pas se prêter à des mesures arbitraires qu'il n'avait assisté qu'à deux séances de la commission, ayant été aussitôt dénoncé comme gênant par des objections et des difficultés continuelles l'action du général et du préfet.

Ce qui est plus piquant encore, c'est qu'il soit chassé de la cour de Paris quand elle a à sa tête un premier président qui, ayant eu à s'expliquer le 13 janvier 1874 comme avocat général devant la Cour de Poitiers sur le caractère des commissions mixtes, en a lui-même soutenu et démontré la légalité, et un procureur général qui, secrétaire du parquet de Strasbourg en 1852, a pu attester que M. Alexandre s'était efforcé à cette époque, dans la mesure de ses moyens, de rendre service à ses concitoyens en protégeant leur liberté.

M. Alexandre eût pu invoquer ce double témoignage de droit et de fait lorsqu'en 1883, comme doyen des présidents de la Cour de Paris, il eut à installer le nouveau chef que la faveur inattendue de la République venait de placer à la tête de cette grande compagnie; il s'en abstint; mais dans cette circonstance que la suppression imminente de l'inamovibilité rendait plus solennelle encore, il prononça un discours qui eut un grand retentissement et où le vrai magistrat se révélait tout entier; ce fier langage eût suffi à le vouer à la proscription, et il ne pouvait l'ignorer; c'était le digne couronnement d'une carrière de plus de 40 années.

M. Alexandre a longtemps présidé la 3e chambre de la Cour où se trouvaient réunis tant de magistrats éminents, c'est celle

(1) Ce député y tenait d'autant plus qu'il nourrissait déjà un projet qu'il a réalisé depuis, celui de s'en faire nommer le président. Au grand scandale de la chambre des députés elle-même, M. Devic a, en effet, été nommé président du tribunal d'Espalion par décret du 23 février 1884.

sur laquelle les rigueurs de la chancellerie se sont abattues avec le plus de furie.

Les travaux laborieux de ses fonctions n'absorbaient pas l'activité d'esprit de M. Alexandre; il est l'auteur de traductions estimées et a fait passer de l'allemand dans notre langue l'histoire romaine de Mommsen et les œuvres juridiques de Mittermayer.

M. ALLEZARD

JUGE A ISSOIRE

21 ans de service.

Ancien avocat d'Issoire, M. Allezard était entré dans la magistrature comme juge à Cusset, et ses brillantes qualités l'avaient déjà désigné pour une présidence, lorsqu'il témoigna le désir de rentrer dans son pays; ce modeste désir fut exaucé; il y revint comme simple juge, et sous le ministère de M. Dufaure les fonctions de l'instruction lui furent confiées.

Elles ne suffisaient pas à son activité d'esprit, et M. Allezard employait les loisirs qu'elles lui laissaient à des travaux sur l'économie politique, sur la propriété intellectuelle, sur l'inamovibilité de la magistrature, sur « la liberté, principe de tous les droits », dont la publication l'avait placé au rang des penseurs les plus distingués, et dont le dernier, notamment, aurait pu être utilement recommandé aux réflexions de ceux qui l'ont frappé, s'ils écoutaient autre chose que leurs passions en fait de liberté.

Mais il y a longtemps que les magistrats ont cessé de trouver une sauve-garde dans l'amour de leurs fonctions et dans leur capacité; M. Allezard avait refusé de déposer devant la fameuse commission d'enquête instituée après le 16 Mai, dès ce jour-là il était irrévocablement désigné pour être expulsé.

M. D'ALVERNY

CONSEILLER A LA COUR DE LYON

24 ans de service, dont 4 comme conseiller.

Magistrat instruit, laborieux, dont la modestie égalait le mérite; sa chute s'explique en deux mots : c'est le gendre de M. Dareste de la Chavanne, ancien recteur de l'Académie de Lyon, disgracié il y a quelques années sous prétexte de cléricalisme; de plus, il avait été nommé conseiller en 1878 par M. Dufaure, qui était un traître, comme chacun sait, et sur la présentation de M. Beaune, un des plus éminents parmi ces procureurs généraux que la hache républicaine, maniée par M. Le Royer, allait immoler en une seule fournée quelques mois après.

Faut-il ajouter que M. d'Alverny ne saluait peut-être pas assez bas les autorités;

or, qui ignore ce que peut renfermer de rancunes l'âme d'un républicain mal salué ?

M. AMIARD
JUGE A SAINT-BRIEUC

19 ans de service.

Magistrat honnête, amoureux de ses fonctions, et qui, en dehors des jouissances du foyer domestique, ne connaissait guère d'autre plaisir que celui d'étudier à fond des dossiers ; aussi sa conviction une fois formée était-elle de celles que nulle pression n'eût pu faire plier.

C'est ce ferme bon sens qui l'a perdu.

Le sieur Bertereau, préfet, assigné devant lui en dommages-intérêts, prétendait que le Tribunal devait se déclarer incompétent parce que lui, Bertereau, n'avait fait, en violant un domicile privé, qu'exécuter le décret prononçant la dissolution des congrégations; il avait, en effet, le 4 novembre 1880, au point du jour, avec l'assistance d'une compagnie d'infanterie commandée par un capitaine depuis lors décoré, fracturé la porte du P. Le Page, salvatoriste, avait envahi son domicile, et sommé la congrégation de se disperser, ne voulant autoriser ensuite que le P. Le Page à réintégrer son domicile avec un de ses confrères ; à quoi le pauvre homme avait répondu que malgré tout son désir de complaire à M. le préfet, il lui était bien difficile de se disperser lui-même à plus de 80 ans, et tout à fait impossible de rentrer dans son domicile avec un de ses confrères, attendu qu'il y était tout seul.

Un conseil académique n'eût pas manqué de déclarer que Bertereau avait raison et en eût conclu qu'il fallait bien dès lors que le P. Le Page constituât une congrégation à lui tout seul et avec ses 80 ans.

Mais on ne put jamais faire entrer cela dans la tête du Tribunal, qui persista à dire que quand même M. Grévy ferait un décret pour lui enjoindre de penser le contraire, il soutiendrait toujours qu'il fallait être plusieurs pour former une congrégation et pour être, à ce titre, livré aux préfets et aux serruriers.

Aussi se déclara-t-il compétent; mais l'illustre Bertereau est bien vengé ; sur quatre juges qui avaient signé les jugements de compétence, trois, le président en tête, sont révoqués.

De quoi aussi vont-ils s'aviser? ils devaient bien savoir que, en ce temps deliberté, la raison la meilleure est celle de M. le préfet.

M. ANCELOT
PRÉSIDENT DE CHAMBRE A LA COUR DE RIOM

39 ans de service, dont 15 comme avocat général et 18 comme président de chambre.

Il fut l'un des avocats généraux les plus distingués de France ; on se souvient de son réquisitoire devant la cour d'assises de Riom dans la célèbre affaire de *la Juive*. L'Empire lui offrit les fonctions d'avocat général à la cour de cassation, comme la République les a offertes depuis, en 1879, à M. Rivière, conseiller aussi à Riom ; aux deux époques, c'était un avancement sans précédent ; mais M. Ancelot, maître en l'art de bien dire, le refusa, tandis que M. Rivière, qui ne pouvait prononcer vingt paroles sans ânonner, les accepta. C'est que l'un avait encore plus de modestie que de talent, tandis qu'au yeux de l'autre, pour avoir du talent, il suffisait d'avoir de l'ambition, et la République lui a donné raison ; grâce à son impuissance de parler, il est devenu au bout de 18 mois, conseiller à la cour de cassation.

M. Ancelot était un type accompli du magistrat de la vieille roche. Étranger aux partis politiques, d'une simplicité antique, d'une bonté inépuisable et d'une charité évangélique, il consacrait au travail professionnel, à la pratique du bien, au culte des lettres, aux joies intimes de la famille, une vie toute de foi, de science, d'intégrité et d'honneur. Ses arrêts, comme jadis ses conclusions, étaient des modèles de forme et de solidité.

M. Martin-Feuillée lui met au front l'auréole de la proscription ; ce n'est pas toutefois qu'il ait pu lui trouver un ennemi, mais M. Ancelot avait eu le tort impardonnable de ne pas associer sa conscience à d'iniques mesures de persécution.

Il avait présidé, le 27 novembre 1880, la chambre qui confirma l'ordonnance par laquelle M. le premier président Moisson s'était déclaré compétent pour informer au criminel sur la plainte des expulsés, contre le préfet Lamer.

Nous avons sous les yeux cette ordonnance ; comment un jurisconsulte de la force de M. Ancelot eût-il fait pour la réformer ? Elle est un chef-d'œuvre de logique, de bon sens, de clarté et de précision !

Mais, dire que « l'attentat à la liberté « individuelle, s'il venait à être constaté « qu'il est la conséquence des mesures « ayant un caractère administratif ou « même gouvernemental, *n'en serait pas « pour cela justifié* », c'est plus que le gouvernement actuel n'en peut supporter.

Aussi M. Ancelot est révoqué comme M. Moisson l'a été.

Quelle belle garantie pour la justice et pour la liberté !

M. ANCTIN
VICE-PRÉSIDENT AU HAVRE

27 ans de service, dont douze comme vice-président.

Le meilleur et le plus doux des hommes, ferme toutefois, et qui n'avait pas craint, étant procureur à Dieppe, de s'attirer le déplaisir de certaines personnalités influentes de l'Empire par la rigueur de son impartialité; le 4 septembre s'était empressé de le récompenser par... une révocation.

Réintégré en avril 1871 au Havre par M. Dufaure, il portait depuis douze ans un fardeau écrasant ; tant que son poste ne lui a valu que de la fatigue et de l'ennui, personne ne le lui a envié; le jour où il rapporte de l'argent il s'est trouvé quelqu'un pour le convoiter, et on s'est empressé de le lui enlever.

On eût été bien embarrassé de formuler un reproche contre cet homme honnête, doux, paternel et bienveillant, dont les républicains eux-mêmes vantaient l'indiscutable intégrité. On a imaginé de dire qu'il n'avait pas fait visite à son procureur général ; ce n'était pas même vrai. M. Anctin, toujours respectueux des convenances hiérarchiques, avait fait le voyage de Rouen tout exprès.

On lui a reproché, en outre, d'avoir contribué à fonder un patronage du dimanche ; cette fois le grief était vrai ; M. Anctin, remarquant que dans les premiers jours de la semaine la police correctionnelle était encombrée d'enfants que les loisirs inoccupés du dimanche avaient entraînés à mal faire, avait eu l'idée séditieuse de leur offrir pour ce jour-là un lieu de réunion où ils pussent se distraire sans s'exposer à se faire condamner.

C'est, paraît-il, une preuve de cléricalisme, qui suffisait pour le perdre dans l'estime de M. Martin-Feuillée.

La vérité est qu'il était véhémentement soupçonné, malgré le secret des délibérations, d'avoir été opposé, il y a quelques mois, à la condamnation de certains conservateurs de Fécamp que, sur leur appel, la cour de Rouen a acquittés ; et formellement accusé d'avoir condamné certains républicains du même lieu, qui ont fait appel aussi à la cour de Rouen et qui y ont gagné de voir leur peine augmentée.

M. ARBEY
PRÉSIDENT A BAUME

34 ans de service.

Né à Baume, M. Arbey était attaché à son pays natal ; il y avait suivi toute sa carrière et n'avait jamais voulu le quitter, malgré les offres réitérées qui lui avaient été faites d'aller siéger à la cour comme conseiller.

Il n'était point sans défauts, mais il avait une remarquable capacité ; instruit et expérimenté, ayant le sens juridique, il aimait le droit et savait l'appliquer dans des jugements qui faisaient autorité.

Seulement on savait bien que s'il péchait, ce n'était point par servilité, et nul n'ignorait qu'il eût été inutile, sinon dangereux, de tenter d'exercer la moindre pression politique sur lui.

C'est pourquoi on lui a fait l'honneur de le révoquer, avec le tribunal tout entier.

M. ARBOD
VICE-PRÉSIDENT A VALENCE

22 ans de service, dont 14 comme vice-président.

Avant d'entrer dans la magistrature, M. Arbod avait été, pendant 25 ans, l'un des avocats les plus brillants et les plus occupés du barreau de Valence.

Dédaigneux des subtilités de la chicane contre lesquelles sa longue pratique l'avait mis en garde, son expérience consommée et la souplesse de son esprit lui permettaient de résoudre, avec une rapidité et une lucidité merveilleuses, les questions les plus ardues et les causes les plus embrouillées.

Nul n'était plus serviable que lui, et beaucoup de républicains pourraient l'attester, si la reconnaissance n'était leur moindre défaut.

On eût pu attendre l'heure de sa retraite, qui devait sonner avant 18 mois, et il s'y fût volontiers prêté ; mais il fallait obéir à

M. Madier de Montjau qui, dans son odieux discours contre la magistrature, l'avait dénoncé comme ayant condamné à six jours de prison un sieur de Saint-Prix pour outrage à un maire dans l'exercice de ses fonctions.

La sentence avait cependant été accueillie avec gratitude par le condamné lui-même, et en tous cas ses amis l'avaient trouvée aussi juste que modérée; mais aux yeux de M. Madier de Montjau tout magistrat est coupable par qui un républicain est condamné, et il ressort de la révocation de M. Arbod que c'est aussi l'avis de M. Martin-Feuillée.

M. ARMINJON

CONSEILLER A LA COUR DE CHAMBÉRY

19 ans de service dont 9 comme conseiller.

Magistrat hors ligne, comblé de tous les dons du caractère et de l'intelligence, développés par l'étude et fortifiés par une rare solidité du jugement.

Il s'était placé tout jeune au premier rang du barreau de Chambéry, sa ville natale, et s'était décidé en 1864, par des raisons de santé, à accepter les fonctions de magistrat.

Il eût dû être épargné si le talent, la valeur, la dignité étaient du moindre poids auprès de M. Martin-Feuillée.

Mais quoi! c'était un bon catholique, et il avait osé en 1880 se porter candidat au Sénat contre le sieur Parent, alors député, pour remplacer le premier président Dupasquier, ancien gouverneur de la Savoie, décédé.

« *Vœ victis* ! » a dit le sieur Parent, qui n'avait peut-être voté que pour cela la suspension de l'inamovibilité en Savoie au mépris des clauses formelles du traité; et M. Arminjon a été révoqué.

M. ARNAULDET

VICE-PRÉSIDENT A NIORT

29 ans de service, dont 8 comme vice-président.

Homme aimable, affable, d'une grande courtoisie, juge intègre, magistrat digne et prudent.

Fils d'un ancien président de Niort, nul ne doutait que M. Arnauldet ne fût destiné à monter sur le siège que son père avait occupé jusqu'au jour où il y avait fait nommer par l'Empereur le sieur Henri Giraud, qui depuis, mais alors...; il est aujourd'hui un député opportuniste ardent.

M. Ricard, l'aigle de Niort, disait à qui voulait l'entendre que son camarade Arnauldet était le candidat tout désigné pour devenir un jour président; seulement les choses ont bien changé depuis que M. Ricard est parti (à nos frais) pour un monde meilleur : la République a décrété l'athéisme obligatoire, et M. Arnauldet qui professait ses croyances religieuses sans faiblesse comme sans ostentation, s'est permis de signer une pétition au Sénat pour demander le rejet de l'article 7 de la fameuse loi contre la liberté de l'enseignement.

Aussi avait-il vu donner à un autre la place de président; ce n'est pas que MM. les opportunistes eussent cessé de boire son vin, de manger ses truffes et de hanter ses salons, car pour cela ils sont toujours prêts à se coaliser avec les anciens partis, et on les rencontrait en phalanges serrées sous son toit largement hospitalier; mais on sait qu'ils ont le cœur à une grande distance de l'estomac; une fois la digestion faite, et les truffes passées, il leur restait des pesanteurs causées par cette malheureuse pétition.

C'est pour les en débarrasser que M. Martin-Feuillée a frappé M. Arnauldet de révocation.

Il pourrait bien n'avoir fait que déplacer le mal, car M. Arnauldet tient une bien large place au soleil, et pour peu qu'il lui plaise de mettre à profit la haute influence qui lui appartient, il ne lui sera pas difficile de faire éprouver à MM. les opportunistes, non pas des remords, ils ne savent guère ce que c'est, mais des regrets sur plus d'un point du département.

M. ARTIGUENAVE

VICE-PRÉSIDENT A TARBES

33 ans de service, dont 20 comme vice-président.

D'une vieille famille d'hommes de loi, toute patriarcale et environnée de respects, M. Artiguenave, l'un des magistrats les plus distingués du ressort de Pau, ne voulait pas quitter Tarbes et avait plus d'une fois décliné des offres d'avancement mérité.

Le seul qu'il eût désiré lui avait été refusé; la République lui avait, contre le vœu unanime de ses collègues et du barreau, préféré pour la présidence de Tarbes un magistrat étranger, choix judicieux auquel la Cour de Pau a dû, paraît-il, de voir depuis lors grossir démesurément le chiffre des jugements à réformer, et dont le résultat a été d'augmenter encore, par un effet de contraste, la considération du vice-président qu'elle avait dédaigné.

Seul peut-être, M. Artiguenave dans sa modestie ne s'en était pas senti froissé et avait continué, à la grande joie des avocats et des avoués, à mettre au service de la justice ses lumières, ses vertus et sa probité.

M. Martin-Feuillée l'a révoqué pour le récompenser; il a estimé que M. Artiguenave ayant un fils vicaire dans une des paroisses de Tarbes, il était d'un mauvais exemple de lui laisser des fonctions où l'hostilité contre la religion est une des premières garanties exigées.

M. AUBERT

PRÉSIDENT A SAINT-CALAIS

18 ans de service, dont 7 comme président.

Pas d'autre grief contre lui que d'être un magistrat de haute valeur. Jurisconsulte remarquable, entièrement dévoué à sa fonction.

Il l'était trop, apparemment, car on a compris qu'il n'y avait à espérer de lui aucune de ces complaisances dont, pour conserver leur robe, certains n'ont pas craint de la souiller.

M. Aubert avait le cœur au niveau de l'intelligence, et, en 1870, dispensé par son âge de prendre part à la guerre, il n'en avait pas moins endossé le sac et fait bravement le coup de fusil comme soldat dans un régiment de mobilisés.

Il eût beaucoup mieux fait d'inviter à ses soirées le sous-préfet républicain de Saint-Calais qu'il a bien fallu laisser dernièrement condamner aux travaux forcés, il ne serait pas aujourd'hui révoqué.

M. AUBUGEOIS DE LA VILLE DU BOST

CONSEILLER A LA COUR DE POITIERS

35 ans de service, dont 23 comme conseiller.

C'était un magistrat de rare capacité; libéral, jurisconsulte solide, esprit net, d'un robuste bon sens, doublé d'autant de finesse que de perspicacité; il avait été un président d'assises des plus distingués.

Que diable peut-on lui reprocher? Simplement d'être un bon et excellent homme, mais incapable de faire une bassesse pour plaire à M. Martin-Feuillée.

M. AUDIER

JUGE A GRENOBLE

21 ans de service.

Magistrat instruit, travailleur, et qui apportait une sorte de passion à tenir à jour le service des ordres dont il était personnellement chargé; il était resté étranger à toutes les luttes électorales ou politiques et il n'avait jamais donné prétexte à être révoqué; mais il vivait dans un milieu social qui a dû le compromettre, car on est suspect aujourd'hui dès qu'on voit habituellement des personnes honnêtes et une société qui se distingue par son honorabilité.

M. Audier a entrepris, depuis sa révocation, de faire revivre un journal de la cour de Grenoble et a montré qu'il n'avait pas de rancune en se mettant à ce sujet en rapport avec les chefs de Cour qui l'avaient expulsé; peut-être a-t-il pensé qu'il n'y avait pas de plus fine satire à en faire que de publier leurs arrêts.

M. AUGERD

VICE-PRÉSIDENT A BOURG

31 ans de service.

Magistrat capable et laborieux qui avait partagé naguère avec tant d'autres l'illusion que la politique centre gauche pouvait donner, sous l'égide de la République, la stabilité et la sécurité à notre malheureux pays, et qu'on pouvait être, comme le disait M. Jules Simon, profondément conservateur et profondément républicain.

Il en était revenu, comme tant d'autres, quand les événements lui avaient prouvé que c'était là une politique de Raton dont le profit était pour les Bertrand, sinon pour les Robert-Macaire; amère et tardive désillusion.

On lui fait payer aujourd'hui bien moins ses opinions religieuses modérées que son amitié pour le président M. de Brye de Vertamy et surtout sa défection.

Ce n'est pourtant pas sa faute si la République en mal d'enfant, au lieu d'accoucher d'une créature honnête, comme l'assuraient ses grands-parents, a mis au monde toute une portée de tigres et de serpents.

M. AUVRAY

JUGE A VIRE

21 ans de service.

L'un des magistrats les plus honorables et les plus considérés du tribunal ; esprit lucide, travailleur acharné, particulièrement apte à débrouiller les affaires les plus compliquées de liquidation et de comptabilité.

M. Auvray aurait eu depuis longtemps de l'avancement s'il l'avait désiré, mais il se refusait à quitter Vire, où il avait de nombreuses attaches de famille et des relations d'amitié qu'il ne voulait pas briser.

C'est justement ce qui l'a perdu ; il était beaucoup trop lié avec un ancien maire de Vire qui avait eu jadis des démêlés fort vifs avec celui qui est aujourd'hui le premier président Houyvet, peut-être à l'époque où, dans des circonstances qui n'avaient rien d'ailleurs de politique, celui-ci se vit décerner le nom de « sans-culotte » qui lui est resté.

De plus, M. Auvray allait à la messe et avait son franc-parler, c'était plus qu'assez pour être révoqué.

A la vérité il lui eût été assez facile de parer le coup, car il a pour frère un des meilleurs médecins de Caen dont les idées libérales sont bien connues, et pour allié un personnage qui lui eût assuré une protection efficace au Ministère s'il eût voulu l'invoquer; mais il a positivement interdit qu'on s'occupât de défendre sa situation menacée.

Il eût peut-être été sauvé sans le savoir par son brave collègue M. Lachèvre, le juge d'instruction, si celui-ci eût pu croire à l'iniquité qui se préparait, et nous sommes heureux de citer à cette occasion un fait dont ce magistrat a bien le droit de s'honorer.

Le président de Vire, M. Lévêque, allait être révoqué ; M. Lachèvre l'apprit, et d'autant plus sûrement qu'on lui offrait, dit-on, de le remplacer; après 29 ans de service, dont 19 comme juge titulaire, il pouvait certes se croire bien des titres pour accepter; non-seulement ce vieux républicain de 1848 repoussa l'offre avec indignation, mais il se mit en campagne et défendit son président avec une telle énergie que, n'osant plus le destituer, on se contenta de le déplacer.

Si la République comptait beaucoup d'hommes aussi honnêtes que celui-là, elle n'en serait pas où elle est; mais il est vrai qu'elle ne servirait plus à rien, car on n'y ferait plus curée.

M. AUZOLLE

PRÉSIDENT DE CHAMBRE A LA COUR DE NÎMES

28 ans de service.

De cette forte race d'Auvergne d'où un solide bon sens n'exclut ni la finesse, ni la malice, et qui pousse des rejetons aussi inébranlables que les rochers de ses montagnes natales.

M. Auzolle était bien le fils de ses œuvres; il s'était fait lui-même à force d'application et d'intelligence et était entré dans la magistrature le front ceint des lauriers de la Faculté; il y avait montré un zèle remarquable, un dévouement sans bornes à ses devoirs et une rigidité de mœurs exemplaire, passant sa vie entre le travail et la charité.

Il n'était guère impropre qu'à une seule chose, à intriguer; incapable même d'envie, s'il voyait donner des places qu'il eût pu légitimement obtenir à des magistrats plus heureux, mais non plus méritants que lui, il leur ouvrait sans hésiter son cœur loyal et sa main amie.

Ne suivant d'ailleurs d'autre règle que le devoir, il semblait ignorer qu'on pût plier le droit à ses inclinations et le torturer aux dépens de la justice et de la vérité; plus d'une fois son austère bon sens avait attiré sur sa tête les foudres de ceux-là mêmes qui, connaissant ses sentiments, oubliaient que pour un magistrat il n'est point de partis.

Honoré d'une lettre personnelle de M. Dufaure à la suite d'un discours sur « l'honneur », il avait été nommé président de chambre à Nîmes en 1878, et il s'y était montré ce qu'il avait toujours été, aussi inébranlable devant ses amis que devant ses ennemis.

La République le frappe parce qu'il est un homme de bien, un savant jurisconsulte et un simple et bon chrétien.

Elle le remplace par M. Chapoutin ; nous avons dit de celui-ci que c'était un honnête homme et un bon magistrat, il n'en sentira que plus cruellement l'amertume de s'asseoir sur le fauteuil que M. Auzolle occupait si bien.

M. AUZOUY

CONSEILLER A MONTPELLIER

27 ans de service, dont 8 comme conseiller.

Très dévoué à ses fonctions, ami passionné de l'étude et dont la vie publique n'était pas moins exemplaire que la vie privée.

Pourquoi l'a-t-on révoqué ? Parce qu'il faut punir les magistrats indépendants et indisciplinés.

Or, M. Auzouy avait pris part, le 19 novembre 1880, à un arrêt par lequel la Cour, obligée de donner une leçon de droit à son premier président Sigaudy, avait déclaré que ce dernier, saisi d'une plainte pour attentat à la liberté individuelle dirigée contre le sieur Fresne, préfet, par des expulsés, avait le *droit et le devoir* de mettre l'action publique en mouvement, nonobstant le silence et malgré l'avis contraire du procureur général, droit et devoir auxquels il avait manqué.

De plus, le 16 juillet 1881, M. Auzouy avait également pris part à un autre arrêt infirmant une ordonnance de référé par laquelle le vice-président s'était déclaré incompétent pour connaître d'une demande en réintégration de domicile par les mêmes expulsés contre ledit préfet.

C'était trop, il était indispensable, sous un régime de liberté, d'enlever aux futurs magistrats l'envie de l'imiter.

M. BACHELIER

CONSEILLER A LA COUR DE PARIS

36 ans de service, dont 12 comme conseiller.

M. Bachelier avait lentement et modestement parcouru sa carrière dans le Parquet, et c'est après neuf ans passés comme substitut au tribunal de la Seine et à la cour de Paris qu'il avait été nommé conseiller.

Esprit délicat et lettré, M. Bachelier apportait à tous ses travaux un soin particulier ; ses réquisitoires écrits sont restés des modèles; laborieux, exact à l'accomplissement de ses devoirs, il a su se concilier l'estime et l'affection de ceux qui l'ont approché.

Obligeant par nature, il aimait à rendre service, mais il oubliait aussitôt le bien qu'il avait pu faire et ne permettait guère qu'on essayât de le lui rappeler.

Caractère loyal, honnête, trop même, parait-il, puisque le voilà révoqué.

M. BAGUENIER-DESORMEAUX

JUGE A CHOLET

20 ans de service.

Intelligent et d'esprit fort distingué, M. Baguenier-Désormeaux avait eu à apprécier comme juge, quelques-uns des incidents qui ont marqué l'expulsion des Trappistes de Bellefontaine lors de l'exécution des décrets, et il ne s'était pas montré plus disposé que son président Faligan à souscrire aux fantaisies du procureur général Auger.

Le jour où il vit M. Faligan frappé sur son siège par M. Martin-Feuillée, il estima qu'il n'y avait plus d'indépendance et de dignité possibles dans la magistrature assise, et ne voulut pas survivre à l'effondrement de ce ressort d'Angers si impitoyablement ravagé.

Dès que la liste des victimes fut close et qu'il eut la certitude de ne pouvoir plus y être porté, il voulut s'y inscrire lui-même et envoya sa démission au garde des sceaux, sortant « nu comme ver », suivant le vœu farouche de M. Madier-Montjau, du tribunal où il avait passé toute sa carrière, et n'emportant autre chose que de profondes sympathies et d'unanimes regrets.

Il avait déjà donné en 1880 sa démission des fonctions de l'instruction lors des décrets.

M. BAILLERGEAU

JUGE A BAUGÉ

13 ans de service.

Fils d'un très honorable magistrat, M. Baillergeau avait été élevé par son père dans des traditions d'indépendance et de dignité.

Appelé à exercer ses fonctions dans une ville que les passions politiques ont profondément divisée, il avait suivi simplement la route du devoir, se souciant peu d'obéir aux fantaisies ou de se soustraire aux rancunes des puissants, bravant toutes les colères à côté de son inébranlable président Couscher.

Le jour où celui-ci fut frappé par M. Martin-Feuillée, M. Baillergeau attendit impatiemment son tour; ce tour ne vint pas, chacun sait même que si le jeune magistrat eût été à vendre, on eût été tout prêt à l'acheter, et que s'il se fut simplement laissé faire on lui eût volontiers octroyé quelque magnifique part de l'immense curée.

Mais un tel rôle n'était pas de ceux auxquels M. Baillergeau pouvait se plier, et il ne consentit même pas à se laisser oublier; il fit, sans hésitation et sans faiblesse, ce que sa conscience lui dictait, et quitta volontairement, pour garder son indépendance, une robe qu'il n'estimait plus pouvoir être dignement portée désormais.

M. BAILLY

JUGE A LONS-LE-SAULNIER

32 ans de service.

M. Bailly était né pour être juge d'instruction; son esprit fin et délié se plaisait à chercher la vérité à travers les artifices les plus compliqués, la noblesse et la droiture de son caractère offraient les plus solides garanties aux accusés, son indépendance était sourde à toute influence du dehors et sa fermeté n'eût jamais laissé sacrifier les droits de la société.

Aussi avait-il une sorte de culte de ses fonctions qu'il exerçait depuis plus de 20 ans, et il avait, pour les conserver, refusé en 1876, la vice-présidence du tribunal, qu'on lui offrait.

Ce désintéressement a dû paraître étrange aux républicains qui ne sont pas habitués à le pratiquer, et, si scrupuleusement que M. Bailly se tînt à l'écart de la politique, ils se sont dit qu'il n'était certainement pas des leurs puisqu'il était capable de résister à la tentation de grossir sa part au budget; il n'y avait pas de compromission à espérer d'un pareil homme, après avoir dédaigné d'être vice-président il n'accepterait certainement jamais de devenir laquais, aussi ils l'ont révoqué.

M. BALESTE D'ASTIER D'USSEL

JUGE A ALENÇON

20 ans de service.

Fils d'un ancien administrateur de l'enregistrement; très bon magistrat, laborieux, instruit, de jugement ferme et droit.

D'une santé un peu délicate, menant l'existence la plus digne, allié à la meilleure société d'Alençon, M. Baleste d'Astier d'Ussel était aimé de tous les honnêtes gens, gardant d'ailleurs vis à vis des fonctionnaires une attitude empreinte de courtoisie et de correction.

Malheureusement on avait eu beau proscrire Dieu, il croyait encore au ci-devant, et il présidait le cercle catholique fondé à Alençon. Quoiqu'il fût avéré qu'il n'avait jamais laissé pénétrer la politique dans l'œuvre qu'il dirigeait, on ne l'en qualifiait pas moins de rebelle, et le journal du crû ne lui ménageait ni outrages ni dénonciations. Il paraît même qu'à l'occasion d'un dîner qui réunit les membres du cercle, il fut fortement question de faire traduire disciplinairement ce séditieux devant la Cour de cassation.

Il n'a rien perdu pour attendre, M. Martin-Feuillée lui a fait expier tous ses péchés en gros par une bonne révocation.

M. BALLEIDIER

PRÉSIDENT A GEX

27 ans de service, dont 10 comme président.

Fils, petit-fils, arrière-petit-fils de magistrats, M. Balleidier joignait à une grande valeur, une rare aménité; bon et accueillant pour tous, il était, on peut le dire, le bienfaiteur de la contrée.

Il en était certes bien récompensé par l'affection et le respect à peu près unanimes qu'il avait inspirés; on put le constater, il y a deux ans, lorsque frappé dans son affection la plus chère, il vit accourir aux obsèques de sa fille une foule immense, venue de tous les points du pays, empressée de donner à ce père le touchant témoignage de sa sympathie.

Frapper un magistrat qui cherchait dans le travail et dans la charité un dérivatif à son incurable douleur est un exploit bien digne de M. Martin-Feuillée.

Mais quoi! M. Balleidier n'avait-il pas osé dire un jour, dans un jugement, qu'un curé avait le droit de ne pas souffrir qu'on l'associât malgré lui, en pavoisant de force sa maison, à la joie qu'inspire aux républicains le souvenir des saturnales et des massacres du 14 juillet?

Évidemment ce magistrat comprenait mal la liberté; à quoi servirait-elle si la canaille n'y trouvait pas au moins le droit de houspiller un curé?

Ajoutons que M. Balleidier avait trop peu fréquenté un certain Pradon, ancien journaliste, aujourd'hui député, alors que celui-ci était sous-préfet à Gex.

M. BARAUDON

CONSEILLER A LA COUR D'ANGERS

18 ans de service.

Intelligence nette et vive, caractère droit et indépendant, M. Baraudon n'appartenait que depuis 1876 à la Cour d'Angers; il y avait conquis une excellente situation et son concours aux délibérations de la Compagnie y était très apprécié.

Membre de la Chambre d'accusation lors de l'exécution des décrets, il prit part en cette qualité à deux arrêts affirmant la compétence de l'autorité judiciaire pour informer sur la plainte des accusés.

Comme quatre de ses collègues qui les ont signés avec lui, il est révoqué.

On peut juger par là de ce que sera la magistrature réformée.

M. BARDON

PREMIER PRÉSIDENT A DOUAI

Le grief que les journaux républicains ont relevé contre M. Bardon, en applaudissant à son expulsion, c'est « qu'il se chargeait d'indiquer aux magistrats de son ressort les meilleurs vins au plus juste prix, ces vins sortaient de ses vignobles ».

Si c'est pour cela qu'il est révoqué, pourquoi ne révoque-t-on pas aussi le préfet Gragnon, qui, étant sous-préfet à Castres, se servait des en-tête de la sous-préfecture pour envoyer les circulaires de son père, marchand de vins à Libourne?

Nous signalons également à M. Martin-Feuillée un certain Montesquieu, président de chambre à Bordeaux, qui, dans ses lettres à un abbé de ses amis, se félicite de ce que le bruit qui se fait autour de ses ouvrages lui fait vendre son vin de Les Brides, et le prie de profiter de leur succès pour l'aider à écouler ses récoltes.

Si ce président Montesquieu n'est pas mort, nul doute qu'il ne soit bientôt révoqué par M. Martin-Feuillée.

Mais M. Bardon avait aussi d'autres défauts que ceux qu'ont dénoncés les magistrats républicains auxquels il a, mais à sa table seulement, offert de ses vins, et qui, à défaut de l'indépendance d'esprit, prouvent, en le dénonçant, qu'ils ont du moins celle du cœur et de l'estomac.

M. Bardon avait 31 ans de services, dont 11 comme avocat-général, 6 comme procureur général et 9 comme premier président; et il y a moins d'un an, l'avocat-général Chaloupin faisait de lui, en audience publique, un splendide éloge, qui n'était que juste, et qui n'était pas suspect, émanant d'un magistrat qui ne doit cette qualité qu'au bonheur d'être républicain.

Le fait est que la cour de Douai avait compté peu de premiers présidents d'une pareille valeur et d'un caractère aussi élevé.

Sous une certaine raideur d'allures dont il ne se dépouillait guère, M. Bardon cachait la plus parfaite bienveillance et savait rendre doux l'exercice de son autorité.

Jurisconsulte éminent, d'une rare sûreté de coup d'œil, d'un esprit vif et prompt, d'une intégrité qui n'a jamais été attaquée, on peut dire que M. Bardon se reflétait tout entier dans la sobriété élégante de ses arrêts.

Son attitude politique était d'une irréprochable correction, mais il ne savait pas sacrifier sa dignité à son intérêt, il n'avait pas cessé de témoigner une affectueuse bienveillance aux anciens membres du parquet qui avaient démissionné lors des décrets; — il avait accueilli M. Serre en lui disant qu'il ne devait voir aucun obstacle à atténuer les tristesses de son avènement, « s'il lui suffisait pour cela de rencontrer des magistrats qui servent avec « autant d'indépendance que d'exactitude « la loi, *toute la loi, rien que la loi* ».

Son culte du droit, son respect pour des croyances qu'il partageait, son amour de la justice, sa noble indépendance, ne permettaient pas d'espérer qu'il consentirait jamais à méconnaître le cri de sa conscience pour juger dans « le sens républicain »; dès lors, il devait être sacrifié.

Deux fois il a dépendu de lui de se soustraire au sort qui le menaçait. En 1874, sur le point d'être nommé à la cour de cassation, il s'effaça, paraît-il, pour prolonger de cinq années la carrière judiciaire du premier président de Douai qu'il vint remplacer.

Il y a à peine trois mois, le sénateur Merlin, qui voulait lui succéder à la première présidence de Douai, lui fit, dit-on, offrir encore un siège à la cour de cassation, qu'il a refusé.

De l'aveu de ses adversaires politiques eux-mêmes, M. Bardon ne sera pas remplacé. Que vont-ils dire quand ils connaîtront celui qu'a nommé à sa place M. Martin-Feuillée?

M. BARDY DE FOURTOU

JUGE A RIBÉRAC

7 ans de service.

Magistrat aussi capable que sympathique; mais eût-il été plus séduisant qu'Alcibiade, plus éloquent que Cicéron, plus fort en droit que Cujas, ou même que Cazot, jamais M. Martin-Feuillée ne se serait résigné à le conserver.

Il était parent d'un des ministres du 16 mai !

M. Martin-Feuillée a cependant assez dépassé les procédés du 16 mai pour qu'il y eût quelque convenance de sa part à n'en pas parler ; et puis où serait-il s'il n'y avait pas eu de 16 mai ?

M. BARON

VICE-PRÉSIDENT A MELUN

28 ans de service, dont 20 à Melun.

Modeste et laborieux magistrat qui semblait borner son ambition à remplir avec intelligence et dévouement ses fonctions.

Mais il avait de détestables habitudes ; il était religieux ; il fréquentait les églises, et consacrait à faire des bonnes œuvres les loisirs dont il pouvait disposer.

Que pouvait-il aller faire dans les antres de la prêtraille, sinon conspirer ? que pouvait-il dire aux pauvres qu'il visitait et soulageait, sinon leur montrer que la charité chrétienne qui vient à eux ne ressemble en rien à la solidarité républicaine qui les laisse mourir de faim sous le joli prétexte qu'elle craindrait de porter atteinte à leur dignité ?

C'est donc à juste titre que M. Baron a été jugé un danger pour la République, et comme tel révoqué, son évangile n'étant pas celui de M. Martin-Feuillée.

M. DE BARLET

JUGE A FORCALQUIER

16 ans de service.

Révoqué pour avoir cru qu'on pouvait prier pour un Roi mort sans offenser la République, même quand elle n'était nullement soupçonnée de l'avoir assassiné. Il avait organisé à Sisteron un service funèbre pour l'âme de M. le comte de Chambord ; les républicains qui organisent des pèlerinages laïques aux Jardies parce que ce qui tenait lieu d'âme à Gambetta est parti de là pour rentrer dans « la catégorie de l'idéal », n'ont pas pu pardonner ses prières à M. de Barlet et l'ont révoqué.

Déjà, en 1879, le sieur Bessat, alors procureur général à Aix, lui avait fait pressentir sa destinée en lui retirant l'instruction parce qu'il n'était pas de ceux sur l'aveugle obéissance desquels on pouvait absolument compter.

Il était d'ailleurs élève des jésuites et parent d'un réactionnaire connu, M. Claudio Janet, qui se permet de faire d'excellentes leçons dans une Faculté qui n'est pas de l'Université.

M. BARNY

PRÉSIDENT A GUÉRET

30 ans de service, dont 14 comme président

Ce magistrat, d'une valeur incontestable, tombe pour avoir fait de la politique, et, qui plus est, de la politique républicaine.

M. Barny était en effet un centre gauche, et longtemps membre du conseil général de la Haute-Vienne, il en avait été, il y a quelques années, élu président.

Ce fut le point de départ de sa chute ; quand le chêne de la forêt élève trop haut son front touffu, il ne manque pas autour de lui d'arbrisseaux envieux pour lui reprocher l'ombre dont il les couvre, et pour appeler sur lui la foudre, dans l'espoir qu'une fois l'arbre par terre, un rayon de soleil viendra éclairer enfin leur tête dégarnie.

La foudre est venue, et M. Barny est tombé.

Il y avait ce jour-là de l'orage au Sénat ; on allait voter sur l'article 11, et le gouvernement était inquiet, car devant la monstruosité qu'il demandait, certains étaient ou du moins se montraient hésitants ; tout à coup, on vit l'un des ministres quitter vivement un sénateur avec qui il causait, se diriger vers le chef des muets à qui la mission d'étrangler les magistrats était réservée, et lui dire : « Prenez « note de révoquer le président de Guéret « et celui de Tulle ; il faut nous débarras- « ser de ces deux bougres-là » ; quelques instants après l'article était voté ; on sait qu'il n'a pas même eu réellement la majorité.

Le gouvernement payait là, direz-vous, le prix d'un bien honteux marché. Détrompez-vous, il n'en payait que la moitié ; mais c'est une justice à lui rendre, il a payé aussi l'autre moitié ; nous ne dirons rien de celle-là, car nous sommes discret.

M. BARRAL

CONSEILLER A LA COUR DE GRENOBLE

28 ans de service, dont 8 comme conseiller.

Était procureur à Valence au 4 septembre et fut révoqué comme déplaisant aux émeutiers ; M. Dufaure le fit rentrer comme substitut à la cour de Grenoble en 1872, et en 1875 le nomma conseiller.

Il y avait vite conquis l'estime et la considération générales ; uniquement occupé de ses travaux judiciaires, il fuyait la politique et n'avait jamais donné lieu à une critique sur la correction de son attitude.

Rien ne le signalait donc aux vengeances républicaines, et il a fallu qu'une note partie de Valence rappelât que ce révoqué de 1870 devait être définitivement expulsé ; on connaît en Dauphiné la persistance des haines qui rongent les radicaux de la Drôme, c'est comme la teigne ou la gale, impossible de s'en débarrasser.

M. BARRIÈRE

JUGE A CASTELNAUDARY

17 ans de service, dont 10 comme juge d'instruction.

Avant d'entrer dans la magistrature, M. Barrière avait été longtemps avoué à Castelnaudary, puis avocat et bâtonnier.

Homme d'affaires habile, magistrat consciencieux et jurisconsulte éclairé, homme de caractère et de grand talent, il était tout désigné pour la présidence lorsque, après le 4 septembre, l'avoué Mir courut à Tours, surprit Crémieux dans un couloir et ne voulut le lâcher qu'après avoir obtenu de lui, non sans une lutte assez vive, le siège présidentiel qu'il convoitait.

Pendant le 16 mai, M. Barrière dut, comme juge d'instruction, délivrer un mandat de comparution contre le beau Louis-Bertrand, dit Bouche-en-Cœur, fils du président, qui en 1870 avait préféré au sac du soldat la livrée du sous-préfet, et qui jouait là-bas les Gambetta au petit pied.

Quelque modération qu'il eût montrée, M. Barrière était dès lors condamné et on ne lui a pas pardonné.

L'heure de la revanche ayant enfin sonné, on le révoque, pour lui d'abord, ensuite parce qu'il est le cousin de M. le président Désarnauts, et peut-être aussi pour faire pièce à son fils, notaire à Castelnaudary, dont l'étude est, aux yeux de certains, en voie de trop grande prospérité.

Ce vil calcul a manqué son effet ; juste au moment où on s'y livrait, ne voilà-t-il pas que le procureur de la République s'est avisé de poursuivre certain autre notaire pour des faits qui ne lui paraissaient pas être des modèles de probité !

Il est vrai qu'on y a vite mis le holà ; celui-ci était un pur, un dévoué, c'était par trop d'audace d'y toucher ; on a arrêté la poursuite, mais comme il fallait que quelqu'un fût révoqué, c'est le procureur lui-même qui l'a été ; par décret du 10 janvier 1884 M. Loison, si bon républicain qu'il fût, a appris à ses dépens qu'un officier ministériel protégé par les frères et amis est comme la femme de César et ne doit pas même être soupçonné.

M. DE BAST

JUGE A CHALON-SUR-SAÔNE

23 ans de service.

Digne et honnête magistrat, aussi intelligent que modeste, dont la seule ambition était de consacrer sa vie à la justice dans la petite ville de Châlon.

Il n'avait pris part à aucune manifestation politique et vivait dans la retraite la plus absolue.

Mais c'est un catholique assez abêti pour aller à la messe ; il s'occupait d'œuvres de bienfaisance et il avait des amis parmi les magistrats que la République se donnait la joie de révoquer.

N'était-ce pas trois fois plus qu'il n'en fallait pour qu'il fût aussi honoré du coup de pied de M. Martin-Feuillée ?

Qu'importait après cela qu'il fût d'un commerce aussi sûr qu'agréable, qu'il fût hospitalier, généreux, irréprochable dans sa vie privée ; qu'il apportât à l'exercice de ses fonctions une délicatesse de conscience naturelle aiguisée encore par une sorte de défiance de soi-même qui pouvait parfois paraître exagérée ?... Ce sont là des qualités qui justement n'ont plus cours désormais.

M. BASTIDE

JUGE A AVIGNON

12 ans de service.

M. Bastide, quoique non sans défauts, était capable, intelligent et de commerce agréable ; il avait été longtemps l'une des sommités du barreau d'Avignon et était bâtonnier pour la cinquième fois, lorsque en 1871, M. Dufaure le nomma juge à Carpentras, d'où il revint deux ans après à Avignon.

Révoqué par M. Martin-Feuillée, il a repris à la barre la place qu'il avait occupée avec tant de distinction. La première fois qu'il y reparut, il crut pouvoir faire une allusion discrète et mesurée à sa situation et rendre hommage aux éloquents défenseurs de la magistrature, « à ces grands « orateurs, à ces véritables libéraux qui « s'appellent Allou et J. Simon. » Il obtint un résultat étonnant, nous dirions miraculeux si le miracle n'était pas interdit; en un mot, il fit parler le président! Celui-ci, que tout Avignon croyait muet, l'interrompit en effet fort durement.

Être ainsi apostrophé par le président qui n'avait jamais pu dire deux mots de suite, c'était un de ces succès que M. Bastide lui-même n'eût pas osé attendre de son talent.

Le sujet d'ailleurs y prêtait, car c'est un véritable truc à tranformations que ce président: jadis élève des jésuites et assidu à leurs banquets, on l'a vu depuis applaudir à la violation de leurs couvents; favori de M. Baragnon en 1873, la faveur de M. Martin-Feuillée l'a fait dix ans après président; voilà qu'aujourd'hui M. Bastide trouve le secret d'en faire un muet parlant, non sans bredouiller, il est vrai, mais tout au moins ânonnant.

L'occasion était peut-être bien belle pour se taire, mais il a une si drôle de façon de parler «benoîtement», ce brave président!

M. BATBIE

CONSEILLER A LA COUR DE TOULOUSE

35 ans de service, dont 8 comme conseiller.

Magistrat intelligent et de haute intégrité que M. Dufaure avait nommé conseiller; il avait jadis montré comme juge d'instruction à Toulouse de remarquables qualités.

M. Batbie n'était point un ennemi de la République, mais il ne la comprenait qu'honnête, respectueuse des droits de tous; c'est assez dire que les désillusions ne lui avaient pas manqué depuis quelques ques années.

Il avait d'ailleurs une détestable parenté, étant de la famille de M. Batbie, sénateur et ancien ministre; cela suffisait bien à le faire révoquer.

M. BAUDRIER

PRÉSIDENT DE CHAMBRE A LYON

10 ans de service et 69 ans d'âge.

De l'avis de tous ses collègues et de tout le Palais, c'était l'un des magistrats les plus dignes, les plus expérimentés et les plus considérés. Il n'était personne qui ne rendît hommage à sa courtoise bienveillance, à la sûreté de son jugement, à la modération de son caractère et à son infatigable dévouement. Il en avait recueilli une preuve touchante: il avait plus d'une fois voulu prendre sa retraite; ses collègues s'y étaient opposés et il avait toujours dû céder à leurs instances réitérées.

La République le punit d'avoir instruit en 1850 l'affaire du complot de Lyon où Gent se trouvait impliqué, et en 1869 l'affaire de la Ricamarie que la Cour avait évoquée.

Elle avait déjà failli le tuer en 1870; incarcéré après le 4 septembre par ordre du Comité de Salut public, il était resté dix jours en prison et avait failli mourir sous les verrous. Seul à Lyon, cet honnête homme semblait l'avoir oublié. Il rendait des arrêts, administrait le bien des pauvres, demeurait étranger à la politique et consacrait à des travaux d'érudition les loisirs dont il pouvait disposer.

Il ne pouvait être un instrument docile, aussi M. Martin-Feuillée l'a brisé.

M. Baudrier est mort en juin 1884, ce n'était vraiment pas la peine de le révoquer.

M. BAZIN

CONSEILLER A LA COUR D'ANGERS

23 ans de service, dont 9 comme conseiller.

Nature intelligente, loyale et distinguée, doué d'une parole facile et élégante, aimant le droit et sachant dégager la solution juste des difficultés les plus compliquées.

En 1871, pendant les troubles de Saint-Étienne, il avait déployé, comme procureur à Montbrison, beaucoup de calme, de résolution et de fermeté.

Malgré son extrême modération d'esprit, il avait eu à défendre, comme président d'assises, les prérogatives et la dignité de la cour contre les impertinences de M. le procureur général Auger. Celui-ci ne l'a pas oublié, c'est pourquoi M. Bazin est révoqué.

M. BAYLE

PRÉSIDENT A TULLE

25 ans de service, dont 6 comme président.

L'un des deux « bougres » qu'un ministre, le jour du vote de l'article 11 au Sénat, prit l'engagement de faire destituer, pour faire taire les scrupules d'un sénateur qui se donnait l'air d'hésiter à porter la main sur l'inamovibilité. (Voir *suprà* la notice Barny.)

Qui était donc l'homme qui servait ainsi d'arrhes à un honteux marché?

Un magistrat des plus laborieux, animé d'un grand esprit de devoir, sachant par une extrême application suppléer à la facilité; il en avait donné la preuve en présidant à l'immense travail de reconstitution du bureau des hypothèques brûlé; les hommes d'affaires n'ont pu oublier les services qu'il leur rendit alors; une loi stupide avait été votée en 1878 pour organiser ce travail qu'elle le chargeait de diriger; il n'était pas un officier public ou ministériel en France qui ne fût exposé à être ruiné si on l'appliquait; M. Bayle se fit l'écho de leurs justes réclamations et la loi fut modifiée. L'œuvre accomplie, M. Dufaure le décora de son propre mouvement, ce qui provoqua un tel orage dans les couloirs de la Chambre qu'il faillit, quelques jours après, être mis en minorité.

On ne pouvait pas pardonner en effet à M. Bayle, révoqué en 1870, d'avoir été réintégré sur son siège de procureur à Brives, et de ne pas s'y être montré l'humble serviteur des passions radicales déchaînées.

C'est pourquoi on l'a de nouveau révoqué; il avait cependant l'attitude la plus correcte, se montrait volontiers aux lundis de Mme la préfète et ne dédaignait pas d'inviter M. le préfet à dîner.

Mais cela pouvait-il faire oublier qu'il avait été jadis le protégé de M. Magne et qu'il avait été fait président par M. Brunet?

M. Bayle, à peine chassé de son siège, s'est fait inscrire au barreau, et pour lui prouver leur estime, les avocats de Tulle l'ont immédiatement nommé bâtonnier, en dépit de ce que pourra en penser leur confrère Martin-Feuillée.

M. BEAUGRAND

JUGE A AVESNE

13 ans de service.

Celui-là est un révoqué volontaire. Il n'a pas voulu séparer son sort de celui de ses plus honorables collègues, et il a envoyé sa démission à M. Martin-Feuillée.

C'est là une résolution bien digne de l'honneur et de la loyauté qu'on lui connaissait. Ses aptitudes juridiques et son dévouement à ses devoirs n'étaient pas en effet les seules qualités qui l'avaient recommandé à l'estime des justiciables, sa franchise de caractère et la noblesse de ses sentiments lui avaient conquis l'affection de tous et le respect.

C'était de plus un érudit que plusieurs publications intéressantes avaient fait remarquer.

Il appartenait d'ailleurs à une famille où l'honneur judiciaire est maintenu avec une jalouse intégrité; il était gendre de M. de Carnières, l'un des présidents les plus éminents de la cour de cassation, et beau-frère de M. de Carnières, magistrat démissionnaire lors des décrets.

Il ne pouvait donc appartenir désormais à une magistrature que M. Martin-Feuillée prenait à tâche de déshonorer.

M. BEAUSSIER

JUGE A TOURS

18 ans de service.

Après le 4 septembre, M. Beaussier, substitut à Vendôme avait résigné ses fonctions. Rentré en 1872 comme juge au même tribunal, puis nommé à Tours, il avait été chargé du service de l'instruction où il avait fait preuve des plus sérieuses qualités.

Mais c'était un indépendant qui jugeait librement les hommes et les choses et qui prétendait avoir le même droit d'appréciation dans la direction de ses informations. Cela déplut naturellement, aussi avait-on commencé par le priver du service de l'instruction.

Il paraît que les haines n'étaient pas satisfaites et qu'on exige des nouveaux magistrats plus de souplesse qu'on n'en pouvait espérer de lui; on s'est débarrassé de sa présence en le frappant de révocation.

Pourquoi cet homme à l'intelligence si vive et à l'esprit si pénétrant n'avait-il pas compris qu'il ne suffit pas de s'abstenir de toute politique et d'avoir toutes les vertus professionnelles pour être un bon magistrat, si on ne fréquente pas assidûment les salons de monsieur le préfet, ou tout au moins les cabarets?

M. DE BEAUVANT

PRÉSIDENT A NEUFCHATEAU

19 ans de service, dont 6 comme président.

Son nom de gentilhomme, son caractère de magistrat, ses convictions de chrétien l'ont désigné à la proscription.

Exceptionnellement laborieux et d'une intégrité absolue, vivant en dehors de la politique, joignant une haute impartialité à la plus courtoise affabilité, il avait le tort d'être indépendant et ne voulait pas soumettre ses jugements au visa des francs-maçons.

Mais le député de Pontlevoy lui a fait voir que les choses ne pouvaient pas marcher comme cela, et après avoir fait en vain une démarche unanime pour conserver son président, le barreau de Neufchâteau a été forcé d'en faire une seconde pour lui exprimer l'unanimité de ses regrets.

M. de Beauvant se retire aux environs de Metz, près de sa vieille mère; encore un Lorrain que M. Martin-Feuillée force à s'expatrier !

M. BEHAGHEL

CONSEILLER A LA COUR DE DOUAI

29 ans de service, dont 11 comme conseiller.

On serait bien embarrassé de dire pourquoi celui-là est révoqué, car dans son existence presque solitaire, toute consacrée au travail, il n'avait jamais laissé entendre une parole qui pût éveiller les susceptibilités.

Exact, assidu, attentif, affable, bienveillant et courtois, il semblait ignorer les partis, et n'avoir d'autre préoccupation que celle de bien juger.

Mais il était intègre, indépendant, dédaigneux des faveurs, plein de franchise, de désintéressement et de loyauté; ce ne sont pas des magistrats comme cela qu'il faut désormais à M. Martin-Feuillée, il ne saurait s'en arranger.

De plus, M. Behaghel était catholique et ne rougissait pas d'aller à la messe !

Sa révocation est une preuve nouvelle que sous la vraie République, s'il suffit d'être franc-maçon ou libre-penseur pour avoir tous les titres à l'avancement, en revanche il n'est pas de mérites et de vertus qui puissent préserver un catholique de la proscription.

M. Behaghel méritait la disgrâce des puissants du jour; les pauvres qu'il a si souvent visités sont là pour le consoler.

M. BÉHIER

JUGE A DINAN

20 ans de service.

Le bourreau s'y est repris à deux fois pour le décapiter. Un premier décret du 6 octobre 1883 l'a amputé de l'instruction; un second décret l'a définitivement révoqué 14 jours après; il n'avait reçu qu'un coup de griffe et pouvait croire qu'il n'était pas destiné à mourir, mais c'était ruse de chat qui s'amuse des souffrances de la souris et ne renonce pas au plaisir de la croquer. Peut-être a-t-on cru diminuer de la sorte la modeste pension qui doit lui être allouée; peut-être aussi avait-on besoin de lui pour installer ses nouveaux collègues, car il restait seul du tribunal, et c'est lui qui a dû les conduire aux frontières de cette nouvelle terre de Chanaan, où, nouveau Moïse, il allait lui être interdit d'entrer.

Que diable pouvait-on bien lui reprocher? Modeste, laborieux presque à l'excès, il ne lisait pas même un journal, sauf *l'Officiel*, et vivait uniquement avec ses livres et ses dossiers; au civil, il prêtait aux affaires une attention soutenue, servie par une excellente mémoire, un sens droit, ferme et net.

Au criminel, on ne pouvait pas même lui faire le reproche commode d'être un passionné, car sous le 16 mai il avait répondu par une ordonnance de non-lieu à une réquisition d'information dont un journal républicain, *l'Union libérale*, était l'objet. Chose curieuse, la poursuite avait été ordonnée par le Procureur général Vételay; celui-ci a eu de l'avancement après le 16 mai, est devenu directeur des affaires criminelles après les décrets, il est aujourd'hui conseiller à la Cour de cassation; quant à M. Béhier qui a refusé de s'associer à la poursuite ordonnée par M. Vételay, il est révoqué.

Mystère que Martin-Feuillée lui-même n'oserait expliquer.

M. BÉLAN

JUGE A REDON

11 ans de service.

Excellent homme et le plus accommodant des collègues; devenir juge à Rennes était sa seule ambition; pour y parvenir il s'était décidé, à plus de quarante ans, marié et père de famille, à accepter de M. Dufaure une nomination qui l'obligeait à transporter ses pénates à Redon.

Il comptait bien n'y pas rester trop longtemps, mais le malheureux allait à la messe, et on sait combien la République a horreur du goupillon. Têtu comme un vrai breton, il avait toutefois l'espérance aussi solide que la bonne humeur et il attendait encore patiemment, lorsque M. Martin-Feuillée s'est chargé de lui démontrer péremptoirement que l'honnêteté et l'esprit de sacrifice sont des monnaies qui n'ont plus cours de notre temps.

Magistrat instruit, consciencieux, de jugement sûr, M. Bélan était particulièrement versé dans les questions de droit rural, et avait une compétence spéciale pour diriger les enquêtes sur le terrain et faire au tribunal des rapports sur la visite des lieux litigieux.

M. DE BELENET

JUGE A VESOUL

30 ans de service, dont 26 comme juge.

D'un esprit vif et prompt, dont l'originalité ne reculait pas, au besoin, devant une petite pointe d'excentricité; d'une activité prodigieuse, ardente à se dépenser, M. de Belenet était un de ces magistrats à qui leurs pires ennemis n'eussent osé refuser ni l'honneur, ni la loyauté.

Pourquoi M. Martin-Feuillée l'a-t-il frappé? Est-ce parce qu'il s'est permis de se préoccuper d'agriculture et d'écrire un livre sur l'Engrais ?

C'est parce qu'il s'est permis de publier plusieurs professions de foi électorales, où apparemment la politique de nos maîtres n'était pas suffisamment encensée.

Pour quoi, attendu que chacun est libre de parler et d'écrire, M. de Belenet a été révoqué.

M. BELLAMY

CONSEILLER A LA COUR DE RENNES

42 ans de service, dont 12 comme conseiller.

Un vétéran de la magistrature, exact, consciencieux, de tout temps étranger aux luttes et aux passions de la politique, et qu'aucun acte de sa carrière ne désignait à la mesure brutale dont il est frappé.

On est tenté de croire que M. Martin-Feuillée avait à satisfaire sur lui quelque haine privée, car M. Bellamy touchait à la limite d'âge et allait se retirer.

M. Martin-Feuillée, qui est un raffiné, a pensé probablement que le corps d'un ennemi mort ne sent vraiment bon que quand on l'a soi même tué.

M. BÉNARD

PRÉSIDENT A ANGOULÊME

29 ans de service, dont 11 comme président.

Lauréat de la Faculté de droit dès le début de sa carrière, M. Bénard eût pu aisément arriver aux postes élevés de la magistrature, mais il n'avait jamais eu d'autre ambition que celle de rester dans son pays natal, et une fois rentré à Angoulême, il lui avait été impossible de consentir à se détacher du milieu où il vivait.

Il y était fort aimé, en effet; au Tribunal, son esprit net, son jugement sûr, lui assuraient au milieu de ses collègues et des hommes d'affaires une réelle autorité; dans le monde, sa politesse affectueuse, le charme de sa conversation aimable et distinguée, sa large hospitalité lui marquaient une place à part et faisaient de sa maison le rendez-vous de la meilleure société.

On lui eût peut-être, par prudence, pardonné tout cela, si l'on n'avait point su qu'en matière religieuse il était incapable de transiger; mais sur ce point-là nul n'est plus intraitable que M. Martin-Feuillée.

En vain donc M. Bénard s'est tenu éloigné de la politique et n'a jamais prononcé une parole dont pût s'offenser le Gouvernement; révoqué pour croire en Dieu trop obstinément.

M. Bénard est bien vengé : républicains et conservateurs font aujourd'hui chorus pour proclamer que son successeur est ignorant à faire rêver un roussin d'Arcadie, et que sa suffisance n'a d'égale au monde que sa nullité.

M. BENOIST

PRÉSIDENT A BAR-LE-DUC

22 ans de service, dont 9 comme président.

Était intelligent, laborieux, très attentif à tous les détails d'un Tribunal très occupé, s'absorbant d'ailleurs dans ses fonctions, étranger aux luttes de partis ou de personnes, calme et impartial, cachant un grand mérite sous une grande modestie, et beaucoup de bienveillance sous un abord un peu réservé.

Il n'avait jamais eu à statuer que sur deux affaires où la politique pût paraître intéressée, c'était à propos d'outrages, sous le 16 Mai; il s'était montré si modéré que ses jugements ayant été déférés à la Cour de Nancy, les peines prononcées par lui avaient été aggravées.

Pourquoi donc a-t-il été révoqué?

Parce qu'il a trop bien gardé son indépendance et sa dignité, car une seule démarche de sa part aurait, paraît-il, suffi à le sauver; mais ne méritant pas d'être expulsé, il n'a voulu rien faire pour être conservé.

Parce qu'il a des opinions religieuses qui sont loin d'être exagérées, mais qu'il a d'autant moins cachées qu'il les voyait plus persécutées.

Parce qu'il a préféré pour ses enfants l'éducation chrétienne à celle du lycée.

Parce qu'enfin il n'a jamais cessé de témoigner à l'ancien chef de parquet de Bar-le-Duc, devenu avocat après avoir démissionné lors des décrets, l'estime et la sympathie qu'il méritait.

En résumé, trop honnête homme; révoqué!

M. BENOIT DE LA PAILLONNE
PRÉSIDENT A ORANGE

29 ans de service, dont 7 comme président.

Magistrat du caractère le plus calme, le plus modéré, le plus conciliant, et à qui ses propres amis ont reproché d'être disposé à pousser l'indulgence jusqu'au delà des vraies limites de la bonté.

Très laborieux d'ailleurs, et suivant les affaires avec un tel soin que ses notes pouvaient servir à reconstituer plaidoiries et conclusions après des années.

Tout le monde sait qu'il est révoqué, non pour avoir refusé d'illuminer le Palais de Justice un soir de 14 juillet, mais pour avoir oublié un instant sa modération ordinaire et brisé de sa canne quelques lampions en voulant enlever certains transparents non autorisés que le zèle inconsidéré d'un membre du parquet s'était permis d'y ajouter.

Il a été pour cela suspendu, il est aujourd'hui révoqué; la vraie raison est qu'il ne cachait pas ses convictions religieuses et qu'il présidait lui-même la conférence de Saint-Vincent-de-Paul qu'il avait réorganisée, ce dont tous les pauvres lui savaient gré.

M. DE BENOIT
JUGE A RODEZ

17 ans de service, dont 15 à Rodez.

M. de Benoît était un fort bon magistrat, qui ne s'occupait pas de politique; on ne l'en a pas moins considéré comme n'étant pas républicain; révoqué parce qu'il faisait donner une éducation chrétienne à ses enfants.

C'est bien la peine de parler de liberté de conscience et de liberté d'enseignement!

Les opinions religieuses de M. de Benoît ne l'empêchaient cependant pas de remplir avec fermeté ses fonctions, et les journaux républicains eux-mêmes se sont chargés bien involontairement d'en fournir la preuve. La *Lanterne*, en effet, qui vient de publier avec grand fracas l'histoire de prétendus crimes commis jadis par un curé de l'Aveyron lequel a été reconnu fou et enfermé dans une maison d'aliénés après une longue instruction, insérait le 9 mars dernier une lettre de M. Monservin, alors procureur à Rodez, aujourd'hui conseiller à Aix, de laquelle il résulte que l'attitude de M. Benoît dans cette affaire l'avait fait considérer comme un « ennemi du clergé » malgré la notoriété de ses opinions en matière de religion.

Il n'était ni l'ami ni l'ennemi du clergé, il était simplement esclave de son devoir et de ses fonctions; ce témoignage inattendu montre assez que cela ne suffit pas pour être à l'abri de la révocation.

M. de Benoît s'est porté, au mois de mai 1884, candidat à la députation pour l'arrondissement d'Espalion dont le député, ayant toujours bien et fidèlement voté, venait d'obtenir pour récompense le siège de président du tribunal d'Espalion (voir *suprà*, la notice Alaux). Vainqueur de ses deux adversaires au premier tour de scrutin, M. de Benoît a succombé devant leur coalition au scrutin de ballotage du 1er juin, avec 6,295 suffrages contre 7,125.

M. BERNARD
JUGE A POITIERS

21 ans de service.

M. Bernard avait marqué sa place au tribunal de Poitiers par une réputation méritée de science et d'intégrité.

Il ajoutait encore par la grande dignité de sa vie à l'autorité que son mérite lui donnait; son maintien grave et sévère aussi bien à l'audience que dans sa vie privée était en harmonie avec le sentiment élevé qu'il avait des fonctions qu'il exerçait.

C'est dire que M. Bernard n'était pas un de ces hommes pour qui la force prime le droit; il avait montré qu'il était incapable de toute transaction avec l'iniquité par la part qu'il avait prise au jugement des instances introduites devant le tribunal de Poitiers à la requête des Congrégations persécutées.

Son président Sachet venait de payer par une révocation l'indépendance avec laquelle il avait alors défendu les droits de la liberté; M. Martin-Feuillée, obligé de compter ses victimes et ne pouvant frapper tous les coupables, avait oublié M. Bernard; ce magistrat intègre a refusé d'en profiter et s'est associé par une démission volontaire à l'exil de son président Sachet.

M. BERNARD
CONSEILLER A DIJON

30 ans de service, dont 13 comme conseiller.

Celui-là n'était pas clérical, il avait même dû en partie, sous l'Empire, sa nomination d'avocat général à un discours auquel on s'était plu à attribuer un caractère hostile au clergé, ce qui avait bien étonné d'ailleurs M. Bernard, parfaitement incapable par tempérament et par éducation de se livrer à aucune manifestation irritante ou déplacée; mais s'il appartenait à l'école libérale, il n'appartenait pas du tout à l'école athée, et faire élever son fils chez les Frères de la doctrine chrétienne lui avait paru l'accomplissement naturel de son devoir de père et l'exercice légitime de sa liberté de citoyen.

La même indépendance d'esprit lui avait attiré naguère quelques démêlés avec l'ancien procureur général Frémiet, et l'avait empêché de prendre place parmi les clients qui font cortège aux sénateurs, aux députés et au préfet.

A ces imprudences il avait ajouté celle de publier des études juridiques qui avaient été fort remarquées, et dont plus d'une avait été jugée par l'Institut digne d'être couronnée; la dernière, qui est toute récente, était un *Traité de l'extradition*, où M. Bernard, entraîné par son sujet, avait oublié que sous un gouvernement libre comme le nôtre, il est des choses dont un jurisconsulte ne doit jamais parler, telles que l'arbitraire gouvernemental, les décrets de 1880, Challemel-Lacour et ses procédés, par la raison qu'il n'est pas convenable de parler de corde dans la maison d'un pendu.

On le lui fait bien voir; mais M. Martin-Feuillée vous dira finement qu'après tout il n'a touché qu'à sa place et nullement à sa liberté d'écrire ou de parler.

M. BERNARD
JUGE A SAINT-MIHIEL

15 ans de service.

Chassé de son siège de juge d'instruction à Sarrebourg par l'autorité allemande, au nom de laquelle il avait refusé d'exercer ses fonctions, M. Bernard était rentré dans la magistrature en 1872 et s'était fixé en 1877 à Saint-Mihiel, où de puissants intérêts de famille l'appelaient.

Sa présence y était devenue d'autant plus indispensable que, frappé depuis dans ses plus chères affections, il s'y était voué, non seulement à l'éducation de ses enfants, mais aussi à la tâche, lourde pour sa douleur, de consoler l'honorable famille à qui la mort avait ouvert du même coup la source des éternels regrets.

On n'a point osé le frapper directement, mais on a voulu l'exiler d'une ville d'où il lui était interdit de s'éloigner, et comme pour lui rendre le calice plus amer, on a voulu lui imposer d'aller prendre à Saint-Dié la place d'un de ses cousins qu'on venait de révoquer.

C'était trop, M. Bernard a refusé, et voilà comment, après avoir été chassé une première fois par les Allemands, il l'est une seconde fois par M. Martin-Feuillée.

M. BERNARD DE JANDIN
JUGE A SAINT-DIÉ

13 ans de service.

Magistrat irréprochable, doué d'un grand sens juridique et tout dévoué à ses fonctions, mais affligé d'une droiture et d'une indépendance qui ne permettaient pas de le conserver dans une magistrature d'où ces défauts sont désormais bannis.

Déjà on lui avait enlevé l'instruction il y a quatre ans pour avoir voulu rendre justice à un prêtre odieusement diffamé par le journal du sieur Albert Ferry, lequel journal, acquitté par le tribunal de Saint-Dié, n'en a pas moins été condamné par la Cour de Nancy.

M. Bernard de Jandin est puni pour avoir eu raison ; on ne saurait vouloir condamner un journal républicain impunément.

M. BERNIER

JUGE AU TRIBUNAL DE LA SEINE

28 ans de service.

Il n'était peut-être pas de magistrat au tribunal de la Seine qui connût mieux que lui les affaires qui se traitent à Paris ; nul ne le surpassait dans l'art de discerner la fraude et de la démasquer ; son esprit souple et pratique dénouait comme en se jouant les difficultés les plus compliquées des grandes affaires, et le tourbillon des petites ne troublait jamais la sûreté de ses décisions.

Doyen du tribunal, il avait souvent à présider, se montrait bienveillant sans faiblesse avec les avocats et dirigeait ses audiences avec une remarquable lucidité.

Plein de verdeur et d'activité, il pouvait encore prêter pendant de longues années à la justice le précieux concours de son expérience et de ses lumières ; il eût peut-être obtenu de l'avancement s'il eût consenti à en demander, mais il était résolu à ne pas même en accepter, et il a mieux aimé devenir victime que complice de Martin-Feuillée.

M. BEUVAIN DE BEAUSÉJOUR

JUGE A LONS-LE-SAUNIER

20 ans de service.

Magistrat laborieux, doué d'un excès de conscience et d'impartialité, s'il est permis de dire que de pareilles qualités professionnelles puissent jamais être poussées à l'excès, il était en outre d'une courtoisie et d'une bienveillance qui lui avaient conquis toutes les sympathies de ses collègues et du barreau de Lons-le-Saulnier.

Courageux et patriote par-dessus le marché, on l'avait vu, en 1870, marcher aux côtés de son procureur Lescot, lorsque celui-ci se mit à la tête de la gendarmerie pour aller délivrer le sous-préfet que les Garibaldiens avaient emprisonné ; on l'avait vu, le 21 janvier 1871, toujours aux côtés de son procureur alors révoqué, faire le coup de feu contre les Prussiens en avant de Dôle, au milieu des balles et des éclats d'obus, avec un magnifique sang-froid et une inaltérable intrépidité.

Mais il gâtait tout cela par la solidité de ses principes religieux et la ferveur de sa charité : c'était donc un magistaat à expulser.

On n'a pas voulu toutefois le faire directement, peut-être parce qu'il était le cousin germain de M. Albert Clerc, conseiller à Paris et familier de l'Elysée ; on l'a transplanté à Baume-les-Dames ; il était facile de deviner que M. Beuvain de Beauséjour considérerait cette translation comme le comble du grotesque et de l'hypocrisie, c'est ce qui n'a pas manqué d'arriver ; il a refusé d'accepter et a pris rang parmi les victimes de M. Martin-Feuillée.

M. BIGOT

PRÉSIDENT DE LA CHAMBRE A ANGERS

M. Bigot avait quatorze ans de service et était avocat général lorsque, le 7 septembre 1870, M. Crémieux nomma un nouveau procureur général à Angers.

Le choix était tel que M. Bigot, avec 14 autres membres du parquet du ressort, n'hésita pas à briser sa carrière plutôt que de l'accepter.

Il rentra au barreau et se fit le défenseur du droit que le proconsul Engelhardt violait ; celui-ci n'a pas perdu le souvenir de la parole vengeresse qui flétrissait ses fantaisies illégales, ni des arrêts rendus contre lui sur les plaidoiries de M. Bigot par la Cour d'Angers.

Les électeurs de la Mayenne récompensèrent le courageux avocat en l'envoyant siéger à l'Assemblée nationale dès le mois de février ; il y prit place au centre droit et apporta, dans les matières judiciaires, le concours le plus utile aux travaux de l'Assemblée.

Il fut de la commission des grâces, et les radicaux ne le lui ont pas pardonné.

Son mandat terminé, il reprit sa robe au barreau d'Angers et rentra à la Cour en 1877, comme président de chambre ; il y a fait son devoir avec cette fermeté sage et modérée qui est un des traits de sa généreuse nature, et il n'est certes pas un seul des avocats républicains d'Angers qui ne rende hautement hommage à sa droiture et à son impartialité.

C'était, en effet, un jurisconsulte éminent, d'une loyauté et d'une franchise indiscutées, et dont toute la puissance d'esprit et de volonté était consacrée au seul culte du droit et de la vérité.

Son crime est d'avoir déplu à M. Auger : il présidait la chambre qui, quatre fois, les 21 septembre, 4 octobre, 23 novembre et 28 décembre 1880, annula des ordonnances d'incompétence obtenues par M. Auger au profit des préfets ou confirma des ordonnances de compétence que ledit Auger attaquait, chambre dont l'impartialité était telle qu'elle n'hésita pas, par un cinquième arrêt, à confirmer au profit d'un préfet une ordonnance de sursis qui était justifiée.

Voilà, outre les souvenirs d'Engelhardt, les griefs sous lesquels M. Bigot succombe, ce qui n'empêchera pas M. Martin-Feuillée de dire qu'il ne demande pas aux magistrats compte de leurs arrêts.

M. BIMBENET

CONSEILLER A ORLÉANS

30 ans de service, dont 16 comme conseiller.

Travailleur infatigable, jurisconsulte profond, praticien consommé, M. Bimbenet était l'une des lumières de la Cour d'Orléans ; il présidait avec une rare distinction les assises, où la précision et la forme élégante de son langage lui assuraient une grande autorité.

D'une obligeance inépuisable, il était toujours prêt à rendre service, trouvant encore le temps de se consacrer à son goût pour les sciences, pour les arts, et de faire sortir de sa plume des récits dignes d'un fin lettré.

De politique, point n'en faisait ; il avait bien été porté jadis au conseil municipal, mais c'était sur une liste républicaine ; d'ailleurs, s'il y avait quelques services à rendre dans une commission, au bureau de bienfaisance ou ailleurs, on était sûr qu'il y serait appelé par l'administration de la ville ou par M. le Préfet. Le garde des sceaux lui-même venait de désigner le président des prochaines assises, et c'était encore M. Bimbenet qu'il avait nommé.

Et cependant, à la grande stupéfaction de tous, M. Bimbenet fut révoqué ; personne n'y voulait croire, n'était que le décret portait en toutes lettres les signatures de Grévy et de Martin-Feuillée.

L'indignation publique a percé le mystère et hautement accusé un député d'avoir ainsi voulu se venger d'un proche parent du conseiller, qui avait pris la liberté grande de se présenter contre lui à une élection départementale, comme si M. Bimbenet en pouvait mais.

La bêtise était telle et l'iniquité si grosse, que les républicains ont essayé de la réparer ; on a nommé le gendre de M. Bimbenet substitut du procureur général à Orléans, et on lui a offert à lui de le réintégrer ; il a refusé.

C'est fort bien ; une injustice de plus, un bon magistrat de moins, c'est l'histoire de presque toutes les éliminations prononcées ; mais le cas de M. Bimbenet offre un intérêt tout particulier ; car enfin M. Martin-Feuillée avait promis sur l'honneur d'examiner lui-même tous les dossiers ; qu'il ait manqué à sa parole, c'est ce que nous n'avons pas l'impertinence de supposer, mais s'il les a tous examinés comme celui de M. Bimbenet, franchement il ne peut plus nier que ce soit à recommencer.

M. BLAIN DES CORMIERS

CONSEILLER A PARIS

25 ans de service, ayant parcouru sa carrière lentement, régulièrement, comme on le faisait en ce temps qui est aujourd'hui bien oublié.

Il avait eu à requérir, sous l'Empire, contre M. de Rochefort, qui commençait alors sa célébrité et qui, le lendemain de sa condamnation, le qualifia dans sa *Lanterne* « d'enjuponné » ; on sait le chemin que ce vocable a fait depuis lors dans le répertoire républicain.

Devenu juge d'instruction, il avait eu à informer dans d'importantes affaires criminelles, et y avait déployé autant de droiture que de perspicacité.

C'est M. Dufaure qui l'avait nommé d'abord vice-président au Tribunal, puis conseiller, mais son indépendance de caractère ne permettait aux républicains d'espérer de lui aucune complaisance, et on savait qu'il était des premiers marqués pour être révoqué.

M. BLANC

JUGE A GAP

17 ans de service.

Magistrat intelligent et connaissant bien ses fonctions ; sa révocation a paru d'autant plus inexplicable qu'il était le parent, l'ami de M. Xavier Blanc, sénateur opportuniste des Hautes-Alpes, et que, s'il avait des opinions politiques, que du reste il ne manifestait point, elles semblaient devoir être plutôt favorables que contraires à la République, à en juger d'après les deux dernières nominations dont il avait été honoré, l'une par Crémieux, en octobre 1870, l'autre par M. Dufaure en avril 1878, après le triomphe définitif des 363.

Mais on avait apparemment besoin de sa place pour caser un plus pur, et d'ailleurs les républicains n'y regardent pas de si près; on sait combien de fois il est arrivé à ceux de 1871 de fusiller au hasard, pour passer le temps, quands ils n'avaient pas de Versaillais à exterminer.

M. BLANC-FONTENILLE

JUGE A ANGOULÊME

27 ans de service.

Allié par son mariage à une très ancienne et très honorable famille de l'Angoumois, M. Blanc Fontenille était fixé à Angoulême depuis 21 ans et y avait acquis l'autorité que donnent la valeur professionnelle et une exquise urbanité.

Chargé du règlement des ordres pendant 14 ans, il n'avait jamais cherché dans ces arides et laborieuses fonctions d'autre satisfaction que de bien remplir son devoir et avait plus d'une fois refusé de légitimes avancements.

Sa modestie ne l'a pas préservé; il avait en effet trois cas rédhibitoires pour être réformé par Martin-Feuillée :

Premièrement, il avait jadis prêté un local pour faire une conférence contre l'article 7, ce qui est attentatoire à la liberté de parler;

Secondement, il avait pris l'initiative d'une souscription pour le maintien de religieuses qui dirigeaient une école, ce qui est attentatoire à la liberté d'enseigner;

Enfin, crime plus grand peut-être que tous les autres, il ne saluait pas assez bas monsieur le Préfet.

Pour quoi Martin-Feuillée l'a révoqué sans même s'inquiéter de savoir si le Préfet était vraiment digne d'être salué, ce qui n'est certes pas le cas de tous les préfets.

M. DE BLEYGIER DE PIERREGROSSE

JUGE A ORANGE

9 ans de service.

Magistrat qui poussait le scrupule presqu'à l'excès dans l'exercice de ses fonctions; d'une timidité exagérée, il se méfiait de lui au point de ne pas savoir toujours mettre en lumière les ressources d'un esprit très cultivé; aucune affaire, si minime qu'elle fût, ne lui était soumise sans devenir de sa part l'objet d'une étude minutieuse et approfondie.

Dans un pays où les passions politiques sont ardentes, il savait rester neutre et s'inspirer de la plus inflexible droiture dans ses jugements.

C'est ce qui l'a perdu; il a eu le malheur d'avoir un jour à juger le député Gent, aujourd'hui sénateur, et d'être obligé de le condamner à huit jours de prison!

M. BLIGNY

CONSEILLER A LA COUR DE ROUEN

23 ans de service, dont 5 comme conseiller.

Tout le monde, même les chefs de la Cour, rendait hautement hommage, non seulement à son impartialité, à sa capacité, à son dévouement à ses devoirs, mais aussi à l'irréprochable correction de son attitude.

Le fait est que s'il y avait à la Cour quelque affaire délicate, surchargée de chiffres, c'est à lui qu'on confiait le soin de la débrouiller.

D'un autre côté, seul épargné parmi les substituts de Rouen en 1870, il avait fait l'éducation professionnelle de son nouveau collègue Denis, aujourd'hui son procureur général, était depuis lors resté absolument étranger au monde et aux choses politiques, et s'il avait de bons amis, on ne lui connaissait pas un seul ennemi.

M. Bligny n'avait donc troublé le breuvage de personne; mais quoi! ne sait-on pas comment le loup raisonnait :

« Si ce n'est lui, c'est donc son frère, »

a dit l'animal plein de rage, et le raisonnement a été trouvé admirable par Denis et Martin-Feuillée.

C'était son frère, en effet. Notaire à Rouen, il avait coopéré à la fondation du *Patriote de Normandie*, brave petit journal à un sou, qui relève tous les jours les sottises du préfet Hendlé, et qui, forfait plus grave, se permet de faire baisser les recettes du *Petit Rouennais!*

Et voilà comment, faute de pouvoir atteindre le coupable, on a frappé l'innocent; impuissant à croquer le notaire, le loup républicain a croqué le conseiller.

Dans le langage de nos maîtres, on appelle ça réorganiser la justice; oui, sur la base de l'iniquité.

M. BLONDEL

CONSEILLER A LA COUR DE DIJON

34 ans de service, dont 15 comme conseiller.

M. Blondel était né pour les luttes de la parole; doué d'une éloquence abondante, brillante et communicative, il s'était fait un renom dans le parquet avant d'accepter les fonctions de conseiller.

Il apporta à la Cour une intelligence ouverte et prompte, une volonté droite et ferme, autant d'indépendance que d'impartialité, et s'y fit vite une place distinguée par la variété de ses connaissances et la richesse des développements qu'il savait donner à son opinion; il en devint bientôt l'un des membres les plus écoutés.

Dévoué à toutes les nobles causes, il s'était déjà attiré la haine des républicains par son attitude nette et courageuse lors des incidents judiciaires que provoqua l'exécution des décrets; mais son crime irrémissible est d'avoir pris part à un arrêt qui a déclaré recevable la prise à partie contre un membre du parquet dont les violentes apostrophes au barreau, les excès d'audace libre-penseuse avaient scandalisé une ville entière, et qui, par son ignorance et son mépris des lois, s'était attiré une poursuite de la part d'un particulier qu'il avait gravement lésé.

Le gouvernement n'ayant pas la ressource du conflit pour protéger contre le juste recours des citoyens les gens de son parquet, prend un moyen plus simple, celui de supprimer les magistrats qui osent dire qu'un conservateur a encore le droit d'obtenir justice de leurs violences et de leurs illégalités.

M. Blondel l'a dit dans un arrêt : il est révoqué.

Aussi, la cour épurée a-t-elle rejeté la prise à partie par un arrêt postérieur du 20 décembre 1883 et trouvé moyen, ce qui est le comble de l'ingéniosité, de condamner à l'amende et à des dommages-intérêts... le citoyen qui s'était plaint, et qu'elle reconnaissait elle-même avoir été illégalement emprisonné!

M. BODIN

PRÉSIDENT A CHINON

26 ans de service.

M. Bodin était un magistrat actif, très entendu en affaires et qui s'était fait justement apprécier dans toutes les fonctions qu'il avait occupées.

Ses longs et excellents services paraissaient avoir trouvé grâce devant M. Martin-Feuillée; M. Bodin était encore debout quand près de 600 magistrats étaient déjà fauchés. M. le garde des sceaux, jaloux d'avoir son chiffre de victimes et cherchant « *quem devoret* », s'est ravisé au dernier moment et l'a révoqué. Il lui restait probablement quelqu'un à placer.

Que voulez-vous qu'il fît d'ailleurs d'un magistrat qui alliait l'affabilité à une austère simplicité, dont le calme impénétrable ne se laissait jamais troubler, et qui apportait aux affaires une intelligence si sûre et si consommée, qu'il lui arrivait souvent de juger sans désemparer les questions les plus délicates et les plus compliquées? Tout cela n'était-il pas gâté par des convictions religieuses que M. Bodin ne se donnait pas la peine de cacher?

De pareilles qualités ne sont plus bonnes que pour des institutions où l'on respecte encore l'indépendance et la dignité; les avocats de Chinon se sont empressés de le prouver à M. Bodin en le nommant tout d'une voix bâtonnier.

M. BODIN

PRÉSIDENT A NYONS

22 ans de service, dont 9 comme président.

Aucune raison avouable, même d'attitude politique, ne saurait justifier cette inique révocation; M. Bodin se tenait éloigné des luttes des partis, et se consacrait tout entier à sa fonction.

Mais il avait autant d'indépendance de caractère que de capacité professionnelle, et il tombe victime de la rancune d'un personnage véreux, criblé de dettes, et parfaitement digne de la confiance dont il jouit auprès de M. Martin-Feuillée.

M. BOISSIER

CONSEILLER A NÎMES

31 ans de service, dont 12 comme conseiller.

M. Boissier ne devait rien à la faveur et devait tout à son mérite; instruit, appliqué, riche d'une expérience acquise dans un long exercice de ses fonctions, bon, affable, empressé pour tous, n'oubliant jamais que lui, il partageait son temps entre les devoirs de la famille, les œuvres de la charité et les travaux du Palais.

Mais c'était un catholique fervent ; il mettait en pratique ses principes religieux, simplement, sans ostentation, avec une régularité et une sincérité qui lui avaient valu l'estime et le respect même des protestants.

En frappant cet homme de bien, honoré de tous, dont la vie s'écoulait modeste et sans bruit, on a voulu justifier une fois de plus cette déclaration du journal *le Siècle*, qu'il y a « incompatibilité absolue entre la République et le catholicisme ».

On aurait pu ne pas sacrifier M. Boissier à la démonstration ; il y a beau temps déjà que nos maîtres se sont chargés de rendre le fait évident.

Les républicains n'ont pas pardonné à M. Boissier d'avoir fait en 1877 partie d'une commission municipale, ce qui était d'autant moins étonnant qu'il avait été précédemment élu au conseil municipal par ses concitoyens ; ils ne se sont pas montrés aussi sévères envers le citoyen Michel, dont ils ont fait un procureur général en trois ans, quoiqu'il ait, lui aussi, fait partie d'une commission municipale à Nîmes, et rempli même à ce titre les fonctions d'adjoint ; il est vrai que c'était en 1880, sous le consulat du célèbre Dumarel et en plein crochetage de couvents.

Mais il vaut mieux aujourd'hui avoir appartenu à une troupe de saltimbanques qu'à une commission municipale sous le 16 mai ; si une ville entière avait pu admirer la photographie de M. Boissier, comme celle de tel autre magistrat que nous pourrions nommer, en maillot et avec des ailes d'ange, la République lui eût aussi donné de l'avancement au lieu de le révoquer.

M. BOIVIN-CHAMPEAUX

PREMIER PRÉSIDENT A BOURGES

36 ans de service, dont 9 comme premier président ; nommé par M. Dufaure le 2 décembre 1876.

C'était un esprit droit, doué d'un grand sens pratique, ne faisant aucune politique, très affable envers les jeunes, menant une vie simple et digne, et consacrant à des recherches historiques les rares loisirs que lui laissaient ses importantes fonctions. Il a publié différentes monographies concernant le département de l'Eure, son pays d'origine.

Il est sacrifié pour n'avoir pas voulu se mettre à la remorque de M. Henri Brisson, député, qui règne en maître à Bourges.

Il expie en outre le crime d'avoir, le 16 mars 1881, présidé la première chambre de la cour de Bourges et rendu l'arrêt par lequel elle a infirmé l'ordonnance de référé du président du tribunal civil d'Issoudun qui, à peu près seul entre tous ses collègues, s'était déclaré *incompétent* pour connaître de la demande en réintégration formée par des expulsés contre le sieur Danican-Philidor, préfet.

M. Boivin-Champeaux paie aujourd'hui le malheur d'avoir eu ce jour-là, outre la science du droit, de l'indépendance et de la fermeté.

M. BOMMART

JUGE A DOUAI

18 ans de service.

M. Bommart était, à tous égards, un magistrat des plus estimables ; appartenant à une vieille famille douaisienne, il n'avait jamais voulu quitter Douai où l'on appréciait son caractère ouvert, aimable, enjoué ; il était membre de toutes les œuvres utiles de la cité ; il avait rendu en 1870 les plus grands services comme trésorier d'une société de secours aux blessés.

Mais il était aussi inaccessible aux caresses qu'aux menaces des puissants du jour ; il l'avait maintes fois prouvé en refusant de suivre le ministère public dans ses réquisitions insensées contre des membres du clergé.

De plus, il faisait par sa distinction personnelle, par la dignité de sa vie, par la parfaite correction de sa tenue, le plus épouvantable contraste avec son président Paul, qui déployait avec ardeur les qualités contraires pour s'assurer l'appui des républicains et s'ouvrir le chemin des honneurs et des dignités

Aussi les radicaux lui avaient voué une haine ardente, et l'*Ami du Peuple*, leur organe, lui avait plus d'une fois, en le couvrant de ses imprécations, prédit ouvertement le sort qui l'attendait.

M. Martin-Feuillée, en ministre obéissant, s'est empressé, pour leur complaire, de mettre à la porte ce magistrat catholique, ce juge exempt de faiblesse, impartial et éclairé.

Ajoutons que M. Bommart ayant pris part, le 5 août 1880, à un jugement par lequel le tribunal s'est déclaré compétent sur une demande de réintégration de domicile formée par des religieux expulsés, il n'y avait pas moyen de le conserver, étant bien démontré qu'il ne savait pas mettre sa conscience et la justice au service des préfets.

M. BON

VICE-PRÉSIDENT A DRAGUIGNAN

39 ans de service, dont 14 comme vice-président.

M. Bon n'était pas un homme politique ; il vivait à l'écart des partis, n'ayant d'autre préoccupation que celle de bien remplir ses devoirs sans froisser aucune conviction.

Cette sage réserve avait augmenté le nombre de ses amis, mais elle n'a pu le préserver de la jalouse méfiance de ceux qui dressaient les listes de proscription.

Dans ce ressort d'Aix où la délation s'était installée, où de lâches complaisances rapportaient aux oreilles du maître, et souvent en le dénaturant, non seulement ce que faisaient les magistrats de l'ancien régime, mais ce qu'ils disaient et comment ils votaient dans les délibérés, M. Bon a été exposé comme tant d'autres aux calomnies et aux suspicions.

On n'était pas difficile d'ailleurs sur les prétextes à révocation, et au besoin on en eût trouvé un suffisant dans les rapports amicaux qu'il avait avec son président, M. Verrion.

M. BONAMY

JUGE A CHATEAULIN

9 ans de service, dont 6 comme juge d'instruction.

Magistrat instruit et laborieux dont la bonté et l'honnêteté étaient les traits dominants ; n'ayant d'autre ambition que de remplir dignement et fidèlement ses fonctions.

Plusieurs de ses instructions avaient été remarquées, et les présidents d'assises comme le parquet et les membres du barreau de Quimper appréciaient à leur juste valeur le tact et la remarquable loyauté avec lesquels il savait diriger toutes ses informations.

Il n'a pas cru qu'il fût compatible avec sa dignité de continuer à faire partie d'une magistrature d'où l'épuration avait fait sortir tout ce qu'il y avait de plus honorable et de plus indépendant ; il a donné sa démission pour prendre une des charges d'avoué les plus occupées de Nantes, estimant qu'on ne peut plus trouver qu'à la barre la liberté et la considération.

Le lendemain de sa démission, le journal républicain le *Bas Breton* disait de lui : « il a su se faire estimer de tous par les « qualités du cœur et de l'esprit ; juge « intègre, il a rempli avec intelligence les « devoirs de sa charge ; homme privé, tout « le monde appréciait son caractère sympa- « thique, ses manières affables, son exquise « politesse. »

L'exemple de ce magistrat brisant volontairement sa carrière, et de ce journaliste qui a le courage, si rare parmi les siens, de dire la vérité sur un adversaire, console de bien des défaillances et de bien des iniquités.

M. BONAVITA

PRÉSIDENT A BASTIA

31 ans de service, dont 25 comme Président.

Ce magistrat, doué d'une vive intelligence et de connaissances juridiques étendues, avait acquis une profonde expérience des affaires, et dirigeait les travaux de son tribunal avec autant de zèle que de sûreté ; bien rarement ses jugements étaient infirmés.

Il joignait à ces qualités maîtresses l'indépendance de caractère et la fermeté ; sous sa haute et droite influence, le tribunal de Bastia avait rendu en matière électorale des décisions dont l'équité n'avait contenté ni le parquet ni l'autorité administrative, laquelle, en Corse, entend pouvoir se livrer sans contrainte à une pression officielle éhontée (1).

(1) Depuis que ces lignes ont été écrites, la France entière a pu voir, par les scandaleux débats auxquels a donné lieu l'interpellation sur l'affaire Saint-Elme (Chambre des Députés, séances des 3, 5 et 7 juin 1884), à quelle débauche d'arbitraire et de violence, sous l'égide de la nouvelle magistrature, la Corse était livrée ; le nom de l'avocat général Bissaud est devenu légendaire et restera flétri à jamais.

Un journal républicain, écœuré des révélations honteuses qui s'y sont produites sur les conditions dans lesquelles l'épuration a été faite, donnait le lendemain à l'expression de son dégoût la forme suivante : « On a mis hier à M. Martin-Feuillée « le nez dans sa m....agistrature ! » Hélas ! et c'était vrai.

Il n'y a point à chercher ailleurs la cause vraie de l'expulsion de M. Bonavita, l'opinion publique ne s'y est pas un instant trompée, et elle a donné au magistrat frappé d'innombrables marques de son estime et de ses sympathiques regrets.

M. BONHOMME DE MONTÉGUT

VICE-PRÉSIDENT A LIMOGES

20 ans de service.

Magistrat doublé d'un homme aimable et d'un archéologue distingué, sachant tempérer par son attitude les sévérités du code pénal à l'audience correctionnelle qu'il présidait.

D'une nature très droite, il remplissait son devoir sans fléchir, mais aussi sans aller demander au préfet quelle peine il devait prononcer.

Il avait récemment mis les radicaux en fureur en condamnant un des personnages importants du parti à l'amende, conformément à la loi, pour avoir refusé de prêter serment comme témoin ; les cris, les injures, les menaces ont été la récompense de cet acte de justice, et M. Georges Périn, député, a écrit une belle lettre à M. le garde des sceaux pour s'en plaindre et dénoncer une fois de plus « ces magistrats dont les jugements trahissent les rancunes politiques ».

C'était la préface d'une révocation ; M. de Montégut qui n'était pas un ennemi de la République, avait dédaigné certaines habiletés lâches qui lui eussent assuré peut-être la sécurité au prix de la dignité ; il s'est honoré, en affrontant de nouveau, pour garder son indépendance, la destitution dont le 4 septembre l'avait déjà une fois frappé ; il peut se rendre cette justice que son intégrité méritait la marque d'estime que lui a donnée M. Martin-Feuillée.

Il avait jadis profité de sa révocation pour s'engager et faire la campagne de l'armée de la Loire en bon citoyen et en bon soldat, quoique son âge lui donnât le droit de rester chez lui ; les gens qui ont alors abrité leur chère guenille dans les préfectures et sous-préfectures lui auraient su bien plus de gré de hurler avec eux :

« Ça ira, ça ira,
« Les aristocrates, on les pendra. »

M. DE BONNECORSE

CONSEILLER A LA COUR D'AIX

30 ans de service, dont 16 comme conseiller.

Excellent président d'assises, bon juge au civil, très consciencieux, très expérimenté et très modeste, M. de Bonnecorse avait par ses sentiments religieux et la situation de sa famille trop de raisons d'éviter le contact des nouveaux magistrats introduits dans la Cour d'Aix pour se plaindre de son expulsion ; mais les justiciables qui connaissaient son tempérament conciliant, sa bienveillance et la droiture de son caractère, regretteront vivement une mesure inique dans son principe et déplorable dans ses résultats.

M. de Bonnecorse avait pris part à l'arrêt du 13 janvier 1881, qui acquitta les rédacteurs du *Phare du Littoral* et du *Patriote niçois*, condamnés correctionnellement à Nice pour s'être introduits à la suite des expulseurs dans le couvent des Pères Barnabites ; il avait pris part aussi à l'arrêt du 30 octobre 1880, qui condamna M. Berlier de Vauplane, avocat, à 25 francs d'amende pour avoir dit aux agents qui avaient démoli le mur des Capucins : « Vous servez un gouvernement de crocheteurs », ce que le jugement de première instance avait déclaré n'être d'ailleurs que « la constatation d'un acte matériel ».

L'impartialité de M. de Bonnecorse ne pouvait donc être niée, mais cela ne suffit pas à nos maîtres ; il eût dû envoyer M. Berlier de Vauplane à l'échafaud, il ne serait pas aujourd'hui révoqué.

M. BONNIEU DE LA RIVAUDIÈRE

JUGE A QUIMPER

17 ans de service comme juge et 12 comme juge de paix.

Homme du monde accompli, esprit souple et charmant, qui avait jadis entretenu commerce avec la Muse avant de se consacrer tout entier au droit, M. de La Rivaudière attire tous ceux qui l'approchent et conserve pour amis tous ceux qui l'ont connu.

Profondément dévoué à son devoir, il apportait un grand scrupule dans l'examen des affaires et savait au besoin tempérer sa bienveillance par la fermeté.

Mais il ne poussait pas la bonté jusqu'à se laisser outrager sans regimber ; sous le 16 mai, à la suite d'une condamnation prononcée contre un journal, un des députés congédiés ayant osé dire que ce journal avait été jugé par un tribunal de valets, M. de La Rivaudière porta plainte, ainsi que son collègue, M. Cropp, et le député fut condamné à un emprisonnement de six semaines, que, du reste, il n'a jamais fait ; en revanche, le journal a continué sa campagne contre le tribunal sans qu'aucun des procureurs généraux postérieurs au 16 mai ait jamais voulu faire droit aux plaintes que les magistrats lui adressaient.

Tout au contraire, on priva M. de La Rivaudière des fonctions de juge d'instruction qu'il exerçait, et aujourd'hui, avec son collègue M. Cropp, il est révoqué.

Pourquoi aussi ces Messieurs se sont-ils imaginé qu'un député n'avait pas le droit de les traiter publiquement de valets ?

Pourquoi enfin M. Bonnieu de La Rivaudière avait-il, le 26 juillet 1880, osé déclarer le tribunal compétent pour connaître d'une demande en dommages-intérêts formée par des expulsés contre le sieur Leguay, préfet ?

M. BONVALOT

CONSEILLER A LA COUR DE DIJON

35 ans de service, dont 23 comme conseiller.

M. Bonvalot était conseiller à Colmar lors de la fatale guerre de 1870 ; Alsacien-Lorrain, il eût pu opter pour la nationalité allemande et conserver ses fonctions sous le régime prussien ; après avoir subi toutes les horreurs de l'invasion, il se condamna aux amertumes de l'exil plutôt que de renoncer à la qualité de Français, tâchant de tromper sa douleur en allant chercher l'image de la patrie absente dans la poussière des vieilles coutumes d'Alsace et de Lorraine, au temps où ces chères provinces faisaient encore partie du sol français, pieux travaux que l'Académie a couronnés.

Hélas ! il n'avait pas prévu qu'il n'y aurait plus bientôt de place, en France, que pour les républicains ; pour la seconde fois il est chassé.

Il paraît qu'il a eu le tort de ne pas renier la foi de ses pères, et de ne pas se sentir assez de joie au cœur pour aller danser la Carmagnole dans les salons de M. le préfet.

Frères bien-aimés que la fortune de la guerre nous a arrachés, que devez-vous penser en nous voyant courber le front sous de pareilles lâchetés !

M. BOREAU-LAJANADIE

CONSEILLER A LA COUR DE BORDEAUX

34 ans de service, dont 19 comme conseiller.

Nommé à 22 ans, par Crémieux, le 25 mars 1848, substitut du « commissaire du gouvernement » à Cognac, il était à Angoulême, en 1851, lors du coup d'Etat ; pressé de mettre son nom au bas d'une adresse d'adhésion au prince Louis-Napoléon, il refusa et fut destitué ; il fut réintégré six mois après, et en 1866, il fut nommé à Bordeaux comme conseiller.

C'était un homme modeste, mais qui cachait la plus haute valeur sous les apparences d'une grande simplicité ; profond jurisconsulte, d'un sens honnête et droit, vrai caractère de magistrat, il alliait la douceur la plus réelle à une énergique ténacité ; nul détail, même dans les affaires les plus complexes, n'échappait à sa pénétrante sagacité.

En 1871, quand la patrie en deuil fit appel à ses meilleurs citoyens, M. Boreau-Lajanadie fut élu d'acclamation député pour le département de la Charente, et prit vite une place distinguée dans cette Assemblée où les sous-vétérinaires n'étaient pourtant pas en majorité.

Il fut chargé du rapport sur les événements de la défense nationale : il n'y avait qu'un magistrat comme lui qui pût porter la lumière dans les secrets ténébreux dont les hommes de cette époque s'étaient enveloppés, et on sait de quelle plume courageuse il fustigea ceux qui avaient fait la révolution devant l'étranger.

Ils ne le lui ont pas pardonné, mais s'ils ont pu révoquer le magistrat, son rapport reste contre eux une terrible page qu'ils n'effaceront pas ; on a beau supprimer l'historien, l'histoire ne se supprime pas.

M. BOTTIEAU

CONSEILLER A DOUAI

35 ans de service, dont 17 comme conseiller.

Il était le remords et la terreur de M. de Marcère, il fallait le supprimer.

Songez qu'en 1871 ils avaient été tous deux élus députés sur la même liste conservatrice, et que M. Bottieau était resté fidèle aux promesses qu'il avait signées. Bien moins ardent alors que M. de Marcère dans l'affirmation de sa foi monarchique, il ne l'avait pas ensuite reniée ; cette fidélité à ses convictions ne lui avait pas, il est vrai, permis d'escalader le ministère, mais elle lui avait aussi évité la honte d'en tomber sous le vote de mépris le plus écrasant qu'ait jamais émis une assemblée.

Songez que, depuis lors, le conseiller et le ministre s'étaient retrouvés, rivaux cette fois, sur le terrain électoral et que M. de Marcère, malgré l'appui officiel, ne l'avait emporté qu'à quelques voix près.

C'est pour cela que M. Boitieau est révoqué, et aussi parce que, le 31 août 1882, il s'est permis d'offrir un asile dans sa maison aux pauvres sœurs de la Providence, brutalement jetées sur le pavé par la municipalité.

Magistrat irréprochable d'ailleurs, plein d'indépendance et de dignité, il n'y avait plus place pour lui dans la bande de M. Martin-Feuillée.

M. BOULANGÉ

JUGE A REMIREMONT

6 ans de service.

M. Boulangé bornait toute son ambition à finir sa carrière judiciaire dans le pays auquel l'attachaient à la fois ses souvenirs de famille et ses intérêts ; il convenait parfaitement à la situation qu'il y occupait, tant par sa connaissance des hommes et des choses que par sa droiture et son application.

Mais il était le gendre de M. Krantz, ancien concurrent de M. Méline à la députation, et rien n'a pu le sauver, même une démarche collective faite par les avoués et avocats de Remiremont, parmi lesquels figuraient des républicains avérés et importants.

Il est fâcheux pour M. Méline de n'avoir pas su ou de n'avoir pas voulu imposer à son collègue Martin-Feuillée le maintien d'un magistrat honoré d'une pareille manifestation.

M. BOULLE-LACROZE

JUGE A CONDOM

Le plus infatigable des travailleurs ; ancien bâtonnier à Nérac, il fut d'abord envoyé comme juge suppléant à Villeneuve-d'Agen et revint en la même qualité à Nérac au bout d'un an. Il n'était pas de besogne dont il ne fût désireux de soulager ses collègues, et il le faisait avec une telle bonne grâce et une telle ardeur qu'on semblait lui rendre service en la lui confiant.

Après 6 ans de ce labeur gratuit il fut enfin nommé titulaire ; ce n'est pas aujourd'hui qu'on attend aussi longtemps ; bientôt après il fut nommé à Condom.

Seul il parut avoir la compétence et la puissance de travail nécessaires pour s'enfoncer résolument dans l'inextricable chaos de procédures d'ordre accumulées depuis plusieurs années et devenues tellement obscures que magistrats et hommes d'affaires en étaient découragés.

M. Boulle-Lacroze consentit à se déplacer pour s'en charger ; il quitta Nérac, sa ville natale, se mit à l'œuvre, et au bout d'un an il avait eu raison de tout le grimoire entassé au greffe depuis bientôt dix années ; mais les avoués étaient sur les dents et demandaient grâce, en rendant hommage à ses éminentes qualités.

Pour le récompenser à sa façon de ce labeur inouï, M. Martin-Feuillée l'a révoqué ; il l'a touché au point sensible en le condamnant à l'oisiveté.

M. BOULLOCHE

CONSEILLER A AMIENS

14 ans de service, dont 4 comme conseiller.

M. Boulloche appartenait à une famille qui avait compté des membres dans l'ancienne magistrature et dans les vieux parlements ; entre autres traditions de ses ancêtres il en avait conservé l'indépendance et la noble fierté ; aussi n'avait-il pas pu toujours cacher les sentiments qu'il éprouvait à la vue des intrusions, parfois plus qu'étranges, dont les corps de judicature étaient chaque jour l'objet, et il avait en plus d'une occasion laissé apercevoir aux nouvelles créatures du népotisme républicain en quelle mince estime il les tenait.

Juriste distingué, doué d'une facilité d'élocution exceptionnelle, on avait pu s'étonner de le voir quitter si jeune les fonctions du parquet où ses rares aptitudes ne pouvaient manquer de le porter à un rang élevé, mais M. Dufaure, qui l'estimait et qui l'aimait, avait pressenti à bon droit que son indépendance de caractère n'était pas faite pour les exigences auxquelles allait être exposé le parquet, et, le jour même où il quittait le ministère, le 29 janvier 1879, il l'avait nommé conseiller, dernière marque d'estime qu'il espérait vraisemblablement devoir lui assurer au moins la sécurité. M. Dufaure avait compté sans l'épuration, nom donné par nos maîtres à ce qui a été franchement flétri à la tribune du mot de « mesure révolutionnaire » par un républicain qui a le rare mérite d'être profondément honnête, le député d'Amiens lui-même, M. René Goblet.

M. Boulloche est allé au devant du coup ; au lendemain du vote il écrivit à M. Martin-Feuillée une lettre, qui fut publiée et qui produisit un grand effet. M. Martin-Feuillée lui a fait l'honneur qu'il réclamait, il l'a révoqué.

M. BOURGADE

PRÉSIDENT DE CHAMBRE A LA COUR DE BORDEAUX

30 ans de service, dont 11 comme président.

M. le président Bourgade avait peut-être des adversaires, on ne supposait pas qu'il pût avoir des ennemis ; c'était un homme d'honneur, un caractère élevé, un magistrat des plus intègres et des plus capables, dont nul homme de bon sens n'eût songé seulement à mettre en doute la haute impartialité ; mais notre estimable gouvernement ne sait pas ce que c'est que de respecter ses adversaires ; il dit avec M. Ranc : « On ne discute pas avec ces gens-là, on les supprime. » En conséquence, M. Bourgade a été supprimé sans autre forme de procès.

On lui a fait grief d'avoir été membre d'une commission municipale nommée à Bordeaux en 1874, ce qui n'avait pas paru un crime à M. Dufaure, lequel, l'ayant déjà nommé président de Chambre deux ans auparavant, l'avait fait chevalier de la Légion d'honneur un an après.

De plus, il avait manqué de souplesse au moment des décrets ; ce n'est pas qu'il n'eût condamné un journaliste conservateur pour avoir traité d'insolent le sieur Court, commissaire de police, et les agents de lâches, brigands et assassins, pendant qu'ils expulsaient les Capucins de Périgueux ; mais il avait osé dire dans son arrêt que ledit Court n'était pas non plus sans reproche : « Qu'il n'avait pas su comprendre ce que la « plus vulgaire prudence lui commandait ; « qu'il paraissait avoir voulu attirer les « colères et provoquer les manifestations « violentes par une attitude dont l'inconvenance ne saurait être trop sévèrement « blâmée ; qu'il s'était placé, en affectant « de rester couvert, devant l'autel où l'évêque de Périgueux, revêtu de ses habits « pontificaux, s'apprêtait à donner la bénédiction aux fidèles assemblés ; qu'au « moment où le prélat donnait lecture « d'une protestation, en déclarant au commissaire qu'il se plaçait sous le coup « d'une sentence d'excommunication, celui-« ci avait encore aggravé par le sarcasme « l'inconvenance déjà consommée, se permettant d'offrir à l'évêque un reçu de son « excommunication..... etc. »

Toucher à un commissaire, même du bout de la plume, voilà ce qui était insolent ; aussi M. Martin-Feuillée a-t-il vengé le commissaire en révoquant le président.

C'est une épreuve que celui-ci supporte vaillamment et allègrement ; le barreau de Bordeaux lui a ouvert ses rangs avec d'unanimes et respectueuses sympathies ; M. Bourgade ne rendra plus d'arrêts, mais peut-être en pourra-t-il dicter de la barre quelques-uns de bons à M. Delcurrou, le nouveau premier Président, si tant est que celui-ci soit capable de comprendre un ferme langage et de bonnes raisons.

M. BOUSSION

PRÉSIDENT DE CHAMBRE A LA COUR D'ORLÉANS

Avait suivi toute sa carrière dans la ville même d'Orléans, où il avait été successivement suppléant, substitut, juge, juge d'instruction, vice-président et président du tribunal ; il était président de Chambre à la Cour depuis 7 ans ; issu d'une des familles de la bourgeoisie orléanaise les plus estimées, il avait dès longtemps inspiré à tous ceux qui l'approchaient la sympathie et le respect.

Ce n'était pas seulement en effet un magistrat consommé, rompu dans l'art d'appliquer le droit au fait par de remarquables arrêts, c'était aussi un esprit conciliant, un homme aimable et serviable, vers qui on se sentait volontiers attiré.

Ces dons personnels lui avaient créé une situation importante qui l'a perdu ; elle lui avait valu un siège au conseil général de Loir-et-Cher qu'il a longtemps présidé ; la modération de son esprit l'avait fait fort apprécier de ses collègues, mais son autorité gênait certains politiciens qui dirigent les affaires du département avec une partialité éhontée ; pour l'en punir on l'a révoqué.

M. DE BOUTHILLIER-CHAVIGNY

JUGE AU TRIBUNAL DE LA SEINE

36 ans de service.

La gravité du magistrat s'alliait en lui à l'aménité gracieuse et à la franche loyauté du gentilhomme, et c'est probablement ce qui l'a perdu ; cette politesse exquise qui tempère l'austérité des fonctions tranchait trop en effet avec le laisser-aller, tantôt humble tantôt grossier, des couches où la nouvelle magistrature est recrutée; M. de Bouthillier-Chavigny était désormais de trop bonne compagnie, son grand air de magistrat eût suffi à arrêter net toute plaisanterie risquée, ainsi que tout essai d'intimidation.

Comme il était évident qu'on ne pouvait attendre de lui aucun service particulier dans le noble service de la justice, il a été décidé qu'on le prierait de porter sa gentilhommerie dans une société où elle ne pût gêner les petites combinaisons que médite M. Martin-Feuillée.

Le fils aîné de M. de Bouthillier-Chavigny a fait récemment un voyage d'exploration au Dahomey; s'il y retourne, il pourra apprendre au roi de Dahomey de curieuses choses sur la manière dont les hommes de valeur et de mérite sont traités après 36 ans de service dans des pays qu'on lui dit être civilisés.

M. BOUVATTIER

PRÉSIDENT A COUTANCES

20 ans de service, dont 6 comme président.

M. Bouvattier avait été nommé président par le ministère du 16 mai; il n'en avait pas moins reçu de ses adversaires politiques, y compris M. Savary, cet éloge dix fois mérité, qu'il était de ces magistrats dont on oublie l'origine en présence de leur haute impartialité.

Appliqué à ses devoirs, esprit droit, travailleur infatigable, affable et bon pour tous sans distinction d'opinion ou de rang, il expie le crime d'être le fils d'un ancien député bonapartiste et le frère d'un sous-préfet révoqué.

M. BOUVET

CONSEILLER A LA COUR DE PAU

24 ans de service, dont 9 comme conseiller.

Était depuis 18 ans à Pau, où il avait rempli pendant onze ans les fonctions de procureur, et il y était entouré de l'estime et de la confiance de tous les partis, car il avait toujours montré autant d'indépendance que de fermeté.

Homme d'affaires expérimenté, magistrat instruit et capable, il semblait devoir échapper à la proscription, et on dit même assez publiquement à Pau que s'il avait voulu se prêter à quelques sollicitations, il eût été volontiers épargné.

Mais c'est un caractère, et comme il avait toujours honoré sa robe en jugeant avec impartialité, il estimait n'avoir pas d'autres gages à donner pour acquérir le droit de la garder ; or, c'est justement pour cela qu'elle lui est enlevée.

M. BOYER

JUGE A CHALON-SUR-SAONE

18 ans de service.

M. Boyer avait toujours gardé la réserve qui convient à un magistrat, mais il n'avait jamais admis que sa réserve pût lui imposer une adhésion, même tacite, à des actes ou à des doctrines que sa conscience réprouvait; il entendait garder et savait à l'occasion revendiquer, aussi bien pour le juge que pour l'homme privé, une indépendance que rien ne pouvait faire céder.

Actif, intelligent, rompu aux affaires, énergique autant que consciencieux, il n'était pas de ceux qui faiblissent devant les responsabilités, et on l'avait vu protester contre toute participation à l'arrêt par lequel la Cour d'assises de Saône-et-Loire, interrompant le cours de la justice devant les menaces de la violence et les défaillances du parquet, avait naguère décliné la tâche de juger les accusés de Monteau-les-Mines.

Il n'était pas difficile de prévoir que cette manière de comprendre les devoirs et l'indépendance du magistrat ne pouvait être du goût de M. Martin-Feuillée.

M. Boyer était de ces gens que rien n'intimide, et qui font leur devoir quoi qu'il puisse arriver ; en 1871, étant juge suppléant à Cosne, à la suite d'une émeute fomentée en faveur de la Commune, il avait arrêté de sa main un individu qui, le tenant en joue, menaçait de le tuer s'il avançait; il était trop clair qu'il n'était pas républicain !

De plus, en 1882, il avait assisté à une réunion organisée pour venir en aide aux écoles congréganistes de Chalon ; pouvait-on soutenir après cela qu'il n'était pas un ennemi de la liberté ?

M. BRAGER

CONSEILLER A LA COUR DE RENNES

40 ans de service, dont 17 comme conseiller.

Caractère vif et généreux, à la fois plein d'indépendance et de bonté, nul n'avait pu le connaître sans l'apprécier et sans l'aimer; la fougue même séduisait dans cette âme noble et désintéressée.

C'est ce qui l'a perdu ; le spectacle des hontes dont il a été le témoin a soulevé dans son cœur des révoltes qu'il n'a pas assez pris soin de dissimuler ; or, on sait qu'à la différence des révoltés de la Commune, les révoltés de l'honneur et du droit ne trouvent point grâce devant M. Martin-Feuillée.

M. BRANET

JUGE A AUCH

14 ans de service.

M. Branet est gendre de M. Aylies, ancien député, ancien conseiller à la Cour de cassation, ancien membre du Conseil général du Gers ; cette situation de famille explique seule sa disgrâce ; il y a des parentés qu'on ne saurait trop faire expier.

La considération dont il jouit à Auch est d'ailleurs en tout digne d'un magistrat ; ses relations et ses intérêts le rattachent étroitement au département du Gers ; il n'avait d'autre ambition que de terminer sa carrière à Auch, dans les modestes fonctions de juge ; la haine des radicaux le force à les abandonner dans cette période de la vie où un magistrat est en pleine possession de son expérience et de son mérite, mais où il ne lui est plus guère possible d'ouvrir une voie nouvelle à son activité.

M. BRAULT

JUGE A AUXERRE

21 ans de service.

Fils d'un ancien conseiller à la Cour de Paris, l'esprit vif, la parole alerte, l'humeur aimable, M. Brault paraissait destiné à fournir une carrière distinguée dans le parquet, lorsqu'il se vit conduit à accepter une place de juge, par la nécessité de ménager sa santé; M. Dufaure le nomma à Auxerre.

Il avait, avec sa bonne grâce charmante, pris à cœur ses nouvelles fonctions, avait toujours gardé une attitude parfaitement correcte et il était estimé à Auxerre autant qu'il y était aimé.

C'est pour cela que M. Martin-Feuillée a jugé à propos de le déplacer; il l'a envoyé à Dreux; mais M. Brault n'a pas accepté, il a mieux aimé partager le sort de tant de collègues injustement frappés, que de continuer à faire partie d'une magistrature humiliée.

M. DE BRESSY

CONSEILLER A NÎMES

30 ans de service, dont 11 comme conseiller.

Magistrat modeste, d'un caractère modéré, d'une régularité de vie exemplaire et d'une parfaite aménité.

Il n'avait jamais rien demandé à la faveur, mais c'était un chrétien convaincu qu'on avait pu voir récemment (spectacle plein d'horreur !) se mettre pieusement, dans l'intérieur d'une église, à la suite d'une procession.

De plus, soit au conseil municipal, soit au conseil général dont il faisait partie il y a quelques années, il avait constamment défendu les principes conservateurs, liberté grande qui ne saurait se pardonner.

La République n'a pas trouvé que le phylloxéra l'eût suffisamment vengée, quoique M. de Bressy ait eu déjà cruellement à compter avec lui ; elle a donc exécuté ce père de famille chargé d'enfants sans s'inquiéter de ce qu'il deviendrait :

> Quand Auguste avait bu, la Pologne était ivre.

et nul ne doit avoir faim quand M. Martin-Feuillée a bien mangé.

M. BRET

PRÉSIDENT A BRIGNOLES

18 ans de service, dont 8 comme président.

La cause de la révocation de cet homme de cœur, d'intelligence et de savoir, élevé à la présidence par M. Dufaure, est bien facile à préciser.

C'est devant lui que fut soulevée en référé, la première exception d'incompétence opposée par un préfet à la réclamation d'instituteurs congréganistes expulsés d'une maison d'école léguée en 1843 à la ville, sous la condition formelle que l'instruction y serait toujours donnée par les Frères.

M. Bret rejeta l'exception, le préfet prit un arrêté de conflit; le commissaire du gouvernement, M. Gomel, soutint que cet arrêté devait être annulé; le tribunal des conflits déclara partage le 10 janvier 1880, et 4 jours après, M. Cazot vint le présider et le départager; inutile de dire que grâce à la voix de M. Cazot, l'arrêté fut maintenu et les Frères expulsés.

Mais le tribunal de Brignoles révoqua la donation, et, par arrêt de la Cour d'Aix du 25 février 1880 la révocation fut confirmée.

Cet acte de justice et d'indépendance n'est pas de ceux que la République pouvait pardonner.

M. BRETON

JUGE A PARIS

20 ans de service.

Caractère aimable, esprit vif, sachant écouter, et passionné pour se bien renseigner.

Il avait passé 14 ans dans le parquet et avait laissé de profonds souvenirs de son courage pendant la guerre et de sa courtoisie pendant la paix.

Mais il avait été chef du cabinet de M. le duc de Broglie au ministère de la justice, et nommé juge à Paris dans les derniers jours du 16 mai.

Il est clair qu'après cela, eût-il eu cent fois plus de qualités encore qu'il n'en avait, il était l'un des premiers désignés à la hache de M. Martin-Feuillée.

M. BRETTES

JUGE A MONT-DE-MARSAN

39 ans de service.

Appartenant à une des familles les plus importantes du département des Landes, M. Brettes n'avait pas voulu, depuis 21 ans, quitter le tribunal de Mont-de-Marsan, dont son père avait été longtemps le président; il occupait dans son pays une situation considérable et y était entouré d'unanimes sympathies.

C'était un homme d'une grande dignité de caractère, un magistrat de grande expérience, qui faisait subir aux appréciations et aux faits produits devant lui un contrôle attentif, patient, scrupuleux, éclairé, et qui rendait ainsi à ses collègues, dans l'œuvre de la justice, des services très appréciés.

Il avait exercé pendant vingt ans les fonctions de juge d'instruction, mais en 1880 il s'en était démis pour protester contre l'odieuse violation du droit impunément accomplie sous le couvert des décrets.

Il n'était pas seulement désigné à la proscription par la haine que les républicains ont vouée à tous ceux qui ont une conscience droite et ferme, il l'était aussi par la notoriété de ses sentiments religieux; le gouvernement sait trop bien que ceux qui ont des croyances solides ne transigent jamais avec l'iniquité, et qu'il n'est pas possible de les réduire à ce rôle que M. Gatineau n'a pas craint d'appeler un rôle « de valet. »

M. BREYNAT

PRÉSIDENT A VIENNE

26 ans de service dont 16 comme président.

Esprit vif, souple, délié, bien servi par une instruction solide et une mémoire prodigieuse, M. Breynat présidait son tribunal avec une grande distinction.

Il n'était pas de ces hommes tout d'une pièce, qui ne connaissent pas les ménagements : déjà en 1870, les radicaux l'avaient trouvé fort conciliant, et il avait volontiers à Vienne pour Ronjat le cumulard des prévenances et des attentions.

Nous aimons à croire qu'en faisant cette évolution il obéissait à la voix de sa conscience qui lui montrait dans la République opportuniste la maîtresse la plus digne de ses adorations; il n'a pas toutefois réussi à la convaincre suffisamment de la solidité de sa conversion, le culte de la République ne va pas sans des sacrifices et cette divinité ne se contente pas de génuflexions. M. Breynat a donc été marqué pour la révocation :

Oignez vilain, il vous poindra.

M. BRIGUEIL

PRÉSIDENT DU TRIBUNAL DE LYON

20 ans de service, dont 10 à Lyon comme avocat général, procureur de la République et président.

Magistrat complet, éminent, qui eût été digne d'une première présidence, non seulement par la solidité et la finesse de son esprit, mais aussi par la bienveillance et l'affabilité de son caractère; c'est M. Dufaure qui l'avait nommé président.

Sa réserve en matière politique était telle que nul ne pouvait se vanter de connaître ses opinions.

Il tombe pour n'avoir pas voulu trahir le droit.

Le 6 juillet 1880, des jésuites expulsés citèrent devant lui le préfet Oustry en référé; Me Genton, leur avocat, a raconté lui-même comment, persuadé que M. Brigueil renverrait la cause devant le tribunal pour faire partager à ses collègues la responsabilité de la décision, il vint lui demander, à l'heure même où l'audience allait s'ouvrir, de fixer les plaidoiries à la date la plus rapprochée; il n'avait pas même apporté son dossier.

M. Brigueil ne comprit pas d'abord; lorsqu'il eut deviné : « Mon cher bâtonnier, « dit-il, quand on a l'honneur d'être magis- « trat et de présider le tribunal de Lyon, si « on rencontre sur sa route de dangereuses « responsabilités, on les garde pour soi, « on ne les partage avec personne. Je « monte à l'audience; venez plaider, et ne « faisons pas attendre M. le préfet. »

Il siégea seul, en effet, et rendit une ordonnance de compétence qu'on lui fait aujourd'hui expier.

On pourrait citer tel autre président d'un grand tribunal qui n'eut pas la même énergie et ne voulut pas porter seul la responsabilité, grâce à quoi ce n'est pas lui, mais un de ses collègues, qui est aujourd'hui révoqué.

Tandis que M. Brigueil est chassé de son siège, le préfet Oustry est préfet de la Seine et le sieur Marignan, qui soutenait à Lyon, en bon procureur, le déclinatoire du préfet, est aujourd'hui nommé premier président à Dijon.

On récompense les services, on se venge des arrêts.

M. BRULEY

PRÉSIDENT DU TRIBUNAL DE LAVAL

29 ans de service, dont 10 comme président.

Instruit, intelligent, sans aucune morgue, énergique sans rudesse, mais plus naturellement affable, bienveillant et courtois, tel est le magistrat que M. Martin-Feuillée vient de révoquer.

Il n'a laissé que des amis partout où il a passé; la dignité de sa vie, l'indépendance de son caractère, la sûreté de son commerce lui ont toujours assuré estime, affection et respect.

Il y a deux ans, à Laval, il n'hésitait pas à se jeter dans la Mayenne et risquait sa vie pour sauver une femme qui se noyait.

Dans l'armée, on met à l'ordre du jour les officiers qui agissent de la sorte et qui honorent, par de tels actes de dévouement, le corps auquel ils appartiennent; dans la magistrature nouvelle on les révoque.

Il paraît que de semblables vertus sont tenues pour aristocratiques et ne peuvent être tolérées; il n'y a pourtant pas à craindre que les nouvelles couches de magistrats soient tentées de les imiter.

M. BRUNET

CONSEILLER A LA COUR DE PARIS

29 ans de service, dont 10 comme conseiller.

Nous n'aimons pas les gros mots, mais nous n'en trouvons pas d'autre pour qualifier la révocation de M. Brunet : c'est une saleté.

Nous n'avons pas à le peindre, tout le monde le connaît à ce point que faire son éloge serait presque déplacé.

Il n'est pas républicain, c'est vrai, mais M. Martin-Feuillée ne saurait se retrancher derrière des renseignements de procureurs généraux ou de premiers présidents pour prétendre que ses opinions d'homme politique peuvent exercer la moindre influence sur son impartialité; il le coudoie tous les jours au Sénat, il sait personnellement que la grandeur de son caractère et la sûreté de son jugement ne lui permettent ni de subir, comme juge, les suggestions de la politique, ni même de les écouter.

Quoi! un homme avait eu dans la magistrature le mérite de donner deux fois l'exemple de cette modestie et de ce désintéressement qui n'étaient pas rares chez les vieux magistrats, mais qui n'avaient pas toujours l'occasion de se montrer; une première fois, en 1863, promu de Limoges à Paris, il avait refusé un avancement qu'il était seul à trouver prématuré; une seconde fois, après le 16 mai, il avait, par une lettre aujourd'hui connue, refusé du maréchal, non seulement les fonctions de conseiller à la Cour de cassation, mais même celles de président de chambre à Paris, mettant sa gloire à rentrer simplement dans celles de conseiller qu'il avait quittées, de peur avait-il dit, « que son dévouement ne parût accompagné d'un calcul ambitieux ou d'une arrière-pensée ».

Et cet homme, M, Martin-Feuillée a osé le révoquer ; il le punit d'avoir eu assez de confiance dans l'honnêteté des républicains pour refuser de prendre contre eux les sûretés qu'on lui offrait !

Pour que de pareils prodiges de cynisme et d'iniquité soient possibles, à quel degré de platitude faut-il que nous soyons tombés !

M. DE BRYE DE VERTAMY

PRÉSIDENT A BOURG

23 ans de service, dont 10 comme président.

De la science, de la distinction, de l'affabilité, une grande modération alliée à une grande indépendance de caractère, des sentiments religieux profonds, mais exempts d'exagération, telles étaient les qualités qui signalaient M. de Brye de Vertamy à l'animadversion des républicains. Ils ne pouvaient s'empêcher de l'estimer, mais ils le haïssaient, comprenant bien qu'avec un président comme lui, le tribunal de Bourg ne laisserait jamais abaisser la justice au niveau de leurs convoitises et de leurs rancunes, et que cette famille judiciaire étroitement unie se modèlerait toujours sur son chef.

M. de Brye de Vertamy est presque sans fortune, il a une nombreuse famille et il avait encore devant lui une longue carrière à fournir ; ces considérations eussent arrêté un ministre ayant quelque caractère et quelque générosité, elles ne pouvaient arrêter M. Martin-Feuillée, qui est le servile instrument des passions républicaines du cru ; en conséquence, l'honorable président de Bourg est révoqué.

M. BUISSON

CONSEILLER A LA COUR DE LIMOGES

21 ans de service, dont 9 comme conseiller.

M. Buisson avait 37 ans lorsqu'il fut nommé conseiller, et cependant cette rare fortune ne souleva aucune critique, tant le mérite du jeune magistrat la justifiait.

Figure correcte, tournure distinguée, manières élégantes, voilà pour le physique ; esprit éclairé par l'étude, sagacité devançant l'expérience, conscience haute et ferme, voilà pour le moral ; on peut dire de lui qu'il était l'un des magistrats les plus complets de la Cour ; le bon sens était l'une de ses qualités maîtresses, il lui assurait l'une des premières places dans les délibérations civiles et il lui était, dans les affaires criminelles, la garantie d'une justice à la fois ferme et modérée.

Toujours très digne dans sa conduite d'homme privé, M. Buisson n'allait pas cependant jusqu'à ces aspérités dont le monde républicain s'est montré si exaspéré ; aussi supposait-on qu'il ne serait pas révoqué.

C'était une erreur, la démocratie ne supporte pas les supériorités ; peut-être faut-il ajouter aussi que M. Buisson n'a pas voulu acheter son maintien en rompant par de savantes gradations avec des collègues qu'il respectait et qu'il aimait.

M. BUISSON

JUGE A BOURGOIN

14 ans de service.

M. Buisson avait déjà été dépouillé de l'instruction comme suspect d'indépendance, mais il paraît qu'il était resté un danger pour la République, et on l'a révoqué.

Il aurait pu se croire préservé par sa parenté avec l'illustre Fochier, qui a présidé aux exécutions dans le ressort de Dijon, et qui s'était fait à Grenoble une réputation par le talent qu'il déployait dans les charades de salon, où il jouait les rôles de charlatan avec un réel succès ; il se taisait assez à l'audience pour avoir le droit de se rattraper en société.

Comment le neveu n'a-t-il pas sauvé l'oncle, ou comment l'oncle n'a-t-il pas compromis le neveu ? Mystère et République ! à Bourgoin on s'interroge vainement à ce sujet.

M. DU BUISSON DE LA BOULAYE

JUGE A BOURG

22 ans de service.

Honnête magistrat, très dévoué à ses devoirs, mais que ses relations et sa famille rendaient suspect de n'avoir pas pour le régime républicain tel qu'on nous le fait une admiration suffisamment passionnée.

Il était néanmoins fort estimé de tous les partis, qui avaient confiance en sa loyauté, mais il avait un de ces caractères indépendants sur lesquels on ne pouvait compter pour le jour où il faudrait sacrifier aux passions des puissants du jour la justice et la vérité.

On l'a donc révoqué, avec son président et son vice-président, et il faut croire que l'honneur de cette triple révocation a été fort apprécié, car un quatrième magistrat du tribunal, M. Dupuy de Quérizieux, s'est empressé de donner sa démission pour s'y associer.

M. BURIN-DESROZIERS

JUGE A CLERMONT-FERRAND

Magistrat ferme, laborieux, impartial, qui expie le crime d'être le fils de son père, car il n'a jamais rien fait qu'on pût lui reprocher.

Mais son père, ancien conseiller à Riom, avait osé se porter candidat à la députation contre M. Girot-Pouzol qui se croyait invincible, et il avait eu, qui plus est, le mauvais goût d'en triompher.

On n'oublie pas ces choses là dans le camp républicain, et on les pardonne encore moins ; la mort avait mis le père hors d'atteinte, on s'est rabattu sur le fils, lui disant que, puisqu'il était catholique, il ne pouvait pas se plaindre qu'on lui appliquât la doctrine de la réversibilité des fautes et de la communion des saints, interprétée et commentée par le ministre de la justice et des cultes pour la plus grande édification des républicains.

M. CAFFAREL

JUGE A VIENNE

16 ans de service, dont 9 comme juge d'instruction.

Doué d'une rare perspicacité, il était passé maître dans l'art de l'information ; étranger à toute politique, il avait, de parti pris, observé une réserve extrême à l'égard de tous les hommes mêlés aux luttes du jour, et nul ne pouvait connaître ses préférences, s'il en avait, tant étaient irréprochables son attitude et sa parfaite correction.

Mais il ne se montrait jamais au café Lacamp ; de plus, il avait le tort de faire élever chrétiennement ses huit enfants, et d'en placer quelques-uns dans des maisons religieuses, ce qui est un signe certain de sédition.

Enfin, il avait soulevé les haines radicales en procédant à une instruction contre un certain conseiller général, ami du sieur Ronjat, instruction trop bien faite à ce qu'il paraît, car elle a mis le tribunal dans la nécessité de prononcer contre celui qui en était l'objet une suspension disciplinaire d'un an.

Ce juge ne savait évidemment pas son métier ; M. Martin-Feuillée a pris la sage précaution de le révoquer parce qu'il eût pu être trop gênant.

M. CAILLE

JUGE A CHINON

15 ans de service.

M. Caille était un magistrat exact, laborieux, assidu à ses fonctions ; il s'était fait remarquer par ses aptitudes pour le service de l'instruction, ce qui fait qu'on l'en avait déjà privé en octobre 1880, de peur que quelque républicain n'eût à souffrir de son impartialité et de sa pénétration.

Il fallait couronner l'œuvre, on l'a donc traité de clérical, ce qui justifie tout, et M. Martin-Feuillée s'est chargé de l'exécution.

Clérical ! il l'était en effet, puisqu'il allait à la messe, qu'il avait l'inqualifiable prétention de conserver intacte son indépendance, et de ne pas la vendre à certains politiciens qui croient volontiers qu'à l'instar des leurs les consciences des honnêtes gens peuvent s'acheter.

M. Caille a repris sa place au barreau, puisque c'est seulement là qu'on peut encore parler et penser avec quelque liberté.

M. CAIZERGUES

JUGE A MONTPELLIER

Magistrat modeste et dévoué à ses fonctions qu'il exerçait à Montpellier depuis 21 ans.

Parfaitement étranger à la politique, il s'honorait par la dignité de sa vie, et par une impartialité que nul parmi les hommes d'affaires ou dans le public n'avait jamais songé à suspecter.

Mais c'était un catholique qui allait à la messe, crime impardonnable pour notre gouvernement.

On a fait coup double en s'en débarrassant, car son fils, docteur en droit et juge à Perpignan, a adressé sa démission à M. Martin-Feuillée, « ne voulant pas, a-t-il dit, accepter d'autre situation que celle qui était faite à son père et à tant d'honorables magistrats ».

Il avait demandé à partager avec lui l'honneur de la révocation, mais M. Martin a réfléchi qu'en le révoquant, il allait lui donner des droits à une retraite, et on sait combien M. Martin est ménager des deniers du gouvernement; le plaisir est double pour lui quand il ne lui coûte rien.

M. CAMBON DE LAVALETTE

CONSEILLER A NIMES

19 ans de service, dont 6 comme conseiller.

D'intelligence facile et ouverte, de caractère doux et bienveillant, de commerce agréable, ce magistrat semblait d'autant mieux devoir échapper à l'immolation qu'il ne s'occupait pas de politique et qu'il est protestant.

Mais c'est un protestant orthodoxe, et notre gouvernement n'a de tendresses pour le protestantisme lui-même, qu'autant qu'il confine ou se confond avec la libre-pensée.

De plus, M. Cambon de la Valette est le gendre d'un ancien Président de Chambre qui fait de la politique anti-républicaine à Saint-Jean-du-Gard, non loin du chalet que la compagnie du chemin de fer d'Alais au Rhône a fait construire pour son président, M. Cazot.

Ne pouvant atteindre le beau-père on a frappé le gendre; heureusement ni l'un ni l'autre ne sont obligataires de la susdite compagnie d'Alais au Rhône, c'est du moins une compensation.

M. CAMPREDON

JUGE A MORTAIN

9 ans de service.

Ferme, indépendant et trop instruit pour l'ignorance bien connue de son président.

S'il avait un défaut, c'était son goût prononcé pour « la plus noble conquête que l'homme ait jamais faite, » (ce n'est point la République que nous voulons dire), mais c'est un de ceux qu'on pardonne le plus volontiers en pays normand.

On l'a révoqué d'abord parce qu'il était le meilleur magistrat du tribunal, ensuite parce qu'il était lié avec la bonne société du pays, et enfin parce que M. le sous-préfet ne le voyait jamais dans ses salons.

Préférer l'éducation des chevaux à celle des sous-préfets, d'aucuns diront peut-être que c'était faire preuve de discernement; mais c'était plus dangereux aussi, ne fût-ce que parce qu'un sous-préfet ne prend jamais le mors aux dents, et M. Martin-Feuillée le lui a prouvé en le révoquant.

M. CANEAUX

JUGE A YVETOT

10 ans de service.

Esprit franc et loyal, nature indépendante, M. Caneaux ne nourrissait aucune hostilité contre le principe du gouvernement républicain, et la preuve, c'est que les trois seules nominations qui avaient marqué sa carrière, il les avait dues toutes les trois à un ministre républicain.

Mais n'avait-il pas la prétention d'être en règle avec la République quand il avait jugé consciencieusement, et de pouvoir, hors de là, entretenir commerce avec un certain nombre de réactionnaires de l'arrondissement? M. Caneaux ne se doutait pas qu'au milieu des nombreuses libertés dont nous jouissons, l'une des plus dangereuses est celle de choisir ses amitiés; une circulaire célèbre a montré qu'on n'était pas d'un républicanisme sûr tant qu'on avait de mauvaises relations; ce n'est pas qu'il n'en eût quelques-unes de bonnes, mais tout compte fait il s'est trouvé qu'il n'en avait pas assez.

Le tribunal d'Yvetot était mal coté d'ailleurs en haut lieu, et il fallait l'épurer à fond; or, le président déplacé, il restait encore deux juges capables de faire par leur indépendance une majorité gênante à l'occasion.

On était bien embarrassé de choisir entre les deux; on a joué un beau soir, dans quelque cabaret républicain, la révocation en cinq points liés, et c'est M. Caneaux qui a été révoqué.

M. CANTEL

PREMIER PRÉSIDENT A DIJON

17 ans de service.

Avait longtemps exercé avec éclat la profession d'avocat et de professeur de droit à Grenoble lorsqu'il accepta, en 1866, d'entrer dans la magistrature et fut nommé conseiller.

Sept ans plus tard il fut nommé Procureur général à Besançon, et M. Dufaure l'appela successivement à la première présidence de Bourges et à la Cour de cassation dont il devint rapidement l'une des lumières.

C'est encore M. Dufaure qui, en 1878, sur son désir de rentrer en province, l'aida à échanger son siège contre celui de premier président de la Cour de Dijon, alors occupé par M. Crépon. Il ne se doutait certes pas, en signant le décret de mutation, qu'il laissait sortir M. Cantel de la seule forteresse qui pût bientôt lui servir d'asile contre l'effet des vengeances républicaines et de la délation.

Jamais la Cour de Dijon n'avait été présidée par un magistrat plus éminent; jurisconsulte consommé, du jugement le plus sûr et le plus droit; doué de la plus pénétrante sagacité, d'une modération et d'une bienveillance qui ne se démentaient jamais; sachant apporter à l'examen des affaires cette application calme et attentive qui garantit que toute chance d'erreur sera écartée, il était entouré de la confiance la plus absolue du barreau et jouissait auprès de ses collègues d'une autorité incontestée.

Quant à son impartialité, il ne fût jamais venu à personne l'idée d'en douter; chacun en effet savait quelle passion il avait pour la justice, et la haute idée qu'il s'en faisait: « Avant tout et sous tous les régimes, serviteur respectueux de la loi », lui-même l'avait solennellement proclamé dans son discours d'installation de 1878; et dans une harangue au nouveau Procureur général nommé en 1879, il avait ajouté, avec Odilon Barrot: « Le seul *service* qu'un gouvernement doive demander à la magistrature, le seul qu'elle puisse lui rendre, c'est de faire respecter et triompher le droit partout et contre tous, contre lui-même au besoin, s'il avait le malheur de s'en écarter. »

M. Cantel avait su mettre ses actes à la hauteur de son langage et montrer qu'entre ses mains le drapeau de la justice ne serait jamais abaissé.

Déjà il venait de le prouver en prononçant un arrêt qui condamnait M. Challemel-Lacour à des dommages-intérêts envers les Frères de Caluire dont, en 1870, la maison avait été saccagée grâce à la négligence sinon aux ordres directs du proconsul lyonnais, à qui « Fusillez-moi tous ces gens-là » semblait un exercice naturel et légitime de son autorité.

Au lendemain de cet arrêt, le Gouvernement avait eu le cynisme de nommer Procureur général à Dijon l'avocat qui l'avait combattu, en révoquant le Procureur général dont les conclusions l'avaient préparé.

Mais M. Cantel allait avoir à donner d'autres marques de sa fermeté.

L'année suivante, au moment où leur domicile était envahi et violé par les ordres du pouvoir, les Dominicains de Dijon avaient adressé un appel désespéré à la justice en la personne de son représentant le plus élevé. M. Cantel se rendit immédiatement et sans hésitation à cet appel; au milieu des agents de police et des gendarmes stupéfaits, sur les débris des portes fracturées de leur couvent, les religieux virent tout à coup apparaître l'austère figure de M. le premier président.

Impassible et calme comme s'il fût monté à l'audience, M. Cantel manda devant lui le commissaire central affolé, lui adressa des interrogations auxquelles celui-ci répondit tout troublé, dressa procès-verbal des actes de violence dont les traces étaient encore toutes vives et dont quelques-uns venaient de s'accomplir sous ses yeux, et se retira laissant aux témoins de cette scène un souvenir qui ne s'effacera jamais.

Puis il rendit, sur la plainte des Dominicains contre le sieur Duval, préfet de Dijon, et contre le sieur Pointu, préfet de Langres, pour crime d'attentat à la liberté, deux ordonnances établissant la compétence de l'autorité judiciaire, lesquelles demeureront comme de parfaits modèles de science, de logique et de légalité.

Il n'était pas difficile de pressentir quel sort était réservé à un pareil magistrat par Martin-Feuillée; dès le 24 août 1883, le barreau de Dijon vint porter à M. le premier président l'expression de ses douloureuses appréhensions: « Si c'est pour séparer la politique de la justice qu'on nous fait descendre de nos sièges, on commet une cruelle méprise, répondit M. Cantel, car comme vous venez de le dire, monsieur le bâtonnier, la justice entre nos mains a toujours été pure de tout alliage, étrangère aux passions qui s'agitent dans les assemblées politiques, ni royaliste, ni républicaine, mais tout simplement et en un seul mot, la justice. »

M. Cantel était révoqué juste quinze jours après.

M. CAPOT DE BARRASTIN

PRÉSIDENT A AGEN

27 ans de service, dont 18 comme président.

La révocation de ce magistrat n'est pas de celles à propos desquelles il faille quereller M. Martin-Feuillée, quoique celui-ci eût eu, peut-être, de bonnes raisons de ne pas la prononcer.

Il devait en effet à M. Capot de Barrastin un des rares jugements d'incompétence qui aient été rendus sur la réclamation des religieux expulsés.

Ce jugement était un véritable monument; il y était dit que si l'incompétence du tribunal, basée sur le caractère administratif des actes du préfet, « n'était certainement « pas sans difficultés en présence de l'évo-« lution libérale s'accomplissant depuis « 50 ans dans notre droit public, » cependant, le tribunal des conflits ayant confirmé les revendications de l'administration, « *c'est vainement dès lors* que les deman-« deurs continuent à soutenir *qu'on ne sau-« rait, par des décrets et des arrêtés, don-« ner vie à des lois qui n'existent pas* dans « le sens qu'on leur attribue, ni, dans tous « les cas, exécuter leurs dispositions par « voie de contrainte personnelle, contre de « *prétendus délinquants qui n'ont pas été « individuellement condamnés pour les « avoir enfreintes, ni convertir en actes « administratifs des voies de fait sans léga-« lité*, résistant *par leur nature même* au « caractère administratif, et qu'il est déri-« soire de les renvoyer à se pourvoir de-« vant le conseil d'État tandis qu'au con-« traire l'inviolabilité du domicile, de la « liberté individuelle et de la propriété a « été *essentiellement* placée par l'ensemble « de notre législation, sous la sauvegarde « des tribunaux ordinaires. »

En conséquence de quoi, ayant ainsi prouvé que les tribunaux ordinaires étaient *essentiellement* compétents pour sauvegarder l'inviolabilité du domicile, de la liberté individuelle et de la propriété, le tribunal, désireux sans doute de se montrer qu'il n'était pas un tribunal ordinaire, se déclarait.... incompétent pour statuer sur les violations qu'on lui dénonçait.

Des trois magistrats qui avaient signé ce jugement, l'un a donné sa démission le lendemain, l'autre a été fait conseiller; quant à M. le président, il est révoqué. On dit qu'il en a été stupéfait; tout le monde a dû l'être comme lui, car on pouvait croire qu'après s'être, avec une aussi stupéfiante logique, lavé les mains dans le vase sacré du tribunal des conflits, il n'y avait de péché dont il ne dût obtenir le pardon de M. Martin-Feuillée.

M. CARADEC

PRÉSIDENT A VANNES

35 ans de service, dont 18 comme président.

Dieu lui avait parcimonieusement mesuré les dons du corps, mais il l'avait comblé avec surabondance de ceux de l'intelligence et du cœur. C'était un charmeur, ayant de l'esprit partout, comme Esope, et dont l'irrésistible séduction faisait oublier, au premier mot, qu'il n'avait ni le torse ni la voix d'Apollon.

Son rare talent de parole eût pu le conduire aux plus hautes positions, mais il n'avait qu'une ambition : s'asseoir sur le siège de président à Vannes, que son père avait occupé pendant 33 ans; comme lui aspirant à descendre, il quitta la robe rouge pour venir à Vannes où, en 1863, il fut nommé président. M. Martin-Feuillée, qu'il avait connu à Rennes secrétaire de la mairie sous l'Empire, le chasse de ses fonctions après 18 ans.

L'expulsion de ce magistrat absolument hors ligne et comblé par ses concitoyens des marques de la plus haute estime, a provoqué l'universelle réprobation; le barreau lui a envoyé une adresse en lui exprimant carrément l'espérance de voir un jour des temps meilleurs faire cesser la séparation.

La révocation de cet honnête homme, de cet orateur brillant, de ce jurisconsulte profond n'a qu'une cause, il était chrétien et osait porter sur sa poitrine, à côté de la croix de la légion d'honneur, celle de Saint-Grégoire-le-Grand.

Peut-être faut-il ajouter qu'il était aussi fort mal apparenté : frère d'un conseiller général trop conservateur du Morbihan; beau-père de M. Lallement, conseiller de préfecture à Vannes, révoqué; proche parent et allié de M. Riou, procureur à Quimper, démissionnaire en 1879, et de M. Saulnier de la Pinelais, avocat général à Rennes, démissionnaire lors des décrets.

M. CARESME

PRÉSIDENT DE CHAMBRE A LA COUR D'AIX

27 ans de service, dont 5 comme président.

Ancien avocat général à Nîmes, à Riom, à Toulouse, à Lyon, M. Caresme a laissé partout le renom d'un excellent jurisconsulte et d'un brillant orateur.

Nommé le 6 juin 1873 procureur général à Bourges, il prit une place considérable dans cette belle phalange de procureurs généraux qui sut relever en France l'action du Parquet; mais il eut à lutter dans le ressort de Bourges contre l'influence dissolvante et la haine non déguisée de M. Brisson, et en juin 1878 M. Dufaure dut, bien qu'à contre-cœur, le déplacer pour le nommer président de chambre à Aix.

Cette disgrâce imméritée n'affligea ni ne découragea M. Caresme, qui poursuivit sur son nouveau siège la tâche méritoire d'administrer la justice sans partialité pour les personnes comme sans pitié pour les méfaits.

C'est le seul crime qu'il ait jamais commis et pour lequel M. Martin-Feuillée l'honore de son coup de pied.

M. CARMANTRAND DE LA ROUSSILLE

CONSEILLER A LA COUR DE RIOM

27 ans de service, dont 9 comme conseiller.

Peu d'hommes ont aimé plus ardemment que lui une profession qu'il n'a cessé de remplir avec une indépendance remarquable et une haute intégrité, et où il avait encore plus de 20 ans à rester.

D'un esprit sûr, méthodique, précis, bien habile qui l'eût jamais vu broncher; il était aussi bon président d'assises que juge sage et éclairé; quand ses collègues se déchargeaient sur lui d'une mission spéciale, ils pouvaient être certains qu'elle serait remplie avec un zèle aussi prudent que dévoué; son attitude publique était d'une correction incontestée.

Mais que voulez-vous ? on avait déjà destitué son père des fonctions de juge de paix; on avait destitué son beau-frère des fonctions de chef de parquet, était-il juste qu'il ne fût pas aussi révoqué ?

M. CARON

CONSEILLER A AMIENS

37 ans de service, dont 6 comme suppléant et 7 comme conseiller.

Magistrat d'un esprit judicieux et ferme, dont les opinions, sans être sympathiques à la République, ne devaient pas cependant lui être bien hostiles, car c'est M. Dufaure qui, en 1876, l'avait nommé conseiller; il est vrai que depuis ce temps-là la République a bien changé, et que ceux qui ont cru à cette époque s'endormir sur l'oreiller républicain à côté d'une compagne sinon belle, du moins honnête, ont pu éprouver certaine horreur à leur réveil en apercevant sous ses coiffes la tête d'un loup avec des dents toutes prêtes à les croquer.

Si M. Caron avait ressenti cette horreur, du moins il s'était gardé de la manifester, se renfermant avec soin dans l'attitude correcte que ses fonctions lui commandaient; nul, à coup sûr, n'eut songé à lui reprocher de mêler la politique aux affaires qu'il avait à juger.

Mais il professait des opinions religieuses qu'il se croyait le droit de ne pas dissimuler; de plus, il n'était pas un des habitués de l'antichambre de M. le Préfet et avait même cessé d'honorer de sa présence les salons de la préfecture depuis l'exécution des décrets.

On eût dû le lui pardonner; parent ou allié de M. Cornuau, il pouvait lui être pénible d'y rencontrer, empressés auprès des nouveaux maîtres, des gens qu'il avait vus jadis épuiser le vocabulaire du dythirambe autour de M. Cornuau et de la femme aimable qui, dans des circonstances critiques, avait montré à la ville d'Amiens ce que doit faire une vraie femme de préfet.

On eût peut-être pardonné à M. Caron d'aller à la messe, on ne pouvait pas lui pardonner de déserter les fêtes officielles où l'administration républicaine s'efforce en vain d'attirer la bonne société.

Comme il n'aimait pas assez la danse menée par les violons de la République, M. Martin-Feuillée s'est chargé de le faire danser.

Il a le droit maintenant de dire ce qu'il pense de la République, et il est probable qu'il ne se fera pas faute d'en user.

M. DE CASABIANCA

CONSEILLER A BASTIA

29 ans de service, dont 23 comme conseiller.

Ce magistrat dévoué à ses devoirs, honnête homme et père de famille exemplaire, se croyait, dit-on, à l'abri de toute expulsion; c'était mal connaître l'honnête républicain qui se targue d'avoir été l'inspirateur de l'épuration à Bastia; celui-là n'avait pas oublié que M. de Casabianca était un catholique sincère, pratiquant les œuvres de la religion et de la charité, qu'il avait fait élever son fils au collège des Jésuites et lui avait fait faire son droit dans une université libre.

Aussi ne l'a-t'il pas manqué, et s'est-il donné, en lui annonçant en personne la bonne nouvelle, la douce joie de lui insinuer que sa situation de fortune était aussi une de ces garanties d'indépendance dont la vraie République était autorisée à se défier.

M. CASALTA
JUGE A BASTIA

27 ans de service.

Petit-fils d'un général du premier Empire, fils d'un officier supérieur d'état-major, beau-frère d'un ancien officier, M. Casalta s'inspirait, dans l'exercice de sa charge, des sentiments de dévouement au pays dont les siens se sont toujours montrés animés; c'est en le révoquant qu'on l'en a récompensé.

Magistrat intelligent et instruit, il était assidu, toujours prêt à la besogne, aussi indépendant que judicieux dans les délibérés; appelé fréquemment à présider la chambre correctionnelle, il avait su y maintenir intactes les traditions d'impartialité dont l'ancienne magistrature n'a jamais dévié.

Il est tombé avec honneur et dignité, sacrifié aux rancunes des hommes de parti qui dominent aujourd'hui les fonctionnaires en Corse, sacrifié aussi aux convoitises de ceux dont l'unique souci est de pourvoir leurs parents et leurs amis des places les mieux rétribuées.

M. CASSAIGNEAU
CONSEILLER A LA COUR D'AGEN

34 ans de service, dont 22 comme conseiller.

Entré dans la magistrature en 1849 sous l'influence du mouvement de réaction que la République de 1848 avait provoqué, M. Cassaigneau avait conservé ses préférences pour le régime qui vint comprimer les passions révolutionnaires et rassurer les honnêtes gens. Il haïssait, en effet, le mal et se laissait volontiers aller à exprimer, quand il présidait les assises,

« Ces haines vigoureuses
« Que doit donner le crime aux âmes vertueuses. »

Il était au civil un magistrat instruit et de jugement droit.

M. Cassaigneau se savait condamné, en sa double qualité d'honnête homme et de cousin germain de M. Noubel, ancien député; il avait coutume de sourire avec ses collègues d'une proscription qu'il prévoyait et dont il se sentait honoré.

M. CASTILHON
JUGE A VALENCE

19 ans de service.

Magistrat absolument étranger à la politique, travailleur opiniâtre qui remplissait depuis six ans les fonctions de juge aux ordres; nul n'avait pu méconnaître sa haute valeur, sa profonde connaissance des affaires et du droit, la justesse de son jugement, la précision de son esprit, aussi bien que la dignité, la réserve et la modestie de sa vie privée.

Mais c'était un catholique, il était membre de la Société charitable de Saint-Vincent-de-Paul, et il avait encouru à ce titre la disgrâce des francs-maçons.

Aussi l'a-t-on révoqué parce qu'il ne faut plus que la magistrature soit infectée de religion et de charité; M. Madier de Montjau doit être satisfait.

M. CAUSSÉ
CONSEILLER A LA COUR DE TOULOUSE

31 ans de service, dont 15 comme conseiller.

M. Caussé avait fait toute sa carrière à Toulouse, où il était fort estimé; membre de l'Académie de législation, de l'Académie des jeux floraux et de la Société d'agriculture, il était en outre un magistrat expérimenté et savait apporter aux délibérés les plus judicieuses raisons de décider.

Mais il avait bien des vices; fort indépendant d'abord, et fort scrupuleux, il lui était arrivé parfois d'exercer une surveillance gênante sur la rédaction de certains arrêts.

De plus, il était depuis longtemps membre du Conseil général du Tarn où il ne marchait pas servilement dans les souliers de M. le préfet.

Enfin, il était religieux, et (chose horrible à dire) fabricien de l'église Saint-Cernin; on l'avait même vu présider à l'inauguration de la statue de sainte Germaine élevée il y a quelques années sur une des places de Toulouse, et que notre honorable gouvernement s'est donné depuis le plaisir de renverser au nom de la liberté de penser.

Quand on est bâti de la sorte, on mérite bien d'être révoqué, du moins en un temps où la justice est représentée par M. Martin-Feuillée.

M. CAUSSIN DE PERCEVAL
JUGE AU TRIBUNAL DE LA SEINE

30 ans de service.

Fils du célèbre orientaliste jadis professeur au collège de France, frère de l'ancien conseiller à la Cour de cassation, M. Caussin de Perceval n'avait jamais fait de politique que pendant la guerre, en se conduisant, à Vitry-le-François, comme un digne président et un ferme citoyen en présence de l'ennemi. Hors de là il y était toujours resté étranger, trop peut-être, car il avait un jour nettement refusé de prêter son concours à l'action gouvernementale en matière d'élections.

Réservé dans son langage, s'absorbant tout entier dans ses fonctions, passant sa vie entre ses dossiers et ses enfants, il eût dû se croire bien à l'abri contre les conséquences de la loi élégamment appelée « d'épuration ».

Mais le malheureux était chrétien, il allait à la messe, il était et s'était allié à d'anciennes familles vénérées à Paris pour leurs bonnes et saintes œuvres; comment l'excellence de ses services judiciaires eût-elle suffi à le défendre contre d'aussi compromettantes notoriétés?

M. CELLES
PRÉSIDENT A MILHAU

Rendons à César ce qui appartient à César, et à Dieu ce qui appartient à Dieu; en disant dans une première notice insérée au journal que la révocation de M. Celles paraissait inexplicable, nous avons fait tort à M. Martin-Feuillée, notre devoir est de le réparer; pour un acte de justice qu'il a fait, ce n'est point le cas de le lui contester.

M. Celles, ancien avocat de capacité suffisante, avait beaucoup occupé le pays de sa personne depuis qu'il était devenu magistrat.

Naguère, à propos de certain accident, le sentiment de la population s'était soulevé contre lui par de telles manifestations que la Cour de Montpellier avait dû députer un de ses conseillers pour venir rechercher à Milhau ce qu'il pouvait y avoir de vrai dans ce dont on l'accusait.

A la suite de ces faits la situation de M. Celles était devenue des plus intolérables, et il avait cru l'améliorer en prenant une part active à la lutte électorale de 1876 dans un camp où nul ne s'attendait à le voir entrer; il s'était fait l'un des agents les plus actifs du candidat conservateur qui, nommé en 1876, échoua après le 16 mai.

Cet échec avait ouvert les yeux à M. Celles qui était redevenu le lendemain plus républicain que jamais, il s'était mis à la tête du cercle de la Bibliothèque, où se réunissent les francs-maçons de Milhau, avait fondé un journal radical et avait cherché à se rapprocher du nouveau député.

Il y avait réussi, il était devenu l'ombre du sous-préfet. Il se croyait donc parfaitement à l'abri, ayant d'ailleurs condamné 106 femmes qui s'étaient permis de protester bruyamment contre certaine exécution des décrets ou expulsion d'instituteurs religieux qu'elles respectaient.

Il le croyait si bien qu'après un voyage à Paris, au mois d'août dernier, il était rentré triomphant à Milhau, affirmant à tous qu'il était conservé; il avait même pour célébrer son maintien, invité à dîner le sous-préfet et le député; on en était au champagne quand la nouvelle de sa révocation est arrivée.

Rendons justice à M. Martin-Feuillée, tous les partis ont illuminé.

M. Celles sort de la magistrature comme il y était entré, par la main d'un républicain; car nos lecteurs pensent bien qu'il n'avait de commun que le titre avec les magistrats qu'on vient de révoquer; il n'avait en effet pas eu grand chose à faire pour le devenir, il était allé tout simplement à Tours au mois de novembre 1870 demander à M. Crémieux de le nommer président à Milhau, et M. Crémieux l'avait nommé.

Il est très vraisemblable que M. Martin-Feuillée ne s'en serait pas privé s'il n'avait pas eu besoin de sa place pour caser M. Denayrouze, ancien avoué à Espalion, lequel convoitait la place de président à Espalion également visée par M. Devic, député, et dont la compétition aurait beaucoup embarrassé ce dernier; grâce à cette combinaison, M. Devic s'est débarrassé d'un concurrent et s'est fait nommer en effet, président à Espalion par décret du 22 février.

M. CHABOUD
VICE-PRÉSIDENT A CHAMBÉRY

Savoisien appartenant à la magistrature piémontaise avant l'annexion, M. Chaboud aurait dû croire que l'inamovibilité lui était à jamais assurée par l'article formel inséré au traité de cession, mais le respect des traités n'est pas pour arrêter les républicains quand ils peuvent y manquer impunément.

M. Chaboud se contentait de remplir en digne et loyal magistrat ses fonctions de vice-président, tous ceux qui étaient en relations d'affaires avec lui témoignaient de son zèle, de sa valeur professionnelle et de son intégrité : s'il avait des opinions politiques, il mettait le plus grand soin à ne pas les manifester.

Malheureusement pour lui il avait eu bien souvent dans ces dernières années à statuer sur des procès de tendance intentés aux hommes les plus honorables de son pays, et il avait plus écouté, pour les juger, les inspirations de sa conscience et de la loi que les ordres du parquet.

C'est ce qui l'a perdu ; comme le disait, il n'y a pas bien longtemps, un homme qui exerçait alors les fonctions de procureur général : en police correctionnelle il s'agit maintenant de combattre et non pas de juger.

M. CHAILLOUS
JUGE A ANGERS

16 ans de service.

Nature droite, esprit juste, caractère essentiellement sympathique, versé dans la connaissance du droit, il était aimé pour l'égalité de son caractère, la séduction de son esprit, le charme et la sûreté de ses relations.

Fils d'un honnête et modeste ouvrier de la campagne, il avait été distingué par Berryer, qui en avait fait son secrétaire et l'avait initié, non seulement à la pratique des affaires, mais aussi aux traditions d'honneur et d'indépendance qui étaient jadis pour un magistrat le plus cher privilège de sa noble profession.

M. Chaillous y était resté fidèle, tout le monde le savait, et sa révocation est une de celles qui ont le plus révolté le sentiment public à Angers, car nul n'ignore aussi que c'est dans les sources mêmes de son existence qu'elle est venue le frapper.

Mais qu'importe à M. Martin-Feuillée ? Pourquoi M. Chaillous n'a-t-il jamais voulu paraître aux thés républicains de M. Auger ?

Pourquoi aussi a-t-il pris part à un jugement de référé du 20 décembre 1880, par lequel le Tribunal d'Angers s'est déclaré compétent pour statuer sur la demande en réintégration de domicile formée contre le sieur Assiot préfet et le sieur Richard commissaire central par des Dominicains expulsés ? Ne savait-il pas qu'il était séditieux de dire que les tribunaux ordinaires étaient la seule garantie du domicile, de la liberté et de la propriété ? C'est précisément parce qu'elle est la seule, qu'il fallait la refuser à des citoyens expulsés et violentés.

M. CHAMBOURDON
JUGE A LA ROCHE-SUR-YON

19 ans de service.

M. Chambourdon était considéré comme un juge d'une réelle valeur ; très laborieux, très assidu, aussi scrupuleux qu'éclairé, il avait rendu les plus utiles services dans les divers tribunaux où il avait passé.

Mais il avait une conscience fort susceptible en matière de droit et de légalité ; il croyait qu'une loi est une loi, qu'un ordre du jour de la Chambre ne suffit pas pour la supprimer, et qu'un prévenu innocent ne devient pas coupable par cela seul que M. le Préfet désire qu'il soit condamné.

Comme on savait que c'était là des principes sur lesquels il ne transigerait jamais, on l'a révoqué ; et, étant donné l'honorable but qu'on poursuit, il faut reconnaître qu'on a bien fait.

M. CHAMPEAUX
JUGE A AVESNES

8 ans de service.

M. Champeaux avait été l'un des avocats les plus occupés d'Avesnes avant de devenir magistrat, et il avait apporté au tribunal de cette ville le précieux concours d'un esprit rompu aux affaires, d'une connaissance approfondie du droit et d'une grande sûreté de jugement.

Actif d'ailleurs, très laborieux et d'une intégrité au-dessus de tout soupçon.

Mais il était catholique, et par-dessus le marché, indépendant ! Il ne consentait pas à condamner un prêtre par cela seul qu'il plaisait au Ministère public de le poursuivre, ni un conservateur par cela seul que les haines radicales réclamaient sa condamnation.

Aussi était-il pour M. de Marcère l'abomination de la désolation, et il a été l'une des premières victimes désignées pour être jetées en pâture à la meute, le jour où elle a pu enfin déchirer la magistrature à belles dents.

Il s'en honore, et libre désormais, il fera plus d'une fois à la barre regretter sa révocation aux de Marcère, aux Guillemin et à leurs partisans.

Mais voir un de Marcère, tombé jadis du Ministère sous un vote de mépris écrasant et qui semble porter sur sa face ravagée l'empreinte du remords ou des passsions, se faire au nom de l'intégrité, l'épurateur d'une magistrature où il n'est plus digne de figurer, c'est un spectacle qui n'était réservé qu'à notre temps.

M. CHAMPEVILLE DE BOISJOLLY
CONSEILLER A ORLÉANS

35 ans de service, dont 18 comme conseiller.

M. de Boisjolly était un esprit chercheur et appliqué, doué d'une grande connaissance des affaires, et animé d'un profond sentiment de justice et d'équité.

Frappé au cœur par un deuil cruel, il avait cherché à tromper sa douleur en soulageant les souffrances des malheureux, et les loisirs que lui laissaient ses devoirs professionnels étaient consacrés à de nombreuses œuvres de charité.

C'est dire qu'il était chrétien, c'est dire en même temps qu'il était marqué pour être révoqué; on lui avait déjà enlevé les fonctions de Président d'assises qu'il remplissait avec une grande conscience et une remarquable impartialité ; le jour où M. Martin-Feuillée s'est senti la bride sur le cou, il lui a enlevé celles de conseiller.

Aussi bien ne fallait-il pas punir le père d'avoir un fils qui s'était permis de faire échec dans un comité d'agriculture à un député ?

M. CHANON
JUGE A QUIMPERLÉ

7 ans de service.

Longtemps notaire, puis juge de paix, M. Chanon avait eu le courage, avant d'entrer dans la magistrature inamovible, de se faire successivement recevoir licencié, puis docteur en droit, à plus de 45 ans.

Il consacrait à ses fonctions de juge les fruits de sa longue expérience et les aptitudes d'un esprit rompu aux affaires ; exact, obtiné au travail, constamment prêt à donner son temps aux affaires les plus difficiles, partout et toujours il avait été un magistrat recommandable et rempli de dévouement.

Mais il ne savait pas faire mousser son zèle en pliant sa conscience à toutes les exigences du parquet, il ne savait pas davantage se mettre à plat ventre devant les prétentions autocratiques du député de l'arrondissement.

Il manquait donc des qualités essentielles que M. Martin-Feuillée recherche dans ses nouveaux magistrats, et il devait partager le sort honorable réservé à tous ceux de ses collègues que l'on savait indépendants.

M. CHAPERON
PRÉSIDENT A LIBOURNE

9 ans de service comme président.

Était avocat à Libourne depuis 1840 lorsqu'un décret du 3 janvier 1850 le nomma juge suppléant ; démissionnaire pour refus de serment à l'Empire, il se vit après le 4 septembre 1870, au bout de 18 ans, sans avoir été consulté, réintégré dans ses anciennes fonctions.

Il plaidait depuis 35 ans à la barre, était en possession d'un cabinet des plus occupés, et avait été cinq ou six fois honoré par ses confrères de la dignité de bâtonnier ; un décret du 14 avril 1874 le nomma président.

Cette nomination fut accueillie avec une joie égale par ses anciens confrères et par ses nouveaux collègues ; elle était en effet le légitime couronnement d'une longue et honorable carrière d'avocat.

M. Chaperon l'avait pleinement justifiée, il avait apporté à bien remplir ses fonctions les ressources d'une grande expérience et d'un zèle incessant, il avait eu la satisfaction de recevoir de M. Dufaure, en novembre 1878, pour lui et pour son tribunal, un témoignage officiel de haute approbation.

M. Martin-Feuillée l'a révoqué, apparemment parce que les affaires étaient trop vite et trop bien jugées ; on ne voit pas, du moins, qu'il pût en donner une autre raison, s'il était de ceux qui sont obligés de donner des raisons.

M. CHARLOT
JUGE A NANCY

26 ans de service.

Aussi intègre que modeste, aussi indépendant que dévoué à ses devoirs, mais fils d'un conseiller et petit-neveu d'un curé qui a laissé à Nancy une mémoire vénérée.

Il avait commis bien des crimes; d'abord il avait pris part, le 15 juillet 1880, au jugement par lequel le tribunal s'était déclaré compétent pour statuer sur la demande en réintégration de domicile formée par des expulsés contre le sieur Martial Baile, préfet.

De plus, il avait le 19 novembre suivant, acquitté un prêtre et un avocat poursuivis pour de prétendus outrages adressés à un commissaire de police pendant qu'il crochetait, lesdits outrages ayant consisté à dire que c'était là une besogne de brigands et de voleurs, et à crier : A bas les crocheteurs ! Vive la liberté ! M. Charlot s'était permis de déclarer dans le jugement que ce commissaire de police n'avait pas été outragé dans l'exercice de ses fonctions, parce que celles-ci consistaient à protéger le domicile des citoyens contre les malfaiteurs et non pas à le crocheter; il croyait encore que c'était vrai.

De plus, ayant à présider l'audience au lendemain de la révocation brutale dont son président et son vice-président venaient d'être frappés, il avait osé, en quelques paroles dignes et mesurées, rendre hommage à leurs vertus et se faire l'interprète, non pas même de l'indignation, mais seulement des regrets que tous les honnêtes gens manifestaient.

Ne pas garder sur les victimes le honteux silence qu'une circulaire du garde des sceaux allait bientôt commander aux membres du parquet, dont un seul a refusé de plier, ne pas applaudir à une iniquité, c'était combler la mesure, et M. Charlot a été révoqué.

M. Charlot était un homme de grande science, de haute intégrité et d'un rare désintéressement; juge d'instruction en 1870, pendant l'occupation allemande, il avait eu à souffrir de la part des autorités allemandes toutes sortes d'avanies et de persécutions pour leur avoir refusé son concours dans l'administration d'une justice qui avait cessé d'être française; il avait même été traîné en prison; d'autres eussent fructueusement exploité après la paix la situation; le seul profit que M. Charlot en en ait jamais tiré : c'était une santé assez gravement atteinte, et le droit à la révocation.

M. CHARAIN

CONSEILLER A LA COUR DE LIMOGES

35 ans de service, dont 13 comme conseiller.

Sous des apparences un peu froides, M. Charain cachait des trésors de tolérance et de bonté; parfois sa figure grave s'illuminait, relevée d'une pointe de douce malice, il se livrait alors aux aperçus les plus justes et les plus variés.

Comme magistrat, il était possédé du feu sacré; patient, appliqué, il savait pénétrer dans les profondeurs du droit sans rien négliger, et il en revenait souvent avec d'ingénieuses découvertes qui éclairaient soudainement le point à juger.

M. Charain ne montrait pour la République aucune hostilité, c'est elle qui l'avait fait juge suppléant le 7 mai 1848, c'est encore elle qui, le 8 novembre 1870, l'avait fait conseiller; mais s'il n'avait aucun motif de la haïr, il détestait les crimes commis en son nom et, par ce temps de délation, tout le monde savait qu'il avait courageusement opiné pour la compétence judiciaire dans les instances criminelles et correctionnelles introduites par des religieux crochetés contre le préfet.

C'était, à coup sûr, bien plus qu'il n'en fallait pour le faire révoquer; il avait cependant pour frère le maire républicain de Tulle, mais quoi ! Brutus a bien sacrifié ses fils à la République, ce n'est pas d'un frère qu'un vrai républicain doit s'inquiéter.

M. CHARIL DE RUILLÉ

CONSEILLER A LA COUR D'ANGERS

22 ans de service, dont 9 comme conseiller.

Très honnête, loyal et consciencieux, d'une délicatesse de caractère absolue, M. Charil de Ruillé ne sait pas cacher l'horreur que lui inspirent la fourberie, la bassesse et la servilité.

Au 4 septembre 1870 il avait, avec quatorze de ses collègues du parquet, donné sa démission plutôt que de servir sous le procureur général qui leur était envoyé.

Son énergie et son caractère étaient particulièrement importuns au citoyen procureur général et ancien bonapartiste Auger.

Membre de la chambre d'accusation quand vint l'exécution des décrets, il avait pris part en cette qualité à deux arrêts affirmant la compétence de l'autorité judiciaire pour instruire sur la plainte des expulsés.

Avec quatre de ses collègues qui étaient dans le même cas, il est aujourd'hui révoqué.

La vengeance s'est fait attendre pendant trois ans, mais elle ne l'a pas épargné.

Avis aux magistrats qui désormais ne rendront pas des services et rendront des arrêts.

M. CHARREYRON

CONSEILLER A LA COUR DE LIMOGES

27 ans de service, dont 14 comme conseiller.

Magistrat fort distingué, qui dut à son mérite et à la considération dont il était entouré de se voir envoyé en 1871 par ses concitoyens à l'Assemblée nationale pour coopérer à l'œuvre de régénération de la France abattue et déchirée; il sut vite s'y faire une place honorée, et plus d'une des lois de cette époque porte l'empreinte que son utile intervention y a laissée.

Depuis la dissolution de l'Assemblée, M. Charreyron avait renoncé à la politique et se consacrait tout entier à la justice; il y apportait un esprit droit, beaucoup d'indépendance et une compétence incontestée.

D'une humeur enjouée, d'une gaîté communicative et d'une verve endiablée, il était fort aimé de ses anciens collègues; c'était un charmant causeur, fort au courant des hommes et des choses, et dont la fine raillerie savait effleurer sans blesser; mais l'esprit lui-même est proscrit sous le régime de l'imbécillité, tant il y a de gens qui se sentent exposés à être moqués.

M. Charreyron n'a fait qu'une sottise en sa vie, mais ce n'était pas aux républicains à la lui faire expier : il a voté la République, c'est grâce à lui qu'elle est devenue la loi du pays à une voix de majorité; en fille reconnaissante elle s'empresse de l'expulser.

Il est écrit :

« Tes père et mère honoreras
« Afin de vivre longuement. »

A la façon dont la République honore M. Charreyron il faut espérer que ses jours sont désormais comptés.

M. CHARREYRON

JUGE A BELLAC

12 ans de service.

Dès l'âge où les autres s'amusent, M. Charreyron avait commencé sa vie de travail et d'étude; trouvant dans son patrimoine, à 22 ans, un cabinet d'avocat qui lui imposait des devoirs que d'autres eussent trouvé prématurés, le jeune docteur en droit ne s'était pas découragé; ayant l'instinct et l'amour des affaires, il avait porté dignement le renom de jurisconsulte que lui laissait son père en même temps que ses aimables qualités.

Au déclin de la vie il était venu s'asseoir comme titulaire sur le siège de juge qu'il avait occupé comme suppléant durant de longues années; il y avait apporté avec ses habitudes studieuses une mûre expérience qui le classait parmi les magistrats les plus distingués.

Est-ce à ces mérites qu'il avait dû d'être épargné malgré un nom compromettant et des idées d'ordre qu'il ne songeait pas à dissimuler ? Quoi qu'il en soit à cet égard, il ne convenait pas à son indépendance d'exercer des fonctions asservies, et il les a volontairement résignées.

M. CHATELAIN

CONSEILLER A ORLÉANS

27 ans de service, dont 7 comme conseiller.

On ne devait pas s'attendre à le voir frapper de révocation; esprit facile et de premier jet, sa personnalité toute en dehors se manifestait par une verve toujours bienveillante et une inoffensive gaieté.

Partagé entre ses fonctions judiciaires et le culte des arts dont il avait le sentiment très développé, il n'avait laissé à la politique aucune place dans sa vie.

L'écho de quelques saillies trop heureuses qui jaillissaient de sa conversation animée a dû parvenir jusqu'aux longues oreilles de certains personnages, dont l'importance gonflée ne peut s'accommoder du plus léger coup d'épingle, et qui estiment volontiers que la République est en danger si une raillerie effleure leur personne sacrée.

Il n'en faut pas davantage à l'heure qu'il est; il y a péril à égratigner les petits grands hommes auxquels le hasard a mis en main le pouvoir de répondre à une plaisanterie par une destitution, et qui ne se font pas scrupule d'en user.

M. Chatelain faisait partie de la chambre d'accusation qui déclara que le Procureur général avait seul le droit de poursuivre un Préfet pour crime d'attentat à la liberté, ce qui permet au Préfet de le perpétrer en toute sécurité; M. Chatelain aurait-il été d'avis contraire? On serait tenté de le croire en voyant que sur les cinq magistrats qui ont rendu l'arrêt, deux ont été révoqués, c'est-à-dire précisément la minorité.

M. DE CHAUDESAIGUES DE TRARIEUX

CONSEILLER A LA COUR DE RIOM

31 ans de service, dont 9 comme conseiller.

Sa bienveillance, sa courtoisie, la dignité de son caractère lui avaient concilié l'estime de tous, et les républicains eux-mêmes doivent se demander ce que M. Allary a bien pu avoir à lui reprocher.

Mais il va à la messe, donc c'est un clérical; il est le représentant d'une vieille et noble famille d'Auvergne, donc c'est un réactionnaire; de plus, il a eu un fils sous-préfet pendant le 16 mai.

N'est-ce pas trois fois autant qu'il en fallait au sieur Martin-Feuillée pour le révoquer?

M. CHAUFFARD

PRÉSIDENT A LAVAUR

30 ans de service, dont 10 comme Président.

L'une des figures qui honorent le plus la vieille magistrature française.

Travailleur infatigable, il a consacré d'immenses labeurs à vulgariser en France, en les traduisant, une foule d'œuvres juridiques et historiques des plus savants maîtres des universités allemandes, tels que: Mittermaier, Ahrens, Schulte, Rossirht, de Mohl, J. Stahl, Ewald, et Rosenthal, dont plus d'un entretient avec lui des relations qui témoignent d'une haute estime pour ce penseur et cet érudit.

Magistrat intègre, indépendant, sans ambition, absolument étranger aux divisions politiques, ne cherchant la lumière que dans l'étude des lois et dans les inspirations d'une conscience exquise, M. Chauffard était vénéré de tous ceux qui le connaissent, et nul, à coup sûr, ne l'avait jamais mieux mérité.

Pour lui, quand l'œuvre de la justice était terminée, celle de la charité commençait; il allait converser dans la prison avec celui qu'il venait de condamner; après l'avoir puni, il songeait à le préserver.

Il s'était mis en relation avec l'abbé Villion qui, dans l'asile qu'il a fondé à Couzon, près de Lyon, partage depuis 20 ans la vie des condamnés libérés, et consume son existence à ramener vers le bien ces cœurs dévoyés.

Dans ses fréquentes visites à la prison de Lavaur, M. Chauffard rencontrait-il un condamné en voie de régénération, il s'attachait à lui, et à l'expiration de sa peine le dirigeait sur Couzon, lui remettant la somme nécessaire pour payer son voyage sur la ligne de Cette à Lyon, sans que jamais aucun d'eux ait songé à la détourner et ait manqué d'arriver à Couzon au jour indiqué, tant est grand l'ascendant d'une haute vertu, même sur des natures dégradées.

Bien plus, M. Chauffard avait créé à Lavaur (et au prix de quels sacrifices personnels!) un établissement et des ateliers de travail sur le modèle de Couzon; sa charitable activité allait en recruter le personnel jusque dans les prisons d'Albi et de Toulouse, et maintes fois la population a vu, s'en étonnant presque comme d'un scandale, son vénéré président se promener dans la campagne accompagné de condamnés libérés.

Voilà l'homme que M. Martin-Feuillée a révoqué! et pourquoi?

Parce qu'en 1880 le procureur de Lavaur ayant donné sa démission lors de l'exécution des décrets, M. Chauffard s'était permis de lui adresser, du haut de son siège, quelques paroles de sympathie personnelle et de regrets. C'était un crime d'honorer un magistrat que le 4 septembre lui-même avait respecté, qui avait deux frères à l'armée, qui en avait vu quatre tomber sur les champs de bataille au service du pays, mais à qui il en restait deux parmi ces religieux que l'on chassait!

On avait alors traduit disciplinairement pour cela M. Chauffard devant la Cour de cassation qui l'avait acquitté, car il n'avait pas prononcé une parole qui pût être incriminée; M. Martin-Feuillée s'en est souvenu et a tenu à s'en venger.

M. CHAUVIN

CONSEILLER A LA COUR DE DIJON

42 ans de service, dont 18 comme conseiller; doyen de la cour.

Compatriote de M. Grévy, qui le tenait probablement en trop haute estime pour le conserver; il n'a pas dû oublier, en effet, qu'une émeute radicale s'étant produite en 1849 dans la ville d'Arbois, où M. Chauvin était alors procureur, celui-ci la réprima énergiquement.

M. Chauvin ne se plaint pas d'ailleurs d'être chassé; il dit lui-même que la honte eût été d'être épargné.

M. CHEMISON-DUBOIS

PRÉSIDENT A ROCHECHOUART

25 ans de service, dont 16 comme président.

Lauréat de la Faculté de Poitiers, M. Chemison-Dubois avait débuté comme substitut à Rochechouart, où il s'était définitivement fixé.

C'était un de ces rares survivants de l'ancienne magistrature qui plaçaient modestement l'amour du bien au-dessus de toutes les ambitions, et qui ne voyaient pas de plus sûr moyen de l'accomplir que d'exercer dans leur pays natal l'ascendant qu'assure toujours la vertu unie à la dignité; d'ailleurs, homme d'affaires consommé, connaissant parfaitement le droit, apportant dans ses fonctions un sentiment du devoir très élevé et une remarquable sagacité.

Le jour où le gouvernement républicain entreprit sa monstrueuse campagne contre les droits des pères de famille, la conscience de M. Dubois se sentit soulevée, et il signa avec ses deux collègues une pétition au Sénat pour demander que l'article 7 fût rejeté.

Si mesurée que cette protestation fût dans sa forme, on la trouva séditieuse, et elle valut à ses signataires les remontrances disciplinaires de Cazot; mais sous un régime de violence et de haine, ce n'était pas assez, et le jour où licence a été donnée à M. Martin-Feuillée de décimer la magistrature, M. Chemison-Dubois n'a été nullement étonné de se voir enveloppé dans la proscription dont tout ce qu'elle comptait de plus honnête a été frappé.

M. CHESNE

PRÉSIDENT A BEAUNE

30 ans de service, dont 10 comme président.

Un esprit très droit, de la pénétration, de la dignité, des manières courtoises également bienveillantes pour tous, c'est par là que M. Chesne se recommandait à l'estime des justiciables; les républicains, qui le savaient cependant religieux et conservateur, ne demandaient pas eux-mêmes son éloignement.

A-t-il offensé quelqu'un? Jamais. A-t-il condamné quelque radical? C'est probable, mais on peut dire à coup sûr que ce radical méritait alors cent fois d'être condamné.

On satisfait aujourd'hui sur sa personne les vieilles haines que la fermeté de M. de Chasteigner, son prédécesseur et son beau-frère, avait accumulées contre ce dernier.

M. CHEVALIER

JUGE A ROUEN

27 ans de service, dont 14 au tribunal de Rouen.

Excellent homme, magistrat dévoué à ses fonctions; il n'avait pas d'ennemis et tout le monde rendait justice à son esprit de modération.

Mais il ne savait pas être courtisan, et il avait gardé vis-à-vis de plus d'un de ses collègues, jadis bonapartistes, brayant aujourd'hui sous la peau de l'âne républicain, une attitude où ils voyaient la plus amère critique de leurs étranges capitulations.

De plus, il avait pris part, le 4 août 1880, au jugement par lequel le tribunal de Rouen s'était déclaré compétent pour statuer sur la demande en réintégration de domicile et en dommages-intérêts formée par des expulsés contre le préfet.

Il avait osé signer ce jugement où il est dit: « Que nul ne peut être distrait de ses « juges naturels; que s'il en était autre- « ment, les pouvoirs publics pourraient à « leur gré ouvrir ou fermer l'accès des tri- « bunaux aux citoyens. »

Paroles séditieuses par le temps qui court, et qui sentaient d'une lieue la rébellion. Les magistrats n'étant plus faits aujourd'hui pour protéger les citoyens contre les abus de pouvoir du gouvernement, M. Martin-Feuillée ne pouvait laisser parmi eux M. Chevalier; il l'a révoqué, pour qu'il soit bien constant que nul n'a le droit de discuter la volonté d'un préfet.

M. CHEVALIER-DUFAU

CONSEILLER A LA COUR DE RIOM

36 ans de service, dont 13 comme conseiller.

D'une exquise urbanité, d'une convenance de formes irréprochable qui lui avait permis de passer douze ans sans se créer une difficulté dans un poste dont au bout de six mois les plus solides étaient souvent dégoûtés, celui-ci devait bien croire qu'on lui laisserait finir tranquillement une carrière qu'il honorait.

Mais il est coupable d'avoir un fils, qui a été sous-préfet pendant le 16 Mai!

Aussi on le fait monter, avec onze des plus respectés de ses collègues, dans la charrette républicaine où s'entassent les 613 victimes de M. Martin-Feuillée.

M. CHONEZ

PRÉSIDENT DE CHAMBRE A LA COUR DE BOURGES

M. Chonez a au moins 35 ans de service, car il rentrait déjà en 1849 dans la magistrature avec la qualification d'ancien magistrat; il était à la cour de Bourges depuis 29 ans, et président de chambre depuis 14 ans.

Homme rigide, inflexible, esclave de son devoir, n'ayant jamais connu les compromis ou les défaillances, d'attitude correcte, d'esprit fin et distingué.

Sa longue expérience et ses habitudes laborieuses faisaient de lui un magistrat complet.

Mais si la sincérité de ses sentiments religieux, la grande dignité de sa personne et son austère indépendance lui avaient conquis l'estime de tous les gens de bien, elles faisaient en même temps de lui un de ces juges que M. Martin-Feuillée ne peut pas supporter; ce digne garde des sceaux s'est donc fait un plaisir de priver la cour de Bourges de ce président aussi éminent que respecté.

M. CHOPY

PRÉSIDENT A ROCHEFORT

28 ans de service, dont 18 comme président.

Homme aimable, d'une intelligence vive, connaissant bien les affaires, et ayant l'amour de sa profession.

Avant d'être président il avait exercé les fonctions du ministère public, et s'y était fait remarquer par la prudence et la fermeté de son administration.

C'est lui qui, en 1860, sut démasquer le sieur Giraud qui, à force d'audace et d'adresse, s'était fait une position dans le pays, et qui, sous prétexte qu'il était de Gâtebourse, gâtait celle des autres de faux billets de banque dont la quantité était telle qu'elle donnait de sérieuses préoccupations au gouvernement.

Devenu président à Rochefort, M. Chopy y avait acquis une situation prépondérante, et s'y voyait entouré de l'estime et du respect de tous les partis.

En le faisant descendre de son siège, on a voulu frapper le conservateur libéral dont on avait à redouter l'influence dans le département; en quoi on s'est grossièrement trompé, car si M. Chopy, tout occupé de ses devoirs professionnels, était resté jusqu'alors étranger aux luttes politiques, entouré comme il l'est aujourd'hui de toutes les forces conservatrices que sa révocation a groupées autour de lui, il n'a qu'à se laisser conduire pour trouver l'occasion d'exercer dans la sphère politique ses facultés et ses talents.

Est-ce pour conjurer l'orage qu'en révoquant le père, M. Martin-Feuillée a commis l'énormité de nommer le fils président à Parthenay, à l'âge de 29 ans?

M. CIVAL

VICE-PRÉSIDENT A DIJON.

34 ans de service, lauréat de la Faculté de Dijon.

M. Cival était atteint d'une infirmité originelle : il n'était pas courtisan; déjà, en 1851, il s'était montré moins qu'enthousiaste du coup d'Etat, et une disgrâce avait payé l'indiscrète manifestation de ses sentiments; aussi lui avait-on fait attendre les fonctions de juge pendant vingt ans.

Nommé en 1875 vice-président à Dijon, il avait apporté à ses fonctions l'esprit d'indépendance et d'impartialité qui caractérise les vrais magistrats.

Sans forfanterie comme sans faiblesse, il avait su se garder de toute compromission; plus d'une fois étaient venues échouer à la barre du tribunal des poursuites inspirées par le désir d'atteindre des adversaires politiques et non point par celui d'assurer l'exécution de la loi.

D'aussi honorables résistances ne se pardonnent pas aujourd'hui; l'impartialité de M. Cival a été qualifiée d'indocilité, et l'indocilité étant un vice rédhibitoire désormais, M. Cival a été révoqué.

M. CLAPPIER

CONSEILLER A LA COUR D'AIX

28 ans de service, dont 15 comme conseiller.

Brillant président d'assises, orateur distingué et abondant, magistrat judicieux et éclairé, joignant à la science du droit l'intelligence des faits et des intérêts des parties, il était l'un des membres les plus distingués de la cour d'Aix, qui en comptait pourtant de fort capables.

A représenté longtemps le canton d'Allos au Conseil général des Basses-Alpes et n'a pas voulu, malgré les sollicitations dont il était l'objet, accepter une candidature sénatoriale en 1876 dans un pays où sa famille jouit cependant d'une véritable popularité.

Le ministère lui fait expier par une révocation la distinction de ses manières, ses alliances honorables, ses sentiments conservateurs et surtout son insurmontable dégoût pour le nouveau Chef de la Cour, l'ancien procureur général Bessat.

M. Clappier est le troisième magistrat de la même famille dont la carrière est brisée par la République : M. Félix Clappier, procureur général à Grenoble, a donné sa démission en juin 1880 pour ne point participer à l'exécution des décrets; quant à M. Joseph Clappier, avocat général à Nîmes, il avait été révoqué quelques mois auparavant. On se rappelle que le trop célèbre Seignobos poussa le cynisme jusqu'à l'aviser par lettre que c'était lui qui l'avait fait révoquer pour le punir d'avoir jadis conclu contre lui dans un procès; le scandale fut extrême; Cazot jura à la tribune que ce n'était pas vrai, ce qui fut pour tous ceux qui connaissaient déjà leur Cazot la démonstration la plus sûre que Seignobos avait bien dit la vérité.

On rougissait du moins en ce temps-là d'avouer qu'on frappait un magistrat pour l'avis qu'il avait exprimé; on en frappe aujourd'hui 613 pour les jugements qu'ils ont rendus, et on s'en vante; en trois ans voilà le chemin que nous avons fait!

M. CLERC

CONSEILLER A LA COUR DE BESANÇON

23 ans de service, dont 8 comme conseiller.

Petit-fils d'un ancien procureur général à la cour de Besançon, fils d'un ancien président de chambre qui avait appartenu pendant près d'un demi-siècle à la même cour, et qui a laissé en Franche-Comté la mémoire d'un grand chrétien, d'un érudit et d'un magistrat de haut mérite, M. Clerc s'est montré digne du nom dont il avait hérité.

Sa vive intelligence, sa facilité d'élocution, sa sûreté de jugement lui avaient assuré parmi ses collègues un rang distingué; sa riche nature, son caractère franc et ouvert lui avaient fait une place dans tous les cœurs qui savent apprécier la droiture et la loyauté.

Mais il avait le malheur de n'avoir pas été séduit par la République et de n'en pas goûter assez vivement toutes les beautés; jamais il n'avait pu comprendre que c'est le nombre qui crée le droit, et qui fait du juste avec de l'injuste au gré de son caprice et de sa volonté.

Le spectacle des violences et de l'arbitraire dont il était le témoin attristé ne lui avait que trop fourni l'occasion de laisser voir ce qu'il pensait; on avait commencé par lui retirer la présidence des assises, on finit en le dépouillant de sa robe; c'était dans l'ordre, et il n'en a pas été étonné.

M. COCHE

JUGE A SAINT-MARCELLIN

M. Coche ne passait pas pour un ennemi de la République, et eût peut-être été épargné s'il n'appartenait pas à une famille qui compte beaucoup d'honorables magistrats et qu'on a décimée avec un soin tout particulier; un de plus, un de moins, nos maîtres ne sont pas à cela près; ils tirent dans le tas; tant pis pour ceux qui sont tués.

Il paraît, du reste, que les radicaux de St-Marcellin commencent à comprendre eux-mêmes qu'en expurgeant de 4 magistrats leur tribunal, ils ont bien pu n'y pas beaucoup gagner; les audiences ne sont pas sans avoir un peu perdu de leur dignité, les s..., les b..., les f... s'y croisent comme dans un marché, et on y entend prononcer des phrases épicées que n'avouerait pas toujours un cocher d'éducation négligée; aussi ne dit-on plus maintenant à St-Marcellin que le tribunal a consacré telle jurisprudence, mais qu'il l'a sacrée.

M. Coche a donc de quoi se consoler; tout en cultivant ses fleurs, il peut faire, à l'usage des justiciables désireux de s'instruire dans la nouvelle langue du droit, un recueil très intéressant et très utile des jurons les plus variés.

M. COCHON DE LAPPARENT

CONSEILLER A LA COUR DE BOURGES

30 ans de service, dont 14 comme conseiller.

Était procureur à la Châtre en 1870 ; sa destitution parut alors au gouvernement de la Défense nationale un élément naturel de la résistance à organiser contre l'ennemi ; il paraît qu'elle est encore nécessaire au salut de la République d'aujourd'hui.

Le fait est que quand on veut réformer une magistrature bien composée, c'est des meilleurs qu'il est logique de se débarrasser ; à ce titre, M. de Lapparent était naturellement désigné.

C'était, en effet, un esprit éminent et d'une culture intellectuelle supérieure, une des forces de la cour dans le délibéré, un dilettante de littérature et d'art en dehors du palais.

Mais il avait bien des défauts ; d'abord il était comte, ce qui est déjà un gros péché ; puis, son exquise affabilité vis-à-vis de tous les honnêtes gens se changeait le plus poliment du monde en une réserve correcte que les intrus, les traîtres et les politiciens trouvaient glacée ; enfin c'était un chrétien convaincu, charitable pour les autres, rigide pour lui-même, qui pratiquait ouvertement sa foi et qui avait laissé entrer comme novice au Sacré-Cœur sa fille aînée.

De pareils travers ne sont pas de ceux que M. Martin-Feuillée fût disposé à pardonner, surtout à un homme qui avait participé à l'arrêt du 16 mars 1881, par lequel la cour avait infirmé une ordonnance d'incompétence rendue en première instance sur l'action suivie à la requête de religieux expulsés contre le sieur Danican-Philidor, préfet.

M. COLCOMBET

JUGE A LYON

19 ans de service.

Bon magistrat, allié aux meilleures familles de la bourgeoisie lyonnaise, mais qui ne pouvait pas prendre sur lui de professer pour les hontes dont il était le témoin un enthousiasme désordonné.

Lorsque le président du tribunal, M. Brigueil, fut révoqué, il osa lui adresser publiquement une lettre de regrets.

Regretter un président révoqué ! Ah ! mais, non, cela ne se pouvait pardonner ; M. Martin-Feuillée entend que, quoiqu'il fasse, sa volonté soit la seule raison, et n'admet pas qu'elle soit discutée ; c'est ainsi qu'il a défendu à ses gens du parquet de dire un seul mot à l'audience de rentrée de leurs collègues chassés, et on sait qu'en dépit des convenances les plus vulgaires, ils ont obéi à l'unanimité, sauf un seul, l'avocat général Dunal, qui a perdu sa place pour sauver sa dignité.

M. Colcombet a donc été révoqué pour avoir cru qu'on pouvait exprimer ses regrets à un éminent magistrat à côté de qui on a longtemps siégé, mais à qui son impartialité a fait encourir la disgrâce de M. Martin-Feuillée.

Que n'a-t-il fait comme certain président qui, ayant vu frapper autour de lui bon nombre de ses meilleurs collègues, s'est avisé, au bout de quinze jours, de leur envoyer sa carte, mais sans y ajouter un seul mot, et sous enveloppe cachetée ?

Pour 0 fr. 15 centimes il s'en serait tiré, avec moins de dignité, il est vrai.

M. COLLIN-DUFRESNE

CONSEILLER A LA COUR DE GRENOBLE

31 ans de service, dont 16 comme conseiller.

En le révoquant, M. Martin-Feuillée a particulièrement bien visé; il a frappé la cour de Grenoble dans un de ceux qui étaient le plus utiles et le plus aimés.

Dans les procès les plus compliqués et les plus ardus, lorsque la discussion se traînait obscure et pénible à travers des débats longs et diffus, une question posée, une observation faite par M. Collin éclairait l'affaire d'un jour inattendu, frayait la voie, redressait le courant égaré, faisait justice des sophismes et montrait le chemin de la vérité.

L'autorité que lui donnaient un sens d'une rectitude presque infaillible, une grande expérience des affaires, une merveilleuse aptitude à pénétrer et à dénouer les difficultés, était rehaussée en M. Collin par une modestie admirable, une bienveillance extrême, une pureté d'intention que le soupçon n'effleura jamais.

Le barreau avait espéré qu'il serait épargné ; dénué, en effet, de toute ambition, n'ayant jamais rien sollicité, s'étant tenu à l'écart de toute manifestation politique, confiné dans cette spécialité de juge civil où il excellait, M. Collin était un conseiller dont le maintien s'imposait.

Mais quoi ! il avait osé ne pas tourner le dos à ceux de ses collègues que depuis 1878 la vraie République a révoqués ou chassés ! C'est un crime que M. Martin-Feuillée ne pouvait lui pardonner.

M. COLLINET DE LA SALLE

PRÉSIDENT A QUIMPERLÉ

22 ans de service, dont 8 comme président.

Homme d'honneur et de cœur, ses propres adversaires n'en ont jamais douté, mais c'est bien le magistrat de France dont le caractère et les actes ont été le plus diversement appréciés.

Parmi ses collègues, les uns ont cru voir en lui un esprit trop peu réfléchi, prêtant le flanc à des attaques contre la magistrature par des démarches inconsidérées ; les autres y ont vu une victime des rancunes électorales et des passions déchaînées.

Il a été condamné deux fois, en 1879 et en 1882, à des peines disciplinaires dont la dernière durait encore lorsque la loi dite d'épuration a permis à M. Martin-Feuillée de le révoquer.

La première fois, c'était pour avoir répondu par une lettre publique à une accusation de « partialité révoltante pour la conscience publique » portée à la tribune de la chambre des députés contre le tribunal qu'il présidait. Nous n'avons pas sa lettre sous les yeux, et nous supposons que la peine qu'il a encourue était motivée par la vivacité avec laquelle il s'exprimait. Ce qui est certain, c'est que l'accusation contre laquelle il protestait n'était nullement fondée ; en lisant à la tribune le jugement d'acquittement qu'on lui reprochait, on avait faussé le sens des motifs secondaires et supprimé les motifs déterminants ; on avait de plus donné à entendre que ce jugement avait été infirmé, tandis qu'au contraire il avait été confirmé. Supposé que sa protestation fût trop vive, elle était à coup sûr justifiée.

La seconde condamnation est assez singulière pour mériter d'être rapportée :

Un distributeur de bulletins de M. Corentin Guyho ayant porté des coups à un distributeur du candidat conservateur et le parquet ayant refusé de le poursuivre, il avait été directement poursuivi par la partie civile et condamné. Il fit appel, et il se trouva que le certificat de médecin qui constatait les blessures ayant disparu du dossier transmis à la cour par le parquet, le jugement rendu par le tribunal fut modifié par l'arrêt.

La pièce absente s'étant subitement retrouvée un jour, sans qu'on sût comment, sur le bureau de la chambre du conseil, le président Collinet la remit à l'avoué de la partie civile qui la réclamait et à qui elle appartenait ; elle tomba entre les mains d'un journaliste qui accusa formellement le parquet de l'avoir soustraite aux regards des juges d'appel pour faire réformer le jugement dans un sens favorable au prévenu qu'il avait refusé de poursuivre.

Le journaliste et le gérant du journal furent poursuivis pour diffamation devant la cour d'assises où la loi leur donnait le droit de faire la preuve du fait allégué, et malgré les torrents d'éloquence sous lesquels le procureur général Quesnay de Beaurepaire essaya de les noyer, ils furent acquittés.

M. Collinet de la Salle, qui avait été appelé comme témoin, paya pour eux :

On lui reprocha — « d'avoir partagé dans « un hôtel de la ville de Quimper, le soir « de l'acquittement, le repas des prévenus « acquittés ; d'avoir ensuite pris des con- « sommations en leur compagnie dans un « café ; d'avoir enfin, le lendemain, en « apercevant sur un pont le procureur gé- « néral et le président des assises, quitté « un groupe dont faisait partie l'un des « prévenus acquittés, de s'être avancé vers « lesdits magistrats sans se découvrir, d'a- « voir affecté de les regarder fixement en « prenant à leur égard une attitude offen- « sante, et d'avoir ensuite rejoint les per- « sonnes de sa société ».

Poursuivi disciplinairement pour ces crimes devant la Cour de cassation, M. Collinet de la Salle eut beau expliquer qu'il n'avait pas même échangé un seul mot avec les acquittés, ni à la table d'hôte où il s'était assis loin d'eux au milieu de 50 personnes, ni au café où il s'était assis dans une salle séparée ; que le lendemain, il n'avait pas seulement reconnu sur le pont, à raison de sa faiblesse de vue constatée, le procureur général et le président des assises envers qui on lui reprochait de s'être irrévérencieusement comporté; il n'en fut pas moins condamné, et à trois ans de suspension, s'il vous plaît !

Jusqu'au jour de sa révocation, M. Collinet de la Salle a gardé devant cette condamnation le silence digne que sa situation de magistrat lui commandait.

Redevenu libre par le décret de M. Martin-Feuillée, il a publié (1884 Quimperlé, imprimerie Clairet), une brochure où il explique les faits, prêtant « devant Dieu, « sur son honneur de magistrat et sur sa « conscience de catholique, le serment que « tous les faits admis comme vrais par la « Cour de cassation sont absolument con- « traires à la vérité ». Quiconque voudra se faire une opinion sur M. Collinet de la Salle a le devoir de la consulter.

On y rencontre en tout cas la preuve de la haute idée que M. Collinet de la Salle se faisait des devoirs du magistrat, et nous pouvons ajouter, des devoirs du chrétien, car il a résisté dans cette occasion, et ce n'était pas la première, à la tentation de dire un seul mot de ceux qui l'ont le plus persécuté, et qui venaient d'en être alors récompensés. Il n'a voulu se souvenir des amertumes dont ils l'avaient abreuvé que pour leur épargner des représailles qui n'eussent été que trop faciles et trop justifiées.

M. CONDAMINAS

CONSEILLER A LA COUR DE DIJON

29 ans de service, dont 14 comme conseiller.

D'une instruction solide et étendue, d'une intelligence vive et pénétrante relevée par une pointe de verve gauloise, irréprochable dans sa vie publique comme dans sa vie privée, inspirant à tous la plus haute confiance dans son impartialité et son intégrité, M. Condaminas doit à ses convictions de chrétien l'expulsion dont il est frappé.

Neveu du cardinal Mathieu, voué à toutes les œuvres de bienfaisance, il lui était impossible de trouver grâce devant les proscripteurs des moines et les violateurs de l'indépendance judiciaire, en un temps où c'est faire acte de rébellion que de faire acte de piété et de charité.

M. CORBIN

JUGE A BLOIS

29 ans de service, dont 15 comme juge d'instruction.

M. Corbin semblait fait pour les fonctions de l'instruction ; il les exerçait avec un grand zèle, un soin extrême, une patience infatigable dans la recherche de la vérité.

Mais il poussait très loin l'esprit d'indépendance, ne se croyait pas aux ordres du parquet et avait la prétention de ne se laisser guider par d'autres considérations que son devoir et son impartialité.

Ces allures avaient paru séditieuses à des gens pour qui la justice est un instrument qu'on a toujours le droit de fausser au gré de ses passions et de ses intérêts; aussi avait-on en 1879 enlevé ses fonctions à M. Corbin qui s'en était montré justement froissé.

On l'a révoqué parce qu'un magistrat respectueux des droits de l'Etat doit toujours applaudir aux iniquités dont il est l'objet.

M. CORNU

VICE-PRÉSIDENT A ORLÉANS

25 ans de service, dont 6 comme vice-président.

Laborieux et appliqué, très attaché à ses fonctions, M. Cornu avait toujours gardé pendant sa longue carrière l'attitude politique la plus correcte et la plus réservée; à une époque où on commençait déjà à pourchasser les suspects, M. Martel l'avait nommé vice-président.

Il a trouvé sa pierre d'achoppement dans cette loi mal venue sur l'enseignement dont ceux-là mêmes qui l'ont votée ne peuvent expliquer les lacunes et les contradictions.

Chargé de statuer en appel sur une décision de juge de paix rendue contre un grand propriétaire de l'arrondissement poursuivi pour défaut de déclaration, le tribunal qu'il présidait reconnut qu'une fin de non-recevoir opposée par le prévenu était fondée en droit et refusa de prononcer une condamnation. Il faut bien croire qu'il avait raison puisque le ministère public vit rejeter le pourvoi qu'il avait formé contre le jugement, par la cour de cassation.

Mais il ne suffit pas d'avoir raison, il faut l'avoir à propos, c'est-à-dire quand cela profite aux républicains et non pas à un homme de haute naissance ou de bonne éducation. Tel n'était point le cas, et on a eu d'autant plus de plaisir à le faire expier au président, que l'affaire avait eu dans le pays un grand retentissement.

On ne saurait impunément désormais, être à la fois magistrat et indépendant.

M. COSNARD-DESCLOZETS

CONSEILLER A LA COUR DE CAEN

31 ans de service; un vétéran du parquet, qui, préférant le travail à la sécurité, ne consentit à quitter qu'en 1878 pour un siège de conseiller, des fonctions qu'il avait exercées pendant 26 ans dans divers postes avec autant de tact que d'affabilité, et où, malgré son indépendance, son caractère chevaleresque l'avait toujours protégé à travers toutes les difficultés.

Malheureusement, il était abhorré du premier président Houyvet.

Entre plusieurs griefs, il en est deux surtout que celui-ci ne peut lui pardonner.

Le premier remonte à 1858; tous deux étaient substituts à Coutances, M. Cosnard plus ancien que Houyvet; un soir, ce dernier pria son collègue de le remplacer pour huit jours, disant qu'il avait à s'absenter; M. Cosnard y consentit, mais en apprenant le lendemain matin la mort du procureur de Valognes, il devina tout de suite que son collègue, averti avant lui, ne partait que pour lui couper l'herbe sous le pied; il ne retira pas toutefois sa parole, mais il avertit carrément le pèlerin qu'il avait pénétré son projet. Houyvet protesta et alla aussitôt, non seulement à Caen, mais à Paris (l'Empire ne lui paraissait pas haïssable alors) solliciter la place qui appartenait à son ami Desclozets; peine perdue, il revint bredouille; le droit de M. Cosnard était si incontestable que sa nomination lui arriva sans qu'il eût eu à se déranger; l'échec et l'humiliation sont restés depuis 25 ans sur le cœur de M. Houyvet.

Le second grief est plus récent; il date de 1877. M. Cosnard était alors procureur à Caen; M. Houyvet, dissous avec les 363, se représentait; réunions publiques, réclames de cabaret, arrosage général des électeurs, tout cela allait son train et M. Houyvet comptait bien être renommé, lorsque M. Cosnard fut chargé de vérifier les listes électorales; c'était son devoir de procureur et il ne pouvait hésiter; il les vérifia donc et y découvrit, par centaines, des faillis, repris de justice et autres citoyens frappés d'incapacité, qui y avaient été récemment portés; il les fit rayer; conséquence: Houyvet fut blackboulé, c'était justement sur ceux-là qu'il comptait.

Aujourd'hui l'ordre est rétabli; sur la liste des électeurs les clients du sieur Houyvet ont retrouvé leur place, et sur la liste des magistrats c'est M. Cosnard qui à son tour est rayé.

Un point cependant tourmente encore M. Houyvet, il reste une chose qu'il n'a pu supprimer à M. Cosnard-Desclozets, à savoir, le parfait mépris qu'il lui a inspiré.

M. COUGET

PRÉSIDENT A MURET

20 ans de service, dont 9 comme président.

L'un des magistrats les plus distingués du ressort de Toulouse par son savoir et par l'élévation de ses sentiments; il était membre correspondant de l'académie de législation à laquelle il avait envoyé des travaux très remarqués.

Aussi jouissait-il d'une grande influence et le respect public l'environnait; il honorait sa fonction plus encore qu'il n'en était honoré; mais il était tout d'une pièce quand sa conscience et son devoir étaient en jeu, et ne savait pas courtiser M. de Remusat, le potentat de l'arrondissement de Muret.

Ses services, sa conscience, son impartialité ne pouvaient compenser pareil crime, et il a été révoqué.

M. Couget était fils du vénéré doyen du barreau de Saint-Gaudens, dont l'attachement aux idées conservatrices n'a jamais cessé de s'affirmer. Il était neveu de l'honorable président du tribunal de Saint-Gaudens qui, malgré les plus vives instances, persista à demander sa mise à la retraite au lendemain de l'exécution des décrets.

M. COURBE

PRÉSIDENT A JONZAC

22 ans de service, dont 7 comme président.

Magistrat honorable, d'un esprit net, judicieux, pénétrant, et dont le caractère était un heureux mélange de bienveillance, de douceur et de fermeté.

C'est M. Dufaure qui l'avait nommé président, et il avait bien fait, car M. Courbe s'était vite distingué dans ces fonctions, non seulement par le soin consciencieux qu'il apportait à l'étude des affaires, mais aussi par l'impartialité, la clarté, la logique et la précision avec lesquelles il savait rédiger ses jugements.

Seulement M. Courbe avait des croyances religieuses auxquelles il ne pouvait renoncer; de plus, il avait refusé de tenir l'encensoir à l'inauguration d'une statue de la déesse Marianne, n'estimant pas que cet emploi fût compatible avec sa dignité; enfin, il n'avait jamais pu comprendre comment un anniversaire d'assassinats avait pu être transformé en jour de fête nationale, et il n'illuminait pas le 14 juillet!

On est fier d'être frappé pour de pareils crimes, et la fierté de M. Courbe eût été sans mélange si le coup qui l'a atteint n'avait pas atteint en même temps son jeune frère, suppléant à Loudun, dont la carrière était pleine de promesses, et qui a mieux aimé la briser que la continuer sous M. Martin-Feuillée.

La science et le talent de M. Courbe n'en sont pas moins restés au service de la vraie justice; en quittant son siège de président, il s'est fait inscrire au barreau de Poitiers.

M. COURDIN

CONSEILLER A LA COUR DE TOULOUSE

18 ans de service, dont 9 comme conseiller.

Passionné pour le droit qui avait été l'étude de toute sa vie, d'une grande instruction juridique, M. Courdin était un de ces hommes dont la bienveillance impose le respect et qu'il est impossible de ne pas aimer quand on les connaît.

Sa mise à la retraite a été moins une disgrâce qu'une faveur, car il alliait les idées républicaines aux sentiments religieux, et il lui eût été aisé de se faire maintenir dans ses fonctions si l'état de sa santé lui eût permis de les continuer sans danger.

Il avait été autrefois secrétaire de M. Mathieu-Bodet.

M. COUSCHER

PRÉSIDENT A BAUGÉ

19 ans de service, dont 9 comme président.

Un homme antique, le « *Justum ac tenacem propositi* », du bois de ceux qui, pour le service de la justice, se laisseraient massacrer sur leur chaise curule avec sérénité.

Aussi son indépendance, sa fermeté avaient attiré sur lui les haines des républicains, et la révocation qui l'a frappé ne l'a pas plus surpris qu'elle ne l'a ébranlé.

Sa croix d'honneur, gagnée sur les champs de bataille, faisait honte à ces misérables qui abritaient en 1870 leur chère guenille dans les préfectures et sous-préfectures, pendant que M. Couscher, déposant la robe qui le protégeait, s'arrachant à sa femme et à ses enfants, s'engageait dans un régiment de mobilisés, conduisait au feu un bataillon, tombait en janvier 1870 aux mains de l'ennemi et s'évadait pour revenir prendre bravement sa part, à la tête de ses camarades, aux batailles sanglantes qui furent autour du Mans le dernier effort de l'armée de Chanzy.

Forcé par la paix de remettre l'épée au fourreau, M. Couscher avait repris sa robe et, redevenu magistrat, il avait montré dans l'exercice de ses fonctions une intelligence du droit, une sûreté de jugement, et en même temps une bienveillance et une affabilité qui lui avaient valu l'affection et le respect de tous les honnêtes gens.

On le dépouille aujourd'hui de ces fonctions si bien gagnées et si bien remplies; M. Martin-Feuillée a pensé qu'il ferait tache au milieu de sa magistrature nouvelle; nous ne pouvons nier qu'il n'ait eu raison.

M. COUTOUX

PRÉSIDENT AU MANS

20 ans de service, dont 10 comme président.

Avait conquis l'estime et l'affection de tout le monde par sa droiture, par sa loyauté, par la correction de son attitude et par la dignité de sa vie privée. Il n'était pas un homme d'affaires qui ne rendît l'hommage le plus complet à son intelligence, à la lucidité de son esprit, à la rectitude de son jugement, à sa science du droit, à sa connaissance de la procédure, à son obligeance infatigable et surtout à son impartialité; on savait bien que devant lui pauvres ou riches, puissants du jour ou persécutés étaient sur le même pied.

Mais il avait de ses fonctions une idée trop élevée; déjà au 4 septembre il avait renoncé à ses fonctions du parquet, avec 14 de ses collègues du ressort d'Angers, plutôt que de subir la collaboration d'un procureur général qu'il ne pouvait estimer.

Plus récemment, le 30 novembre 1880, il avait rendu un jugement déclarant la justice ordinaire compétente pour statuer sur une demande en dommages-intérêts formée par un expulsé contre le sieur Lagrange-Delangre, préfet.

C'est un crime d'indépendance que la république ne saurait pardonner; elle révoque M. Coutoux, comme elle révoque le juge d'instruction Verlet, qui a osé aussi se déclarer compétent pour suivre sur la plainte criminelle en attentat à la liberté formée contre le même préfet.

Devant de tels actes d'iniquité, chacun comprend que c'est la justice elle-même qui quitte le prétoire avec les magistrats chassés.

Les hommes d'affaires républicains du Mans étaient résolus, dit-on, à demander le maintien de M. Coutoux; s'ils l'ont fait, ils ont échoué; mais si M. Martin-Feuillée veut savoir ce qu'ils pensent, il n'a qu'à le demander au député Leporché et au sénateur Cordelet, qui plaidaient le 30 novembre 1880 pour le préfet, l'un comme avocat, l'autre comme avoué; ils pourront lui dire, s'ils l'osent, comment après la révocation dont ils sont les complices s'ils ne l'ont pas provoquée, on les a reçus au Palais.

M. COUTRET

PRÉSIDENT DE CHAMBRE A LA COUR D'ANGERS

Depuis trente-deux ans dans la magistrature, d'une santé délicate, mais d'une haute énergie morale, austère, intègre, inaccessible à toute influence, bienveillant et modéré, M. Coutret a toujours vécu loin des agitations de la politique, entouré d'un universel respect.

Pour avoir frappé un pareil magistrat, il faut que M. Martin-Feuillée ait perdu toute notion d'équité, ou qu'il ait exclusivement puisé ses renseignements à certaine source empoisonnée que tous connaissent à Angers; le vice a toujours pour la vertu une haine sans mesure et sans frein.

L'indépendance et la dignité de M. Coutret étaient d'ailleurs trop importunes à M. le procureur général Auger, dont l'attitude présente jurait si fort avec l'attitude passée. M. Coutret ne savait pas s'incliner devant la force et mettre à son service les chicanes de la procédure; sa haute science ne lui permettait pas de se laisser abuser, ni sa grandeur d'âme de se laisser dominer.

Ces vertus ne sont pas de celles que la République actuelle peut supporter; M. le président Coutret est chassé de son siège pour les avoir connues et pratiquées.

Il tombe pour avoir rendu, à la grande confusion de M. Auger, des arrêts que la Cour suprême a confirmés.

C'est pour qu'elle ne les confirme plus désormais que M. Martin-Feuillée fait entrer dans son sein des magistrats comme M. Auger.

M. COZON

PRÉSIDENT A NANTUA

19 ans de service, dont 11 comme président.

Fils d'un ancien conseiller à la cour de Lyon; excellent magistrat, très digne, très ferme, très estimé et très indépendant.

Il y a longtemps que celui-là était marqué pour la révocation; le 15 novembre 1880 M. Charles Boysset l'avait dénoncé à la tribune de la Chambre des députés; M. Cozon, ayant à recevoir le serment de deux suppléants de juge de paix nommés en remplacement de deux révoqués, leur avait adressé cette allocution:

« Avant de vous admettre à la prestation
« de serment, je considère comme un de-
« voir de rendre un hommage public et
« légitime à MM. Vingtrinier et Rouquet,
« qui ont toujours été de parfaits et loyaux
« magistrats, et d'exprimer tous mes regrets
« de la mesure qui les frappe.

» Ils ont toujours rempli leurs fonctions
« avec un véritable dévouement, et ils pos-
« sèdent à un haut degré l'estime et la con-
« fiance de leurs concitoyens.

« Vous qui les connaissez, vous vous
« associerez certainement à mes paroles;
« je souhaite, dans l'intérêt des justiciables,
« que vous marchiez sur leurs traces.

« Je tiens à dire, afin qu'à chacun re-
« vienne la responsabilité de ses actes, que
« dans cette affaire je n'ai été ni avisé ni
« consulté. »

M. Boysset appelait cela un soufflet appliqué sur la joue du garde des sceaux; c'était en tous cas un soufflet fort mérité.

Il est certain que M. Cozon ne ressemblait pas à ces gens du parquet qui, au 3 novembre dernier, ont accepté, sauf un seul qui a donné sa démission, la honte de ne pas prononcer à l'audience de rentrée un seul mot d'éloge ou de regret sur leurs collègues que M. Martin-Feuillée venait de chasser.

M. CROPP

JUGE A QUIMPER

13 ans de service.

M. Cropp avait été nommé substitut le

15 octobre 1870 par M. Crémieux; ce n'était pas la preuve d'une bien grande hostilité à la République, et il avait été depuis lors nommé deux fois par M. Dufaure, ce qui montrait qu'au point de vue politique il n'y avait tout au moins rien à lui reprocher; c'était un esprit indépendant, sincère, ennemi de l'intrigue et du mensonge, plein de justesse et de vivacité; tous ceux qui le connaissent savent avec quel scrupule et quel amour de la justice il remplissait ses fonctions.

Malheureusement pour lui, le 16 mai survint juste au moment où il était présenté pour être juge à Quimper, et sa nomination, réalisée neuf jours trop tard, porta la signature du garde des sceaux du 16 mai.

Immédiatement M. Cropp passa à l'état d'ennemi public, après lequel la meute radicale se mit à aboyer; ce fut bien pis quand on apprit qu'il avait fait un pèlerinage à Lourdes dans sa jeunesse; quand on sut qu'il ne lui paraissait pas évident que l'éducation chrétienne donnée par les Frères dût être sacrifiée pour assurer aux générations futures l'enseignement athée de la laïcité; quand on le vit enfin, au jour des expulsions, auprès des religieux qui l'avaient élevé.

Ajoutons que jadis, insulté avec tout le tribunal par un 363 en disponibilité, il n'avait pas hésité à porter plainte et avait obtenu la condamnation de l'insulteur à un emprisonnement de six semaines, que celui-ci d'ailleurs n'a jamais fait.

Toucher à un 363! c'était un crime de lèse majesté que la révocation seule pouvait expier; on le lui a fait voir, ainsi qu'à son collègue M. Bonnieu de la Rivaudière, qui s'était associé à sa plainte et n'avait pas voulu se laisser impunément traiter de valet.

Tous deux ont été révoqués par le même décret; c'est la justice telle que la comprend M. Martin-Feuillée.

M. CRUCY

VICE-PRÉSIDENT A NANTES

38 ans de service, dont 16 comme vice-président. Nature évidemment sympathique, intelligence très ouverte, esprit charmant, lettré, et dénué de toute ambition.

M. Crucy avait passé la moitié de sa carrière dans les fonctions du parquet; il y avait laissé le renom d'un orateur des plus distingués; l'élégance et l'éclat de sa parole lui avaient valu devant la cour d'assise de nombreux et brillants succès.

Devenu juge d'instruction, il s'était consacré à ses nouveaux devoirs avec le même talent. Si la justice parvint à voir clair dans l'horrible drame qui s'était passé en mer à bord du *Fœderis Arca*, elle le dut certainement à sa persévérance et à son habileté.

Il avait montré le même coup d'œil prompt et sûr dans ses fonctions de vice-président; mais, pour son malheur, un jour qu'on lui demandait d'être servile, il s'avisa de rester indépendant.

Le sieur Herbette, préfet, ayant poursuivi M. Porquier pour l'avoir, disait-il, outragé le 3 novembre 1880 en sa qualité, pendant qu'il crochetait le couvent des capucins, le tribunal lui répondit qu'un préfet qui pénètre par effraction dans le domicile d'un citoyen ne saurait agir comme préfet, mais seulement comme simple particulier, en conséquence M. Porquier fut acquitté.

Le même jour 3 novembre, le sieur Troquier, commissaire central, avait gravement outragé M. Catta, avocat, qui assistait les Capucins qu'on expulsait; sommé par le Conseil de l'ordre de poursuivre Troquier, M. Catta le pousuivit, et le sieur Herbette intervenant prétendit encore, sous prétexte d'incompétence, interdire au tribunal de juger; le tribunal ne se laissa pas intimider, se déclara compétent et allait juger Troquier, lorsque le conflit fut élevé par le préfet.

Conséquence: trois jours après ce jugement, Troquier fut décoré! Trois ans après, deux des magistrats qui l'ont rendu, MM. Crucy et Lambert, sont révoqués.

« Et nunc intelligite, qui judicatis... »

Si M. Crucy avait mieux compris son temps, il se serait associé aux misérables qui proposaient d'employer la dynamite pour faire sauter la capucinière et les quelques centaines de citoyens qui s'y étaient donné rendez-vous afin de protester par leur présence contre l'abus de la force et le mépris du droit; au lieu de cela, il a refusé de souiller sa robe dans le bourbier de politique et d'irréligion où les républicains se vautraient; il était dès lors tout naturel que M. Martin-Feuillée le jugeât indigne de la porter désormais.

M. CYVOCT

JUGE A BELLEY

14 ans de service.

Très bon magistrat qui jouit d'une haute considération et d'une grande influence dans la bourgeoisie du Bugey, où toute sa famille est entourée d'une estime méritée.

Il faut qu'il ait été en abomination aux radicaux pour que leur propre intérêt n'ait pas même suffi à les déterminer à l'épargner; ils ne peuvent ignorer en effet que M. Cyvoct avait été vivement pressé de se porter naguère candidat à la députation et qu'il aurait eu les plus fortes de chances de passer s'il eût consenti à se présenter.

Maintenant que la perte de ses fonctions lui a rendu la liberté, il y a tout lieu d'espérer qu'il cédera aux vœux de ses concitoyens, et s'il en est ainsi, on ne gardera pas rancune à M. Martin-Feuillée, puisque c'est à lui qu'on devra un bon député.

M. DABANCOUR

JUGE A MACON

18 ans de service.

Un de ces magistrats aussi recommandables par la dignité de leur vie privée que par la manière irréprochable dont ils exercent leurs fonctions.

Très ferme et très indépendant, il avait en 1882 résigné ses fonctions de juge d'instruction à la suite de conflits avec le ministère public, conflits provoqués par son refus de s'associer aux ardeurs antireligieuses d'un chef de parquet qui s'est acquis dans le ressort la plus triste notoriété et qui a trouvé le secret, inconnu jusqu'à lui, de faire condamner à lui payer des dommages intérêts les gens qu'il a mis en prison illégalement; il est vrai que la nouvelle cour de Dijon peut revendiquer sa juste part du brevet d'invention.

Magistrat honnête et chrétien, ne cachant pas ses convictions, M. Dabancour était donc condamné à périr, et quand il a vu les premiers décrets frapper l'élite des cours et des tribunaux, il n'a pas hésité à rappeler lui-même aux puissants du jour qu'il était digne de figurer sur les listes de proscription.

M. DACLIN

CONSEILLER A LA COUR DE BESANÇON

32 ans de service, dont 8 comme conseiller.

Le plus honnête des hommes, d'une vie privée irréprochable; d'un caractère bienveillant, conciliant envers les personnes et incapable de se livrer jamais à la moindre provocation; de plus, magistrat consciencieux et entièrement dévoué à ses fonctions.

Mais il était religieux; en outre, il avait été membre du conseil général pendant 17 ans et avait toujours voté avec les conservateurs. Ce sont des crimes qu'il devait naturellement expier par une révocation.

M. DAGUILHON

PREMIER PRÉSIDENT A PAU

35 ans de service. La République de 1848 lui avait ouvert la magistrature (31 mars 1848), la République de 1883 l'en a chassé.

Il y a 14 ans qu'il était premier président à Pau.

C'était le modèle des magistrats et l'homme le plus réservé en politique; il était honoré à ce point que, non seulement des collègues, mais des avocats républicains avaient fait auprès de lui des démarches pour qu'il consentît à rester à la tête de la cour dont il était l'ornement et la lumière.

On ne lui demandait qu'une concession: renoncer à jamais à la présidence du conseil général du Tarn; M. Daguilhon n'a pas cru que pour conserver sa place et 18,000 francs d'appointements, il lui fût permis de trahir ou d'abandonner le mandat que ses électeurs lui avaient confié; il a refusé la concession qu'on lui demandait.

Nous connaissons d'autres premiers présidents qui disent aussi, du moins dans leurs circulaires électorales, que de toutes les fonctions qu'ils occupent, ce sont celles qu'ils tiennent du mandat électoral auxquelles ils sont le plus invinciblement attachés; à ceux-là on ne demande rien parce qu'ils sont républicains; le jour prochain où ils ne pourront plus être à la fois sénateurs et premiers présidents, nous verrons si leurs préférences sont réellement pour le mandat électoral ou pour les plus gros appointements.

M. Daguilhon a 60 ans à peine, c'est un homme du monde accompli; ses adversaires eux-mêmes s'inclinaient devant ce caractère impartial, devant ce jugement prompt et droit, devant ce jurisconsulte érudit.

Il est beau-père du duc de Montebello.

Le bâtonnier de l'ordre des avocats a

hautement annoncé qu'à la fin des vacances judiciaires, il convoquerait ses confrères pour formuler les regrets et la sympathie dû barreau dans une adresse au premier président révoqué. Ce sera un appendice intéressant à l'installation du nouveau premier président marqué du timbre de M. Martin-Feuillée.

M. DANNIAUX
JUGE A VALENCIENNES

20 ans de service.

Fils et neveu de deux anciens conseillers de Douai, M. Danniaux était un honnête, digne et loyal magistrat. Très bon, très bienveillant envers tous, homme du monde parfait, il n'était pas jusqu'aux républicains qui ne rendissent justice à son impartialité, à sa droiture et à son affabilité.

Pourquoi est-il révoqué? Il paraît que personne ne le sait; pas même le député radical, M. Girard; il s'est défendu du moins, dans une conférence publique, d'être en état de l'expliquer.

Le public toutefois s'est obstiné à n'en rien croire, se rappelant que M. Danniaux avait eu le malheur de le condamner correctionnellement en décembre 1877, et qu'il était le beau-frère de M. Renard, son concurrent,

Or, M. Girard sue la révocation, voyez plutôt:

M. Tournier, procureur de la République, qui avait fait la poursuite en 1877, a été révoqué;

M. Blocaille, son propre beau-frère, substitut à la même époque et ami de M. Tournier, a été révoqué;

M. Champeaux, juge à Avesnes, son cousin, est révoqué;

M. Le Roy, président à Lille, beau-père de son neveu M. Allard, est révoqué;

M. Danniaux, son cousin germain, est aussi révoqué.

Si M. Girard n'est pour rien dans tout cela, il n'a pas de chance, car il n'est personne qui ne lui en fasse honneur; il devrait plutôt s'en glorifier, car c'est d'un bel exemple, en temps de République, de ne pas faire de népotisme et de montrer qu'un vrai républicain peut sacrifier toute sa famille pour ruiner l'influence d'un concurrent qu'elle lui préfère, et s'assurer, même à ce prix, quelques chances à une réélection.

M. DAPEYRON-DOUMIS
JUGE A MAURIAC

31 ans de service.

Magistrat modeste que son caractère droit, sa scrupuleuse conscience, sa bienveillance et son affabilité faisaient respecter de tous et semblaient devoir mettre à l'abri des foudres de M. Martin-Feuillée.

Et de fait, on n'avait jamais eu la moindre incorrection politique à lui reprocher; mais ce n'est pas assez pour nos républicains d'être sans tache si l'on n'a aussi été conçu sans péché; or, M. Dapeyron-Doumis appartenait à une famille ayant des opinions conservatrices et religieuses très arrêtées, d'où il suit que le salut de la République et, ce qui est peut-être plus grave, la réélection du député eussent pu être compromis si on l'avait conservé; Martin-Feuillée qui n'a pas moins à cœur l'un que l'autre, a tout sauvé en inscrivant M. Dapeyron-Doumis sur la liste des expulsés.

M. DARRICAU
JUGE A BAYONNE

13 ans de service. Deux fois nommé par M. Dufaure.

Juge honnête, capable, ne songeant qu'à bien remplir ses devoirs professionnels; d'un caractère plein de droiture et de loyauté; il avait quitté à 33 ans la carrière du parquet pour venir s'installer à Bayonne, centre de ses affections et de ses intérêts.

Nul ne lui connaissait la moindre relation politique et il est impossible de chercher la cause de sa révocation dans cet ordre d'idées.

Mais il était chrétien, ancien élève des jésuites et de l'école des Carmes, et affecté d'une énergique indépendance qui ne laissait pas la moindre prise sur son impartialité.

Donc il fallait le révoquer; il s'est inscrit au barreau de Bayonne, et ses confrères lui ont fait aussitôt l'honneur de le nommer membre du conseil de l'Ordre, témoignant ainsi le cas qu'ils font de l'honnête homme jugé indigne de rester dans la magistrature de M. Martin-Feuillée.

M. DARTIGE
PRÉSIDENT DU TRIBUNAL DE LIMOGES

33 ans de service, dont 17 comme président.

M. Dartige avait la grâce qui attire et le charme qui retient; digne sans raideur, affable sans affectation, il s'imposait à l'affection et au respect; jamais magistrat ne jouit dans le monde des affaires de sympathies plus universelles et plus justifiées.

D'une haute raison, d'une sagacité qui s'alliait chez lui à la solidité de la doctrine, M. Dartige réfléchissait ces qualités maîtresses dans des jugements que la cour avait bien rarement à modifier.

Fils d'un procureur du roi démissionnaire en 1830, il avait recueilli dans son patrimoine ces principes d'honneur que les magistrats proscrits emportent aujourd'hui dans les plis de leur toge, et il le fit bien voir le jour où les religieux, violemment expulsés de leur domicile, vinrent lui demander justice; par trois fois il affirma, en un ferme et courageux langage, qu'il y avait encore des juges pour qui la force ne primait pas le droit.

M. Dartige avait toujours su, dans ses rapports avec les représentants de la République, observer la courtoisie que sa situation comportait; il avait peut-être sacrifié à son devoir quelques répugnances, il refusa de sacrifier le droit au bon plaisir d'un préfet; ce fut son crime, on le lui fait expier.

Une mesure hypocrite avait déguisé la punition sous la couleur d'un déplacement; M. Dartige était trop fier pour s'associer à une décision qui le châtiait parce qu'il avait fait son devoir, il a refusé, et M. Martin-Feuillée l'a révoqué.

M. DAUDIN-CLAVAUD
PRÉSIDENT A BLAYE

29 ans de service, dont 17 comme président.

M. Daudin-Clavaud avait dû tous ses grades à un mérite sérieux et incontesté; il avait pour les fonctions judiciaires autant d'aptitude que de prédilection, et avait toujours eu une attitude empreinte de la plus grande correction et de la plus haute dignité.

Il était difficile de dire qu'il ne fût pas entouré de la sympathie et de l'estime qu'il méritait, car depuis vingt ans il était le président constamment réélu d'une association de charité comptant plus de 400 membres, et avait fait partie du bureau de bienfaisance, du conseil d'hygiène, du conseil de fabrique et d'une foule de commissions touchant aux intérêts de la localité; quoique chef d'une famille nombreuse et chargé d'occupations multipliées, toutes les fois que les intérêts de ses concitoyens avaient réclamé son temps ou sa peine, il ne les avait jamais refusés.

Est-ce pour cela que M. Martin-Feuillée l'a révoqué?

M. DAUMESNIL
JUGE A CAEN

27 ans de service.

M. Daumesnil avait de sérieuses qualités d'intelligence et d'esprit; il avait, dit-on, quelques défauts de caractère, et ceux qui, à tort ou à raison, croyaient avoir eu à en souffrir, lui en ont gardé rancune et s'en sont vengés en le faisant révoquer.

Il avait été résolu d'abord qu'on le conserverait, car si on le soupçonnait d'être conservateur, on ne pouvait le taxer d'être clérical, et on avait préféré choisir à ses côtés une autre victime infectée de ce vice pour la sacrifier.

C'est alors que les haines personnelles se sont donné carrière, et comme, malgré les raisons respectables qu'il pouvait avoir de désirer être maintenu dans ses fonctions, M. Daumesnil n'a fait pour y être conservé aucune de ces démarches ou de ces concessions humiliantes par lesquelles certains ont racheté leur place au prix de leur dignité, c'est lui qui a été sacrifié.

On s'est inquiété en outre de le voir devenir, par la révocation du plus ancien de ses collègues, doyen du tribunal, appelé par conséquent à présider l'audience de police correctionnelle, et on s'est défié, non sans raison, d'une indépendance que l'on savait incapable de plier.

M. DAVIAUD
VICE-PRÉSIDENT AU TRIBUNAL DE BORDEAUX

29 ans de service, dont 8 comme vice-président.

La cause qui a déterminé la révocation de cet honorable magistrat n'est pas douteuse.

En novembre 1880, à la suite de l'expulsion violente des Carmes de Bordeaux, le journal *la Victoire* avait publié un article où, parlant de la veillée qu'avaient faite au couvent les personnes venues pour assister les religieux menacés, il s'était livré à d'épouvantables insinuations.

Poursuivi par les Pères Carmes, il trouva un appui bien inattendu pour tout le monde dans la parole de M. Poncet des Nouailles, substitut; mais le tribunal n'hésita pas, et dans son jugement M. Davioud constata :

« Que non seulement le journal a, par « une grossièreté déjà blâmable, transformé en une ripaille nocturne un frugal « repas de pain et de bière; mais qu'il n'a « parlé de la couche des religieux que pour « y trouver l'occasion d'une insinuation « infâme, sachant bien qu'il s'adressait à « un grand nombre de lecteurs ignorants, « animés de passions haineuses contre tout « ce qui touche de près ou de loin à la religion, passions chaque jour excitées par « le journal lui-même dans des articles « animés du même esprit de haine qui les « aveugle les uns et les autres au point de « les rendre disposés à tout croire et à tout « accepter de ceux qui les flattent.

« Que cette publication, d'intention « mauvaise évidente, s'est produite dans « des circonstances d'autant plus coupables qu'elle avait pour objet de s'attaquer « à des hommes malheureux, proscrits, « chassés de leur domicile, privés de la liberté de pratiquer suivant leur conscience les exercices de la religion, sans « que ceux qui ont cru pouvoir ou devoir « user envers eux de ces mesures d'une rigueur extrême aient relevé à leur égard, « pour les motiver, d'autre reproche que « leur qualité de religieux.

« Que le rédacteur de *la Victoire*, qui « s'est posé en ennemi acharné des congrégations religieuses, aurait dû considérer comme sacrée la personne de ceux « qu'il se plaisait à voir vaincus et abattus, si son cœur était capable du moindre « sentiment de générosité... »

En conséquence, le rédacteur fut condamné à 15 jours de prison, 100 francs de dommages-intérêts envers chacun des demandeurs, et à des insertions du jugement dans cinq journaux du département.

Nous ne savons pas si le condamné a subi son emprisonnement, ce n'est pas probable; mais nous savons que M. Martin-Feuillée a révoqué M. Daviaud, et que M. Poncet des Nouailles, nommé depuis juge à Bordeaux, a été conservé, quoiqu'il ait fallu, en 1879, un véritable tour de force pour le tirer des griffes des républicains, tant ils étaient acharnés à le faire destituer.

M. DECOUX-LAGOUTTE

JUGE A BORDEAUX.

10 ans de service.

Fils d'un notaire de Treignac qui a été longtemps président de la Chambre de discipline de sa Compagnie et membre du Conseil général de la Corrèze, M. Decoux-Lagoutte était venu, après la guerre, se fixer à Limoges, où il avait été le secrétaire de M. Chouffour, l'avocat le plus occupé de la région; il avait eu l'occasion d'y prêter le secours de sa parole à quelques bons républicains qu'on se permettait d'inquiéter à propos du soulèvement patriotique de la « Commune » de Limoges, laquelle, à l'instar de sa sœur de Paris, avait débuté, le 4 avril 1871, par l'assassinat d'un officier de dragons ou de cuirassiers, survivant de Reischoffen, le colonel Billet.

Il était entré ensuite dans la magistrature et ne songeait qu'à ses fonctions lorsqu'il fut appelé sous le 16 mai, pour être chef de cabinet, par son parent le ministre de l'instruction publique, M. Joseph Brunet; il fut nommé juge à Bordeaux vers la fin du 16 mai.

M. Decoux-Lagoutte était doué d'une belle intelligence, d'un caractère ferme et loyal, et marchait droit devant lui sans jamais transiger.

C'est assez dire que M. Martin-Feuillée ne se serait jamais pardonné de l'oublier, quand même il n'eût pas eu l'honneur d'être le parent de M. Joseph Brunet.

M. DELAHAYE

JUGE A PARIS.

23 ans de service, dont 22 au Tribunal de la Seine, où il s'était fait une grande notoriété comme juge d'instruction; rien ne lui manquait du reste pour cela, la science du droit, l'habitude des affaires, la loyauté, l'impartialité, et l'esprit par-dessus le marché.

Mais il gâtait ces qualités par une humeur indépendante qui eût été déplacée désormais; ne s'était-il pas avisé naguère de se démettre des fonctions de juge d'instruction parce que le procureur Delise avait fait, pendant qu'il était en congé, prendre le dossier d'une affaire politique dans son cabinet, et avait obtenu une ordonnance de non-lieu d'un juge qui n'avait pas instruit l'affaire et qui était nouvellement arrivé?

Tout le monde sait d'ailleurs à laquelle de ses informations célèbres il faut rattacher la mesure de révocation dont M. Martin-Feuillée l'a frappé; il n'avait pas voulu alors promettre aux instances pressantes d'une personne très connue une ordonnance de non-lieu qu'il ne croyait pas fondée, et la personne dont il s'agit, éconduite après lui avoir adressé des propos plus que déplacés, surtout dans une jolie bouche, était sortie de son cabinet en lui criant : « Vous êtes indépendant aujourd'hui, vous ne le serez pas toujours! » C'était vrai, l'heure venue, la menace s'est réalisée, on sait que la vengeance est un plat qui se mange à froid et qui n'en est que plus apprécié des gourmets.

M. DELAINE

JUGE A TROYES.

19 ans de service.

Magistrat intègre, très travailleur, homme bon et dévoué, M. Delaine était entouré d'une estime et d'une sympathie que justifiaient sa science du droit, la dignité de son caractère, sa bienveillance et sa fermeté.

Mais il manquait de docilité et avait en matière de droit constitutionnel de déplorables principes qu'il ne fallait pas laisser se propager.

N'avait-il pas, en effet, le 11 août 1880, concouru au jugement par lequel le Tribunal de Troyes avait dit, pour justifier sa compétence à statuer sur la demande en dommages-intérêts formée par des expulsés contre le sieur Rondineau, préfet, à raison de la violation de leur propriété :

« Attendu que si l'autorité judiciaire « était tenue de se dessaisir des questions « qui sont essentiellement de sa compétence devant un acte qualifié d'acte de « gouvernement ou de haute police, alors « même qu'il ne serait pas justifié par un « texte de loi que cet acte a été accompli « par le gouvernement en vertu de ses attributions constitutionnelles et légales, « il faudrait reconnaître que le pouvoir « exécutif est le maître absolu de tous les « droits des citoyens et que son autorité « est supérieure à la loi, ce qui ne saurait « se comprendre sous un régime constitutionnel... »

M. Delaine ne comprend pas cela, ni aucun de ceux qui ont la moindre notion de droit et de liberté; mais ce sont tous des séditieux; Martin-Feuillée ne l'avait jamais compris non plus sous l'Empire, depuis que le pouvoir c'est lui, il le comprend très bien, et il a révoqué M. Delaine comme tant d'autres, afin que nul ne s'avise désormais d'en douter.

D'anciens collègues très républicains avaient pu apprécier tout le mérite de ce magistrat modeste qui n'était passionné que pour la vérité; ils savaient qu'il n'avait jamais compromis ses fonctions par une attitude et une opposition qu'il considérait comme contraires à sa dignité professionnelle et ils lui avaient offert d'intervenir au ministère pour détourner le coup dont ils le voyaient menacé.

M. Delaine leur a répondu qu'il n'avait jamais voulu faire la plus petite démarche pour obtenir de l'avancement, et que s'il devait être atteint par une disgrâce imméritée, il entendait qu'il n'en fût pas fait davantage pour la lui éviter.

M. DELALANDE

JUGE A ROMORANTIN

30 ans de service.

M. Delalande appartenait à une des plus honorables familles du pays, et n'avait d'autre désir que de terminer sa carrière sur un siège qu'il occupait depuis 23 ans, et où tout le monde l'entourait de sympathie et de considération.

M. Martin-Feuillée l'en a chassé sans qu'on puisse deviner pourquoi, même par voie de simple supposition.

M. DELALO

PRÉSIDENT A SAINT-FLOUR

25 ans de service, dont 13 comme président.

Un type de franchise, de droiture et d'honnêteté; d'abord facile, d'humeur égale, d'une bienveillance inépuisable, d'opinions libérales, il pratiquait sans faiblesse comme sans ostentation ses devoirs de magistrat et de chrétien; son solide bon sens, sa connaissance spéciale des affaires locales, son impartialité incontestée avaient fait de lui le président le plus apprécié.

Malheureusement il n'a pas su se mettre à la remorque des passions républicaines et à prétendu rendre à chacun la justice selon son droit; de plus, sa place était ardemment convoitée; le piquant de l'affaire est qu'on ne l'a pas donnée à celui qui la lui a fait enlever, de sorte que les journaux républicains se sont chamaillés, et que quelques-uns se sont écrié : (textuel)

C' n'est pas la peine assurément
D'avoir changé de président.

M. DELANOUE

JUGE A FONTAINEBLEAU

20 ans de service, dont 15 comme juge d'instruction.

L'homme à qui M. Delanoue doit sa révocation, et qui s'en vante, échappe à toute désignation par l'excès même de son indignité; nous doutons qu'il existe une plume assez alerte pour dire la vérité sur lui sans le diffamer; nous préférons donc ne pas nous en occuper; disons seulement que c'est pour satisfaire sa basse vengeance que M. Delanoue a été sacrifié.

M. Delanoue, qui ne s'occupait pas de politique, avait d'ailleurs donné, il faut en convenir, plus d'un prétexte à être révoqué.

D'abord, il avait en 1878 rendu une ordonnance de référé par laquelle il se déclarait compétent pour statuer sur la demande des Frères des Écoles Chrétiennes de Montereau, tendant à être réintégrés dans les bâtiments d'où ils avaient été violemment expulsés.

D'un autre côté, il n'était pas assez souple avec le Parquet, quoique celui-ci lui fit l'honneur de reconnaître que « c'était à son travail excessif que l'on devait de voir les affaires ne pas subir de retard ».

Mais les compliments n'excusaient pas les illégalités; or, M. Delanoue en avait vu tant commettre qu'il s'était rebiffé, et avait fermement défendu ses prérogatives et les droits de la légalité. Il avait raison à coup sûr puisqu'au mois de mai 1882 le procureur général lui-même s'était vu obligé de s'armer de l'article 60 de la loi du 20 avril 1810, applicable aux officiers du ministère public « dont la conduite est répréhensible » pour infliger un blâme officiel au Parquet.

Seulement il n'est pas toujours bon d'avoir raison, et on a fait expier ce crime à M. Delanoue le jour où il a cessé d'être protégé par l'inamovibilité.

On n'a pas demandé sa tête, c'est fort heureux, mais qu'il y prenne garde pour le jour où il y aurait quelque chance de l'obtenir; il se trouverait alors quelqu'un pour la demander, le même magistrat peut-être qui n'hésitait pas en 1871 à déclarer qu'il en fallait abattre 30 dans la ville où il était pour avoir la paix.

M. DELAPALME

JUGE AU TRIBUNAL DE LA SEINE

28 ans de service.

M. Delapalme se distinguait par sa science pratique des affaires; en des temps réguliers son sérieux mérite l'eût porté tout seul à une vice-présidence depuis longtemps.

Il ne s'occupait que de juger, étranger ou indifférent, en apparence du moins, à tout le reste et particulièrement à la politique.

On ne s'expliquerait donc jamais sa révocation s'il n'était pas le fils de son père, ancien conseiller à la cour de cassation, et le neveu de M. Baroche, crime peut-être encore plus grand.

En le chassant à cause de sa parenté et de son nom, M. Martin-Feuillée a fait un vide cruel dans l'existence de ce laborieux magistrat, mais il en a aussi creusé dans le tribunal un autre que ses recrues des nouvelles couches ne combleront pas.

Une application infatigable, un zèle ardent pour la justice, une vraie soif de la vérité, beaucoup de bonté, de droiture, de complaisance, d'affabilité, c'est là un bagage embarrassant qui n'est point dans le programme de M. Martin-Feuillée.

M. DELATTRE

CONSEILLER A AMIENS

34 ans de service, dont 10 comme conseiller.

Magistrat consciencieux et éclairé, caractère loyal et sûr, esprit fin, délicat, d'opinions modérées et d'une haute intégrité, M. Delattre se tenait éloigné de la politique et n'avait d'autre souci que de bien juger, prenant pour seule règle le droit et l'équité.

Mais il présidait la Société de St-Vincent-de-Paul, ce qui est ridicule en ce temps où la charité est remplacée par la solidarité; il allait à la messe, avait fait élever ses fils chez les Jésuites et avait même toléré qu'une de ses filles entrât au couvent; donc clérical et bon à être révoqué.

Il s'y attendait, ayant déjà été privé de la présidence des assises pour avoir osé signer une pétition au Sénat demandant que le fameux article 7 fût rejeté.

Aussi M. Martin-Feuillée ne l'a pas manqué; le prince de Monaco l'a recueilli et l'a appelé à présider le tribunal supérieur de sa principauté; nous en sommes là qu'un honnête homme est obligé de s'expatrier à Monaco pour pouvoir secourir les pauvres, prier Dieu et rendre la justice en liberté.

M. DELEPOUVE

VICE-PRÉSIDENT A AMIENS

28 ans de service, dont 9 comme vice-président.

M. Delepouve était, par tempérament comme par devoir, absolument étranger à toute politique, et, en dehors des œuvres de religion et de charité auxquelles il consacrait tous ses loisirs, sa seule préoccupation était de bien et fidèlement remplir ses fonctions; laborieux et instruit, il présidait la Chambre de police correctionnelle avec une impartialité dont pas un homme ayant son bon sens ne s'était jamais avisé de douter.

C'est ce qui l'a perdu; on lui avait livré un prêtre à condamner, l'honorable abbé Mulot, curé d'une des paroisses d'Amiens, que le Parquet avait tenu 45 jours en prison, et qu'il lui amenait chargé de toutes les calomnies qu'avait pu accumuler la haine des sectaires de la libre pensée.

M. Delepouve ne comprit pas qu'il fallait lui passer immédiatement le lacet; il laissa la défense détruire pièce à pièce l'immonde échafaudage qu'on avait dressé, et forcer le Parquet à produire des pièces qu'il avait oublié de montrer. Ce fut un épouvantable écroulement, le curé fut proclamé innocent par le public avant même de l'être par le tribunal, et le jugement qui lui rendit l'honneur et la liberté était tellement décisif que ni procureur de la République ni procureur général n'osèrent en appeler.

Mais comme il fallait une victime, c'est M. Delepouve qui fût condamné; la presse radicale le couvrit d'injures à mesure que devenait plus clair le complot que sa sagacité et sa fermeté avaient déjoué; dès ce moment sa révocation était décidée; n'ayant pu atteindre le prêtre innocent, on a frappé le magistrat intègre, et c'est le ministre de la justice qui a consommé l'iniquité?

M. Delepouve eût été dès longtemps nommé conseiller si le favoritisme républicain n'eût fait ouvertement litière de ses droits au profit de médiocrités sur lesquelles il savait pouvoir compter. Seul, M. le premier président Saudbreuil, tant qu'il fût à la tête de la cour d'Amiens, s'obstina toujours à le présenter; « le temps de Delepouve, disait-il avec ce franc parler original qui lui était familier, se partage entre sa maison, l'Église et le palais, qu'a-t-on à redire à cela? » témoignage précieux qui fait à la fois honneur à l'indépendance du chef et au mérite de celui qui en est l'objet.

Ce qu'on avait à redire à cela? mais simplement ce qu'un bon républicain avait dit naguère à Mgr Darboy dans le chemin de ronde de la Roquette :

« Tu nous embêtes, fiche nous la paix »

M. DELLAC

CONSEILLER A MONTPELLIER

36 ans de service, dont 19 comme conseiller.

Magistrat d'une capacité considérée comme exceptionnelle et reconnue aussi bien par ses collègues que par le barreau.

Il se consacrait exclusivement à ses fonctions, se tenant en dehors des luttes de partis, aimé et estimé de tous pour sa droiture et sa franchise; mais il avait le malheur de ne vouloir obéir qu'à sa conscience et d'être d'un caractère indépendant.

Son crime est d'avoir participé à l'arrêt du 16 juillet 1881 par lequel la Cour a réformé l'ordonnance de référé rendue le 21 octobre précédent par le vice-président du tribunal, laquelle avait admis le déclinatoire du sieur Fresne, préfet, sur la demande en réintégration de domicile formée contre lui par des expulsés.

Contester à un préfet le droit de jeter sans jugement des citoyens sur le pavé était d'une insolence qui ne pouvait vraiment être tolérée.

M. Dellac menait une existence retirée, n'était pas clérical du tout, nul ne l'ignorait; mais n'avait de sa vie flatté personne, et trouvait parfois, pour qualifier les hontes du temps, de ces mots à l'emporte-pièce que ne pardonnent jamais les gens dont la seule consigne est d'admirer, quoiqu'elle fasse, « la République qui paie. »

M. DELMAS

JUGE A CÉRET

10 ans de service.

M. Delmas était incontestablement le

magistrat le plus capable et le plus actif du tribunal de Céret; mais à quoi servent le dévouement au devoir, l'honorabilité personnelle, la capacité professionnelle, la correction de la vie publique et la dignité de la vie privée quand on est suspect de vouloir conserver les choses respectables que la République prend à tâche de renverser?

C'était le crime de M. Delmas, rien que la révocation le pouvait expier.

M. DEMONTZEY
PRÉSIDENT DU TRIBUNAL DE NANCY.

53 ans d'âge, 28 ans de service, dont 11 comme président.

M. Demontzey avait pendant 14 ans exercé les fonctions du Parquet, il y avait montré beaucoup de prudence, de modération et de fermeté; M. Dufaure l'avait nommé président, puis décoré.

Comme magistrat jugeant, il s'était fait remarquer par un sens droit et sûr, par une infatigable patience à chercher la vérité, par un soin opiniâtre à tout examiner, et par une lucidité de rédaction qui savait partout jeter la clarté.

Impartial et indépendant, il avait été saisi le 2 juillet 1880 d'une demande en main levée de scellés apposés sur une chapelle par un préfet, et s'était, par une ordonnance de référé, déclaré incompétent pour statuer, ce qui était vrai; mais aussi, saisi d'une demande de réintégration dans une propriété privée d'où un citoyen avait été violemment expulsé, il avait rendu, le 15 juillet, un jugement déclarant la compétence des tribunaux ordinaires pour statuer, ce qui n'était pas moins vrai.

Mais c'est un crime aux yeux de la République, et c'est pourquoi il est révoqué.

Ajoutons que ceux qui ont amnistié les assassins de Mgr Darboy, son oncle, ont naturellement éprouvé un plaisir particulier à le destituer.

Le 28 septembre, le juge Charlot, présidant une audience, avait osé rendre publiquement, à son président et à son vice-président expulsés, l'hommage sympathique qu'ils méritaient; le 6 octobre suivant, M. le juge Charlot était lui-même révoqué!

M. Martin Feuillée ne veut plus dans sa magistrature que des muets chargés de présenter aux victimes le lacet.

M. DENARIÉ
CONSEILLER A LA COUR DE CHAMBÉRY

38 ans de service, dont 23 comme conseiller.

Un des magistrats les plus distingués de la Cour; imagination vive, rare pénétration, instruction très étendue, président d'assises fort remarqué.

Il est frappé parce qu'il est catholique, et qu'il appartient à une des familles les plus considérables et les plus conservatrices de la Savoie.

C'est d'ailleurs le cas des six conseillers d'origine savoyarde, révoqués malgré les engagements formels d'un traité qui leur garantissait l'inamovibilité.

Or, le résultat de cette tactique, inspirée par le sénateur Parent, a été précisément de chasser de la magistrature tous ceux qui, personnellement ou par leurs attaches de famille, avaient été les promoteurs les plus convaincus de l'annexion, tandis qu'on maintient ceux qui s'y sont montrés le plus opposés, un notamment qui a signé une adresse à la Reine d'Angleterre pour la prier de l'empêcher.

C'est une revanche de l'élément italien sur l'élément français; ce résultat ne peut surprendre ceux qui savent que M. Parent, aujourd'hui sénateur, et dont le fils unique est officier de la marine italienne, est l'homme de Savoie qui a le plus ardemment lutté pour que l'annexion ne fût pas consommée.

O patriotisme de M. Martin-Feuillée!

M. DÉPOMMIER
JUGE A ANNECY

23 ans de service.

Instruit, actif et laborieux, M. Dépommier ne s'était jamais fait remarquer que par le soin, l'exactitude et la conscience qu'il apportait à bien remplir les fonctions dont il était chargé.

Malheureusement il était d'une impartialité absolue et d'une grande fermeté; de plus, il avait des convictions religieuses qu'il ne savait pas dissimuler, et appartenait à une des familles les plus influentes et les plus conservatrices de la Haute-Savoie.

Ajoutez que le 18 novembre 1880, il avait, de complicité avec son président Plagnat, commis un attentat contre l'autorité, en rendant un jugement de référé où il déclarait le tribunal compétent pour statuer sur la demande en réintégration de domicile et en dommages-intérêts formée par des expulsés contre le sieur Dugrosriez, préfet.

Justice est faite, les deux complices sont révoqués, force est restée au Préfet et à son serrurier.

M. DERÔME
PRÉSIDENT DE CHAMBRE A LA COUR DE RENNES

Les citoyens Waldeck et Martin-Feuillée savent mieux que personne quel jurisconsulte et quel honnête homme ils viennent de frapper; ils savent quelle a été, pendant 32 ans d'exercice, l'intégrité de cette existence toute consacrée au travail, au devoir, au culte religieux du droit et de la vérité; ils savent que le caractère était, chez M. Derôme, à la hauteur de l'intelligence et du savoir, qu'il serait difficile de lui trouver l'ombre d'un défaut et qu'il n'y a qu'un sentiment à cet égard non seulement parmi ses collègues, mais parmi les avocats et les avoués.

Pourquoi l'ont-ils frappé?

Parce que M. Derôme est chrétien, et qu'il cache d'autant moins ses convictions qu'il les voit plus persécutées.

Parce que M. Derôme n'a pas cru que pour plaire à César il pût mentir à sa conscience, et que, par deux arrêts du 25 novembre 1880, il a infirmé deux ordonnances par lesquelles le juge d'instruction s'était déclaré incompétent pour informer sur la plainte déposée par des expulsés contre le préfet André.

Et si l'on en doute, il n'y a qu'à regarder la façon dont ce juge d'instruction a été récompensé; il vient d'être fait vice-président par M. Martin Feuillée.

MM. Waldeck et Martin ont pu voir, comme premier châtiment de leur mauvaise action, quel sentiment unanime de réprobation a accueilli, dans le vieux palais de Rennes, leur honorable décret.

Ils ont pu lire, dès le 27 septembre, une lettre rendue publique, où le bâtonnier de l'ordre des avocats, s'adressant à M. Derôme, considérait comme un « honneur » pour lui la mesure dont il était frappé, parce que, disait-il, « les proscrits de l'heure présente » sont précisément les magistrats *les plus* » intègres, *les plus* indépendants et *les* » *plus* expérimentés »; noble hommage rendu aux victimes au nom de ceux qui, ayant été leurs témoins de chaque jour, avaient pour les juger le plus de compétence et d'autorité.

M. DÉSARNAUTS
PRÉSIDENT DE CHAMBRE A TOULOUSE

35 ans de service.

Un modèle de droiture et de travail; partout où il a passé, au barreau, dans les parquets, à la présidence du tribunal de Toulouse ou sur le siège des présidents de chambre de la cour, M. Désarnauts a marqué sa place et laissé un renom de science juridique, d'amour du juste et de haute impartialité.

Il était depuis deux ans procureur impérial à Paris lorsqu'éclata le 4 septembre, il fut révoqué; réintégré, en 1873, comme procureur général à Montpellier, M. Dufaure l'avait nommé président de chambre, en 1875.

Sa révocation de 1870 suffisait à le faire suspecter d'hostilité envers le Gouvernement; on eût pu savoir cependant, à Toulouse, que la raison n'était pas démonstrative, par l'exemple de M. Auger qui y fut révoqué à la même époque comme atteint d'un bonapartisme incurable, et qui, réintégré au 24 mai 1873 par M. Ernoul, n'en est pas moins devenu depuis l'une des étoiles du firmament républicain.

Mais M. Désarnauts n'avait pas donné les mêmes gages; on l'avait vu, un an avant l'abolition des processions à Toulouse, malgré la circulaire ambiguë du garde des sceaux et les efforts du premier président, déterminer par ses fermes observations la Cour à se joindre au cortège de la Fête-Dieu et à ne pas rompre avec les anciennes traditions.

Il avait, d'ailleurs, en toute circonstance maintenu la dignité de la justice sans faire fléchir devant ledit premier président l'autorité de ses opinions.

A la différence de tant d'autres arrivés au sommet du premier bond, M. Désarnauts était un vrai magistrat par esprit, par goût et par tempérament; il était environné du respect public, qui ne se trompait pas à son apparente raideur et qui savait bien qu'elle cachait un sentiment très exact de la justice.

M. Désarnauts, pour la troisième fois révoqué, est rentré au barreau; il plaide à côté de son fils, lui montrant comment on supporte les épreuves, et couronnant par une nouvelle vie de labeur toute une existence vouée au culte de la vérité et du droit.

M. DESCHAMPS

CONSEILLER A ORLÉANS

37 ans de service, dont 20 comme conseiller.

M. Deschamps, qui appartient à l'une des familles les plus honorables de l'Orléanais, était un magistrat d'une loyauté et d'une droiture incontestées.

Il menait une existence modeste et retirée, partagée entre ses travaux judiciaires et le soin des nombreuses œuvres de charité auxquelles il s'est voué.

Quand on a cherché pourquoi il pouvait bien être révoqué, on s'est rappelé qu'il faisait partie de la chambre d'accusation qui, le 17 novembre 1880, se déclara incompétente pour informer contre le sieur Daunassans, préfet, pour crime d'attentat à la liberté, disant que le procureur général avait seul qualité pour le faire, ce dont naturellement s'est bien gardé le procureur général d'alors, nommé depuis premier président, M. Oger du Rocher. Or, sur les cinq magistrats qui siégeaient ce jour-là, deux sont révoqués, c'est juste la minorité.

M. Deschamps était, d'ailleurs, un homme de devoir et de religion, prêt à tous les sacrifices pour maintenir son indépendance; il avait un fils dans les ordres, une fille religieuse aux Petites-Sœurs des pauvres... Comment avec tout cela eût-il été épargné?

M. DESROCHES

JUGE A BRIVES

6 ans de service.

M. Desroches avait été pendant 15 ans juge suppléant et juge de paix à Brives avant d'y être nommé juge.

C'était un très brave homme, s'effaçant volontiers, d'un caractère doux et conciliant dont il n'était sorti qu'une fois en sa vie pour appliquer un phénoménal soufflet sur une joue où il paraît qu'il était bien placé, car il y est resté.

Très estimé de tous, il menait une existence digne et ne se croyait pas d'ennemis.

On dit même qu'un député de la gauche, très influent, avait obtenu la promesse qu'il serait conservé; et, en effet, il ne figurait pas sur les premiers décrets; mais avec Martin-Feuillée il faut toujours se défier, et son protecteur ayant négligé de le faire, un autre député, non moins influent, est intervenu et M. Desroches a été révoqué.

Songez qu'il avait été nommé juge sous le 16 mai, après 15 ans seulement d'exercice dans les fonctions de suppléant ou de juge de paix, et qu'il était lié d'amitié avec l'honorable M. Roques, réactionnaire endurci, qu'il fallait bien punir un peu dans ses amis d'avoir osé naguère se présenter comme député.

La révocation de M. Desroches a été d'autant plus mal accueillie à Brives, qu'elle frappait un homme auquel sa situation modeste rendait cette mesure d'iniquité particulièrement dure à supporter.

Mais qu'est-ce que de pareilles considérations pour M. Martin-Feuillée?

M. DESVERGNES-LAFONT-FAYE

PRÉSIDENT A CHAMBON

25 ans de service, dont 17 comme président.

Avait débuté au Sénégal où sa santé avait été fortement ébranlée par le climat; rentré en France comme juge à Bellac, il avait été envoyé en 1866 à Chambon comme président.

Il s'y fit remarquer par son application, par sa sagacité, par son amour du devoir. Dans cette petite ville perdue parmi les premiers contreforts des montagnes d'Auvergne, il avait élevé la présidence à une sorte de patriarcat; se désintéressant absolument de la politique, il allait vers tous, conseillant, rapprochant, conciliant. Il était adoré même des petits enfants qui s'empressaient autour de lui dans ses promenades solitaires, venant fourrer leurs jeunes têtes sous ses doigts caressants.

Comment un tel homme a-t-il pu être frappé? peut-être parce qu'il rappelait trop aux athées du jour le précepte du doux maître qui a dit : « Laissez venir à moi les petits enfants »; aussi et surtout parce que certain gros bonnet du village n'a pu lui pardonner la part qu'il faisait à un autre dans ses affections.

Il n'en faut pas davantage aujourd'hui pour être digne de révocation.

M. DEVIENNE

CONSEILLER A LA COUR DE LYON

24 ans de service, dont 13 comme conseiller.

M. Devienne n'est pas frappé parce qu'il avait une grande connaissance des affaires, des allures distinguées, une intelligence souple et déliée, il est frappé parce qu'il est le fils de son père, ancien premier président à la Cour de Paris et à la Cour de cassation.

Les gens qui ont osé asseoir Cazot sur le fauteuil qu'avait occupé le père, ne pouvaient hésiter à chasser le fils de la magistrature nouvelle, et ils se sont empressés de le révoquer.

M. DODOZ

PRÉSIDENT A AVALLON.

19 ans de service, dont 11 comme président.

Un type de ces magistrats qui n'avaient d'autre ambition que de rendre la justice dans leur pays à leurs concitoyens, et qui savaient, dans ce ministère délicat, s'abstraire absolument de toute préférence comme de tout ressentiment.

Dressé à la magistrature par les présidents de Labrosse et Ricard (deux solides esprits qui animent encore à l'heure qu'il est deux corps octogénaires, et qui doivent bien souffrir des irrémédiables blessures faites à une profession qu'ils ont tant aimée), M. Dodoz avait avec une précoce sagesse médité leurs exemples et recueilli leurs traditions.

Devenu substitut au parquet d'Avallon qu'il ne voulait pas quitter, il avait vu arriver et passer à ses côtés des chefs plus jeunes que lui, et n'avait jamais profité de sa connaissance supérieure du service local que pour les initier discrètement, s'effaçant partout et toujours, et sachant leur inspirer la plus entière confiance, présage des durables amitiés.

Nommé président par M. Dufaure, il ne formait d'autre vœu que de terminer sa carrière dans ce pays qu'il aimait; il avait compté sans les partis et leurs implacables inimitiés.

Un président qu'on ne peut pas tromper parce qu'il connaît les hommes et les choses de son arrondissement, qu'on ne peut pas séduire parce qu'il est impartial, qu'on ne peut pas intimider parce qu'il ne sait pas trembler, comment les républicains eussent-ils pu s'en arranger!

Il avait eu, le 14 décembre 1880, à statuer sur une demande en dommages-intérêts formée par des expulsés contre un charpentier et un serrurier qui avaient fracturé, sur la réquisition du commissaire de police, les portes d'un couvent qu'on violait.

Le procureur avait naturellement soutenu que le tribunal était incompétent, et qu'au surplus le charpentier et le serrurier ayant été légalement requis n'encouraient aucune responsabilité.

M. Dodoz avait fait justice de ces arguties, établi sa compétence et constaté que la réquisition ayant été faite en dehors des cas prévus par l'article 475 n° 12 (quoique celui-ci prévoie le *cas de brigandage*, mais le procureur n'avait pas osé soutenir qu'on s'y trouvait), elle était irrégulière et ne pouvait pas couvrir le charpentier et le serrurier.

Depuis lors, préfets, sous-préfets, députés avaient mené contre M. Dodoz une campagne acharnée; sa porte était consignée à tous les fonctionnaires; il n'en restait pas moins calme et n'en faisait pas plus de politique pour cela; mais quand l'ère des proscriptions fut ouverte, *la Lanterne* le signala comme bon à mettre sur le pavé et, docile exécuteur des injonctions qu'il recevait, M. Martin-Feuillée s'empressa de l'y jeter.

M. DOÉ DE MAINDREVILLE

PRÉSIDENT DU TRIBUNAL DE DUNKERQUE.

31 ans de service, dont 16 comme président.

Digne et excellent magistrat, pour qui le proverbe : « Le bien ne fait pas de bruit » semblait avoir été créé tout exprès.

Il paraissait prendre plaisir à s'effacer; tout entier à ses fonctions, il était étranger à la politique et ne s'en était jamais occupé.

Mais quand, le 17 novembre 1880, il vit des citoyens expulsés s'adresser à lui en référé pour obtenir leur réintégration dans le domicile d'où ils avaient été violemment chassés par le préfet, il osa se déclarer compétent pour statuer, disant que les droits de propriété, de domicile et de liberté individuelle étaient *encore* confiés à la garde des tribunaux, et qu'il était inadmissible que le pouvoir exécutif fût le maître absolu des citoyens et eût sur eux une autorité supérieure à la loi.

Cette noble indépendance, ce respect scrupuleux de la justice et du droit ne pouvaient lui être pardonnés; la meute républicaine réclamait sa victime, et M. Martin-Feuillée la lui a livrée.

M. DOMENGET
JUGE A BERGERAC.

29 ans de service.

Un très bon magistrat, un érudit pardessus le marché; il avait commenté les Instituts de Gaïus; ce n'est point là ce qui a dû lui nuire auprès des républicains, cependant quelques-uns ayant entendu dire que Justinien se les était en partie appropriés, et connaissant surtout Justinien « ce monstre odieux » par les Deux Aveugles des Bouffes-Parisiens, il n'est pas impossible qu'ils aient vu en M. Domenget un impérialiste à supprimer.

Mais leur grand grief était une autre publication faite par lui sur « l'histoire des victimes de la Terreur dans la Dordogne en 1793 »; on ne pouvait pas conserver un magistrat qui ne s'était pas fait l'apologiste des arrestations sans mandats, des jugements sans défenseurs et des condamnations à mort sans phrases.

S'il y a un autre motif à la révocation de M. Domenget, il faut qu'il soit encore moins avouable, car personne n'a été capable de le deviner.

M. DONCIEUX
VICE-PRÉSIDENT A VALENCE.

23 ans de service, dont 9 comme vice-président.

Nul magistrat ne s'était acquis plus rapidement, malgré ses défauts, les sympathies de ses collègues, du barreau, des hommes d'affaires et de la population. Sa vive intelligence, sa facilité d'assimilation, la droiture de son jugement et sa haute honnêteté n'avaient d'égales que son extrême bienveillance et sa parfaite bonté.

M. Doncieux était en outre le meilleur, le plus aimable et le plus discrètement charitable des hommes; sa disgrâce, que sa situation personnelle lui rend particulièrement dure à supporter, n'a fait qu'augmenter l'estime générale et les amitiés dont il est entouré.

MM. Madier de Montjau et Martin-Feuillée ont voulu surtout frapper en lui le frère d'un homme qui a rempli naguère les fonctions de préfet dans les départements de l'Ardèche, de Vaucluse et de la Loire avec une énergie que les radicaux ne lui ont jamais pardonnée.

M. DUBÉDAT
CONSEILLER A TOULOUSE.

35 ans de service, dont 19 comme conseiller.

M. Dubédat s'était fait remarquer dans les fonctions du parquet par une parole d'une réelle distinction, pénétrante et colorée, apte à mettre en relief les aperçus attachants et profonds, et qui, dans certaines affaires mémorables, a laissé des souvenirs non encore effacés. Il était donc tout préparé aux fonctions de président d'assises qu'il a exercées dans sept départements du centre et du midi de la France, et dans lesquelles il s'était acquis un renom mérité.

M. Dubédat n'était pas seulement un jurisconsulte distingué, c'est aussi un écrivain de grande valeur; le Recueil de l'Académie de législation renferme, presque dans chacun de ses volumes, de remarquables études sorties de sa plume féconde et exercée, sur la vie et les œuvres d'avocats ou de magistrats renommés; il travaille depuis cinq ans à une Histoire du Parlement de Toulouse qui doit comprendre deux volumes et qui ne tardera pas à être publiée.

Malheureusement pour lui il avait défendu dans sa vie trop d'idées saines, et il avait, comme « mainteneur » des jeux floraux, affirmé trop souvent ses sentiments chrétiens pour être épargné.

Il avait eu le tort enfin d'être décoré avant le premier président, devant lequel il ne savait pas plier, et d'avoir conservé pour M. Depeyre et pour le cardinal de Toulouse un attachement compromettant, il est vrai, mais dont de périlleuses perspectives n'avaient pu rendre les marques ni plus rares ni plus réservées.

De quoi il était bien juste qu'il fût puni, en un temps où il suffit d'avoir du talent, du cœur et de l'honneur pour être révoqué.

M. DUBÉZIN
CONSEILLER A ORLÉANS.

27 ans de service, dont 14 comme conseiller.

Esprit fin et délicat, net en même temps et précis, homme du monde plein de tact et d'amabilité, M. Dubézin était doué d'une parole élégante et facile qui semblait augmenter encore la lucidité de son jugement.

Digne sans raideur, il n'avait pas d'ennemis, on assure même qu'il eût suffi d'une démarche faite ou autorisée par lui pour que son maintien à la cour fût assuré; mais il en était incapable, son caractère indépendant ne savait pas cacher le dégoût que lui inspiraient les ambitions malsaines et les palinodies des hommes du jour, et il avait toujours refusé de s'incliner, fût-ce par le témoignage d'un simple salut, devant certaines personnalités qu'il ne pouvait estimer.

On lui a fait payer cette fière attitude et ce franc parler; on l'a révoqué pour apprendre aux autres que la consigne est de s'aplatir désormais; ainsi le veut M. Martin-Feuillée.

M. DUBOIS
CONSEILLER A LA COUR DE BOURGES.

20 ans de service, dont 14 comme conseiller, sans compter 17 ans d'exercice comme juge suppléant.

Fils, gendre et beau-frère de magistrats ayant appartenu à la cour de Bourges, M. Dubois n'avait eu qu'à suivre les exemples qu'ils lui avaient donnés.

Il n'y avait pas manqué; il avait consacré sa vie entière à l'étude, était aussi éclairé que laborieux, et passait pour une des lumières de sa compagnie.

Son existence honorable ne semblait pas fournir le moindre prétexte à une revocation, mais il préférait la vie de famille aux fêtes officielles et M. le préfet ne le voyait jamais faire tapisserie dans ses salons.

M. DUBOURG
JUGE A CAEN

20 ans de service.

Le doyen du Tribunal de Caen; doux, simple, réservé, instruit et laborieux, irréprochable à tous égards et apportant à rendre ses jugements l'impartialité la plus haute et la moins contestée.

Un pareil assemblage de qualités lui avait acquis de vives sympathies au palais et de profondes affections dans la société; tous les partis l'estimaient, car il était par tempéramment, et aussi bien dans les paroles que dans les actes, l'ennemi de tout excès.

M. Dubourg tombe victime de sentiments religieux qu'il professait sans faiblesse et qu'il pratiquait sans ostentation; on savait trop bien qu'il était de ces hommes de foi que rien ne peut ébranler et contre lesquels toute pression vient se briser parce qu'ils n'ont ni crainte ni ambition.

Des magistrats comme celui-là sont inappréciables tant que la justice demeure un but à atteindre, ils ne sont plus bons qu'à révoquer lorsqu'elle est devenue un instrument de gouvernement.

M. DUBOZ
CONSEILLER A LA COUR DE BESANÇON

22 ans de service, dont 6 comme conseiller.

Excellent magistrat, dont l'avis avait un grand poids dans les délibérations; il n'était pas l'ennemi de la forme républicaine, car M. Crémieux l'avait nommé procureur à Lons-le-Saunier le 18 octobre 1870, et M. Dufaure l'avait fait en 1875 procureur à Besançon; mais c'était un caractère ferme, énergique, dont l'indépendance ne pouvait être mise en suspicion; comme il ne faut plus désormais de ces gens-là, M. Martin-Feuillée l'en a puni par une révocation.

M. DUCHAPELET DE MAILLEBOIS
JUGE A DREUX

6 ans de service.

Ancien avoué à Chartres pendant quinze ans, très versé en affaires, ferré sur la procédure, apportant une grande expérience et un grand souci à la taxe des frais, et d'une ardeur au travail que rien ne rebutait.

C'est justement une affaire de taxe qui l'a fait révoquer, ce qui prouve qu'un magistrat judicieux doit savoir désormais sacrifier à propos, pour assurer sa sécurité, les intérêts des justiciables dont la garde lui est confiée.

M. Duchapelet de Maillebois avait eu maintes fois à signaler au parquet les actes de concussion commis par certain greffier de justice de paix dans ses états de frais; le parquet n'avait jamais bougé, ledit greffier étant républicain et agent électoral du député.

Mais il advint qu'un jour, en 1881, un justiciable se fâcha, et que voyant le parquet s'obstiner à rester muet devant sa plainte, se décida à agir lui-même et cita directement en police correctionnelle le greffier.

Les faits que refusait de voir le parquet étaient tellement clairs que ledit greffier désespérant de pouvoir les détruire, se brûla la cervelle le matin même de l'audience dans le vestibule de son avoué.

Sur quoi le parquet se mit aussitôt à poursuivre, mais il poursuivit... le président du tribunal et M. Duchapelet! Oui, on les cita disciplinairement devant la cour de Paris comme ayant manqué à leur dignité et accusés d'avoir dit au justiciable volé que si le parquet lui refusait justice, il n'en avait pas moins le droit de poursuivre lui-même le greffier, ce qui est d'ailleurs écrit tout au long dans la loi et si clairement qu'il n'avait certes pas besoin de le demander.

Pendant trois jours M. le procureur général Dauphin les tint sur la sellette devant la Cour, il eut beau tonner, l'accusation était trop ridicule, et lorsqu'il eut tonné tout à son aise.... ils furent acquittés.

Mais le jour des vengeances venu, M. Martin-Feuillée les a tous deux révoqués, pieux sacrifice offert aux vœux du député et aux mânes du greffier suicidé.

M. DUCOMBEAU

JUGE A ROCHECHOUART

19 ans de service.

M. Ducombeau n'avait jamais quitté le tribunal de Rochechouart; c'était un juge dont l'expérience en affaires était servie par le plus ardent amour du devoir, et qui avait plus d'une fois déployé, dans des affaires criminelles compliquées et graves, de très éminentes qualités.

Mais il avait une fière indépendance qui ne savait point pactiser avec la servilité; il s'était vu enlever l'instruction en 1880 pour avoir signé une pétition au Sénat en faveur de la liberté d'enseignement.

Il était donc autorisé à espérer que l'honneur de la proscription ne lui serait pas refusé, malheureusement une intervention puissante vint, à son insu, s'interposer entre lui et M. Martin-Feuillée.

Quand M. Ducombeau l'apprit, il était trop tard pour l'empêcher; mais M. Ducombeau n'est point de ceux qui hésitent entre l'honneur et l'intérêt, et il envoya sans balancer sa démission à M. le garde des sceaux par une lettre qui est un modèle de dignité.

Il a eu d'autant plus de mérite à le faire qu'avec une fortune modeste il a de lourdes charges de famille à supporter, et que grâce à une intervention plus généreuse que bien inspirée, il se retire sans la moindre indemnité.

M. DUFAY

JUGE A BAUME

20 ans de service.

Affligé d'une indépendance de caractère qu'il se plaisait à montrer; c'est ainsi qu'il avait dédié sa thèse de doctorat à M. de Montalembert à une époque où l'Empire déployait toute la rigueur de ses tracasseries contre ce dernier. Disons à la louange de l'Empire que cela ne l'avait pas empêché d'ouvrir à M. Dufay les rangs de la magistrature quelque temps après.

M. Dufay était l'homme du devoir et du droit; on comprend que pour peu qu'il ait affiché sous la République la moitié de l'indépendance qu'il montrait sous l'Empire, il ne pouvait manquer d'être révoqué au nom de la liberté.

M. DUFFAUR DE GAVARDIE

CONSEILLER A LA COUR DE PAU

35 ans de service, dont 16 comme conseiller.

Celui-là est expulsé à cause de son nom et de sa parenté avec le sénateur. C'était un magistrat consciencieux et capable, de l'impartialité duquel personne ne s'était jamais avisé de douter; mais on savait aussi qu'il n'y avait pas de complaisances à lui demander, et que s'il n'avait rien fait pour mériter d'être expulsé, il était incapable de rien faire pour mériter d'être conservé.

M. DUFOUR

JUGE A TOULOUSE

28 ans de service, dont 19 comme juge suppléant.

Magistrat très honorable, qui n'a jamais voulu quitter Toulouse, et qui consacrait tous les loisirs de sa vie aux œuvres de charité.

Depuis 30 ans il a passé à peu près toutes ses soirées à l'école des soldats, où la plus utile assistance était donnée aux militaires de la garnison.

L'a-t-on soupçonné de les affermir dans les idées de discipline et de n'avoir pas cherché à en faire des Labordère au petit pied?

M. DUFOURCET

JUGE A DAX

11 ans de service, indépendamment de 5 ans de suppléance; nommé deux fois par M. Dufaure.

Magistrat instruit et zélé, avant tout préoccupé de l'exact accomplissement de ses devoirs professionnels; il était chargé du règlement des ordres, et ce n'est pas à lui que serait venue l'idée bouffonne qu'on a vu émerger depuis d'un cerveau républicain qu'elle remplissait probablement tout entier, à savoir, de prétendre se débarrasser de la difficile besogne des ordres en chargeant les notaires (!!) de les régler; les hommes d'affaires, qui voyaient de près comment M. Dufourcet s'en tirait, appréciaient son mérite et l'ont hautement regretté.

Tout le temps que ne lui prenait point le tribunal, M. Dufourcet le consacrait à l'éducation de ses nombreux enfants, et à la société scientifique de Borda, dont il était membre fondateur et vice-président. Il ne lui en restait pas pour faire de la politique, et il y demeurait tout à fait étranger.

Mais c'était un fervent chrétien, il ne prenait pas soin de le dissimuler; de plus, il était le gendre de M. Gardilanne, ancien maire et ancien conseiller général, qui après avoir généreusement aidé les hommes politiques de l'arrondissement et facilité leurs débuts, s'était permis de vouloir les modérer, audace grande que les républicains, toujours indépendants par le cœur, sont trop heureux de lui faire expier.

Faut-il ajouter que le 14 janvier 1881 M. Dufourcet avait, de complicité avec son président M. de Salettes, osé rendre un jugement par lequel il déclarait le tribunal compétent pour statuer sur la demande en dommages et intérêts formée par des trappistes expulsés contre les sieurs Maréchal, préfet, Rezombes, sous-préfet, Arade, commissaire, et Daulonets, serrurier?

Il avait poussé l'inconvenance jusqu'à prouver, par raisons démonstratives, que les lois invoquées par les fameux décrets attribuaient elles-mêmes aux tribunaux ordinaires la compétence qu'on voulait leur enlever, et qu'un décret ou un arrêté ne pouvaient produire d'effets légaux qu'autant qu'ils étaient rendus conformément à la loi qu'ils avaient la prétention de faire exécuter.

C'était vraiment trop fort, aussi M. Dufourcet a-t-il été, comme son président, révoqué.

M. DUMAY

JUGE A AUTUN

15 ans de service.

Perdu par ses propres qualités; avait trop bien instruit dans l'affaire des poudres du Creusot, dans celle des Garibaldiens qui avaient pendant la guerre pieusement pillé et dévalisé l'évêché d'Autun; enfin et surtout, dans l'affaire de l'étrange complot de Sully qui, en menaçant la marquise de Mac-Mahon, avait tout à coup révélé en 1873 l'organisation puissante et l'audace des Sociétés secrètes dans le département de Saône-et-Loire.

Aussi, en mai 1880, à la veille des attentats que le gouvernement allait commettre, avait-on pris soin d'enlever l'instruction à ce juge compromettant.

A part ces crimes que les républicains ne pardonnent pas, M. Dumas était irréprochable; d'une assiduité au travail et d'une ponctualité qui ne se démentaient jamais, il trouvait encore, après avoir rempli les devoirs multiples de sa charge, du temps pour l'étude, les relations du monde et les obligations de la famille.

Les recherches historiques avaient pour lui un attrait particulier, et il était un auxiliaire précieux pour la « Société Eduenne » qui entretient le culte de la science et les saines traditions de l'érudition sur un sol si riche en souvenirs.

Révoqué pour excès de travail, de conscience et de fermeté.

M. DUMÉRIL

JUGE A MOULINS

12 ans de service.

Jeune magistrat de grand mérite et de haute distinction; doué d'une capacité exceptionnelle et d'une vaste érudition qu'il développait chaque jour par un travail incessant, M. Duméril était un modèle dans la compagnie où il exerçait ses fonctions.

D'une bonté sans bornes, d'une charité inépuisable, il était l'ami des pauvres et employait à les visiter, à les soutenir, à les consoler, les loisirs qu'il pouvait dérober à ses occupations.

On comprend aisément qu'il n'ait pas été jugé digne de rester dans la magistrature épurée. M. Dufaure l'avait nommé cinq fois, M. Martin-Feuillée l'a révoqué.

M. DUNAL

AVOCAT GÉNÉRAL A MONTPELLIER

20 ans de service.

Après 15 ans d'honorables services dans

le parquet où il n'avait pas laissé pénétrer la politique, puisqu'il s'était vu successivement donner de l'avancement une première fois en 1873 par M. Dufaure, une seconde fois en 1874 par M. Depeyre, et une troisième fois par M. Dufaure en 1875, M. Dunal avait été nommé avocat général à Montpellier par le ministère du 16 Mai.

Il s'y était fait estimer pour sa valeur professionnelle, et aimer pour son caractère élevé. Protestant de religion, il avait senti moins vivement que d'autres l'atteinte portée au droit par l'exécution des décrets et avait cru pouvoir conserver ses fonctions tant qu'elles ne le mettraient pas dans la nécessité positive de s'y associer.

Mais une atteinte plus directe était réservée à sa dignité. Conservé par Martin-Feuillée et chargé du discours de rentrée au 3 novembre dernier, il se trouva tout à coup en face d'une circulaire sournoise qui, sous couleur de rappeler que les discours de rentrée pourraient contenir selon l'usage l'éloge des magistrats atteints dans l'année par la limite d'âge ou décédés, interdisait, par une omission calculée, de parler des magistrats expulsés.

Il n'y put croire d'abord et demanda des explications; il lui fut répondu qu'à leur égard « le plus complet silence était imposé à l'orateur du parquet. »

Tandis que les parquets de M. Martin-Feuillée s'inclinaient docilement devant cet ordre, trouvant tout naturel d'oublier des collègues de la veille, puisqu'ils étaient disgraciés, seul M. Dunal osa penser et dire qu'il était incompatible avec le respect de sa dignité, et plutôt que de renoncer au devoir que lui dictaient « les convenances, sa conscience et son cœur », il brisa aux pieds de M. Martin-Feuillée une carrière de plus de vingt années; il s'est rayé de la magistrature pour ne pas rayer de son discours les noms de ceux qui étaient tombés victimes de l'iniquité.

Quand on est affligé de tant d'honneur et de loyauté, on n'est plus, en effet, à sa place dans le parquet.

M. DUNOYER

JUGE A VENDÔME

13 ans de service.

M. Dunoyer semblait devoir être épargné, non point que ses qualités de magistrat et la dignité de sa vie ne le rendissent digne de figurer parmi ceux que M. Martin-Feuillée ne pouvait conserver, mais parce qu'ayant été nommé en octobre 1870, il avait son certificat de républicanisme signé Crémieux, et parce que ses relations ne le classaient point parmi les ennemis du régime républicain.

Seulement il avait le tort d'être religieux, et de ne pas donner son approbation à tous les méfaits par lesquels il voyait déshonorer la République; il était donc hors d'état de se prêter, le cas échéant, à faire des actes de servilité; dès lors, il fallait bien le révoquer.

M. DUPONT

CONSEILLER A CAEN

31 ans de service, dont 12 comme conseiller.

Homme éminent qui s'est montré partout supérieur à ses fonctions; la correction austère de son attitude, son expérience des affaires, sa science du droit n'excluaient pas en lui les goûts raffinés de l'érudit le plus patient et du lettré le plus délicat; de nombreux travaux historiques, écrits dans le style le plus attachant, l'ont dès longtemps signalé au monde savant.

Respectueux de toutes choses, esprit froid et parfaitement maître de lui, il ne s'était fait le serviteur d'aucun parti; mais il ne connaissait pas l'irréligion et avait cru en 1880 qu'il n'était pas défendu à un magistrat de figurer sur une liste conservatrice aux élections municipales de Caen; de plus, il avait horreur de toute compromission et de toute flatterie, tout acte malhonnête était frappé de sa réprobation.

En un mot, il était indépendant, il ne pouvait donc échapper aux conséquences d'une loi dont M. Clémenceau lui-même a dit hautement que le but était de mettre la magistrature sous l'autorité du gouvernement.

M. DUPRAY DE LA MAHÉRIE

CONSEILLER A LA COUR DE CAEN

60 ans d'âge; 33 ans de service, dont 17 comme conseiller à Caen.

Il eût été, paraît-il, très dangereux à conserver; à une grande élévation d'esprit, à une instruction variée, à une parole imagée, il joignait une rare pénétration qui lui permettait de découvrir trop aisément sous les masques républicains les stigmates de la bassesse et de la duplicité.

Il avait d'ailleurs rendu trop de services à ses concitoyens; délégué cantonal, président du cercle des ouvriers, membre de l'Académie de Caen, de la Société des antiquaires, . cela ne se pouvait tolérer.

Il était fort indépendant et l'avait bien prouvé en 1852, à Argentan, où il était substitut; seul avec M. Champin, son chef de parquet, il avait refusé d'aller s'inscrire sur le registre d'adhésion ouvert à la sous-préfecture; l'Empire le trouvant amovible, l'avait respecté, la République le trouve inamovible et le révoque pour apprendre à ses magistrats que devant la violence ils doivent s'incliner désormais.

Elle l'avait déjà persécuté jusque dans son fils qui, reçu au concours des attachés du parquet avec un rang distingué, vit en 1879, après son année de volontariat, la porte du parquet fermée devant lui par le procureur général qui devait, un an après, laisser librement crocheter les portes des citoyens par les préfets et les serruriers.

M. Dupray de la Mahérie avait commis un autre crime; membre de la chambre d'accusation, il avait rendu, le 24 décembre 1880, un arrêt qui affirmait la compétence de l'autorité judiciaire pour informer contre les préfets sur la plainte des expulsés.

Sur les cinq membres qui ont signé cet arrêt, trois sont aujourd'hui révoqués.

Précieuse garantie que la République donne à l'indépendance des juges et à la liberté des citoyens! Ce qui n'empêche pas M. Martin-Feuillée d'affirmer qu'il entend les respecter : Jugez un peu, s'il entendait les étouffer!

M. DUPUY

JUGE A CAHORS

31 ans de service.

Fils d'un ancien président du tribunal, il n'avait eu qu'à suivre les traditions paternelles pour devenir un excellent magistrat, aimé de ses collègues, apprécié des avocats, et inspirant toute confiance aux justiciables par la sûreté de son jugement.

Nous pourrions même dire qu'il n'était pas moins apprécié de Gambetta, car il faisait partie de ce tribunal à qui le Maître avait dit, lors de son voyage triomphal à Cahors en juin 1881, que les heureux résultats obtenus par son « ami Cazot » étaient dus en partie « à ces hommes qui, comme « les juges de Cahors, représentent si di« gnement la magistrature. »

Il paraît que Gambetta comprenait la dignité de la magistrature moins bien que Martin-Feuillée, car là où le premier n'apercevait plus aucune souillure, le second trouve encore de quoi exercer son balai.

La vérité est que M. Dupuy était trop pénétré de cette dignité, et que ni sénateurs ni conseillers d'Etat n'avaient réussi à la faire plier; il avait eu, dans une récente élection, une attitude indépendante qu'on ne pouvait lui pardonner; on s'en venge en le rendant d'autorité à la vie privée.

M. DUPUY DE QUÉRIZIEUX

JUGE A BOURG

7 ans de service.

Honnête homme et magistrat assidu à ses devoirs; c'est M. Dufaure qui l'avait nommé.

Il avait échappé à M. Martin-Feuillée, dont le bras, las de frapper, s'était arrêté devant la 614e victime, incertain qui il choisirait.

Mais trois magistrats du tribunal de Bourg étaient tombés, M. Dupuy de Quérizieux n'a pas voulu leur survivre; il a adressé à M. de Brye de Vertamy, son président révoqué, une lettre publique pour lui exprimer qu'il considérait sa révocation comme un honneur et il a envoyé sa démission à M. Martin-Feuillée, afin de s'y associer.

Il a bien fait.

M. DE DURANTI LA CALADE

CONSEILLER A LA COUR D'AIX

33 ans de service, dont 9 comme conseiller.

Solidité de jugement et de caractère, instruction, mœurs irréprochables et dignes, convictions religieuses profondes, voilà ce que M. le garde des sceaux atteint en la personne de M. de la Calade.

Issu d'une ancienne famille de magistrats, apparenté à ce que la société d'Aix possède de plus distingué, il était évidemment indigne de figurer dans les rangs de la magistrature nouvelle; c'est une victime de M. Bessat, qui le rencontrait jadis à la messe, mais qui savait bien ne pouvoir jamais attendre de lui les conversions dont ce fougueux procureur général a donné à la Provence le peu édifiant exemple.

Il avait d'ailleurs commis un de ces crimes dont nous voyons les auteurs frappés aujourd'hui à peu près tous de la révocation : il avait pris part à l'arrêt du 29 novembre 1880, par lequel la chambre d'accusation d'Aix, statuant sur l'opposition du procureur général Bessat, avait débouté ce citoyen et confirmé l'ordonnance du premier président Rigaut portant qu'il serait par celui-ci criminellement informé contre le préfet Poubelle pour attentat à la liberté.

Il a eu tort, il aurait dû deviner que par le temps qui court le coupable deviendrait préfet de la Seine juste le jour où le juge serait révoqué.

M. DUTERTRE

JUGE A DINAN

25 ans de service.

Gendre d'un ancien préfet de l'Empire, M. de la Rivaudière, qui administra pendant de longues années le département des Côtes-du-Nord à une époque où les préfets s'occupaient d'administration, M. Dutertre eut pu facilement réaliser la modeste ambition de venir siéger au chef-lieu ; il préféra rester à Dinan, au centre de sa famille, se délassant de ses fonctions en se livrant aux soins de l'éducation de ses nombreux enfants.

M. Dutertre n'était point l'homme des ardeurs politiques inconsidérées, sa large hospitalité s'ouvrait à tous les partis, et sa révocation a été accueillie avec stupéfaction même par son cousin Déroyer, député républicain de Dinan, quoique, à vrai dire, l'expulsion d'un magistrat intègre, estimé, mais religieux et même marguillier, n'ait dû avoir rien de surprenant.

Elle aurait été surtout une précaution préventive, s'il faut en croire certaines indiscrétions ; M. Dutertre, comme le fameux corsaire dont peut-être il descend, est une fine lame et n'a pas le caractère extraordinairement endurant ; on aurait craint, paraît-il, de le laisser trop en contact avec certain magistrat qui veut bien qu'on l'asseoie sur le siège des autres, mais qui ne veut pas qu'on l'y cloue,

M. DUTOUR

CONSEILLER A LA COUR DE PAU

33 ans de service, dont 17 comme conseiller.

Laborieux et instruit, se tenant à l'écart de toutes les intrigues, n'appartenant à aucune coterie et n'ayant jamais eu d'attitude qui supposât d'opposition systématique pour un gouvernement quelconque, M. Dutour semblait devoir être à l'abri de la proscription.

On ne pouvait certes pas l'accuser de cléricalisme, car il était procureur impérial à Lourdes en 1858, lors des apparitions à Bernadette, et on sait qu'il y poussa presque jusqu'à l'hostilité l'hypothèse de la supercherie et l'horreur de la superstition.

Le punit-on aujourd'hui pour n'avoir pas su empêcher alors les malades d'être guéris et une source de couler ? Ou bien le frappe-t-on seulement parce qu'il est indépendant de caractère, et parce que son fils, attaché au parquet de M. le procureur général Delcurrou, n'a pas voulu y rester lors de l'exécution des décrets ?

M. ERNAULT D'ORVAL

JUGE A VALOGNES

24 ans de service.

Descendant d'une vieille famille de militaires, entré par mariage dans une vieille famille de magistrats, M. Ernault d'Orval était un de ces hommes qui se soucient moins de l'avancement que de la considération gagnée à bien remplir leurs fonctions.

C'était un caractère ferme et indépendant; il se tenait avec soin en dehors de toute politique et s'acquittait de ses devoirs de politesse envers les fonctionnaires du Gouvernement, mais hors de là, il entendait rester maître de ses relations ; il ne cachait pas ses sentiments religieux, et membre du conseil de fabrique d'une des principales paroisses de Valognes, il ne craignait pas d'aller entendre la messe à son banc.

Sur son siège de juge, il était inaccessible à toute influence, ennemi de toute compromission ; les prévenus quand il le voyaient là savaient bien que les notes d'audience dont ils pourraient avoir besoin devant la cour reproduiraient jusqu'au moindre incident.

La révocation de cet honnête homme et de ce magistrat intègre devait donc soulever et à soulevé autour de lui des sympathies qui ont pris le caractère d'une vraie manifestation.

Rendons justice aux républicains de Valognes, ils n'ont pas hésité à s'y associer publiquement : « M. Ernault d'Orval, disait le lendemain le journal républicain « de l'arrondissement, siégeait au tribunal depuis 20 ans ; c'était un juge intègre, un jurisconsulte dans la vraie acception du mot ; il emporte dans sa retraite, avec d'unanimes regrets, l'estime « non seulement de ses collègues, mais du « barreau et des avoués ; la considération « dont il était investi à juste titre ne fait « que grandir autour de lui. »

Cet hommage honore à coup sûr le républicain qui le rend et le magistrat à qu'il est adressé; mais il ne fait que rendre plus inexplicable le mesure de révocation dont celui-ci a été frappé.

La vraie explication est que M. Martin-Feuillée n'admet pas qu'on soit à la fois magistrat et marguillier.

M. ERNOUL DE LA CHÊNELIÈRE

JUGE A SAINT-BRIEUC

28 ans de service.

Fils d'un ancien conseiller à la cour de Rennes, M. Ernoul de la Chênelière n'avait pas d'ambition et avait borné tous ses désirs à bien remplir à St-Brieuc le poste qu'il occupait.

Il l'a trop bien rempli, le malheureux ! ne s'est-il pas avisé, le 14 décembre 1880, de trouver que le sieur Bertereau, préfet, n'avait pas eu le droit de briser les portes intérieures et extérieures d'un domicile privé et d'en expulser violemment les habitants, et que la justice ordinaire était compétente pour statuer sur la demande en réintégration de domicile, sans quoi « la volonté arbitraire du pouvoir suffirait « pour soustraire à l'application régulière « des lois les droits les plus précieux des « citoyens. »

Cette impertinente opinion méritait une répression exemplaire, aussi M. Ernoul de la Chênelière a été révoqué avec ses deux complices, le juge Amiard et le président Gagon, plus le vice-président Nicol de la Beillessue et le juge d'instruction Fraboulet, suspects d'être aussi hérétiques et non moins entêtés ; cinq magistrats sur sept ! M. Martin-Feuillée a un bien joli coup de balai.

M. Ernoul de la Chênelière avait en outre le tort d'être le président de la société d'Emulation des Côtes-du-Nord, laquelle, bien qu'elle ait obtenu une grande médaille d'or à la Sorbonne, se livre à des recherches d'archéologie et d'histoire locale qui dérangent parfois irrévérencieusement le succès des fourberies imaginées par les républicains.

M. Ernoul de la Chênelière avait été l'ami intime de M. Martin-Feuillée, et on eût pu croire qu'à ce titre il serait épargné, car il est écrit :

> « L'amitié d'un grand homme est un bienfait [des dieux.»

Malheureusement il est certain qu'il n'y a plus de dieux, et M. Martin-Feuillée, quoique « bien fait », n'est peut-être pas un grand homme, cela du moins n'est pas démontré.

M. D'ESPINAY

CONSEILLER A ANGERS

28 ans de service, dont 14 comme conseiller.

Sa carrière s'était passée tout entière loin des agitations de la politique, exclusivement consacrée à la science et au droit; ami de l'étude, M. D'Espinay consacrait aux recherches archéologiques les loisirs que lui laissaient ses fonctions, et il s'est acquis à ce titre, parmi les savants, une fort honorable situation.

Il avait le malheur d'être membre de la chambre d'accusation quand vinrent les décrets, et il prit part, en cette qualité, à quatre arrêts affirmant et déclarant la compétence de l'autorité judiciaire pour informer sur la plainte des expulsés.

Il est révoqué avec quatre de ses collègues, dont les noms se trouvent avec le sien au bas de ces arrêts.

On voit avec quelle indépendance M. Martin-Feuillée entend que la justice soit désormais administrée.

M. FABRE

JUGE A MILLAU

16 ans de service.

Magistrat capable et très aimé, mais d'une indépendance trop réelle, d'une honnêteté trop certaine, et surtout affligé d'une parenté trop cléricale, puisqu'il était le frère d'un vicaire de Paris, et le neveu de Monseigneur Affre que les républicains ont assassiné.

M. Roussellier, son procureur général, avait d'ailleurs envers lui une dette de reconnaissance à acquitter : entré jadis dans la magistrature sous les auspices d'un autre frère de M. Fabre, alors procureur général à Nîmes, il était bien juste que sous ses auspices le frère de son ancien protecteur fût aujourd'hui révoqué ; c'est là la vraie indépendance telle que les républicains aiment à la pratiquer.

Enfin, il fallait bien aussi punir M. Fabre de n'avoir pas approuvé les mesures prises par l'administration franc-maçonnique de Millau à l'égard des frères des écoles chrétiennes, auxquels la population Millavoise tout entière est restée sincèrement attachée.

M. FABRE

JUGE A DRAGUIGNAN

31 ans de service.

M. Fabre exerçait ses fonctions à Draguignan, sa ville natale, depuis 16 ans ; laborieux et homme de devoir, il avait su gagner la confiance de ses collègues et les sympathies du barreau qui ne l'appréciait pas moins pour l'étendue de ses connaissances juridiques que pour la sûreté de ses relations.

Mais il était religieux, ami de l'ordre, c'est dire qu'à une époque d'athéisme et de désordre comme la nôtre, il ne pouvait manquer d'être révoqué ; il l'a été.

M. FABRE DE LA BÉNODIÈRE

CONSEILLER A LA COUR DE BORDEAUX

27 ans de service, dont huit comme conseiller.

M. Fabre de la Bénodière avait marqué dans le parquet; c'était un orateur consommé ; son esprit prompt et pénétrant, son élocution féconde et imagée, sa parole ardente et incisive, parfois même amère et agressive, le rendait aussi redoutable aux malfaiteurs sur le terrain de la cour d'assises que brillant et solide sur celui des affaires civiles.

Peu prodigue de son amitié, il était d'un dévouement à toute épreuve pour ceux qui avaient su la gagner ; impitoyable d'ailleurs dans sa franchise, il poursuivait de ses sarcasmes les sottises et les folies qu'il voyait commettre autour de lui.

La République ne l'avait jamais aimé, et en 1870 s'était déjà empressée de le révoquer : on ne lui avait pas pardonné certain discours de rentrée prononcé en 1865 sur « la justice révolutionnaire à Bordeaux » ; dans des pages où l'intérêt était relevé encore par l'éclat du style et de la pensée, il avait tracé sans pitié le tableau de la justice et des tribunaux d'alors, s'excusant du choix de son sujet par une sorte de pressentiment prophétique qui lui faisait dire que l'heure était peut-être venue de l'aborder.

On ne lui pardonnait pas davantage un autre discours prononcé après sa réintégration à la cour, et consacré à l'éloge de M. le premier président Ravet.

C'est que les hommes comme M. Fabre de la Bénodière ne savent pas transiger avec les révoltes de leur conscience et contenir par une prudence intéressée l'expression ardente de leur pensée; l'honneur leur fait volontiers oublier le danger.

Aussi n'a-t-il pas été étonné d'être de nouveau révoqué ; il s'en est aisément consolé ; privé des joies de la justice, il lui reste celles de la famille et de la charité; celles-là, les républicains ne sauraient les lui enlever.

M. FACHARD

JUGE A LURE

11 ans de service.

Fils et petit fils de présidents qui ont laissé d'honorables souvenirs dans la Franche-Comté, M. Fachard se montrait le digne héritier des traditions paternelles et remplissait ses fonctions avec beaucoup de zèle, d'application et d'impartialité.

M. Martin-Feuillée ne l'avait pas porté sur la liste des victimes ; mais M. Fachard n'est point de ceux qui trouvent moyen de transiger avec les inspirations de leur dignité ; déjà en 1870 il avait refusé de profiter d'une exemption légale qu'il pouvait invoquer, s'était engagé, et avait pris part comme capitaine à la défense de Belfort avec une énergie que ses compagnons d'armes n'ont pas oubliée, pendant que tant de républicains éprouvés demandaient à des sinécures un abri capitonné contre le danger.

M. Fachard n'a pas voulu profiter davantage aujourd'hui de l'oubli dont il était l'objet de la part de M. Martin-Feuillée, il a adressé sa démission à l'exécuteur des magistrats, « renonçant, mais avec beau« coup de peine, a-t-il dit, à une carrière « que des traditions de famille et ses pro« pres sentiments l'avaient déterminé à « embrasser, alors qu'elle était universel« lement honorée. »

M. FALIGAN

PRÉSIDENT A CHOLET

Magistrat d'une grande intelligence, d'un caractère indépendant, étranger à toute politique et à toute passion, entouré de l'estime et de la considération de tout le monde, il semblait que M. Faligan dût se croire à l'abri de la proscription.

Il avait, même en dehors de ses fonctions, bien mérité la reconnaissance de son pays ; en août 1870, il avait laissé son poste de substitut à Baugé pour s'engager ; capitaine au 29ᵉ mobiles, il avait fait la campagne avec le 15ᵉ corps et avait pris part avec lui à tous les combats de l'armée de la Loire et de l'armée de l'Est, risquant partout sa vie au milieu des sentinelles ennemies, et rentrant au milieu des balles et des cadavres dans Orléans reconquis. Décoré après trois propositions, il était venu reprendre modestement ses fonctions, et s'il avait montré du courage à la guerre il n'avait pas montré moins de prudence et de modération dans les travaux de la paix.

Qu'a-t-il donc fait pour être révoqué?

Il a osé, le 4 décembre 1880, rendre une ordonnance de référé affirmant sa compétence pour statuer sur une demande en dommages-intérêts formée par un expulsé contre le préfet ; il a osé dire « qu'aucune « mesure gouvernementale ou de haute po« lice ne pouvait être régulièrement accom« plie qu'en vertu de la Constitution, et que « le règne de l'arbitraire ne pouvait impu« nément remplacer celui des lois. »

Il paraît que ce n'est pas vrai; c'est pourquoi on le révoque et on donne sa place à un juge de son tribunal qui, tout en serrant chaque jour la main à son président, rêvait probablement de le déposséder.

M. DE FALVELLY

JUGE A AURILLAC

24 ans de service.

Avait été longtemps chargé du service laborieux de l'instruction où il s'était fait remarquer par son sens juste, sa droiture et son application.

Ses fonctions étaient pour lui un véritable sacerdoce et il consacrait à les bien remplir les efforts d'une conscience pure, aussi dénuée de toute passion qu'incapable de céder à aucune intimidation.

Mais il avait des convictions religieuses sincères, il pratiquait sa foi sans faiblesse comme sans ostentation, appartenait à une famille vraiment patriarcale, et malgré les lourdes charges que lui imposait l'éducation de ses nombreux enfants, il était trop l'ami des pauvres pour savoir jamais tenir sa main fermée à leurs sollicitations.

Tout cela n'est plus de mise aujourd'hui, « le sens républicain » ne s'en accommode pas; ce qu'on demande aux magistrats ce n'est pas la justice, c'est la passion; ce n'est plus la tendresse envers les petits, c'est la souplesse envers les grands. M. de Falvelly n'ayant point paru susceptible d'acquérir jamais ces vertus, M. Martin-Feuillée l'a frappé de révocation.

M. FAUDON

CONSEILLER A LA COUR DE NIMES

31 ans de service, dont 14 comme conseiller.

L'un des membres les plus estimés de la Cour, et certainement le président d'assises le plus distingué; quelques jours avant sa révocation, il présidait *par intérim* la troisième chambre de la cour, et les avocats républicains y rendaient hautement à sa science du droit, à sa connaissance des affaires, à sa manière de diriger les débats, l'hommage le plus complet et le plus mérité.

Mais on ne pouvait vraiment pas le garder.

D'abord, il allait à la messe, et peut-être à l'évêché.

Ensuite, c'était un esprit très lettré, membre et président de l'Académie du Gard (plus ancienne que l'Académie française), chères études dont il ne fallait pas le détourner.

De plus, il avait été décoré par cet affreux Dufaure, qui a peuplé la magistrature de tous les forçats dont l'intègre Martin Feuillée s'est fait fort de la purger.

Enfin on conservait à la cour un borgne, un sourd, et on avait un paralytique à y faire entrer; c'était bien le cas d'en faire sortir M. Faudon qui avait le tort d'avoir encore ses deux yeux, ses deux oreilles, ses deux jambes, et de jouir, de corps comme d'esprit, d'une excellente santé.

M. Faudon ayant une parfaite dignité de vie et ne s'étant jamais mêlé de politique, il est absolument impossible d'expliquer autrement que par une de ces raisons pourquoi il est révoqué.

Mais l'une d'elles suffit parfaitement à M. Martin-Feuillée.

M. FAUGIER

JUGE A VIENNE

18 ans de service.

Ce magistrat instruit et modeste était remarquable par la rectitude de son jugement; sa loyauté et son impartialité n'avaient jamais été suspectées, même par les radicaux, et il savait allier une extrême bienveillance à une grande austérité.

Mais Ronjat le cumulard ne pouvait lui pardonner d'être le neveu de M. Faugier, ancien maire et ancien député, dont le nom est à Vienne si justement honoré; il y a en effet pour certaines médiocrités des contrastes impossibles à supporter; elles aiment mieux les supprimer en faisant disparaître jusqu'au nom de ceux à côté de qui l'opinion publique ne les placera jamais.

M. FAURE

PRÉSIDENT A VALENCE, NOMMÉ JUGE A SAINT-ÉTIENNE

30 ans de service, dont 22 passés au tribunal de Valence.

Depuis 9 ans il préside la compagnie ; on l'envoie simple juge à la queue du tribunal de Saint-Étienne; devant une démarche faite à la chancellerie par les avocats républicains de Valence, M. Martin-Feuillée n'a pas osé le révoquer tout net ; il a reculé devant l'odieux d'une telle mesure, mais il sait bien que M. Faure ne peut accepter la déchéance dont il le frappe, si, par des raisons toutes personnelles, il n'y est absolument forcé.

M. Faure était l'honnêteté faite homme; sa bienveillance, sa droiture, lui avaient concilié l'affection, l'estime et le respect de tout le monde.

Pourquoi le frappe-t-on? Parce que le 16 novembre 1880, il a rendu en référé deux ordonnances établissant sa compétence pour statuer sur la plainte des expulsés contre les actes de violence illégale des préfets ; il a osé dire qu'aux termes de l'article 471 du Code pénal, c'était à l'autorité judiciaire et non à l'administration qu'il appartenait de sanctionner, en cas d'infraction, les arrêtés des préfets.

C'est incontestable quand il s'agit d'arrêtés régulièrement pris, mais quand il s'agit d'arrêtés illégaux il paraît que ce n'est plus vrai.

P. S. Comme il était aisé de le prévoir, M. Faure n'a pas voulu subir une déchéance imméritée; il a refusé les injurieux présents de M. Martin-Feuillée, et il a été expulsé.

M. FAURE

JUGE A SAINT-MARCELLIN

14 ans de service.

Magistrat fort instruit et caractère des plus honorables.

Parent du premier président Cantel et de plusieurs autres magistrats révoqués, il eût pu échapper à la proscription grâce à sa parenté avec le député Saint-Romme, qui se montrait, dit-on fort disposé à le protéger contre M. Martin-Feuillée; une pareille protection a paru plus que compromettante à M. Faure qui n'a pas hésité à déclarer formellement qu'il la refusait.

Il est tombé dans toute sa dignité, et son nom qu'il n'a pas voulu commettre dans la magistrature asservie, apparaîtra un jour avec la considération qui lui appartient dans la magistrature restaurée.

A peine expulsé il a eu maille à partir avec le nouveau président qui lui a adressé les significations les plus ébouriffantes par ministère d'huissier.

Les caractères comme celui de M. Faure sont l'honneur et la force d'un corps; tant qu'il en reste, il ne faut pas désespérer.

M. FAURE

JUGE A TOULOUSE

29 ans de service.

Un des plus anciens magistrats du tribunal, souvent appelé comme tel à présider sa chambre, et qui le faisait de façon que les hommes d'affaires ne cachaient pas leur désir qu'une vice-présidence lui fût confiée.

Mais qu'importent à M. Martin-Feuillée le vœu du barreau, les longs services et la valeur personnelle d'un magistrat distingué? M. Faure a été sacrifié, comme les autres et sans plus de raisons que les autres, si ce n'est toutefois qu'il est le cousin de M. le président Désarnauts. S'il a la nostalgie de l'audience, qu'il se console, au train dont vont les choses, il est assez jeune pour entrevoir le jour où il lui sera permis d'y remonter.

M. FAURE-BEAULIEU

CONSEILLER A LA COUR D'AGEN

20 ans de service, dont 7 comme conseiller.

M. Faure-Beaulieu est révoqué comme catholique et il se serait vainement recommandé d'avoir été fait conseiller par M. Dufaure, celui ci passant aujourd'hui aux yeux des républicains pour le plus réactionnaire des sacristains.

On l'a accusé de s'être trouvé de sa personne au couvent des Carmes, lors de l'expulsion de ces derniers; le fait est matériellement inexact, mais il est certain que M. Faure-Beaulieu n'était pas de cette race couarde qui met au besoin sa foi sous le boisseau et pour qui une place à garder suffit à colorer toutes les trahisons.

Il avait à cela d'autant plus de mérite que la mesure qui le frappe a pour lui des conséquences qui la rendent particulièrement amère à accepter.

M. Martin-Feuillée peut être content, le coup a porté.

M. FAVRE-GILLY

CONSEILLER A LA COUR DE GRENOBLE

Magistrat depuis 27 ans, conseiller depuis 10 ans.

Il y a quelques mois, le bâtonnier de Grenoble présentait au serment M. Paul Favre-Gilly, jeune avocat stagiaire, lauréat de la Faculté de droit; la première chambre de la cour était présidée par M. Orsat, aussi parfaitement républicain que parfaitement malveillant, ce qui n'est pas peu dire, comme peuvent l'affirmer tous les avocats suspects de réaction.

Contrairement à toutes ses habitudes, M. Orsat souhaita gracieusement la bienvenue au jeune stagiaire en faisant de son père, M. Favre-Gilly, un éloge qui répondait également au sentiments de la cour et du barreau.

C'est, en effet, une figure d'une originalité saisissante que celle de ce magistrat, à la fois homme du monde séduisant, causeur plein de verve gauloise et de finesse caustique, jurisconsulte consommé, procédurier habile et homme d'affaires complet.

Pendant sept ans il a exercé les fonctions de vice-président au tribunal de Grenoble, et on l'a vu tour à tour, à l'audience correctionnelle, sémillant et intarissable d'esprit, d'une verve incomparable qui compromettait même parfois quelque peu la gravité du prétoire ; et à l'audience civile discutant supérieurement avec l'avoué le plus retors ou l'avocat le plus habile les arguties de la procédure ou les subtilités du droit le plus quintessencié.

Caractère indépendant, loyal et franc jusqu'à la brusquerie dans sa passion pour la justice, doué en même temps d'une sensibilité exquise qui atteste le cœur le plus riche et le plus chaud.

La République a fait une bonne affaire en frappant cet homme de cœur, car il a derrière lui toute une phalange de fils qui ne l'oublieront pas ; cette jeunesse vaillante, laborieuse, ardente, trouve dans le décret du 15 septembre 1883 de vrais titres de noblesse, elle s'en souviendra.

M. FEILDEL

PRÉSIDENT A PAIMBŒUF

24 ans de service, dont 12 comme président.

Magistrat très expérimenté et très capable, qui avait gravi un à un les degrés de la hiérarchie; nul n'eût refusé sa sympathie à cet homme aimable, à ce juge laborieux et intègre; mais c'est justement ce qui l'honorait qui l'a perdu; M. Martin-Feuillée l'avait connu à Rennes ; il savait qu'il n'y avait à attendre aucune apostasie de ce chrétien sincère, aucune lâche complaisance de ce caractère ferme et indépendant; M. Feildel eût été d'un mauvais exemple et il l'a chassé.

M. DE LA FÉRAUDIÈRE

CONSEILLER A LA COUR D'ANGERS

21 ans de service, dont 6 comme conseiller.

Esprit distingué, caractère droit et généreux, il avait su, dans les temps difficiles, faire respecter, à Laval et à Saumur, l'action judiciaire dont il était chargé comme officier du Parquet.

Associé aux travaux de l'éminent procureur général Duchastenier, il avait pu, mieux que tout autre, apprécier les procédés et les allures de l'étrange successeur qui lui avait été donné.

Il tombe pour n'avoir pas suffisamment admiré M. Auger.

M. de la Féraudière semblait avoir le pressentiment du sort qui était réservé à la magistrature lorsqu'il choisit, en 1875, le « courage civil » des magistrats pour sujet du discours de rentrée qu'il prononça devant la cour d'Angers.

Parmi de nombreux exemples, il rappelait celui des membres du Parlement de Paris qui, sommés d'enregistrer un édit sous peine d'encourir toute la colère royale, se rendirent en robes rouges, premier président en tête, devant le Roi. « Sire, lui « dirent-ils, nous venons remettre nos « charges en vos mains et souffrir tout ce

« qui vous plaira plutôt que d'offenser nos « consciences ». Sur quoi, le Roi surpris et vaincu leur repondit : « Continuez à « bien rendre la justice », et les renvoya.

Ce roi s'appelait Louis XI; Martin-Feuillée les aurait tous destitués.

M. FERLET
PRÉSIDENT A BAR-SUR-SEINE

17 ans de service, dont 6 comme président.

Magistrat intelligent, travailleur, entendant bien les affaires et très assidu dans ses fonctions.

Mais il ne passait pas pour républicain et avait eu le malheur de condamner quelques journalistes, notamment M. Sarcey.

Rien n'a pu le sauver, malgré les innombrables sympathies dont il était entouré dans l'arrondissement. On s'y rappelait, en effet, avec quelle énergie il avait su tenir tête au commandant prussien pendant l'invasion, et comment plusieurs de ses justiciables avaient dû alors la liberté ou la vie à sa courageuse intervention.

Aussi un mouvement spontané s'était produit en sa faveur dans l'arrondissement, et environ 75 communes sur 80 avaient adressé une pétition à M. Martin-Feuillée pour qu'on ne lui enlevât point son siège de président. Le garde des sceaux a repoussé leur demande; il a chassé M. Ferlet pour faire plaisir à quelques républicains de Bar-sur-Seine qui ont célébré leur triomphe en tirant des coups de canon et des fusées le soir même de sa révocation!

M. FLEURY
JUGE A CAEN

22 ans de service.

Excellent magistrat dont l'éloge ne comporte aucune restriction, instruit, indépendant, plein de pénétration, très attaché à ses devoirs; homme du monde, d'une extrême urbanité, lié avec toute la bonne société, partout aimé et respecté.

M. Fleury ne pouvait être traité de clérical, et la parfaite correction de son attitude en matière politique ne permettait pas davantage de relever contre lui la moindre manifestation passionnée; mais il avait son franc-agir et son franc-parler, or en ce temps de liberté, c'est la chose qui peut le moins être pardonnée.

Aussi, depuis qu'il s'était laissé porter en 1880 sur la liste conservatrice au conseil municipal de Caen, il se savait désigné par les rancunes républicaines à la hache vengeresse de M. Martin Feuillée, « profondément conservateur » étant devenu, quoiqu'en ait pu jadis penser naïvement M. Jules Simon, absolument l'opposé de « profondément républicain ».

M. FOISIL
SUBSTITUT A COUTANCES

7 ans de service.

Gendre d'un ancien président de Chambre qui a laissé à la cour de Caen le souvenir durable d'un homme de bien et d'un magistrat éminent.

C'était déjà un vice originel; il en avait un autre, qui était de passer pour avoir été apprécié et protégé par M. Champin, l'ancien premier président, ce qui est un cas rédhibitoire pour les nouveaux chefs de la cour de Caen.

De plus, il était religieux et rendait visite à son évêque.

L'extrême réserve de son attitude politique l'avait cependant fait tolérer jusqu'ici; mais on jugea prudent tout au moins de le déplacer et on le nomma juge à Lisieux.

M. Foisil comprit combien il était pénible pour tous les honnêtes gens d'accepter une fonction nouvelle et de recevoir, pendant ce trimestre d'iniquité, une marque quelconque de confiance ou d'indulgence de la part du Gouvernement; il refusa donc pour prendre sa place parmi les victimes et se faire inscrire au barreau de Caen.

M. FONTANT
JUGE A ROCHEFORT

27 ans de service.

Magistrat modeste, plein de droiture, d'honnêteté et de dévouement.

Il était absolument étranger à la politique, mais il faisait partie de la Société de Saint-Vincent-de-Paul, et cela déplait au Gouvernement.

Le fait est que depuis 20 ans qu'il était à Rochefort, M. Fontant conspirait constamment; si absorbé qu'il fût par les pénibles fonctions de juge d'instruction, on le voyait se glisser à la nuit tombante dans les pires quartiers de la ville et pénétrer dans des bouges inconnus aux républicains de bonne maison; qu'allait-il y faire, sinon dénigrer l'administration?

Et en effet, courtiser la misère, surtout quand on n'est pas riche soi-même, porter aux pauvres ces réconfortantes paroles qui leur font oublier parfois qu'ils n'ont pas de pain dans leur armoire ni de feu dans leur foyer, relever leur courage et leur espérance par la promesse de temps meilleurs, par la consolante pensée d'une suprême justice, leur ouvrir en même temps sa petite bourse et son grand cœur, leur donner peut-être la foi en leur donnant la charité, et faire tout cela au nom d'un Dieu frappé lui-même de proscription, quoi de plus subversif pour notre honnête gouvernement!

M. Fontant n'a pas été expulsé pour autre chose; il a quitté Rochefort pour aller prendre place au barreau de Poitiers où on l'a reçu à bras ouverts, et il est parti escorté des regrets de tous les malheureux qu'il avait consolés et secourus depuis 20 ans.

A lui l'honneur, aux autres l'argent.

M. DE FORCADE
CONSEILLER A BORDEAUX

29 ans de service, dont 16 comme conseiller.

Magistrat dont le caractère et la fermeté finissaient par avoir raison des scélérats les plus déterminés; en 1878 un crime atroce avait jeté la terreur dans l'arrondissement de Libourne; deux individus mal famés, endurcis dans le crime, et que l'opinion publique désignait comme étant déjà les auteurs de forfaits antérieurs demeurés impunis, avaient été arrêtés, mais leur astuce déroutait les magistrats de première instance auxquels l'instruction avait été confiée; la cour de Bordeaux délégua M. de Forcade pour informer, il se rendit sur les lieux, et au bout de trois mois, à force d'énergie et de sagacité, il finit par acculer les coupables à la nécessité d'avouer devant les preuves qu'il avait accumulées; une condamnation capitale fit justice des bandits qui avaient jeté la terreur dans la contrée.

Mais le Gouvernement ne s'inquiète pas de conserver de bons magistrats, son seul souci est de chasser ceux qui ne lui sont pas aveuglément dévoués; or, M. de Forcade était d'un caractère aussi indépendant qu'élevé; de plus, il avait des attaches déplorables; gendre d'un des plus grands propriétaires du Médoc, il était cousin de l'ancien Ministre de l'Empire et parent du maréchal de Saint-Arnaud. C'était plus de raisons qu'on n'en demandait pour le révoquer; l'ancien Ministre étant mort et ne pouvant plus être persécuté, il fallait bien aussi trouver quelqu'un qui portât la peine des nombreux échecs électoraux qu'il avait infligés à certains députés; à défaut du ministre, c'est le conseiller qui a payé.

M. FOURNIÉ
PRÉSIDENT A AUCH

28 ans de service, dont 17 comme président.

Un compatriote de Gambetta; d'esprit souple, délié, vigoureux en même temps et apte aux affaires, il était fort respecté par l'opinion publique et ne comptait guère que des amis au Palais.

Sa seule ambition était de rester président à Auch et d'y continuer jusqu'à la fin de sa carrière des fonctions que sa capacité professionnelle lui rendait faciles et agréables à remplir.

Mais ce n'était pas ainsi que les radicaux l'entendaient; il était véhémentement soupçonné d'être plus sensible à l'alerte éloquence de M. Paul de Cassagnac qu'aux discours pâteux où M. Jean David sue l'ennui sur ses auditeurs endormis.

Cela compromettait le succès de la démocratie et pour sauver la République on a sacrifié M. Fournié.

M. FOURNIER
CONSEILLER A LA COUR D'ANGERS

30 ans de service, dont 15 comme conseiller.

Esprit sage, plein de distinction et de finesse, d'une bienveillance qui le faisait à la fois aimer et respecter, joignant à beaucoup de modération beaucoup de fermeté.

Impartial avant tout et sur lequel il n'était pas de passion ou d'influence étrangère à la justice qui pût jamais s'exercer.

Il n'avait pas de haine pour la République, mais n'avait pas la moindre estime pour l'ancien bonapartiste devenu procureur général et fougueux républicain, M. Auger.

De quoi dûment atteint et convaincu, il fallait qu'il fût destitué, car celui-là est l'ennemi de la République qui n'est pas l'ami de M. Auger.

M. FRABOULET
JUGE D'INSTRUCTION A SAINT-BRIEUC

Oyez tous, vous à qui on a tant de fois répété que le gouvernement républicain voulait avant tout que l'indépendance des juges fût assurée.

M. Fraboulet avait 20 ans de service, dont 10 comme juge instructeur à Saint-Brieuc.

C'était le « curieux » par excellence, comme on dit dans les maisons centrales; les Coniac, les Herry, les Quéranguai, et la cour d'assises des Côtes-du-Nord savaient de quel prix était sa perspicacité.

C'était de plus « un indépendant et un opiniâtre »; ainsi M. Martel l'avait qualifié dans une lettre lue à la tribune, écho d'un document confidentiel où le procureur général disait naïvement : « obstiné ».

Aussi, que de couronnes le parti républicain de ce temps ne lui avait-il pas alors tressées? Songez qu'il avait osé, malgré le parquet, refuser de poursuivre M. Foucher de Careil qui, après s'être dit naguère seul candidat décoré de la main de l'empereur, s'était targué dans une affiche d'être le seul candidat républicain honoré des sympathies du maréchal; M. Fraboulet, aveugle autant qu'obstiné, n'avait jamais pu ni voulu voir là un délit de fausses nouvelles, quoi que pût lui dire le parquet.

Les républicains savaient donc bien à quoi s'en tenir sur son indépendance, puisqu'ils en avaient les premiers profité; mais s'ils entendent qu'on soit indépendant pour eux, ils n'entendent pas qu'on le soit contre eux, ils l'ont bien fait voir à M. Fraboulet.

Ici, pas même un commentaire, laissons parler les faits :

1er mai 1883, sermon du P. Terrat, chartreux, ancien aumônier de l'armée.

13 mai, plainte au parquet pour diffamation et injure envers l'armée.

Du 13 mai au 8 août, instruction, auditions de témoins et confrontations par M. Fraboulet.

8 août, ordonnance de non-lieu longuement et puissamment motivée.

Le même jour, opposition du procureur de Saint-Brieuc à l'ordonnance.

14 août, arrêt qui infirme l'ordonnance de non-lieu et renvoie l'abbé Terrat devant la Cour d'assises.

6 octobre, audience de la Cour d'assises; aux applaudissements du public et quoique le sieur Michel Jaffard, procureur général, soit venu de Rennes tout exprès pour le faire condamner, l'abbé Terrat est acquitté.

6 octobre au soir, communication aux journaux de Paris, avant l'impression à l'*Officiel*, du décret du matin révoquant 184 magistrats, M. Fraboulet n'y est pas.

7 octobre, publication du décret à l'*Officiel*, M. Fraboulet y est!

Morale : un magistrat ne doit jamais s'obstiner qu'à garder sa place, et non pas à trouver et à dire la vérité, surtout quand il s'agit de faire condamner injustement un curé.

M. FRANÇOIS SAINT-MAUR

PRÉSIDENT DE CHAMBRE A LA COUR DE PAU

35 ans de service, dont 13 comme avocat général et 12 comme président de chambre à Pau.

Existence consacrée tout entière à l'étude du droit, au culte de la justice, aux devoirs de la famille et aux œuvres de la charité.

C'était un de ces magistrats qui honorent leurs fonctions par la dignité de leur vie et par le prestige de toutes les vertus.

Les pauvres, auxquels il va se consacrer tout entier, ne le chasseront pas comme M. Martin-Feuillée, quand il ira leur porter, avec les secours de la charité, des paroles de consolation et de paix.

M. GAGON

PRÉSIDENT A SAINT-BRIEUC

37 ans de service, dont 18 comme président.

La révocation de M. Gagon n'a d'autre cause que son respect du droit, son impartialité et sa fermeté.

Le 14 décembre 1880 il a rendu un jugement déclarant le tribunal compétent pour statuer sur la demande en réintégration de domicile formée contre le sieur Bertereau, préfet, par des religieux violemment expulsés. Il a osé y dire que « la volonté arbitraire du pouvoir ne suffit pas pour soustraire les citoyens à leurs juges et à l'application régulière des lois »; et le 18 janvier 1881 il en rendait un autre dans le même sens.

Il est révoqué, ainsi que les deux juges qui avaient comme lui signé le jugement, et qui savaient, comme lui, qu'ils signaient leur condamnation.

Le barreau ne s'y est pas trompé, et, dès le 30 septembre, il lui adressait une lettre signée en tête par le bâtonnier et les membres du conseil de discipline, où il lui disait carrément que la mesure qui venait de l'atteindre « ne faisait que l'honorer, en le « désignant davantage au respect ».

Bien plus, aux élections qui ont suivi la rentrée, les avocats ont nommé M. Gagon leur bâtonnier; nul hommage n'aura été plus doux à ce magistrat sympathique, vice-président du conseil général, dont la simplicité d'allures était proverbiale, qui n'a jamais flatté personne et qui a toujours dit à tous la vérité.

M. GAILLARD DE LA DIONNERIE

CONSEILLER A LA COUR DE POITIERS

32 ans de service, dont 9 comme conseiller.

M. Gaillard ne devait pas être considéré comme un ennemi de la République, car M. Crémieux l'avait envoyé, le 3 décembre 1870, procureur de la République à Cholet au lieu de le révoquer, et M. Dufaure l'avait à deux reprises nommé conseiller. Mais Dufaure et Crémieux sont aujourd'hui bien dépassés.

Très ferme d'ailleurs, et très droit, dévoué à ses devoirs, toujours prêt à se charger des affaires difficiles, érudit et chercheur, de plus archéologue très distingué, M. Gaillard de la Dionnerie était de ceux que ne pouvait épargner la faulx de M. Martin-Feuillée, faite pour détruire le bon grain et pour respecter l'ivraie.

M. GAILLARD DE LA DIONNERIE

PRÉSIDENT A FONTENAY-LE-COMTE

28 ans de service.

M. Gaillard de la Dionnerie avait suivi sa carrière à peu près sans interruption à Fontenay; dépouillé de son siège de procureur par la tourmente de 1870, il s'y était vu réintégré par M. Dufaure en 1871 et avait été nommé président quelques années après.

Il se distinguait par une science du droit et des affaires que l'on trouvait bien rarement en défaut, et son mérite professionnel était encore relevé par une aménité de caractère qui lui avait permis d'exercer ses fonctions judiciaires pendant 25 ans dans le même pays sans s'y créer d'ennemis.

Son seul ennemi c'était lui-même, c'était son intégrité, vertu dangereuse et qui appelle la proscription en un temps où, à l'inverse de Caussidière qui voulait au moins faire de l'ordre avec du désordre, on veut faire avec la justice de l'iniquité.

M. GAND

JUGE A LILLE

21 ans de service, dont 9 comme juge d'instruction.

Magistrat lorrain chassé de son pays par l'annexion, M. Gand, nommé en octobre 1871 juge à Lille, avait fait de cette ville sa patrie d'adoption; pendant 9 ans il y a été chargé de l'instruction.

Il eût été difficile d'imaginer un plus rare et un plus complet assemblage des qualités qui font le vrai juge d'instruction, activité, patience et pénétration. Toujours poli avec les prévenus, ne les brusquant jamais, M. Gand savait même trouver dans les inspirations d'une nature exquise et généreuse jusqu'au secret d'amollir parfois en eux les plus farouches résolutions; aussi arrivait-il à des résultats étonnants. C'est ainsi, par exemple, que dans une affaire où un homme et une femme s'accusaient réciproquement d'être l'auteur d'un meurtre qui n'avait eu qu'eux pour témoins, sans qu'aucun indice matériel permît de dire lequel des deux l'avait réellement commis, on vit la femme qui avait résisté à des journées entières d'interrogatoires, de témoignages et de confrontations, tomber tout à coup aux pieds de M. Gand après deux heures d'exhortation, et s'écrier : « C'est moi qui suis coupable; faites « venir X..., que je lui demande pardon; il « est tout à fait innocent! » Le sympathique accent du juge l'avait tellement pénétrée qu'après n'avoir pas reculé devant un crime, elle s'offrait maintenant à la condamnation plutôt que de persister dans une mauvaise action.

C'est que chez M. Gand la robe du juge recouvrait le cœur d'un fervent chrétien, et qu'aux qualités du magistrat, l'impartialité et la fermeté, il mêlait instinctivement et sans effort la plus belle des vertus chrétiennes, la charité.

Comment M. Martin-Feuillée avait-il oublié cet homme intègre qui, après s'être démis de l'instruction lors des décrets, avait pris part au jugement de compétence rendu le 10 décembre 1880 contre le préfet sur la demande des expulsés? Comment avait-il, malgré les dénonciations de la presse radicale, respecté le gendre de M. Henri Bernard, et le professeur de l'université catholique? Nous voudrions lui en faire honneur si le nombre de ses victimes n'avait pas été compté, et si nous pouvions croire qu'il n'a pas spéculé pour l'augmenter sur le dégoût que M. Gand allait éprouver.

C'est ce qui n'a pas manqué d'arriver; M. Gand lui a envoyé sa démission et est rentré dans la vie privée où il est sûr du moins de n'avoir à subir désormais le contact d'aucune compromission et d'aucune lâcheté.

M. GARDIN DE LA BOURDONNAYE

JUGE A BREST

28 ans de service.

Avait exercé pendant 10 ans la profession d'avocat avant d'entrer dans la magistrature.

Esprit sérieux et élevé, nature droite et loyale autant que modeste, M. de la Bourdonnaye ne connaissait pas l'ambition; il n'en avait d'autre que de justifier l'estime, la sympathie que lui témoignaient ses collègues, les officiers ministériels et le barreau.

Scrupuleux à l'excès, il était toujours préoccupé de n'avoir pas assez bien fait; les hésitations de sa conscience délicate le ramenaient sans cesse à un travail nouveau pour refaire l'œuvre excellente que sa modestie lui montrait toujours incomplète, et pour étudier encore les dossiers qu'il avait déjà minutieusement examinés. Ce souci du mieux n'excluait pas en lui la fermeté et s'alliait à une connaissance approfondie du droit.

Il aimait avec passion ses fonctions et n'a pu les quitter sans un amer regret; mais comment M. Martin-Feuillée aurait-il pu l'y laisser? En vain M. de la Bourdonnaye s'était tenu à l'écart de la politique, en vain il avait consacré son temps et ses soins à des œuvres utiles au pays, comme la Société d'agriculture de Brest, celle des Agriculteurs de France, celle des Sauveteurs bretons..., n'était-il pas membre de la conférence de Saint-Vincent de Paul depuis 35 ans et fabricien de sa paroisse depuis 25 ans!

Quels services eussent jamais pu racheter de tels péchés, et aussi bien qu'eût fait désormais M. de la Bourdonnaye dans la magistrature épurée!

M. GARIÉ

JUGE A SAINT-GIRONS

18 ans de service.

Le décapité parlant! celui en qui M. Martin-Feuillée a pris plaisir à manifester à la fois sa justice et sa bonté.

M. Martin avait dit: « Je détruirai ce « temple et je le rebâtirai trois mois après »; comme il l'avait dit, il l'a fait; au mois d'octobre, il a tué M. Garié qui était fort considéré, et au mois de décembre il l'a ressuscité; l'histoire ne dit pas si, comme Lazare, l'infortuné sentait déjà mauvais.

Ce qui est certain, c'est qu'on peut le voir, rassis par la miséricorde de M. Martin-Feuillée sur ce siège d'où il avait été précipité comme indigne par la justice dudit Martin-Feuillée.

Que s'est-il passé? Comment M. Garié qui avait mérité l'expulsion au mois d'octobre, a-t-il obtenu au mois de décembre le « *dignus es intrare in nostro doctore corpore?* » nous n'avons la prétention ni de le savoir ni de le dire, et nous tenons à nous abstenir de toute supposition qui pourrait désobliger lui ou M. Martin-Feuillée; tout le monde sait seulement qu'il est venu à Paris dans l'intervalle et que, s'il a retrouvé en route ce qu'il avait perdu, en revanche il a perdu quelque chose qu'il aura bien du mal à retrouver.

Un seul point nous inquiète: quand Martin-Feuillée l'a révoqué, avait-il lu son dossier? S'il ne l'avait pas lu, pourquoi l'a-t-il révoqué? S'il l'avait lu, pourquoi l'a-t-il réintégré?

M. GARNIER DE LABAREYRE

JUGE A VALENCE

25 ans de service.

Un des six magistrats du tribunal de Valence que la rage furibonde de M. Madier de Montjau avait voués du haut de la tribune à la proscription et que M. Martin-Feuillée a docilement chassés.

Qu'avait-on à lui reprocher? Il portait un nom justement honoré dans le département; il remplissait ses fonctions avec une conscience poussée jusqu'au scrupule et un absolu dévouement; les honnêtes gens de tous les partis rendaient hommage à son caractère et à ses vertus.

Mais il croyait en Dieu et n'en faisait pas mystère: il n'en a pas fallu davantage aux énergumènes pour se refuser à l'épargner; on peut bien les mettre au défi de donner un autre prétexte à leur iniquité.

M. GARRELON

JUGE A MONT-DE-MARSAN

13 ans de service.

M. Garrelon avait longtemps exercé les fonctions de juge de paix avant d'être nommé juge en 1870.

C'était un magistrat dans la plus complète acception du mot; esprit sérieux, rompu à la pratique des affaires, nourri de fortes études et servi par une rigoureuse rectitude de jugement; ses collaborateurs appréciaient l'étendue de ses connaissances juridiques qui lui permettaient d'embrasser sans effort tous les détails d'une affaire et d'arriver par les voies les plus sûres à la véritable solution. Pendant 22 ans il avait mis au service de la justice une intelligence secondée par une âme ardente et généreuse, dont une rare modestie rehaussait encore les fortes qualités.

Bien que très libéral, il s'était toujours tenu à l'écart de la politique, et avait gagné les sympathies de tous par sa courtoisie et son aménité; mais sa valeur intellectuelle, son indépendance et son intégrité ne permettaient pas au gouvernement de le supporter.

Il était d'ailleurs depuis longtemps désigné aux vengeances pour n'avoir pas voulu trahir la vérité dans un procès fait à *la Lanterne* par le président Tourné, aussi *la Lanterne* l'avait-elle à pleine gorge traité de faux témoin avec deux autres de ses collègues, accumulant sur eux et sur le président les épithètes les plus injurieuses que le vocabulaire républicain puisse trouver.

On sait le résultat: *la Lanterne* fut condamnée en première instance et en appel, et redoubla ses outrages contre ce qu'elle appelait « une forfaiture collective, une prévarication commise par une bande associée pour l'iniquité »; le ministère essaya de la venger et voulut poursuivre disciplinairement devant la cour de cassation le président Tourné; il fit faire par son procureur général Delcurrou une enquête dont celui-ci parla beaucoup, mais qu'il se garda toujours de montrer; pendant deux ans, ayant cette enquête dans les mains, on n'osa pas la produire devant la cour de cassation, attendant toujours que des vacances successives eussent amené dans le personnel de ce corps une transformation suffisante pour qu'on se crût assuré de la condamnation; le jour où on pensa tenir enfin une majorité, on fit venir l'affaire, et il se trouva que devant l'enquête, ceux sur lesquels on avait le plus compté se refusèrent à tremper dans une pareille monstruosité et ne purent se résoudre, tant son innocence était claire, même à faire comparaître devant eux le président Tourné.

Aujourd'hui *la Lanterne* est vengée; le président et trois juges de Mont-de-Marsan sont révoqués par M. Martin-Feuillée.

M. GAUDIANI

JUGE A CALVI

23 ans de service.

Était l'avocat le plus occupé du barreau de Sartène lorsqu'en 1860 les instances des chefs de la cour d'appel le décidèrent à accepter les fonctions de juge suppléant à Ajaccio.

Durant 23 années, dont 10 comme juge d'instruction, ce magistrat s'est entièrement voué à l'accomplissement de ses devoirs; homme honnête, d'une conduite exemplaire, il apportait au maniement des affaires de la justice beaucoup de droiture, de sage expérience et d'activité.

Le lendemain du jour où il a été révoqué, il s'est retiré à Ajaccio, sa ville natale, et s'est fait inscrire au barreau. Pour bien montrer à M. Martin-Feuillée toute leur reconnaissance du cadeau qu'il leur faisait, ses nouveaux confrères l'ont immédiatement nommé bâtonnier!

M. GAUDRON

JUGE A BLOIS

23 ans de service.

M. Gaudron, qui appartient à une honorable famille du Blaisois, était un magistrat instruit, actif expérimenté et très versé dans la connaissance des affaires.

Il n'avait qu'un défaut, celui d'être religieux, et même président du cercle catholique de Blois.

Le gouvernement tolère, au besoin récompense tous les autres, mais c'est justement de celui-là qu'il ne veut pas.

Déjà, en 1880, il avait officiellement réprimandé M. Gaudron pour avoir assisté à une conférence de M. de Margerie sur la liberté d'enseignement, ce qui cachait évidemment en effet une conspiration, car l'enseignement étant libre, que diable peut on avoir à conférer sur sa liberté!

Cela n'a pas paru suffisant, et après avoir frappé autour de M. Gaudron plusieurs magistrats qui étaient ses alliés ou ses parents, on l'a destitué lui-même pour en seigner à tous qu'on ne saurait être aujourd'hui chrétien, charitable, indépendant et magistrat en même temps. C'est une application ingénieuse faite à ses dépens de la liberté d'enseignement.

M. GAULMIER
JUGE A BOURGES

25 ans de service.

M. Gaulmier, que M. Dufaure avait nommé juge à Bourges, était un homme de devoir, ayant au plus haut point l'amour de ses fonctions; affable envers tous et de caractère très bienveillant.

Son crime est d'avoir pris part à un jugement séditieux.

Le 9 juillet 1880, des religieux expulsés s'adressaient au tribunal et lui demandaient d'ordonner par voie de référé, et au besoin *manu militari*, qu'ils fussent réintégrés dans le domicile d'où ils avaient été brutalement chassés par le sieur Mahias, préfet. — Celui-ci prétendit naturellement qu'il était au-dessus de la justice et qu'il pouvait jeter des citoyens sur le pavé sans que le tribunal eût le droit de s'en mêler, en quoi il fut, bien entendu, soutenu par le parquet.

Mais le tribunal répondit qu'il avait charge de garantir le domicile, la propriété et la liberté des citoyens contre tout acte prétendu administratif qui ne s'appuyait pas sur une loi formelle, que ledit préfet n'en pouvait indiquer aucune, et que par suite le tribunal était compétent pour juger.

C'était là de la sédition au plus haut degré, car où serait la liberté du gouvernement s'il ne pouvait faire des citoyens ce qu'il lui plaît? on ferma donc la bouche au tribunal avec un arrêté de conflit, et pour servir d'exemple aux autres juges, M. Gaulmier est aujourd'hui révoqué.

M. GAUTIER
JUGE A CHAMBON

9 ans de service.

M. Gautier avait touché un peu à tout dans sa vie; avocat, conseiller de préfecture, journaliste et même secrétaire de mairie comme M. Martin-Feuillée, il était devenu enfin juge au tribunal de Chambon, où il s'était fait remarquer par une fine intelligence, par une application studieuse qui comblait les lacunes de son instruction judiciaire, et par une bienveillance qui réservait tous les droits de l'impartialité.

Brisé par la douleur que lui avait laissée la mort d'un fils glorieusement tombé sur le champ de bataille de Beaumont, il vivait dans une austère solitude que le travail sanctifiait.

C'est là que sont venues le trouver les rancunes de certains hommes politiques qui n'avaient pu lui pardonner l'indépendance avec laquelle il lui était arrivé de résister à leurs volontés.

Les vrais amis de la liberté ont répondu à cette lâche vengeance comme il convenait; le juge chassé a été accueilli à bras ouverts par le barreau qui, pour lui montrer son estime et sa confiance, l'a investi des fonctions de bâtonnier, s'honorant du même coup autant qu'il l'honorait.

M. GAVOT
VICE-PRÉSIDENT A NICE

23 ans de service, dont 9 comme vice-président.

Travailleur infatigable, joignant à une rare intelligence des affaires une connaissance approfondie du droit, il était l'âme du tribunal de Nice, et le maintenait à la hauteur qu'il devait avoir malgré l'insuffisance de ses membres et notamment de son président, lesquels ont été conservés, naturellement. Il rédigeait avec une remarquable clarté, et la cour n'avait le plus souvent qu'à confirmer ses jugements.

Excellent homme, doux et timide dans la vie privée, très sympathique à tous, M. Gavot avait su, dès son arrivée à Nice, se mettre en dehors et au-dessus des rivalités politiques qui divisent le pays depuis son annexion.

Mais il était assez abêti pour pratiquer sa religion et de plus il avait, sur son siège, une fermeté contre laquelle échouait tout essai d'intimidation.

Ne s'était-il pas avisé de condamner, le 19 novembre 1880, deux journalistes républicains qui s'étaient introduits à la suite des crocheteurs dans le domicile violé des Pères Africains, en dépit de toutes les protestations; ne s'était-il pas permis de constater leur attitude inconvenante, leurs rires moqueurs, ajoutant que leur hostilité bien connue envers les Pères Africains aurait dû suffire seule à leur faire respecter la défense d'entrer, quand ils voyaient un autre journaliste violemment expulsé par la police parce qu'on le savait peu porté à approuver l'ignoble exécution.

Ce jugement avait été rendu par trois magistrats, ils sont révoqués tous les trois.

M. GAYTOU
CONSEILLER A LA COUR DE TOULOUSE

32 ans de service, dont 15 comme conseiller.

Un des meilleurs esprits de la cour, clair, fin et ferme; sa carrière n'a pas d'histoire, comme celle des hommes qui n'ont d'autre souci que l'accomplissement régulier de leur devoir; il s'en est toujours acquitté avec zèle et a laissé le souvenir d'une parole nette, précise, brillante, d'un jugement vigoureux et droit dans tous les postes qu'il a occupés. Ses présidences d'assises avaient été remarquées.

Ses défauts étaient une haute dignité de vie et un caractère honorable dont il n'y avait aucun acte de servilité à espérer.

C'est pourquoi il a été révoqué; c'eût été pourtant le moment de se rappeler qu'il avait jadis, comme substitut du procureur général, prononcé un discours remarqué sur les sociétés coopératives si intéressantes pour l'amélioration du sort des ouvriers.

M. GÉRARDIN
CONSEILLER A NANCY

32 ans de service, dont 8 comme conseiller.

Griefs nombreux contre ce vieux magistrat : intime ami de feu M. Chevandier de Valdrôme, ancien ministre de l'Empire libéral; neveu de M. Salmon, conseiller honoraire à la cour de cassation et ancien sénateur de la Meurthe; réélu envers et contre tous au conseil général de ce département, où il figure parmi les trois ou quatre survivants de l'ancienne majorité conservatrice; ferme de caractère et usant de son franc-parler... c'était bien plus qu'il n'en fallait pour avoir l'honneur d'être révoqué par M. Martin-Feuillée.

M. GÉRIN
CONSEILLER A LA COUR DE PARIS

23 ans de service.

M. Gérin était un des conseillers les plus savants de la cour de Paris; érudit de premier ordre, il se délassait de l'exercice le plus consciencieux des fonctions judiciaires par des recherches historiques du plus haut intérêt; il avait publié notamment sur la pragmatique sanction attribuée à Saint-Louis et sur l'assemblée de 1682 des ouvrages fort estimés.

Ses sentiments religieux, l'impitoyable sûreté de méthode avec laquelle il avait fait justice de certains mensonges historiques que les républicains ont intérêt à accréditer, par-dessus tout la rigide indépendance de son caractère, le désignaient à la révocation l'un des premiers.

M. Martin-Feuillée n'ignorait pas qu'en le frappant il privait la cour d'un de ses meilleurs jurisconsultes; mais qu'est-ce que cela lui fait? Les républicains ne manquent pas à l'heure de la curée, et chacun sait qu'un républicain n'a pas besoin d'être jurisconsulte pour juger; qu'il sache obéir, et c'est assez.

M. GESBERT DE LA NOE-SEICHE
PRÉSIDENT DE CHAMBRE A ROUEN

Fils d'un ancien président de chambre dont le souvenir n'est pas effacé à la cour de Rouen, M. Gesbert, entré fort jeune dans la magistrature, était arrivé à force de travail et d'application à porter dignement le fardeau des fonctions d'avocat général, qu'il avait pu d'abord trouver pesant.

Après les avoir occupées pendant 13 ans, il fut nommé président de chambre à Rouen le 17 avril 1877 par M. Martel, garde des sceaux républicain.

Il y obtint rapidement, avec les sympathies de ses collègues, les suffrages du barreau et des officiers ministériels qui n'eurent qu'à se louer de sa bienveillance.

Dévoué à ses fonctions, exact, laborieux, il était de ces magistrats qui se préoccupent moins de rendre des services que des arrêts.

Aucun fait saillant ne paraissait devoir le désigner à la vengeance du ministre de la désorganisation judiciaire; mais il faut peu de chose pour « troubler le breuvage » de nos maîtres, et il n'est pas d'agneau qui soit à l'abri de leurs dents.

D'abord M. Gesbert occupait une place que convoitait le plus jeune conseiller de la cour de Rouen, un sieur Letellier, lequel exerçait encore l'année dernière les fonctions d'avoué devant la cour qu'il va présider; il fallait bien dépouiller M. Gesbert pour pouiller Letellier.

Ensuite M. Gesbert était un chrétien; on n'eût pas dû le lui reprocher, car c'est dans ses fermes croyances qu'il avait trouvé le secret de supporter avec résignation une perte cruelle survenue peu de temps après son arrivée à Rouen.

Enfin il avait encouru l'inimitié du sieur Loiseau, que M. Martin-Feuillée vient de faire premier président. Ce personnage, qui visait déjà aux grandeurs et à qui tout moyen était bon, avait cru utile à ses intérêts de faire, il y a deux ans, une manifestation à propos du banquet de Neubourg; il était venu demander avec insistance à M. Gesbert, qui présidait alors la chambre des vacations, de convoquer la cour pour qu'elle se rendît aux agapes républicaines où Cazot et Gambetta allaient trôner. M. Gesbert avait refusé tout net, disant qu'on ne convoquait une cour que pour juger et non pas pour dîner.

M. Loiseau ne put, en fait de conseillers, recruter que M. Menant, qui lit passablement l'écriture cunéiforme, mais dont l'ignorance en matière judiciaire est proverbiale à Rouen, c'est de lui qu'on a dit :

« Cuniformisez moins et jugez un peu plus. »

M. Gesbert paie le crime de n'avoir pas voulu banqueter avec eux ; il ne « s'empiffre » pas, donc il n'est pas républicain.

M. GIAMARCHI

CONSEILLER A BASTIA

30 ans de service, dont 12 comme conseiller.

Magistrat laborieux, doué d'une intelligence élevée, et d'une instruction solide développée par une longue expérience des affaires, M. Giamarchi avait, dans le cours de sa carrière, donné plus d'une preuve de son énergie, de son indépendance de caractère et de son impartialité.

Étranger aux luttes politiques, il n'avait eu aucune peine à reconnaître, après 1870, le gouvernement qui venait de le faire conseiller, et on le signalait avec raison comme un de ceux qui s'y étaient le plus sincèrement ralliés, non sans déplorer peut-être plus d'une mesure dont son patriotisme et son âme de chrétien s'inquiétaient.

Mais tout servilisme lui répugnait; dégoûté des scandales de la candidature officielle qui fleurit en Corse, il osa, aux élections de 1881, prendre un bulletin des mains de l'un des distributeurs du candidat non officiel et le déposer ouvertement dans l'urne.

Il avait été surveillé par un personnage dont il ne croyait pas pouvoir se défier ; c'est pourquoi il est révoqué.

Quelques jours après sa révocation, il entendit dans la rue une voix mielleuse susurrer derrière lui « Monsieur le conseiller, Monsieur le conseiller... » il se retourna et vit s'avancer vers lui, la bouche en cœur, l'espion qui l'avait dénoncé.

M. GIBERT

JUGE A SAINT-FLOUR

10 ans de service.

M. Dufaure avait cru faire un précieux cadeau au tribunal de Saint-Flour en offrant une place dans ses rangs à cet avocat d'élite, qui avait fait pendant plus de 30 ans entendre à sa barre de si remarquables plaidoieries; il ne s'était pas trompé, la nomination de M. Gibert avait été accueillie avec une universelle sympathie.

M. Gibert s'était montré magistrat accompli, d'une pénétration rare, recherchant les fonctions les plus pénibles, présidant les enquêtes, réglant les ordres qu'il avait le talent de terminer à l'amiable le plus souvent, apportant à ses collègues, simplement et sans affectation, l'inépuisable concours de ses vastes connaissances.

Bon d'ailleurs, affable et accessible à tous, il n'avait d'ennemis que parmi ces hommes dont parle Tacite, et qui sous Tibère quêtaient les patrimoines comme ils quêtent les places maintenant.

Cela a suffi, car aujourd'hui comme alors toute supériorité s'écroule sous la sape de la délation et de l'envie.

M. GIBERT

JUGE A SAUMUR

20 ans de service.

Très loyal, très intelligent, jurisconsulte distingué, chargé en 1878, par M. Dufaure, des fonctions de l'instruction, M. Gibert eût dû être épargné si le proscripteur de la magistrature n'avait pas fait à ses victimes un crime même de leur intégrité.

M. Gibert n'avait pas vu sans tristesse l'infiltration progressive des éléments de désorganisation dont, grâce aux soins du gouvernement, la vieille institution était de jour en jour plus infectée ; il avait pu comparer les anciennes traditions aux pratiques des nouveaux venus, et avait trop laissé deviner qu'il méprisait toute bassesse, qu'il évitait tout fâcheux contact, et qu'il n'y avait de lui aucun acte de servilité à espérer.

Aussi était-il marqué à l'encre rouge, et l'heure venue, on n'a pas été lent à le frapper : les justiciables ont perdu en lui un juge intègre, mais ce n'est pas de quoi s'inquiètent les politiciens de Saumur, qui en sont au contraire tout enchantés.

M. GIMELLE

PRÉSIDENT DE CHAMBRE A CHAMBÉRY

31 ans de service, dont 8 comme avocat général et 9 comme président de chambre à Chambéry.

Magistrat instruit, d'une haute capacité et d'une extrême impartialité.

Sa droiture et son indépendance de caractère déplaisaient aux maîtres du jour qui estiment que le servilisme du magistrat est sa première qualité; ses convictions religieuses le désignaient en outre aux coups de M. Martin-Feuillée.

Il s'y attendait d'ailleurs, car à la dernière audience du mois d'août, tous les magistrats étant réunis dans la chambre du conseil : « Eh bien ! Messieurs, nos travaux sont finis, au revoir; leur dit M. le premier président Roë: « Au revoir ! oui, dans ce monde ou dans l'autre! lui » répondit M. le président Gimelle.

Il ne croyait pas si bien dire, car M. le premier président Roë, qui a trouvé grâce pour lui-même devant M Martin-Feuillée, n'a pas revu depuis lors, même par simple carte, ses vieux collaborateurs révoqués.

M. GIRAUD

CONSEILLER A LA COUR D'ANGERS

20 ans de service, dont 9 comme conseiller

Esprit distingué et très cultivé, adversaire né de l'intrigue et de la servilité, M. Giraud n'était ni un clérical, ni un politique, c'était tout simplement un homme de bien.

C'est pourquoi le procureur général Auger aidant, M. Martin-Feuillée l'a révoqué; il ne faut plus de gens comme cela dans sa magistrature épurée.

M. GIRON

PRÉSIDENT A ALAIS

21 ans de service, dont 12 comme président.

Esprit vif, jugement sûr, savoir profond, M. Giron tenait constamment à jour, avec une seule chambre, un rôle plus chargé que ne l'est d'ordinaire celui d'un tribunal de deux chambres; mais au prix de quel travail, tout le monde le savait; M. Giron vivait dans son cabinet, pour ainsi dire séquestré du monde, et plus d'un, en passant la nuit dans la haute ville, a salué avec respect la lampe solitaire qui éclairait ses laborieuses veillées.

Il s'était d'ailleurs dès longtemps mûri par l'étude, et avait été associé par M. l'avocat général Blanche à ces savantes recherches sur le Code pénal, à la préparation de ces conclusions si sobres et si substantielles que la cour suprême aimait jadis à apprécier.

Il savait trop le droit, c'est ce qui l'a perdu, car il avait la conscience trop haute pour consentir à le violer; il le montra dans la célèbre affaire des frères d'Alais, malgré Cazot et le légendaire préfet Dumaret.

On ne lui a jamais pardonné, et M. Giron, bombardé à Strasbourg en 1870, deux fois nommé président par M. Dufaure, est chassé de la magistrature par Cazot et Martin-Feuillée.

S'il avait eu la complaisance d'expulser les frères d'Alais, il ne serait pas aujourd'hui expulsé.

M. GLANDAZ

CONSEILLER A LA COUR DE PARIS

26 ans de service.

Magistrat doué d'une merveilleuse sagacité, au jugement prompt et sûr, connaissant à fond les affaires parisiennes, estimé et aimé du barreau autant que de ses collègues, et dont l'avis avait toujours une haute autorité dans les délibérés.

Mais il était le fils d'un ancien conseiller à la cour de cassation ; le beau-frère de M. Hémar, naguère avocat général à la cour de Paris, l'un des premiers que M. Le Royer ait révoqué; le beau-père enfin d'un avocat qui avait eu le malheur de plaider récemment contre M. Martin-Sarzeaud, l'ami, sinon le parent de M. Martin-Feuillée ; on sait que ce nouveau magistrat nommé juge au tribunal de la Seine, tenait sous le nom de ses enfants mineurs une brasserie à Paris, et qu'à la suite de la faillite de l'établissement, il s'est fait tant de bruit autour de lui, que force a été de l'envoyer au Caire, d'où il reviendra bientôt si la République dure, qu'on se garde d'en douter.

Il faut reconnaître que M. Glandaz méritait bien d'être révoqué, étant affligé d'une aussi déplorable parenté.

Il était aussi par trop indépendant ; il avait vu naguère s'asseoir à ses côtés à la 3e chambre un magistrat improvisé, élevé d'un bond d'un tribunal lointain jusqu'à la cour de Paris en passant par le Sénat ; le lendemain du jour où ce magistrat politique avait, par son vote au Luxembourg, assuré le succès de la mesure qui devait décimer ses collègues, il avait reçu au Palais l'accueil qu'il méritait ; six semaines après, le président et quatre conseillers de la 3e chambre étaient révoqués.

M. DE GLOS

CONSEILLER A LA COUR DE GRENOBLE

Doyen de la Cour ; 32 ans de service, dont 23 comme conseiller.

Magistrat de vieille et noble race, fils d'un ancien conseiller à la cour de cassation, M. de Glos, quoiqu'il fût tout d'une pièce, d'allures un peu hautaines, parfois même cassant, expéditif et tranchant, était profondément respecté de tous à raison de son indépendance et de son impartialité.

Cazot lui-même l'honorait, puisqu'il avait préparé un décret pour le décorer ; mais on était en pleine période d'exécution des décrets ; quand M. de Glos apprit la distinction dont il allait être l'objet, il saisit une plume et écrivit au garde des sceaux qu'il refusait, ne voulant rien accepter d'un gouvernement qui attaquait et persécutait tout ce qui était l'objet de sa vénération et de son respect, et déclarant répudier ainsi toute solidarité avec des actes que sa conscience de magistrat et ses sentiments de citoyen réprouvaient.

Au milieu de tant de soufflets qu'il reçut à cette époque, Cazot aurait pu oublier celui-là ; mais il a bonne mémoire quand il n'a pas intérêt à se tromper, il se venge aujourd'hui en faisant révoquer par Martin-Feuillée, son complice d'alors, le courageux conseiller qui le lui a donné.

Il peut être assuré que M. de Glos estime sa révocation cent fois plus honorable que la décoration qu'il a dédaignée.

M. GODARD

PRÉSIDENT A BAYEUX

27 ans de service, dont 11 comme président.

Ce magistrat, d'une capacité hors ligne, non seulement ne s'était jamais attiré la haine des frères et amis en 1880, mais il appartenait notoirement à l'opinion républicaine modérée, et nul n'ignorait qu'une des premières places vacantes de conseiller lui était alors et très légitimement réservée.

Les opportunistes comptaient donc bien que les Prémontrés de Mondaye allaient éprouver un échec lorsqu'ils se pourvurent devant le tribunal après avoir été, le 4 novembre 1880, violemment expulsés. Ils y comptèrent bien plus encore lorsqu'ils virent M. le président leur refuser l'autorisation d'assigner à bref délai, ce qui ne leur permit de plaider leur affaire que cinq mois après.

Or, il arriva que M. Godard était en même temps que républicain, honnête homme, juge intègre et savant ; s'il avait sur l'affaire l'opinion préconçue qu'on lui prêtait, il va de soi que nous l'ignorons, toujours est-il qu'après deux jours de longs débats, et après avoir même, dit-on, congédié assez lestement de chez lui un sous-préfet indiscret, M. Godard pleinement éclairé rendit un jugement qui est certes l'un des plus complets sur la matière, et par lequel, en dépit du tribunal des conflits, les juges de Bayeux se déclaraient compétents.

On cria, on menaça, sans parvenir à émouvoir M. Godard ; mais l'heure de la vengeance a sonné, et de même que le tribunal des conflits avait cassé le jugement, M. Martin-Feuillée casse aujourd'hui le président.

C'est sa réponse aux nobles paroles par lesquelles M. Godard avait terminé son jugement :

« Les magistrats ne doivent avoir d'autre « préoccupation que de faire une égale et « juste application du droit à tous les justi- « ciables indistinctement, ils restent libres « dans l'indépendance de leur âme et de « leur conscience d'adopter la seule solu- « tion qu'ils croient conforme au droit ; ils « usent d'un droit incontestable et accom- « plissent un devoir en la formulant dans « un jugement. »

La preuve qu'ils sont libres de faire leur devoir, c'est que M. Godard, tout républicain qu'il était, est révoqué pour l'avoir fait.

M. GOIRAND DE LA BAUME

JUGE A NIMES

19 ans de service.

Digne et bon magistrat, d'une tenue parfaite, modeste, réservé, honorant ses fonctions autant qu'il s'en trouvait honoré, et n'ayant jamais voulu chercher dans de hautes relations privées un de ces titres à l'avancement dont on se prévaut aujourd'hui avec tant de succès.

Il avait longtemps présidé la 1re chambre du tribunal en l'absence du sieur Griffe qui, nommé sénateur, cumulait, émargeant et empochant les traitements, mais ne siégeait jamais.

M. Goirand de la Baume ne faisait pas de politique, mais il était indépendant et religieux ; de plus, il était le fils de l'ancien premier président de Nîmes, et avait sur les devoirs et la dignité d'un chef de cour des opinions qui auraient été, il faut le reconnaître, fort déplacées dans la magistrature d'à présent.

C'est lui qui a présidé l'affaire des Dames de Saint-Maur contre la Ville et rédigé le jugement fortement motivé qui déboutait le maire de l'injuste procès qu'il faisait. La cour de Nîmes et après elle la cour de cassation ont affirmé que c'était parfaitement bien jugé ; mais nos maîtres agacés ayant besoin de casser à ce propos quelque chose ou quelqu'un, ont cassé le juge faute de pouvoir faire casser le jugement.

M. GONDALLIER DE TUGNY

PRÉSIDENT A SOISSONS

31 ans de service, dont 15 comme président.

Un esprit bien français, plein de verve, de bon sens et de sagacité ; mûri par une longue expérience des affaires, il occupait depuis 11 ans le siège de président dans son pays, sans autre préoccupation que de bien juger ; sa parfaite bonhomie, la sûreté de son commerce, le charme de sa conversation aussi nourrie de souvenirs que pleine de confiance et d'abandon, lui avaient conquis les sympathies de tout le monde ; il n'avait eu de difficulté avec personne, avait horreur de faire de la politique et n'avait jamais eu de procès qui y touchât à juger.

Aussi fut-il le premier surpris lorsque la nouvelle de sa révocation lui arriva à l'audience même qu'il présidait ; au milieu de l'émotion qui s'empara de ses collègues, des officiers ministériels présents et de toute l'assistance, seul il garda son calme et ne voulut pas même interrompre l'affaire commencée.

Le jugement rendu, il se leva pour la dernière fois du siège où il ne devait plus s'asseoir et rentra dans la chambre du conseil en murmurant philosophiquement :

Le bruit est pour le fat, la plainte est pour le sot,
L'honnête homme chassé s'éloigne, et ne dit mot.

Que dire en effet des gens qui vous chassent après 31 ans de service, sans autre raison, sinon qu'ils ont besoin de votre place pour caser un protégé ? Leur acte seul ne suffit-il pas à les juger ?

M. DE GORSSE

PRÉSIDENT A ALBI

21 ans de service, dont 13 comme président.

Occupait une haute situation à Albi, et dirigeait le tribunal avec une autorité qui ne sera pas égalée ; son esprit vif et pénétrant s'appliquait à tout, et lorsqu'il lui arrivait de présider les assises en remplacement de conseillers empêchés, il exerçait la plus grande influence par la clarté de sa parole, la fermeté de son caractère, la droiture de son âme, et s'acquittait de cette tâche difficile avec un talent que les plus habiles auraient pu lui envier.

Le gouvernement l'a rejeté parce qu'il redoutait son prestige et son honnêteté, et pour bien prouver à tous qu'il n'y avait pas d'autre cause à sa révocation, les avocats ont ouvert leurs rangs au président chassé de son siège, et l'ont nommé bâtonnier immédiatement.

Voilà de ces hommages spontanés comme beaucoup de barreaux de France en ont rendu aux magistrats victimes de M. Martin-Feuillée, et qui sont faits pour consoler de bien des iniquités.

La succession de M. de Gorsse était bien difficile à prendre, et la preuve, c'est que M. Martin-Feuillée a dû nommer trois présidents à Albi avant d'en trouver un qui pût se décider à accepter ; le premier, juge à Albi, le second, procureur à Castelsarrazin, ont refusé, quoique nommés, de remplacer M. de Gorsse, et il a fallu aller chercher à Toulouse un substitut n'ayant que 5 ans de service, et pour qui la présidence d'Albi était dès lors une proie absolument inespérée.

M. GOUJET

CONSEILLER A LA COUR DE DIJON

Appartenant à une ancienne famille parlementaire, fils de magistrat, gendre d'un premier président, M. Gouget avait préféré le barreau à la magistrature, qui lui était fermée sous l'Empire par le serment politique.

Après avoir été pendant 30 ans l'un des avocats les plus considérés et les plus occupés de Dijon, après avoir été élevé par ses confrères aux honneurs du bâtonnat et avoir mis son talent au service des plus humbles comme des plus illustres clients (il était l'avocat de Monsieur le comte de Chambord dans le grand procès qu'il gagna contre l'État), M. Goujet avait accepté en 1874 une place de conseiller.

Ce fut une excellente recrue pour la Compagnie, qui lui ouvrit ses rangs avec empressement ; il lui apporta une rare droiture d'esprit, une expérience consommée et une fermeté de caractère qui s'alliait à une véritable religion du devoir ; il était magistrat dans l'âme avant d'en porter la robe.

Mais sa mâle indépendance ne lui permettait ni les attitudes douteuses ni les lâches compromis, il était dès lors désigné aux passions et aux rancunes qui ont pour exécuteur M. Martin-Feuillée.

Sa carrière est ainsi complète ; aucun honneur ne lui aura manqué.

M. GOURDIN

JUGE A LA ROCHE-SUR-YON

9 ans de service.

M. Gourdin exerçait avec distinction la profession d'avocat, et avait été plus d'une fois élevé par ses confrères aux honneurs du bâtonnat, lorsqu'il accepta une place de juge au tribunal même devant lequel il plaidait depuis longtemps.

Il y avait reçu l'accueil que justifiait son mérite et s'était montré magistrat très utile et très expérimenté ; malheureusement pour lui, il était suspect de ne pas éprouver cette « violente amour » que, suivant nos maîtres, tout cœur honnête doit ressentir pour « la République qui paie » ; à la vérité, on eût été bien embarrassé de dire en quoi il avait péché, mais on avait raison de penser que son respect pour le gouvernement établi n'irait jamais jusqu'à lui faire sanctionner une iniquité, et cette raison était bien suffisante pour le faire révoquer.

M. GOYBET

CONSEILLER A LA COUR DE CHAMBÉRY

Était lors de l'annexion substitut à Chambéry, qu'il quitta un instant pour y revenir en 1874 comme conseiller.

Magistrat instruit et d'une impartialité absolue, n'ayant jamais eu l'occasion de se compromettre dans les luttes politiques.

Mais il était catholique et appartenait à une des familles les plus considérables du parti français dans la Savoie ; c'est pourquoi l'adversaire le plus passionné de l'annexion en 1860, M. Parent, l'a fait révoquer.

M. GRANIE

CONSEILLER A LA COUR DE TOULOUSE

32 ans de service, dont 22 comme conseiller.

Doyen de la Cour, instruit et honnête homme, président de l'Académie de législation, nourri de droit, praticien consommé ; nul mieux que lui ne connaissait les lois qu'il passait sa vie à étudier et à annoter.

Exclusivement voué aux devoirs de sa charge, étranger aux luttes de la politique, et en relations courtoises avec les puissants du jour, il n'avait d'autre défaut que certaine défiance trop scrupuleuse relativement à la rédaction de certains arrêts.

Sous une sorte de brusquerie de parole, M. Granié cachait le cœur le plus droit ; il était de ceux dont la mauvaise fortune n'éteint pas le dévouement ; M. Depeyre en pourrait témoigner, car s'il a vu s'éclaircir autour de lui le nombre des amis qu'il s'était découverts à Toulouse pendant qu'il était garde des sceaux, l'attachement de M. Granié ne lui a jamais manqué, et l'a plus d'une fois défendu contre les attaques de ceux qui s'étaient montrés alors ses plus plats courtisans.

On ne garde pas de tels hommes dans la nouvelle magistrature, et M. Martin-Feuillée l'en a chassé.

En prenant possession au mois de novembre de la présidence de l'Académie de législation, M. Granié a prononcé un discours exprimant sur la mission du législateur et la subordination des lois humaines aux lois éternelles les idées les plus justes et les plus élevées.

M. GRATTERY

VICE-PRÉSIDENT AU TRIBUNAL DE LA SEINE

21 ans de service.

Tous les avocats connaissaient sa science du droit et son impartialité.

Sorti du parquet du tribunal d'Orléans pour être secrétaire en chef du parquet de la cour de Paris, sous M. Grandperret, il était devenu bientôt substitut au tribunal de la Seine, s'était fait remarquer aussi bien à l'audience que par ses travaux écrits, avait été promptement classé parmi les plus forts de ses collègues.

M. Martel l'avait nommé vice-président, c'est ce qui le perdit.

Il présidait en effet la chambre correctionnelle qui condamna par défaut M. Gambetta pour le fameux dilemme au maréchal : « Se soumettre ou se démettre », les républicains se vengent aujourd'hui du jugement en destituant le président.

Si M. Grattery avait su s'y prendre, les choses eussent marché tout autrement ; la République est bonne personne et ne tient pas longtemps rigueur aux enfants repentants, voyez plutôt : M. Delise, procureur de la République sous le 16 mai, et qui a ordonné la poursuite contre Gambetta, n'en a pas moins été fait peu après conseiller à la Cour de cassation ; M. Bloch, qui a signé le réquisitoire de renvoi en police correctionnelle n'en est pas moins devenu avocat général ; M. Symonet, le révoqué de 1870, qui a requis à l'audience contre Gambetta, est devenu de son côté substitut du procureur général, et M. Gastambide, qui a également conclu à l'audience est encore sur son siège, trouvant même que l'indulgence de la République tourne à l'oubli et dure trop longtemps.

M. Grattery seul est révoqué ; pourquoi aussi s'avisait-il de rester fidèle à ses vieilles amitiés, et de serrer la main, quand il les rencontrait dans la salle des Pas-Perdus, à ses anciens collègues du parquet, qui avaient donné leur démission lors des décrets ?

On ne fait pas de ces imprudences-là quand on a condamné Gambetta et qu'on tient à être conservé ; après cela, d'aucuns diront peut-être que M. Grattery n'y tenait pas et ne voulait rien faire pour le mériter, en quoi ils seront absolument dans le vrai.

Sa révocation, si prévue qu'elle fût de tous ceux qui connaissent l'âpreté des haines républicaines et qui savaient bien que M. Grattery était incapable de faire la moindre bassesse pour les désarmer, a été des plus mal accueillies au Palais, où M. Grattery, homme d'autant de cœur que de talent, n'était pas moins aimé qu'estimé.

M. GRELLICHE

CONSEILLER A LA COUR DE RIOM

34 ans de service, dont 18 comme conseiller ; a suivi sa carrière de la façon la plus régulière, la plus calme et la plus digne.

C'était l'homme des vieilles traditions n'aimant rien tant au monde, après ses proches, que les dossiers, la procédure et le droit, toujours prêt à faire la besogne des autres, et ne souffrant jamais que la sienne fût allégée.

Son portrait tient en deux lignes : bonté, honnêteté, expérience consommée, passion du travail et amour du métier.

Qu'a-t-il donc fait pour être révoqué ? Il a pris part à l'arrêt du 27 novembre 1880, qui a confirmé l'ordonnance par laquelle le premier président s'était déclaré compétent pour instruire criminellement sur la plainte en attentat à la liberté individuelle formée par des expulsés contre un préfet.

Comme le premier président qui avait rendu l'ordonnance, comme le président de la chambre qui a rendu l'arrêt, il est chassé pour excès de science, de conscience et de fermeté.

En revanche, on fait premier président le procureur général Allary, qui était venu de sa personne soutenir infructueusement le déclinatoire du préfet.

M. Grelliche avait été atteint au cœur par la mesure qui l'avait frappé ; il est mort moins de trois mois après, n'ayant sur les lèvres que des paroles de pardon et de paix, et offrant à Dieu *« pour la France »* les cruelles douleurs qu'il endurait.

Son ancien premier président, M. Moisson, n'a eu qu'à rappeler sur sa tombe le souvenir de ses vertus pour rendre plus odieuse encore, par la réserve même de son langage, l'iniquité dont il avait été l'objet.

La ville entière se pressait aux funérailles de cet homme de bien ; ceux-là seuls étaient absents qui l'avaient peut-être tué en le faisant révoquer.

M. GRELLIER-POUJEARD

PRÉSIDENT A COGNAC

23 ans de service, dont 8 comme président.

Fils d'un membre distingué de nos assemblées de 1848, mort conseiller à Bordeaux, M. Pougeard a laissé le souvenir d'un magistrat intègre et laborieux dans les divers postes qu'il a occupés; il avait une vraie vocation pour le droit, alliait dans un heureux mélange l'esprit de conciliation et l'esprit de fermeté, et était pénétré de ces vues, larges sur lesquelles la sagesse des nations sait parfois fonder la liberté.

Mais il avait été membre et longtemps secrétaire du conseil général de la Charente; sa révocation a paru une satisfaction nécessaire à donner aux haines électorales contre lesquelles il avait eu à lutter, et une mesure de prudence bonne à prendre pour ruiner son crédit auprès des électeurs, s'il lui vient un jour envie de se représenter; honorable combinaison qui concilie de la façon la plus heureuse à la fois la passion et l'intérêt.

M. GRÉPAT

JUGE A NANTUA

13 ans de service.

M. Grépat avait déjà encouru la disgrâce de nos maîtres qui l'avaient, en 1879, privé de ses fonctions de juge d'instruction.

C'était un caractère franc et honnête, mais un de ces hommes sur le pied desquels il ne faut pas marcher; un journaliste radical ayant essayé de le faire, il y a deux ans, M. Grépat l'avait carrément fait venir sur le pré.

Il faut croire qu'il avait dix fois raison, car on n'avait pas osé l'inquiéter; mais avoir osé toucher du bout de l'épée à un républicain, c'est chose que les opportunistes ne peuvent guère pardonner, ça n'est plus de jeu, et ça pourrait se propager au grand détriment de leur santé.

Ils ont donc trouvé opportun de révoquer M. Grépat, malgré toutes les raisons tirées de sa situation personnelle qui font que ce n'est pas seulement là une mesure d'iniquité, mais aussi une mesure d'inhumanité.

M. GRIFFATON

VICE-PRÉSIDENT AU MANS

31 ans de service.

Réunissez toutes les qualités qui constituent le juge intègre, imaginez un caractère à la fois bienveillant et ferme, une conscience indépendante et droite, une de ces figures ouvertes et loyales qui inspirent la confiance et le respect, vous aurez le portrait de M. Griffaton.

A l'audience, il montrait un grand savoir juridique et un solide bon sens; nul ne connaissait mieux ses dossiers, nul ne savait mieux mettre en relief, dans un interrogatoire impartial et complet, ce qui pouvait défendre aussi bien que ce qui pouvait accuser, nul ne rendait une justice plus sûre et mieux éclairée.

C'était la bonté même, et les pauvres du Mans pourraient dire à quoi ses heures de loisir étaient consacrées.

Mais il était homme de foi en même temps qu'homme de charité; il pratiquait sa religion et avait fait élever ses enfants chez les Jésuites! c'est pourquoi il est révoqué; il n'en faut plus comme cela dans la magistrature de M. Martin-Feuillée.

M. GRIFFOND

JUGE A BAUME

13 ans de service.

Très bon magistrat, ferme, indépendant, de conduite et de tenue excellentes, d'un caractère plein de franchise et de loyauté.

M. Griffond était aussi pénétré de ses devoirs civiques que de ses devoirs professionnels.

En août 1870, il n'avait pas hésité à quitter la robe qui l'abritait pour s'engager dans une compagnie franche, et il a fait la campagne avec une intrépidité que rehaussait encore la façon dont les francs-tireurs étaient traités par l'ennemi quand le sort des armes les trahissait.

En 1880, il s'était démis de sa fonction de juge d'instruction après l'exécution des décrets, écrivant au garde des sceaux qu'il les considérait comme attentatoires aux droits de la conscience et de la liberté, et que dès lors il ne se sentait plus en situation d'aborder et de suivre les informations auxquelles les incidents de l'exécution pouvaient donner lieu, avec l'impartialité qu'un juge soucieux de ses devoirs doit toujours y apporter.

Il était clair qu'un pareil magistrat ne pouvait manquer d'être révoqué; du reste, le tribunal de Baume l'a été tout entier.

M. GRIMAUD

VICE-PRÉSIDENT A SAINT-MARCELLIN

39 ans de service, dont 17 comme vice-président.

Vieux magistrat fort expérimenté que, indépendamment de ses longs services, les plus simples considérations d'humanité eussent dû faire conserver le plus longtemps possible en fonctions.

Sa révocation est d'autant plus surprenante qu'il était en bonnes relations avec les radicaux du pays; mais pour eux, il n'est rien de sacré.

M. GROS

CONSEILLER A LA COUR DE CHAMBÉRY

39 ans de service, dont 17 comme conseiller.

Magistrat savoyard, instruit et capable, d'une impartialité et d'une intégrité de caractère absolues, et à qui l'inamovibilité était garantie par un traité; mais qu'est-ce que la signature de la France pour M. Martin-Feuillée?

M. Gros vivait absolument à l'écart de la politique, seulement il était catholique et de ceux qui avaient le plus puissamment favorisé l'annexion de la Savoie à l'Empire français.

M. le sénateur Parent, qui l'a combattue de tout son pouvoir, le fait chasser aujourd'hui par M. Martin-Feuillée; en revanche il conserve des gens qui ont été jusqu'à implorer l'assistance de l'Angleterre pour empêcher le pays de devenir français.

M. GRUET-MASSON

PRÉSIDENT A SAINT-CLAUDE

28 ans de service, dont 9 comme président.

M. Gruet-Masson n'avait jamais quitté Saint-Claude, son pays; il y avait fait ses débuts au barreau près de son père, et était entré comme suppléant au tribunal d'où il ne devait plus sortir que sous le fouet épurateur de M. Martin-Feuillée.

Il y jouissait de la plus haute considération, bien méritée par les services de tout genre qu'il avait rendus à ses concitoyens; magistrat plein d'expérience, aussi scrupuleux que zélé, il relevait encore sa supériorité professionnelle par sa courtoisie et son amabilité.

Mais c'était un chrétien et un indépendant, donc il fallait le révoquer.

M. GUCHEN

JUGE A AUCH

12 ans de service.

Parfait honnête homme, magistrat très consciencieux, ne s'occupant pas de politique, mais coupable deux fois comme bon catholique et comme beau-frère de M. le sénateur ancien ministre Batbie.

Cela n'avait pas empêché M. Dufaure de le nommer, mais c'était deux fois plus qu'il n'en fallait pour qu'il fût destitué par l'honorable M. Martin-Feuillée; aussi l'a-t-il été.

M. GUÉNOT

PRÉSIDENT A LOUHANS

30 ans de service, dont 12 comme président.

Fils et gendre de magistrats, M. Guenot avait dès longtemps respiré cette atmosphère de dignité, de gravité parfois un peu sévère où les vieilles familles de magistrature provinciale vivaient autrefois; il y avait appris surtout que l'indépendance et l'impartialité sont les premiers devoirs du juge envers le justiciable, et il n'avait pas de préoccupation plus constante que de rendre la justice à tous sans acception de personnes, d'opinions ou de partis; aussi jouissait-il, auprès de ses collègues et de tous les hommes d'affaires, d'une autorité qu'il devait à la fois à son caractère, à la droiture de son jugement et à la rectitude de son esprit.

Partagé entre les devoirs du magistrat et ceux du père de famille, il était resté étranger à toute coterie; mais il avait le tort de ne pas dissimuler ses convictions religieuses et de ne pas afficher un enthousiasme hypocrite pour un régime qui traite tout ce qui est respectable en ennemi.

Voilà son crime, il n'est pas de ceux qui trouvent grâce aujourd'hui; ce n'est pas sur les juges, c'est sur les assassins que s'exerce la clémence de M. Grévy.

M. GUESNIER

JUGE A ROUEN

22 ans de service.

M. Guesnier était un magistrat instruit, laborieux, d'un caractère à la fois ferme et modéré, unissant la pratique des affaires à des connaissances juridiques étendues.

On l'a révoqué parce que, le 13 juillet 1880, il a été appelé pour départager le tribunal de Rouen sur la question d'incompétence soulevée par le Préfet contre la demande en réintégration et en dommages-intérêts formée par des religieux expulsés, et que le tribunal s'est déclaré compétent.

On ne pouvait, d'ailleurs, manquer l'occasion de frapper un homme qui était allié à l'une des familles les plus honorables de Rouen; M. Guesnier était, en effet, le gendre de M. Taillet, récemment décédé après avoir été plusieurs fois bâtonnier, et qui avait été jadis le président d'un comité conservateur dont l'influence et les services rendus à la cause de l'ordre ne sont pas encore oubliés.

Faut-il ajouter que M. Guesnier, dont la nature droite et franche répugnait à toute apostasie et à toute servilité, avait toujours gardé vis-à-vis de son président Loiseau une attitude réservée qu'on s'est donné la satisfaction de lui faire expier?

M. GUEZET-DUCOUDRAY

JUGE A AVRANCHES

9 ans de service.

Jeune encore, doué d'une grande maturité d'esprit, magistrat instruit, très capable, bon jurisconsulte, M. Guezet-Ducoudray avait fait preuve au tribunal d'Avranches de qualités très appréciées.

Il ne s'occupait pas de politique, mais il était le gendre d'un avocat très considéré et très influent parmi les conservateurs; de plus, il avait, aux côtés de son président Lahougue, condamné une vingtaine de fois l'*Avranchin*, journal d'extrême-droite, quelquefois trop fort puisque la cour avait dû modérer quelques-unes des peines prononcées, mais jamais assez au gré des républicains qui rêvaient pour leur adversaire pain sec et eau, paille humide, porte-clefs et geôliers, et dont la rage s'était exhalée contre les deux magistrats en des récriminations sans cesse renouvelées.

Enfin, c'était un chrétien sincère, n'ayant pas peur de mettre en pratique ce qu'il croyait, et se permettant de consacrer, comme membre de la Société de Saint-Vincent-de-Paul, ses loisirs et son argent à la charité.

Expulsé pour avoir trop pratiqué la justice et le droit, et n'avoir rien compris à la franc-maçonnerie ni à la solidarité.

M. GUÉRIN DU GRAND LAUNAY

JUGE A NANTES.

23 ans de service.

M. Guérin du Grand-Launay occupait au 4 septembre le siège de président à Paimbœuf; en 1871, M. Dufaure l'avait nommé président à Redon; mais M. Guérin aspirait à descendre, et il avait obtenu de M. Dufaure, en 1872, de venir finir sa carrière à Nantes, comme simple juge.

Il y vivait modestement, dévoué à ses fonctions, laborieux et intègre, entouré, comme il l'avait été ailleurs, de la sympathique estime de tous les honnêtes gens; mais on le savait chrétien; cela seul explique sa révocation, car on ne pourrait citer une seule affaire touchant à la politique à laquelle il ait eu occasion d'être mêlé.

M. GUIBOURD DE LUZINAIS

PRÉSIDENT A NANTES.

6 ans de service.

Elève de M. Dufaure, et digne de son maître.

Travailleur infatigable, deux fois lauréat de la Faculté de Paris, secrétaire de la conférence des avocats et chargé de prononcer en 1857 le discours de rentrée, M. Guibourd, attaché au barreau de Paris, était devenu secrétaire de M. Dufaure et avait commencé alors avec lui ce commerce à la fois affectueux et familier que la mort seule a pu rompre, où le maître et le disciple mettaient en commun les joies et les fatigues du travail, les idées généreuses et peut-être les illusions de la politique.

Ramené en 1865 à Nantes par des intérêts de famille et d'affection, il avait pris rapidement une des premières places à ce barreau si justement renommé.

Devenu ministre, M. Dufaure le rappela auprès de lui comme chef de son cabinet; il exerça ces fonctions jusqu'au 24 mai, et revint à Nantes décoré par M. Ernoul, retrouver ses clients, ses livres et ses dossiers.

Nommé président à Nantes en 1878, il sut promptement démontrer qu'en le choisissant pour diriger ce grand tribunal, ce n'est point de sa seule affection que M. Dufaure s'était inspiré.

Jurisconsulte éminent, il joignait à la science du droit une profonde sagacité et une haute impartialité, habile à traduire les décisions de la justice dans le langage le plus clair et le plus élevé; si on s'inclinait devant son mérite supérieur, on était aussi attiré et charmé par son inaltérable courtoisie et par une bienveillance devant laquelle toute distinction d'opinions ou de partis disparaissait.

En frappant ce magistrat intègre et cet homme de bien, M. Martin-Feuillée a sans doute voulu prouver à quel point il repousse les idées libérales de M. Dufaure, et montrer une fois de plus quelle distance le sépare de l'illustre garde des sceaux dont la place est maintenant par lui occupée.

Il est vrai que M. Guibourd avait commis un de ces crimes que rien ne saurait effacer; quatre fois de suite, les 19 juillet, 6 et 29 décembre 1880 et 28 février 1881, ayant à statuer sur des demandes en réintégration de domicile et en dommages-intérêts formées par des expulsés contre le préfet Herbette et le commissaire Troquier, il s'était déclaré compétent malgré le déclinatoire du citoyen préfet, et avait su dire le droit avec une élévation de langage et de pensée, une puissance de logique et une science juridique qui mettaient à néant les sophismes de ceux qui avaient, par un coup de force, violé la propriété et la liberté.

On le punit d'avoir trop bien défendu l'un et l'autre, et peut-être aussi d'avoir été jadis le précepteur de M. le comte de Paris; il a sa propre estime et celle de ses concitoyens pour s'en consoler; depuis douze ans les électeurs le lui prouvent en le nommant conseiller général; les avocats de Nantes ont voulu le lui prouver aussi en le nommant immédiatement bâtonnier.

M. GUILLE-DESBUTTES

CONSEILLER A ORLÉANS.

27 ans de service, dont 11 comme conseiller.

La République ne peut pas le sentir, car elle l'avait déjà révoqué au 4 septembre comme substitut du procureur général à Orléans, pour satisfaire à des rancunes locales qu'il avait naguère rencontrées comme procureur dans l'arrondissement de Chinon.

Nommé conseiller par M. Dufaure en 1872, il ne s'était pas mêlé aux luttes politiques, et s'était borné à se montrer magistrat instruit, président d'assises distingué, et à l'occasion musicien de talent.

Mais il paraît que le choix de ses relations le rendait suspect; on l'a révoqué pour consolider le gouvernement.

On a eu raison, la République ne peut guère s'arranger de ces hommes qui joignent à un esprit fin et observateur un caractère ferme, un jugement droit et une éducation distinguée.

M. Guille-Desbuttes faisait partie de la chambre qui, le 24 novembre 1880, acquitta le P. Labrosse, poursuivi par le ministère public sous le prétexte (c'est à n'y pas croire) qu'il venait d'ouvrir à Tours, sans déclaration préalable, l'école libre de Saint-Grégoire, à la tête de laquelle il était depuis cinq ans, et cela parce qu'ayant eu l'intention de se retirer, il avait présenté des successeurs, et que ces successeurs n'ayant pas été agréés par l'administration, il était resté.

Le P. Labrosse a été acquitté, mais cinq des conseillers qui ont rendu l'arrêt sont révoqués; ce sont MM. Guille-Desbuttes, de la Taille, Deschamps, Chatelain et Paulmier.

M. GUILLEMARD

JUGE AU TRIBUNAL DE LA SEINE.

16 ans de service.

C'est une carrière pleine de promesses que la révocation de M. Guillemard a brisée; la valeur juridique de ce magistrat semblait se développer chaque jour; la netteté de son jugement, la fermeté de sa décision avaient dès longtemps été remarquées.

Tout le monde sait d'ailleurs pourquoi il a été révoqué; en 1880, après l'exécution des décrets à Paris, un certain nombre de demandes furent introduites en référé devant le président du tribunal par les expulsés. Le président, au lieu de les juger tout seul, comme presque tous ses collègues de province avaient fait, « considérant à la fois l'importance des principes « engagés dans la contestation et les graves « intérêts qui sont en jeu, » renvoya l'affaire à l'audience de la première chambre en état de référé.

Il croyait sans doute ainsi donner plus d'autorité à la décision à rendre, ce qui était vrai, mais en même temps il faisait partager à ses collègues une terrible responsabilité. Les expulsés gagnèrent leur cause, en effet, en dépit des préfets, mais M. Guillemard, qui faisait partie de la chambre, se trouva ainsi exposé à la haine du gouvernement, et, chargé de porter seul les péchés d'Israël, c'est lui qui est expulsé.

On l'a probablement choisi comme fils d'un des plus éminents magistrats qu'ait comptés la cour de cassation ; or, comme le dit alors un journal : Par le temps qui court, il est quelquefois bon d'avoir des condamnés dans sa famille; mais des magistrats, jamais !

M. GUILLIBERT

CONSEILLER A LA COUR D'AIX.

20 ans de service, dont 6 comme conseiller.

Un des jeunes membres de la cour, où il avait longtemps rempli les fonctions de substitut.

L'expulsion de celui-là est parfaitement justifiée : c'est un catholique ; il est frère d'un avocat, chevalier de Saint-Grégoire le Grand ; frère d'un abbé, directeur d'un collège libre à Aix ; il fréquentait les salons de M. le premier président Rigaut et poussait le défi jusqu'à ne pas craindre de se montrer à l'archevêché !

Hors de là, pas un grief à formuler ; mais n'est-ce pas assez ?

On aurait pu hésiter par égard pour une famille honorable de Nice à laquelle il est allié, et dont l'influence est grande au milieu de ce foyer de séparatisme qu'il importerait de ne pas attiser. Mais bah ! on est si fier d'être Français quand on regarde Martin-Feuillée !

M. GUITTON

JUGE A LA ROCHE-SUR-YON.

22 ans de service.

M. Guitton était depuis 1861 juge à la Roche-sur-Yon, où il avait auparavant exercé les fonctions de juge suppléant pendant 10 ans.

Très intègre et très consciencieux, connaissant parfaitement les hommes et les choses du pays, c'était un magistrat très utile et très estimé.

Il avait été oublié par M. Martin-Feuillée ou plutôt celui-ci, ne pouvant frapper tout le monde et ayant déjà mis par terre trois magistrats du tribunal, avait estimé que la présence de M. Guitton n'y présentait plus désormais de danger.

Mais M. Guitton a pensé que si son maintien n'était plus en effet dangereux pour la République, il était en revanche fort compromettant pour sa propre dignité, et il a envoyé sa démission à M. Martin-Feuillée, emportant de ses 22 ans de service l'estime publique pour toute indemnité.

M. HANNEQUIN

CONSEILLER A NANCY.

28 ans de service, dont 12 comme conseiller.

Les idées libérales de M. Hannequin lui avaient rendu un instant difficile l'entrée de la magistrature sous l'empire; il ne les avait jamais reniées et s'était vite acquis la réputation d'un magistrat distingué par son remarquable talent de parole, par son savoir, son énergie et son intégrité.

Il était procureur à Epinal en 1870 et s'y montra constamment à la hauteur de la situation particulièrement pénible et délicate faite aux fonctionnaires français pendant la durée des hostilités. M. Dufaure l'en avait récompensé en le nommant conseiller en 1871 ; depuis lors M. Hannequin était resté à l'écart des luttes politiques, et avait même pris part à l'arrêt du 31 juillet 1880 qui déclarait la justice ordinaire incompétente pour statuer sur la demande en réouverture d'une chapelle mise sous scellés par le préfet.

Mais il avait eu le malheur de déplaire à l'avocat sénateur Berlet.

M. HARDOIN

CONSEILLER A LA COUR DE PARIS.

29 ans de service.

M. Hardoin était un des conseillers les plus instruits, les plus laborieux, et un des meilleurs présidents d'assises de la cour.

Plein de finesse, mais sans l'ombre de prétention ou de méchanceté ; cité pour la sûreté de ses relations, chrétien sans respect humain comme sans ostentation, ne parlant jamais politique, ce magistrat distingué semble n'avoir été frappé que parce qu'il porte un nom qui rappelle une magistrature dont on ne veut plus ; son père n'a-t-il pas été en effet longtemps président de chambre à la cour d'appel, puis conseiller à la cour de cassation ? N'est-ce pas lui qui présidait aussi la haute cour qui se réunit le 2 décembre 1851 ?

Souvenir importun : les républicains n'avaient pas assez d'éloges jadis pour ces magistrats qui avaient osé s'assembler d'office et défendre le droit en plein coup d'Etat ; tout est changé aujourd'hui que le droit est violé par eux et à leur profit; la vraie magistrature les gêne et ils l'ont remplacée par cet instrument bien moins rétif qu'on appelle le tribunal des conflits.

M. Hardoin, digne héritier des traditions paternelles, n'avait pas craint, au lendemain de l'exécution des décrets, de donner un témoignage public de sympathie aux magistrats démissionnaires du parquet; on le lui a fait expier.

M. HARDOUIN

CONSEILLER A LA COUR DE BOURGES.

33 ans de service, dont 15 comme conseiller.

Magistrat d'une distinction et d'une courtoisie parfaites, doué d'un beau talent de parole, d'une intelligence remarquable et d'un esprit charmant, mais qui, prêt à remplir ses devoirs envers et contre tous, n'était pas de ceux dont on fait des serviteurs complaisants.

Il présidait les assises avec une réelle supériorité, et il avait eu l'occasion d'y montrer une fermeté dont on lui savait mauvais gré. Certain jour, présidant une affaire où un républicain accusé de faux était défendu par un avocat républicain, il avait vu celui-ci quitter brusquement l'audience en disant que la défense n'était pas libre, quoiqu'on lui eût accordé tous les suppléments d'instruction qu'il avait demandés. La cour avait refusé de voir dans cette manœuvre de la dernière heure un motif de surseoir au jugement de l'affaire, avait remplacé par un avocat d'office l'avocat défaillant, et le jury lui avait donné raison, comme après le jury la cour de cassation ; mais le pur était condamné, et le président expie peut-être aujourd'hui cette condamnation.

M. Hardouin, au surplus, était de ceux qui ne cachent pas leurs convictions religieuses, et il n'en eût pas fallu davantage pour entraîner sa révocation.

M. D'HAUCOUR

PRÉSIDENT A LORIENT

25 ans de service, dont 11 comme président.

Un magistrat dans la plus haute et la plus complète acception du mot, austérité de la vie, dignité d'attitude qui ne se démentait jamais et que relevait encore une exquise urbanité, qualités professionnelles élevées au degré le plus éminent, tout dans le président du Tribunal de Lorient commandait le respect et attirait la sympathie; on savait qu'il n'était pas seulement un travailleur infatigable, un jurisconsulte consommé, il était aussi le devoir incarné, la personnification de l'impartialité.

C'était déjà plus qu'il n'en fallait pour être révoqué; M. d'Haucour combla la mesure en osant rendre, le 25 novembre 1880, un jugement qui déclarait le tribunal compétent pour statuer sur la demande en réintégration formée contre le sieur de Montluc, préfet, par les capucins expulsés.

M. d'Haucour croyait n'avoir signé que son propre arrêt, mais il était encore garanti par l'inamovibilité ; en attendant que son tour vînt, ce fut son frère qui fut exécuté; il était percepteur, on le chassa de résidence en résidence jusqu'à ce que, abreuvé de dégoûts, il eut résigné ses fonctions.

M. Cazot n'avait pu goûter que les prémices de la vengeance, M. Martin-Feuillée peut à loisir la savourer ; après le frère innocent, le frère coupable ; après le percepteur, le président.

Par compensation, le sieur de Montluc est fait conseiller à Angers.

M. HAZARD

CONSEILLER A LA COUR DE DOUAI

Doyen de la Cour, 33 ans de service, dont 20 comme conseiller.

Si on avait pu trouver une tache dans sa vie, on l'aurait peut-être épargné, mais on n'en a pu rencontrer.

Savoir, intelligence, capacité, droiture, fermeté, indépendance, il avait tout ce que M. Martin-Feuillée se plaît à frapper; scrupuleux jusqu'à la défiance de lui-même dans la recherche de la vérité, il était inébranlable quand il croyait l'avoir enfin trouvée, ni séduction ni menaces n'auraient pu la lui faire déserter.

Il n'est qu'un devoir auquel M. Hazard ait jamais manqué, celui qu'a inventé à l'usage de ses fonctionnaires la République qui paie et qui croit que tout peut s'acheter, le devoir de renier ses croyances et ses vieilles amitiés pour aduler des gens qui ne savent pas même se faire estimer.

M. Hazard n'a jamais rougi de sa foi religieuse et ne l'a jamais cachée ; M. Hazard, foulant aux pieds l'espérance d'une décoration prochaine, a pétitionné contre l'article 7, croyant qu'un magistrat qui avait le droit de voter avait aussi celui de faire connaître son sentiment à ses députés; M. Hazard n'a jamais cessé de témoigner à ses collègues démissionnaires lors des décrets la sympathie qu'ils méritaient.

M. Hazard enfin, l'ami de M. Marcère, à qui celui-ci avait dit en partant pour Bordeaux : « Soyez tranquille, vous me connaissez, je ferai là-bas ce que vous feriez vous-même », a nettement refusé de tendre la main à l'ancien président de la société Saint-Vincent-de-Paul quand il l'a vu cyniquement adorer ce qu'il avait brûlé et brûler ce qu'il avait adoré.

Ce sont-là des crimes d'honnêteté que la vraie République ne peut plus tolérer; sa nouvelle magistrature en pourrait être gâtée, voilà pourquoi M. Hazard est révoqué.

M. D'HECTOR DE ROCHEFONTAINE

CONSEILLER A LA COUR DE LYON

29 ans de service, dont 16 comme conseiller.

Ancien avocat général à Grenoble, où sa parole distinguée, abondante, vraiment oratoire, lui avait valu de nombreux succès.

Jurisconsulte remarquable surtout au criminel et président d'assises des plus distingués.

M. de Rochefontaine est frappé non pour avoir manqué en quoi que ce soit à ses devoirs de magistrat, mais pour n'avoir jamais voulu renier le respectueux attachement qu'il avait voué à l'Empire; il était devenu pour quelques-uns de ses collègues, aujourd'hui choyés par la République, un témoin importun du passé, comme un remords qu'il fallait supprimer.

En quittant la Cour de Lyon, il y laisse un honnête homme de moins et un républicain de plus, ce qui est le desideratum de M. Martin-Feuillée.

M. DE HÉDOUVILLE

JUGE A ABBEVILLE

9 ans de service.

Un nom qui sent son marquis d'une lieue, c'était déjà une raison pour attirer sur ce magistrat les préférences épuratrices de M. Martin-Feuillée, c'est pourquoi il l'a choisi pour victime entre des collègues que marquaient pour une prochaine retraite leur âge ou des raisons de santé (1).

Inutile de dire que M. de Hédouville était un catholique sincère, et que son indépendance de caractère était assez connue pour ne pas laisser espérer qu'il devînt jamais le complice ou le complaisant de certaines iniquités; s'il en eût été autrement, on peut être sûr qu'au lieu d'être expulsé parce qu'il était le plus jeune, c'est au contraire parce qu'il était le plus jeune qu'il eût été conservé.

La révocation de cet honnête homme a été accueillie comme elle le méritait; des républicains eux-mêmes qui le voyaient tous les jours à l'œuvre et qui avaient pu apprécier son dévouement et son désintéressement, ne se sont pas gênés pour la blâmer.

(1) L'un des juges, depuis longtemps hors d'état de remplir ses fonctions, est en effet mort quelques mois après.

M. HERVO

VICE-PRÉSIDENT A NANTES

40 ans de service, dont 25 à Nantes.

M. Hervo avait au tribunal de Nantes une situation tout à fait exceptionnelle; doué d'une netteté d'esprit incomparable, d'une justesse de coup d'œil presque infaillible, d'une rare puissance de travail, il avait été longtemps un juge d'instruction modèle et s'était montré un remarquable vice-président.

Si l'on joint à cela la plus haute honorabilité privée, la plus grande dignité de caractère, une sûreté de relations absolue, on comprendra l'émotion qui a saisi le monde judiciaire de Nantes devant la révocation dont l'a frappé la main brutale de M. Martin-Feuillée.

Dans ce grand barreau si riche en talents et où figurent les opinions les plus diverses il ne s'est pas trouvé une voix qui ne flétrît pareille iniquité.

Quelques naïfs avaient cru que la réserve, la correction d'attitude que M. Hervo avait toujours gardées suffiraient à le préserver, ceux-là oubliaient que M. Hervo était incapable de toute basse complaisance, ou connaissaient bien mal leur Martin-Feuillée.

Ce vieillard honorable était si étranger à la politique qu'il ne semblait pas prévoir qu'une disgrâce pût l'atteindre; le coup lui a été rude, et sa santé, dit-on, en a été ébranlée; qu'il se console de voir fermées pour lui les portes de ce palais où sa vie sereine et calme s'était passée; n'est pas qui veut digne d'en être chassé; le *Phare de la Loire*, journal républicain, l'a reconnu luimême quand il a dit que « M. Hervo n'eût pas été frappé si le Gouvernement n'eût pas été résolu à ne conserver que des magistrats *absolument dévoués*. »

M. HILAIRE

JUGE A TOURNON

8 ans de service.

Magistrat modeste, ennemi du bruit, qui avait rempli pendant 8 ans les fonctions de juge de paix avant d'être nommé par M. Dufaure juge à Tournon.

Ce n'était pas un homme de lutte, car le 3 février 1881, ayant à statuer sur une demande en dommages-intérêts formée contre le sieur Edmond Robert, préfet, par des religieux expulsés, il n'avait pas empêché le tribunal de s'incliner devant cette fameuse jurisprudence créée par Cazot au tribunal des conflits, et que le député républicain Delattre se permettait récemment à la tribune de qualifier irrespectueusement de « jonglerie. »

Mais M. Hilaire faisait partie du conseil général de l'Ardèche depuis 1871, et ce n'est pas avec les républicains qu'il votait; il n'en fallait pas tant pour le faire révoquer.

M. HIRON

CONSEILLER A LA COUR D'ANGERS

27 ans de service, dont 7 comme conseiller.

Caractère vigoureux et franc, M. Hiron regardait les gens en face et n'aimait pas les sournois, il était antipathique à M. le procureur général Auger.

En octobre 1870, M. Hiron, père de famille et âgé de 40 ans, avait résigné ses fonctions de juge d'instruction à Angers; il était parti comme capitaine des mobilisés de Maine-et-Loire et s'était bravement battu contre les Prussiens à Moussaie; grièvement blessé dans cette journée, il avait, sur la proposition du général, été décoré.

Il paraît que ce souvenir et cette croix pouvaient gêner les nouveaux magistrats de M. Martin-Feuillée; elle gênait particulièrement certain avocat général qui, après avoir été, lui aussi, zouave pontifical à Patay, après avoir affirmé longtemps une foi monarchique et catholique inébranlable, et n'avoir été tiré qu'à grand'peine des griffes des républicains, est devenu tout à coup le satellite dévoué de M. Auger, le soutien de la République et le défenseur des décrets.

Le voilà débarrassé de la présence de M. Hiron; mais il ne suffit peut-être pas de supprimer la vertu pour étouffer le remords.

M. HOUDAILLE

CONSEILLER A NANCY

40 ans de service, dont 28 comme conseiller.

M. Houdaille s'était acquis comme président d'assises une grande notoriété, sa connaissance approfondie des affaires, sa longue expérience des débats criminels, la pompe dont il les entourait, le soin qu'il mettait à en faire ressortir la moralité, lui avaient créé au milieu de ses collègues une physionomie à part.

D'un caractère aimable, de relations charmantes, il ne comptait que des amis.

Parfaitement impartial et intègre, il avait pris part à l'arrêt du 31 juillet 1880, déclarant la justice ordinaire incompétente pour statuer sur la demande en mainlevée des scellés apposés, non pas sur un domicile, mais sur une chapelle, ce qui était vrai.

Seulement, il allait à la messe, et, crime plus impardonnable encore, il était beau-frère de M. Buffet ! !

M. D'HOUDAIN

JUGE AU TRIBUNAL DE LA SEINE

38 ans de service.

Peu de carrières avaient été plus hiérarchiques que celle de M. d'Houdain; aucune à coup sûr n'était restée plus étrangère à la faveur; juge suppléant pendant 3 ans, substitut pendant 4, procureur pendant 12, conseiller pendant 6, juge d'instruction pendant 5, président pendant 2, M. d'Houdain était arrivé juge à Paris après 32 ans de service, ayant laissé partout la réputation d'un esprit indépendant et droit, d'un caractère bienveillant et sûr.

Il était substitut à Privas en 1851, lors du coup d'État; une commission mixte ayant été instituée en 1852, le procureur de la République, M. Rivière de Largues fut désigné pour en faire partie, mais retenu chez lui par la maladie, il dut se faire remplacer et envoya son substitut s'asseoir modestement à sa place entre le général et le préfet.

Le fait était resté inaperçu et surtout tombé dans le plus complet oubli, car M. d'Houdain avait été passé sous silence dans le décret du 20 janvier 1870 qui avait déclaré 14 magistrats inamovibles déchus de leur siège et exclus de la magistrature pour avoir fait partie des commissions mixtes, lorsque 20 ans après M. d'Houdain, seul peut-être à le connaître, le rapporta lui-même à un de ses collègues.

Celui-ci, devenu tout à coup un personnage, au moment où le célèbre procureur général Serre sacrifiait un de ses avocats généraux plutôt que d'avouer qu'il avait sciemment laissé soutenir la légalité des commissions mixtes, celui-ci, disons-nous, eut la.... bonté de s'apitoyer en haut lieu sur la mauvaise fortune qu'avait eue le substitut d'Houdain, quelque 25 ans auparavant, d'être obligé de tenir momentanément la place d'un chef trop faible de santé.

La chose prit ainsi un corps, grâce à lui, et figura au dossier où M. Martin-Feuillée l'a trouvée; sur quoi M. d'Houdain a été expulsé.

Détail bon à constater: la même main qui a signé le décret d'expulsion de M. d'Houdain pour avoir fait partie des commissions mixtes, a signé le décret de nomination comme premier président à Paris, de M. Périvier, lequel en avait naguère dans un réquisitoire fameux démontré et fait consacrer par arrêt la légalité.

Allez, messieurs les restaurateurs de la magistrature, la leçon sera profitable; le jour où vous aurez à rendre vos comptes, ce sera peut-être encore devant des commissions mixtes, vous y chercherez vainement un protecteur, et vous regretterez alors de n'y plus rencontrer un magistrat.

M. HOUZELOT

JUGE A BAR-LE-DUC

22 ans de service dont 15 comme juge d'instruction, sans compter son exercice antérieur comme juge de paix.

M. Houzelot n'avait jamais voulu quitter la Meuse où le rattachaient toutes ses affections et où il était allié aux principales familles du pays.

Très indépendant de caractère, il joignait à un bon sens robuste beaucoup de finesse et de perspicacité; incapable de faiblir devant personne, il avait contribué pendant la guerre à sauver la ville d'une amende considérable dont elle était menacée pour le meurtre d'un soldat prussien, et il avait si bien manœuvré que les arrestations faites avaient promptement abouti à des mises en liberté, le gouvernement et lui sont peut être les seuls qui l'aient oublié.

M. Houzelot était coupable aux yeux de nos maîtres de n'avoir pas voulu, à l'instar de certains autres, renier d'anciennes amitiés; à l'habileté il avait préféré l'honnêteté; de plus il avait son franc-parler, et dans ses causeries toujours pleines d'esprit et de verve, il avait dû plus d'une fois piquer au vif les grands hommes qui nous gouvernent, et dont la superbe ne tolère pas d'être raillée.

N'en pouvant faire un complice on en a fait un révoqué.

M. HUGON

JUGE A NEVERS

24 ans de service.

Était procureur à Château-Chinon lorsqu'au 4 septembre M. Cyprien Girerd fut improvisé préfet; celui-ci avait pour beau-frère à Château-Chinon un avoué, et il lui parut tout de suite évident que l'intérêt de la République exigeait que M. Hugon fût destitué pour faire place au beau-frère du préfet; cet honnête calcul fut incontinent réalisé; on révoqua du même coup le substitut qu'on envoya servir la patrie dans un régiment de mobilisés.

M. Dufaure réintégra M. Hugon comme juge à Nevers un an après.

Tout Nevers lui a rendu cette justice qu'il était le digne fils de son père, mort juge au tribunal après y avoir longtemps exercé la profession d'avocat; cela veut dire honneur sans tache, savoir juridique sans cesse développé par l'étude et par la pratique des affaires, modestie, désintéressement, extrême affabilité, dévouement à toutes les œuvres locales, obligeance empressée, tout un ensemble enfin de vertus publiques et privées qui révèle chez le fils un caractère de pieuse obéissance aux nobles enseignements que son père lui avait laissés.

C'était à coup sûr beaucoup plus que M. Martin-Feuillée n'en pouvait supporter dans sa magistrature épurée, aussi M. Hugon a-t-il été une seconde fois destitué.

M. IZARN

VICE-PRÉSIDENT A CAHORS

18 ans de service dont 8 comme vice-président.

Fils d'un ancien juge de Cahors, gendre d'un ancien procureur général d'Agen et de Toulouse bien connu dans les ressorts du Midi par son esprit et ses bons mots, M. Izarn, après quelques années passées dans les fonctions du Parquet, avait été nommé juge à Cahors par M. Crémieux, et vice-président par M. Dufaure.

C'était un esprit droit, un magistrat laborieux, d'une fermeté suffisante, très affable envers ses collègues et montrant une grande bienveillance aux plaideurs et aux hommes d'affaires.

Il lui eût été facile de trouver parmi ses proches des appuis capables de le faire maintenir dans la magistrature, mais pour cela il lui eût fallu quitter Cahors où la vice-présidence était supprimée et où il n'eût pu siéger régulièrement comme juge à cause de son alliance avec l'un des avocats les plus occupés; M. Izarn n'a voulu ni redescendre au rang de simple juge ni s'éloigner, il a quitté la magistrature; les justiciables n'en seront pas mieux jugés.

M. IZOARD

PREMIER PRÉSIDENT A BORDEAUX

37 ans de service, dont 10 comme premier président.

Une vraie figure de premier président; calme, digne, grave, presque austère, et en même temps parfaitement bienveillant; peu familier avec le rire de la gaîté, mais éclairant volontiers sa physionomie du tranquille sourire de la bonté.

Il était par nature et par tempérament la correction même, et n'avait nul effort à faire pour garder vis-à-vis de tous une attitude irréprochable; quant à son impartialité, il suffisait de le voir présider ses audiences pour n'en pas douter; l'attention patiente et recueillie avec laquelle il écoutait témoignait assez qu'il n'avait d'autre préoccupation que le droit et la vérité; on a dit avec raison de lui qu'il était de ces justes par qui des adversaires voudraient être jugés.

Dans ce monde du palais où chacun l'appréciait et l'aimait, on avait l'ardent désir de le conserver, et à son insu des démarches pressantes furent faites dans ce but; elles devaient rester sans effet; M. Izoard se fût refusé à en profiter; s'il se fût retrouvé le 3 novembre à la tête d'une cour mutilée d'où les meilleurs étaient chassés, en songeant à la cause de leur disgrâce il n'eût pu remonter sur son siège sans se sentir amoindri, et il n'était pas de ceux dont on paie en argent la dignité.

L'homme qui, procureur général à Nancy en 1870, sommé par les Prussiens de faire rendre la justice au nom de l'étranger, n'avait pas cédé à la menace, et qui voyageait comme otage sur les locomotives ennemies pendant que M. Crémieux le destituait, n'était pas fait pour accepter le déshonneur des mains de M. Martin-Feuillée.

Il avait d'ailleurs tous les titres possibles à être révoqué!

Parent de l'ancien archevêque d'Auch, beau-frère de M. Chesnelong, c'était un chrétien convaincu comme eux.

Il avait de plus une de ces pénétrations impitoyables auxquelles un labeur incessant donne la claire vue de la vérité en dépit de tous les dangers qui peuvent en résulter, une de ces consciences fermes que nulle préoccupation personnelle ne peut faire dévier, et pour son malheur, il avait été obligé de le montrer.

Saisi en 1880 de plaintes formées par des expulsés contre le sieur Doniol, préfet, pour délit de violation de domicile et crime d'attentat à la liberté, il avait par deux ordonnances des 11 et 14 août répondu qu'il n'était pas compétent pour instruire sur le délit, mais qu'il l'était pour informer sur le crime, et avait repoussé le déclinatoire du préfet.

Celui-ci éleva le conflit, malgré le texte absolu qui proscrivait à jamais le conflit en matière criminelle; « ce texte, s'écria « Me Bellaigue devant le tribunal des con- « flits, vous pouvez le fouler aux pieds, car « vous êtes souverains, mais prenez garde « qu'alors il ne se redresse comme un re- « mords vengeur dans votre conscience de « juge, et comme une protestation éternelle « dans la mémoire des justiciables qui le « connaissent et qui ne l'oublieront pas! »

Vain appel; comme tout le reste, le texte fut foulé aux pieds; le tribunal osa dire que ce qui était matière criminelle quand la poursuite était faite par le gouvernement cessait de l'être lorsque c'était la partie lésée qui poursuivait! Quand à M. Izoard, il est à son tour foulé aux pieds comme le texte si précis et si clair qu'il avait invoqué, comme le droit, comme la liberté.

Il est curieux de rapprocher du traitement que lui inflige aujourd'hui M. Martin-Feuillée l'appréciation que faisait de lui, en l'installant premier président, le procureur général républicain nommé en 1870 à Bordeaux par M. Crémieux, M. Cellérier :

« Il arrive ici après une longue et laborieuse carrière, ne devant rien à la faveur mais tout à ses travaux, à son savoir, à l'élévation de son caractère, et à son sentiment profond du droit et du devoir; ayant partout laissé les plus durables souvenirs et conquis les plus précieuses amitiés.

O vieux républicain de 1848, qui croyiez encore au devoir, au droit, à l'honneur, à la conscience, que vous étiez naïfs auprès de M. Martin-Feuillée! lui sait les apprécier ce qu'ils valent, et partout où il les trouve, il les balaie.

M. JAC
PREMIER PRÉSIDENT A ANGERS

M. Jac a débuté dans la magistrature par les très modestes fonctions de secrétaire du parquet de la cour de Rennes; il s'y fit à la fois aimer et apprécier, devint substitut en 1856, président à Segré en 1862 et en 1868 conseiller à Angers.

En 1872, la présidence de Nantes vint à vaquer; le poste tentait simultanément un membre influent du tribunal et un avocat considérable qui tenait de fort près au ministre lui-même; M. Dufaure était embarrassé. Il se tira d'affaire en vieux et bon sanglier qu'il était; il secoua rudement ses oreilles et ordonna à son chef du personnel de lui apporter les dossiers des magistrats des cours de l'Ouest les plus capables par leur science, par la puissance de leur esprit, par la dignité de leur caractère, d'occuper avec honneur le siège auquel il fallait pourvoir.

Quelques jours après M. Jac, qui ne se doutait de rien, apprit par une dépêche ministérielle qu'il était nommé.

Il ne fit à Nantes qu'un court séjour, un an après il était envoyé comme procureur général à Poitiers.

Il y rencontra l'avocat général Périvier, étoile secondaire du barreau poitevin, dont le bonhomme Crémieux avait enrichi en 1870 la magistrature du ressort, et dont le républicanisme facile paraissait alors s'arranger parfaitement bien avec le 24 mai. M. Jac, qui à une rare élévation d'esprit joignait une inexprimable bonté, ne permit pas aux passions politiques de s'attaquer à la situation de M. Périvier ; celui-ci aimait jadis à le reconnaître et faisait volontiers alors l'éloge de son chef; parvenu lui-même aujourd'hui à la plus haute position judiciaire par une fortune inexpliquée, il ne paraît pas s'être rappelé, utilement du moins, son ancien procureur général de Poitiers.

Ce fut encore M. Dufaure qui fit de M. Jac, en 1876, le premier président de la cour d'Angers.

Dans ces hautes fonctions, M. Jac put donner plein essor à ses remarquables aptitudes juridiques. Inaccessible à toute influence, jurisconsulte consommé, d'une extrême netteté d'esprit, il rendait des arrêts qui n'étaient pas seulement des œuvres achevées de doctrine, mais où on rencontrait cette clarté d'expression et de pensée qui sait rendre la jurisprudence compréhensible même aux intelligences peu familiarisées avec le droit.

Il eut le malheur de ne pas trouver dans tout son code un seul mot qui autorisât le gouvernement à violer les domiciles et les propriétés, même par décret et avec assistance de préfets, commissaires et serruriers; il osa consigner le fruit de ses recherches dans de remarquables arrêts; il osa même donner un jour raison à Mgr l'Evêque d'Angers.

Il osa surtout, en face du procureur général Auger et de certains de ses acolytes, défendre les prérogatives de la cour, la dignité de ses membres, le respect des traditions judiciaires, avec une fermeté que la République ne sait pas pardonner.

Il est aujourd'hui chassé de son siège et s'en tient à coup sûr pour très honoré; le gouvernement qui a placé à la tête et à la queue de la Cour de cassation les citoyens Cazot et Auger, eût fait outrage à l'honnêteté, à l'indépendance, au caractère de M. Jac s'il l'eût laissé premier président de la cour d'Angers.

Les avocats même républicains ne semblaient pas croire qu'il pût être touché; le préfet Jabouille, son ancien substitut, dit-on, paraissait avoir la même opinion; ils ne savaient pas quel grief c'est aujourd'hui, quand on est premier président, d'être chrétien, de visiter et consoler les pauvres affligés, et peut-être de ne pas saluer assez bas M. Auger.

Mais aussi, quel magistrat digne de ce nom saluerait désormais M Auger sans y être condamné par arrêt?

M. JACQUEMIN
PRÉSIDENT A JOIGNY

23 ans de service, dont 6 comme président.

Magistrat d'une grande élévation d'esprit et d'un caractère très droit, qui occupait son siège avec une rare distinction.

Il n'y avait rien à dire contre lui, mais on voulait donner sa place à un autre, et n'osant l'en chasser ouvertement, on manœuvra à son insu pour l'en faire sortir en lui donnant... de l'avancement!

Indigné qu'on lui eût fait l'injure de le classer parmi les bénéficiaires d'une odieuse loi, M. Jacquemin donna du pied à travers ces combinaisons méprisables et refusa le nouveau poste qu'on lui assignait.

M. JACQUES
PRÉSIDENT A AVIGNON

34 ans de service, dont 19 comme président.

M. Jacques était un magistrat des plus laborieux, d'une excessive modération et d'une capacité incontestée. (1)

(1) M. Jacques avait eu l'un des premiers à se prononcer en référé sur la prétention des sectaires qui, pour faire des manifestations anti-religieuses, avaient imaginé de faire procéder à des enterrements civils sans tenir compte le moins du monde de la croyance à laquelle avait appartenu le décédé. Il avait maintenu fermement les droits de la conscience et refusé de se prêter à l'exploitation des cadavres chaque fois que le défunt s'était abstenu de faire en sens contraire une manifestation de volonté.

C'était d'ailleurs un vrai remueur d'idées en matière de droit, par qui de très nombreuses dissertations sur le droit, sur l'organisation judiciaire et sur la procédure ont été publiées.

La cause de sa révocation n'est pas difficile à indiquer : le 6 juillet 1880, il fut saisi en référé d'une demande en réintégration de domicile formée contre le sieur Schnerb préfet, par des religieux expulsés ; il était trop bon jurisconsulte pour pouvoir se tromper, et il se déclara compétent pour statuer malgré le déclinatoire du préfet.

C'était la simple constatation, faite dans le langage le moins irritant, du droit le plus clair en matière de propriété; mais qu'est-ce que cela fait à nos maîtres? Ils font payer aujourd'hui à M. Jacques, pour son plus grand honneur, la leçon de probité et d'honnêteté qu'il leur a donnée, et dont ils se sont bien gardés de profiter.

M. JEANNEQUIN
PRÉSIDENT A LUNÉVILLE

36 ans de service, dont 13 comme président.

M. Jeannequin était depuis 27 ans à Lunéville où il avait d'abord été procureur et où M. Dufaure l'avait nommé président.

Il y était entouré d'une estime universelle, et il n'avait même jamais eu l'occasion de se compromettre vis à vis du gouvernement; nul incident propre à soulever les passions politiques n'avait été soumis à la décision du tribunal; nul couvent n'avait eu à invoquer la protection de la loi contre le crochetage des serruriers et des préfets ; M. Jeannequin devait donc supposer qu'il lui serait permis de continuer à juger en paix, d'autant plus qu'il jugeait si bien que c'était une rareté de voir un de ses jugements réformé.

Le barreau et les hommes d'affaires appréciaient tellement de leur côté les qualités de M. Jeannequin, son caractère affable et conciliant, sa haute capacité, qu'ils avaient signé une pétition pour demander à M. le garde des sceaux de leur laisser leur président.

Soins superflus! vœux impuissants! les naïfs avaient fait honneur à M. Jeannequin de son indépendance et de son impartialité, c'est ce qui devait le perdre et ce qui l'a perdu; ferme comme un roc sur les principes, M. Martin-Feuillée n'a pas bronché; impartial et indépendant, s'est-il dit, plus n'en faut, bon à révoquer.

M. JEAUFFREAU DE LAGÉRIE
CONSEILLER A LA COUR DE PAU

22 ans de service, dont 8 comme conseiller.

Un des meilleurs esprits de la Cour; une instruction solide, une rectitude de jugement parfaite, l'aptitude aux affaires et le goût du travail avaient fait de lui un excellent magistrat ; il avait révélé dans les présidences d'assises une véritable supériorité; c'était déjà, avec la dignité du caractère, bien des titres pour être révoqué.

Mais M. de Lagérie en avait d'autres : son beau père M. Lespinasse, après 32 ans de service comme avocat général à la Cour de Pau, avait démissionné lors de l'exécution des décrets; son fils, jeune avocat nommé l'année dernière substitut à Lourdes, avait refusé d'accepter; le gouvernement se donne la joie de faire payer à M. de

Lagérie lui-même le dédain que son beau-père et son son fils lui ont témoigné.

Il donne satisfaction du même coup à un député radical de Tarn-et-Garonne qui ne peut pardonner à M. de Lagérie l'opposition que, dans l'arrondissement de Moissac, les membres de la famille de celui-ci lui ont toujours montrée.

M. JOUOT
PRÉSIDENT A NOGENT-LE-ROTROU

24 ans de service, dont 8 comme président.

M. Jouot était un magistrat intelligent, travailleur, affable avec tout le monde.

Son crime est d'avoir fait partie d'une commission municipale nommé le 30 septembre 1877 à Nogent. Faire partie d'une commission municipale désignée par le gouvernement n'est pas un crime en soi, mais simplement selon le temps; témoin le sieur Michel qui accepta d'être membre et même adjoint de la commission municipale installée à Nîmes par le préfet Dumaret en pleine période de crochetage, et qui n'en est pas moins devenu procureur général en deux ans; il est vrai qu'il a essayé de se démarquer et a collé le vocable de Jaffard à son nom.

M. Jouot est resté Jouot comme devant; mais depuis lors il a été poursuivi par les dénonciations incessantes d'un député qui estime que le fiel supplée à l'orthographe, et qui se justifie des votes qu'on lui reproche en disant qu'il s'est trompé de boule, à quoi ses électeurs mécontents répliquent qu'il a tout bonnement perdu la sienne; devant un adversaire de ce genre M. Jouot était d'autant plus condamné qu'il avait osé faire élever ses deux fils au petit séminaire de Nogent.

M. JOURDAIN
CONSEILLER A LA COUR DE TOULOUSE

34 ans de service, dont 17 comme conseiller.

Fils d'un ancien conseiller à la cour de Paris, M. Jourdain était comme son père un magistrat de mérite; il avait exercé pendant 17 ans les fonctions du ministère public dans divers tribunaux du ressort de Paris avant d'être nommé conseiller d'abord à Amiens, puis à Toulouse.

Il s'était toujours tenu à l'écart de la politique, et la bienveillance de ses manières lui avait valu l'affection de ses collègues et du barreau.

On ne sait à quoi attribuer sa disgrâce, si ce n'est à ses idées bien connues de modération, de sagesse et d'honnêteté.

M. JOURDANNE
SUBSTITUT A CASTELNAUDARY, NOMMÉ A ESPALION

M. Jourdanne n'a pas accepté sa nomination à Espalion.

Si nous lui donnons place dans cette galerie, ce n'est pas qu'il soit une victime, c'est simplement pour dévoiler un des plus jolis trucs de M. Martin-Feuillée.

M. Jourdanne était en effet très républicain; il avait été nommé substitut il y a 18 mois par l'influence de M. Marcou, c'est tout dire; mais il était sourd comme un pot, et aux audiences correctionnelles où il siégeait, cette malheureuse infirmité donnait lieu à des coq-à-l'âne continuels qui soulevaient dans l'auditoire la plus désopilante hilarité; on ne pouvait pas décemment le conserver, mais c'était un dévoué qu'il fallait ménager.

Qu'a-t-on fait? on l'a déplacé, et comme la loi du 30 août attribuait une retraite aux magistrats déplacés qui refuseraient d'accepter, M. Jourdanne n'a eu qu'à refuser pour s'en assurer le bienfait; de sorte qu'après avoir, durant un exercice de 18 mois, versé à la Caisse des Retraites une somme totale d'environ 200 fr., il se trouve aujourd'hui à la tête d'une pension de 540 fr.

Bien joué, M. Martin-Feuillée!

M. JOUSSET
CONSEILLER A LA COUR D'ANGERS

32 ans de service, dont 14 comme conseiller.

Jurisconsulte éminent, d'une expérience consommée, d'un esprit ferme et sûr, d'un caractère intègre et loyal, n'ayant jamais courtisé aucun pouvoir et préférant sa dignité à son intérêt, M. Jousset méprisait M. le procureur général Auger, et pour l'estimer il attendait d'y être condamné par arrêt, il ne lui suffisait pas d'un décret.

C'est pourquoi il est révoqué.

M. JULHIET
PRÉSIDENT A LA CHAMBRE DE DIJON

33 ans de service, dont 12 comme président.

Une de ces figures de magistrat qui inspirent la sympathie et le respect.

Homme de devoir avant tout, étranger aux choses de la politique, esprit impartial et modéré, il avait conservé ses relations officielles avec les hommes du jour et saluait M. le préfet.

On l'avait vu depuis 8 années à Dijon, consacrer à la justice les ressources de l'intelligence la plus sagace, de l'instruction la plus solide et la plus étendue, avec la conscience la plus scrupuleuse et la plus inflexible intégrité.

Jamais sous sa présidence la cour de Dijon n'eût fermé l'oreille, comme elle l'a fait depuis qu'elle est épurée, à la plainte des victimes de l'arbitraire et des abus d'autorité.

Il la présidait lorsqu'elle ordonna au juge d'instruction qui s'était déclaré incompétent, d'informer contre les crocheteurs des dominicains de Dijon à raison des attentats à la liberté signalés par la plainte de ces derniers.

Il la présidait encore lorsque, proclamant les grands principes de notre droit criminel elle décida, en matière d'infraction à la loi scolaire, que devant toute juridiction investie du pouvoir de prononcer une peine, fût-ce une peine disciplinaire, le droit sacré de la défense exigeait que le prévenu fût appelé, mis à même de s'expliquer et de se justifier.

C'est pourquoi il est révoqué!

Faut-il ajouter que M. Julhiet croyait pouvoir garder son indépendance comme père, et qu'il avait préféré pour ses fils l'éducation chrétienne du collège des Pères de Dijon à celle du lycée; on ne pouvait lui pardonner cette marque d'encouragement donnée à un établissement catholique dont le succès empêche de dormir les athées dijonnais.

On est tenu pour ennemi de la République quand on veut faire enseigner à ses enfants qu'il y a un Dieu, et que ce n'est pas le jeu des atômes crochus qui a fait à lui tout seul le premier des ancêtres de M. Martin-Feuillée.

C'est cependant le seul moyen de nous conserver quelque considération, non pas pour les procédés, mais du moins pour la personne dudit Martin-Feuillée.

M. JULLIEN
VICE-PRÉSIDENT A REIMS

28 ans de service, dont 15 comme vice-président.

M. Jullien, chargé de la direction d'une chambre correctionnelle exceptionnellement occupée, remplissait ses fonctions avec beaucoup de tact, d'indépendance et d'habileté; très bienveillant dans ses rapports avec le barreau, il se souvenait toujours qu'il n'y a pas de justice sans défense, et qu'il n'y a pas de défense sans la liberté de parler.

C'était un érudit qui aimait à fouiller le passé; il a publié une histoire de la législation sur la chasse, et différents ouvrages sur les vieux auteurs de vénerie, que les bibliophiles apprécient et sont heureux de consulter.

Il n'y avait pas là de quoi le faire destituer; mais M. Jullien, complètement absorbé par ses fonctions et par ses travaux littéraires, vivait absolument en dehors du monde politique officiel; on lui en a su d'autant plus mauvais gré qu'il était allié aux familles les plus considérables de Reims, et comme le premier devoir d'un magistrat est désormais de se présenter chaque matin au rapport dans l'antichambre du préfet ou du sous-préfet, on a cassé aux gages cet indépendant qui n'aurait jamais pu s'y plier.

M. JUMEAU
JUGE A MELUN

16 ans de service.

4 magistrats du tribunal de Melun étaient déjà révoqués, et M. Jumeau était oublié, et le nombre des victimes allait être complet!

Ah! ce fut un beau lancer! les deux journaux républicains de l'endroit, celui de M. de Choiseul et celui de M. Humbert, sonnèrent bruyamment la chasse, ceux de Paris firent chorus, et on poussa à grands cris sur la piste conseillers généraux, sénateurs et députés.

La meute arriva hurlante et affamée, jusque chez M. Martin-Feuillée, aboyant à tous les échos : Réactionnaire et Marguillier!

Hélas, oui; ce pauvre Jumeau était marguillier, et par-dessus le marché, il ne pouvait pas le nier; il venait de signer comme tel un épouvantable factum où il appelait les paroissiens à l'insurrection contre la République, sous couleur qu'il avait besoin d'argent pour assurer une sépulture modeste à leur curé, lequel venait de mourir après avoir dissipé toute sa fortune en œuvres de charité.

Le fait était flagrant, Martin-Feuillée n'hésita pas à appliquer, comme l'annonça fièrement une des feuilles sus-mentionnées, « le fer rouge dans cette plaie gangréneuse « qu'on appelle le clergé » ; c'est ce que le garde des sceaux nommait devant le sénat « examiner le dossier ».

M. Jumeau fut en effet révoqué, sans que les ennemis qui s'acharnaient ainsi après lui osassent seulement articuler le moindre reproche contre sa valeur professionnelle et son impartialité; tout se résume en : réactionnaire et marguillier.

Quel beau temps que celui où d'honnêtes magistrats sont ainsi livrés à *la Lanterne* par l'honorable Martin-Feuillée.

M. JUTIER
JUGE A MOULINS

41 ans de service, dont 36 à Moulins.

Dire qu'après un aussi long exercice des fonctions judiciaires à Moulins, M. Jutier y était entouré de l'estime et de la considération générales, c'est dire combien il les avait méritées; mais s'il aimait le bien, il haïssait le désordre, on le savait trop, et on n'a pas manqué de le révoquer.

Pour protester contre sa révocation l'ordre des avocats (12 avocats sur 14) l'a convié au banquet qu'il offrait le 20 décembre aux quatre expulsés de Moulins, de concert avec les avoués.

Là M. Jutier a pu recueillir en écoutant le toast qui leur était porté par le bâtonnier la légitime récompense d'une vie entière consacrée au service du droit et de la vérité; il a entendu célébrer par un interprète autorisé, « l'insigne honneur » dont la révocation l'avait couronné »

Cet honneur, M. le garde des sceaux n'a pas voulu le faire à toute la famille, il a donné de l'avancement au fils de M. Jutier!

M. DE KESLING
CONSEILLER A CHAMBÉRY

23 ans de service, dont 11 comme conseiller.

Alsacien d'origine, M. de Kesling était juge à Strasbourg en 1870; il y subit le bombardement avec sa femme et ses enfants, refusant de solliciter pour sortir un sauf-conduit bavarois qu'il lui eût été assez facile de se procurer.

Pour rester Français il abandonna son pays, dédaignant les offres que faisait aux magistrats alsaciens le gouvernement allemand; on le récompense aujourd'hui par la révocation.

Ce n'est pas qu'il se soit jamais occupé de politique, il se consacrait exclusivement à ses devoirs professionnels et à l'éducation de ses nombreux enfants; mais il était religieux et on sait que, par une chance singulière, tous les catholiques sont chassés des fonctions publiques par ce gouvernement qui proteste de son respect pour la religion.

M. LABAT
CONSEILLER A LA COUR D'AGEN

30 ans de service, dont 18 comme conseiller.

Fils, petit fils et gendre de magistrats Agénais, M. Labat appartient à l'une de ces familles de magistrature locale qui plongent leurs racines aux entrailles même du pays, et qui dans un sol aussi pulvérisé que le nôtre par les révolutions, constituent le dernier élément de résistance et de conservation.

Si la politique l'a fait sortir des fonctions judiciaires, elle ne l'y avait pas fait entrer; ses succès au concours de doctorat de la faculté de droit de Toulouse lui en avaient naturellement ouvert la porte; il les quitte à cette heure de la vie où le magistrat bénéficie d'une longue expérience sans avoir encore rien perdu de son activité.

M. Labat, malgré les intérêts importants qu'il a en Agénois, était toujours resté en dehors des agitations politiques, à l'écart même des comités électoraux, et avait maintes fois refusé la candidature au Conseil Général pour lequel sa situation considérable semblait le désigner; mais cette neutralité ne suffit pas aux gens qui nous gouvernent, et ils veulent qu'un magistrat soit un homme de parti, à condition que ce sera du leur. M. Labat est d'ailleurs bon catholique et conservateur, cela suffisait à le rendre suspect.

Sa disgrâce a été mal vue au Palais; ses collègues, même les nouveaux, appréciaient son mérite professionnel et il jouissait de leurs sympathies. Devant ces murmures, ceux à qui appartenait l'initiative des révocations ont décliné toute responsabilité dans la mesure par laquelle M. Labat a été expulsé; on a conclu que cette initiative était partie de la Préfecture, et on s'est rappelé certain bal où l'absence de la famille de l'honorable conseiller avait été remarquée.

C'est en effet par de hautes considérations de ce genre que l'épuration a été dictée, et que tant de carrières judiciaires ont été prématurément brisées.

M. LACAILLE
JUGE A PARIS

19 ans de service.

Quand les substituts du tribunal de la Seine ont été frappés après l'exécution des décrets, M. Lacaille a été le premier à leur témoigner ses sentiments de condoléance et de regrets; il est tout entier dans ce fait qui le marquait pour la révocation future et que certains magistrats prévoyants n'ont pas eu le courage d'imiter; c'est que, honnête avant tout, il avait le haut sentiment de sa dignité et ressentait comme s'il en eût été victime lui même, l'iniquité dont ils étaient l'objet.

Juge d'instruction souvent chargé des affaires financières les plus difficiles, il s'était démis de ses fonctions parce que sa conscience et son indépendance ne lui permettaient pas de devenir le serviteur obéissant du parquet; c'était se désigner une fois de plus à la proscription, et, l'heure venue, elle ne lui a pas manqué.

M. LACARRIÈRE
PRÉSIDENT DE CHAMBRE A LA COUR DE RIOM

Soixante ans d'âge, trente-deux ans de service, dont quinze comme conseiller et six comme président.

C'était bien le plus habile et le plus fin des juristes, le président d'assises le plus consommé. Où eût-on pu trouver un magistrat plus expérimenté à diriger une délibération, à écrire un arrêt civil, à formuler une qualification criminelle?

D'une santé débile, il ne quittait guère sa maison que pour le Palais; combien de fois ne l'a-t-on pas vu, brisé de fatigue, s'y faire pour ainsi dire porter, et parvenir à force d'énergie à dompter ses souffrances!

Il passait pour libéral sous l'Empire, qu'a-t-on aujourd'hui à lui reprocher?

D'être le frère d'un ancien évêque de la Basse-Terre, actuellement chanoine au Chapitre de Saint-Denis, et d'occuper une place qu'enviait quelque républicain affamé.

Ah! la belle besogne dont s'est chargé M. Martin-Feuillée!

M. LAFONT
JUGE A TARASCON

9 ans de service.

Révoqué, avec son président M. Odde de la Tour du Villard, pour avoir, le 13 novembre 1880, rendu un jugement par lequel il se déclarait compétent pour connaître de la demande en réintégration de domicile formée par des expulsés contre le sieur Poubelle, préfet.

C'est pourquoi les membres du conseil d'arrondissement les avaient dénoncés tous deux comme ayant donné « une preuve évi- « dente de leur hostilité contre le gouver- « nement républicain et de leur partialité « dans toutes les affaires politiques ou ils « étaient appelés à statuer » !

Il est vrai que les membres du barreau de Tarascon y avaient répondu d'avance par une protestation publique, où ils rendaient une justice éclatante à leur entière impartialité, proclamant que ni eux ni leurs clients n'avaient jamais eu la moindre plainte à élever contre leur parfaite intégrité.

Mais qu'est-ce que cela fait à M. Martin-Feuillée? on lui désignait la victime, il l'a docilement égorgée.

M. LAGARDE
PRÉSIDENT A LECTOURE

22 ans de service, dont 11 comme président.

Petit fils de M. Besse de la Romiguière qui avait été président pendant 34 ans, M. Lagarde avait hérité de son grand père un esprit fin et délié, une grande aptitude à comprendre les affaires, et une facilité qui lui permettait de rendre souvent sans désemparer des jugements remarquables de précision et de clarté.

Il avait été nommé président par M. Dufaure, ne se montrait pas réfractaire à l'esprit du jour, et ne s'était jamais compromis par ses jugements, un heureux hasard ayant toujours voulu que chaque fois qu'une affaire touchant à la politique s'était présentée à juger, il se trouvât empêché.

Il ne semblait donc pas devoir être révoqué; mais qui peut bâtir des prévisions sur un terrain que les passions politiques ont miné? La bataille est rude là-bas entre opportunistes et radicaux, et le gouvernement est obligé de faire des sacrifices pour tâcher d'avoir momentanément la paix, ce qui n'empêche pas au premier jour les frères et amis de s'entre déchirer.

M. Lagarde s'est fait inscrire au barreau de Lectoure et les avocats l'ont immédiatement nommé bâtonnier; on dit que le nombre des clients qui affluent à son cabinet ne laisse pas d'inspirer à certain meneur républicain le regret d'avoir peut-être, en faisant révoquer le président, trop écouté la voix de la passion et pas assez celle de l'intérêt.

M. LAHOUGUE
PRÉSIDENT A AVRANCHES

23 ans de service, dont 8 comme président.

Magistrat très capable, de manières affables et distinguées, qui n'était pas hostile à la République, car c'est M. Crémieux qui l'avait nommé procureur à Avranches le 19 octobre 1870, et c'est M. Dufaure qui en 1875 l'y avait nommé président.

Son impartialité était telle qu'on disait au barreau d'Avranches qu'à le voir présider dans des affaires politiques on eût pu le croire imbu de sentiments absolument républicains; et il était difficile en effet de nier qu'il fût inaccessible à toute inspiration de parti quand on avait vu un journal conservateur de la localité, poursuivi 23 fois en 5 ans, être condamné par lui 19 ou 20 fois.

Mais M. Lahougue avait le tort d'être religieux, charitable, et de croire qu'il pouvait, étant magistrat, pratiquer sa foi sans ostentation et librement.

M. LAIGNEL
CONSEILLER A LA COUR DE PAU

29 ans de service, dont 15 comme conseiller.

Esprit fin et délié, très apte aux affaires, et président d'assises des plus distingués.

M. Laignel était très modéré dans ses opinions, passait même pour assez indifférent en politique et ne s'était jamais soucié de donner des gages à aucun gouvernement.

Tout entier à ses études et à ses devoirs professionnels, il n'avait pas un ennemi, et les détracteurs les plus passionnés de la magistrature n'avaient contre lui aucun grief à alléguer; mais il avait négligé de s'assurer des protecteurs contre de menaçantes éventualités, et avait conservé avec M. le premier président Daguilhon-Pujol des relations amicales nées d'une collaboration de plusieurs années dans le parquet, c'est pourquoi il est expulsé.

M. LAIR
CONSEILLER A ANGERS

19 ans de service, dont 9 comme conseiller.

Victime volontaire, il a donné sa démission pour ne pas rester flétri de la bienveillance de M. Martin-Feuillée, estimant cet excès d'honneur comme une indignité.

Il suffisait de connaître ce cœur si généreux et si loyal, cet esprit si droit, si élevé et si cultivé, ce caractère d'une rare intégrité, pour comprendre l'intérêt que le garde des sceaux avait eu à l'épargner.

Conseiller général, républicain d'opinion modérée, lauréat de doctorat à la Faculté de Paris, nul ne mettait une conscience plus scrupuleuse et plus désintéressée que M. Lair au service de l'idéale justice et de la vérité, nul n'apportait aux délibérations des avis plus empreints de sûreté, de maturité et d'impartialité; il consacrait en outre à la philosophie, aux lettres, à toutes les œuvres intelligentes et utiles les rares loisirs que ses fonctions lui laissaient.

C'était donc un coup de maître que de conserver un tel magistrat dans la Cour d'Angers épurée; mais M. Lair, qui avait déjà donné sa démission au 4 Septembre pour ne pas recevoir les ordres d'un homme qu'il méprisait, n'était pas d'un caractère à faire plier sa dignité aux combinaisons de M. Martin-Feuillée.

Il ne lui a pas même demandé sa mise à la retraite, il a purement et simplement démissionné; c'est la plus cruelle condamnation de l'œuvre néfaste consommée contre la cour d'Angers.

M. LAMARQUE D'ARROUZAT
PRÉSIDENT A VERDUN

22 ans de service, dont 7 comme président.

Nature de vrai Béarnais, exubérante, vive, en dehors, énergique, avec une sorte de brusquerie mêlée d'affabilité, de bonté et de dignité.

Exceptionnellement doué comme magistrat, d'une intelligence supérieure, indulgent plutôt que sévère, se tenant absolument et obstinément éloigné de la politique par goût comme par devoir, d'une intégrité et d'une impartialité dont pas un républicain n'oserait probablement dire qu'il a jamais douté.

M. Lamarque, qui n'était pas dur à la répression, aimait à se donner de temps en temps l'illusion de tempérer son indulgence par une petite semonce au condamné; c'est ce qu'il a fait dans les deux seules affaires politiques qu'il ait eu à présider, et on ne le lui a pas pardonné.

La première était celle d'un journal qui, ayant diffamé un vieux curé, et ne niant pas qu'il s'était trompé, fut condamné à une simple amende assaisonnée d'une réprimande que les républicains eux-mêmes n'avaient pas paru trouver exagérée.

La seconde était celle d'un citoyen grand mangeur de prêtres et pourfendeur de princes, qui fut condamné à 8 jours de prison pour avoir traité le maréchal de « cochon », et à qui M. Lamarque se permit de dire, poussant la politesse jusqu'à l'hyperbole: « Vous êtes un homme bien élevé, « vous devez donc regretter cette expres- « sion; vous pouvez apprécier comme il « vous plaît l'acte du maréchal, mais vous « ne devriez pas outrager un vieux soldat « qui a versé son sang pour la France. »

De ce jour, la perte de M. Lamarque fut jurée, et on annonça tout haut « qu'il y sauterait. »

Et le fait est qu'il a « sauté »; si, au lieu de qualifier le républicain dont s'agit, d' « homme bien élevé », il eût trouvé, comme Rabagas, « un mot plus cochon que cochon » et le lui eût appliqué, celui-ci l'eût reconnu pour un pur, et l'eût peut-être épargné. Il se vante au contraire de l'avoir fait révoquer.

M. LAMBERT
PRÉSIDENT A CONFOLENS

33 ans de service, dont 12 comme président.

La droiture, l'impartialité, l'intégrité absolue de ce magistrat n'avaient guère d'égal que son dévouement à ses fonctions; elles avaient été appréciées par M. Dufaure, qui l'avait nommé président.

Il ne faisait pas de politique, mais le malheureux avait pour beau-frère l'ancien député bonapartiste, M. Ganivet, et c'est sur lui qu'ont crevé toutes les haines radicales accumulées contre M. Ganivet :

> « Si ce n'est toi, c'est donc ton frère ?
> « — Je n'en ai point. — C'est donc quelqu'un des [tiens] »

Ainsi parle toujours le loup républicain.

Peut-être faut-il ajouter que sa place était fort convoitée, sinon par, du moins pour un homme qui comptait parmi ses alliés un député et un sous-préfet; l'affaire a raté, il est vrai, mais elle est de celles qui se peuvent raccommoder; et, en tous cas, comme M. Lambert seul devait en payer les frais, ce n'était pas la peine de se priver de l'essayer.

M. LAMBERT
JUGE A NANTES

29 ans de service.

Aux brillantes qualités de l'homme du monde, à l'irrésistible séduction du causeur accompli, du lettré fin et délicat, M. Lambert joignait tous les dons qui font le vrai magistrat; il apportait à l'examen des affaires la pénétration d'une intelligence qui devait déjà beaucoup à la nature et que l'étude avait encore fortifiée et mûrie.

Il avait préféré à de légitimes perspectives d'avancement la satisfaction d'occuper un modeste siége de juge dans sa ville natale, et il y avait été entouré dès le premier jour de la respectueuse estime du public et du barreau qui avaient aussitôt discerné en lui les vertus maîtresses du magistrat : la capacité, le caractère et l'intégrité.

M. Lambert était « un homme », c'est pourquoi M. Martin-Feuillée, qui le connaît bien, ne pouvait manquer de le révoquer.

M. Lambert avait d'ailleurs refusé, crime irrémissible, de confondre un crocheteur avec un préfet.

Le 3 novembre 1880, le sieur Herbette, préfet, s'étant introduit chez les Capucins, après avoir fait crocheter la serrure par ses agents et enfoncer la porte d'entrée, s'était vu interpellé en ces termes par un honorable commerçant de Nantes, M. Porquier : « Monsieur Herbette, je suis allé chez vous « l'an dernier, parce que je vous croyais « un honnête homme, j'aurais le plus pro- « fond dégoût s'il me fallait remettre les « pieds chez vous désormais ».

Sur quoi ledit Herbette, peu amoureux de la vérité, avait fait poursuivre en police correctionnelle ledit Porquier, comme coupable d'outrages envers un préfet.

Mais le tribunal, constatant qu'Herbette s'était introduit illégalement et par effraction dans un domicile privé, invoquant la constitution républicaine du 26 mai 1793, et la doctrine soutenue par le républicain M. Faustin-Hélie, président actuel du conseil d'Etat, avait déclaré qu'un préfet n'avait jamais pu en cette qualité violer le domicile d'un citoyen français, et que si en le faisant, Herbette avait été outragé, c'était comme simple particulier et non pas comme préfet.

Ce renversement des idées du jour sur la fonction de préfet ne pouvait être toléré, c'est pourquoi M. Crucy, qui présidait, et M. Lambert ont été révoqués.

M. LANDEL

JUGE A CHATILLON-SUR-SEINE

18 ans de service, dont 14 comme juge d'instruction.

M. Landel avait réalisé sa seule ambition, qui était d'exercer ses fonctions dans sa ville natale, au milieu d'une famille entourée d'une juste considération.

Son attitude y était si correcte, son impartialité si hautement constatée qu'on a pu croire un instant que M. Martin-Feuillée avait renoncé à le frapper de révocation.

Il avait en effet été oublié dans les premiers décrets, et l'oubli, comme jadis sous la Terreur, c'était peut-être le salut; malheureusement il restait une charretée de victimes à expédier, M. Martin-Feuillée l'y a fait monter.

Que s'était-il passé? Quelles rancunes, quelles jalousies avaient protesté contre l'oubli dont M. Landel était l'objet? On a dit sur ce point des choses fort curieuses que nous ne pouvons reproduire, n'ayant pas pu les contrôler.

On a remplacé M. Landel par un substitut, son collègue de la veille; singulier choix de la part d'un gouvernement qui affiche pour prétexte à ses épurations le souci de relever le niveau intellectuel de la magistrature et d'exclure la politique du prétoire!

Il est vrai qu'on sait à quoi s'en tenir sur ce prétexte cousu de fil blanc.

Ce n'était pas de cléricalisme que M. Landel était coupable, c'était de franc-parler; on n'en saurait douter quand on voit que M. Martin-Feuillée a laissé sur son siège le président, qui, tout religieux qu'il est, tremble devant son ombre et semble avoir pour de ses propres opinions.

M. LANDEL

JUGE AU MANS

24 ans de service.

Beaucoup de bonhomie, de finesse et de bon sens; nulle morgue et nulle raideur, mais une conscience loyale, inaccessible à tout calcul égoïste et à toute manœuvre malpropre.

Il ne s'était jamais mêlé de politique, mais en voyant l'orage arriver, il n'était pas allé abriter sa tête sur les genoux de M. Auger.

C'est pourquoi la foudre de M. Martin-Feuillée est venue le frapper; il est tombé avec quatre de ses collègues du tribunal pour prouver une fois de plus que la consigne est désormais de ramper.

M. DE LANGLE DE CARY

JUGE A NEVERS

12 ans de service.

M. de Langle de Cary, juge suppléant depuis 1867, avait été nommé par M. Dufaure substitut en 1871 et juge en 1872; c'était un homme de grande distinction, un magistrat studieux, instruit et appliqué.

On lui avait enlevé en 1878 les fonctions de juge d'instruction pour excès de fermeté et respect trop scrupuleux de la légalité.

Chargé d'une information contre un individu prévenu d'outrages envers le Maréchal, il avait terminé l'information et communiqué officiellement le dossier au parquet, lorsque celui-ci, sentant qu'il fallait être prudent envers un républicain, demanda la mise en liberté provisoire du prévenu, avec l'intention d'attendre que l'amnistie fût votée et de ne pas le faire juger; M. de Langle de Cary répondit que l'instruction étant complète et le dossier communiqué, il n'y avait pas lieu à mise en liberté, puisque le prévenu pouvait être jugé dans les trois jours après les réquisitions qui seraient prises par le parquet, et il ajouta que le retard mis par le parquet à prendre ses réquisitions définitives constituait le prévenu en état de détention illégale.

Ce fut en vain; le parquet n'en voulut pas démordre, et plutôt que de céder, il laissa le prévenu illégalement en prison pendant deux mois, après quoi, l'amnistie ayant été votée, il requit une ordonnance de non lieu à laquelle M. de Langle de Cary fit droit, mais en constatant que si le prévenu était resté arbitrairement détenu pendant deux mois au lieu d'être jugé, le parquet seul en avait la responsabilité.

On comprend qu'un juge aussi peu disposé à plier devant les injustes exigences du parquet ne fût pas du goût de M. Martin-Feuillée.

Une circonstance fortuite a cependant forcé les journaux républicains eux-mêmes à reconnaître sa haute intégrité. Quelques jours avant sa révocation, il avait condamné par défaut, pour diffamation, un individu qui avait accusé un sieur Balandreau d'avoir fait partie des commissions mixtes, ce qui d'ailleurs n'était pas vrai.

Le condamné fit opposition et revint devant le tribunal; mais il n'y trouva plus ni M. de Langle de Cary, ni M. Hugon, ses anciens juges : ils étaient destitués. Qu'en advint-il? Qu'au lieu d'être condamné, il fut acquitté, ses nouveaux juges ayant déclaré « qu'il n'est pas sérieusement soute- « nable que la légalité des commissions « mixtes puisse être mise en doute, ni que « l'imputation d'en avoir fait partie puisse « porter atteinte à l'honneur ou à la consi- « dération de celui qui en est l'objet. »

Ce ne fut qu'un cri dans le camp républicain, où on se mit à couvrir MM. Hugon et de Langle de Cary d'éloges et de regrets; c'était un peu tard, en vérité. M. Martin-Feuillée avait fait un beau coup! Après avoir fait décréter l'expulsion des anciens magistrats des commissions mixtes, il conservait justement ceux qui, comme autrefois M. Périvier, soutenaient que les commissions mixtes n'étaient pas entachées d'illégalité!

Soyons justes; comment les nouveaux juges, conservés ou nommés, pourraient-ils critiquer les commissions mixtes; M. Jules Simon n'a-t-il pas proclamé lui-même qu'ils devraient leur siège à une « commission mixte » présidée par M. Martin-Feuillée?

M. LAPLAGNE-BARRIS

CONSEILLER A LA COUR DE PARIS

40 ans de service.

Dans son travail de dislocation de la cour de Paris et du tribunal de la Seine, M. Martin-Feuillée semble s'être particulièrement attaché à éliminer de la magistrature tous ceux dont les noms pouvaient rappeler des traditions d'honneur et de dignité que la République entend définitivement déraciner.

Pour plus de dix magistrats de Paris l'une des causes, sinon la cause unique de l'expulsion, a été en effet l'hérédité d'un nom honorablement porté naguère à la Cour d'appel ou à la Cour de cassation.

Aussi, en dehors de son double nom qui le rattache à des illustrations de la Cour suprême, en vain chercherait-on pourquoi M. Laplagne-Barris a été frappé de révocation; il était universellement considéré et aimé, malgré une verve parfois un peu caustique dont les saillies étaient toujours réglées d'ailleurs par le sentiment d'une profonde et sincère piété.

Destitué une première fois en 1848, il était rentré dans la magistrature deux ans après, et avait déployé, surtout comme juge civil, d'éminentes qualités. Dans le délibéré comme dans les entretiens familiers, les saillies originales de sa vive parole mettaient encore en relief les ressources d'un esprit plein de sagacité, prompt à discerner les difficultés comme à les résoudre, et servi par l'érudition la plus étendue et la plus variée; ses occupations professionnelles ne suffisaient pas en effet à son activité, et il employait à la Bibliothèque ou aux Archives nationales les heures de loisir dérobées au Palais.

Mais il avait l'indépendance, comme les fortes convictions, la science et les habitudes austères des vieux parlementaires; il portait très haut le sentiment de la dignité de son état, et les grands souvenirs de sa famille lui rendaient plus sensible la décadence progressive de la magistrature, dont il était témoin.

On n'en pouvait guère douter et on l'a révoqué; c'est pour sa longue carrière d'honneur et de travail le plus beau couronnement qu'il pût ambitionner.

M. LARACINE

CONSEILLER A LA COUR DE CHAMBÉRY

32 ans de service, dont 9 comme conseiller; était substitut à Chambéry lors de l'annexion.

Magistrat hors ligne, d'une instruction aussi solide qu'étendue, joignant à une rare faculté de pénétration un jugement sûr, un esprit élevé, rehaussés par le charme d'une modestie qui n'avait d'égales que son indépendance et son intégrité.

Rendons justice à M. Martin-Feuillée, il l'eût volontiers épargné. Comme disait un magistrat facétieux et conservé : « Il nous faut cependant bien quelqu'un pour faire nos arrêts » ; or, M. Laracine s'était toujours tenu à l'écart de la politique, ses fonctions seules l'occupaient.

C'est lui-même qui a mis M. Martin-Feuillée en demeure de le révoquer, ne voulant pas d'une indulgence compromettante qui l'eût séparé de ses collègues qu'on a frappés, et dont le seul crime est d'être à la fois trop chrétiens et trop français.

Cette détermination, imposée par la force des choses à un magistrat de premier ordre, est la critique la plus cruelle des actes de M. Martin-Feuillée.

M. LARCHER

JUGE A BEAUNE

19 ans de service.

Ne devait pas être un ennemi irréconciliable de la République, car M. Crémieux l'avait nommé, en octobre 1870, juge d'instruction à Langres, alors que le trouvant procureur à Charolles, il lui était bien facile de le révoquer.

Mais M. Larcher appartenait à une vieille famille du pays bien connue par la ferveur de son attachement à l'Église et à la monarchie, et il était personnellement voué à la proscription par son caractère droit et ferme, par son esprit d'indépendance mêlé d'une certaine austérité ; ce n'étaient pas les scrupules de sa conscience et les délicatesses de son jugement éclairé qui pouvaient le sauver ; Martin-Feuillée ne s'en inquiète pas plus que certain animal ne s'inquiète de perles sur un fumier.

Prématurément frappé par un de ces deuils qui laissent au cœur une plaie toujours ouverte, M. Larcher partageait sa vie entre les obligations de sa charge, ses devoirs de famille et les œuvres de charité ; il puisait dans sa foi religieuse ce sentiment profond des fonctions de la magistrature qui conduit à les considérer comme un véritable sacerdoce, et il apportait à leur exercice la conscience la plus délicate, un jugement sûr et droit, et une modération qui n'excluait pas la fermeté, tenant que l'indépendance est la vertu maîtresse du magistrat et sachant maintenir la sienne vis-à-vis des exigences du parquet.

C'est pourquoi il est révoqué avec le tribunal tout entier.

M. DE LARRALDE-DIUSTÉGUY

PRÉSIDENT A BAYONNE

38 ans de service, dont 17 comme président.

Deux griefs dont un seul eût suffi à le faire révoquer ; d'abord, M. de Larralde, jadis honoré d'un accueil tout intime par la famille impériale à Biarritz, ne s'était pas cru délié de toute reconnaissance par le malheur et l'exil de ceux qui s'étaient montrés affectueux pour lui pendant leur prospérité. C'était un vrai scandale ; il n'avait pas l'indépendance du cœur, la seule qui soit désormais permise aux magistats, et il ne connaissait pas l'esprit de parti, il eût à son Tribunal condamné un bonapartiste avec aussi peu de cérémonie qu'il eût condamné un républicain.

En outre, M de Larralde avait commis le crime de rendre, le 30 novembre 1880, une ordonnance de référé par laquelle il se déclarait compétent pour connaître de la demande en réintégration formée contre le préfet par des religieux expulsés, disant « que s'il en était autrement, il n'existe« rait plus ni sécurité ni garantie, ni liberté « pour les citoyens, exposés désormais à « voir substituer, comme dans certaines « époques néfastes de notre histoire, le ré« gime des ordonnances, des décrets, des « mesures de haute police au règne de la « loi. »

C'était trop vrai, c'est pour cela que M. de Larralde a eu tort de le dire, et que Martin-Feuillée s'est empressé de le révoquer.

M. LARUE

JUGE A FOIX

13 ans de service.

Nature douce et inoffensive dont personne n'eût jamais deviné que la présence au tribunal de Foix pût faire courir à la République le moindre danger. Magistrat plein de zèle pour ses fonctions, il remplissait les devoirs de sa charge avec le sentiment d'une haute impartialité.

Mais est-ce que cela suffit maintenant ? Il faut autre chose; on exige des magistrats le sixième sens découvert par Gambetta, le « sens républicain », et il paraît qu'il lui manquait; du moins on n'en a pas voulu douter, non pas que M. Larue se fût jamais mêlé à la politique, mais il était le fils d'un digne avocat de Pamiers, d'opinion monarchique non dissimulée, péché originel en expiation duquel il est révoqué.

M. LASNIER

CONSEILLER A LA COUR DE RIOM

Le 4 septembre l'avait déjà révoqué; M. Dufaure l'avait réinstallé ; on le chasse de nouveau, en attendant qu'un gouvernement honnête le replace sur son siège de conseiller.

C'était un homme aimable et distingué, d'un esprit actif et pénétrant, d'une franchise d'allures et de caractère qui commandait les sympathies ; il rendait la justice sans sourciller, laissant tout autre souci que celui de servir le droit et de flageller l'iniquité.

Il avait osé renoncer à être président d'assises le jour où il avait vu le gouvernement exiger une sorte de soumission de ceux à qui ces hautes et belles fonctions étaient confiées.

Expulsé !... cet homme-là n'aurait jamais pu se plier à la servilité.

M. LAURAND

JUGE A TOURS

19 ans de service.

Magistrat de grande valeur, joignant la pratique des affaires à la science que donne le travail le plus assidu ; sa vive intelligence, ses sentiments élevés, sa vie austère, son dévouement à toutes les œuvres de charité lui avaient fait à Tours une grande situation.

On en jugera par ce seul fait que M. Martin-Feuillée avait cru prudent de l'épargner, quoiqu'il eût donné asile chez lui en 1880 à des jésuites expulsés, et qu'il eût pris part au jugement de référé du 23 novembre 1880 qui avait déclaré le tribunal compétent pour statuer sur la demande en réintégration de domicile et en dommages-intérêts formée contre le sieur Daunassans, préfet.

Mais M. Laurand n'a pas cru, et à bon droit, qu'il fût de sa dignité de rester dans un tribunal amoindri et de continuer à faire partie d'une magistrature où il se serait senti désormais déplacé.

Il a donc envoyé sa démission et on peut croire que M. Martin-Feuillée y comptait; il savait bien que « l'honneur d'être au nombre des victimes » était le seul qui manquât à M. Laurand et qu'il le revendiquerait.

M. LAURENT

JUGE A ÉPINAL

13 ans de service.

Magistrat honnête et fort appliqué à ses devoirs, qui n'avait pas su comprendre que la droiture et le courage ne sont plus de mise, et qu'il est séditieux de vouloir rendre justice à un honnête homme quand la Loge et le préfet ont donné l'ordre de le condamner.

Protégé toutefois contre une révocation par une influence qu'il n'avait pas sollicitée, M. Laurent n'avait été que déplacé ; il n'a pas cru pouvoir accepter ce compromis qui lui laissait son traitement et le dépouillait de sa dignité, et un de ses collègues a dû à son refus de se voir à l'abri des coups de M. Martin-Feuillée.

M. LAVALLÉE

JUGE A VANNES

14 ans de service.

Magistrat modeste et pratiquant d'une façon exemplaire ses devoirs professionnels auxquels il était très attaché ; cordial et affectueux dans ses relations privées, il était entouré de la considération publique, juste hommage rendu à sa franchise et à sa loyauté.

Jamais M. Lavallée ne s'était livré à la moindre manifestation politique; homme de devoir avant tout, il se renfermait dans l'accomplissement de ses fonctions, mais on savait aussi qu'il était incapable de subir la plus petite compromission.

De plus, il était sincèrement religieux et ses enfants suivaient les cours du collège libre de Saint-François Xavier; dès lors, clérical, ami de l'obscurantisme et ennemi de la République, tout cela allait de soi pour des gens affamés à qui tout prétexte est bon quand il s'agit de prendre la place des autres au banquet du budget.

On l'a donc révoqué, mais on n'a pu l'amoindrir; la République et ses valets peuvent bien dépouiller de pareils hommes des fonctions qu'ils honoraient, mais il est hors de leur pouvoir de porter atteinte à la considération publique qui s'attache d'autant plus à eux qu'elle les voit plus injustement frappés.

M. LAVIELLE
PRÉSIDENT A ORTHEZ

21 ans de service, dont 9 comme président.

Ancien concurrent de M. Marcel Barthe, candidat républicain.

Intelligence vive et prompte, travail très facile mais pour son malheur, caractère très indépendant.

Il avait été révoqué comme procureur en 1870, on le révoque aujourd'hui comme président; il n'est pas seulement très consolé de l'aventure, il s'en tient pour très honoré, et il a bien raison.

M. LEDDET
SUBSTITUT A MAMERS

6 ans de service.

Fils de magistrat, élevé dans le respect des traditions et des convenances judiciaires, M. Leddet aimait ses fonctions; il les exerçait sans défaillance, s'étant interdit tout avancement, et ayant cru pouvoir les conserver aussi longtemps que la magistrature assise présenterait encore aux justiciables des garanties d'impartialité.

A l'heure où ces garanties sont tombées définitivement sous la faulx de M. Martin-Feuillée, M. Leddet a résigné des fonctions qui à ses yeux ne méritaient plus le respect, s'associant volontairement à toutes ces compagnies judiciaires qu'on dispersait et allant rejoindre dans la retraite les collègues et les amis qui l'y avaient précédé.

Il était le dernier survivant des magistrats d'avant 1878 dans les parquets de première instance du ressort d'Angers; on peut y jeter le filet, tout y est pur désormais.

M. LEGALL DE KERLINOU
VICE-PRÉSIDENT A RENNES

17 ans de service, dont 7 comme vice-président.

M. Legall n'affectait aucune opinion politique et se contentait d'être honnête dans toute l'acception du mot; ancien avoué versé dans la procédure, laborieux entre tous, n'ayant d'autre passion que le travail, sa vie entière n'était qu'une longue étude consacrée au culte des lettres, des sciences et du droit; sa capacité hors ligne l'eût porté depuis longtemps à un des sièges de la cour s'il n'avait eu le malheur d'être connu pour très indépendant.

Il l'avait trop montré le 2 décembre 1880 lorsque le sieur André, préfet, fit poursuivre devant lui des journalistes qu'il prétendait l'avoir outragé dans sa qualité, en racontant l'acte de crochetage auquel il avait procédé. M. Legall de Kerlinou eut le courage de les acquitter en constatant que leur récit était vrai et qu'ils n'avaient fait que reproduire exactement les impressions qui s'étaient traduites au milieu de la foule indignée.

Il ajouta que l'acte du sieur André étant illégal ne pouvait être un acte administratif, et que par conséquent si le sieur André avait été outragé à son occasion, ce ne pouvait pas être en sa qualité de préfet.

Ce n'était là que du bon sens, mais le bon sens est devenu un crime quand il n'est pas d'accord avec le « sens républicain », ce qui lui arrive rarement; aussi, au grand scandale du vrai monde judiciaire, M. Legall de Kerlinou a-t-il été révoqué.

D'aucuns prétendent encore qu'il avait le tort de n'aimer que les bijoux vrais, et qu'il n'achetait pas à la boutique recommandée, laquelle comme chacun le sait à Rennes, n'était pas au coin du quai.

M. LEGAY
CONSEILLER A LA COUR DE ROUEN

24 ans de service, dont 8 comme conseiller.

Ancien élève de l'Ecole des Chartes, où il avait remporté de brillants succès, M. Legay était entré dans la magistrature en 1859 comme substitut à Saint-Pol, et y avait eu comme procureur impérial M. de Marcère, alors aussi fervent catholique que réactionnaire ardent.

Il avait ensuite exercé longtemps les fonctions de vice-président du tribunal de Rouen; il s'y était distingué par un esprit sagace et pénétrant, par une intelligence rapide et profonde, par une grande science du droit et des affaires, consacrant ses rares loisirs à des études sérieuses qui lui avaient ouvert les portes de l'Académie de Rouen.

M. Legay tombe aujourd'hui sous la hache de M. Martin-Feuillée, pour n'avoir jamais voulu renier sa foi religieuse, et pour n'avoir pas su dissimuler suffisamment la douleur et l'indignation que lui inspiraient la violation des lois et les attentats commis contre tout ce qu'il croyait et respectait.

M. LEGENTIL
CONSEILLER A LA COUR DE ROUEN

37 ans de service, dont 25 comme conseiller.

L'une des lumières de la cour de Rouen, l'un de ses membres les plus aimés et les plus respectés; son caractère, son indépendance, sa bienveillante simplicité, sa conscience scrupuleuse lui avaient fait une situation considérable au Palais; les plus farouches radicaux avouaient que nul magistrat n'était plus pénétré de ses devoirs et ne les remplissait mieux.

M. Legentil était procureur à Evreux lors du coup d'Etat de 1851; il fit en cette qualité partie des commissions mixtes où il s'efforça, comme tant d'autres de ses collègues, de tempérer par sa modération les ardeurs du préfet; on pourrait aisément citer dans le département de l'Eure plusieurs personnes qui durent à lui seul de n'être pas expatriées.

N'importe, M. Crémieux l'avait déjà destitué pour ce crime par un décret du 31 janvier 1871 qui fut rapporté comme entaché d'illégalité. M. Martin-Feuillée l'exécute aujourd'hui pour avoir fait partie des commissions mixtes, juste au moment où, selon l'expression de M. Jules Simon, il vient sous un autre nom de les reconstituer.

M. LEGENTIL
JUGE A ARRAS

38 ans de service, dont 23 comme juge et 15 comme suppléant.

Avant d'être nommé juge titulaire, M. Legentil s'était acquis comme avocat à Arras une grande et légitime réputation.

Jurisconsulte consommé, il fut bientôt cité comme un des magistrats les plus capables du ressort de Douai; consacrant ses loisirs à des travaux juridiques et à des recherches d'érudit, il était peut-être l'homme le plus versé dans l'histoire locale de sa ville et de sa province, et il était bien détaché de toute passion politique, car on l'avait vu consacrer dans les Mémoires de l'Académie un remarquable éloge à un homme qui avait été bien longtemps le chef du parti républicain dans le département.

Mais ses qualités étaient de celles qu'on ne tolère plus aujourd'hui; on ne pouvait lui pardonner ni ses sentiments catholiques, ni son inébranlable fermeté, ni la fidélité de ses affections envers un ancien ministre tombé.

Aussi lui avait-on déjà préféré pour la présidence vacante un magistrat beaucoup plus jeune que lui, et qui à aucun titre ne pouvait lui être comparé; il était donc facile de prévoir que le jour où on pourrait définitivement se débarrasser de lui, on n'hésiterait pas une seule minute devant cette iniquité.

M. LEHAULT DE BAINVILLE
VICE-PRÉSIDENT A LAVAL

30 ans de service, dont 17 comme vice-président.

Frère, neveu et petit-fils de présidents, M. Lehault de Bainville avait les qualités du magistrat dans le sang.

Plein de calme et de fermeté, préparé par le travail minutieux et assidu auquel il se livrait, profondément pénétré de l'importance des intérêts publics ou privés dont la garde lui était confiée, il dirigeait les débats avec une netteté, une précision de jugement rehaussées par une rare élévation de langage et de pensée.

Il observait rigoureusement en politique la réserve que ses fonctions lui commandaient, mais il apparaissait naturellement comme l'adversaire décidé de toute compromission et de toute faiblesse; ce n'est pas devant lui qu'on eût pu discuter les termes d'une décision complaisante, avouer des relations suspectes ou proposer une démarche sans dignité.

C'est pour cela qu'on l'a révoqué; certains ne pouvaient lui pardonner, qui avaient trop souvent perdu contenance sous son regard loyal et baissé involontairement les yeux devant sa silencieuse remontrance.

C'était un gêneur, on s'en est débarrassé; il ne s'en est pas plaint, sentant lui-même combien de dégoûts sa révocation lui épargnait.

M. LEHOUX
JUGE A LAVAL

18 ans de service.

M. Lehoux n'avait pas, comme les heureux de ce monde, trouvé à ses débuts dans la vie toutes les voies ouvertes devant lui; il était bien le fils de ses œuvres, s'était frayé tout seul sa route, et pour se perfectionner dans la connaissance du droit, n'avait pas craint de s'imposer l'ingrat labeur de l'enseigner.

Aussi s'était-il promptement montré supérieur aux modestes fonctions de juge de paix qu'on lui avait d'abord confiées, et, sans autre recommandation auprès de ses chefs que son talent, son ardeur au travail et la séduction de ses aimables qualités, il s'était vu appelé à remplir les fonctions de juge au tribunal de Laval, après avoir passé par le tribunal de Segré.

Il ne se fût pas arrêté là, s'il n'eût vécu en un temps où l'intégrité de caractère et la fermeté des convictions sont un obstacle à tout avancement; il s'en consolait aisément et avait borné son ambition ; il n'en avait plus d'autre que celle de passer son existence simple et silencieuse à servir la justice et à bien élever ses enfants.

C'était trop encore, et on l'a révoqué parce qu'on savait bien qu'il n'avait jamais été et qu'il n'aurait jamais pu devenir un complaisant.

M. L'ELEU DE LA SIMONE

CONSEILLER A AMIENS

28 ans de service, dont 14 comme conseiller.

Passait pour un des magistrats les plus éclairés de la cour ; doué en effet d'une grande sagacité, il saisissait promptement les difficultés et appliquait à les résoudre une longue pratique des affaires, une connaissance profonde du droit et une chaleur de parole qui ralliait bien souvent à son opinion les incertains ou les dissidents en chambre des délibérations ; aussi le regardait-on depuis déjà longtemps comme désigné, sinon par ses chefs, du moins par son mérite, pour remplir les fonctions de président.

Mais on était loin de compte ; au lieu de lui donner une présidence de chambre, le gouvernement lui avait enlevé celle de la Cour d'assises qu'il avait maintes fois occupée avec distinction, et avait toujours refusé même de le décorer, ce qui n'a rien d'étonnant en un temps où on a pu dire que les décorations du ministère de la justice avaient cessé d'être de l'ordre civil et appartenaient désormais à l'ordre servile.

M. L'Eleu de la Simone avait en effet le grave tort d'être indépendant et religieux, deux raisons pour être révoqué ; s'il tenait que sa robe de magistrat devait l'éloigner des luttes politiques, il ne croyait pas qu'elle put étouffer les manifestations de sa conscience et de ses droits de citoyen ; il allait à la messe, avait mis ses fils chez les Jésuites et avait osé inscrire son nom sur une pétition demandant au Sénat de rejeter l'article 7.

On conçoit qu'avec de pareils griefs ni sa modestie, ni son mérite, ni sa loyauté ne pouvaient le préserver de la révocation.

M. LELIÈVRE

PRÉSIDENT A ANGERS

33 ans de service, dont 16 comme président.

M. Lelièvre avait mérité par les qualités nettes, réfléchies, mesurées de sa haute intelligence, par son impartiale intégrité, par sa science du droit et son expérience consommée, le respect des hommes intelligents de tous les partis ; ennemi par caractère de tout excès, libéral dans le sens élevé de ce mot si prostitué aujourd'hui, étranger à toute passion politique ou cléricale, il avait su prendre une situation exceptionnelle à Angers.

Aussi les hommes d'affaires dissimulent d'autant moins leurs regrets qu'ils savent très bien sous quelle alliance misérable de basse convoitise et de vengeance privée M. Lelièvre a succombé ; il est chassé pour avoir mis jadis honteusement à la porte de chez lui un homme qu'il méprisait ; la République d'aujourd'hui révoque celui dont le procureur général républicain du 4 septembre avait souvent dit bien haut qu'il ne le laisserait jamais toucher.

Il est vrai qu'il a commis depuis lors un crime d'indépendance qu'elle ne sait pas pardonner : quatre fois en juillet 1880 il a rendu des ordonnances de référé et une fois, le 20 décembre suivant, il a rendu un jugement déclarant la justice ordinaire compétente pour statuer sur les demandes civiles formées par des expulsés contre le préfet.

Martin-Feuillée l'expulse à son tour, afin d'apprendre à ses futurs magistrats que désormais il n'est plus rien de sacré pour un préfet.

M. LEMAIGRE

CONSEILLER A LA COUR DE LIMOGES

31 ans de service, dont 14 comme conseiller.

Grand, sec comme son nom, au regard rêveur tourné vers les mystérieux horizons, M. Lemaigre était de la race de ces magistrats pour lesquels la justice est d'essence divine et qui placent sous la garantie de la Religion l'exercice de leurs redoutables fonctions ; il pouvait dire avec Joad :

« Je crains Dieu, cher Abner, et n'ai point d'autre [crainte. »

mais celle-là il la poussait même jusqu'à la souffrance s'il entrevoyait seulement comme juge la possibilité de se tromper.

Président de la Société de Saint-Vincent-de-Paul, il était bien le digne disciple du saint fondateur, il en avait l'abondante et discrète bienfaisance, et dans les prisons comme au grabat du pauvre, il savait trouver ces accents consolateurs et fortifiants qui sont comme la fleur de la charité.

Ces vertus suffisaient à le faire révoquer, mais il avait aussi pris part à l'arrêt du 8 décembre 1880 par lequel la chambre civile s'était déclarée compétente pour juger une action correctionnelle intentée contre le préfet ; il partage le sort des conseillers dont cette chambre était composée ; sur les six que la mort a épargnés, cinq sont révoqués.

Cela donne une juste idée de la façon dont l'indépendance des magistrats est respectée par M. Martin-Feuillée.

M. LEMENUET DE LA JUGANNIÈRE

CONSEILLER A LA COUR DE CAEN

29 ans de service, dont 16 comme conseiller.

Arrière-petit-fils du premier président qui fut placé à la tête de la cour de Caen lors de sa création, et qui mourut en 1835, encore en exercice à 89 ans ; fils d'un président de chambre honoraire qui a pris sa retraite depuis 13 ans, M. Lemenuet représentait à la cour de Caen les traditions de l'honneur judiciaire, de l'expérience et du savoir ; c'était un président d'assises des plus distingués.

Il eut le malheur de présider un jour la chambre correctionnelle et d'assister à un désastre oratoire prodigieux du citoyen procureur général Faguet dans une certaine affaire Pont-Gest, désastre inattendu même après les preuves d'incapacité que ledit Faguet avait déjà pris soin de donner à la cour pour l'y préparer ; il expie le tort de n'avoir pas ce jour-là soufflé le procureur général, trouvant peut-être qu'il l'était déjà assez.

Il avait aussi, dit-on, fortement étrillé jadis le citoyen aujourd'hui premier président Houyvet ; celui-ci le fait chasser, de concert avec le sieur Faguet, en attendant qu'il fasse aussi expulser de la grand'chambre du conseil le portrait de son bisaïeul, sous lequel il doit se sentir bien mal à l'aise pour présider.

M. Lemenuet s'en va d'ailleurs en la plus honorable compagnie ; huit de ses collègues sont chassés avec lui, parmi lesquels nous avons déjà cité les honorables conseillers Noël, du Saussey, de Beaurepaire, Dupray de la Mahérie, l'élite de la cour, en un mot, par la science et par la vertu, sacrifiée au premier président Houyvet.

M. LENTAIGNE

JUGE A FALAISE

8 ans de service.

Bon magistrat nommé par M. Dufaure, simple, modeste, sérieux et très considéré.

Fils d'un ancien conseiller de Caen et gendre d'un ancien président de chambre à la même cour, en voyant les anciens collègues de son père et ses propres amis expulsés à raison de convictions religieuses qu'il partageait, il n'a pu supporter de rester dans une magistrature d'où tous ceux qui en représentaient l'honneur et les traditions étaient chassés, et voulant inscrire son nom à côté des leurs, il a envoyé sa démission à M. Martin-Feuillée.

M. LÉON

PRÉSIDENT A GIEN

31 ans de service, dont 19 comme président.

Magistrat exact et minutieux dont l'attitude avait toujours été absolument inoffensive ; bien fin qui eût pu l'entendre exprimer en politique une opinion.

Mais il avait des sentiments religieux qu'il ne croyait pas devoir cacher ; M. Martin-Feuillée seul pourrait dire, en supposant qu'il le sache, si c'est seulement à eux ou bien aussi au désir de donner sa place à un ami qu'il faut attribuer sa révocation.

Si au lieu d'être président de la Société de Saint-Vincent-de-Paul, M. Léon eût été vénérable d'une loge de francs-maçons, il n'aurait pas même eu de démarches à faire pour être conservé, et on lui eût bien volontiers donné de l'avancement.

M. L'ÉPINE

JUGE A BEAUVAIS

20 ans de service.

Fils d'un très honorable juge qui avait

appartenu au tribunal de Beauvais pendant 37 ans, M. L'Epine occupait le siège de son père depuis 16 ans, il y avait toujours montré une grande indépendance de caractère et une intégrité absolue, mais il avait des convictions religieuses, était beau-frère de M. Perrot de Chezelles conseiller à Paris, neveu de M. Levavasseur, ancien directeur général de l'enregistrement, que la République avait sacrifiés, et comme une injustice en appelle une autre, nos maîtres ne pouvaient guère, après avoir ainsi décimé ses proches, songer à l'épargner.

M. L'Epine s'y attendait certainement et doit en être tout consolé ; l'argent est pour ceux qui restent, mais l'honneur est pour ceux qui s'en vont.

M. LEROUX DE BRETAGNE

PRÉSIDENT DU TRIBUNAL DE BÉTHUNE

28 ans de service, dont 8 comme procureur et 15 comme président à Béthune.

Fils d'un ancien premier président de Douai, il avait borné son ambition à ne pas quitter le siège qu'il occupait avec une autorité que rehaussaient aux yeux de tous son mérite, son caractère, sa dignité.

C'était un jurisconsulte consommé, versé dans la pratique des affaires, plein d'ailleurs, vis-à-vis de tout le monde, de courtoisie, de bienveillance et d'aménité.

Le jour de sa révocation, avoués, notables de la ville se sont pressés chez lui pour lui témoigner leur estime et leurs regrets ; le doyen du barreau, désespérant de bien exprimer ce que ses confrères pensaient, lui a simplement tendu les bras, et, sans dire un mot, l'a embrassé.

C'est que tous ces hommes, républicains ou non, savaient bien pour quel crime M. Leroux de Bretagne était ainsi lâchement frappé, et il est bon ici de le rappeler.

En juin 1880, le maire de Béthune et le préfet Bihourd, possédés du besoin de plaire à la radicaille, avaient voulu installer des instituteurs laïques à la place des Frères dans une maison léguée à la ville depuis 1816 sous la condition expresse qu'une école de Frères y serait installée.

Ceux-ci se pourvurent en référé ; le président remit au lendemain, sur la promesse du préfet que jusque-là rien ne serait changé, le préfet n'en fit pas moins expulser brutalement les Frères dans la soirée.

Le lendemain, le président rendit une ordonnance portant qu'ils seraient réintégrés, et elle fut exécutée avant que le préfet eût eu le temps de rédiger un arrêté de conflit pour la paralyser. Plein du respect ordinaire des préfets pour la chose jugée, Bihourd les fit de nouveau expulser. Ils n'y purent rentrer que quand la Cour de Douai eût annulé la donation, sur les conclusions d'un avocat général qui était cependant républicain, et qui écrasa sous son mépris le maire et le préfet.

Lorsque, plus tard, les Frères demandèrent compte au préfet devant le tribunal des violences dont ils avaient été l'objet, le préfet crut se venger du président en faisant lire devant lui, sous le nom de déclinatoire, le plus insolent pamphlet, basse revanche à laquelle le président n'opposa que le silence et le dédain le plus complet.

Sa courageuse conduite lui vaut aujourd'hui le coup de pied de M. Martin-Feuillée, c'est le plus beau titre d'honneur qu'il puisse léguer à des fils à qui il a toujours donné l'exemple du respect de Dieu, des lois et de la liberté.

M. LE ROY

PRÉSIDENT DU TRIBUNAL DE LILLE

M. Le Roy avait 31 ans de service, dont 28 passés à Lille ; depuis 12 ans il portait sans faiblir le poids d'une présidence qui, dans un arrondissement dont la population dépasse celle de 70 de nos départements, avait été, jusqu'à la récente création d'une nouvelle chambre, un fardeau presque écrasant.

Il y jouissait de la plus haute considération, due non seulement à son intelligence supérieure et à sa rare pénétration d'esprit, mais aussi à une affabilité, à un charme personnels qui ne séduisaient pas moins les hommes d'affaires au palais que le monde lillois dans les salons.

Il n'avait pas un ennemi, et on n'eût certes pas trouvé à Lille une seule voix, même républicaine, pour conseiller hautement l'acte odieux qui enlève à la magistrature l'un de ses membres les plus éminents.

C'est à sa science du droit, à l'indépendance de son caractère, à l'inflexibilité de son honneur professionnel qu'il doit sa révocation.

Dès le lendemain de l'exécution des décrets, le 1er juillet 1880, il fut saisi comme juge de référé d'une demande en réintégration de domicile par un religieux expulsé.

M. Le Roy n'était point de ceux qui recherchent les responsabilités partagées, il siégea seul à l'audience des référés, et, statuant sur le déclinatoire du préfet, il formula, dans un langage d'une saisissante clarté, la première ordonnance démontrant la compétence judiciaire en matière de domicile et de propriété, même vis-à-vis des préfets.

Cette ordonnance fut suivie de quatre autres identiques aux dates des 11, 12 et 13 novembre, et de deux jugements rendus sous sa présidence les 16 juillet et 10 décembre, affirmant également la compétence judiciaire pour statuer sur les demandes civiles à fin de dommages-intérêts contre le préfet.

Comme l'a dit naïvement ou cyniquement le sieur Constans dans son mémoire au tribunal des conflits, le président Le Roy s'était « trompé d'époque » ; il avait cru que contre l'arbitraire et la violence du gouvernement, la République avait laissé aux citoyens quelqu'une des garanties que l'antique royauté elle-même n'avait jamais osé nier ; il ne s'était pas figuré que la République pût tuer par l'acide cazotique jusqu'à la légalité.

C'est là le crime impardonnable qu'aujourd'hui on lui fait expier.

Cette lâche vengeance a soulevé tous les cœurs :

« C'est un procès de tendance ou le résultat d'animosités particulières ; il n'est » personne, *nous disons personne*, qui ne » rendit justice à la haute valeur de M. Le » Roy, à ses capacités supérieures, à son » austère équité, à la dignité de son caractère ; nous avons entendu apprécier » ses qualités et ses vertus par des hommes » professant des opinions fort diverses et » appartenant à des partis opposés ; *tous* » *étaient d'accord* ; et cependant cette unanimité de l'éloge, cette valeur, cette » autorité, cette impartialité qui se sont » affirmées devant nous pendant vingt » années n'ont pas réussi à le protéger ! »

Qui a écrit cela le lendemain de sa révocation ? C'est l'*Echo du Nord*, journal républicain, pendant que les feuilles radicales n'osaient souffler le mot et se taisaient, et que les plus farouches du parti, étourdis de cet acte inepte, se défendaient de l'avoir provoqué.

Quant à ceux qui n'estiment pas que la République suffise à remplacer pour une nation, l'honneur, le respect des droits, la liberté, ils ont laissé éclater tout haut la juste indignation que provoquent de pareilles iniquités.

Se faisant l'écho du sentiment public, le bâtonnier des avocats est allé porter, au nom de l'Ordre, à M. Le Roy l'hommage des regrets dont il est l'objet ; des centaines de personnes se sont rendues en corps chez lui pour lui remettre une adresse de protestation et de respect.

Cinq juges suppléants du tribunal de Lille ont immédiatement déposé une robe qu'ils avaient revêtue avec honneur et qu'ils ne pouvaient plus désormais porter que souillée.

Voilà un échantillon de ce que vous avez fait, M. Martin-Feuillée !

La sympathie universelle suffirait à consoler M. Le Roy s'il avait besoin d'être consolé ; mais vous vous êtes chargé vous-même de le venger ; il n'eût jamais pu rêver, en effet, de vengeance plus complète que le choix de l'incroyable successeur que vous lui avez donné.

M. LEROY

CONSEILLER A LA COUR DE DOUAI

27 ans de service, dont 10 comme conseiller.

Si nous ne connaissions pas les haines des sectaires qui ont guidé la main de M. Martin-Feuillée, il nous serait bien impossible de dire pourquoi celui-là est expulsé.

Esprit fin, magistrat instruit et chercheur, d'une pénétration naturelle qu'aiguisait encore son sincère amour de la justice et de la vérité, indépendant par caractère et par situation, M. Leroy n'avait jamais donné la moindre prise à la critique, partageant son temps entre l'étude des affaires, le culte des lettres et les travaux de la Société d'agriculture dont il était devenu le président cette année.

Il était si étranger à la politique que ses amis eussent été fort en peine de dire à quelle opinion il appartenait ; on le savait libéral et son attitude parfaitement correcte n'avait jamais donné lieu de le considérer comme l'adversaire d'une République amie de la liberté.

Mais il était catholique ; bien plus, il visitait les pauvres et soulageait autour de lui les infortunés avec autant de discrétion que de générosité ; les va nu-pieds de la République, qui ont inventé la solidarité pour se dispenser de faire la charité, en ont été offusqués ; donner son argent aux malheureux quand le budget de la République est si efflanqué est une marque d'incivisme qui doit être réprimée.

Les pauvres de Douai n'y perdront rien, car M. Leroy a le cœur aussi noble qu'il a l'esprit distingué, et le taudis du misérable est une place où les nouveaux fonctionnaires de la République n'auront garde de le supplanter.

M. LESBAUPIN
JUGE A SAINT-MALO

11 ans de service.

M. Dufaure avait cru, en le nommant, que la République avait besoin de magistrats instruits, capables, consciencieux jusqu'au scrupule, intègres et indépendants.

M. Dufaure n'entendait rien à la République ; depuis que nous avons la vraie il en est tout autrement; aussi le citoyen ministre, qui le connaissait d'autant mieux qu'il avait été son ami, s'est-il empressé d'insérer son nom sur ses listes de proscription.

Il ne pouvait pas lui donner de certificat qui lui fît plus d'honneur aux yeux de tous les honnêtes gens ; M. Lesbaupin appartient à l'une des familles les plus honorables de Rennes, et les plus honorées pour la ferveur et la sincérité de ses sentiments chrétiens; il lui apporte le lustre nouveau qui s'attache à tous ceux que la force frappe en haine de la justice et du droit.

M. LESCOT
PRÉSIDENT A VESOUL

29 ans de service, dont 10 comme président.

Magistrat très expérimenté et très ferme, dont le patriotisme s'était montré en plus d'une occasion.

En juin 1848 il était accouru à la défense de Paris avec la garde nationale de Besançon.

La guerre de 1870 le trouva procureur à Dôle ; au mois de novembre, les Garibaldiens avaient arrêté le sous-préfet républicain, M. Lescot n'hésita pas, fit prendre les armes à la brigade de gendarmerie et, se mettant à sa tête avec son substitut, marcha bravement sur la prison ; il en forçait la porte malgré la résistance qu'on lui opposait, quand il apprit que le sous-préfet venait d'être remis en liberté par l'intervention du juge d'instruction.

Ricciotti Garibaldi promit que justice serait faite, et pria lui-même M. Lescot d'adresser quelques mots à la foule menaçante qui criait : Vive le procureur ! Justice fut faite en effet, quelques jours après M. Lescot était révoqué.

Il n'en marcha pas moins l'un des premiers à la rencontre des Prussiens, à Dôle, au mois de janvier.

N'est-il pas évident après cela qu'au temps où nous vivons la révocation d'un pareil homme est tout ce qu'il y a de plus justifiée ?

M. LOBINHES
CONSEILLER A CHAMBÉRY

22 ans de service, dont 8 comme conseiller.

Magistrat d'une très grande valeur, doué de rares qualités oratoires qui, en temps régulier, eussent marqué sa place dans les rangs les plus élevés du parquet ; il lui avait été donné de les déployer dans la présidence des assises, quand il était encore indispensable qu'un président d'assises sût parler ; mais depuis deux ans l'indépendance de ses allures et la droiture de son caractère avaient porté ombrage et déterminé le ministre à ne plus lui confier ces fonctions où il brillait.

M. Lobinhes avait été à Rennes de 1872 à 1875, il était donc connu de M. Martin-Feuillée ; on prétend qu'il lui eût été possible d'éviter sa disgrâce en faisant appel aux souvenirs de ce temps-là; s'il le pouvait il ne l'a pas fait, étant de ceux qui disent, quoi qu'il puisse en arriver :

Rompez, rompez tout pacte avec l'iniquité.

M. LIÉGE D'IRAY
AVOCAT GÉNÉRAL A LA COUR DE TOULOUSE

23 ans de service, dont 10 comme avocat général.

L'un des cinq membres du parquet expulsés sur les 231 dont les siéges étaient supprimés.

Par la forme originale et brillante de sa parole, M. Liége d'Iray s'était fait une situation toute personnelle au parquet de la cour de Toulouse. Bien différent de certains qui cherchaient à pressentir pour s'y conformer des opinions contre lesquelles ils n'auraient pas osé lutter, ou que la seule présence à la barre de certaines personnalités faisait trembler, M. Liége d'Iray n'en avait nul souci et ne suivait d'autres inspirations que celles de sa conscience et de son libre esprit; aussi nul n'était plus estimé, et de tous côtés on rendait justice à ses qualités de magistrat instruit, indépendant et laborieux.

En 1878 M. Dufaure l'avait enlevé à la cour de Poitiers, où il le sentait peut-être bien compromis par sa parenté avec un président de Chambre de haut mérite que les républicains n'aimaient pas, et il l'avait donné à la cour de Toulouse; mais les temps de M. Dufaure sont bien passés, ce qu'il avait fait, M. Martin-Feuillée l'a défait.

Pour le barreau et pour tous les honnêtes gens de Toulouse, la place de M. Liége d'Iray sera longtemps vide et son absence regrettée.

M. LOISEL
PRÉSIDENT A MAYENNE

23 ans de service.

Avait été nommé en 1879 président du tribunal de Mayenne où il était arrivé avec une réputation de libéralisme qui expliquait le choix dont il était l'objet.

Mais, bon magistrat avant tout, jaloux de son indépendance, soucieux de la dignité de ses fonctions, il ne tarda pas à démêler la véritable valeur des coryphées de l'opinion radicale qui tenaient le haut du pavé à Mayenne, et suscita bientôt autour de lui des ressentiments que ses vieilles convictions ne devaient pas suffire à désarmer.

L'austérité de ses principes ne sut pas se plier à applaudir aux jongleries politiques qui avaient amené le citoyen Auger des confins les plus reculés du bonapartisme au siége de procureur général républicain à Angers; c'était trop fort pour lui, et quand le citoyen procureur général vint faire sa tournée à Mayenne, le président Loisel, impuissant à surmonter son dégoût, refusa net de l'inviter à dîner.

Il eut tort, ce qu'on digère le moins c'est le dîner qu'on comptait manger et qu'on n'a pas mangé ; un autre amphytrion, plus habile, reçut le citoyen Auger ; simple juge alors, il est aujourd'hui vice-président à Angers; quant au président Loysel, faute d'avoir jamais pu digérer son dîner on le lui a du moins fait payer, l'addition lui a été présentée sous la forme d'un décret de révocation signé Martin-Feuillée.

M. LOMBART
CONSEILLER A LA COUR DE BESANÇON

27 ans de service, dont 9 comme conseiller.

Fils d'un ancien conseiller à la cour de Dijon, neveu par alliance du célèbre philosophe Jouffroy, M. Lombart avait fait toute sa carrière judiciaire en Franche-Comté, il avait laissé d'honorables souvenirs dans le parquet, et avait révélé ensuite dans la présidence des assises les plus solides qualités.

Esprit droit, sage, consciencieux, d'une conduite privée irréprochable, d'une attitude politique empreinte de la correction et de la réserve les plus absolues, qu'a-t-il fait pour être révoqué ?

Il croit en Dieu, n'admet pas qu'on puisse transiger avec sa conscience, et a élevé ses enfants dans les principes religieux qu'il a toujours pratiqués.

C'en est assez pour être chassé de la magistrature en notre temps où on ne trouve plus guère que sur les murs la liberté et la fraternité.

M. LOYSEAU
SUBSTITUT A MANTES

11 ans de service, dont 4 comme juge suppléant.

M. Loyseau avait été nommé substitut à Ste-Ménehould par M. Dufaure et à Mantes par M. Le Royer, il n'était donc pas un adversaire du régime républicain.

Ayant à Meaux tous ses intérêts et toutes ses affections, il n'avait d'autre désir que d'y être envoyé et M. Martin-Feuillée l'y avait nommé juge en remplacement d'un expulsé.

Mais M. Loyseau n'admettait pas qu'il pût profiter avec dignité d'une mesure par laquelle la magistrature entière était atteinte, et prendre la place d'un juge injustement sacrifié; il a donc refusé d'accepter la faveur dont il était l'objet.

Cette décision, qui l'a rangé lui-même parmi les éliminés, honore d'autant plus le jeune magistrat qu'il a eu pour la prendre plus de sacrifices à faire et plus de résistances à surmonter.

M. LUBIGNAC
JUGE A TULLE

19 ans de service.

Magistrat consciencieux et éclairé, menant une existence très digne, et sympathique à tous par sa bienveillance et son affabilité.

Modeste en ses désirs, il avait naguère, après avoir été pendant 8 ans chef de parquet, aspiré à descendre pour rentrer dans sa chère Corrèze, mais on lui avait refusé la place de juge à Tulle qu'il demandait; il avait donné sa démission pour venir s'y installer, et c'est cet infâme 16 mai qui, trouvant une vacance au tribunal, l'y avait enfin nommé.

M. Lubignac était tout entier à ses devoir professionnels et ne faisait pas de politique; mais on le soupçonnait de ne pas aimer suffisamment la République parce que jadis, sous la Terreur, sa famille avait été traquée et ruinée, une de ses aïeules guillotinée à Brives, et que son père, procureur à Tulle, révoqué en 1848, était mort de chagrin un an après. On lui reprochait de n'avoir pas oublié ces deuils, de s'abstenir d'aller danser dans les salons déserts de M. le préfet, et de ne pas illuminer le 14 juillet!

Il avait également le tort d'être chrétien et d'avoir la conscience trop haute pour se prêter jamais à des exigences contraires au droit et à sa dignité; il était donc tout naturel qu'il tombât, comme tant d'autres, victime de son amour de la justice et de son honnêteté.

M. LUBIN
PRÉSIDENT A MONTÉLIMAR

Savoyard d'origine, avait au moins 22 ans de présidence, car il était déjà président à Saint-Jean-de-Maurienne en 1860 lors de l'annexion, et à ce titre l'inamovibilité lui était garantie formellement par le traité de cession.

Consciencieux, instruit, et exceptionnellement laborieux, il était depuis 10 ans à la tête du tribunal de Montélimar; il y était entouré de la considération générale, s'abstenait de politique et était en bonnes relations avec les hommes de tous les partis.

Mais il avait accepté en 1877 d'entrer dans une commission municipale qui avait dépossédé de la mairie M. Loubet, aujourd'hui député, ce crime ne se pouvait pardonner; disons toutefois, pour être juste, qu'on ne regarde pas comme vraisemblable que sa révocation doive être attribuée à M. Loubet qui sait lui rendre justice; c'est à un député plus farouche et plus sourd à toute raison que, suivant certains, deux ou trois énergumènes du pays se seraient adressés.

Il suffisait à celui-là, pour le faire proscrire, d'apprendre que M. Lubin avait une fille religieuse et qu'il pratiquait sa religion ouvertement.

M. MACAVOY
PRÉSIDENT A ORLÉANS

31 ans de service, dont 6 comme président.

M. Macavoy était un magistrat grave et austère, vivant dans une retraite profonde que des deuils de famille avaient assombrie.

Froid, peu communicatif, il ne donnait au monde que ce que les exigences de sa situation commandaient, ne connaissait pas les intempérances de langue et se renfermait volontiers dans une réserve dont la correction sévère ne se prêtait pas aux familiarités.

Rien dans l'existence de cet honorable magistrat ne pouvait donc justifier sa révocation, si ce n'est que la religion était en honneur chez lui et que des sentiments religieux suffisent aujourd'hui pour qu'on soit expulsé.

M. MADON
PRÉSIDENT DE CHAMBRE A LA COUR D'AIX

18 ans de service, dont 5 comme président de Chambre.

M. Madon, entré dans la magistrature en 1839, l'avait quittée en 1848 pour se consacrer aux luttes du barreau. Établi à Toulon, il devint rapidement le meilleur avocat de la ville et y acquit une très grande notoriété.

Libéral et religieux, il se lia avec M. Dufaure qui, en 1872, lui fit en quelque sorte violence pour le nommer président à Toulon, et qui, 6 ans après, le nomma président de Chambre à Aix.

On peut dire avec justice de M. Madon qu'il fut un véritable modèle dans ces deux fonctions. Son expérience des affaires, la lucidité et la profondeur de son jugement lui assuraient la première place dans les délibérations; sa bonté et sa modestie rendaient doux à tous l'ascendant de sa supériorité.

Aussi jouissait-il de l'estime universelle, et il ne semblait pas qu'un ministre pût être assez fou pour ne pas attendre l'heure de sa retraite à laquelle il allait bientôt toucher; mais M. Martin-Feuillée avait à lui faire expier à la fois son amitié pour M. Dufaure, son vieux libéralisme, ses sentiments religieux aussi sincères que modérés, et surtout sa participation à l'arrêt du 29 novembre 1880 qui déclarait le premier président compétent pour instruire criminellement sur la plainte d'une partie civile contre le sieur Poubelle, préfet; c'est pourquoi il l'a révoqué, et, de ce non content, a révoqué aussi son fils quelques jours après.

Il a couronné ces deux méchancetés par une bêtise, car il a remplacé M. Madon père par M. de Germondy, qui a, il est vrai, un frère radical, mais qui est luimême un clérical renforcé, à propos de quoi les républicains ont couvert d'injures ledit Martin-Feuillée.

M. MADON
JUGE A BRIGNOLES

7 ans de service.

Avait été nommé juge à Brignoles par M. Dufaure en 1878; il y vivait à l'écart de la politique, estimé de tous, n'ayant d'autre souci que de bien remplir ses fonctions.

On s'est demandé pourquoi, lorsque son collègue au même tribunal était maintenu, il avait été compris dans la mesure qui frappait en même temps son père, président de Chambre à la cour d'Aix, et son beau père, vice-président au tribunal de Nice.

Pourquoi trois victimes dont tous les partis politiques proclamaient la haute honorabilité?

C'est un secret facile à percer pour ceux qui ont été à même de savoir jusqu'où vont les sourdes inimitiés de celui qui a dressé à Aix les listes de proscription.

M. MAIN DE BOISSIÈRE
PRÉSIDENT A MELLE

33 ans de service, dont 8 comme président.

M. Main de Boissière était magistrat à Melle depuis 26 ans; c'était un homme de principes, jouissant d'une grande influence dans l'arrondissement, esprit ferme et droit, rendant la justice à tous impartialement.

C'est là tout son crime, et s'il ne suffisait pas à le faire révoquer, le désir de donner sa place à un autre a paru un motif bien suffisant.

M. MAITREJEAN
PRÉSIDENT DE CHAMBRE A LA COUR DE RENNES

32 ans de service, dont 10 comme avocat général et 12 comme président.

Nature vive et toute parisienne, d'une intelligence active et toujours jeune, ami des lettres et des arts, M. le président Maitrejean mettait une parole fine et ardente au service des idées généreuses, mais il ne cachait pas son mépris pour tout ce qui est dissimulé ou rampant.

Aimable collègue, bienveillant pour le barreau, il montrait à tous une courtoisie dont MM. Waldeck et Martin-Feuillée ont eu plus d'une fois à se louer.

Mais, crime impardonnable, il avait osé être poli envers un archevêque nouvellement nommé, lui dire que la Justice et la Religion avaient « la même tâche à remplir, faire le bien et arrêter le mal »; il paraît que ce n'est pas vrai!

De plus, il avait vertement relevé, à propos de cet incident, des journalistes radicaux qui ne s'étaient pas montrés satisfaits.

Il s'était permis de rendre un arrêt qui donnait raison aux Frères contre le préfet Dumarest, et il était si bien dans le vrai que le ministère public lui-même, chose rare! n'avait pas osé protester.

Enfin il avait persisté, malgré le désir du sieur Cazot, à suivre la procession de la Fête-Dieu, conformément aux traditions de la Cour à laquelle il appartenait.

Les gens qui viennent de décorer le rédacteur de la feuille écarlate de leur ville après que la justice l'avait condamné ne pouvaient pardonner au président Maitrejean de pareils actes d'indépendance et de fermeté.

Ils l'ont révoqué, sachant bien la mauvaise action qu'ils commettaient, cela suffit à les juger.

M. MALVAL
CONSEILLER A LA COUR DE POITIERS

19 ans de service, dont 12 comme conseiller

Un fils de notre Alsace, que l'invasion avait trouvé conseiller à Colmar, et qui, plutôt que de briser les liens qui l'attachaient à la France, se résigna à quitter son pays et à venir comme conseiller à Poitiers.

Qui n'eût cherché alors à lui adoucir les amertumes de l'exil! le charme de son commerce et son inépuisable générosité eussent suffi d'ailleurs à lui ouvrir tous les cœurs, si son aptitude aux affaires, son ardeur au travail n'eussent déjà fait de lui le collègue le plus apprécié. Les républicains eux-mêmes affectaient de la répugnance à le laisser ou à le faire révoquer.

Odieuse comédie! ils ne peuvent lui reprocher d'être un homme de parti, mais ils ne lui pardonnent pas d'être un homme de religion et de charité. Le président d'une conférence de Saint-Vincent de Paul a beau être un conseiller modèle, un patriote éprouvé, c'est évidemment un jésuite, et comme les autres il doit être expulsé.

Maudits soient, au nom de nos provinces perdues, les misérables qui ne savent pas même respecter les fils qu'elles nous ont légués!

M. Malval faisait partie pendant la guerre d'une société instituée à Colmar pour porter des secours aux prisonniers et aux blessés; il avait affronté pour remplir sa mission mainte fatigue et maint danger. Un jour qu'il cherchait les moyens de faire sortir des femmes et des enfants de la ville de Neuf-Brisach assiégée, un obus éclata près de lui et lui fit une cruelle plaie qui ne s'est jamais définitivement fermée.

L'un des préfets républicains de Poitiers, mis au courant des circonstances si honorables dans lesquels M. Malval avait été blessé, s'étonnait naguère qu'il n'eût pas été décoré. Le Gouvernement réservait mieux que cela à M. Malval; il ne l'a pas décoré, il l'a révoqué.

M. MARAVAL

JUGE A CARCASSONNE

21 ans de service.

Cet honnête magistrat, que M. Dufaure avait jadis trouvé digne d'exercer les fonctions de juge d'instruction était désigné à la révocation par son alliance avec une famille dont les opinions légitimistes et religieuses étaient connues de tout temps; naturellement on en a fait un clérical et un ennemi du Gouvernement.

Il ne pouvait pas être autre chose puisqu'il avait eu à informer contre M. Marcou, aujourd'hui député, et qu'ayant eu un jour à statuer comme juge sur une réclamation dudit Marcou, lequel, subissant une peine d'emprisonnement, prétendait sortir deux jours trop tôt de la prison, il avait osé repousser sa prétention.

C'était la loi, dira-t-on? oui, c'était la loi, et même très claire et très formelle, mais c'est justement parce que les anciens magistrats appliquaient la loi qu'on leur applique aujourd'hui la révocation.

M. MARION

JUGE A LILLE

17 ans de service.

Révoqué comme procureur par Crémieux en 1870, révoqué comme juge d'instruction en 1880 par Cazot, révoqué comme simple juge en 1883 par Martin-Feuillée, voilà les titres d'honneur que M. Marion léguera à ses enfants, puisque l'iniquité républicaine a fait, de notre temps, un véritable honneur de la révocation.

C'était un magistrat d'une fermeté à toute épreuve, d'une tenacité au travail que rien ne pouvait rebuter, d'une grande austérité de vie, chrétien fervent, mais ne connaissant rien aux souplesses du jour et ne sachant pas transiger avec ce qu'il considérait comme son devoir.

Très instruit d'ailleurs, lauréat de Faculté et auteur d'une monographie remarquée sur la détention préventive, aussi versé dans les affaires civiles que dans les affaires criminelles et possédant sa jurisprudence comme un vieux praticien.

M. Marion n'avait jamais eu à s'occuper d'affaires politiques lorsque, le 5 juillet 1880, un religieux porta plainte devant lui en se constituant partie civile contre les sieurs Cambon, préfet, et Mornave, commissaire central, pour crime d'attentat à la liberté. Le parquet ne manqua pas de décliner la compétence du juge d'instruction, c'était la première fois que la question se présentait dans la pratique, M. Marion la trancha comme tous les auteurs l'avaient fait, en se déclarant compétent.

Un mois après Cazot le privait de l'instruction, faire droit contre un préfet étant à ses yeux un acte de sédition. Aussi M. Marion savait-il bien que l'émule de Cazot, Martin-Feuillée, se donnerait la joie de prononcer définitivement sa révocation.

Il l'a attendue fièrement sans rien faire pour l'écarter, dédaignant même, ainsi que son collègue M. Gand, d'honorer de sa présence l'installation du sieur Paul, le nouveau président.

Il l'a reçue avec joie, et quittant un siège qui n'était plus fait pour lui, il est entré au barreau, seul refuge ouvert désormais à la liberté, au caractère et au talent.

M. MARTEL

JUGE A APT

Magistrat laborieux, et l'homme du monde qui s'était le moins occupé de politique avant d'avoir à faire, comme juge d'instruction, une information contre un trop fameux sous-préfet, à la suite de l'élection de M. Naquet; il y était si naïf qu'il n'avait pas compris qu'il fallait céder discrètement aux influences du parti et laisser de côté, en cette affaire, l'honneur, le droit, la justice et la vérité; s'il l'eût fait, il fût devenu un modèle de loyauté.

Mais dans son honnête indépendance il ne s'en est même pas douté et il a traité un sous-préfet comme il eût traité un simple ânier.

Il fallait s'y attendre, le sentiment religieux abêtit l'esprit et le rend incapable de toutes ces habiles finesses avec lesquelles on veut que la justice soit désormais administrée; ce qu'on a de mieux à faire, c'est de s'en débarrasser.

Aussi bien la place de M. Martel était-elle nécessaire pour caser un substitut récemment nommé à Apt, répondant à l'appellation de Cabissole, qui n'était pas capable de conclure, même à l'audience correctionnelle, mais qui était républicain et dont il fallait asseoir la colossale incapacité.

On avait un bon juge; puisqu'on voulait réformer la magistrature, quoi de plus naturel d'en prendre un mauvais?

M. MARTELLIÈRE

JUGE A PITHIVIERS

26 ans de service.

Un de ces magistrats dont la révocation ne peut s'expliquer que par l'indépendance de leur caractère, car nul n'apportait à l'exercice de ses fonctions plus de compétence, plus de lumières acquises ni plus d'intégrité.

La loyauté de son esprit n'avait pu lui permettre de prêter son concours à certaines intrigues locales, ni de s'associer à des poursuites passionnées. Aussi, depuis deux ans déjà, le service de l'instruction lui avait été retiré.

M. Martin-Feuillée l'a définitivement exécuté, trop heureux encore qu'il ait bien voulu n'en pas faire de la chair à pâté pour ses banquets; mais il avait déjà mangé du juge de façon à en être rassasié.

M. Martellière n'était-il pas, d'ailleurs, le fils d'un homme qui avait été maire et conseiller général sous l'Empire? Ces gens-là sont toujours bons à frapper, il est écrit que ceux qui ont péché seront châtiés jusque dans leurs enfants, M. Martin-Feuillée ne pouvait l'oublier.

M. MARTIN

(dit LE NEUF DE NEUFVILLE)

VICE-PRÉSIDENT A ALENÇON

23 ans de service.

Bon magistrat, bon collègue, bon ami, bon père, M. Martin doit se demander pourquoi il a été frappé.

De famille fort honorable, d'existence irréprochable, aimant le travail, s'occupant de beaucoup de choses, surtout de l'instruction publique, s'il faisait de la politique, c'était sans le savoir et en tous cas ce devait être de la bonne, car il était resté membre d'une foule de commissions administratives d'examen ou d'inspection, se plaisait à en porter les titres, et n'avait jamais dédaigné de se montrer orné de ses médailles et de ses palmes académiques dans le salon de tous les Préfets.

Le mystère de sa révocation s'est encore augmenté quand on a vu M. Martin-Feuillée faire succéder pour lui les caresses au coup de pied, après l'avoir abattu il a semblé vouloir le relever, et, fait unique en son genre, l'a nommé président honoraire deux mois après l'avoir éliminé!

Ce doit être là une malice du citoyen premier président Houyvet, assez réussie d'ailleurs, il le faut avouer. Donner l'honoriat à un magistrat mis à pied, après l'avoir constamment refusé depuis trois ans à tant d'autres de la Cour et du ressort qui y avaient les droits les plus incontestés, c'est agréablement se moquer.

Nous aimons à croire que M. Martin a trop d'esprit pour s'en parer; il possède assez d'autres titres, et nul ne l'ignore, pour mépriser le hochet qu'on lui a octroyé,

S'il y attachait la moindre importance, c'est lui qui s'exposerait à être moqué; car enfin, si Martin qu'on soit, il est telles reliques qu'on ne saurait porter.

Mais c'est une éventualité qui doit paraître chimérique à tous ceux qui ont entendu l'ancien vice-président se faire honneur au lendemain de sa révocation d'être au nombre des victimes, et dire son fait au gouvernement.

M. MARTIN-CHANTAGRU

CONSEILLER A LA COUR DE LIMOGES

Le doyen de la Cour; 38 ans de service, dont 26 comme conseiller; cheveux de neige, œil de flamme, air sceptique et railleur.

C'était un magistrat de bonne race, occupant dignement le siège sur lequel son père s'était assis avant lui durant de longues années; donnant peut-être plus de part au bon sens qu'à l'étude de la jurisprudence, mais suppléant au travail par une longue expérience et un merveilleux instinct.

M. Chantagru n'était pas de ceux qui recherchent les sympathies, mais sa misanthropie inspirait le respect, car on savait qu'elle cachait le cœur le plus généreux; il lui était arrivé, à Tulle, de risquer sa vie dans un incendie; dans le rapport qu'il fit, un seul dévouement était oublié, c'était le sien, il fallut que le ministre l'apprit par la voix publique pour pouvoir le féliciter.

Sa révocation a causé à Limoges un profond étonnement; il tenait de près à celui qui passe, à tort ou à raison, pour avoir été l'inspirateur de la liste de proscription; on le savait libéral, et nul ne le soupçonnait d'être ni clérical, ni anti-républicain; mais c'était un intraitable, la République de ces derniers temps n'était plus du tout celle qu'il avait rêvée, et plus d'une fois le vieux sanglier, se hérissant le poil, avait porté de rudes coups de boutoir à la meute des satisfaits. Il parait qu'on l'a représenté comme un légitimiste pour s'en débarrasser!

Rien n'eût été plus facile à M. Chantagru que de trouver un appui parmi ses amis politiques; il a préféré partager le sort de ses collègues qu'il estimait, et ce sacrifice sera le suprême honneur de sa vie; il est d'autant plus méritoire que M. Chantagru avait plus de motifs pour s'y soustraire et plus de facilités pour l'écarter.

M. MARTIN DE FONJAUDRAN

CONSEILLER A LA COUR DE LIMOGES

30 ans de service; avait été sous le ministère de M. Martel nommé conseiller.

Caractère froid, mélancolique, portant douloureusement le poids de cruels malheurs privés, M. Martin de Fonjaudran vivait seul et semblait, par son isolement, devoir échapper mieux que personne aux passions politiques du dehors.

Mais c'était un croyant; en outre, il avait pris part à l'arrêt du 8 décembre 1880, qui retenait devant la police correctionnelle un préfet crocheteur, n'était-ce pas deux fois plus qu'il n'en fallait pour être destitué?

M. MARYE

CONSEILLER A LA COUR DE ROUEN

23 ans de service, dont 12 comme conseiller.

Était procureur à Évreux lors de la poursuite criminelle dirigée contre M. Janvier de la Motte, l'ancien préfet; les républicains le comblaient alors d'éloges et les bonapartistes l'abreuvaient d'injures; ce souvenir aurait dû le protéger, mais il passait pour clérical et recevait, dit-on, un journal conservateur, crime impardonnable pour un ministre qui révoque (il nous serait aisé d'en citer), de vieux abonnés du *Parlement*).

On aurait pu croire aussi qu'il trouverait un appui dans son ancien substitut, le sieur Loiseau, dont M. Martin-Feuillée vient de faire un premier président; il l'avait, en effet, vivement défendu au 24 mai et avait puissamment contribué à le préserver d'une révocation; mais le sieur Loiseau a tenu à prouver qu'en un point du moins, c'est-à-dire par le cœur, il savait être indépendant.

M. Marye était un magistrat capable, travailleur, sachant parfaitement rédiger un arrêt et ayant une compétence spéciale très appréciée dans les procès agricoles si nombreux devant la cour de Rouen.

Mais comme il ignorait l'art d'être servile, il ne pouvait manquer d'être révoqué.

M. MATAGRIN

PRÉSIDENT A MELUN

26 ans de service, dont 6 comme président.

M. Matagrin avait quitté le notariat pour entrer dans la magistrature, et était arrivé au poste qu'il occupait après de longues années consacrées aux fonctions de juge d'instruction.

Il avait su conquérir dans sa compagnie une grande autorité due aussi bien à son mérite professionnel qu'à l'urbanité qu'il apportait dans ses relations; on ne peut voir à sa révocation d'autre cause sinon que tous les honnêtes gens l'entouraient de leur considération.

M. MATHIEU

CONSEILLER A NANCY

27 ans de service, dont 6 comme conseiller.

Petit neveu de l'illustre général Drouot.

A fait la plus grande partie de sa carrière dans les Vosges, et a dû s'y attirer le ressentiment de quelques-uns des grands politiques que ce département a fournis à la République; c'était, en effet, un esprit fin et parfois malicieux qui a pu lancer quelques flèches légères dans le cuir épais de nos maîtres.

Toutefois sa cordialité, son humeur douce et conciliante, l'aménité de son accueil, sa courtoisie envers tous laissaient supposer qu'il demeurerait à l'abri des foudres de M. Martin-Feuillée; mais il n'avait jamais pu se décider à inviter le préfet à dîner.

M. MATHIEU

CONSEILLER A NÎMES

23 ans de service.

Magistrat d'une conduite irréprochable, père de famille modèle, vivant fort retiré, ne visitant guère que les pauvres, et qui se savait voué d'avance à la hache épuratrice de M. Martin-Feuillée.

Il était, en effet, profondément croyant et ne songeait pas à le cacher; si du moins il eût eu recours à l'intercession de saint Gambetta, on eût pu lui pardonner, et cette grande âme, rentrée dans la « catégorie de l'idéal », n'eût probablement pas manqué d'en sortir pour le protéger; mais en fait de martyr, n'était-il pas allé choisir, non pas même un jésuite crocheté, mais un jésuite fusillé, le R. P. Ollivaint, tombé naguère dans le chemin de ronde de la Roquette sous les balles des héros de la commune aux côtés de l'archevêque de Paris, en vertu de ce verset de l'évangile républicain qu'un de leurs exécuteurs voulut bien leur citer: « Ta liberté n'est pas la » nôtre, fiche nous la paix! »

Ça ne pouvait vraiment pas se tolérer; croire au surnaturel et oser le dire en un temps d'athéisme et de libre pensée! Un libre penseur philosophe se fût contenté de sourire, et eût peut-être essayé de mettre M. Mathieu dans l'embarras en l'invitant à prouver ce qu'il avançait; mais telle n'est pas la doctrine du libre penseur politicien; « on ne discute pas avec ces gens-là, on les supprime », c'est une devise qui coupe court aux difficultés, en conséquence M. Mathieu a été supprimé.

M. MAUGUIN

JUGE AU MANS

30 ans de service, dont 21 au Mans.

Magistrat de haute valeur, instruit, d'un esprit juste et net, d'une parole précise, qui avait longtemps exercé avec une extrême distinction les fonctions de juge d'instruction.

Il avait en 1870 rendu de grands services en remplissant, avec le conseil municipal dont il était membre, la dangereuse mission de défendre les intérêts de la ville contre le prince Frédéric-Charles, au lendemain de la bataille du Mans.

Étranger par devoir comme par caractère à toute lutte politique, mais intraitable sur les questions de dignité personnelle, il n'eût à aucun prix renié ses amitiés, et il en avait une qui eût suffi à le faire expulser, celle de M. Caillaux, ancien ministre, que les rancunes républicaines poursuivent jusque dans ses amis.

On savait, d'ailleurs, qu'il n'était pas homme à subir une consigne et qu'il eût fort mal accueilli quiconque eût cherché à influencer ses décisions; c'était plus qu'il n'en fallait pour déterminer sa révocation.

M. MAURAT-BALLANGE

CONSEILLER A LA COUR DE LIMOGES

35 ans de service, dont 17 comme conseiller.

Il eût été difficile de rencontrer dans toute la magistrature une nature plus sympathique que celle de M. Maurat-Ballange; fils d'un ancien député qui, nommé commissaire général à Limoges en 1848, avait su y désarmer l'émeute par l'ascendant de son courage et de sa popularité, il tenait de son père les qualités qui font le vrai magistrat, le haut sentiment de ses devoirs et de ses droits allié à la modération et à la fermeté.

Il en avait donné la preuve dès son entrée dans la magistrature lorsque, en juin 1851, saisi comme juge d'instruction à Bellac d'une affaire d'excitation à la haine du gouvernement, il força à capituler devant lui son procureur Bigorie de Laschamps qui préludait alors à sa haute fortune par un bonapartisme outré, et qui avait usé à son égard de procédés portant atteinte à son indépendance et à sa dignité.

C'était un libéral dans la belle et saine acception du mot, détaché de tout parti politique, sans enthousiasme comme sans prévention ; on l'avait vu naguère applaudir avec toute la franchise de sa généreuse nature à des déclarations solennelles où devant la cour, des hommes qui nourrissaient encore l'illusion d'une République à la fois libérale et conservatrice, rappelaient aux magistrats qu'ils ne pouvaient servir la France en combattant son gouvernement. Hélas ! il n'y a plus moyen aujourd'hui de servir la France autrement.

Mais si le respect de la Constitution était pour M. Maurat-Ballange une règle absolue, il n'avait jamais pu admettre qu'il fût condamné à en flagorner les misérables instruments ; point ne suffisait d'être républicain pour avoir son estime, il fallait la mériter, fût-on conseiller ou préfet; sinon, trop homme du monde pour marquer son mépris, il se contentait de garder une réserve austère que plus d'un de ces fonctionnaires d'aventure ne lui a jamais pardonnée.

Inflexible d'ailleurs dans son indépendance, il avait commis un crime que la mort seule pouvait expier, il avait pris part à l'arrêt du 8 décembre 1880 par lequel la première chambre de la Cour s'était déclarée compétente pour juger correctionnellement le préfet; en un temps où le secret des délibérations n'existe plus, c'était signer son propre arrêt; qu'on en juge : sur les 8 conseillers dont se composait alors la chambre civile, la mort en a mis deux à l'abri des vengeances républicaines. M. Martin-Feuillée vient d'en révoquer cinq ; quant au dernier, il a obtenu l'avancement que dès longtemps il convoitait.

Aussi, M. Maurat-Ballange savait que son nom serait des premiers sur la liste à l'appel des condamnés, et l'heure de l'exécution l'a trouvé prêt ; ses lumières, son dévouement, son expérience n'avaient plus rien à faire à la cour, où on exige désormais d'autres qualités ; fier du coup qui l'en éloigne, il va, dans sa retraite d'artiste et de lettré, cultiver en paix ses fleurs, sachant bien que, malgré le proverbe, ce n'est plus là que se cachent les serpents désormais.

M. MAURE

CONSEILLER A NANCY.

27 ans de service, dont 13 comme conseiller.

Esprit droit, caractère loyal, bienveillant et affable, très travailleur et très instruit, M. Maure s'était fait par sa valeur intellectuelle et morale une place des plus distinguées parmi les conseillers.

Mais c'était un caractère ferme, indépendant ; il avait été longtemps conseiller général de la Haute-Marne et s'y était toujours montré partisan d'une politique sage et modérée, c'était assez pour que son nom fût porté sur les listes de proscription dressées par M. Martin-Feuillée.

M. Maure avait pris part à l'arrêt de la Chambre d'accusation du 23 décembre 1880 qui déclarait le juge d'instruction incompétent pour suivre sur la plainte criminelle formée par des expulsés se portant parties civiles contre le sieur Baile, préfet, ce qui, combiné avec l'ordonnance du 27 août précédent par laquelle le premier président Ballot Beaupré avait refusé, de son côté, d'informer sans un réquisitoire du procureur général, laissait les citoyens absolument désarmés contre l'administration et ses agents.

Il est à remarquer que sur les 5 membres dont se composait la Chambre, 2 sont révoqués, c'est-à-dire juste la minorité.

M. MAURICE

CONSEILLER A LA COUR DE DOUAI.

24 ans de service, dont 9 comme conseiller.

Le crime de M. Maurice est d'être le fils de son père, ancien député et sénateur du Nord, et de s'être montré le digne héritier de son dévouement et de ses vertus en acceptant une candidature aux élections du 14 octobre 1877 contre M. Merlin, aujourd'hui sénateur, alors député et maire de Douai.

M. Merlin trembla ce jour-là pour son siège, et il n'a pu pardonner sa peur à M. Maurice qui était depuis ce moment une victime marquée; il était délégué cantonal, on l'a révoqué ; il était membre du conseil d'administration de l'école normale, on l'a révoqué ; il était membre de la commission du Musée, on l'a révoqué ; il était encore conseiller, enfin il ne l'est plus, le voilà aussi révoqué ; les rancunes de M. Merlin, les dénonciations incessantes du *Petit Nord* et de l'*Ami du Peuple* ont obtenu satisfaction de M. Martin-Feuillée, qui a même fait bonne mesure à ses complices, car il a destitué en même temps un autre magistrat du ressort dont le seul crime était d'avoir avec M. Maurice d'anciennes et fréquentes relations d'amitié.

M. Maurice s'était cependant tenu depuis 1877 en dehors de toute lutte, et avait même eu la chance de ne participer à aucun des arrêts touchant la politique qu'avait pu rendre la cour de Douai, mais sa faute était de celles qui ne peuvent s'oublier.

Ce qu'on a oublié, par exemple, c'est qu'en 1870, M. Maurice, aussi bon patriote que bon magistrat, avait levé une compagnie de francs-tireurs dont il avait été le capitaine à l'armée auxiliaire, et après la dissolution de laquelle il avait commandé la compagnie formée des élèves et des maîtres de l'école normale de Douai.

Mais cela, ce n'est que du patriotisme; « n'en faut plus, ne faut que de la servilité. »

M. MAZIÈRES

PRÉSIDENT A CIVRAY.

27 ans de service, dont 10 comme président.

Ancien secrétaire de M. le premier président Fortoul, a fait toute sa carrière à Civray.

C'était un excellent magistrat, érudit, consciencieux, et de haute probité; nul n'était plus attaché à ses devoirs, et s'il a mérité les rigueurs du gouvernement ce n'est que par la fermeté de ses principes et par la dignité de sa vie.

Les républicains de Civray triomphent aujourd'hui de sa révocation, mais les justiciables du pays l'apprécient tout autrement.

M. MÉAUDRE

JUGE A LYON.

29 ans de service, dont 19 à Lyon.

Une noble indépendance de caractère, des convictions très arrêtées, des relations de famille distinguées, un franc-parler que n'effrayait pas la présence d'un espion, tels sont les crimes auxquels M. Méaudre doit son expulsion.

Une circonstance spéciale le rendait d'ailleurs indigne de toute commisération ; il avait fait partie de la chambre qui, le 1er décembre 1880, saisie en référé d'une demande en réintégration de domicile formée par des expulsés contre le sieur Oustry, préfet, avait eu le malheur de prouver par raisons démonstratives que le déclinatoire du préfet n'avait pas le sens commun, et de déclarer que le tribunal était compétent.

Trois magistrats sur quatre ont été révoqués pour avoir rendu ce jugement.

M. MENANT

JUGE A BEAUNE.

22 ans de service.

Instruit et laborieux autant que modeste, M. Menant était un véritable modèle d'honnêteté, de droiture, de consciencieuse application à ses devoirs; il avait été nommé deux fois par M. Dufaure et n'éprouvait d'autre désir que de continuer à exercer ses fonctions dans sa ville natale où il était revenu, et où la correction de sa vie publique comme de sa vie privée lui avait valu de tous estime et considération.

Mais le tribunal de Beaune avait donné maintes fois des preuves d'indépendance et d'impartialité ; il était condamné par suite à périr tout entier ; M. Menant a donc été sacrifié avec tous ses collègues, coupable comme eux d'avoir cru que de notre temps la première qualité du juge était de ne pas être un courtisan.

M. DE MENVIELLE

JUGE A PAU

15 ans de service.

N'avait jamais voulu quitter Pau, et pour cela s'était résigné à y remplir pendant 14 ans les fonctions gratuites de juge suppléant ; il était chargé de l'instruction depuis deux ans lorsque sa nomination comme titulaire vint récompenser enfin son long et patient dévouement.

C'était un magistrat ne s'occupant jamais de politique et de caractère très modéré.

Mais M. de Menvielle avait commis un bien gros crime : il s'était jadis rebellé; il avait pris parti pour la loi contre l'illégalité, et cela avec récidive.

Des religieux expulsés ayant cité devant le tribunal civil le sieur baron Elisi de Saint-Albert, préfet par intérim, pour obtenir leur réintégration dans le domicile d'où ils avaient été violemment chassés, et des dommages-intérêts, ledit baron avait prétendu que le tribunal n'était pas compétent pour statuer; le tribunal lui avait répondu par un jugement démontrant avec une impitoyable clarté qu'à lui seul appartenait le droit de connaître des demandes fondées sur une violation de propriété, et qu'il n'était pas d'acte administratif ou de décret qui pût le lui enlever, alors surtout que, comme c'était le cas, le décret invoqué s'appuyait lui-même sur des lois qui le lui attribuaient.

Bien plus, le bâtonnier de l'ordre des avocats de Pau ayant cité devant le tribunal trois commissaires de police qui l'avaient fait expulser de la maison des religieux qu'il assistait en sa qualité de conseil, qui avaient donné l'ordre gracieux « d'empoigner cet homme-là » et l'avaient fait traîner par les gendarmes, malgré ses protestations, à travers un corridor, un cloître, un jardin, jusqu'au boulevard où on l'avait « jeté », — le procureur et le préfet avaient encore prétendu que le tribunal n'avait pas le droit de statuer; derechef le tribunal leur avait démontré qu'ils étaient aussi étrangers au droit qu'à la liberté et s'était déclaré compétent pour juger.

Or, ces deux jugements, du 28 janvier 1881, étaient signés « de Menvielle », c'est assez dire que M. de Menvielle devait être lui-même expulsé et jeté dehors par l'honorable Martin-Feuillée.

Par une juste compensation, le sieur Gasquy, qui avait contre tout bon sens soutenu les prétentions du préfet, a été nommé conseiller; le procureur qui a foulé aux pieds la loi reçoit de l'avancement, le juge qui l'a défendue est « martinisé ».

M. MERCIER
JUGE A COGNAC

18 ans de service.

Esprit aimable, caractère droit et conciliant, magistrat correct et scrupuleux, M. Mercier jouissait dans sa ville natale de la popularité la mieux méritée; on ne pouvait pas lui reprocher d'être ambitieux, car, neveu ou cousin-germain de M. Dufaure, il lui eût été aisé de faire tourner au profit de son avancement cette illustre parenté; or, le jour où on lui avait offert la présidence du tribunal de Cognac, il l'avait refusée.

Mais c'était un catholique fervent, tout dévoué aux œuvres de la religion et de la charité; dès lors, comment M. Martin-Feuillée eût-il pu se décider à le conserver? frapper un neveu de M. Dufaure, c'était bien, mais frapper un catholique, c'était encore mieux; M. Dufaure, pour s'être permis de croire encore en Dieu, n'avait-il pas été mis lui-même au ban de cette République qu'il avait tant aidé à fonder?

Ce vieux parlementaire avait dit avec son chef, dans sa confiante honnêteté : La République sera conservatrice ou elle ne sera pas. Elle est cependant, et si peu conservatrice qu'il suffit d'être conservateur pour en être expulsé.

M. MERCIER
JUGE A MENDE

13 ans de service.

Très intelligent et très capable, l'une des lumières du tribunal; il avait été chargé des fonctions de l'instruction par M. Dufaure en 1873; en 1878, M. Le Royer les lui avait retirées.

M. Mercier allait atteindre dans quelques mois sa limite d'âge, et les justiciables eussent été heureux de profiter pendant quelque temps encore de sa remarquable aptitude et de son savoir.

Mais il paraît que sa révocation pressait; il avait des opinions conservatrices qu'il ne prenait pas le soin de cacher; M. Martin-Feuillée n'a pas pu y tenir, et il l'a éliminé.

M. MERCIER
JUGE A ROANNE

6 ans de service comme juge.

Avait été longtemps juge de paix d'abord à Roanne, puis à Montbrison et à Saint-Etienne, avant d'être nommé juge au tribunal de Roanne.

C'était un bon et digne magistrat, instruit, impartial et poussant jusqu'au scrupule la recherche ardente et consciencieuse de la vérité, son amour du travail faisait de lui un collègue très apprécié.

Son attitude politique avait toujours été correcte et nul reproche à cet égard ne pourrait lui être adressé; mais il était un chrétien convaincu, austère même, et c'était assez pour le désigner aux défiances de la libre-pensée.

Le 4 septembre l'avait déjà révoqué une première fois des fonctions de juge de paix sous le proconsulat du sieur Audiffred.

M. MÉRIC DE BELLEFOND
JUGE A BRIVES

12 ans de service.

Fils d'un colonel tué en 1859 à Montebello en chargeant à la tête de son régiment, M. Méric de Bellefond avait fait bravement la campagne de l'Ouest en 1870 dans l'armée de Chanzy.

Après la guerre il était entré dans la magistrature, et s'était montré juge éclairé, assidu et laborieux; mais il avait aussi une grande indépendance de caractère et trop peu de souplesse à obéir aux injonctions des partis dans les informations dont il était chargé; aussi l'instruction lui avait-elle été d'abord enlevée.

De plus, il était le gendre d'un des hommes les plus respectables parmi les conservateurs de la Haute-Vienne, et c'était double profit de l'expulser; il suffisait qu'une satisfaction de ce genre fût demandée par les républicains pour que l'honorable Martin-Feuillée s'empressât de la leur accorder; il n'y a pas manqué.

M. MERSIÉ
JUGE A MONTPELLIER

26 ans de service, dont 8 comme juge d'instruction.

La révocation de cet honorable magistrat, aussi ferme qu'intelligent, a une cause trop drôle pour qu'on ne la raconte pas.

Le procureur général Roussellier avait jugé à propos de faire poursuivre un certain frère Samuel pour de prétendus vols d'échantillons de minéralogie et de conchyologie; manger du frocard était un fin régal, et pour être sûr de ne pas manquer le cher frère, on l'avait accusé de faits dont les uns devaient le conduire en cour d'assises, les autres en police correctionnelle.

M. Mersié fit l'instruction et rendit une ordonnance pour renvoyer l'affaire devant la chambre d'accusation, chargée de statuer définitivement et de faire le départ entre les faits qui seraient soumis à la Cour d'assises et ceux qui seraient soumis au tribunal correctionnel.

Le substitut du procureur général requit devant cette chambre le renvoi du frère Samuel en cour d'assises, et la chambre le prononça.

Premier déboire, quand le frère Samuel parut devant le jury, voilà que le jury l'acquitta.

On ne le retint pas moins en prison, se promettant bien de lui faire payer son acquittement devant le tribunal correctionnel où on l'assigna.

Mais là ce fut bien pis; certain avocat malin s'avisa de prétendre qu'on n'en avait pas le droit, et pour comble de malheur il le prouva.

Le substitut qui avait requis devant la chambre d'accusation, récemment arrivé d'emblée à des fonctions dont il ne savait pas le premier mot, s'était imaginé que le renvoi en police correctionnelle résultait de l'ordonnance du juge d'instruction, et s'était abstenu de le demander à la chambre d'accusation qui, faute de réquisitions, ne l'avait pas prononcé.

Le tribunal correctionnel n'était pas dès lors valablement saisi, l'assignation était nulle, et cette fois encore frère Samuel échappa.

Grande colère du procureur général; on pourrait croire qu'il s'en prit au substitut qui avait commis la bévue; pas du tout, ce fut au juge d'instruction.

Il lui reprocha vivement de n'avoir pas renvoyé lui-même frère Samuel devant la police correctionnelle, à quoi M. Mersié répliqua en lui mettant sous le nez les circulaires de son propre parquet auxquelles il s'était conformé scrupuleusement.

La réponse était irréfutable, aussi on ne la réfuta pas; mais M. Mersié n'y gagna rien; la loi d'épuration était là, on le révoqua.

Faute de n'avoir pu croquer le frère, on croqua le magistrat.

M. MERVEILLEUX DU VIGNAU
PREMIER PRÉSIDENT DE LA COUR DE POITIERS

L'une des grandes figures de la magistrature contemporaine; un caractère fait de triple airain : de science, de foi, de probité.

M. Merveilleux du Vignau avait 22 années de magistrature et exerçait depuis 6 ans les fonctions d'avocat général à Paris, lorsque M. Ernoul en fit son secrétaire général au ministère de la justice; le 28 novembre 1873, il fut nommé premier président à Poitiers.

Poitevin d'origine, et fils d'un des plus anciens et des plus distingués présidents de la cour, il prit possession de son siège sous la protection d'un nom respecté, d'exemples vivants encore et d'une réputation de savoir et de mérite qu'il ne tarda pas à justifier.

Juriste de premier ordre, esprit fin et pénétrant, écrivain de race, travailleur intrépide, il sut allier à ces qualités maîtresses toutes les vertus qui font l'honneur et l'autorité du juge.

On lui a quelquefois reproché une sorte de rigueur quasi ascétique dans ses sentiments religieux, une certaine intolérance de principes, quelque peu d'exclusivisme dans ses relations officielles ou privées; rien n'est moins exact: s'il se montra toujours chrétien fervent et convaincu, il savait renfermer dans le cercle de la vie intime les manifestations d'ailleurs discrètes de sa foi.

Sa morale austère n'admettait pas, sans doute, une liberté d'allures incompatible avec les grandes fonctions dont il était revêtu; il portait haut le respect de soi-même et voulait, chez ceux qui ont l'honneur de rendre la justice, cette dignité parfaite de la vie qui impose l'estime et force la confiance du justiciable; mais jamais il ne se départit envers personne de cette affabilité, de cette coursoisie bienveillante qui sont comme la fleur de la politesse chez l'homme haut placé.

Pas plus en politique qu'en morale, pas plus en morale qu'en matière religieuse, il ne marquait par une différence d'attitude ses sympathies ou ses antipathies personnelles, sauf le cas où sa manière d'être pouvait engager ou compromettre des principes dont il croyait devoir sauvegarder l'intégrité. C'est ainsi qu'il se borna à garder le silence lors de l'installation du procureur général Péret.

Certes, si le ministre qui a frappé un tel homme avait pris, avant d'agir, la peine de consulter la cour, le barreau, l'opinion éclairée du pays, et non pas le sieur Péret, il aurait vu amis et adversaires s'unir pour lui demander d'épargner à la République l'odieux d'une pareille mesure; mais la rancune politique ne connaît pas ces précautions, et M. Merveilleux du Vignau avait mérité l'honneur d'une révocation par sa fermeté, son indépendance, son absolu dédain des sollicitations du haut et des menaces d'en bas.

Les Ferry, Cazot et consorts n'avaient pu oublier d'ailleurs son rôle dans l'affaire des décrets, cette ordonnance célèbre de septembre 1880 qui traduisait à la barre de la justice criminelle le préfet et ses complices, et dont, grâce à un arrêté de conflit, on s'est hâté d'enlever la connaissance à la Cour de cassation, après la lui avoir cependant déférée, parce qu'elle l'aurait confirmée, comme en pleine audience le rapporteur l'a déclaré.

Inutile d'ajouter que dans la mare grouillante des passions républicaines locales on s'agitait fiévreusement contre l'éminent magistrat. La délation, avec lui, s'en donnait à cœur joie. Pas un folliculaire au service du pouvoir, si peu qu'il eût d'encre au bout de sa plume, n'avait omis de verser son fiel sur le cléricalisme du premier président de Poitiers, et, chose plus triste à dire, certains hauts fonctionnaires, subissant comme à regret l'ascendant d'une supériorité qui leur faisait ombrage, et gênés par des exemples dont le spectacle ne les laissait pas sans remords, ont eux-mêmes, paraît-il, sollicité son expulsion du siège que sa présence honorait.

Un dernier trait au tableau: en 1874 M. Merveilleux du Vignau, déjà chevalier de la Légion d'honneur, fut désigné au conseil de l'ordre par le ministre et admis pour une croix d'officier; le projet de décret était déjà rédigé; M. Merveilleux du Vignau l'apprit par une indiscrétion, il exigea, malgré la résistance du ministre, que sa croix d'officier fût remplacée par une croix de chevalier qui fut en effet donnée à l'un des conseillers de Poitiers.

Combien en trouvera-t-on comme cela dans la magistrature de M. Martin-Feuillée?

En s'installant, après six mois passés au ministère, au fauteuil de premier président, ce digne successeur des Lamoignon et des Séguier commençait sa harangue en disant: « Mon exil est fini »; dix ans se sont écoulés, l'exil recommence, douloureux et amer cette fois. Nous ignorons ce qu'y gagnera la République, mais nous voyons ce que la justice y perd, et cela nous suffit pour confondre dans une même réprobation une loi à jamais exécrable et l'auteur d'un odieux décret.

On sait par quel personnage a trouvé plaisant de le remplacer M. Martin-Feuillée.

M. DE MESLON

JUGE A LIBOURNE

7 ans de service.

Avait été 14 ans juge de paix à Branne et à Libourne avant d'être nommé par M. Mariel juge au tribunal, à la grande satisfaction du journal républicain de Libourne qui rendait alors un hommage public à son indépendance et à son impartialité.

Mais les vertus que les républicains célébraient dans ce temps-là, ils les pourchassent aujourd'hui comme des vices; M. de Meslon n'a point cessé de se renfermer dans le cercle étroit de ses devoirs; il a gardé vis-à-vis de l'administration la même réserve correcte qu'il gardait sous l'Empire; il n'a point retiré ses enfants des établissements d'instruction religieuse où il a été lui-même élevé, et on le révoque aujourd'hui absolument pour les mêmes raisons au nom desquelles on se réjouissait jadis de sa nomination; ce qui démontrerait que nos aimables maîtres ne sont que de sinistres farceurs..... si cela avait encore besoin d'être démontré.

M. MESSIÉ

VICE-PRÉSIDENT A CARPENTRAS

28 ans de service.

Magistrat d'un esprit délié qui remplissait ses fonctions avec intelligence, mais qui n'avait pas pour la République telle que l'entendent nos maîtres un dévouement suffisant; il la voulait honnête.

En 1877, pendant qu'il accompagnait à la gare le député élu, à un énergumène qui lui criait sous le nez: Vive la République! il avait répondu: Oui, vive la République, mais celle du maréchal!

Ajoutez à cela qu'il avait eu plusieurs fois le malheur de condamner le *Patriote de Vaucluse*, imprudence que les républicains ne savent pas pardonner.

M. Messié avait donné en 1880 un grand scandale aux républicains, en ne condamnant qu'à 15 fr. d'amende l'avocat Barcilon pour avoir crié: « A bas les décrets », et à 1 fr. d'amende l'avocat Lantier pour avoir traité de « lâche et gredin », le sieur Bouchet-Doumencq, sous-préfet, qui avait porté la main sur lui en exécutant les décrets à l'aide de crochets et de serruriers.

Le procureur qui s'était associé au crochetage vient de leur en donner un bien plus grand: au moment où nous écrivons, nous apprenons qu'il vient de mourir en manifestant un profond repentir, en demandant pardon à Dieu, et après avoir reçu avec ferveur les derniers sacrements!

Les républicains qui n'avaient pas eu jadis assez d'éloges pour lui, assurent maintenant que c'était un crétin: naturellement!

M. MICHEL

PRÉSIDENT A SAINT-MALO

29 ans de service, dont 9 comme président.

Avait montré un rare talent d'orateur dans les fonctions du parquet; devenu président, il déploya d'éminentes qualités de jurisconsulte, et on put se demander ce qu'il fallait priser le plus, de l'éloquence de ses réquisitoires ou de la netteté de ses jugements; il avait toutefois, comme juge, un grave défaut, celui d'être indépendant.

De plus, il était chrétien, le disait tout haut, et parfois le disait si bien que ce diable de petit homme, expansif et chaud, vif comme la poudre, enlevait son auditoire même à côté de M. de Mun.

Aussi s'est-on empressé de dépouiller, au profit d'un néo-républicain incapable, ce père de famille qui n'a que de modestes ressources et huit enfants; bonne action parfaitement digne de notre honnête gouvernement.

Et le garde des sceaux qui a ainsi dépouillé son ancien camarade de droit, a peut-être reçu du beau-père de M. Michel, comme presque tous les avocats et magistrats de Bretagne, les leçons qui ont été le premier instrument de son élévation; il a oublié le professeur comme il a oublié l'enseignement, car ce n'est pas là à coup sûr qu'il a appris de quelle manière il fallait procéder pour faire crocheter les couvents impunément.

M. Michel s'est inscrit au barreau, il a été immédiatement nommé membre du conseil de l'ordre par les avocats.

M. MILLET

JUGE A VALENCE

19 ans de service, dont 15 comme juge.

M. Millet était un magistrat doué d'une

vive intelligence des affaires et d'une merveilleuse facilité ; mais il n'avait pas un grain d'ambition et il n'était pas plus possible de le prendre par la séduction que par l'intimidation ; l'indépendance de son caractère et la mâle franchise de son langage l'avaient marqué pour la proscription.

En voyant ses sommations obéies et le tribunal de Valence amputé de six membres sur dix, M. Madier de Montjau a pu dire au garde des sceaux : « Martin, je suis content ».

M. DE MILLEVILLE

JUGE A PONT-AUDEMER

7 ans de service.

Magistrat intelligent, qui ne s'occupait pas de politique, mais qui au tort d'avoir un caractère indépendant joignait celui de porter un nom dont la tournure nobiliaire rappelait peut-être trop l'ancien régime à certaines gens, gros grief aujourd'hui, pour lequel toutefois, avec un peu de mémoire, M. des Poussineaux des Quarts aurait pu être plus indulgent.

M. de Milleville au surplus ne s'était pas montré maniable, et peu avant l'exécution de la loi, avait reçu du procureur général des lettres un peu trop républicaines auxquelles il avait répondu d'assez verte façon.

Il ne faut, dit-on, que quatre lignes de l'écriture d'un honnête homme pour le faire pendre : il en faut bien moins encore aujourd'hui pour faire révoquer un juge, M. de Milleville en a la démonstration.

M. MIS

JUGE A MONTAUBAN

16 ans de service.

D'un esprit vif, curieux, au tour hardi, M. Mis était passionné pour les discussions juridiques, et se plaisait à controverser ; un dossier qui avait passé par ses mains n'avait plus de secrets, et il savait fouiller jusque dans leurs recoins les plus reculés les questions qu'il avait à juger.

Nul n'avait plus que lui le sentiment de ses devoirs ; sa droiture d'âme, son intégrité le protégeaient contre toute faiblesse ; il ne savait pas ce que c'était que transiger, et quand une fois il croyait tenir la bonne voie, il faisait tête à tout et à tous avec une intrépidité que rien ne pouvait ébranler.

C'était un grand défaut par le temps qui court, alors que le gouvernement fait de la justice un instrument qu'il entend pouvoir fausser au gré de sa passion ou de son intérêt. M. Mis eût été un gêneur, pour s'en débarrasser on l'a révoqué.

C'était d'ailleurs le frère de l'un des dignitaires les plus élevés d'une des principales congrégations religieuses de femmes parmi celles qui se vouent à la charité.

M. MODILLE-VILLENEUVE

JUGE A PLOERMEL

18 ans de service.

Carrière longue et honorablement remplie ; avant d'être juge, M. Modille-Villeneuve avait exercé pendant 12 ans les fonctions de juge de paix ; il avait rempli pendant 7 ans celles de juge d'instruction, dont il avait été privé en 1879 par M. Le Royer, à la suite d'un vœu que le conseil municipal, dont il faisait partie, émit contre l'article 7 à l'unanimité.

M. Modille-Villeneuve était intelligent et laborieux ; il inspirait à tous les justiciables une confiance méritée ; mais M. Martin-Feuillée ne lui pardonnait pas d'avoir désapprouvé les décrets.

Une assez piquante aventure a montré à M. le garde des sceaux qu'il est plus facile de chasser les bons juges que de les remplacer. Le tribunal de Ploërmel doit avoir deux suppléants, mais il n'en a pas un seul ; on trouve toujours en effet des républicains prêts à prendre les places bien rétribuées, mais dès qu'il s'agit de fonctions gratuites, comme la suppléance, néant à la requête ; point d'argent, point de Suisse. Il résultait de là que chaque fois qu'un juge était absent, il fallait appeler un avocat pour faire office de suppléant. Or, il n'y a à Ploërmel qu'un seul avocat, Me Allain, et il paraît que les absences des juges étaient terriblement fréquentes, car Me Allain, constamment occupé à remplacer l'un d'eux, en était arrivé à ne plus plaider, parce qu'on le forçait de juger.

Si bien qu'un beau jour de cette année, il trouva que la plaisanterie avait trop duré et déclara tout net qu'il ne voulait plus siéger, son métier étant de plaider et non de juger.

C'était assez bien raisonné, mais les juges de M. Martin-Feuillée se piquèrent de raisonner encore mieux, et pour lui apprendre à ne pas vouloir s'asseoir à leurs côtés, ils lui interdirent de plaider ; ils prononcèrent contre lui la peine d'un mois de suspension, de sorte que voilà un avocat bien embarrassé ; quand le tribunal ne peut siéger, l'avocat ne peut pas plaider, et il ne peut pas plaider davantage quand, grâce à lui, le tribunal peut siéger !

M. Martin-Feuillée est en quête de deux républicains désintéressés pour en faire gratis des juges suppléants ; il n'est pas encore parvenu à les trouver ; il ne s'en félicite pas moins d'avoir chassé M. Modille-Villeneuve, et de s'être donné le plaisir de lui faire notifier son élimination par ministère d'huissier.

M. MOISSON

PREMIER PRÉSIDENT A RIOM

M. Moisson est expulsé de la magistrature après 40 ans de services, dont 12 comme avocat général, 4 comme procureur général et 18 comme premier premier président.

A une carrière aussi laborieusement remplie, il ne manquait qu'une suprême consécration, c'était d'être brisée le jour même où l'honneur de la magistrature était effacé ; cet hommage était bien dû à M. Moisson. M. Martin-Feuillée ne pouvait le lui refuser à l'heure où ils proscrit toute indépendance et toute impartialité.

M. Moisson n'était pas seulement un jurisconsulte vieilli dans la science du droit et la pratique des affaires, c'était un caractère ; non moins soucieux de ses devoirs que de ses droits, il savait que la mission d'un chef de compagnie consiste autant à défendre ses subordonnés qu'à les diriger.

Parmi les républicains dont la clameur s'est élevée contre lui, combien il en est qui lui doivent la position à laquelle ils sont arrivés ! Nous pourrions aisément en nommer.

Le grief qu'on lui impute est d'être l'ami de M. Rouher, qui est de Riom, comme chacun sait ; le fait est que M. Moisson a l'âme trop ferme pour renier ses amitiés ; beaucoup de gens autour de lui ne peuvent le lui pardonner, qui lui ont tourné le dos ayant les mains pleines de ses bienfaits.

Naturellement on l'accusait d'être hostile à la République ; la vérité est que M. Moisson n'avait pas de sympathie pour elle, mais il ne nourrissait non plus contre elle aucune hostilité.

Son attitude a toujours été d'une correction parfaite ; de tous les procureurs généraux nommés à Riom par la République, il n'en est pas un qu'il n'ait accueilli non seulement avec courtoisie, mais avec affabilité.

Il n'avait pas hésité, en 1871, à défendre le premier d'entre eux, M. Berger, aujourd'hui président au Conseil d'État, contre les convoitises et les calomnies d'un personnage dont l'ardeur brouillonne et l'ambition ont trouvé depuis dans la platitude envers la République la récompense qu'elles demandèrent alors en vain à la réaction.

Quant au dernier, il l'avait bien reçu non seulement au Palais, mais dans sa maison, l'invitant à sa table jusqu'au jour où il lui fut démontré que celui-ci, en acceptant ses diners, n'entendait pas les lui rendre, et l'excluait aussi républicainement de ses banquets que de son administration.

M. Moisson toutefois n'était pas sans défauts, il n'y a plus guère aujourd'hui que les républicains qui en soient exempts.

Il avait, entre autres, celui d'être catholique et d'oser l'avouer.

De plus, il conspirait : sa bourse et sa maison étaient toujours ouvertes aux pauvres, sous prétexte de charité ; s'ils ne venaient pas, on allait les chercher.

Nous allions oublier le plus grave de tous : il occupait une place que M. le procureur général Allary convoitait ; il fallait bien en dépouiller M. Moisson pour la lui donner.

« Ote-toi de là que je m'y mette », n'est-ce pas la devise de la bande qui a pour chef M. Martin-Feuillée ?

M. Moisson avait d'ailleurs rendu, le 9 novembre 1880, une ordonnance qui, à elle seule, eût suffi pour le faire révoquer.

Saisi d'une plainte formée par des religieux expulsés contre le sieur de Lamer, préfet, pour délit de violation de domicile et crime d'attentat à la liberté individuelle, il s'était déclaré incompétent pour instruire sur le délit, ce qui était vrai, mais compétent pour instruire sur le crime, ce qui n'était pas moins vrai.

N'avait-il pas osé dire que la juridiction criminelle « était essentiellement compétente, alors même qu'il serait allégué que « les atteintes portées à la liberté individuelle auraient été la conséquence de « mesures ayant un caractère administratif « ou même gouvernemental, puisque l'abus « de pouvoir, s'il venait à être constaté, « n'en serait pas pour cela justifié ! »

M. Moisson en était encore à cette vieille formule qu' « il n'y a pas de droit contre le droit » ; il n'avait pas compris qu'aujourd'hui « il n'y a pas de droit contre la force » ; on le lui a montré.

M. MONGIN
JUGE A CHAUMONT

21 ans de service, dont 14 comme juge à Chaumont.

Fils d'un conseiller de la cour, M. Mongin avait exercé à Dijon les modestes fonctions de suppléant pendant 7 ans; devenu titulaire à Chaumont, il y avait apporté les traditions qui étaient l'honneur de l'ancienne magistrature ; son sens droit, son impartialité inébranlable, sa conscience délicate en faisaient un précieux auxiliaire de la justice, et il vivait à Chaumont entouré de l'estime et de la sympathie de tous les honnêtes gens, menant une existence simple, gardant une attitude correcte, et trop fier pour faire valoir auprès des puissants du jour ses titres à un légitime avancement.

C'est ce qui l'a perdu, le gouvernement ne voulant plus des juges, mais des courtisans.

M. DE MONCLAR
CONSEILLER A LA COUR DE PAU

27 ans de service, dont 12 comme conseiller.

Celui-là était coupable d'avoir pour beau-frère M. de Gavardie, sénateur ; de plus, il était neveu de Charles Chégaray, avocat général à la Cour de cassation sous le gouvernement de juillet, et petit-fils de Michel Chégaray qui avait mérité la guillotine en 1793 pour avoir ordonné, comme président du tribunal de Bayonne, l'élargissement de citoyens arbitrairement détenus par le commissaire de la Convention ; le 9 thermidor seul l'avait sauvé.

M. de Monclar, pénétré de ces traditions, était un magistrat sans reproche dont on appréciait autant la modération que la fermeté ; d'un caractère très ouvert et très affable, d'un commerce très sûr, d'une intelligence des plus vives et des mieux cultivées, il eût dû jouir en paix de l'estime et de la sympathie universelles dont il était entouré.

Mais il n'avait pas fatigué le procureur général Delcurrou de ses importunités ; aussi était-il naturellement désigné pour être révoqué.

M. MONDEN-GENNEVRAYE
CONSEILLER A ANGERS

35 ans de service, dont 18 comme conseiller.

Celui-là est une victime volontaire; il a demandé sa mise à la retraite pour ne pas accepter l'injure d'avoir été épargné.

Esprit remarquablement bien doué, magistrat que son talent eût pu conduire aux situations les plus élevées; conseiller général ; patriote qui n'avait pas hésité à quitter, en 1870, femme et enfants, pour prendre part comme capitaine de mobiles aux combats sur la Loire et à la terrible campagne de l'Est; ami des lettres et des arts que le rêve d'une République athénienne séduisait, on comprend qu'à tous ces titres le gouvernement avait tenu à le conserver.

Il n'avait oublié qu'une chose, c'était de s'assurer que M. Monden-Gennevraye était résigné à subir une compromettante solidarité.

L'honorable magistrat a repoussé cette auguste bienveillance et refusé de reprendre son siège dans la cour d'Angers renouvelée.

Rien ne saurait faire mieux juger ce que vaut l'œuvre de M. Martin-Feuillée.

M. MONTSARRAT
JUGE AU TRIBUNAL DE LA SEINE

24 ans de service.

Fils d'un ancien conseiller à la cour de Paris et soupçonné de cléricalisme à une époque où tout ce qui est religieux est clérical, mais qui, apportant une extrême réserve en toutes choses, n'était gênant que par sa vertu et par la répugnance silencieuse avec laquelle il accueillait les conversations risquées.

Il aurait pu et dû être défendu, il ne l'a point été; ceux à qui incombait le devoir de le faire étaient, paraît-il, trop occupés du soin de leur propre sûreté; il importait cependant de conserver au tribunal un juge qui était incontestablement exemplaire par son exactitude, par sa modestie, par son application et par le soin scrupuleux qu'il apportait à l'examen des procès.

Mais s'il était soupçonné d'être clérical, qu'est-ce que tout le reste pouvait bien faire à M. Martin-Feuillée?

M. MORARD
JUGE A VILLEFRANCHE (RHÔNE)

17 ans de service.

Juge exact, consciencieux, zélé, et dont les sentiments conservateurs, quoique non dissimulés, ne s'étaient jamais affichés. La correction un peu solennelle de sa tenue aurait dû suffire à le préserver, car pas un seul de ses actes n'avait pu donner prétexte à le révoquer.

Mais M. Martin-Feuillée qui sonde les cœurs et les reins, puisqu'il n'y a plus que lui pour le faire maintenant que Dieu est destitué, a découvert chez M. Morard un germe de sédition qu'il fallait extirper, c'était son affection pour son président, M. Terret.

Avoir eu des relations trop suivies avec un président qu'on révoquait, voilà le crime pour lequel M. Morard a été fauché par M. Martin-Feuillée.

M. DE MORATI
CONSEILLER A BASTIA

24 ans de service, dont 10 comme conseiller.

Esprit sagace et pénétrant, jugement droit et grande expérience des affaires, telles étaient les qualités que M. de Morati mettait au service de la justice et qui le faisaient estimer de ses collègues et de ses concitoyens.

Membre du conseil général depuis plus de 20 ans, M. de Morati suivait la ligne politique de la famille Sébastiani. Cette voie de libéralisme semblait sûre dans les premières années de la République; elle est devenue périlleuse en Corse aujourd'hui, et M. de Morati vient d'en faire une expérience dont sont menacés tous ses parents et amis.

M. MORCRETTE
PREMIER PRÉSIDENT A BASTIA

43 ans de service, dont 11 comme avocat général, 7 comme procureur général à Douai et 10 comme premier président à Bastia.

Doué d'une parole élégante et facile, d'un esprit plein de finesse et de pénétration, il avait le secret d'allier une extrême bienveillance à une grande autorité.

Homme du monde accompli, magistrat au caractère ferme et indépendant, dédaigneux des préoccupations personnelles et des basses capitulations, il a toujours marché droit son chemin, laissant partout où il a passé les plus vives et les plus durables sympathies.

M. Morcrette a plus d'une fois, dans sa carrière publique, donné la preuve qu'il ne consultait, pour faire ce qu'il croyait être de son devoir, ni le souci de ses intérêts ni celui de ses amitiés.

En 1869, il ne craignit pas d'afficher ses préférences pour le candidat de l'opposition contre le candidat officiel, ouvertement soutenu par M. Paul, le premier président, dont le bonapartisme récent avait besoin de faire oublier le républicanisme passé.

Aussi, quand il fut révoqué le 26 septembre 1870, ce fut une clameur, et le père Crémieux, qui est devenu un grand homme depuis que nous avons vu les Cazot et les Martin-Feuillée, s'empressa, dès qu'il fut mieux informé, de rapporter son décret et de maintenir M. Morcrette au poste qu'il occupait.

En 1872, lors de l'affaire dite des pèlerins d'Anvers, dont le retour à Lille fut accueilli par les huées, les menaces, les injures d'une populace furieuse qui leur lança des pierres et alla briser les vitres de leurs maisons, M. Morcrette reçut l'ordre de poursuivre M. Masure, rédacteur du *Progrès du Nord*, journal radical dont les articles violents étaient considérés par tous comme ayant provoqué la manifestation. Il obéit, mais, usant d'un droit que ne connaissent plus les parquets d'aujourd'hui, il alla lui-même à la cour d'assises et y soutint que, si détestables que fussent les excès commis à Lille, M. Masure en était légalement innocent. Il avait tort, puisque le jury condamna M. Masure, devenu député depuis, mais son erreur était du moins la preuve éclatante que sur son siège M. Morcrette savait n'écouter que les inspirations de sa conscience alors même qu'elles le séparaient de ses amis.

Nommé premier président à Bastia en 1873, il y a été ce qu'il avait été à Douai, et il y laisse d'unanimes regrets.

Comme pour mieux accentuer l'iniquité dont on le frappe, on lui donne comme successeur un homme que sa protection avait fait rentrer en 1866 dans les fonctions judiciaires d'où il avait été obligé de s'éloigner pendant plusieurs années!

M. MOREAU
JUGE A LUNÉVILLE

15 ans de service.

Avait été, après 9 années passées dans les fonctions du parquet, nommé par M. Martel juge à Lunéville.

Les traditions de sa famille, l'indépendance de son caractère, la fermeté de ses convictions semblaient le désigner à la proscription; mais nos maîtres craignirent de désorganiser complètement le tribunal de Lunéville, déjà décapité par l'élimination de M. Jeannequin, son éminent président, et se bornèrent à enlever à M. Moreau les fonctions de l'instruction.

M. Moreau n'accepta point cette diminution, et envoya sa démission au garde des sceaux en lui disant : « Je n'ai été frappé « qu'à demi; je m'attendais cependant à me « trouver parmi ces honorables magistrats « dont je partage les convictions et que « vous venez de faire descendre de leurs « sièges. La magistrature n'est plus maintenant qu'une arme aux mains d'un parti « politique, les dernières nominations en « sont la preuve indéniable; malgré la « tristesse que j'éprouve à briser une car- « rière après 15 ans de service, je tiens à « honneur de suivre dans leur retraite pré- « maturée ceux de mes collègues que vous « venez de frapper. »

M. MORRY
CONSEILLER A LA COUR D'ANGERS

20 ans de service.

D'une rare et vigoureuse portée d'esprit, M. Morry ne savait pas assez dissimuler son mépris pour tout ce qui lui paraissait contraire à la dignité des fonctions qu'il exerçait.

Il était particulièrement détesté par le citoyen procureur général et ancien bonapartiste Auger.

Procureur au Mans, il avait eu le triste devoir de dire son avis sur les élucubrations dont un de ses anciens collègues, M. Quesnay de Beaurepaire, aujourd'hui avocat général à Paris, parsemait les journaux radicaux où il écrivait; c'est sur ses réquisitions que ledit Quesnay de Beaurepaire fut condamné pour diffamation : il ne l'a pas oublié.

M. Morry était membre de la chambre d'accusation lors de l'exécution des décrets, et il prit part à trois arrêts qui affirmaient la compétence judiciaire pour instruire sur les plaintes des expulsés.

Avec quatre de ses collègues qui les signèrent comme lui, il est révoqué.

Déjà, au 4 septembre 1870, il avait donné sa démission avec quatorze de ses collègues du parquet, ne trouvant pas possible de rester le collaborateur du procureur général que M. Crémieux lui avait envoyé.

M. MOTAS
PRÉSIDENT A VILLENEUVE-SUR-LOT

27 ans de service, dont 15 comme président.

A dû être bien étonné de se voir révoqué par M. Martin-Feuillée; ce n'est pas qu'il n'ait eu le tort d'être parent de M. Noubel et de compter jadis parmi ses protecteurs M. le maréchal Canrobert; mais combien depuis lors il s'était purifié!

Devenu, dit-on, radical et libre-penseur, on le voyait tous les soirs faire son bézigue au café, conduire à l'occasion des enterrements civils et dire que c'est comme cela qu'il entendait être lui-même enterré.

Au palais il avait des conversations épiques avec les accusés, surtout quand il s'en rencontrait un de Perpignan, où il était né; il tourmentait les avocats, et argumentait au besoin les avoués avec une vivacité que la cour d'Agen avait un jour assez sévèrement appréciée.

C'était là des titres sérieux à la bienveillance de M. Martin-Feuillée; il faut que celui-ci ait eu de bien puissantes raisons pour la lui refuser.

M. MOU
JUGE A SENS

16 ans de service.

Affable, indépendant, éclairé, consciencieux, esclave de son devoir et inaccessible aux influences, M. Mou était certainement le meilleur magistrat du tribunal de Sens. Formé à l'école de M. Lallier, l'ancien président, il en suivait religieusement les traditions, et il en laissait l'empreinte dans de remarquables jugements.

M. Mou, épargné à sa grande confusion par M. Martin-Feuillée, n'a pas voulu subir l'injure, il a adressé à M. le garde des sceaux, le 21 octobre, une lettre où il exprimait le regret de n'avoir pas été atteint, estimant qu'il le devait seulement à ce que Son Excellence était mal renseignée, et le priant d'agréer « l'assurance des hommages « respectueux qui sont dus à la haute situa- « tion dont Votre Excellence est investie... » avec sa démission.

M. MUGNIER
JUGE A MOUTIERS

35 ans de service.

Savoyard d'origine, à qui l'inamovibilité était garantie par un article formel du traité d'annexion, et qui n'en a pas moins été révoqué par M. Martin-Feuillée, comme son beau-frère M. Finas-Duplan, procureur à Chambéry, l'avait été en 1879 par M. Le Royer.

Qu'avait-il donc fait?

En 1876, il avait condamné le sieur Mayet, député, sur la plainte de M. Bérard, avocat, son concurrent, en quoi il était assurément coupable, car le sieur Mayet n'était pas seulement son député, il était aussi son allié, double raison aux yeux des républicains pour que l'impunité dût être assurée au sieur Mayet; l'affaire fit grand bruit dans le pays, et si on n'envoya pas les juges à Nouméa, c'est qu'on n'avait pas encore trouvé pour couvrir toutes les violences administratives un tribunal des conflits avec Cazot pour le présider.

M. Mugnier était en outre catholique, donc clérical, et le procureur général ne lui avait pas caché naguère que s'il n'y avait rien à lui reprocher comme juge, il était néanmoins atteint de cléricalisme, et que c'était « un point noir » dans sa destinée.

Martin-Feuillée étant venu, le point noir a crevé.

M. MULSANT
PRÉSIDENT A ROANNE

26 ans de service, dont 11 comme président.

Magistrat très laborieux, d'une grande activité servie par une intelligence vive, un jugement sûr et une connaissance approfondie du droit.

Son impartialité était si éclatante qu'on l'avait vu plusieurs fois vouloir se récuser dans des procès où ses relations personnelles avec une des parties auraient pu le faire suspecter, et en être empêché par les instances de la partie adverse elle-même; des républicains disaient bien haut que s'ils avaient un procès avec des réactionnaires, ils ne voudraient pas d'autre juge que lui.

En bonnes relations d'ailleurs avec tout le monde, s'abstenant de toute démonstration d'opinion politique, et recevant chez lui les fonctionnaires de la République avec les mêmes égards et la même courtoisie que tous autres, M. Mulsant devait se croire bien à l'abri.

Il n'en a rien été; M. Mulsant allait à la messe et, par respect pour la liberté de conscience, nos maîtres se sont vus forcés de le chasser.

Dès le lendemain de sa révocation, les avoués et avocats de Roanne, qui avaient pu depuis 11 ans apprécier la valeur, la bienveillance et l'intégrité de leur président, se sont rendus en corps à la campagne où il était, et lui ont, dans une entrevue pleine d'émotion, remis une adresse écrite de protestation, d'attachement et de respect.

Cela peut effacer bien des coups de pied de Martin-Feuillée.

M. NICOL DE LA BEILLESSUE
VICE-PRÉSIDENT A SAINT-BRIEUC

33 ans de service, dont 4 comme suppléant et 9 comme vice-président.

Magistrat intègre consciencieux, bienveillant, qui avait, sans ambition, successivement parcouru tous les degrés d'une carrière aussi modeste que son caractère.

Pourquoi on l'a révoqué quelques mois avant l'heure où il allait obtenir l'honorariat et se retirer, nul ne saurait le dire et les républicains eux-mêmes paraisssent l'ignorer.

Il est vrai qu'il faisait partie de la minorité conservatrice du conseil général des Côtes-du-Nord, mais ses adversaires rendaient pleine justice à son intégrité, car dans un pamphlet où ses collègues n'étaient pas ménagés, on pouvait lire cette phrase : « sa très grande honnêteté l'oblige à se « séparer de ses collègues de la droite « quand sa conscience lui dicte un vote « opposé ».

Il est vrai qu'il n'était pas moins consciencieux sur son siège de magistrat et c'est peut-être justement pour cela qu'on l'a révoqué.

Le barreau de Saint-Brieuc, à l'unanimité moins deux, lui a envoyé, ainsi qu'à son président Gagon, une adresse rendant hommage à sa bienveillance et à son impartialité, ajoutant : « la mesure qui vous

« atteint ne fait que vous honorer, en « vous désignant davantage au respect », ce qui est vrai.

M. NINNIN
PRÉSIDENT A SEDAN.

35 ans de service, dont 17 comme président.

M. Ninnin eût été conseiller depuis longtemps, si sa modestie et son attachement pour son pays natal ne lui eussent interdit de s'éloigner d'une ville où il résidait depuis 29 ans, et de quitter le siège que son père et son aïeul avaient occupés avant lui comme présidents.

Excellent collègue, d'une bonté que de fréquentes et violentes souffrances ne pouvaient altérer, d'une cordialité qui provoquait et retenait l'affection, il avait fait de la compagnie dont il était le chef une sorte de famille où son autorité était tempérée par son aimable discrétion.

Intègre et ferme dans ses fonctions, actif et diligent, il joignait à une vieille expérience des affaires une solide érudition, constamment accrue par un travail incessant qui était naguère un plaisir pour lui et qui sera désormais une consolation.

Il restait étranger à la politique, persuadé qu'il eût rendu moins de services à son pays par de bruyantes professions de foi que par le loyal et silencieux exercice de ses fonctions.

Mais il était croyant, même marguillier, et ne s'imaginait pas que le magistrat qui ne fait point de sa foi un drapeau, pût être suspect ou coupable pour mettre ses actes en harmonie avec la sincérité de ses convictions.

Erreur grande au temps où nous vivons; les fortes convictions font les caractères inébranlables, et ceux-là, on les frappe de prescription.

M. NIVARD
JUGE A NIORT.

20 ans de service.

Celui-là était dès longtemps marqué pour le sacrifice, car on savait qu'il était ferme comme un chêne, et que s'il pouvait rompre, il ne pouvait pas plier.

Toute tyrannie lui était insupportable; on l'avait vu aller rendre visite au cardinal Pie, quand une stupide consigne interdisait aux fonctionnaires de le visiter; on l'avait vu signer la pétition au Sénat contre l'article 7, quand le gouvernement ne reculait devant aucune pression pour l'étouffer; on l'avait vu aider M. Chesnelong à organiser une conférence en faveur de la liberté d'enseignement à l'heure où les jacobins opportunistes se préparaient à l'étrangler; mais on n'avait jamais pu voir de drapeaux ou de lampions obligatoires à ses fenêtres, à la fête dite nationale du 14 juillet.

M. Nivard avait été, en effet, habitué à poursuivre les émeutiers, non à les fêter; juge d'instruction à Cosne en 1870, il n'avait pas hésité à marcher à la tête des troupes contre les dangereux malfaiteurs qui parcouraient l'arrondissement en essayant de le révolutionner; son courage n'avait pas peu contribué à rétablir l'ordre sérieusement menacé.

Pendant la Commune, il avait fait vigoureusement son devoir contre les bandes qui promenaient le drapeau rouge en tentant de soulever le pays en faveur des fédérés; grâce à son énergie, une trentaine de ces bons Français avaient été déférés à la cour d'assises et condamnés.

C'étaient là des services qui le désignaient suffisamment pour être révoqué, car M. Nivard n'était pas de ceux aux yeux de qui tout est légitimé par le succès.

Il est tombé sans peur et sans reproche, victime de son intégrité et de son impartialité, regardant comme le couronnement de son honorable carrière la mesure dont l'a frappé Martin-Feuillée.

M. NOEL
CONSEILLER A LA COUR DE CAEN.

34 ans de service, dont 13 comme conseiller; esprit calme et réfléchi, en relations avec la société la plus distinguée.

Il serait difficile de dire pourquoi M. Noël est frappé, si ce n'est pour ses opinions religieuses qu'on lui eût vainement demandé de sacrifier, car il avait pu fournir, tout récemment encore et à M. Martin-Feuillée lui-même, la preuve que ses sentiments conservateurs, quoique très anciens, n'étaient point poussés jusqu'à une intransigeance dont la République eût lieu de s'alarmer.

Sa révocation est une démonstration nouvelle que nous sommes bien loin de la République des modérés.

M. NOEL
CONSEILLER A NANCY.

36 ans de service, dont 18 comme conseiller.

Magistrat qui menait au milieu de sa famille une vie calme et retirée; aussi éclairé que consciencieux et modeste, homme de religion et de devoir, il était entouré de l'estime de tous, car il n'était personne qui ne rendît hommage à la capacité du magistrat comme aux vertus de l'homme privé.

Mais il avait osé en 1880 recueillir chez lui un jésuite ami des siens, expulsé par le préfet au nom de la liberté; on l'en punit aujourd'hui; c'est chez les sauvages qu'il faut aller maintenant pour pouvoir pratiquer sans danger les devoirs de l'hospitalité.

M. NOIZET
JUGE A CHARLEVILLE.

23 ans de service.

Collègue aimable, magistrat consciencieux et éclairé, dénué de toute ambition, M. Noizet avait toujours évité avec le plus grand soin de paraître s'attacher à un parti politique, et se renfermait scrupuleusement dans la pratique de ses devoirs, aimant à chercher dans les tranquilles plaisirs de la campagne une saine distraction et un délassement au travail de cabinet.

N'ayant jamais ni prôné, ni dénigré la République, il semblait devoir être à l'abri de ses coups; mais il est tombé victime d'une vanité féminine que quelqu'un des siens avait blessée.

M. Martin-Feuillée ne sait rien refuser à une dame; elle lui demanderait cent mille bijoux, qu'il s'empresserait de les lui donner; mais il n'était pas besoin de tant le presser: révoquer un bon juge, c'était déjà servir la République, il n'en demandait pas davantage, et il est bien possible qu'il ne se soit pas même douté qu'il servait simplement la vengeance d'une nymphe irritée.

M. NORMAND
CONSEILLER A ORLÉANS.

31 ans de service, dont 9 comme conseiller.

L'un des magistrats les plus sympathiques de la cour d'Orléans; d'un caractère plein d'aménité, empreint d'un grand sentiment d'indépendance et de dignité.

Laborieux, intègre et éclairé, d'une justesse d'esprit remarquable, il s'était conquis l'estime et l'affection générales dans le monde comme au Palais.

Mais il avait un défaut capital, c'est-à-dire des principes religieux pour lesquels il revendiquait le droit de se produire librement; aussi était-il marguillier de sa paroisse et membre de plusieurs sociétés de charité.

Conseiller et marguillier! voilà deux choses qui jurent horriblement au temps présent; on a beau ne pas faire de politique, du moment où l'on est marguillier, on est nécessairement un ennemi du Gouvernement; on est un clérical, un calotin, un ami de la prêtraille, et un beau matin on reçoit de M. Martin-Feuillée le coup de pied qu'en a reçu M. Normand.

M. NOURRY
VICE-PRÉSIDENT A VANNES

32 ans de service, dont 14 comme vice-président.

Sous des dehors très modestes, M. Nourry cachait un esprit des plus fins, de profondes connaissances juridiques et une rare sûreté de jugement.

A côté de l'austérité de sa vie, le trait dominant de sa personne était sa haute et souveraine impartialité; jamais juge ne monta sur son siège avec un esprit plus libre de toute influence extérieure, plus complètement dégagé de toute prévention; plus d'une fois dans ces derniers temps cette qualité maîtresse avait eu occasion de s'affirmer et avait valu à M. Nourry un surcroît mérité d'estime et de respect.

Son crime était d'être un catholique fervent dont rien ne rebutait la charité. Ainsi, un jour, pendant qu'il était procureur à Montfort, il avait appris par les journaux qu'un condamné à mort allait, à l'autre bout de la France, monter sur l'échafaud en repoussant les secours de la religion; il était parti sans rien dire, avait pénétré auprès du sacripant qui, comprenant enfin ce qu'était une religion capable d'inspirer un pareil dévouement, avait aussitôt demandé à recevoir la sainte communion.

M. Martin-Feuillée peut en rire aujourd'hui, mais peut-être n'en rira-t-il pas longtemps.

M. NOVEL

CONSEILLER A GRENOBLE

32 ans de service.

C'était une des lumières de la cour par l'étendue de ses connaissances, par la justesse de son esprit, par la vivacité de son intelligence.

Estimé et aimé de ses collègues, très considéré par le barreau, il n'avait qu'un tort, c'était d'être le défenseur de toutes les causes honnêtes ; c'est pourquoi la radicaille de l'Isère l'avait en abomination.

Sa présence sur les sièges de la cour semblait particulièrement gêner certain député quand il avait a vociférer quelque procès ; aussi M. Novel avait-il été couché des premiers sur les listes de proscription dressées par le *Réveil du Dauphiné*.

Vivent les polichinelles ! A bas les honnêtes gens, voilà pourquoi M. Novel est expulsé.

M. ODDE DE LA TOUR DU VILLARD

PRÉSIDENT A TARASCON

24 ans de service, dont 12 comme président.

La révocation de ce magistrat est l'une de celles qui ont le mieux montré sous l'empire de quelles basses passions il a été procédé à la prétendue épuration.

La droiture d'esprit, l'élévation de caractère, la sereine impartialité du président de Tarascon ne faisaient doute pour personne ; mais aux yeux des républicains, qui n'est pas partial pour eux est accusé d'être partial contre eux ; en conséquence le Conseil d'arrondissement a osé le taxer de partialité politique et sommer formellement Martin Feuillée de le révoquer.

Celui-ci avait sous les yeux une protestation du barreau attestant précisément que dans aucune affaire politique, ni avocats ni clients n'avaient jamais rencontré chez les membres du tribunal même l'ombre d'un sentiment de partialité.

Martin-Feuillée était donc parfaitement édifié sur ce point ; mais que lui importait ? on le sommait de révoquer, il a révoqué.

Quant à l'acte « d'hostilité envers le gouvernement et de partialité » qu'on reprochait au président, tout le monde sait que c'est son ordonnance de référé du 3 novembre 1880, par laquelle il se déclarait compétent pour statuer sur une demande en réintégration formée par des expulsés contre le sieur Poubelle, préfet.

N'y disait-il pas, en effet, « que les décrets ne peuvent suppléer les lois ni les « modifier ; que le pouvoir exécutif ne pou- « vait faire des actes d'administration ou « de gouvernement qu'en vertu d'attribu- « tions constitutionnelles et légales, que « sinon, il serait le maître absolu de tous « les droits des citoyens, aurait une auto- « rité supérieure à la loi, et pourrait impu- « nément appliquer à ceux qui lui déplai- « sent la maxime barbare : La force prime « le droit. »

Il est évident qu'un magistrat qui ose dire cela fait acte de partialité, de passion, d'hostilité, et que le gouvernement est encore bien bon de ne pas le fusiller comme insurgé.

Il était d'ailleurs le beau-frère de M. de Valfons, ancien député.

M. OYSELET DE CHEVROZ

JUGE A VESOUL

21 ans de service, dont 15 comme juge.

Issu d'une famille parlementaire et destiné de bonne heure à la magistrature, M. de Chevroz était tout imprégné des traditions qui l'ont portée à un si haut degré de considération et de respect.

Nul n'était plus assidu, plus studieux, plus empressé à sacrifier toujours ses convenances à son devoir.

Aimable, courtois dans la vie privée, d'un esprit fin dont une pointe de causticité n'altérait point l'affabilité, M. de Chevroz reprenait au Palais ces allures austères sous lesquelles une conscience particulièrement scrupuleuse ou timorée cherche volontiers un abri contre toute tentative de pression ou tout danger de partialité.

Il restait à l'écart de toute politique, mais il ne croyait pas faire acte séditieux en observant les pratiques de sa foi et en se livrant aux œuvres de la charité ; il avait été l'un des fondateurs du fourneau économique de Vesoul, et ne craignait pas d'entrer chez les pauvres pour les secourir et les consoler.

On appelle cela aujourd'hui être clérical, partant suspect, et il n'en faut pas plus pour être révoqué.

Aussi bien, à quoi de pareils magistrats peuvent-ils être bons sous la République ? le jour où on leur dirait de condamner un innocent, ils seraient capables de l'acquitter.

M. PAL

JUGE A DIE

20 ans de service.

Épargné, on ne sait trop pourquoi, lors des premières exécutions, M. Pal estima cet honneur à l'égal d'une indignité ; il écrivit à M. Martin-Feuillée une lettre lui déclarant qu'il était assez honnête pour être aussi révoqué, et qu'il n'y avait point de faveur qui pût le déterminer à changer.

Cette lettre fut publiée dans les journaux, et M. Martin-Feuillée, friand de victimes, se garda bien d'y faire droit, se disant que ce n'était pas la peine de perdre un coup à frapper un magistrat qui ne manquerait pas de se suicider.

C'est ce qui est arrivé ; M. Martin-Feuillée étant demeuré coi et la période des épurations étant expirée, M. Pal n'a pas voulu survivre à cette magistrature qu'il aimait et qu'il honorait, il a déposé sa robe et s'en est allé.

M. Pal avait pris part au jugement du 3 mai 1881 par lequel le tribunal s'était déclaré compétent pour statuer sur la demande en dommages intérêts formée contre le sieur Najean, préfet, par des laïques qui assistaient le 5 novembre précédent les Capucins de Crest, et que ledit préfet avait, sans autre forme de procès, fait appréhender au corps et expulser.

M. PANSIER

CONSEILLER A NIMES

24 ans de service, dont 9 comme conseiller.

Esprit délié, sagace, pénétrant, caractère ferme et résolu, M. Pansier a vu venir sa révocation et l'a attendue avec une parfaite sérénité ; la correction de son attitude ne s'est pas un instant démentie, et jamais ses futurs proscripteurs n'ont pu démêler la trace d'une faiblesse ou d'une provocation dans le sourire courtois avec lequel il les abordait.

Le crime de M. Pansier n'était pas seulement d'être ardemment attaché aux principes conservateurs que les habiles et les puissants du jour ont répudiés, c'était aussi d'avoir pour frère cet avocat, juge suppléant de Carpentras qui porta naguère dans un banquet un toast à M. le comte de Chambord, et que pour ce fait la cour de cassation a déclaré déchu de ses fonctions ; on ne lui en eût pas fait davantage s'il se fût souillé d'ignominies comme certain conseiller républicain, et on lui eût donné de l'avancement s'il eût eu l'esprit de se soûler un jour de 14 juillet et d'être rapporté ivremort par le commissaire de police au parquet, comme on en a donné à tel autre magistrat que nous pourrions nommer.

Il n'a pas suffi à nos maîtres d'avoir expulsé le juge suppléant, ils ont tenu à expulser aussi le conseiller ; le Palais lui manque ; il reste à ce chercheur modeste et studieux le foyer de famille, la bibliothèque, sans compter les objets d'art à recueillir et les vieux in-folios à fouiller.

M. PAPILLON

PRÉSIDENT A PONTARLIER

21 ans de service, dont 10 comme président.

M. Papillon avait débuté par le parquet ; il y était à peine resté un an et était entré dans la magistrature assise en 1863 comme juge à Pontarlier, que depuis lors il n'a plus quitté.

C'était un homme éminemment propre à ses fonctions, vivant loin de la politique, d'un commerce courtois et sûr, indépendant sans raideur, religieux sans fanatisme et par-dessus tout exceptionnellement laborieux ; il devait à ces qualités une influence légitime dont il n'a jamais usé que pour le bien ; s'il en eût usé pour le mal, il y a gros à parier qu'on ne l'eût pas révoqué.

Faute de pouvoir trouver le moindre prétexte à la mesure qui l'a frappé, on s'est demandé s'il n'en fallait pas chercher la cause dans son alliance avec la famille de l'ancien premier président Loyseau ; ce n'est pas impossible ; ce n'est pas la première fois que la haine des républicains poursuivrait un adversaire au delà du tombeau.

M. DE PARADES

CONSEILLER A AGEN

35 ans de service, dont 21 comme conseiller.

Galant homme fort considéré dans la ville d'Agen qu'il habite depuis 27 ans et où il a tous ses intérêts ; sa situation était trop indépendante et son caractère trop ferme pour que la République pût le conserver.

Plus d'esprit d'ailleurs qu'on n'en peut tolérer ; il n'avait jamais fait aux élus de M. Cazot l'honneur de les traiter en ennemis, mais peut-être sentaient-ils un peu de malice narquoise dans la bienveillance que M. de Parades leur témoignait.

Rien n'est plus méfiant que les gens à qui on ne reproche rien et qui ont quelque chose à se reprocher.

M. PARENTEAU DUBEUGNON
PRÉSIDENT A LA ROCHE-SUR-YON

25 ans de service, dont 9 comme président.

Descendant d'une vieille lignée de magistrats dont les annales comptent depuis des juges jusqu'à un premier président, M. Parenteau-Dubeugnon tenait de ses ancêtres un caractère froid, sérieux, et un grand amour du travail.

Il était procureur aux Sables-d'Olonne au 4 septembre et avait été alors la victime d'un vrai carambolage de révocations ; M. Crémieux avait, en effet, destitué le procureur de la Roche-sur-Yon et avait nommé à sa place un avocat d'Avignon, que l'Empire venait de faire suppléant trois mois auparavant ; mais il avait destitué tellement au hasard que quelques jours après il se vit obligé de rapporter sa décision ; cependant l'Avignonnais était en route, et pour ne pas l'avoir dérangé inutilement, on le nomma aux Sables-d'Olonne en destituant M. Parenteau-Dubeugnon.

Celui-ci s'était vu réintégrer par M. Dufaure en 1871, et avait été nommé deux ans après président à la Roche-sur-Yon.

Son attitude y était si correcte, que dès le lendemain de sa révocation, le *Phare de la Loire* et le *Libéral de la Vendée* n'ont pas hésité à déclarer que « nul, à quelque parti « qu'il appartînt, ne pouvait refuser de lui « reconnaître une conscience droite et un « caractère plein de loyauté ».

Aimable naïveté, c'est justement pour cela qu'il est révoqué ! sa conscience droite avait des convictions religieuses que sa loyauté ne lui permettait pas de cacher ; de plus il avait, le 10 novembre 1880, affirmé par une ordonnance de référé sa compétence pour statuer sur une instance civile formée contre le sieur Girardin, préfet, par des expulsés.

Pourquoi Martin-Feuillée ne l'a pas manqué.

M. PARMENTIER
VICE-PRÉSIDENT A CHATEAUROUX

31 ans de service, dont 7 comme juge suppléant et 11 comme vice-président.

Magistrat distingué, qui n'avait pas quitté Châteauroux depuis 18 ans ; plusieurs de ses jugements déférés à la cour de Bourges avaient attiré l'attention des premiers présidents Cantel et Boivin-Champeaux qui lui avaient à diverses reprises manifesté le désir de le voir siéger à côté d'eux ; le siège de conseiller était en effet pour M. Parmentier le couronnement légitime de toute une vie de devoir et de dévouement ; mais l'inévitable politique avait déjà envahi le prétoire, et il fallait déjà sacrifier aux puissants du jour si on ne voulait compromettre les droits les plus évidents à l'avancement.

Or, M. Parmentier avait pour principe de s'abstenir scrupuleusement de toute manifestation politique ; bien plus, il n'estimait pas que le devoir du magistrat pût étouffer la conscience du citoyen, et il avait, sans ostentation comme sans faiblesse, maintenu fermement l'indépendance de ses opinions contre les agissements iniques de nos gouvernants.

C'était plus qu'il n'en fallait, d'abord pour lui faire refuser un siège de conseiller, et ensuite pour le faire révoquer le jour où la magistrature a été livrée à l'arbitraire de M. Martin-Feuillée.

Il est tombé comme tant d'autres qui ont dû à leur valeur professionnelle et à la dignité de leur caractère l'honneur d'être expulsés d'une magistrature d'où on retranchait tout ce qui refusait de se courber.

M. PASCAULT
CONSEILLER A LA COUR DE POITIERS

33 ans de service, dont 18 comme conseiller.

Vieux magistrat des plus expérimentés, qui depuis 30 ans n'avait pensé qu'à bien juger ; nul n'apportait plus de soin et de scrupule à l'examen d'un dossier.

Il était souffrant et fatigué et ne fait point de son expulsion un gros grief à M. Martin-Feuillée ; l'honneur d'être expulsé était le seul qui lui manquait.

M. PAVIE
JUGE A MAMERS

12 ans de service.

Tout dévoué à ses devoirs, d'une conscience intègre et scrupuleuse, de convictions religieuses très arrêtées, M. Pavie consacrait sa vie à l'étude, se délassant par des recherches d'histoire et d'érudition de ses travaux du Palais ; il était entouré à Mamers d'égards et de respects.

Mais il avait le cœur trop haut placé pour ne pas se sentir froissé jusqu'au plus intime de son être par les agissements honteux du pouvoir et la bassesse de ses serviteurs trop zélés.

Aussi quand il vit se fermer la période des proscriptions sans avoir été porté sur la liste de M. Martin-Feuillée, il estima que l'heure était venue pour lui de se retirer ; en vain on essaya de le retenir en lui représentant que sa dernière était la sauvegarde de beaucoup d'intérêts, il sentait trop bien qu'en demeurant sur son siège il ne pourrait plus que souscrire trop souvent, impuissant et désarmé, à des décisions que sa conscience réprouverait.

Il résista donc aux plus pressantes démarches, et fit comme juge en 1883 ce qu'avait fait en 1880 son frère qui, procureur à Saint-Calais, avait l'un des premiers, résigné ses fonctions pour répudier toute participation, même la plus lointaine, à l'exécution des décrets.

Que ceux qui parlent de l'abaissement des caractères jettent les yeux sur ces familles d'anciens magistrats où tout est sacrifié à l'honneur et à la dignité, et, quelles que soient les défaillances auxquelles ils ont assisté, ils trouveront de quoi se consoler et peut-être se rassurer.

M. PAULMIER
CONSEILLER A ORLÉANS

35 ans de service, dont 21 comme conseiller.

Magistrat courageux et ferme, décoré à 23 ans au début de sa carrière pour l'intrépidité qu'il avait montrée en face des émeutiers.

Esprit élevé d'ailleurs, fécond et primesautier, versé dans la connaissance du droit, rompu aux affaires et apportant à les discuter une parole facile et brillante qui lui donnait la plus légitime influence dans les délibérés, il eût été désigné pour une présidence de chambre si la valeur et le mérite étaient aujourd'hui choses à considérer.

Malheureusement il avait des convictions religieuses très arrêtées, était membre de plusieurs sociétés de bienfaisance, et montrait à défendre ses idées une franchise d'allures, une verdeur de langage que relevait encore son existence sévère quoique sans austérité.

Il n'y avait rien à faire avec un pareil homme qu'à le révoquer, c'est un plaisir que s'est donné M. Martin-Feuillée.

Il fallait bien le punir aussi d'avoir acquitté, le 24 novembre 1880, le P. Labrosse, de Tours, qu'on avait voulu faire condamner pour ouverture illicite d'école libre, parce qu'il était resté à la tête du collège qu'il dirigeait depuis cinq ans !

Cinq des conseillers qui ont signé cet arrêt sont révoqués ; ce sont : MM. Chatelain, Guille-Desbuttes, de la Taille, Deschamps et Paulmier.

M. PELLETIER
CONSEILLER A ORLÉANS

25 ans de service, dont 12 comme conseiller.

Était procureur à Blois et s'y était fait remarquer par son talent de parole et par les qualités administratives les plus appréciées, lorsque survint le 4 septembre qui le révoqua. Ne s'était-il pas permis de résister aux sollicitations incessantes et tracassières d'un député qui depuis lors n'a cessé de considérer comme les instruments de son influence les procureurs du département !

Réintégré par M. Dufaure en 1871 comme conseiller à Orléans, il s'y fit promptement la place qui appartenait à son mérite, et retrouva dans les présidences d'assises l'occasion de mettre au service de la justice une profonde connaissance des affaires criminelles rehaussée par un langage d'une irréprochable correction.

Il ne faisait pas de politique, et l'activité de son esprit trouvait dans la culture des arts et des lettres, en dehors de ses travaux professionnels, un délicat aliment.

Pourquoi donc l'a-t-on révoqué? Tout simplement parce qu'il ne l'était pas ; M. Martin-Feuillée trouve la raison suffisante ; puisqu'elle est bonne pour décorer les uns, pourquoi ne le serait-elle pas pour révoquer les autres ?

M. PELTIER
JUGE A ANGERS

29 ans de service.

Indépendant et impartial, juge d'instruction actif et infatigable, très sage et très ferme, M. Peltier fut un des premiers magistrats de France appelés devant la commission d'enquête qui vint faire ses débuts en Anjou.

Cette commission reçut pour étrenne une lettre assez verte de M. Peltier, où il lui expliquait que ses fonctions de juge consistaient à faire des enquêtes et non pas à en subir, qu'il avait l'habitude d'envoyer des citations et non pas d'en recevoir, et qu'enfin le principe de la séparation des pouvoirs, aussi bien que le serment qu'il avait prêté de garder le secret professionnel, lui interdisait le plaisir d'aller causer avec les enquêteurs députés.

Inutile de dire qu'on lui enleva quelques mois après l'instruction pour la confier à un autre duquel nous ne voulons dire autre chose sinon qu'il se vit bientôt forcé de donner sa démission.

M. Peltier n'avait pas été compris dans l'hécatombe de 613 victimes offertes aux vengeances républicaines par M. Martin-Feuillée; celui-ci savait bien que c'était inutile et que M. Peltier ne voudrait pas survivre à tant de collègues immolés; c'est ce qui est arrivé : M. Peltier avait trop de cœur et de caractère pour vouloir garder une heure de plus une robe désormais sans dignité, et il a envoyé sa démission à M. Martin-Feuillée.

Peut-être la lettre d'envoi fut-elle trouvée un peu raide, mais être débarrassé d'un magistrat indépendant de plus, cela vaut bien un affront, surtout lorsque l'on a renoncé à les compter.

M. Peltier avait pris part au jugement du 20 décembre 1880 par lequel le tribunal s'était déclaré compétent pour connaître de la demande en réintégration de domicile formée par des expulsés contre le sieur Assiot, préfet.

M. PERROT DE CHÉZELLES

VICE-PRÉSIDENT AU TRIBUNAL DE LA SEINE

29 ans de service.

Fils d'un conseiller à la cour de cassation, neveu d'un conseiller à la cour de Paris, appartenant à une famille qui comptait avant lui plus de cent ans de magistrature parisienne, M. Perrot de Chézelles en continuait dignement les grandes et laborieuses traditions.

Il avait été longtemps l'un des juges d'instruction les plus remarquables du tribunal, toujours chargé des plus lourdes informations.

Devenu vice-président, il dirigeait avec une douce autorité les travaux de sa chambre, dont il retenait pour lui-même une part exceptionnellement large. C'est ainsi qu'il s'était réservé l'enquête ordonnée sur certains agissements du sieur Constans, ministre de l'intérieur, qui jugea prudent de ne point accepter cet impartial examen de ses livres, et fit appel du jugement par lequel il était renvoyé à compter devant le président.

Dire à un ministre de rendre des comptes, c'était être par trop impudent; pareil forfait méritait bien la révocation; M. Perrot de Chézelles s'était d'ailleurs exposé au reproche de cléricalisme; n'était-il pas, en effet, marguillier de Sainte-Clotilde, crime absolument impardonnable de notre temps?

Il avait fait bien pis; alliant, suivant les traditions de l'ancienne magistrature, le culte des Muses à celui du droit, il avait, en mai 1883, publié une traduction en vers de l'Imitation.

« Il fallait, lui écrivait à ce propos Me Rousse, plus d'un genre de courage
« pour concevoir et pour accomplir, au
« temps où nous sommes, une entreprise
« dont un petit nombre d'âmes compren-
« dront tout le prix, mais qui, en revanche,
« paraîtra si prodigieuse et si étrange à
« tant de gens. Dieu et Jésus-Christ! l'o-
« béissance et le renoncement! la vie mo-
« nastique, la prière et l'humilité! Quels
« bizarres sujets de méditation dans une
« société qui laisse chasser Dieu de ses
« temples, et qui proscrit jusqu'à son nom,
« où tous veulent commander et où per-
« sonne ne veut obéir, où les sollicitations
« et l'obséquieuse servitude des ambitions
« vulgaires ont remplacé les renoncements
« du cloître et la sainte humilité du chré-
« tien devant la Croix!

« Que doivent penser, monsieur le pré-
« sident, les hommes qui tiennent à cette
« heure dans leurs mains la magistrature
« et la justice?

« Mais j'entends votre réponse : — Celui
« que touche peu le désir ou la peur de
« plaire ou de déplaire aux hommes pos-
« sède la paix dans son cœur. — Vous pen-
« sez que le témoignage de votre conscience,
« l'estime publique, le souci d'un nom res-
« pecté, l'honneur de parler et d'écrire li-
« brement, valent bien qu'on risque quel-
« ques déplaisirs et quelques dangers.

« Ce sont là des sentiments qui ne sont
« pas communs aujourd'hui, mais qui ne
« surprendront aucun de ceux qui ont
« l'honneur de vous connaître, et qui se
« souviennent des magistrats vénérés dont
« vous portez si dignement le nom. »

Nous nous garderons bien d'ajouter un seul mot à ce portrait tracé par l'avocat académicien d'un homme devant qui il avait plaidé si longtemps; mais avec quelle sûreté il pressentait ce que ce digne Martin-Feuillée ferait bientôt de l'honorable vice-président!

M. PERROTIN

PRÉSIDENT A MORLAIX

M. Perrotin avait 23 ans de service, et c'est M. Dufaure qui, en 1878, l'avait fait président à Morlaix.

Il était de ceux dont les sentiments ne peuvent être tolérés par notre gouvernement, la hache républicaine ne pouvait l'épargner.

Tout ce qu'il y a d'honnête à Morlaix a protesté contre cette iniquité, et s'est empressé à donner à l'honorable président le touchant témoignage d'une sympathie émue et d'un inaltérable respect.

M. PERROTIN

CONSEILLER A LA COUR D'AIX

Ancien membre du parquet que le 4 septembre avait révoqué; M. Dufaure l'avait, en 1879, fait rentrer à la cour d'Aix comme conseiller.

M. Perrotin ne s'était jamais écarté de la réserve que lui commandaient ses fonctions, mais n'avait jamais tu son attachement pour le principe d'autorité; on le chasse aujourd'hui comme un valet, au bout d'une longue et honorable carrière, simplement parce qu'il n'a jamais voulu s'agenouiller devant les Rouvier, les Naquet, les Bédarride, les Barne, les Leydet, que les républicains de Provence ont élevés aujourd'hui au rang de divinités.

M. PERSONNE

CONSEILLER A LA COUR DE DIJON

30 ans de service, dont 14 comme conseiller.

Révocation absolument inexpliquée; M. Personne ne s'occupait pas de politique, fuyait toute manifestation, et ne cherchait le délassement de ses travaux judiciaires que dans la retraite de son foyer domestique, où il se livrait volontiers à ses rares aptitudes pour les arts mécaniques.

Il est vrai que M. Personne a eu l'imprudence de placer son fils dans une maison d'éducation tenue par des prêtres, et c'est un grief que ne pouvaient effacer aujourd'hui ses 30 ans de service, sa bonhomie et son honnêteté.

M. PETIT

PRÉSIDENT A SAINT-MARCELLIN

Encore un Lorrain qui, après avoir subi les horreurs de l'invasion et de l'occupation, a opté pour la France malgré tous les intérêts qui auraient pu l'en empêcher, et que M. Martin-Feuillée n'a pas craint d'expulser, quoique MM. Dufaure et Martel l'eussent, par quatre nominations, déclaré digne des fonctions qu'il occupait.

Sa vive intelligence, sa sagacité, son expérience, ses qualités spéciales justifiaient pleinement le quadruple choix dont il avait été ainsi l'objet.

Mais M. Petit n'avait pas applaudi aux violences et aux hontes de la vraie République, quoiqu'il se fût, le 6 novembre 1880, déclaré incompétent pour connaître d'une demande en mainlevée de scellés formée par des religieux expulsés, parce que, s'agissant non d'un domicile, mais d'une chapelle, le déclinatoire du préfet était en effet fondé.

De plus, il avait eu le malheur de blesser certaines susceptibilités en démontrant clairement à des médiocrités tapageuses qu'à l'audience il ne suffit pas d'être républicain pour connaître le droit et avoir le sens commun.

Ces amours-propres froissés se sont vengés de la science et de l'impartialité du président en le faisant révoquer. Les capacités exceptionnelles ne sont plus aujourd'hui tolérées.

M. PEYROT

PRÉSIDENT DE CHAMBRE A LA COUR DE LIMOGES

40 ans de service, dont 17 comme conseiller et 9 comme président.

D'un caractère vif, aimable, d'une bonne grâce que pouvait à peine altérer la souffrance, d'un esprit prompt et souple, M. le président Peyrot semblait tout de premier mouvement. Hors du Palais, c'était vrai, nulle conversation plus prime-sautière, plus alerte ou plus enjouée; en affaires, c'était tout autre chose; avec une infatigable patience il savait fouiller les dossiers jusque dans leurs plus intimes profondeurs, il savait y puiser les éléments de solutions qu'il traduisait en arrêts substantiels dont plus d'un restera parmi les meilleurs dans les archives de la cour de Limoges.

Il avait été longtemps un président d'assises des plus distingués.

Ce n'était pas un clérical, il s'en faut; son caractère conciliant, modéré, n'avait pas d'angles et lui avait permis d'avoir vis-à-vis des hommes du pouvoir l'attitude courtoise qui convenait à sa dignité.

Mais dans le domaine de la justice il ne savait pas capituler; toute ingérence étrangère lui était odieuse et le faisait regimber; de plus, pas un ridicule, pas une faiblesse, pas une compromission n'échappait à sa perspicacité; il avait de l'esprit plein ses poches et le semait sans compter; soucieux de ne jamais blesser, il avait, en face des vilenies dont il était le témoin, certain sourire malicieux, qui laissait deviner qu'il en savait plus qu'il n'en disait; or, il y avait autour de lui trop de gens dont il connaissait le passé.

M. Peyrot n'avait donc pas ce qu'il fallait pour être conservé; il disparait devant un collègue qui a cinq ans de service de moins que lui, et que ses antécédents n'ont pas empêché de donner à la République tous les gages qu'elle lui a demandés, même ceux que tout autre n'eût pas hésité à lui refuser.

M. PHÉLIP

JUGE A LYON

9 ans de service.

Ancien avocat de Lyon que son talent et la considération universelle dont il jouissait avaient élevé au bâtonnat avant que le tribunal de Lyon lui ouvrit ses rangs.

Peu de magistrats connaissaient mieux le droit, la pratique judiciaire, et possédaient plus profondément l'art de découvrir dans un procès obscur le point important; sa présence était pour les plaideurs une garantie de lumières et d'impartialité.

Il eût fait un excellent conseiller, mais il dédaignait d'aller prendre le mot d'ordre chez le procureur général ou le préfet.

Il avait participé au jugement de référé du 8 décembre 1880 par lequel le tribunal s'était déclaré compétent pour connaître de la demande en réintégration de domicile formée contre Oustry-Pacha par des expulsés; sur les quatre magistrats qui siégèrent ce jour là, trois sont révoqués.

M. PHILIPPE

PRÉSIDENT A VITRY-LE-FRANÇOIS

29 ans de service, dont 11 comme président.

M. Philippe n'a jamais eu qu'une passion, celle du bien; ouvertement religieux, il paie aujourd'hui par une disgrâce la manifestation de sentiments qu'il ne craignait pas de montrer.

Ce n'est pas cependant que les bons exemples lui aient manqué, il a pu voir de près comment il fallait s'y prendre pour conserver une situation, même quand une origine et des attaches bonapartistes semblaient le plus la menacer; il suffit de ne pas aimer la prêtraille, ou tout au moins de s'en vanter.

Mais M. Philippe ne se chauffe pas de ce bois-là, et il était trop honnête pour ne pas être révoqué.

M. PHILOUZE

JUGE A RENNES

20 ans de service.

M. Philouze, six fois lauréat de la Faculté, auteur d'ouvrages sur les assurances et d'une étude publiée en 1882 sur la magistrature, partageait son temps entre le culte des lettres et celui du droit; sa seule ambition était de bien remplir ses devoirs; neveu de M. Baroche et de M. Jules Simon, jamais il n'avait essayé, aux époques où il eût pu le faire, de tirer profit de cette parenté; il n'y avait pas même songé lorsque, nommé après le 4 Septembre 1870 procureur à Saint-Brieuc, il servit un mois après, grâce à M. Glais-Bizoin, d'abord expatrié à Montélimar, puis révoqué.

Réintégré vice-président à Saint-Brieuc par M. Dufaure en 1871, il avait montré dans la direction des débats correctionnels une rapidité de coup d'œil, une précision de langage et une netteté d'esprit fort appréciées; puis ce sage que n'attiraient point les sommets était rentré sur sa demande à Rennes, sa ville natale, comme juge d'instruction.

Il en exerçait encore les fonctions en 1880 lors des décrets; on s'empressa de les lui enlever, pour les confier à un sieur Frémy, dit Henry-Couashier, qui ne trompa point la confiance de ses patrons, car trois fois de suite, les 2 et 6 novembre 1880, il se déclara incompétent sans une seule phrase ni un seul motif à l'appui, pour informer sur la plainte criminelle et correctionnelle des expulsés contre le sieur André, préfet; de quoi il vient d'être récompensé par un siège de vice-président que lui a donné Martin-Feuillée.

Quant à M. Philouze, il siégeait à l'audience du 22 novembre 1880 où le tribunal se déclara compétent pour statuer sur la demande en réintégration de domicile formée par des religieux expulsés contre ledit André; aussi, comme son président Legall de Kerlinou, il ne pouvait manquer d'être expulsé.

Mais il n'est pas de ceux que l'iniquité peut troubler; après avoir déjà connu, au début de la troisième république, les joies d'un avancement rapide et les injustices d'une disgrâce imméritée, il attend avec une imperturbable philosophie le jour où il reprendra, calme et grave, ses fonctions de magistrat; après avoir montré à ses cinq enfants comment tombe un homme de bien, il leur enseigne que tout passe, tout lasse, tout casse, même la République, et en conséquence il met sur ses cartes de visites « juge momentanément retraité ».

M. PIAT-DESVIAL

VICE-PRÉSIDENT A GRENOBLE

31 ans de service, dont 15 comme vice-président.

Ce magistrat instruit, intelligent, plein d'expérience et de courtoisie, était fort apprécié des hommes d'affaires qui, sans distinction de parti, reconnaissaient en lui un sens très droit, un grand esprit de justice et une extrême modération.

Il avait tenté d'avoir de bonnes relations avec les magistrats républicains et eût volontiers accepté la République honnête, mais on sentait bien que les violences, les scandales, les grossièretés du régime et de ses souteneurs avaient dû l'en dégoûter.

Il doit principalement sa révocation à un jugement qu'il a prononcé en 1877 contre le *Réveil du Dauphiné*, lequel a dressé la liste des magistrats à expulser, et ne s'est pas gêné pour la publier un mois avant les décrets d'expulsion.

Il avait encore aggravé depuis lors sa situation à propos des affaires correctionnelles portées devant lui par le parquet en 1880 à l'occasion de l'expulsion des Capucins de Meulan.

N'avait-il pas osé, malgré le parquet, penser qu'un délai pouvait être nécessaire au marquis de Monteynard, arrêté la veille, pour préparer sa défense, et qu'on pouvait même le remettre en liberté provisoirement! S'il eût été un magistrat dévoué, il eût jugé l'affaire séance tenante, ce qui eût empêché ledit marquis de prouver que la moitié des griefs qu'on lui faisait n'étaient pas fondés, de sorte qu'au lieu d'une simple amende, M. le marquis aurait eu de la prison.

Il est clair que quand on permet à un marquis de se défendre on ne saurait être un bon magistrat républicain.

M. PICAS

PRÉSIDENT A PERPIGNAN

26 ans de service, dont 9 comme président.

La révocation de M. Picas a une cause bien connue; elle est due, indépendamment d'une rivalité personnelle qui cherchait satisfaction, à l'ordonnance de référé qu'il a rendue le 8 novembre 1880 dans l'affaire des Capucins expulsés sur l'ordre du préfet Rivaud, par un commissaire central, chevalier d'Isabelle la Catholique, assisté de tous ses agents, et flanqué non seulement de plusieurs brigades de gendarmerie tant à pied qu'à cheval, mais encore de 300 hommes de troupes de ligne (on avait bien voulu ne pas amener d'artillerie).

M. Picas osa baser sa compétence sur les déclarations, parfaitement nettes d'ailleurs, de M. de Freycinet au Sénat, et prouva très clairement que pour être commis par un agent de l'administration, même sous la forme d'un acte administratif, un crime n'en est pas moins un crime et un délit un délit, ajoutant qu'un agent de l'administration qui détrousserait les voyageurs serait un voleur de grand chemin, qu'il n'avait pas plus le droit de fracturer les serrures d'autrui, que quand il le faisait, il était coupable de bris de clôture et de violation de domicile, et avait pour complices les malfaiteurs qui, dans les conditions des articles 60 et suivants du Code pénal, lui prêtaient leur complicité.

Ce langage énergique était trop vrai, c'est pour l'avoir tenu que M. Picas est révoqué, car aujourd'hui on est frappé quand on dit la vérité.

M. PICHAT

CONSEILLER A LA COUR DE GRENOBLE

36 ans de service, dont 12 comme conseiller.

Magistrat d'une distinction rare, joignant à une grande instruction une grande expérience, à la fois bienveillant et indépendant.

Quoique tout à fait étranger aux luttes politiques, il a été désigné aux vengeances républicaines par l'indignation qu'il avait laissé percer pour les procédés judiciaires employés il y a quelques mois à l'égard du Frère Namasius. On se rappelle que cet honorable Frère, sous le coup d'odieuses calomnies, fut arrêté, emprisonné et renvoyé devant la Cour d'assises où, après une longue détention, il se vit acquitté sans que le procureur général lui-même osât au dernier moment soutenir devant le jury l'accusation qu'on avait édifiée.

Un singulier hasard veut que tous ceux qui ont trempé dans cette poursuite aient été conservés ou récompensés par M. Martin-Feuillée, tandis que M. Pichat est révoqué.

M. PICOLET D'HERMILLON

CONSEILLER A LA COUR DE BOURGES

23 ans de service dont 5 comme conseiller.

Parent de M. Mercier, ancien premier président de la cour de cassation, savoisien d'origine, M. Picolet d'Hermillon avait opté pour la France lors de l'annexion, et comme son frère, tué en 1870 au service de sa nouvelle patrie, il l'aimait passionnément.

C'était un magistrat de grand zèle et de capacité éprouvée, au caractère franc et ouvert, qui attirait les sympathies par la droiture et la noblesse de ses sentiments.

Mais il avait des convictions religieuses très fermes, ne savait pas flatter les puissants, était ardent à embrasser et soutenir les grandes causes, s'en remettant à la Providence du soin de pourvoir à son avenir et à celui de ses enfants.

Malheureusement la Providence a abdiqué pour le moment entre les mains de Martin-Feuillée qui s'est empressé d'en profiter pour révoquer M. Picolet d'Hermillon; celui-ci s'en console, sachant bien que, quoi qu'il doive arriver de lui, le triomphe des méchants n'a qu'un temps.

M. PICOT LABAUME

JUGE A GAP

15 ans de service.

Très bon magistrat et excellent citoyen, M. Picot Labaume, qui avait accepté deux nominations de M. Dufaure, n'a pas voulu subir l'injure de se voir confirmé par M. Martin-Feuillée, qui venait de révoquer son beau père, M. Collin-Dufresne, conseiller à Grenoble.

Il a mieux aimé renoncer à toute indemnité que de continuer a faire partie d'une magistrature d'où il voyait bannir tout ce qui avait de l'indépendance et de la dignité.

Il a donc dans une lettre fort nette, et qui a été rendue publique, envoyé sa démission a M. Martin-Feuillée.

M. PICQUET

JUGE AU HAVRE

18 ans de service.

L'une des figures les plus douces, les plus modestes, les plus inoffensives et les plus honorables de l'ancienne magistrature. Bien fin qui eût jamais deviné que la présence de M. Picquet au tribunal du Havre pût faire courir à la République le moindre danger.

Alsacien chassé par la conquête, il avait quitté sa terre natale plutôt que de se séparer de cette France que ses frères servaient comme marins ou soldats, et pour laquelle en 1848 son oncle le général Damesme avait versé son sang sur les marches du Panthéon.

Il n'y a pas même trouvé le respect du malheur; on n'a pas oser le frapper en face, on lui a infligé un déplacement humiliant, comptant sur la médiocrité de sa situation pour le lui faire subir, ou spéculant pour se débarrasser de lui sur son dégoût et son écœurement; vil calcul qui a réussi, car M. Picquet a répondu par sa démission.

Comment avait-il encouru la colère du Gouvernement? En condamnant naguère quelques républicains de Fécamp, et encore pas comme ils le méritaient, paraît-il, car sur leur appel, la condamnation a été aggravée par la cour de Rouen.

M. Picquet avait en outre le tort d'être un artiste et un catholique fervent; nature délicate et impressionnable, il aimait à se consoler de sa patrie perdue aux pieds du Dieu dont les affligés sont les plus chers enfants; musicien de premier ordre, il aimait à s'asseoir parfois le dimanche à l'orgue de quelque chapelle où vont les pauvres gens, à y rehausser les cérémonies de la religion par l'éclat de son remarquable talent.

Voilà ses crimes; nul ne saurait lui en trouver d'autres; ils sont de telle nature que pas un honnête homme au Havre n'oserait prendre à son compte la responsabilité de sa révocation.

Quant à sa valeur comme juge, elle n'était bien connue que de ceux qui pouvaient voir de près quel utile emploi il en faisait; M. Picquet poussait en effet à ce point la modestie qu'il semblait prendre plaisir à laisser ignorer qu'il était l'un des meilleurs élèves de MM. Aubry et Rau, et qu'il avait obtenu à la Faculté de Strasbourg la médaille d'or de licence et une mention honorable au doctorat.

M. PIERRON DE MONDÉSIR

JUGE A NOGENT-LE-ROTROU

16 ans de service.

M. Pierron de Mondésir était un magistrat capable, consciencieux, parfaitement honorable à tous les points de vue; c'est M. Dufaure qui l'avait successivement nommé juge à Vitry-le-François, et juge d'instruction à Nogent-le-Rotrou.

Mais il avait mis son fils au petit séminaire de Nogent, et dès lors il était signalé comme hostile au Gouvernement.

Aussi *la Lanterne* s'est-elle empressée de le dénoncer à M. Martin-Feuillée comme « le digne acolyte de son président Jouot, « une des fines fleurs de la réaction ».

Or, on sait que M. Martin-Feuillée n'a jamais résisté à de pareilles sommations *la Lanterne* s'en vante, et elle a raison.

M. PIET-LATAUDRIE

VICE-PRÉSIDENT A SAINTES

13 ans de service.

Juriste très expert, esprit aussi fin que réfléchi, doué d'une parole élégante et pleine d'autorité, M. Piet-Lataudrie avait exercé 10 ans comme avocat au barreau de Poitiers et avait même été choisi pour faire en l'absence d'un professeur de droit des leçons à la Faculté, lorsqu'en 1870 il entra dans le parquet.

C'est là qu'il a recueilli les inimitiés sous lesquelles il a succombé; il eut à poursuivre l'*Avenir de la Vendée* pour un article non signé; le journal fut condamné en première instance et en appel; mais l'auteur anonyme de l'article, que tout le monde connaît, n'a pu le lui pardonner.

A la même époque, le scrutin électoral ayant été troublé par une scène de vacarme effroyable où, au milieu des cris de vive la Commune! on ne parlait de rien moins que « d'enlever la tête de veau du Maire » qui présidait, il requit information contre l'instigateur de cette démonstration tumultueuse, et le traduisit, ainsi que quelques repris de justice, ses complices, devant la police correctionnelle où il fut condamné. Ce citoyen, pour bien montrer qu'il s'était vengé, a eu l'aimable attention d'envoyer à M. Piet-Lataudrie, le lendemain de sa révocation, sa carte avec la mention écrite « condamné sous le 16 mai ». O Seignobos! tu as fait école, et tu ne dus pas éprouver plus de plaisir quand tu écrivis naguère à l'avocat général Clappier que c'était toi qui le faisais révoquer pour avoir cru que ton adversaire avait raison dans un procès!

Dès le triomphe des 363, la révocation de M. Piet-Lataudrie avait été ardemment demandée; seulement elle avait été refusée, car on avait alors affaire à M. Dufaure, et non pas à M. Cazot ou à M. Martin-Feuillée; M. Dufaure manda M. Piet-Lataudrie et lui offrit de le déplacer; celui-ci refusa, ne laissant au Ministre que le choix de le révoquer ou de le maintenir au poste où il était injustement attaqué; ce ferme langage plut au vieux sanglier qui, à la veille seulement de quitter le Ministère, crut mettre M. Piet-Lataudrie à l'abri de ses ennemis en le faisant vice-président à Saintes, c'est-à-dire en le couvrant de l'inamovibilité.

Impuissante alors à renverser l'obstacle, la meute se jeta sur celui qui avait contribué à l'élever entre elle et l'homme qu'elle poursuivait; sept jours après le départ de M. Dufaure, M. Fortier-Maire, procureur général à Poitiers était destitué; l'appui qu'il avait donné à M. Piet-Lataudrie était le premier grief qu'on lui reprochait.

Vice-président à Saintes, M. Piet-Lataudrie s'était tenu à l'écart de toute politique, consacrant à des recherches historiques sur le tribunal de Saintes les loisirs dont il pouvait disposer.

Mais il ne cachait pas ses sentiments religieux et ne parait point sa maison de drapeaux et de lampions le 14 juillet; aussi, seul de tout le tribunal, a-t-il été jugé digne de figurer sur les listes d'honneur de M. Martin-Feuillée.

M. PIÉTRI

CONSEILLER A BASTIA

29 ans de service, dont 18 comme conseiller.

De mœurs honnêtes et douces, d'un caractère très sympathique, il se consacrait exclusivement à ses devoirs de magistrat et à l'éducation de ses enfants.

Ses sentiments politiques étaient ceux de son parent M. Bartoli, député de la Gauche, et semblaient devoir le garantir de l'expulsion.

Mais il portait le nom du sénateur Piétri! C'était un prétexte à ceux qui flairaient la curée; il n'en a pas fallu davantage pour le faire figurer sur les listes de M. Martin-Feuillée.

M. PIETTE

JUGE A VERVINS

20 ans de service.

S'il eût voulu quitter la ville de Vervins, que son père avait longtemps représentée sous l'Empire comme député, M. Piette eût pu fournir une carrière brillante dans le parquet; à une grande rectitude de jugement, à un esprit cultivé il joignait, en effet, une parole élégante et facile, ainsi que le don de la mesure qui est une condition de l'autorité.

Il aima mieux demeurer dans son pays, et y remplit longtemps les fonctions de juge d'instruction avec beaucoup de décision et de sagacité.

Il en fut privé le jour où nos maîtres posèrent en principe qu'on devait faire passer avant le savoir, avant l'expérience, avant le dévouement, le culte plus ou moins intéressé de la République et le servilisme envers ses agents.

Depuis lors, il avait continué à siéger comme juge, exclusivement occupé de ses travaux judiciaires et ne témoignant aucune amertume de l'injustice dont il avait été l'objet.

On n'en voulait plus, mais on hésitait à le chasser, d'abord parce que son expulsion lui eût donné droit à une retraite, et ensuite parce qu'elle eût excité dans l'arrondissement assez d'indignation pour faire de lui un concurrent redoutable à la réélection du député.

On comprit qu'il suffisait de l'oublier, certain qu'il n'accepterait pas de rester dans un tribunal d'où son président venait d'être chassé; c'est ce qui est arrivé, il a donné sa démission pour rentrer dans la vie privée; mais les électeurs pourraient bien l'en faire sortir un jour pour le venger.

M. PINCZON DU SEL DES MONTS

JUGE A NANTES

30 ans de service.

Avait exercé avec une rare distinction les fonctions de substitut au tribunal de Nantes avant de s'y asseoir sur un siège de juge; doué d'une parole nette et éminemment facile, nourri de fortes études juridiques, aussi propre au service civil qu'à celui des assises, il s'était acquis dans le parquet un juste renom.

Il était devenu tout aussi vite un juge excellent; son intégrité, la dignité de sa vie étaient à la hauteur de son mérite professionnel; si nous ajoutons qu'il était indépendant, qu'il appartenait, en outre, à une famille où les convictions religieuses se transmettent de père en fils avec une fidélité qui ne se dément jamais, nous avons amplement expliqué pourquoi l'honorable Martin-Feuillée, qui le connaît bien, s'est empressé de le révoquer.

M. Pinczon du Sel des Monts était en congé et jouissait paisiblement de la vie de famille dans sa propriété de Bellevue quand, le 12 octobre, un huissier se présenta de la part de M. le procureur de la République et lui notifia, « parlant à sa personne » le décret qui le chassait de la magistrature; toujours courtois, M. Pinczon reçut avec sa bonne grâce habituelle le papier qui se terminait ainsi : « à ce qu'il n'en ignore, « et je lui ai, étant et parlant comme dessus, « laissé la présente copie avec celle du décret « sus-relaté; coût: 4 fr. 30 c. Signé: Pireau ».

Qu'on dise encore que la République ne fait pas d'exploits !

Des gens naïfs prétendaient que M. Pinczon du Sel serait épargné, non parce qu'il était d'esprit facile et délié, de caractère aimable et charmant, causeur plein de verve, homme du monde plein de grâce et d'affabilité, mais voici la raison qu'ils invoquaient :

Jadis, sous l'Empire, il y avait à Rennes un préfet à poigne, un substitut faisant l'intérim du parquet, et un avocat qui, après avoir été successivement légitimiste et impérialiste, s'était posé en champion de la liberté; il advint qu'un jour, dans une affaire qui intéressait très directement, mais en sens inverse, le préfet à poigne et l'avocat libéral, le substitut, n'hésitant pas à risquer sa place pour faire son devoir, prit nettement parti pour l'avocat contre le préfet, ce que l'avocat reconnaissant avait juré de ne jamais oublier; or, le préfet s'appelait Féart, le substitut Pinczon du Sel, et l'avocat... Martin-Feuillée.

Sur quoi, les naïfs dont nous parlons soutenaient que M. Pinczon du Sel ne serait pas expulsé par Martin-Feuillée; l'événement leur a prouvé qu'ils avaient tort, mais il ne faut pas accuser Martin-Feuillée; celui-ci n'a, en effet, rien oublié, et c'est justement pour cela qu'il a « martinisé » M. Pinczon du Sel, sachant mieux que personne qu'entre son devoir et sa place, ce magistrat n'hésiterait pas plus dans l'avenir qu'il n'avait hésité dans le passé.

M. PINGAT

JUGE A BEAUNE

17 ans de service.

Fils et gendre de magistrats qui ont laissé les meilleurs souvenirs à la cour de Dijon, M. Pingat se montrait le digne continuateur des traditions de sa famille par l'honorabilité de sa vie, l'aménité de son caractère et le dévouement qu'il apportait à ses fonctions; tous les hommes d'affaires, que le service des ordres mettait plus directement en rapport avec lui, rendaient hommage à la courtoise bienveillance autant qu'à l'activité qu'il déployait dans cette laborieuse mission.

Il n'était pas un ennemi de la République, car c'est M. Martel qui avait signé sa dernière nomination; la réserve de son attitude, le soin avec lequel il se tenait à l'écart de toute manifestation semblaient d'ailleurs devoir le garantir de la proscription.

Mais que voulez-vous? c'était un ferme chrétien qui ne dissimulait pas ses convictions; il avait une de ces consciences droites et claires dont il n'y a pas à espérer de transaction.

On l'a donc révoqué, avec le tribunal tout entier, du reste, pour bien montrer que la libre pensée ne s'accommode pas de toutes ces mômeries de la superstition.

M. PLAGNAT

PRÉSIDENT DU TRIBUNAL D'ANNECY

33 ans de service, dont 16 comme président.

Le barreau et les justiciables rendaient un hommage unanime au soin, à l'exactitude, au zèle avec lesquels il remplissait ses fonctions; il n'avait aucune attache politique, était d'une impartialité absolue, et la dignité de son caractère, l'entière correction de son attitude semblaient devoir le mettre à l'abri de toute atteinte.

Pourquoi donc l'a-t-on révoqué?

Parce que le 18 novembre 1880, saisi d'une demande en mainlevée de scellés apposés sur une chapelle, et d'une demande de réintégration de domicile formées par des expulsés contre le préfet du Grosriez, il s'est déclaré, par une ordonnance de référé, incompétent sur la première, mais compétent sur la seconde pour statuer.

Sa révocation n'est pas seulement inique, elle est la violation formelle d'un traité; M. Plagnat était depuis 11 ans magistrat en Savoie lors de l'annexion; or le traité d'annexion garantissait formellement aux magistrats en exercice, par son article 5, le maintien de l'inamovibilité.

Mais qu'est-ce que c'est que le respect d'un traité pour M. Martin-Feuillée? Il vous soutiendra, quand vous voudrez, que la promesse jurée de maintenir aux magistrats savoisiens l'inamovibilité n'empêche nullement de les en dépouiller.

La République ne respectant plus rien ne saurait être tenue de respecter un traité, s'il n'y a pas au verso de la page un million de baïonnettes pour l'appuyer.

M. Plagnat a eu beau n'opter qu'à cette condition pour la qualité de Français, on foule aux pieds ses droits comme ceux de tous les Français; voilà ce qu'il y a gagné.

Il lui reste la sympathie et l'estime de tous ceux pour qui ce nom est encore le symbole de la bonne foi et de l'honnêteté, et qui rougissent de voir la justice de leur pays tombée dans les mains d'un Martin Feuillée.

M. PLANCHENAUT

CONSEILLER A LA COURS D'ANGERS

24 ans de service dont 13 comme conseiller.

Doué des plus hautes qualités de l'esprit et du caractère; instruit, loyal, chrétien, un de ces magistrats qu'aucune influence ne fait plier, qu'aucun souffle malhonnête n'ose même effleurer.

D'une intelligence rapide et sûre, M. Planchenaut s'exprimait avec une clarté et une précision exceptionnelles; il avait présidé les assises avec un éclat auquel il n'est pas probable que les magistrats des nouvelles couches atteignent jamais.

Seulement il avait bien vite constaté qu'il lui était impossible d'avoir la moindre considération pour le procureur général Auger.

Il n'en fallait pas davantage pour qu'il fût révoqué.

M. PLANTERROSE

CONSEILLER A LA COUR DE PAU

29 ans de service, dont 12 comme conseiller.

Lauréat de la Faculté de Paris en 1854, homme d'affaires consommé, jurisconsulte érudit, M. Planterrose était une des sommités de la Cour de Pau. Il menait une vie retirée et modeste, toute consacrée au travail et à l'étude; son caractère aussi ferme que réservé le tenait à l'écart de toutes les intrigues et de toutes les manifestations, et si aucun parti savait n'avoir rien à espérer de sa complaisance, il savait aussi n'avoir rien à redouter de sa partialité.

On peut bien mettre M. Martin-Feuillée au défi d'assigner à la révocation dont il le frappe une autre cause que son incorruptibilité.

M. POMAREL

JUGE A SARLAT

21 ans de service.

Magistrat travailleur, scrupuleux et instruit; le meilleur des hommes, mais franc parfois jusqu'à la rudesse.

Avant de le révoquer on l'avait fait suspendre par la cour de cassation pour deux raisons.

La première est qu'ayant reçu en retard un télégramme très pressé, et ayant appris que le porteur avait été détourné de son service par le maire, il s'était emporté et avait proféré quelques paroles aigres contre le Gouvernement, insinuant notamment que sous le régime actuel l'intérêt général était sacrifié à quelques privilégiés. Il avait tort, à coup sûr, mais enfin, quelques mois plus tôt les journaux de France, républicains surtout, avaient désigné, en citant les témoins à l'appui, un procureur général qui avait dit en plein casino de Vichy que nous vivions sous « un gouvernement malhonnête, « insultant chaque jour la famille et la reli-« gion, et que nos sénateurs et nos députés « étaient des tripoteurs et des coquins »; or, on n'avait pas osé toucher audit procureur général, probablement parce qu'il avait les mains pleines de secrets et qu'il eût pu trop aisément prouver ce qu'il avançait.

La seconde raison est que M. Pomarel manquait de tenue, ayant été vu fumant sa pipe dans un couloir du Palais, et ayant siégé avec une robe déchirée. Il avait eu tort encore, si c'était vrai, mais comment pouvait-il imaginer qu'il serait jamais déféré pour manque de tenue à une Cour que Cazot présidait!

Il doit le comprendre bien moins encore depuis qu'il a vu parmi quels personnages Martin-Feuillée est allé recruter sa Magistrature épurée.

M. PORTALÈS

PRÉSIDENT AU VIGAN

38 ans de service, dont 11 comme président.

Ce digne magistrat était entouré de l'estime générale au Vigan, qu'il n'avait pas quitté depuis 33 ans. Il l'avait gagnée non seulement par ses longs services, mais aussi par l'honorabilité de sa vie privée.

Il touchait à sa limite d'âge et on aurait pu l'épargner s'il n'avait pas fallu l'offrir en victime au député Marcellin Pellet, qui s'était vanté, dit-on, de le faire expulser.

On l'a remplacé par un magistrat qui a fait ses débuts comme substitut au Vigan grâce aux démissions en masse des honorables magistrats du parquet, dégoutés par l'odieuse exécution des décrets.

On affirme que les électeurs du Vigan ne sont pas autrement satisfaits et qu'ils en sont à préférer une magistrature élue à la magistrature issue de l'accouplement de leur député avec M. Martin-Feuillée.

Nous le croyons volontiers.

M. PORTIER DU BELLAIR

CONSEILLER A CHAMBÉRY

35 ans de service, dont 16 comme conseiller.

Caractère des plus droits, d'une impartialité parfaite, d'une intégrité absolue, magistrat avant l'annexion et ayant voté pour la France en 1860.

C'est un crime aujourd'hui pour M. le sénateur Parent qui a tout fait alors pour s'y opposer; M. Portier l'expie avec six de ses collègues d'origine savoyarde qui s'y sont associés; on le révoque au mépris du traité qui lui assurait l'inamovibilité.

Pourquoi aussi était-il catholique et beau-frère du baron d'Alexandry, ancien sénateur, et l'un des chefs du parti conservateur en Savoie?

Si du moins il eût été radical et athée!

M. POUMAYRAC

PRÉSIDENT A SAINT-AFFRIQUE

24 ans de service, dont 9 comme président.

Magistrat distingué et modeste, que sa piété, son indépendance et la noblesse de son caractère ont suffi à désigner à la haine des satellites de M. Martin-Feuillée.

On ne pouvait nier ni sa valeur professionnelle ni son respect de la Constitution, car le 29 octobre 1878, M. Dufaure lui avait donné d'office un siège d'avancement que M. Poumayrac refusa pour pouvoir faire élever ses enfants au collège des jésuites de Saint-Affrique sans s'en séparer.

Livrer ses enfants à la prêtraille au lieu de les envoyer à la boutique ouverte par l'État au coin du quai, c'est un de ces crimes que la révocation ne fait pas trop expier.

M. PRÉMONT

CONSEILLER A CAEN

26 ans de service, dont 6 comme conseiller.

Magistrat très attaché à ses devoirs, d'un esprit droit et impartial, qui n'avait pas un ennemi parmi ses adversaires politiques honnêtes, si tant est qu'il ait jamais pu être considéré comme un homme politique, et dont le premier tort était de repousser toute tentative de pression avec une froide et calme dignité.

Il en avait encore deux autres: d'abord il était religieux, et présidait la société d'Adoration nocturne, grand crime aux yeux de ceux qui courent la nuit toute autre chose que la réparation des scandales de l'impiété. Toutes les œuvres de bienfaisance, de science et de charité comptaient en lui un collaborateur dévoué.

Ensuite il était le frère d'un conseiller général qui s'était permis de battre le sénateur Foubert dans son propre canton.

Convenez que c'était trop; pour atténuer ces scandales, l'administration avait déjà privé M. Prémont de toutes les fonctions gratuites qu'il occupait; M. Martin-Feuillée, dans sa sollicitude éclairée, ne pouvait pas faire moins que de révoquer l'arrière-petit-neveu de l'illustre Tronchet.

M. PRÉVOT-LEIGONIE

CONSEILLER A LA COUR DE POITIERS

22 ans de service, dont 9 comme conseiller.

Juge intègre et laborieux, étranger à toutes les agitations de la politique, M. Prévôt-Leigonie, l'un des premiers juristes de la cour, semblait devoir être protégé par son mérite personnel, par la confiance et la considération qu'il inspirait.

C'est justement ce qui l'a perdu, M. Martin-Feuillée ayant reçu mission spéciale de chasser de la magistrature le talent et la probité.

M. PUGET

JUGE A SAINT-JULIEN

11 ans de service.

M. Puget était depuis 22 ans au barreau lorsqu'il se décida en 1871, à entrer dans dans la magistrature. C'était un homme d'un caractère très droit, d'une grande indépendance et d'une impartialité absolue; esprit orné d'ailleurs des connaissances les plus variées, il partageait son temps entre les études littéraires et les travaux du Palais.

M. Martin-Feuillée seul pourrait dire, en admettant qu'il le sache lui-même, pourquoi M. Puget est révoqué.

M. Puget est rentré au barreau, où la confiance des justiciables le dédommage de l'iniquité dont il a été l'objet.

M. PY

JUGE A LURE

17 ans de service.

« Louis Py, de Mélisey (Haute-Saône), « qui compte 18 blanches sur 20, esprit « sagace et pénétrant, capable des plus « grands efforts et promettant à l'École un « solide docteur »; ainsi s'exprimait jadis le doyen de la Faculté, dans un discours de rentrée de l'École de droit de Dijon.

Il ne s'était trompé que sur un point; M. Py qui se destinait alors à l'agrégation, renonça à professer le droit pour l'appliquer.

Ce fut un magistrat hors ligne, jurisconsulte aussi savant que modeste, et marqué depuis longtemps, à 43 ans, pour un siège de président s'il eût voulu quitter Lure, son pays.

Il était apte à tous les services judiciaires; c'est pourquoi la vraie République les lui a tous enlevés; elle l'avait déjà privé en 1879 des fonctions de juge d'instruction qu'il exerçait depuis cinq ans; elle le prive aujourd'hui de ses fonctions de juge par une révocation.

Le tout, parce que M. Py, d'un commerce si sûr et si aimable dans ses relations, a un caractère absolument rebelle à toute courtisanerie, et tout à fait incapable de se prêter jamais, même pour les beaux yeux de la République, à la moindre compromission.

M. QUEST

PRÉSIDENT A CHATEAU-THIERRY

24 ans de service, dont 10 comme président.

Homme aimable, de bonne compagnie, à la physionomie ouverte, au caractère franc et bon.

Il avait montré comme juge d'instruction beaucoup de sagacité et de pénétration; devenu président, il avait fait preuve d'une remarquable aptitude à bien saisir les difficultés et à bien donner les solutions.

Son aménité et sa bienveillance le faisaient aimer tout de suite; sa sollicitude pour les classes laborieuses, sa charité pour les pauvres s'étaient maintes fois traduites et étaient bien connues dans son arrondissement; aussi dans ce temps, où il y a cependant plus de lâches que de gens courageux, a-t-on pu voir tous ceux qui s'étaient trouvés en rapport avec lui, braver les dénonciations pour venir lui apporter le témoignage de leur sympathie et de leurs regrets lors de son inique révocation.

Pourquoi on l'a révoqué? D'abord parce que l'indépendance et la fermeté sont des vices qu'il faut extirper; ensuite, parce qu'en 1877, M. Quest a eu à rendre un jugement défavorable aux prétentions de M. Turquet, député de l'arrondissement, et que depuis ce temps-là les républicains l'avaient en abomination.

M. QUINION-HUBERT

CONSEILLER A LA COUR DE DOUAI

21 ans de service, dont 6 à Saint-Pol comme président, et 6 comme conseiller.

N'avait jamais rien demandé à la politique ni à la faveur; son caractère, sa haute valeur, son impartialité lui avaient partout gagné les plus honorables sympathies; ses ennemis eux-mêmes ne niaient pas ses éminentes qualités.

On l'avait vu en 1869, à Saint-Pol, comme procureur impérial, faire son devoir sans se laisser intimider par l'hostilité d'une des familles les plus puissantes d'alors.

Après le 4 septembre, le procureur de Lille qui usurpait sans vergogne les fonctions du procureur général, avait voulu le faire révoquer; il avait été maintenu sur l'insistance de M. Lenglet, préfet républicain du Pas-de-Calais, avait organisé une compagnie de francs-tireurs et avait réussi à préserver Saint-Pol de la visite et des déprédations de l'ennemi.

M. Dufaure l'en avait récompensé en le nommant président; M. Martin-Feuillée le révoque aujourd'hui. Pourquoi?

Parce qu'un jour M. Quinion, voyageant en chemin de fer, s'est permis de plaisanter sur certains actes du gouvernement, sans se défier d'une dame de Douai, silencieusement assise dans un coin du wagon, et que, quelques jours après, a paru dans l'*Ami du Peuple*, journal radical de Douai, organe de la mairie et de M. Merlin, un article d'une violence inouïe contre M. Quinion; la dame silencieuse avait parlé.

Parce que M. Quinion, dont le salon restait à peu près seul ouvert à Douai, a oublié quelque temps d'y inviter Mme Serre, femme du procureur général, et a oublié toujours d'y inviter Mme Poulle, femme de l'ancien capitaine de pompiers devenu conseiller.

Parce que dans une allocution à des agriculteurs, M. Quinion a eu le tort de ne pas dire que la République seule pouvait faire pousser les betteraves et les pommes de terre, et s'est ainsi ouvertement posé en ennemi de nos institutions.

Parce qu'enfin, M. Quinion faisait partie cette année d'une chambre correctionnelle qui n'a pas toujours condamné aveuglément les prévenus politiques ou les prêtres poursuivis pour censure des actes du gouvernement, et qu'une des premières choses que l'entrée des républicains dans la magistrature a supprimées, c'est le secret des délibérations.

Voilà les crimes pour lesquels M. Quinion est révoqué.

M. RACANIÉ-LAURENS

CONSEILLER A MONTPELLIER

35 ans de service, dont 16 comme conseiller.

La République le trouvant au 24 février 1848 déjà nommé suppléant au tribunal de Montpellier par un décret signé, mais non encore publié, ne l'en avait pas moins, de son propre chef, fait entrer comme substitut dans la magistrature un mois après, elle l'en chasse en 1883, que son saint nom soit béni!

M. Racanié-Laurens n'était pourtant pas de ces gens bilieux dont le langage et les actes provoquaient l'irritation de nos maîtres; son fin esprit, sa courtoisie bienveillante lui rendaient facile de concilier le soin de son indépendance et la pratique des ménagements compatibles avec sa dignité.

Mais si correct qu'il fût dans son attitude, si méritée que fût la considération dont il était entouré, la révocation ne pouvait lui être épargnée; ne fallait-il pas le punir d'avoir un fils qui, étant procureur à Albertville, a mieux aimé donner sa démission que de s'associer, même par son silence, à l'odieuse exécution des décrets?

C'était un président d'assises des plus distingués, qui, après la loi supprimant le résumé avait refusé de présider plus longtemps, par une lettre motivée et sans que rien pût le faire revenir sur la décision qu'il avait signifiée; il n'en était sans doute pas mieux noté.

M. DE RAVEL D'ESCLAPON

JUGE A AIX

22 ans de service.

Appartenait à une vieille famille de Provence, et était légitimiste par tradition, ce qui n'avait pas empêché l'Empire de lui ouvrir les rangs de la magistrsture; on savait bien, en effet, qu'en juge intègre, lorsqu'il revêtait sa robe il dépouillait ses opinions; le journal légitimiste d'Aix en avait fait l'épreuve en plus d'une occasion.

Mais le gouvernement veut autre chose que de l'impartialité; il tient à ce qu'on aille jusqu'à la servilité et n'a confiance en un magistrat que s'il a renié toutes ses convictions.

M. de Ravel d'Esclapon n'était pas homme à lui donner cette satisfaction; une fois descendu de son siège, il se croyait libre d'avouer ses opinions; il a osé assister à la messe célébrée pour l'âme de M. le comte Chambord, on le lui fait payer par une révocation.

M. RAVIER DU MAGNY

VICE-PRÉSIDENT A LYON

35 ans de service, dont 9 comme vice-président.

Grande droiture, sagacité profonde, vive intelligence des affaires, bonté et bienveillance inaltérables, haute dignité de caractère, voilà les vices rédhibitoires pour lesquels M. Martin l'a révoqué.

Ajoutez à cela un dévouement sans bornes à ses fonctions; infirme et malade, ce magistrat ne craignait pas, après une double fracture de la jambe, de se faire porter à l'audience pour ne pas interrompre ou retarder le service si chargé à Lyon.

Aimé et respecté de tous ses collègues, il l'était aussi des justiciables et de ses compatriotes qui voyaient avec quelle ardeur, quelle générosité il consacrait sa vie à toutes les œuvres de bienfaisance, et qui savaient bien que la porte de ce catholique fervent s'ouvrait toujours au premier appel de la charité.

M. REBOULH DE VEYRAC

JUGE A MELUN

17 ans de service.

Magistrat consciencieux et réfléchi, apportant un grand soin à toutes les affaires qu'il était appelé à juger, les jugeant bien, et traduisant ses décisions dans une langue où l'élégance s'alliait souvent à la précision et à la clarté.

Fils d'un magistrat estimé de Paris, il avait conservé intactes les traditions d'honneur et de loyauté que son père lui avait léguées; comme ce sont justement ces traditions qu'il faut extirper aujourd'hui de la magistrature, on s'est empressé de le destituer.

M. REFOULÉ

VICE-PRÉSIDENT A BLOIS

38 ans de service, dont 7 comme vice-président.

Intègre et consciencieux avant tout, portant à un haut degré le respect de ses fonctions, M. Refoulé en avait énergiquement défendu la dignité contre un procureur dont les agressions violentes et inconsidérées sont restées légendaires dans les fastes du parquet, et que Cazot lui-même s'est vu obligé de déplacer, en augmentant toutefois ses appointements pour le consoler d'une déchéance trop méritée.

Depuis lors l'administration avait signalé la maison du président Refoulé, qui de sa vie ne s'était occupé de politique, comme un foyer de réaction dont nul fonctionnaire ne devait franchir le seuil sous peine d'être destitué.

On avait déjà commencé par priver cet honnête homme, toujours prêt à payer de sa personne pour faire le bien, de toutes les fonctions gratuites qu'il avait longtemps occupées au bureau de bienfaisance, à la caisse d'épargne, à l'asile des aliénés... etc, l'heure de l'épuration venue ; on l'a dépouillé de sa robe de magistrat ; Viardot est enfin vengé.

Avis aux juges qui se permettront désormais de condamner un gredin, si c'est un républicain, (ce qui arrive généralement), d'acquitter un comte poursuivi prématurément pour n'avoir pas fait inscrire son fils sur les listes scolaires, ou de ne pas croire avec les gens du parquet qu'un curé qui fait jouer des enfants dans son jardin après les vêpres, a ouvert un « cercle non autorisé ».

M. RÉTIF

VICE-PRÉSIDENT A AUXERRE

28 ans de service, dont 14 comme vice-président.

Fils d'un magistrat, petit-fils d'un conseiller de Paris, M. Gallois, que M. Dufaure avait été chercher dans sa retraite pour présider à la reconstitution des actes de l'État civil brûlés par la Commune, M. Rétif était un représentant de ces nobles traditions qui n'ont plus cours auprès de M. Martin-Feuillée.

Ce n'est pas seulement à ses fonctions qu'il était dévoué, il l'était à son prochain, et il avait été décoré d'une médaille d'honneur pour avoir, au péril de sa vie, sauvé de l'Yonne un enfant qui se noyait, exemple qu'il faut désormais se garder d'encourager, car il est dangereux à imiter et d'un républicanisme suspect.

Tout le monde sait pour quel autre méfait M. Rétif est aussi révoqué ; il a eu le malheur d'être assez indépendant pour condamner quatre fois correctionnellement un certain Gallot, journaliste républicain dont Lepère, député de l'Yonne, a tenu à venger les infortunes sur le magistrat qui avait eu le mauvais goût de ne pas l'acquitter.

M. Rétif, qui connaît son monde, s'y attendait et n'en a été nullement étonné ; on lui fait payer du même coup l'honneur d'avoir pour gendre un substitut de Paris qui, en 1880, n'a pas hésité à donner sa démission plutôt que de prendre part, même passivement, à l'exécution des décrets.

La haine dont M. Rétif était l'objet de la part des puissants du jour s'était manifestée par une série de taquineries qu'on croyait propres à l'exaspérer; si désigné qu'il fût pour la présidence, non seulement on ne la lui avait pas donnée, mais on s'était amusé à y nommer des hommes d'opinions si accentuées que l'avancement rapide accordé à leur dévouement permettait de renouveler la petite plaisanterie presque chaque année. On avait même pris à côté de lui un simple juge pour en faire le président d'un tribunal plus important que celui-là même où M. Rétif siégeait.

Aussi bien, pourquoi M. Rétif avait-il ajouté à tous ses crimes celui de condamner un quidam républicain qui avait mis dans sa poche le produit d'une souscription ouverte pour les ouvriers cotonniers ? Est-ce qu'il ne savait pas que sous la République ce sont là de simples virements qui font partie du système financier ?

M. RIBAULT DE LAUGARDIÈRE

CONSEILLER A LA COUR DE BOURGES

29 ans de service, dont 9 comme conseiller.

Magistrat d'esprit judicieux, de grande expérience, aimant ses fonctions, et apportant à les remplir la plus entière droiture et la plus scrupuleuse attention.

De plus, un érudit et un savant, qui avait été désigné l'année dernière pour représenter au congrès de la Sorbonne les sociétés savantes du Berry. Indépendamment de nombreux travaux historiques, c'est lui qui a publié le recueil des « chansons populaires du Berry », spécimen si curieux et si instrutif des mœurs naïves des anciens habitants du pays.

En entendant parler de cette existence toute d'intérieur et d'étude, M. Martin-Feuillée a pu croire que M. de Laugardière cachait sous sa robe de magistrat une robe non autorisée de bénédictin, c'était simplement un savant, qui doublait le charme de sa science en se plaisant à en ouvrir les trésors avec le plus gracieux abandon.

C'était aussi un chrétien, fréquentant sa paroisse simplement et sans ostentation, c'est ce qui l'a perdu; quelque affectation de cléricalisme mélangée de complaisances suspectes et assaisonnée de sous-entendus malins lui eût été plus facilement pardonnée; M. de Laugardière est un assez habile chercheur pour pouvoir dire si cela s'est vu.

M. DE RIBBE

JUGE A NICE

15 ans de service.

Fils d'un ancien conseiller d'Aix, frère de M. Charles de Ribbe dont les livres sur la famille et les questions sociales ont eu un légitime retentissement, bon magistrat et bon chrétien. M. Augustin de Ribbe était tout désigné à la vengeance des républicains.

Il avait su cependant se tenir toujours en dehors de la politique, se consacrant tout entier au tribunal dont il était une des lumières, et au règlement des ordres dont il avait été depuis longtemps chargé.

Mais son esprit de modération ne pouvait l'empêcher de défendre hautement ses convictions lorsqu'il les voyait menacées, et il n'avait jamais cru que pour rester juge il fallut cesser d'être indépendant.

C'est en quoi il se trompait; il a osé, le 19 novembre 1880, condamner deux journalistes républicains qui n'avaient pas craint de pénétrer à la suite des crocheteurs et malgré la défense des propriétaires, dans le domicile des Pères Africains violé, accentuant de leurs rires moqueurs et de leur attitude inconvenante l'attentat dont des citoyens français étaient l'objet.

On s'en est souvenu, et pour que pareille chose n'arrivât plus (c'est la condamnation que nous voulons dire, et non pas l'attentat), on l'a révoqué avec les deux collègues qui avaient comme lui rendu le jugement.

M. RICHARD

JUGE A CHAMBÉRY

17 ans de service.

Instruit, consciencieux, impartial, absorbé dans ses devoirs professionnels, vivant absolument étranger aux luttes politiques, M. Richard aurait dû être épargné si on n'avait voulu atteindre en lui le catholique ouvertement pratiquant, et surtout une famille des plus considérables de Chambéry qui prodigue son dévouement à toutes les œuvres de charité.

On se venge aussi, en le frappant, de son frère aîné, avocat à Chambéry, qui, après avoir eu l'audace, dans un discours de distribution des prix aux écoles libres, de protester en termes indignés contre les mesures iniques sous lesquelles on cherche à étouffer l'enseignement chrétien, avait joué au procureur général Melcot le mauvais tour de répondre à sa poursuite correctionnelle en prenant pour défenseur M. Baragnon, et avait ainsi fourni à l'éloquent avocat l'occasion de flageller publiquement comme ils le méritent, les sinistres exploiteurs qui se sont abattus sur notre malheureux pays.

M. RICHARD

JUGE A SAINT-FLOUR

9 ans de service.

L'un des jeunes magistrats les plus distingués du ressort de Riom, et qui avait sacrifié toute pensée d'avancement au désir de rester dans un pays où il avait placé ses intérêts et ses affections.

Connaissant très bien le droit, il l'appliquait avec une remarquable facilité ; plein de ressources, esprit fin, jugement droit, il remplissait les divers devoirs de sa charge avec une réelle supériorité ; tantôt il donnait l'impulsion la plus rapide et la plus sûre aux ordres dont le règlement lui était confié, tantôt il était chargé de l'instruction et savait au milieu des affaires les plus délicates se mouvoir avec tact et habileté ; s'il dirigeait une enquête civile, c'était avec la plus grande précision ; s'il faisait un rapport à l'audience, c'était avec une parfaite clarté,

Mais le malheureux s'obstinait encore à croire qu'il y a un Dieu, quoiqu'il soit interdit au *Journal Officiel* d'en parler, et ne voulait pas cesser de le prier ; de plus, il s'intéressait à toutes les œuvres de bienfaisance comme s'il eût ignoré que la seule façon républicaine d'honorer les pauvres est de les laisser mourir de faim au nom de la solidarité; que diable Martin-Feuillée pouvait-il faire d'un pareil homme, sinon le révoquer ?

M. RIGAUD

PREMIER PRÉSIDENT DE LA COUR D'AIX

Les journaux républicains, empressés à ramasser tous les griefs pour justifier les mauvaises actions de M. Martin-Feuillée, en ont relevé deux contre M. Rigaud.

Le premier était d'avoir adressé naguère une pièce de vers à l'impératrice ! C'est se montrer bien sévère, quand on compte dans ses rangs M. Rochefort qui a fait une ode à la Vierge et M. Victor Hugo qui en a fait une au duc de Bordeaux ; il est vrai que M. Rigaud n'a pas, au jour de l'adversité, renié la sienne comme MM. Rochefort et Victor Hugo.

Le second était de n'avoir pas trouvé d'inconvénient à ce que son fils plaidât devant lui. Nous les renvoyons à M. Dauphin qui pendant 20 ans a plaidé à la cour devant son père, au tribunal devant son beau-père ; ils ne lui feront probablement pas avouer que son père et son beau-père étaient deux drôles qui, lorsqu'il devait perdre ses procès, les lui faisaient gagner.

La seule justification qu'on aurait pu invoquer, c'est que M. Rigaud, arrivé par un coup de politique, ne pouvait pas trop se plaindre du coup de politique qui le renversait.

M. Rigaud, en effet, était avocat à Aix, maire et député de cette ville, lorsqu'il fut subitement, le 13 décembre 1862, et par le fait personnel de l'Empereur lui-même, nommé premier président de la Cour devant laquelle il avait longtemps plaidé avec succès de nombreux procès. On se rappelle l'émotion et la surprise que provoqua cette nomination alors inusitée.

Mais, nous ne l'avons jamais méconnu, quand l'Empire s'écartait de la hiérarchie, il savait du moins généralement choisir des hommes distingués, et M. Rigaud ne tarda pas à justifier sa nomination par son autorité intellectuelle et son habileté consommée.

M. Rigaud a, pendant vingt ans, dirigé la cour d'Aix avec une incontestable valeur.

Depuis la chute de l'Empire, sans oublier ses devoirs de reconnaissance envers la dynastie qui l'avait élevé, il s'est absorbé dans ses graves fonctions, charmant ses rares loisirs par la poésie ; il est l'auteur d'une traduction en vers de *Mireïa*, le chef-d'œuvre de Mistral.

Il a fait preuve d'une véritable indépendance en défendant du haut de son siège la liberté et la propriété des religieux, lors de l'application des fameux décrets ; nul ne saurait méconnaître l'énergie avec laquelle il a affirmé, dans les derniers actes de sa carrière judiciaire, son attachement aux principes du droit audacieusement violés.

On ne pouvait le lui pardonner, et quoiqu'il dût atteindre sa limite d'âge dans six mois, M. Martin-Feuillée n'a pas résisté au plaisir de l'expulser.

M. Rigaud ne se plaint certes pas d'une mesure qui l'honore ; par une attention délicate, M. Martin-Feuillée semble d'ailleurs avoir voulu la lui rendre moins amère par le choix du successeur qu'il lui a donné.

M. RISTON

CONSEILLER A NANCY

34 ans de service, dont 21 comme conseiller.

Descendant d'une vieille famille de robe qui avait fourni plusieurs générations de magistrats à la cour de Nancy, M. Riston était profondément attristé de voir les atteintes successives portées par la République à une institution au sein de laquelle toute sa vie s'était passée.

Il n'eût pas hésité à prendre sa retraite s'il ne s'était vu marqué pour être révoqué; il a compris qu'il avait le devoir d'attendre sa révocation pour soustraire une autre victime à l'appétit de M. Martin-Feuillée.

Il a donc attendu de pied ferme le décret qui devait l'expulser ; il y perd le titre de conseiller honoraire qu'il lui eût été facile d'obtenir et qu'il avait bien mérité ; pour ne pas être honoraire il n'en sera que plus honoré.

M. RIVIER

PRÉSIDENT A GRENOBLE

43 ans de service, dont 10 comme conseiller et 8 comme président.

Il eût suffi à M. Martin-Feuillée d'attendre 6 mois pour que M. Rivier sortît naturellement de la magistrature par limite d'âge; il n'a pu y tenir et s'est donné la joie de l'expulser, de quoi il était d'ailleurs formellement sommé, reconnaissons-le, par le *Réveil du Dauphiné*.

Quel était donc le crime de cet honorable magistrat, qui depuis 36 ans n'avait pas quitté Grenoble et y était entouré de sympathie et de respect ?

Un seul, mais de ceux que la République ne sait pas pardonner. En 1880, les 3, 10 juillet et 1er décembre, M. le président Rivier a rendu trois ordonnances déclarant que la justice était compétente pour statuer sur les demandes formées contre le préfet Ribert par des religieux brutalement expulsés, atteints dans leur liberté et leur propriété.

« Pendant qu'il existe encore des magis-
« trats indépendants, a-t-il dit, c'est un
« devoir pour eux, sans se préoccuper de
« ce qu'il adviendra de leurs décisions, de
« leurs personnes, de continuer les grandes
« traditions de la magistrature française
« qui, sous tous les régimes, s'est constam-
« ment honorée en proclamant le droit et
« en prenant la défense des opprimés
« contre les actes arbitraires ou les abus
« de l'autorité. »

Il est évident que la République ne pouvait pas laisser siéger un magistrat assez séditieux pour défendre ainsi le droit et la liberté

M. RIVIÈRE-BODIN

CONSEILLER A LA COUR DE BORDEAUX

35 ans de service, dont 5 comme conseiller.

Nommé substitut en avril 1848, chargé de l'instruction à Bordeaux par M. Dufaure en janvier 1871, nommé par le même six mois après vice-président, et en 1878 conseiller, M. Bodin n'était évidemment pas un ennemi de la République, et s'il avait des opinions politiques, on ne les connaissait pas.

C'était un excellent homme toujours de belle humeur et bon enfant ; esprit droit, très versé en affaires, absolument impartial, intègre et éclairé, n'ayant jamais dans sa longue carrière servi que la justice et le droit, et si peu intrigant qu'après 35 ans de service il n'était pas même décoré.

M. Martin-Feuillée a réparé cet oubli en le révoquant, seule façon dont il lui fût possible de l'honorer.

On devine bien que M. Rivière-Bodin était un bon chrétien, osant pratiquer ostensiblement ses croyances, et trop honnête pour se douter qu'un gouvernement qui se pique d'être le gardien vigilant de la liberté de conscience, trouverait là matière à le destituer.

En vérité, s'il a pu croire cela, il connaissait bien mal son Martin-Feuillée.

M. ROBERT

JUGE A RIOM

22 ans de service.

D'une des familles les plus estimables et les plus aimées de Riom, de goûts simples, se plaisant à faire le bien, longtemps élu en tête du conseil municipal, M. Robert n'avait à se reprocher que des actes de modération, de bienfaisance et de bonté.

Magistrat aussi prudent que consciencieux, il avait pu remplir longtemps dans son pays les fonctions de juge d'instruction sans que son impartialité fût jamais suspectée ; inutile de dire que depuis trois ans le gouvernement les lui avait retirées.

Pourquoi on le révoque aujourd'hui, ce n'est pas difficile à dire ; parce qu'il était l'ami de M. Rouher, tout le monde le sait.

Il n'avait jamais tiré profit de cette amitié que pour les autres, non pour lui ; mais qu'importe ? la nouvelle magistrature eût été souillée par la seule présence de ce pestiféré.

M. ROBERT

JUGE A MURAT

9 ans de service.

M. Robert avait exercé très honorablement le ministère d'avoué à Mauriac avant de devenir juge à Murat, son pays natal ; il connaissait parfaitement les affaires de nature spéciale qui se présentent le plus souvent dans cette partie de l'Auvergne et apportait au tribunal une collaboration utile et appréciée.

Il y avait été investi des fonctions de juge d'instruction ; après les lui avoir retirées en 1878, on le frappe aujourd'hui de proscription.

Son crime est d'avoir occupé pendant un certain temps la mairie de Murat, et d'avoir entretenu, pendant son passage aux affaires, des rapports compromettants avec M. le marquis de Castellane, alors député de la circonscription.

Nul n'ignore que M. Martin-Feuillée est féroce sur le chapitre des mauvaises relations.

M. ROBERT

JUGE A COSNE

16 ans de service.

Ancien notaire, ancien maire, ancien conseiller d'arrondissement, ancien juge de paix, M. Robert avait laissé partout les meilleurs souvenirs; c'était un esprit cultivé, fin, un magistrat consciencieux, digne de toutes les sympathies qui l'entouraient.

M. Robert, quoique Parisien de race, s'était épris de la bonne et tranquille vie de province, et avait décidé de se fixer définitivement à Cosne; il s'y était installé, achetant une maison, prenant racine dans le pays, devenant peu à peu une influence.... ; c'est justement ce qu'il l'a perdu, car sous le régime où nous vivons, si les influences locales sont encore tolérées en province, c'est à condition qu'elles seront employées au service des républicains, sinon elles sont traquées, persécutées, il n'est pas de dénonciations, de tracasseries, de calomnies dont elles ne deviennent l'objet. Or, M. Robert était un indépendant qu'on ne pouvait ni acheter ni intimider; que pouvait-on dès lors faire de lui, sinon le révoquer?

M. ROBILLARD DE BEAUREPAIRE

CONSEILLER A LA COUR DE CAEN

31 ans de service, dont 16 comme conseiller.

Beaucoup d'esprit et de savoir, président d'assises très distingué, M. de Beaurepaire était, en outre, auteur d'ouvrages très estimés dans le monde savant; membre actif d'une foule de sociétés, secrétaire général des antiquaires de Normandie, de la Société française d'archéologie, sous-directeur de l'Association normande, nul mieux que lui ne savait déchiffrer les manuscrits effacés par le temps, retrouver l'origine d'une coutume, mettre au jour des documents curieux, et faire sous nos yeux revivre le passé.

Une vie si occupée ne laissait guère de place à la politique, mais M. Robillard avait eu le malheur de déplaire au procureur général Faguet. Celui-ci sentait tous ses moyens oratoires subitement paralysés lorsqu'au milieu d'une période républicaine il rencontrait le regard de l'homme qui, à Bourges, l'avait vu jadis fatiguer le gouvernement impérial de ses protestations de dévouement.

De plus, il avait rendu, le 24 décembre 1880, comme membre de la chambre d'accusation, un arrêt qui établissait la compétence de l'autorité judiciaire pour informer contre les préfets sur la plainte des expulsés.

Pour quoi il est aujourd'hui révoqué avec deux autres des cinq magistrats qui ont signé cet arrêt.

M. de Beaurepaire est lié avec tout un monde de savants étrangers; sa révocation leur donnera une belle idée de la prétendue réforme judiciaire à laquelle préside M. Martin-Feuillée.

M. DE ROCHEFORT

PRÉSIDENT A MOULINS

31 ans de service, dont 12 comme président.

Il fallait que l'honorabilité de M. de Rochefort, sa science juridique, la rectitude de son esprit, l'impartialité de ses jugements et la haute considération dont il était entouré, fussent bien constantes pour que M. Martin-Feuillée se fût cru obligé de ne pas le toucher dans son premier décret où plus de cent présidents étaient immolés.

Mais aussitôt les basses passions de se soulever; la bande trouve que M. de Rochefort est assez riche, et qu'il faut l'expulser, la gueuserie étant, paraît-il, une garantie spéciale d'indépendance et de dignité. Sous la pression des nouvelles couches, le Conseil municipal député cinq de ses membres pour signifier au préfet que le président doit être révoqué.

Que vouliez-vous que fît Martin-Feuillée! Je suis le chef, s'est-il dit, il faut bien que j'obéisse; et ce qu'on exigeait de lui, il l'a fait.

Deux jours après, le président des assises, recevant le tribunal, osa saluer de ses regrets M. de Rochefort absent, en le signalant comme « le modèle du magistrat intègre » ce qui était parfaitement vrai; ce fut un nouveau tapage, il fut à son tour signalé, attaqué, dénoncé; à quoi il répliqua courageusement en forçant le journal qui l'avait pris à partie d'insérer une lettre où il proclamait que le garde des sceaux n'avait le droit d'étouffer ni les sympathies ni les regrets.

C'est là qu'on voudrait en venir en effet; mais ni Martin-Feuillée ni ses sous-ordres ne disposent de l'estime et de la considération que l'opinion publique accorde ou refuse à son gré; et si l'usage qu'elle fait de sa prérogative inquiète les proscripteurs, en revanche il est pour les proscrits un légitime honneur, et elle ne le leur a pas ménagé.

M. ROGER

JUGE A COUTANCES

16 ans de service.

Bon juge, assidu à ses devoirs, de grande perspicacité, de caractère très réservé.

Partageant son temps entre les travaux du Palais et le soin de l'éducation de ses enfants, il ne faisait pas de politique, ne montrait pas la moindre hostilité au pouvoir établi, et illuminait consciencieusement au 14 juillet.

Mais il y a à Coutances certaine coterie qui impose ses volontés et qui renverserait volontiers la cathédrale si elle pouvait le faire à l'insu du public; faute de pouvoir se donner ce plaisir, elle a renversé M. Roger, n'admettant pas qu'un magistrat qui va à la messe puisse exercer des fonctions quand le gouvernement est athée.

Cette révocation a soulevé l'opinion publique à ce point que ceux qui en sont les auteurs se défendent de l'avoir provoquée; M. Roger avait en effet maintes fois prouvé comme juge d'instruction que quand il avait une information à faire, il la faisait sans se soucier le moins du monde si elle était ou non dirigée contre un curé.

L'indignation a été d'autant plus grande que la situation de M. Roger rendait plus dur pour lui le coup qui venait de le frapper; il l'a supporté toutefois sans amertume, portant avec dignité son infortune, et attendant qu'il plaise à Dieu d'arracher la France aux fauteurs d'iniquité.

M. ROGUES DE FURSAC

JUGE A LIMOGES

15 ans de service.

La révocation de cet honnête homme, de ce magistrat consciencieux et dévoué à tous ses devoirs, n'a pas seulement pour cause les sentiments religieux qu'il professait avec une fermeté exempte de toute ostentation, elle se rattache à trois ordonnances de compétence rendues par lui les 11 octobre, 11 et 12 novembre 1880, sur des plaintes pour crime d'attentat à la liberté formées par des expulsés contre le préfet.

La première fut infirmée par la Chambre des mises en accusation composée de cinq magistrats dont un a été révoqué;

Les deux autres furent également infirmées par la même Chambre composée de cinq autres magistrats dont deux sont aussi révoqués.

On sait que l'expulsé ainsi empêché de suivre son action criminelle, ayant poursuivi le préfet par voie d'action correctionnelle devant la chambre civile, celle-ci se déclara compétente, et, que sur 6 conseillers survivants qui avaient signé l'arrêt, 5 ont été révoqués.

Devant une pareille proscription de tous ceux qui avaient revendiqué le droit de protéger les citoyens contre les violences des préfets, M. Rogues de Fursac ne pouvait se flatter d'être épargné; on s'était déjà d'ailleurs empressé de lui enlever l'instruction, l'heure des libres vengeances étant venue, on l'a exécuté.

Le barreau de Limoges a tenu à manifester sa réprobation de cet acte d'iniquité; après avoir fermé la porte du conseil de l'Ordre à tout membre républicain, il y a appelé M. Rogues de Fursac, sachant bien qu'il faisait une élection irrégulière et que M. Rogues de Fursac devrait la décliner; mais il avait atteint le but qu'il poursuivait, et démontré que le barreau savait toujours honorer les victimes du droit et de la liberté.

M. ROIDOT

PRÉSIDENT A AUTUN

33 ans de service, dont 13 comme président.

Magistrat émérite, qui touchait à l'heure de la retraite, et qu'on frappe parce qu'il a rendu, le 17 novembre 1880, une ordonnance de référé affirmant et démontrant que la justice ordinaire était compétente pour statuer sur la demande en réintégration de domicile formée contre le sieur Hendlé, préfet, par des religieux oblats violemment expulsés. M. Roidot a osé y dire que s'il en était autrement, « les citoyens seraient dépouillés de toute garantie, et il n'y aurait « plus en France qu'un seul pouvoir, celui « du gouvernement. »

M. Roidot était d'ailleurs ouvertement conservateur et religieux; ami de M. Schneider, de Mgr Devoucoux, de Mgr Landriot, de M. Pinard, de Mgr Perraud, de M. Beaune, ancien procureur général à Lyon, il n'avait jamais pactisé avec la meute libre-penseuse et ne s'était jamais courbé devant elle. On ne dira pas toutefois qu'il avait abusé de ses amitiés, car il se retire sans être même décoré.

M. Roidot ne se contentait pas d'être un magistrat consciencieux et digne, il était encore un érudit et un écrivain à qui sa plume élégante eût assuré, s'il l'eût voulu, un rang parmi les *rewiewers* les plus distingués.

Il s'est borné à être sur son siège de président un modèle d'indépendance et d'impartialité; comme on ne veut plus de ces modèles-là, qui pourraient gâter la nouvelle magistrature, on l'a révoqué.

M. ROLAND

VICE-PRÉSIDENT A DIGNE

8 ans de service.

Était avocat à Toulon lorsqu'il fut nommé à Digne, aux fonctions de vice-président, par M. Tailhand.

S'il l'eût été au moins par Raoul Rigault, le délégué à la justice, passe encore, il n'eût eu qu'à ouvrir le calendrier républicain pour y trouver des patrons, mais par M. Tailhand, le seul ministre de la justice depuis 13 ans qui ait jamais été magistrat! C'était un vice de constitution, car nos maîtres, qui nient le péché originel, nous font la concession de reconnaître celui-là.

M. Roland était donc condamné à périr; aussi bien la conscience avec laquelle il remplissait ses devoirs de magistrat, son zèle à propager et à soutenir les œuvres de charité et de religion eussent suffi à le marquer d'indignité aux yeux d'un gouvernement qui en fait de convictions n'admet que le néant, et en fait de libertés ne pratique que celle de la révocation.

M. Roland sait où trouver des consolations; il aimait à aller chercher au pied des autels la force et la lumière dont a si souvent besoin le magistrat; il ira encore, s'il le faut, y chercher le secret de pardonner à ceux qui l'ont injustement frappé; il l'a déjà trouvé, se rappelant que s'il a contre lui Martin-Feuillée et les misères du temps présent, il a pour lui Dieu et les promesses de l'éternité.

M. ROLLAND

PRÉSIDENT DU TRIBUNAL DE DIJON

25 ans de service, dont 14 comme président.

M. Rolland était un de ces magistrats chez lesquels se rencontrent, dans un parfait et rare équilibre, la fermeté et l'élévation du caractère, la solidité et l'étendue des connaissances, alliées à la plus exquise délicatesse de la conscience et des sentiments.

Ancien secrétaire de la conférence des avocats de Paris, à la fois homme de bien et jurisconsulte éminent, M. Rolland s'était acquis par une bienveillance inaltérable, par une patience inépuisable, par une impartialité que nul n'avait jamais eu l'idée de suspecter, une situation prépondérante à laquelle arrivent seuls les magistrats éminents. Amis et ennemis de la République lui rendaient le même hommage et on peut dire qu'il était de la part de tous l'objet de la même vénération.

On le révoque cependant. Pourquoi? Ce n'est point parce qu'il s'est mêlé à des luttes politiques, il y est toujours demeuré étranger; c'est parce qu'il est catholique, et parce que le 8 novembre 1880, ayant à statuer en référé sur une demande en réintégration de propriété et de domicile formée par un expulsé contre le sieur Duval, préfet, il a osé se déclarer compétent, disant, avec preuves à l'appui, qu'il n'était point d'acte de gouvernement, si arbitraire qu'il fût, qui pût fermer tout recours à la justice aux citoyens lésés dans leur propriété.

Le gouvernement aux mains duquel la France est tombée regarde désormais l'impartialité chez un juge comme une faute professionnelle et l'indépendance comme un acte d'hostilité; en conséquence, il révoque M. Rolland comme coupable d'indépendance et d'impartialité.

M. RONDEAU

CONSEILLER A LA COUR DE POITIERS

35 ans de service, dont 20 comme conseiller.

Si les dons de l'esprit eussent pu sauver quelqu'un, M. Rondeau eût été sauvé, car il en avait à revendre, et au besoin il en eût prêté même à M. Martin-Feuillée.

De plus il avait l'intelligence très cultivée, et la sûreté du jugement s'alliait chez lui à une merveilleuse facilité; il avait été l'un des présidents d'assises les plus distingués.

Mais quoi! le gouvernement peut-il s'arrêter à un certificat de bon magistrat quand il n'a besoin que de valets?

M. ROSSI

JUGE A AJACCIO

18 ans de service.

Doyen du tribunal, M. Rossi avait la sympathie de ses collègues et l'estime de ses concitoyens.

Étranger aux dissentiments politiques des partis comme aux querelles privées, ce magistrat avait un juste renom de haute et ferme impartialité.

Sa chute serait demeurée inexplicable si on ne l'avait vu remplacé par le substitut du siège, sujet assez médiocre, mais bien apparenté parmi les anciens bonapartistes devenus républicains, et dont la famille exerce une influence électorale qu'il ne fallait pas s'aliéner.

« Ote-toi de là que je m'y mette », et tout est justifié.

M. ROSTAING-FÉYA

JUGE A VIENNE

27 ans de service.

Catholique fervent, coupable de fréquenter les églises et de négliger les estaminets.

Magistrat profondément honnête, consciencieux, sans forfanterie comme sans faiblesse, esprit cultivé d'ailleurs, affable, fermé à tout mauvais sentiment, et apportant dans l'exercice de ses fonctions, qu'il considérait à l'égal d'un sacerdoce, une rigide impartialité.

Il était honoré de l'hostilité particulière de Ronjat le cumulard, qu'il avait vu plaider devant lui trop de mauvais procès.

M. ROUFFY

PRÉSIDENT A CLERMONT-FERRAND

35 ans de service, dont 4 comme conseiller et 22 comme président.

Doué d'une intelligence supérieure et d'une extrême facilité de parole, jurisconsulte distingué, rompu à la pratique des affaires, M. Rouffy avait présidé avec une remarquable autorité. Servi par une merveilleuse mémoire, il rendait souvent ses jugements sur-le-champ, et le point de droit s'y détachait toujours aussi lumineux que le point de fait.

C'était de plus un érudit, collaborateur recherché de toutes les sociétés savantes du pays, un partisan éclairé de l'instruction populaire dont les intérêts l'avaient toujours occupé; un ami des pauvres enfin, ce qui fait qu'on l'avait dépouillé depuis quelques années des fonctions d'administrateur des hospices qu'il avait longtemps occupées.

M. Martin-Feuillée s'est demandé quelle était la plus belle récompense dont il pût couronner de pareilles qualités, et il n'en a pas trouvé de plus complète que l'iniquité; c'est pourquoi M. Rouffy a été frappé.

C'était naturel; à l'heure où l'écume de la société monte à la surface, c'est aux honnêtes gens à descendre, et quand les médiocrités surnagent il faut bien que les supériorités coulent à fond; cela s'appelle l'égalité (1).

M. ROUSSELIN

JUGE A DIEPPE

25 ans de service.

Magistrat honorable, consciencieux, travailleur et de jugement droit.

M. Rousselin, très apprécié dans le monde, passait pour appartenir à l'opinion légitimiste, ne se mêlait point de politique et s'abstenait de toute manifestation.

Mais quelle que fût sa réserve à cet égard, il avait d'autres vices qui le mettaient en grande suspicion; il faisait partie de la société de Saint-Vincent-de-Paul, et sous couvert de charité, se livrait vis à vis des pauvres à des visites et à des aumônes qui sentaient d'une lieue leur conspiration.

Que n'était-il plutôt franc-maçon!

M. ROUX

CONSEILLER A LA COUR DE RIOM.

33 ans de service, dont 13 comme conseiller.

Digne et sympathique magistrat arrivé tout doucement par la voie hiérarchique aux fonctions qu'il occupait.

Ses idées libérales et élevées, le soin scrupuleux avec lequel il répondait à la confiance des justiciables, son éloignement de toute politique militante auraient dû le préserver de la haine des républicains.

Il expie l'honneur d'avoir pour fils un magistrat qui a été l'un des premiers à protester par sa démission contre l'odieuse et illégale exécution des décrets; déjà à cette époque, le sieur Cazot l'avait rayé de la liste

(1) M. Rouffy est mort en juin 1884; c'est le second des magistrats « éliminés » de la cour de Riom qui succombe depuis l'épuration; puisse la terre qui recouvre MM. Grelliche et Rouffy être légère à M. le premier président Allary.

des présidents d'assises; il a légué le soin de l'exécution définitive à son digne successeur Martin-Feuillée.

ROYER DE LOCHE

JUGE A BOURGOIN

14 ans de service.

Un trait suffit à le peindre; il partait pour un voyage de vacances au moment où allaient paraître les décrets d'épuration. Se sachant assez bon magistrat pour être chassé et trop honnête homme pour être conservé, il avait laissé en partant ses instructions pour le cas où il aurait l'honneur d'être désigné par M. Martin-Feuillée; rien à faire s'il était révoqué, refus d'acceptation à envoyer s'il était simplement déplacé; le décret parut, M. Royer de Loche était nommé à Vienne; la lettre de refus fut expédiée pendant que M. Royer de Loche continuait tranquillement son voyage sans plus se soucier des exécuteurs et de M. Martin-Feuillée.

M. RUNEL

PRÉSIDENT A FLORAC.

17 ans de service, dont 7 comme président.

M. Runel poussait jusqu'au scrupule le sentiment de ses devoirs et le dévouement à ses fonctions; il avait une grande connaissance des usages locaux et des intérêts de l'arrondissement, étudiait chaque affaire avec un soin méticuleux et rendait des services appréciés.

Il se tenait étranger à la politique et n'était pas un ennemi du régime républicain puisque c'est M. Dufaure qui en 1876, l'avait nommé président; il est vrai que M. Dufaure est aujourd'hui bien démodé sous cette République qu'il a tant contribué à fonder.

Aussi bien M. Runel avait des sentiments religieux; il allait ostensiblement à la messe, portant son livre à la main, et son caractère indépendant n'était pas de ceux que certaines exigences trouvent toujours prêts à plier.

Il est donc tombé comme tous ceux desquels il n'y avait à attendre aucune servilité.

M. SACHET

PRÉSIDENT DU TRIBUNAL DE POITIERS

35 ans de service, dont 7 comme conseiller et 10 comme président.

Valeur exceptionnelle; grande figure de magistrat.

Intègre, austère et cependant plein d'affabilité, entouré par ses collègues et par le barreau d'autant d'affection que de respect, doué d'un jugement sûr, d'une science profonde, d'une mémoire prodigieuse qui semblait se jouer au milieu des difficultés du droit et du fait, courtois à l'audience comme dans le monde, tel était, sans contestation possible, le président que M. Martin-Feuillée à révoqué.

On ne pouvait pas même lui reprocher d'être hostile à la République, elle l'avait fait le 1er mai 1848 procureur d'emblée; le 27 septembre 1870, elle l'avait nommé premier avocat général à Poitiers. Beau-frère de M. Orillard, ancien maire républicain de Poitiers, il avait toujours professé un libéralisme sincère, et les républicains l'ont revendiqué comme un des leurs tant qu'ils ont cru possible de revendiquer pour eux les honnêtes gens.

C'est son libéralisme et son amour de la vérité qui l'ont perdu; les 16 septembre, 23 et 30 décembre 1880 et 7 juillet 1881, saisi de demandes en réintégration de domicile formées par les expulsés contre le préfet Obissier, il rendit quatre ordonnances de référé, basant sa compétence pour juger, non seulement sur le droit, mais sur cette simple conséquence de bon sens, qu'il serait « monstrueux » que les particuliers lésés par un acte du gouvernement dans leur liberté, leur domicile, leur propriété, vissent tout prétoire quelconque de justice leur être fermé.

C'est pour ce crime seul qu'il est révoqué, car c'en est un maintenant pour un magistrat de penser et de dire que le gouvernement de la République ne peut pas impunément fouler la justice et le droit sous ses pieds.

L'heure est venue de chasser les juges quand on ne peut plus souffrir que des valets.

M. DE SAINT-MARTIN PAILHAS

VICE-PRÉSIDENT A TOULOUSE

24 ans de service, dont 7 comme président et 8 comme vice-président.

S'était fait remarquer par sa connaissance des affaires, sa promptitude à les comprendre et la sûreté avec laquelle il les jugeait; dans un long exercice des fonctions de juge d'instruction au tribunal de Saint-Girons il s'était particulièrement distingué.

Plein de sagacité en matière civile, de sage fermeté en matière correctionnelle, il était estimé de tous pour la bienveillance qu'il apportait à diriger le service dont il était chargé.

Mais il avait le malheur d'être l'ami de M. de Saint-Paul, ancien directeur général du personnel au Ministère de l'intérieur sous l'empire, et c'était un inexpiable péché; il avait dû déjà à ce vice capital de voir bien des magistrats dépourvus de ses mérites et de ses qualités s'asseoir à sa place sur des sièges de conseillers, il lui doit aujourd'hui d'être révoqué.

M. DE SALETTES

PRÉSIDENT A DAX

22 ans de service, dont 19 à Dax et 10 comme président.

Il appartenait à une des plus anciennes familles de Pau, c'était déjà une raison pour être frappé; songez-donc, un baron! c'est si bon à expulser.

Il avait d'ailleurs d'autres défauts : intègre, travailleur, faisant tout par lui-même, aimé du barreau, rédigeant ses jugements avec autant de force que de netteté.

Hélas! il est puni d'avoir eu raison et de l'avoir trop clairement montré. N'a-t-il pas, en effet, le 14 janvier 1881, déclaré dans une ordonnance de référé que les tribunaux étaient compétents pour statuer sur une action civile en réintégration de domicile dirigée par des Trappistes expulsés contre le sieur d'Ormesson, préfet?

Il partage le sort de tous ceux qui ont, comme lui, cru et prouvé que nos lois donnaient encore aux citoyens un recours quelconque contre l'arbitraire du gouvernement et les violences d'un préfet.

C'est là un préjugé séditieux qu'il fallait déraciner; c'est pourquoi M. de Salettes a été révoqué par ce digne M. Martin-Feuillée.

M. SALLÉ

CONSEILLER A LA COUR DE BOURGES

39 ans de service, dont 20 comme conseiller.

Fils d'un conseiller, petit-fils d'un premier président de Bourges, M. Sallé occupait sa place à la cour par droit de naissance, mais aussi par droit de conquête, car il l'avait gagnée par 19 ans de service dans le ressort.

Excellent homme, d'esprit fin et agréable, bienveillant pour tous, il était scrupuleux observateur de ses devoirs et ne savait pas s'incliner devant ceux qui prétendent aujourd'hui faire plier les consciences et les volontés.

De plus il avait des sentiments religieux, faisait le plus noble usage de sa fortune au profit des malheureux, et il était baron par dessus le marché.

Que de raisons pour être révoqué!

Est-il nécessaire après cela d'ajouter que M. Sallé avait participé à l'arrêt du 16 mars 1881 par lequel la chambre civile de la cour avait infirmé l'ordonnance de référé du président d'Issoudun qui s'était déclaré incompétent pour statuer sur une demande en réintégration de domicile formée par des expulsés contre le sieur Danican-Philidor préfet? Cela seul eût suffi à le faire lui-même expulser.

M. SALMON-LAUBOURGÈRE

PRÉSIDENT A DINAN

34 ans de service, dont 14 comme président.

Magistrat aussi modeste que laborieux, homme de devoir passionné pour le droit, doué d'un sens pratique qui l'empêchait de s'égarer dans les nuages de l'abstraction, guide sûr pour ses collègues, sévère pour lui seul, et ayant avec tout le monde une facilité de rapports, une courtoisie qui ne se démentaient jamais.

Ce sympathique magistrat eût dû être conservé si on se fût préoccupé le moins du monde de respecter les services rendus et de laisser dans la nouvelle magistrature une place à l'honneur et à la loyauté.

Mais comment aurait-il pu trouver grâce devant M. Martin-Feuillée? Sa délicatesse de conscience lui interdisait toute compromission; son indépendance de caractère ne lui permettait pas les lâches obséquiosités; de plus, il croyait fermement en Dieu, et avait un frère dans une congrégation religieuse.

M. Martin-Feuillée, qui sonde les cœurs et les reins, a jugé que ce n'était point là l'homme qu'il lui fallait aux œuvres qu'il prépare; il l'a révoqué pour lui permettre de méditer à loisir sur la différence qu'il y a entre la République et le royaume du ciel, le seul d'où un honnête homme soit aujourd'hui sûr de n'être pas expulsé.

Le bâtonnier et les membres du barreau

de Dinan lui ont écrit pour lui exprimer leur estime et leurs regrets; pour mieux accentuer leurs sentiments, ils se sont abstenus d'assister à l'installation de son successeur, l'ex avoué Bourdonnay.

M. SALVETON
CONSEILLER A LYON

32 ans de service, dont 18 comme conseiller.

Issu d'une bonne famille, de bonne éducation et de manières distinguées, M. Salveton froissait par là même, sans le savoir, les magistrats des nouvelles couches, qui reconnaissaient tout bas son talent de président d'assises et se plaignaient tout haut de ses sentiments conservateurs.

Il est sacrifié pour avoir été trop bien élevé, car on ne saurait lui reprocher d'avoir fait de la politique militante, à moins toutefois que ce ne soit un crime d'État de n'avoir pas placé son fils au lycée.

M. SARREBOURSE DE LA GUILLONNIÈRE
JUGE A ORLÉANS

28 ans de service.

M. Sarrebourse de la Guillonnière appartient à une honorable famille qui a donné, depuis plusieurs générations, des magistrats distingués au ressort d'Orléans; lui-même y avait fourni une longue et honorable carrière, et y avait fait entrer son fils qui eut l'honneur d'être frappé, en 1879, par M. Le Royer.

Le père avait dû en même temps à ses sentiments religieux de se voir traité en suspect et privé du service de l'instruction, c'était la préface certaine d'une destitution en un temps où il suffit de croire à quelque chose pour être en abomination.

M. Sarrebourse avait le cœur haut et l'esprit droit; il était trop facile de pressentir, à son attitude digne et réservée, qu'il était de ceux dont la loyauté eût repoussé tout pacte avec l'iniquité; on l'a donc destitué comme convaincu d'une irrémédiable impartialité.

M. SARRUS
JUGE A DIGNE

11 ans de service.

Neveu de S. E. le cardinal Guibert, et qui n'eût voulu à aucun prix garder sa place dans la magistrature restaurée par M. Martin-Feuillée.

Celui-ci a tablé en conséquence, et malgré les provocations directes de M. Sarrus, a refusé, pour avoir une tête de plus à abattre, de l'inscrire sur la liste d'honneur de ceux qu'il proscrivait.

Le calcul était juste, M. Sarrus a donné sa démission; M. Martin-Feuillée n'a pu l'empêcher de sauver sa dignité, mais il a eu du moins le plaisir de le priver de toute indemnité.

Le diable n'y a rien perdu, mais le budget n'y a rien gagné.

M. SARRUT
CONSEILLER A LA COUR DE TOULOUSE

31 ans de service, dont 9 comme conseiller.

Un baron, bien mauvaise note par le temps qui court, surtout quand on a été membre du conseil municipal et de la commission municipale de Toulouse, et qu'on a le malheur d'être religieux par dessus le marché.

M. Sarrut, doué d'un rare talent de parole, avait été à Toulouse un avocat général des plus distingués; son esprit net et clair savait porter la lumière dans les affaires les plus compliquées; ses conclusions, généralement suivies, étaient toujours écoutées avec un vif intérêt.

Pressentant peut-être les rancunes dont il devait être l'objet, M. Dufaure l'avait fait asseoir sur un siège de conseiller, mais il avait compté sans la loi du 30 août 1883 maniée par le bras vengeur de M. Martin-Feuillée.

M. SARTHE-SARRIVATET
JUGE A TOULOUSE

26 ans de service.

M. Martel l'avait trouvé substitut du procureur général à Toulouse, ayant déjà 20 ans d'exercice dans le parquet et depuis longtemps en situation de devenir conseiller, mais poursuivi par de hautes rancunes personnelles qui ne lui avaient pas ménagé les iniquités; n'osant pas lui rendre la justice qu'il méritait, il l'avait nommé juge pour lui faire un abri, et M. Sarthe-Sarrivatet s'était résigné à accepter.

Là comme au parquet, il s'était montré magistrat accompli, remplissant ses fonctions avec zèle, exactitude, honneur et impartialité.

Mais les haines n'avaient pas désarmé, et le jour où elles ont pu s'abattre sans contrainte sur M. Sarthe-Sarrivatet, elles l'ont fait dépouiller par M. Martin-Feuillée d'une robe que nul plus que lui n'honorait.

M. Saint-Gresse, avocat de M. Rémusat, n'avait pas oublié les observations que, en 1869, du haut de son siège, M. le procureur Sarthe-Sarrivatet avait dû lui adresser à certaine audience correctionnelle du tribunal de Muret.

M. SAULNIER
VICE-PRÉSIDENT A MOULINS

18 ans de service, dont 9 comme vice-président.

M. Saulnier joignait à une grande habitude des affaires un esprit sûr et prompt, il saisissait rapidement les difficultés et savait donner à ses décisions une rare netteté.

Laborieux, impartial et ferme, il inspirait la plus haute confiance aux justiciables et présidait sa Chambre avec grande dignité.

Homme du monde accompli, il était très apprécié de la meilleure société, et très aimé dans la classe populaire, au milieu de laquelle il avait été longtemps juge de paix.

Il avait siégé à plusieurs reprises au conseil général de l'Allier.

Mais c'était un indépendant qu'on savait incapable de se plier jamais à aucun acte de servilité, dès lors il était indigne de faire partie de la magistrature restaurée.

Le barreau, qui le connaissait bien, lui a offert un banquet ainsi qu'à ses collègues révoqués; le bâtonnier leur a exprimé en termes éloquents l'estime et le respect dont ils restaient entourés, et comme un des avocats présents exprimait lui-même la crainte que le barreau fût bientôt aussi menacé : « Si vous croyez votre ordre « menacé, Messieurs, s'est écrié M. Saulnier, c'est pour moi l'heure d'en être; « veuillez m'admettre à défendre désormais « à côté de vous, le droit, la justice et la « liberté ! »

M. DU SAUSSEY
CONSEILLER A LA COUR DE CAEN

31 ans de service, dont onze comme conseiller.

M. du Saussey était entré dans la magistrature tout plein des nobles exemples que son père et ses oncles y avaient laissés.

Modèle de droiture dans sa vie publique et de délicatesse dans sa vie privée, esprit éminemment lucide, merveilleusement doué pour le rôle de président d'assises et de rapporteur, sachant simplifier sans les amoindrir les questions les plus complexes et les plus difficiles, riche d'un véritable esprit français dont il savait n'abuser jamais, il avait su faire vivement apprécier sa valeur, sa bienveillance, son aménité, aussi bien dans le monde qu'au Palais.

Il n'avait qu'un ennemi, celui de tous les hommes de caractère et de cœur, et qui était assez puissant à la Cour pour y dresser une liste de proscription.

La République lui fait toutefois un grief fondé : Membre de la chambre d'accusation lors de l'exécution des décrets, il n'a pas cru que le droit dût s'effacer devant la violence, et il a pris part à un arrêt qui reconnaissait la compétence de l'autorité judiciaire pour informer contre les préfets sur la plainte des expulsés.

La République, dès lors, ne pouvait plus le conserver; elle le révoque avec deux autres des cinq conseillers qui ont signé cet arrêt.

M. SAVATIER
JUGE A POITIERS

26 ans de service.

De principes fermes, d'une haute intégrité, M. Savatier avait le culte de ses fonctions et semblait ne vivre que pour la justice, à laquelle il consacrait son temps, son expérience et son labeur.

Il était aussi aimé comme homme qu'apprécié comme juge au Palais, mais c'était une conscience sur laquelle on n'avait pas de prise et il fallait s'en débarrasser.

La vengeance est si douce d'ailleurs aux âmes républicaines!... Or, M. Savatier avait un fils avocat, lequel, en entendant, il y a quelques mois, l'arrêt qui condamnait M. de la Roche-Saint-André, s'était écrié tout haut : « C'est une indignité! »

On avait commencé par condamner séance tenante le fils à quinze jours de prison, puis on l'a rayé du tableau des avocats par arrêt; ne fallait-il pas aussi que le père fût rayé du nombre des magistrats pour que ce fût tout à fait complet?

M. Savatier était cependant un magistrat hors de pair par l'étendue de sa science et l'élévation de son esprit, et qui, s'il eût voulu montrer quelque ferveur au gouvernement impérial, serait aisément arrivé à une haute position dans le parquet; l'Empire l'avait du moins laissé suivre sans entraves la carrière modeste qu'il avait choisie; la République, qui a la prétention de mieux comprendre la liberté, le prouve en le chassant de son siège, faute de pouvoir acheter sa servilité.

M. SCHAUFFLER
VICE-PRÉSIDENT A NANCY

30 ans de service.

Parmi tant d'exécutions révoltantes, l'une des plus odieuses est celle dont M. Schauffler a été l'objet.

Alsacien d'origine, M. Schauffler était président du tribunal de Vic quand la guerre éclata. Au milieu des Prussiens qui avaient envahi son pays, M. Schauffler persista à exercer au nom de la France les fonctions qu'elle lui avait confiées; pendant que Gambetta fumait à Tours des cigares exquis, il rendait la justice *au nom de la République* sous les yeux de nos ennemis. Le préfet prussien exaspéré vint chez lui le menacer de l'envoyer dans une forteresse allemande avec sa femme et ses dix enfants; M. Schauffler refusa de céder, digne époux de la noble compagne qui, ayant tout entendu, lui tendit simplement la main quand il reparut, en lui disant: « Tu as eu raison, c'est bien! ».

Ce qui fit que trois jours après, deux gendarmes prussiens vinrent lui signifier d'avoir à quitter Vic sur l'heure sous peine d'incarcération avec tous les siens.

Réfugié à Nancy, il refusa obstinément l'offre de fonctions en Alsace sous le gouvernement allemand, et accepta après la paix, à Nancy, la place de juge d'instruction, bien modeste pour un ancien président.

Il y fut chargé d'instruire le procès Bazaine et dut maintes fois passer, durant la nuit, en pays annexé, sans souci du danger qu'il courait, pour chercher les témoins, les entendre et les ramener. Il rendit là de tels services qu'il fut décoré.

Voilà l'homme, voilà le magistrat, voilà le patriote que M. Martin-Feuillée a frappé, et qu'il a jeté sur le pavé, sans fortune et avec onze enfants, dépouillé de sa patrie par l'invasion, dépouillé par la mort de l'appui de cette femme héroïque dont la présence l'avait toujours soutenu et consolé!

Et savez-vous pourquoi M. Martin-Feuillée a fait cela?

Parce que M. Schauffler est un chrétien.

Parce que M. Schauffler est un juge sans peur et sans reproche qui a osé un jour, le 19 novembre 1880, déclarer dans deux jugements qu'un commissaire de police dont la mission est de protéger le domicile des citoyens contre les malfaiteurs, sortait de ses fonctions quand il le faisait crocheter! Oui, il a osé dire cela, et acquitter en même temps un prêtre et un avocat qui avaient dit que c'était une besogne de voleurs et de brigands, et qui avaient crié: « A bas les crocheteurs! Vive la liberté! »

Le préfet prussien l'avait jadis chassé de son siège parce qu'il s'obstinait à rendre la justice au nom de la République; la République l'en chasse aujourd'hui parce qu'il n'a voulu lui sacrifier ni la justice ni la liberté.

M. SÉRÉ
JUGE A FOIX

27 ans de service.

D'une des plus anciennes et des plus honorables familles de l'Ariège, M. Séré était à Foix depuis 17 ans entouré de la considération qui s'attache toujours aux représentants de ces vieilles générations qui savent en continuer les traditions par la pureté de leur vie publique et de leur vie privée.

M. Séré en était le digne héritier, ferme et inébranlable comme les montagnes de son pays.

Il était religieux, partant suspect, et déjà on l'avait dépouillé des fonctions de juge d'instruction qu'il exerçait; on a trouvé qu'un pareil homme était encore de trop, même comme simple juge, dans la magistrature épurée, et on l'a révoqué.

La satisfaction était double puisqu'on frappait en même temps en sa personne le père d'un aumônier de la flotte et le parent de M. Saturnin Vidal, doyen de la Faculté libre de droit de Toulouse et ancien député.

M. SERRES DE GAUZY
JUGE A CASTELNAUDARY

10 ans de service.

Etait l'un des avocats les plus occupés de Castelnaudary lorsqu'il accepta, en 1873, d'entrer comme juge au tribunal.

Deux ans après, M. Dufaure, frappé de son mérite, le nommait sans le consulter, président à Saint-Affrique; il avait 35 ans; c'était un juste hommage rendu à sa science juridique, à son caractère digne et indépendant, mais c'était plus que n'en pouvait accepter sa modestie, et M. Serres de Gauzy refusa.

C'était un magistrat dont la situation de famille et la fermeté gênaient beaucoup les Mir; on se rappelle l'éclat qui se produisit en 1878, et dont le bruit arriva jusque devant la Chambre et la commission d'enquête; le président Mir fut mandé et fit, dit-on, triste figure devant M. Dufaure, malgré la solennité de sa cravate blanche et de ses lunettes à branches d'or.

Aussi M. Serres de Gauzy ne pouvait-il échapper à l'épuration. N'était-il pas d'ailleurs le frère d'un substitut qui avait démissionné lors des décrets, et n'avait-il pas osé assister au mois de septembre dernier à un service célébré pour l'âme de M. le comte de Chambord, décédé.

Aussitôt les dénonciations de surgir, et on sait avec quelle docilité les accueille M. Martin-Feuillée.

M. SERVAT-BARBEREN
PRÉSIDENT DU TRIBUNAL D'OLORON

27 ans de service, dont 16 comme président.

Celui-là était sûr de son affaire; il avait trois vices rédhibitoires: son intimité avec M. Chesnelong, ses convictions religieuses et son caractère indépendant; aussi M. le procureur Delcurrou avait-il eu la courtoisie de l'avertir en pleine audience du sort qui l'attendait, au cours d'un réquisitoire où ledit Delcurrou essayait de foudroyer le *Mémorial des Pyrénées*.

C'était un homme d'esprit, fin lettré, de manières exquises et de sentiments élevés; il eût trop détonné dans la nouvelle magistrature, M. Martin-Feuillée a bien fait de le révoquer.

M. SERVILLE
CONSEILLER A LA COUR DE TOULOUSE

35 ans de service.

Nul ne remplissait mieux les devoirs de sa charge; membre de l'Académie de législation, esprit éclairé, il présidait les assises avec distinction, et était de ceux dont les avis pèsent encore plus qu'ils ne comptent dans les délibérations.

Et cependant, après 35 ans d'honorables services, M. Serville n'était pas même décoré! On devine bien qu'il était atteint d'un vice originel et qu'il n'avait pas reçu ce baptême républicain dont les eaux, si graisseuses qu'elles soient, ont l'heureux privilège de remettre tous les péchés.

En effet, il était étroitement attaché à la famille de M. de Saint-Paul, ancien directeur général du personnel au ministère de l'intérieur sous l'Empire, par un lien qui est un témoignage de l'extrême délicatesse de ses sentiments, et il n'avait voulu commettre aucune bassesse pour se le faire pardonner.

Aussi, malgré les vœux de la cour, la croix de la Légion d'honneur lui avait toujours été refusée; mais il s'en console: M. Martin-Feuillée lui a fait prendre rang dans l'Ordre du Mérite judiciaire qu'il vient de créer sans s'en douter; si M. Serville n'est pas décoré, il est du moins révoqué, et il occupe dans l'estime de gens qui ne prodiguent pas leurs louanges une des plus hautes places qu'on puisse ambitionner.

M. SÉVERIE
JUGE A COUTANCES

15 ans de service.

Bon magistrat, plein de droiture, très réservé, mais affligé d'une inflexible fermeté et bon chrétien.

Il n'en a pas fallu davantage pour lui attirer, malgré sa réserve, des haines implacables dans un pays où la coterie républicaine perd absolument toute mesure à la seule vue d'un goupillon, et où les rancunes locales n'ont pas même épargné le procureur républicain, ce qui a donné lieu, dans la presse du ressort, aux plus vives polémiques entre le député Lavielle et le premier président Houyvet; coups de gueule à propos de coups de dent, c'est l'ordinaire de toute curée.

M. SIMONIN
CONSEILLER A NANCY

38 ans de service, dont 26 comme conseiller.

Un des présidents d'assises les plus remarqués, doué d'un beau talent de parole, et qui s'était acquis une réputation méritée de savoir, d'énergie et de loyauté.

La droiture de son caractère et la sûreté de ses relations l'avaient rendu cher à tous, et nul n'eût osé douter de son impartialité; aussi laisse-t-il d'unanimes regrets dans la compagnie dont il vient d'être brutalement chassé.

M. SOLON

VICE-PRÉSIDENT A AUCH

35 ans de service.

Dans un pays où les luttes politiques prennent une allure personnelle et passionnée dont la presse parisienne ne donne aucune idée, les magistrats ont besoin d'un sang froid plus grand que partout ailleurs pour rester étrangers aux luttes des partis et pour conserver le renom d'impartialité qui est la première condition de leur autorité.

Dans le cours d'une longue carrière qui s'est écoulée tout entière à Auch, M. Solon avait su n'y pas manquer, et il quitte la magistrature sans que les républicains eux-mêmes aient rien à lui reprocher au point de vue politique, si ce n'est peut-être de n'avoir pu se résigner à donner des marques suffisantes de déférence à certains préfets qu'il méprisait.

Mais il était coupable d'autres griefs qu'on ne pouvait lui pardonner; il avait fait, dit-on, les frais d'un autel élevé dans la cathédrale d'Auch, et ses filles ayant voulu se vouer à la vie religieuse il avait été assez mauvais père pour ne pas s'y opposer.

C'est dire qu'il était un affreux clérical dont le libéral et doux Martin-Feuillé devait trouver urgent de se débarrasser.

M. SORIN-DESSOURCES

PRÉSIDENT A SAINT-JEAN-D'ANGÉLY

38 ans de service, dont 13 comme président.

Une foule de griefs contre ce vieux et honnête magistrat; il avait osé condamner un maire républicain coupable d'avoir fait lacérer les affiches d'un candidat conservateur; il en avait condamné un autre coupable d'avoir promis, au nom du candidat républicain, que le gouvernement paierait les dettes de la commune si le candidat était élu.

Enfin il s'était déclaré compétent, malgré le déclinatoire du préfet, pour connaître d'une demande en dommages-intérêts dirigée contre le sous-préfet qui, ayant oublié de mettre cinq numéros dans l'urne du tirage au sort, avait placé cinq jeunes gens dans le cas d'être appelés au service militaire sans même avoir couru la chance d'y échapper.

Il est vrai que le tribunal des conflits avait cassé l'arrêté de conflit pris par le préfet (une fois n'est pas coutume); mais aussi c'était la faute de M. Sorin-Dessources; s'il ne s'était pas déclaré compétent, le préfet n'aurait pas eu d'arrêté de conflit à prendre... le tribunal des conflits n'aurait pas eu à le casser, et le sous-préfet n'aurait pas été ensuite condamné à des dommages intérêts.

Par conséquent révoqué !

M. SOUBRAT

CONSEILLER A LA COUR D'AIX

12 ans de service, dont 5 comme conseiller.

Juge suppléant chargé de l'instruction à Marseille en 1867, puis juge de paix dans la même ville, M. Soubrat, qui ne cachait pas ses idées libérales et conservatrices, avait obtenu l'appui des républicains modérés, il avait été nommé procureur à Sisteron le 20 janvier 1871 par M. Crémieux, subtitut à la cour d'Aix le 26 mars suivant par M. Dufaure, puis juge à Marseille; M. Martel l'avait fait avocat général à Aix et en 1878 M. Dufaure l'y avait nommé conseiller.

Mais en voyant comment la République pratiquait la liberté M. Soubrat avait accusé plus hautement les principes conservateurs et religieux qu'il professait; on lui a fait payer sa franchise en le révoquant en même temps que son beau frère, M. Perrotin, également conseiller.

La moindre bassesse eût suffi à les sauver et ce ne sont point, paraît-il, les avances qui leur ont manqué, car leur situation personnelle devait donner un caractère particulièrement odieux à la mesure qui allait les frapper; mais on a beau être tolérant, il est certaine tolérance devant laquelle les honnêtes gens ne savent pas s'incliner; les grandeurs présentes n'ont pas à leurs yeux la vertu de laver les hontes passées.

M. SOURY-LAVERGNE

JUGE A ROCHECHOUART

9 ans de service.

M. Soury-Lavergne avait été nommé magistrat en 1872 par M. Dufaure; c'était un jurisconsulte studieux et un honnête homme.

Mais il était en même temps le fils d'un ancien député de la droite, et marqué à ce titre pour être expulsé.

De plus il avait cru qu'étant citoyen et électeur, il ne pouvait lui être défendu d'avoir une opinion et de l'exprimer; c'eût été fort bien s'il avait été de l'avis des maîtres, mais il s'était permis, dans une pétition au Sénat, d'accoler son nom à celui de ses deux collègues et de tant d'autres honnêtes gens, pour exposer humblement qu'il ne lui semblait pas qu'interdire aux congréganistes le droit d'avoir des collèges fut complètement d'accord avec le principe de la liberté d'enseigner.

Ce simple raisonnement a paru séditieux, et a valu naguère à M. Soury-Lavergne l'honneur d'être réprimandé, il lui vaut aujourd'hui celui d'être révoqué.

M. STÉPHANOPOLI

CONSEILLER A BASTIA

31 ans de service, dont 22 comme conseiller.

Ce magistrat, d'une santé délicate, apportait à la justice le concours d'un jugement droit et ferme, et d'un grand bon sens; mais, plein de la vivacité d'esprit de la race grecque dont il descend, il avait un franc parler insoucieux des ménagements. Plus d'une fois, au Conseil général ou ailleurs, il s'était permis de relever les abus de pouvoir assez vertement.

Il n'y a que la vérité qui offense; M. Stéphanopoli vient d'en avoir la preuve à ses dépens.

M. DE LA TAILLE

CONSEILLER A ORLÉANS

34 ans de service, dont 19 comme conseiller.

Magistrat d'une rare distinction, d'un mérite incontesté, très capable et très écouté; il avait présidé les assises avec une grande élévation et un remarquable talent; un de ceux qui avaient le plus contribué à maintenir à la cour d'Orléans ce caractère de ferme indépendance et de haute impartialité par lequel elle s'était jusqu'ici toujours distinguée.

Mais que voulez-vous ? il était religieux, pratiquait ouvertement sa foi, et par dessus le marché tenait par sa famille et ses alliances à la noblesse de l'Orléanais.

Il faut être juste, c'était vraiment trop tentant pour M. Martin-Feuillée.

M. de la Taille n'avait-il pas aussi le tort d'avoir fait partie de cette chambre séditieuse qui acquitta le P. Labrosse, de Tours, se refusant à comprendre, malgré les efforts du procureur général Oger du Rocher, venu en personne pour le lui expliquer, comment le fait de rester directeur d'une école libre qu'on dirige depuis 5 ans très légalement, peut se transformer en délit et s'appeler « ouverture illicite d'école sans déclaration ».

On a révoqué cinq des esprits bornés qui, pas plus que la cour de cassation après eux, n'ont pu saisir tout ce qu'il y avait de fin et de républicain dans cette distinction, mais en revanche on a fait M. Oger du Rocher premier président.

M. TANCHON

VICE-PRÉSIDENT A TULLE

26 ans de service.

Une des natures les plus sympathiques qu'on pût rencontrer; M. Tanchon alliait à une douceur presque féminine une fermeté que rien ne pouvait ébranler; si son indulgente bonté lui avait rendu faciles les relations de la vie politique, son jugement droit l'avait toujours préservé de ces défaillances qui sont un triste signe de notre époque, et il avait toujours su maintenir intacte cette indépendance et cette dignité que certains sacrifiaient d'un cœur léger; aussi était-il resté vice-président à Tulle, et avait-il vu plus d'une fois donner à d'autres, moins méritants et moins dignes, le siège de conseiller auquel sa valeur professionnelle et ses longs services semblaient devoir naturellement le faire appeler.

Incapable d'envie ou de rancune, M. Tanchon s'était laissé sacrifier sans protester; s'appliquant à bien faire, vivant absolument étranger à la politique, aimé de tous, et trouvant dans la paix de son cœur et dans la forte philosophie dont sa jeunesse avait été nourrie, assez de patience et de résignation pour désarmer jusqu'à des ennemis.

Mais il était chrétien et trop honnête homme pour s'en cacher; la conséquence allait toute seule, il fallait le destituer.

Puisqu'il avait besoin d'adorer quelqu'un, que n'adorait-il M. le préfet ? M. Martin-Feuillée se fut fait un vrai plaisir de l'épargner.

M. TAVERNIER

CONSEILLER A LA COUR D'AIX

24 ans de service, dont 12 comme conseiller.

Moins confit en dévotion que M. Germondy son collègue, dont on vient de faire un président de Chambre, (au grand scandale de certains journaux républicains qui ne savent pas qu'il a un frère radical), mais ferme dans sa foi et incapable de transiger avec ses devoirs; son père, un des plus respectables avocats du barreau d'Aix, l'eût répudié avec horreur s'il l'eût vu seulement balancer entre ses convictions et son intérêt.

M. Tavernier était fort scrupuleux, très zélé et très assidu dans ses fonctions, dont il se délassait dans l'étude de la poésie provençale.

Il était en outre fort modeste, très réservé, et on pourrait s'étonner de sa disgrâce si l'on ignorait qu'un homme sincèrement religieux est en abomination au nouveau premier président Bessat, qui, comme Mathan,

« Voudrait anéantir le Dieu qu'il a quitté. »

M. TEISSEIRE

CONSEILLER A GRENOBLE

20 ans de service, dont 9 comme conseiller.

A toujours été honoré de la haine spéciale des radicaux; on se rappelle qu'en 1882 il reçut un cartel du maire de Grenoble, le sieur Edouard Rey; si celui-ci s'était imaginé qu'il pouvait lancer son défi sans danger, il s'était trompé, car M. Teisseire l'accepta; mais on ne put en découdre, le procureur général ayant été prévenu, et la police étant intervenue pour s'y opposer.

Le sieur Rey s'en tira donc les brayes nettes, mais il dut se sentir bien humilié quand il vit le garde des sceaux poursuivre son adversaire pour avoir, en acceptant un cartel avec lui, « compromis sa dignité. »

M. Teisseire fut frappé de deux ans de suspension pour ne pas s'être laissé impunément provoquer, ce qui veut dire qu'au premier rang des qualités que le gouvernement républicain exige de ses magistrats, il faut placer la couardise et la lâcheté, et qu'il ne les estime dignes de le servir que s'ils sont de force à accepter publiquement de se déshonorer.

Il paraît que la suspension n'était pas encore assez, car M. Teisseire est aujourd'hui révoqué.

Il eût pu, dit-on, trouver dans sa propre famille des protections efficaces contre cette dernière iniquité, il les a repoussées, estimant trop peu des hommes et les choses pour regretter un seul instant la décision qui l'a éloigné.

M. TERRET

PRÉSIDENT A VILLEFRANCHE (RHÔNE)

22 ans de service, dont 13 comme président.

Celui-là ne pouvait échapper à la proscription.

Appartenant à une des plus honorables familles de Lyon où il eût pu jouir d'une large et agréable aisance, il n'avait pas hésité à quitter sa ville natale et ses nombreuses relations pour se vouer de cœur et d'âme à la carrière judiciaire à laquelle il apportait les plus précieuses qualités de science, de travail et de dignité.

Magistrat éclairé et infatigable, considérant la justice comme une religion, consciencieux jusqu'au scrupule, il avait inspiré partout aux justiciables de tous les partis une confiance sans limites.

Sa maison, grandement et honorablement ouverte, reproduisait les traditions hospitalières des anciens chefs de la magistrature.

Sa bienfaisance était inépuisable.

Aussi son départ, accueilli comme un deuil public, a-t-il été le signal de protestations et de manifestations dont il conservera le souvenir à jamais.

Mais pourquoi, lui aussi, allait-il à la messe? n'avait-il pas compris que c'était là un grief que le ministre de la justice et des cultes ne pouvait lui pardonner

M. TERRIER DE LAISTRE

PROCUREUR DE LA RÉPUBLIQUE A BREST

19 ans de service.

Magistrat dont ses adversaires eux-mêmes, tout en se félicitant de sa révocation, étaient obligés de reconnaître qu'il était « affable, courtois, bienveillant, aimable, séduisant, capable et éloquent »; le *Petit Brestois*, journal républicain, qui lui concédait tous ces qualificatifs, ne faisait la grimace que devant celui d' « éminent », mais quand un républicain confesse la vérité à moitié, c'est assez, il ne faut pas se montrer trop exigeant.

M. Terrier de Laistre, nommé procureur à Quimper par M. Crémieux le 15 octobre 1870, et à Brest par M. Dufaure le 18 novembre 1876, s'était fait, dans cette dernière ville, la plus grande situation par l'élévation de son caractère et de son talent.

On en jugera par ce fait: le 23 juin 1880, à la veille de l'exécution des décrets, on essaya de le conquérir en le nommant procureur à Nantes; il refusa net cette nomination, déclarant qu'il partageait sur l'iniquité qui se préparait les convictions du magistrat démissionnaire qu'on l'appelait à remplacer, et qu'il attendait de pied ferme sa révocation. On n'osa pas la prononcer.

Plus d'une fois depuis lors, on tenta de l'enlever à ce parquet où il ne s'était résigné à rester que sur les pressantes instances de tous les honnêtes gens; toujours il refusa, ne consentant à le quitter que pour un siège de conseiller; mais en un temps où on ose dire tout haut que l'affaire du juge est de combattre et non de juger, il faut des hommes dont on soit sûr pour en faire des conseillers, et l'indépendance bien connue de M. Terrier de Laistre lui fut opposée comme un obstacle absolu à ce qu'il demandait; force fut donc encore de le laisser à ce parquet d'où on n'osait pas l'arracher, malgré les sommations violentes de la démagogie servilement appuyées par un préfet.

Lorsque vint la loi d'épuration, M. Terrier de Laistre était bien décidé à ne pas rester et s'attendait à voir son nom figurer parmi ceux des magistrats éliminés; pas du tout, on lui annonça qu'on allait le nommer avocat général dans une grande cour d'appel, et on fit miroiter à ses yeux une prochaine présidence de chambre en le pressant d'accepter; cette fois encore il refusa net, demandant pour toute faveur qu'on le comprît sur la liste des expulsés.

Cela était bien facile à M. Martin-Feuillée, qui n'avait encore fait que 613 victimes et à qui il restait une 614e place à donner; mais cette faveur eût entraîné pour M. Terrier de Laistre droit à une indemnité, et elle lui fut obstinément refusée.

Le 1er décembre, jour où la période de bon plaisir du garde des sceaux expirait, M. Terrier de Laistre lui envoya sa démission et par décret du 4 décembre il fut révoqué.

Voilà comment M. Martin-Feuillée, qui avait donné sur ses listes de proscription 613 places à des magistrats qui ne les demandaient pas, se réserva le plaisir de laisser la 614e vacante plutôt que de la donner à un magistrat qui la demandait. Qu'on dise après cela qu'il n'a pas souci des intérêts du budget!

Le garde des sceaux a dû sourire dans sa moustache en entendant M. Denormandie se vanter devant le Sénat de l'avoir conduit à épargner la dernière victime par une question posée à propos; sa question avait tout simplement servi à M. Martin-Feuillée de prétexte pour priver de toute indemnité un magistrat auquel 20 années de loyaux services semblaient devoir l'assurer.

M. TESTE

PRÉSIDENT A BOURGOIN

41 ans de service, dont 38 à Bourgoin, les 12 dernières années comme président.

Magistrat solide et sans reproche, qui, comme les femmes honnêtes, n'a pas d'histoire; il a passé sa vie, entouré de l'estime et de la sympathie générales, à juger avec science et fermeté.

En le frappant on a voulu surtout frapper son fils, M. Louis Teste, qui a écrit en 1879 sur les questions judiciaires un livre intitulé: la *République et la Magistrature*, l'un des meilleurs qui aient paru.

Il y démontrait les vices et l'absurdité de la prétendue réforme projetée et n'a pas cessé depuis lors de fustiger l'ineptie et la scélératesse de nos maîtres dans ses articles quotidiens.

En adversaires généreux, les républicains ont frappé le magistrat, pour se venger de l'écrivain, mais les plus atteints sont encore les justiciables de Bourgoin.

M. THIERRY

JUGE A NICE

41 ans de service.

Homme du meilleur monde, magistrat instruit et impartial, il avait, soit à l'audience soit comme juge d'instruction, donné bien des preuves d'intelligence, de fermeté et de dévouement à ses fonctions.

Publiciste à ses heures, il avait toujours défendu par la plume et par la parole les idées libérales qu'affiche si fort et que pratique si peu le gouvernement.

Mais il avait pris part au jugement du 19

octobre 1880, qui avait condamné deux journalistes républicains pour avoir violé, à la suite des crocheteurs, le domicile des pères Africains, et qui n'avaient pas compris que dans cette circonstance pénible, les plus simples convenances leur commandaient d'épargner du moins à des adversaires avec qui ils étaient en hostilité ouverte, le désagrément de leur présence et de leurs rires moqueurs.

En conséquence, il a été révoqué comme les deux collègues qui avaient avec lui rendu le jugement.

M. DE THOLOUZE

CONSEILLER A LA COUR D'AGEN

32 ans de service, dont 15 comme conseiller.

M. de Tholouze s'était fait remarquer comme président d'assises; la fermeté avec laquelle il conduisait les débats, le calme et l'élévation avec lesquels il les résumait exerçaient généralement sur le jury une sage et utile autorité.

Plusieurs affaires importantes l'avaient mis en relief lorsqu'on jugea à propos de l'écarter de ces fonctions par des motifs de suspicion politique aussi peu avouables que peu fondés.

M. de Tholouze restait cependant étranger à la lutte des partis; mais il était catholique et d'esprit fort encroûté, abêti à ce point de ne pas considérer la démocratie et le matérialisme comme le terme du progrès, quand ils ont l'un et l'autre fait la fortune de M. Martin-Feuillée !

M. TISSOT

PRÉSIDENT A MOUTIERS

23 ans de service, dont 9 comme président.

Instruit, laborieux, s'absorbant dans ses devoirs professionnels, ce magistrat évitait avec le plus grand soin toute manifestation politique et entretenait les relations les plus correctes avec les autorités.

Appelé à rendre la justice dans le plus calme des arrondissements, il n'avait jamais eu à juger de procès politique ni même à trancher de questions relatives à l'exécution des décrets.

Mais il était Savoyard par sa naissance, et allié par son mariage à une famille considérable qui avait, comme la sienne, énergiquement aidé à l'annexion du pays; or, on sait que ce sont justement celles-là qui ont été frappées, par l'influence du sieur Parent, sénateur, l'un des rares adversaires que l'annexion à la France ait jadis rencontrés. Singulière façon de récompenser les gens de l'attachement qu'ils ont montré à leur nouvelle patrie.

M. Martin-Feuillée avait essayé de ménager la chèvre et le chou en transplantant M. Tissot à la présidence de Nyons; si tant est qu'il ait désiré y réussir, il en a été pour ses frais, car dans une lettre fort digne, M. Tissot lui a envoyé sa démission.

M. TISSOT

JUGE A PONTARLIER

9 ans de service, dont 3 comme suppléant.

Appartenant à une vieille famille de la Franche-Comté, M. Tissot était entré dans la magistrature après s'être nourri de la doctrine et de la pratique du droit.

Intelligence ouverte et éclairée, nature d'artiste, ami des lettres, c'était un homme aimable et charmant, un de ces causeurs séduisants à qui il semble qu'aucun sujet ne soit étranger, sauf peut-être ceux que nos politiciens traitent avec tant de compétence à la brasserie ou au café.

Son principal souci était de bien juger, et la confiance que ses collègues et les hommes d'affaires mettaient en ses lumières témoignait que sur ce point il avait lieu de se tenir pour pleinement satisfait.

De politique, il n'en avait cure, et il a fallu que M. Martin-Feuillée le révoquât pour lui apprendre qu'il en faisait.

Il a reçu le coup avec cette philosophie que le commerce des anciens inspire à ceux qui savent le cultiver; « Tiens, a-t-il dit, « il paraît que je vaux quelque chose »; sur quoi il est allé prendre tranquillement sa place au barreau où son jeune talent est assuré de trouver à s'exercer, et où la confiance des justiciables le dédommagera amplement des bouderies de Martin-Feuillée.

M. TILLOMBOIS DE VALLEUIL

JUGE A CHARTRES

18 ans de service, dont 11 comme juge d'instruction.

Capable, très bienveillant, très honorable et ne s'occupant pas de politique, il paraissait devoir échapper à la proscription; mais au député qui prenait sa défense on a répondu qu'il était à chaque instant dénoncé comme hostile au gouvernement.

On fait généralement honneur de ces dénonciations à certain personnage bien connu pour être coutumier du fait dans plus d'un des endroits où il a passé; bonapartiste qui se vantait en 1870 d'avoir dans sa manche la plupart des membres du ministère Ollivier, tourné depuis au républicain parce que son mérite ne suffisait pas à le faire avancer; autocrate qui sonnait volontiers le concierge pour se faire mettre ses pantoufles en arrivant dans son cabinet; reptile venimeux à qui il arrivait jadis de donner rendez-vous à des maires radicaux, la nuit, sur la route, pour obtenir d'eux des renseignements et satisfaire sa manie de dénoncer.

Ceux-là ont la confiance et les faveurs de M. Martin-Feuillée.

M. TOLLON

JUGE A MARSEILLE

Était déjà substitut à Marseille lorsque vint le 4 septembre qui le chassa avec tant d'autres du parquet; il rentra, en 1874, comme juge au tribunal où son père avait siégé près de trente ans en la même qualité.

M. Tollon était un magistrat instruit, travailleur, indépendant, cultivant les lettres avec la même ardeur que le droit; d'un abord un peu froid qui recouvrait non seulement un grand fonds de bienveillance, mais encore un esprit aimable et enjoué.

L'idée ne serait jamais venu à personne d'élever un soupçon sur son impartialité, et c'est justement de quoi M. Martin-Feuillée s'est inquiété. Avec un magistrat chrétien, ne voulant jamais écouter que sa conscience et la loi, il n'y avait rien autre chose à faire qu'à s'en débarrasser; il n'y a pas manqué.

M. TORQUAT

CONSEILLER A RENNES

25 ans de service, dont 9 comme conseiller.

M. Torquat avait suivi sa carrière de la façon la plus hiérarchique et la plus régulière, gagnant chacun de ses grades par son mérite et s'y trouvant naturellement porté par la confiance des justiciables et l'estime de ses chefs.

Brillant lauréat de la Faculté de droit, il s'était toujours senti attiré vers les études juridiques; aussi la rectitude de son jugement et l'étendue de ses connaissances doctrinales lui avaient assuré une place considérable à la cour.

Il n'est pas frappé seulement parce que l'élévation de son caractère est au niveau de sa valeur intellectuelle, il est frappé parce que, en 1870 et 1871, étant président du tribunal de Saint-Nazaire, il a fait droit au nombreuses plaintes dont le sieur Assiot, alors sous-préfet et ami intime de Waldeck-Rousseau, était l'objet.

Forcer un sous-préfet jacobin à payer des dettes criardes est une licence désormais interdite au magistrat; M. Torquat crut qu'il était de son devoir de la prendre, on la lui fait expier après treize années; quant à Assiot, il est préfet et crocheteur breveté.

M. TOURNAMILLE

JUGE A TOULOUSE

8 ans de service.

M. Dufaure l'avait trouvé suppléant et l'avait nommé juge; chargé en cette qualité du règlement des ordres au tribunal de Toulouse, M. Tournamille avait rendu, dans cette mission ingrate et difficile, des services importants; sa grande expérience des affaires et ses habitudes laborieuses lui permettaient de mener de front ce travail avec celui des audiences et de porter sans faiblir un fardeau parfois pesant.

M. Tournamille avait pris part au jugement du 2 août 1880 par lequel le tribunal de Toulouse, presque seul en France, s'était déclaré incompétent pour connaître de la demande en réintégration de domicile et en dommages-intérêts formée par des expulsés contre le sieur Merlin, préfet. En le voyant révoquer aujourd'hui tandis qu'à quelques mois de là, le président Bermond, qui avait rendu ce jugement, était promu à un siège de président à la cour, on peut supposer, sans trop de témérité, que M. Tournamille ne s'était point montré de l'avis du président.

Au surplus, M. Tournamille était depuis longtemps l'ami de M. Depeyre, il n'en fallait pas davantage pour assurer sa révocation. De plus, il était le frère d'un ecclésiastique des plus zélés et des plus estimés, aumônier d'un des cercles catholiques de Toulouse et mêlé à toutes les œuvres de charité.

M. TOURNÉ

PRÉSIDENT DE MONT-DE-MARSAN

21 ans de service; nommé procureur par Crémieux le 24 octobre 1870, démissionnaire le 15 novembre, réintégré par M. Dufaure en 1872, et nommé par le même, en 1875, président à Mont-de-Marsan.

Le meilleur des hommes et l'honnêteté même; gai, bienveillant, affable, intelligent, instruit, plein d'expérience, mais gâtant toutes ces qualités par un défaut qui est le plus impardonnable de tous aujourd'hui, la fermeté.

C'est lui qui, en 1877, présidant aux élections sénatoriales à la préfecture, assura la sincérité du scrutin et l'indépendance des électeurs en faisant mettre les scellés sur toutes les communications ménagées entre la salle du vote et les appartements du préfet. Cette simple précaution eut pour résultat la nomination de MM. de Gavardie et de Ravignan, et un déchaînement inouï de violences et d'outrages de la part des journaux républicains du pays contre M. Tourné et le tribunal qu'il présidait.

Le tribunal eut beau prendre des délibérations officielles pour demander au procureur général Delcurrou de le protéger; M. Delcurrou ne voulut rien entendre, et le courageux procureur de la République qui avait osé les lui transmettre, M. Carenne, fut révoqué.

Bientôt c'est à la *Lanterne* qu'eut affaire M. Tourné; le journal l'accusa de faux et épuisa contre lui le riche vocabulaire d'injures dont un républicain peut disposer; cette fois, M. Tourné n'avait pas de permission à demander, il poursuivit la *Lanterne*, et après une lutte à laquelle ne manqua aucun scandale, où on vit le parquet de M. Delcurrou appuyer les prétentions les plus extravagantes et faire d'un bout à l'autre cause commune avec les journalistes inculpés, la *Lanterne* fut condamnée.

M. Delcurrou y avait beaucoup menacé d'une enquête qu'il avait faite et qu'il n'avait jamais voulu montrer, insinuant qu'elle contenait les révélations les plus terrifiantes pour M. Tourné; devant la cour de cassation où on voulut traduire disciplinairement M. Tourné, il fallut enfin la produire, et elle était bien décisive, en effet, puisque la cour de cassation ne put y trouver en quoi M. Tourné pouvait être blâmé; on avait cependant pris tout le temps nécessaire pour que la cour fût bien composée, car on avait attendu plus de deux ans après le dépôt du rapport avant de la convoquer; mais on avait encore mal pointé.

Aujourd'hui, on est revenu aux vrais principes; M. Delcurrou est premier président à Bordeaux, M. Tourné est révoqué, et la *Laneerne* est vengée.

M. TRÉBUTIEN

CONSEILLER A CAEN

36 ans de service dont 9 comme conseiller.

Il eût été bien difficile de dresser un acte d'accusation contre cet honnête homme, simple, réservé, vivant loin de la politique, dans un vieux manoir hors la ville, et ne quittant sa nombreuse famille que pour venir s'asseoir à l'audience où, malgré une science profonde du droit et une longue pratique des affaires, sa modestie allait presque jusqu'à l'effacement.

Mais qu'importe tout cela à nos républicains? Révoquer M. Trébutien, c'était faire coup double : se débarrasser d'un bon chrétien, et atteindre indirectement une famille patriarcale du Calvados qui a de tout temps mis son activité, son intelligence, son patrimoine au service des œuvres religieuses ou conservatrices avec une noble simplicité et un entier désintéressement.

On a donc, sans autre forme de procès, révoqué M. Trébutien.

M. TRÉVEDY

PRÉSIDENT A QUIMPER

28 ans de service, dont 9 comme président.

D'un caractère doux et modéré, très correct d'attitude, évitant scrupuleusement toute ingérence dans le domaine politique, M. Trévedy s'était toujours renfermé dans l'exercice assidu et laborieux de ses fonctions, qu'il remplissait avec autant d'impartialité que de dignité.

Pour son malheur, des religieux furent violemment expulsés par le sieur Leguay, préfet. Ils s'adressèrent à lui pour faire lever les scellés apposés sur leur chapelle, se faire réintégrer dans leur domicile et obtenir des dommages-intérêts. Le président se déclara incompétent pour la chapelle, ce qui était vrai; mais par deux ordonnances du 21 et un jugement du 26 juillet 1880, il se déclara compétent pour le reste, ce qui n'était pas moins vrai.

C'est pourquoi il est révoqué, ainsi que l'un des deux juges qui ont pris part avec lui au jugement du 26 juillet.

Il était du reste absolument mis à l'index par l'autorité, ce qui faisait le supplice de certains fonctionnaires couards que le soin de leur situation préoccupait.

Les voilà tranquilles désormais, M. Trévedy est révoqué, plus n'est besoin même de le saluer; la sympathie et le respect de tout ce qu'il y a d'honnête et d'indépendant dans le pays permet à M. Trévedy de les en dispenser.

M. TRINIAC

CONSEILLER A RIOM

27 ans de service, dont 6 comme conseiller.

Que diable celui-là peut-il avoir bien fait à M. Martin-Feuillée? S'il a mérité sa disgrâce, ce n'est pas à coup sûr par un excès d'hostilité.

Magistrat modeste, prudent, actif à la besogne, cherchant la vérité avec une honnête indépendance, il avait passé sa vie à faire le bien sans éclat et sans orgueil, appliquant son esprit réservé et réfléchi à remplir ses fonctions avec simplicité et dignité.

Mais il avait osé un jour, comme chef du parquet, remplir son devoir même dans l'intérêt d'un candidat conservateur!

Mais il avait fait partie jadis d'un conseil général où il ne s'était pas montré plat comme on l'eût désiré!

Mais il avait été nommé conseiller par les gens du 16 mai; passe-droit épouvantable! il n'y avait que douze ans qu'il était chef de parquet!

La République remet les choses en place : elle nomme premiers présidents des gens qui n'ont pas quatre ans de service, quand elle ne les nomme pas d'emblée, et après 27 ans de service, elle révoque des conseillers.

M. TROPAMER

PRÉSIDENT DE CHAMBRE A LA COUR D'AGEN

41 ans de service, dont 14 comme président.

Fils d'un ancien premier président qui avait pendant plus de 20 ans dirigé la cour d'Agen avec une remarquable autorité, M. Tropamer était le plus ancien membre de sa compagnie, et remplissait ses fonctions de président avec cette dignité de caractère que donne la tradition.

Son esprit alerte et prompt allait droit au but, il n'avait jamais joué de rôle politique et s'était toujours tenu, par convenance autant que par goût, en dehors de l'action des partis.

Mais il est oncle par alliance de M. Noubel, ancien député sous l'Empire et récemment encore sénateur de la droite, il n'en fallait pas davantage pour appeler sur sa tête les foudres de M. Martin-Feuillée.

M. DE TROUILLIOUD DE LANVERSIN

JUGE A LARGENTIÈRE

24 ans de service, dont 10 comme juge de paix.

Magistrat laborieux, timide jusqu'au scrupule, se recommandant à l'estime et à la considération de tous par ses vertus et sa grande honorabilité.

Il avait exercé pendant 9 ans les fonctions de l'instruction lorsqu'on les lui enleva brusquement, le 1er mai 1883, pour les confier à un secrétaire de mairie que, pour la circonstance, on improvisa magistrat.

Cette fois, il est définitivement révoqué; aussi bien, pourquoi croit-il en Dieu? et pourquoi, peu fortuné lui-même, allait-il encore s'occuper des pauvres et conspirait-il avec la Société Saint-Vincent-de-Paul sous prétexte de la présider? Un vrai républicain, ferme sur les principes, se borne à pérorer sur la solidarité, mais il laisse le pauvre crever de faim et s'engraisse sur le budget.

D'ailleurs, fils d'un chevalier de Saint-Louis, ancien officier de l'armée de Condé!

M. D'UZER

JUGE A MONT-DE-MARSAN

15 ans de service.

Petit-fils du général d'Uzer, et appartenant à une des familles les plus considérable de Bagnères-de-Bigorre, M. d'Uzer avait été successivement suppléant à Tarbes et juge à Saint-Palais; puis M. Dufaure l'avait nommé, en 1876, à Mont-de-Marsan.

Son caractère bienveillant, sa courtoise affabilité, son abord plein de franchise et de loyauté lui avaient valu les sympathies de tous ceux qui le connaissaient. Doué d'ailleurs d'un esprit sérieux, d'une intelligence vive et d'un rare bon sens, il remplissait avec un grand dévouement des fonctions et des devoirs dont il avait la plus haute idée.

Mais il était intègre et indépendant, deux défauts que la République ne peut plus supporter.

Il avait été honoré des plus violentes injures de la *Lanterne* pour n'avoir pas compris qu'il devait mentir plutôt que de risquer de prouver, en disant la vérité, l'innocence du président Tourné qui avait fini par perdre patience et en appeler à la justice contre les infamies dont on osait l'accuser. La lutte fut épique entre le président qui défendait son honneur et le journal qui l'attaquait; neuf fois la *Lanterne* souleva, soit en première instance, soit en appel, soit en cassation, des difficultés pour retarder le jugement de l'affaire, neuf fois ses tentatives furent repoussées, et après avoir épuisé toutes les chicanes elle fut enfin condamnée.

Alors le Gouvernement se mit lui-même de la partie; non content d'avoir laissé abreuver d'outrages le tribunal de Mont-de-Marsan sans rien faire pour le défendre, non content d'avoir été jusqu'à révoquer un procureur honnête qui avait osé appuyer les réclamations adressées par le tribunal au garde des sceaux pour obtenir justice, il osa essayer de venger la *Lanterne* en poursuivant disciplinairement le président. Deux ans durant, il tint suspendue sur sa tête une enquête faite par le procureur général Delcurrou et qu'il disait pleine de compromettantes révélations, attendant toujours que le renouvellement successif du personnel de la cour de cassation lui assurât une majorité pour la condamnation; quand, après bien des pointages, il crut le moment venu, il aborda enfin la discussion, produisit son enquête, et n'obtint pas même de la cour, tant son enquête était vide, l'autorisation de faire comparaître devant elle le président.

La démonstration était complète; la *Lanterne* n'en continua pas moins de crier à bouche que veux-tu qu'il y avait quatre faussaires au tribunal de Mont-de-Marsan, et quand est venu le jour des iniquités, M. Martin-Feuillée a révoqué pour lui complaire trois juges et le président !

M. VACHERESSE

PRÉSIDENT A EMBRUN

Beau-frère de l'estimable député de l'Ardèche qui fit naguère révoquer par Cazot l'avocat général Clappier, coupable d'avoir conclu contre lui dans un procès privé, et qui osa s'en vanter; aurait pu compter sur cette honorable parenté et sur sa qualité de protestant pour être épargné.

Mais il n'avait certes pas applaudi à la révocation de M. Clappier; de plus, il ne s'était jamais inquiété sur son siège de l'opinion politique ou religieuse de ses justiciables, et, dédaigneux de la faveur ministérielle, n'avait jamais pensé qu'à rendre justice égale à tous, sans exception de religion ou de parti.

Ce n'est pas ainsi que l'entend M. Martin-Feuillée, aussi a-t-il révoqué le président qu'en 1878 M. Dufaure avait nommé.

Pour témoigner combien M. Martin-Feuillée répondait au vœu de l'opinion publique, la compagnie des avoués a adressé à M. Vacheresse une lettre portant l'expression de ses amers regrets, et le conseil municipal lui-même a tenu à attester par un document public que le président avait toujours rempli ses fonctions avec honneur et dignité.

Il est donc bien clair qu'il est révoqué pour crime d'indépendance et d'impartialité.

M. DE VALROGER

VICE-PRÉSIDENT A LILLE

19 ans de service, dont 8 comme vice-président.

Doué d'une grande finesse, d'un bon sens imperturbable, d'une science juridique puisée aux leçons de son vénéré père, l'ancien professeur de droit de la Faculté de Paris, M. de Valroger avait bien des rapports avec tous les hommes d'affaires, et nul d'entre eux n'avait à coup sûr songé à suspecter son impartialité.

Allié à l'une des familles les plus considérables de Lille, s'il en partageait les sentiments conservateurs, on savait aussi qu'il était libéral, et d'un autre côté, s'il allait à la messe, il eût été impossible sans faire hausser les épaules de le traiter de clérical.

Mais il avait déplu à Alfred, son procureur, et on n'a pas voulu le laisser vice-président à Lille pendant qu'on faisait d'Alfred un procureur général à Douai.

M. de Valroger avait osé, en effet, le 17 novembre 1880, condamner M. Gustave Simon, directeur du *Petit Nord*, à l'amende et à des dommages-intérêts envers le Père Pillon, pour avoir publié une nouvelle fausse qui lui portait préjudice et pour l'avoir diffamé.

Il avait osé, le 22 décembre suivant, se déclarer compétent pour juger correctionnellement le serrurier par qui la porte des Dominicains avait été crochetée.

Faire justice à des expulsés, c'était de l'insubordination; aussi deux des trois magistrats qui ont rendu ces jugements, MM. de Valroger et Marion, sont-ils aujourd'hui révoqués.

On a pris un soin inutile, car ni l'un ni l'autre n'eut consenti à siéger dans une magistrature mutilée.

M. de Valroger n'a donc pas eu besoin d'être consolé; mais en voyant avec quelle âpreté certains se sont jetés sur les dépouilles des expulsés, il a dû avoir besoin de toute sa courtoisie pour ne pas leur placer quelques-uns des discours qu'il leur a jadis entendu faire sur des avancements qui, s'ils ne pouvaient nier qu'ils fussent justifiés par le mérite, ne leur paraissaient pas l'être suffisamment par l'ancienneté.

M. VANEY

CONSEILLER A LA COUR DE PARIS

31 ans de service, carrière lentement et laborieusement parcourue, et duquel il est difficile de croire qu'il fût hostile à la forme républicaine, puisque M. Crémieux l'avait jugé digne d'être fait substitut à la cour, huit jours après le 4 septembre, et que trois mois après le vote des lois constitutionnelles, M. Dufaure l'avait nommé conseiller.

Mais si la République n'avait rien à craindre de lui, il paraît qu'il en était autrement des républicains; son caractère était essentiellement indépendant et on savait qu'il n'y avait pas à attendre de lui ces complaisances que la conscience réprouve, mais dont la République d'aujourd'hui fait la condition de ses bienfaits.

Aussi était-il en horreur aux républicains, dont 12 années de séjour au parquet de Paris lui avaient peut-être trop livré les secrets; ils l'avaient déjà attaqué avec fureur à propos de l'affaire Godefroy qu'il présidait à la cour d'assises; ils le révoquent aujourd'hui, le trouvant trop honnête pour le garder.

M. VANNESSON

PRÉSIDENT A GRAY

27 ans de service, dont 14 comme président.

Un trait suffira à le juger : lorsqu'en 1871 le général allemand de Werder voulut s'emparer d'otages en représaille de ce qu'un certain nombre de capitaines de la marine allemande avaient été capturés, il demanda une liste au maire de Gray; le maire refusa, malgré les menaces, et déclara qu'il ne pouvait mettre que deux noms sur la liste de captivité, le sien et celui du président Vannesson qui était venu lui réclamer l'honneur d'y être porté.

Ce magistrat, qui avait poussé le dévouement à ses justiciables jusqu'à aller pour eux au-devant de la captivité, on l'a chassé de son siège, et non seulement on l'a chassé, mais on lui a fait connaître son expulsion par huissier, et comme si ce n'était pas encore assez, on lui a envoyé, dans sa propre commune et comme à un malfaiteur, un brigadier de gendarmerie et un gendarme pour la lui signifier !

M. VASSARD

PRÉSIDENT DU TRIBUNAL DE REIMS

29 ans de service, dont 7 comme président.

Magistrat intègre et non moins remarquable par sa parole élégante et facile que par sa grande connaissance des affaires et du droit; d'habitudes austères et dignes qui ne donnaient que plus de prix à sa constante affabilité, M. Vassard avait conquis à Reims l'estime et la sympathie non seulement de ses collègues et des membres du barreau, mais aussi de toute la société rémoise, qui le voit partir avec un profond regret.

Il tombe victime de ses sentiments religieux, coupable aussi de n'avoir pas voulu croire que le suffrage universel pût l'obliger à donner son estime à des gens qui ne méritent pas le respect.

Les justiciables le regretteront pour sa droiture et son impartialité, les pauvres pour sa charité; mais qu'est-ce que tout cela fait à M. Martin-Feuillée?

M. VATAR

CONSEILLER A LA COUR DE RENNES

30 ans de service, dont 6 comme conseiller.

Il y a 23 ans qu'il exerce ses fonctions à Rennes, où il avait commencé par professer le droit à la Faculté; il y était entouré de l'estime et de la sympathie publiques et ne s'était jamais mêlé à la politique.

M. Martin-Feuillée lui reproche apparemment d'avoir eu à juger, sous le 16 mai, comme vice-président du tribunal de Rennes, quelque agent électoral républicain qu'il aurait dû ménager, oubliant que si M. Vatar a eu à en juger, c'est qu'ils lui avaient été déférés par le parquet que dérigeait alors M. Vételay, qui n'en a pas moins été fait depuis directeur des affaires criminelles et conseiller à la cour de cassation par ledit Martin-Feuillée.

M. Vatar était d'ailleurs le proche parent de Mgr Saint-Marc, décédé archevêque de Rennes; c'était du dernier mauvais goût à une époque où un fonctionnaire ne peut plus pratiquer sa foi en liberté; il était naturel qu'on lui fit expier cette scandaleuse parenté.

M. VÉDEL

VICE-PRÉSIDENT A MONTPELLIER

25 ans de service.

Le 21 octobre 1880, saisi, en l'absence de président, d'une demande en référé formée contre le sieur Fresne, préfet, par les expulsés, et tendant à être autorisés à rentrer dans leur domicile et à y recevoir sans sauf-conduit du commissaire central qui ils voudraient, — M. Védel s'était déclaré incompétent, prétendant que chasser les gens de chez eux et les empêcher d'y rentrer, « ce n'était leur contester ni le droit « de propriété, ni le droit d'en jouir et « d'en disposer, c'était seulement y apporter une restriction qu'on ne pouvait apprécier sans être forcé d'apprécier en « même temps les décrets ».

On devine si les républicains, heureux, sur 36 décisions contraires alors rendues, d'en trouver enfin une de leur avis, accablèrent le juge de leurs compliments; toute la presse en retentit.

Voilà un magistrat qui a dû être bien surpris de se voir révoqué; on dit cependant qu'il ne l'a pas volé.

M. VERD-DELANDINE

JUGE AU PUY

9 ans de service.

Après avoir exercé pendant 20 ans avec honneur et distinction la profession d'avoué, M. Verd-Delandine était entré dans la Magistrature en 1874, comme juge au Puy.

Il avait rempli pendant 10 ans les fonctions d'adjoint, et pendant 4 ans remplacé le Maire avec une intelligence et une activité auxquelles ses adversaires eux-mêmes avaient plus d'une fois rendu un hommage mérité.

Depuis 1875 il avait été constamment chargé du service des ordres, et sa connaissance des affaires, la fermeté de son caractère, la droiture de son esprit avaient fait de lui un magistrat difficile à remplacer.

Mais il était l'ami de M. Vinay, et il fallait bien se donner le plaisir de se venger sur lui, puisqu'on ne pouvait plus atteindre M. Vinay, soustrait par la mort à toutes les inimitiés.

Sénateurs et députés n'y ont pas manqué; un magistrat intègre et indépendant de moins, c'est toujours cela de gagné.

M. Verd-Delandine n'en a pas été étonné; au procureur qui lui signifiait par lettre le décret qui le révoquait, il a répondu par la même voie « Je vous plains d'être chargé « d'aussi triste besogne; ce décret est pour « moi un véritable titre d'honneur, je le « conserverai religieusement ».

Et il aura raison; ses archives de famille remontent au commencement du XIIe siècle, elles n'en seront point déparées.

M. VERGER

VICE-PRÉSIDENT A MARSEILLE

31 ans de service, dont 9 comme vice-président

Esprit fin et délicat, ami des lettres non moins que du droit, M. Verger était d'un caractère ferme et indépendant, et il avait un juste renom de savoir et de probité.

Son crime est d'avoir, le 30 octobre 1880, acquitté deux avocats, MM. Berlier de Vauplane et de Montezan, poursuivis pour outrages envers des agents et rébellion, l'un parce qu'il avait participé à une démonstration de citoyens tendant à protester par leur seule présence contre les expulsions de religieux, l'autre, parce qu'il avait dit aux agents : « Vous servez un gouvernement « de crocheteurs! » ce que le jugement constatait « n'être que l'expression d'un fait « matériel » et vrai, ceux-ci ayant démoli un mur à l'aide de pinces et de maillets.

M. Verger, chassé par M. Martin Feuillée, s'en est estimé très honoré, et est entré au barreau, sûr de trouver là, avec l'accueil sympathique qu'il méritait, un asile toujours ouvert à ceux qui veulent combattre pour le droit et la liberté.

M. VERLET DU MESNIL

JUGE AU MANS

24 ans de service, dont 5 comme juge d'instruction.

Très bien doué, de l'esprit le plus vif et le plus cultivé, à la parole énergique et brillante, ami de l'étude, également versé dans les lettres et dans la science du droit, auteur de plusieurs travaux remarqués sur la jurisprudence criminelle, M. Verlet était fait pour occuper une situation élevée dans le Parquet.

On la lui offrit après le 4 septembre, il la refusa et fut brutalement destitué.

Réintégré comme juge au Mans en 1872, il y remplissait les fonctions de juge d'instruction lorsque, le 15 novembre 1880, il fut saisi par des religieux expulsés d'une plainte pour crime d'attentat à la liberté individuelle formée contre le sieur Lagrange de Langre, préfet.

Le Parquet le requit de n'y pas donner suite; M. Verlet répondit par une ordonnance où il démontrait à la fois son droit d'instruire et sa compétence; naturellement on éleva le conflit, et immédiatement M. Verlet envoya sa démission des fonctions de l'instruction au sieur Cazot, lui déclarant qu'il ne pouvait plus en conscience exercer un pouvoir que des mesures arbitraires paralysaient dans ses mains.

C'est dire que sa fermeté, sa science, son indépendance de caractère le marquaient suffisamment pour prendre rang dans l'hécatombe offerte par M. Martin Feuillée à la vengeance républicaine et à la tyrannie du gouvernement.

M. VERNE DE BACHELARD

CONSEILLER A LA COUR DE LYON

34 ans de service, dont 16 comme conseiller à Lyon.

Magistrat éprouvé qui avait acquis une grande réputation dans les pénibles fonctions de juge d'instruction qu'il a exercées pendant 10 ans à Lyon; un des conseillers les plus capables et les plus utiles de la cour où il jouissait d'une réelle autorité et dont il était désigné comme l'un des futurs vice-présidents.

Son caractère ferme, indépendant, dédaigneux de toute compromission, le vouait d'avance à la révocation; et puis, songez à tout ce qu'il avait amassé de haines sur sa tête en instruisant courageusement et impartialement contre les frères et amis lors des émeutes de la Guillotière qui, en avril 1871, ensanglantèrent Lyon.

M. VERNET

PRÉSIDENT A LARGENTIÈRE

9 ans de service.

Avait cherché le repos sur un siège de juge à Largentière après trente années d'un travail assidu au barreau de cette ville, et avait été nommé président en 1874.

La République ne pouvait lui reprocher ni défaut de zèle dans ses fonctions ni incapacité; mais il était homme d'ordre et religieux, mais il avait été maire à Largentière sous l'Empire, conseiller général et décoré!

De plus, son fils, substitut à Carpentras, avait, après 8 ans de service, donné sa démission lors de l'exécution des décrets.

Un pareil exemple de fermeté chez le fils suffisait à rendre le père suspect, on l'a dû révoquer pour cause d'indépendance et d'impartialité.

M. VERRIER

JUGE AU TRIBUNAL D'ALAIS

15 ans de service.

Un de ces puits de science que le travail rend chaque jour plus profonds et qui ne tarissent jamais; Cazot le savait bien, car ils avaient fait ensemble leur droit à la Faculté d'Aix, où les lauriers étaient toujours pour M. Verrier.

Mais quoi! il avait été nommé juge par le maréchal de Mac-Mahon après 5 ans de suppléance pendant lesquels il n'avait pris part qu'à 5 ou 600 jugements, ce qui est, comme on sait, à défaut du sens républicain qui supplée à tout, un stage par trop insuffisant.

De plus, il avait d'autres vices; il n'avait jamais fait la moindre manifestation politique, était un catholique pratiquant et remplissait depuis 19 ans les fonctions de trésorier de la fabrique de la cathédrale d'Alais.

Il avait couronné tout cela par un acte de rébellion en se figurant qu'il était juge pour être impartial, et en protégeant la propriété des Frères contre une scandaleuse et trop célèbre usurpation, condamnée à tous les degrés de juridiction, et qui força le sieur Cazot à venir pour la première fois départager le tribunal des conflits qui hésitait lui-même à l'amnistier. Pour un pareil crime ce n'était certes pas trop de deux révocations, on a donc traité M. Verrier comme on avait traité son éminent président, M. Giron, et afin de parer à de telles éventualités, on l'a remplacé par un homme qu'avait rendu célèbre à Chambéry son incommensurable incapacité.

M. Verrier n'en sera que plus estimé et plus considéré à Alais, où tout le monde pense de lui ce qu'en disait le lendemain de sa révocation un de ses anciens collègues protestant, aujourd'hui conseiller : « J'ai « pu me rendre compte par moi-même avec « quelle impartialité, quelle compétence et « quel dévouement il remplissait ses fonc« tions, ne recherchant que la justice et la « vérité; je lui rends ce témoignage parce « qu'il est vrai ».

M. VERRION

PRÉSIDENT A DRAGUIGNAN

13 ans de service.

Occupait depuis longtemps le premier rang au barreau de Draguignan lorsqu'en 1870 l'Empire le nomma président.

Ce n'était pas que M. Verrion fût bonapartiste, il appartenait au contraire ouvertement à l'opinion légitimiste; mais sa grande pratique des affaires, sa science du droit incontestée, la loyauté de son caractère l'avaient entouré d'une telle considération que le gouvernement impérial n'avait pas hésité à lui confier ces importantes fonctions, estimant, au rebours du gouvernement républicain, que ce qui importe chez un magistrat, c'est sa valeur professionnelle, son honorabilité personnelle, et non pas ses opinions.

Les qualités de M. Verrion avaient, en effet, pleinement justifié sa subite élévation, et lui avaient vite acquis une haute autorité comme président.

Mais ses principes religieux, son indépendance vis-à-vis des membres du parquet local, sa réserve envers un procureur général trop habitué à de serviles adulations, l'avaient, sous notre heureux régime de liberté, désigné pour la révocation.

M. Verrion a immédiatement repris sa robe d'avocat, et il a été dès le lendemain nommé bâtonnier de l'ordre par ses confrères du barreau de Draguignan; ceux-ci n'ont pas cru pouvoir mieux montrer à M. Martin-Feuillée le cas qu'il fallait faire de leur ancien président.

M. VIALAS

CONSEILLER A LA COUR DE TOULOUSE

37 ans de service, dont 20 comme conseiller.

Un des magistrats les plus estimés de la cour par sa connaissance profonde des affaires, par son esprit pratique, par l'intégrité de son caractère et par le zèle qu'il apportait à bien remplir ses devoirs; souvent appelé à présider sa chambre comme conseiller plus âgé, il le faisait avec une grande autorité.

M. Vialas s'attendait à être révoqué; à son grand étonnement il ne l'a point été, c'est qu'il avait manifesté trop haut la ferme intention de ne pas rester dans la magistrature épurée, et que M. Martin-Feuillée, soucieux de ne pas perdre un coup de dent, a préféré choisir une autre victime et laisser à M. Vialas le soin de s'éliminer.

Celui-ci n'y a pas manqué, il a refusé de siéger à la nouvelle cour et a pris sa retraite pour ne pas se séparer de ses collègues révoqués. Sa volonté était tellement arrêtée à cet égard que dès le 31 août il avait fait enlever sa robe du palais.

M. Vialas était le descendant d'une famille parlementaire dont le nom figure depuis deux siècles sur les registres de la cour ou du parlement de Toulouse ; jamais plus noble héritage n'avait été plus noblement porté.

M. VILLARS

CONSEILLER A LA COUR DE GRENOBLE

Avait débuté dans le ressort de Bordeaux et exercé ensuite ses fonctions à Grenoble pendant 28 ans, dont 15 comme conseiller.

Excellent président d'assises, d'une science sérieuse et complète, d'une grande expérience et d'une honorabilité incontestée.

Son attitude avait toujours été des plus correctes, mais il était chrétien et avait ses filles au couvent du Sacré-Cœur, or on sait que le Sacré-Cœur donne tout particulièrement sur les nerfs des républicains.

Aussi fut-il porté des premiers sur la liste de proscription par le *Réveil du Dauphiné*.

On avait répandu le bruit que M. Villars avait fait certaines démarches auprès de la radicaille pour être conservé; c'est une calomnie contre laquelle tous ceux qui connaissent M. Villars ont protesté, il suffisait d'ailleurs d'en connaître l'auteur pour savoir ce qu'elle valait; mais elle n'a rien d'étonnant, les complices de M. Martin-Feuillée sont gens à ne pas se contenter d'étrangler leurs victimes, ils essaient volontiers de se donner comme un raffinement de vengeance le plaisir de les déshonorer.

Comme pour montrer le cas qu'elle faisait des injures dont l'avait couvert la radicaille, l'Académie de Grenoble a aussitôt choisi pour vice-président l'expulsé de M. Martin-Feuillée.

M. VIMAL

CONSEILLER A RIOM

28 ans de service, dont 11 comme conseiller.

Tout le monde vous dira dans le ressort de Riom que cet homme aimable, docteur en droit de la vieille souche, n'a jamais demandé à la faveur aucune des positions qu'il a occupées; qu'il a été toujours et partout un magistrat irréprochable, consciencieux presque à l'excès, connaissant les affaires qu'il jugeait mieux souvent que les avocats qui les avaient plaidées, présidant les assises à merveille, civiliste aussi distingué que criminaliste consommé.

Mais il allait à la messe, et cela ne se peut plus tolérer; ce n'est plus Dieu qu'il faut adorer, c'est son prophète Martin-Feuillée.

M. VINNEBAUX

PRÉSIDENT A DREUX

29 ans de service, dont 6 comme juge suppléant et 8 dans les fonctions de président auxquelles il avait été appelé par M. Dufaure.

Très intelligent, très actif, plein d'esprit et de facilité, mais ayant le malheur d'être particulièrement désagréable à son député.

Aussi l'avait-on poursuivi disciplinairement devant la cour de Paris, en 1881, dans des circonstances qu'il est bon de consigner, car elles montrent bien à quelles persécutions les magistrats étaient livrés.

Un greffier de justice de paix avait présenté à un justiciable un mémoire où il portait comme vrais des faits mensongers, réclamant par conséquent le paiement de salaires qui n'étaient pas dus et de frais qui n'avaient point été faits.

Faux, tentative d'escroquerie, concussion, tout y était, mais le greffier était bon républicain et agent électoral du député; toutes les plaintes furent inutiles, nulle poursuite ne fut faite, le procureur général Dauphin n'en voulut pas entendre parler.

Est-ce donc que les preuves manquaient? Elles manquaient si peu que quand la partie lésée, désespérant d'obtenir justice par le parquet, se fut décidée à poursuivre elle-même le coupable et l'eut cité en police correctionnelle, celui-ci, le matin même de l'audience, se sentant perdu après avoir conféré avec son avoué, se brûla séance tenante la cervelle d'un coup de pistolet.

Ce coup de pistolet réveilla le procureur général qui, sortant tout à coup de sa somnolence et voulant réparer le tort de n'avoir pas poursuivi le greffier, se mit à poursuivre... qui? le président du tribunal et le juge d'instruction, coupables d'avoir causé la mort du suicidé en donnant, disait-il, à la partie lésée le conseil de faire elle-même le procès auquel la justice du parquet se refusait! A raison de quoi il les traduisit disciplinairement devant la cour comme ayant manqué à leur dignité.

Ce n'était pas même vrai; ce conseil, ils ne l'avaient pas même donné; le procureur général eut beau chercher, il eut beau les accabler trois jours durant de sa tonnante éloquence, il ne réussit qu'à les faire acquitter.

Deux magistrats poursuivis sous M. Cazot, par un procureur général de M. Cazot, pour *n'avoir pas* jugé un procès qu'ils n'avaient pas conseillé, alors que M. Cazot n'avait pas craint d'aller naguère au tribunal des conflits juger un procès qu'il avait lui-même conseillé, suscité, et à la solution duquel son honneur, son intérêt et son portefeuille étaient engagés !

Vainement les deux magistrats avaient été acquittés par la cour, ils ont été ressaisis tous deux par M. Martin-Feuillée qui, à la faveur de la loi d'épuration les a révoqués.

M. YZOPT

CONSEILLER A LA COUR DE RENNES

37 ans de service, dont 17 comme conseiller.

Véritable figure de magistrat, digne et austère ; sa vie judiciaire se résume en trois mots : travail, impartialité, intégrité. Esprit vif et net, caractère loyal et désintéressé, il avait été un président d'assises des plus distingués, et apportait aux délibérations le précieux concours d'une intelligence ornée, fortifiée par l'étude et mûrie par l'expérience.

Mais on n'est pas parfait ; M. Yzopt n'avait pu rester impassible devant des attentats dont sa conscience de magistrat était froissée; M. Martin-Feuillée le chasse; la vue de cet honnête homme l'eût trop gêné dans sa bonne cour de Rennes désormais épurée.

APRÈS LA TRAGÉDIE, LA FARCE

M. JACQUIN

Dans le *Journal officiel* de la République française, en date du 28 octobre 1883, on lisait ce qui suit :

« Par décret en date du 27 octobre « 1883, rendu sur la proposition du « garde des sceaux, ministre de la jus- « tice et des cultes, et vu la déclaration « du conseil de l'Ordre national de la « Légion d'honneur en date du même « jour, portant que la promotion du « présent décret est faite en conformité « des lois, décrets et règlements en vi- « gueur, est promu dans l'ordre natio- « nal de la Légion d'honneur :

« AU GRADE D'OFFICIER,

« M. JACQUIN.

« Conseiller d'État, directeur du per- « sonnel au ministère de la justice et « des cultes, chevalier du 18 janvier « 1881, services exceptionnels. »

Services exceptionnels, en effet, et qu'il est bon de consigner ici, afin d'apprendre aux âges futurs ce qu'il fallait faire, en l'an de grâce 1883, pour gagner la croix d'officier.

On peut les formuler ainsi :

32 ans ;

A été nommé substitut à Étampes le 29 juin 1878;

A quitté ces fonctions le 1er avril 1879 pour être attaché comme sous-chef au bureau du personnel du ministère de la justice ;

S'est fait nommer procureur à Fontainebleau le 16 décembre 1879, au moment où son ministre, M. le Royer, allait se retirer ;

N'a pas même eu la peine de s'y installer, car M. Cazot, qui se connaît en hommes, s'est empressé de le garder ;

A pris une part brillante en 1880 au combat des décrets, où près de 410 magistrats ont succombé ;

A été fait à cette occasion chef du personnel au ministère de la justice,

Puis décoré le 18 janvier 1881,

Puis directeur du personnel au même ministère, le 4 juin 1881,

Puis conseiller d'État ;

A montré la plus grande bravoure dans la grande bataille de l'épuration, en 1883, où il a tué de sa main :

10 premiers présidents ;

20 présidents de Chambre ;

176 conseillers de Cours d'appel ;

123 présidents ;

50 vice-présidents ;

229 juges de première instance,

Sans compter ceux qui gisent sur le champ de bataille, vivants encore, mais estropiés, blessés ou mutilés.

S'il y a dans tout l'Ordre national de la Légion d'honneur un seul officier, commandeur, grand officier, grand'croix, grand cordon ou grand chancelier qui ait de pareils titres à produire, qu'il se montre afin que nous nous prosternions devant lui pour l'adorer.

Mais Martin-Feuillée est Dieu, et Jacquin est son prophète ; or, l'œuvre de la rédemption de la magistrature exigeait, paraît-il, qu'à défaut du Dieu, le prophète du moins, fût crucifié; c'est pourquoi il s'est offert pour être attaché à la croix... d'officier.

Depuis lors, le monde judiciaire étonné a assisté à une dernière incarnation de Jacquin ; il l'a vu quitter la direction du personnel pour prendre, en vertu d'un nouveau décret du 8 mars 1884, la direction des affaires criminelles.

Dans tout le cours de sa brillante vie, M. Jacquin n'a jamais entendu parler d'affaires criminelles que pendant qu'il était substitut à Étampes, c'est-à-dire pendant neuf mois; et voilà que tout d'un coup c'est lui qui est chargé de les diriger, et de donner à tous les procureurs généraux de France les instructions auxquelles ils devront se conformer.

Ce que c'est pourtant que « le sens « républicain ! »

Si on est curieux de savoir comment il les dirige, on n'a du reste qu'à tourner le feuillet; on y verra pour qui, des innocents ou des coupables, le Parquet qui obéit à ses ordres est le plus à redouter.

POST-SCRIPTUM

Nous avons dit que nous nous étions refusé, malgré des sollicitations nombreuses, à rouvrir ici, à côté des victimes, la galerie des complices que la *Gazette de France* a naguère publiée et qu'il lui eût été facile de compléter, estimant aussi douloureux qu'inutile d'étaler des plaies qu'on ne peut fermer ; il est toutefois des faits qui ont acquis une telle notoriété qu'il ne saurait plus y avoir d'inconvénients à les consigner, et que les passer sous silence, par un sentiment de réserve exagéré, ce serait exposer un travail comme celui-ci au juste reproche de n'être pas complet.

Parmi ceux qui se sont produits depuis l'épuration, nous en choisissons donc deux comme échantillons. Nous avons montré ce qu'étaient les magistrats que M. Martin-Feuillée a chassés : ces deux exemples montreront ce qu'étaient ceux qu'il a conservés. A Dieu ne plaise que nous entendions assimiler à ces deux-là tous les magistrats qu'il a épargnés ; si son bras n'était point las de frapper, il a dû s'arrêter néanmoins au chiffre de victimes qui lui était fixé ; mais on va voir, par des documents authentiques, quels étaient ceux qui avaient toutes ses complaisances, et à qui il n'a eu garde de toucher. On verra du même coup par quelles honorables considérations il s'est déterminé dans le choix des magistrats à réformer, soit par élimination, soit par déplacement.

L'AFFAIRE SAINT-ELME

Nous extrayons les détails suivants, qui ont trait à la magistrature, des débats auxquels l'interpellation sur cette affaire a donné lieu devant la Chambre des députés, en prenant soin seulement d'avertir le lecteur que le sieur Bissaud, dont il va être beaucoup question, jadis avocat fort obscur de son métier, a été fait d'emblée avocat général à Bastia en pleine période d'exécution des décrets, Cazot étant ministre, et ayant comme sous-secrétaire d'État Martin-Feuillée.

SÉANCE DU 3 JUIN 1884.

M. Laguerre. Voici donc, messieurs, bien délimité le champ de ma discussion et de l'interpellation que j'adresse à M. le garde des sceaux :

Le cours de la justice a-t-il été arrêté en Corse, et, s'il ne l'a pas été, comment pourra-t-il expliquer tout à l'heure la succession des scandales, des iniquités et des dénis de justice dans l'histoire desquels il importe maintenant que j'entre pour la honte de la magistrature française ? (Protestations sur plusieurs bancs à gauche et au centre. — Très bien ! très bien ! et applaudissements à l'extrême gauche.)

M. le président. — Monsieur Laguerre, veuillez, je vous prie... (Exclamations à l'extrême gauche.)

M. Roque (de Fillol). Dites : d'un membre de la magistrature.

M. Paul de Cassagnac. Dites : la magistrature républicaine ; ce n'est pas la même chose !

. . . .

M. Laguerre. J'ai la confiance, monsieur le président, que, quand j'aurai révélé, avec les documents à l'appui, les faits que je connais, personne dans cette Chambre ne trouvera l'expression trop forte...

Au mois d'août 1883, un jeune journaliste, M. Saint-Elme, débarquait à Ajaccio pour y fonder un journal hostile à l'administration préfectorale et au Gouvernement. Il y débarquait, si mes renseignements sont exacts, en assez mauvaise compagnie

On ne savait point d'où il était venu, qui il était, ce qu'il voulait. Huit mois après, en avril 1884, le même jeune homme mourait, victime de quatre agressions criminelles, dont les auteurs n'ont pas été poursuivis par la justice...

Que s'était-il passé entre les deux dates ?...

Le 9 août, M. Saint-Elme arrivait à Ajaccio avec l'intention, comme je le disais, de faire hebdomadairement un journal — permettez-moi le mot, c'est celui qu'il a affiché avec le titre de sa feuille — un journal anti-opportuniste.

. . . .

C'est alors que se passe une scène lugubre et sur la véracité de laquelle personne ne peut apporter une contestation quelconque.

C'était le 9 août au soir, à la terrasse d'un café placé en face de la préfecture, et où le préfet de la Corse aime à aller se reposer le soir au lieu de rentrer chez lui. (Rires à l'extrême gauche.)

M. Saint-Elme choisit l'endroit où se trouve le préfet pour lui parler. Il s'approche de lui, se découvre et lui dit : « Monsieur le préfet on a volé mes correspondances, on m'a menacé : vous êtes le préfet de la Corse, je vous rends responsable de ces faits. »

Le préfet ne lui répond rien. Le journaliste va s'asseoir à une table voisine, et, au même moment, un individu aux gages de la préfecture, le propriétaire du café, se précipite sur le consommateur et lui donne un violent soufflet qui fait jaillir le sang.

Un instant plus tard, un garçon de café, une barre de fer à la main, vient en aide au propriétaire ; et le malheureux Saint-Elme est foulé aux pieds, blessé, ensanglanté. Le substitut du procureur de la République, également assis à la même terrasse avec le préfet, — et dont vous avez fait, M. le garde des sceaux, le juge d'instruction d'aujourd'hui au tribunal de Bastia, — s'empresse de dire dans une déposition que j'ai copiée moi-même dans le dossier à Bastia : « Dès que je vis l'homme à terre, je le fis arrêter. » On l'arrêta en effet...

Et savez-vous ce qu'on fait ? On le jette immédiatement en prison et on le garde au secret pendant trente-sept jours... (Exclamations à l'extrême gauche et à droite), avec défense de voir son avocat...

Et je demande à M. le garde des sceaux comment il est possible de justifier la conduite du procureur de la République d'Ajaccio, infligeant à un homme dont le délit peut être établi en trois minutes et qui pouvait comparaître le lendemain à l'audience des flagrants délits, un secret de trente-sept jours. (Très bien ! très bien ! sur plusieurs bancs à gauche.)...

M. Saint-Elme comparait devant le tribunal ; il est doublement inculpé : il est inculpé d'outrages à la personne du préfet ; il est inculpé de coups et blessures à l'égard de celui qui lui a donné des coups de barre de fer.

Quant à ce dernier personnage, dont l'intervention a été attestée par les dépositions des témoins, voire même par celle de M. Massei, le substitut d'hier, le juge d'instruction d'aujourd'hui, il n'a jamais cessé de servir des consommations à M. le substitut du procureur de la République, à M. le préfet de la Corse et à M. le secrétaire général ; pas l'ombre d'une poursuite n'a été intentée contre lui.

Le tribunal condamne pour ce double délit Saint-Elme à cinq mois de prison.

Voilà la scène du 9 août...

Avant l'autre et lugubre scène, qui est le pendant de la scène du 9 août, et qui va se passer à la sortie du théâtre d'Ajaccio, le 13 janvier, d'autres faits également scandaleux, dont l'accumulation est extraordinaire et, je le reconnais volontiers, invraisemblable, vont se succéder à l'encontre de M. Saint-Elme...

A deux reprises différentes, Saint-Elme reçoit un coup de bâton d'abord, il est bousculé ensuite par des individus qui le menacent dans la nuit, et quand il appelle à son aide des gendarmes, ces derniers s'empressent de se retirer et de fuir parce que ce citoyen, mis au banc de l'opinion publique en Corse, n'a pas droit à la protection qui est due à tous les autres citoyens...

Après ces agressions multipliées, M. Saint-Elme adresse une lettre au procureur de la République d'Ajaccio, lui disant en substance : « Je suis menacé tous les jours, des agents de la police viennent à ma chambre prendre l'empreinte de ma clef pour pénétrer la nuit dans mon domicile, je suis l'objet de menaces quotidiennes, je vous préviens que je ne sortirai plus qu'armé d'un revolver pour me défendre contre les misérables qui en veulent à ma vie. »

Le procureur de la République lui fait répondre : « Vous n'avez point le droit de porter aucune arme, et si vous en portez, je vous ferai fouiller par mes agents et vous serez immédiatement mis au poste. » M. Saint-Elme ne porta point d'armes et fut plusieurs fois accosté par des agents de police qui exigèrent une visite de sa personne pour s'assurer qu'il n'avait ni poignard ni revolver.

M. Clovis Hugues. Il aurait dû leur brûler la cervelle! (Bruit.)

M. Adolphe Pieyre. Très bien! C'est le seul moyen!

. . . .

Le dimanche 13 janvier, Saint-Elme était au théâtre d'Ajaccio...

Il sort du théâtre et, à quelques pas de l'édifice, alors que 200 ou 300 personnes l'entourent, quatre individus se précipitent sur lui; il reçoit un formidable coup de bâton, est immédiatement jeté par terre, piétiné; il voit luire un revolver dans la main d'un de ses adversaires, un autre lève le pied sur lui et va, de sa botte, lui écraser la figure, quand un gendarme, accouru à temps, repousse l'agresseur et laisse le malheureux par terre, ensanglanté et à moitié évanoui... (Bruit.)

Ses agresseurs ont été reconnus, les noms des quatre qui l'ont frappé et assommé sont à merveille connus du public, du substitut qui est là, de tout le monde...

Saint-Elme est relevé dans l'état que je viens de vous dépeindre. Il quitte le lendemain cette terre hospitalière... Il part pour Marseille, et c'est là que du jour au lendemain, ainsi que les médecins qui l'ont soigné en ont témoigné, à la suite de l'agression du 13 janvier, des crachements de sang surviennent, une phtisie pulmonaire se déclare.

. . . .

Quoique battu et assommé, c'est toujours lui que l'on poursuit, de telle sorte qu'il a à comparaître, non plus devant le tribunal correctionnel, mais devant la chambre des appels correctionnels de la cour de Bastia, à l'occasion de la première poursuite, celle qui date de la scène du 9 août, à la suite de laquelle, au mois de novembre, le tribunal correctionnel d'Ajaccio l'a condamné à la peine monstrueuse, — je répète l'adjectif, — de cinq mois d'emprisonnement...

L'œuvre des assassins du 13 janvier a porté ses fruits; le malheureux journaliste est mourant; c'est à peine si on peut supposer qu'il se traînera jusqu'à l'audience, et il lui faut le reste de vigueur morale qui ne l'a pas abandonné pour soutenir la faiblesse physique de son corps chancelant.

L'affaire vient le 2 avril devant la cour de Bastia; Saint-Elme est porté sur une civière et il est défendu devant la cour de Bastia par l'un des plus éminents avocats du barreau de cette ville, Me de Montera, que j'avais le très grand honneur d'assister. C'est ici qu'intervient à nouveau, monsieur le garde des sceaux, la responsabilité que j'invoque contre vos magistrats dans l'interpellation que je vous adresse, en vous demandant comment il se fait qu'à l'heure où je parle, alors que la scène que je vais conter maintenant remonte à près de deux mois, il y ait encore, au parquet du procureur général de Bastia, un certain avocat général, M. Bissaud, qui a fait en pleine cour d'appel l'apologie de la rixe, des coups et blessures et de l'assassinat. (Applaudissements à l'extrême gauche et à droite. — Rumeurs sur divers bancs à gauche et au centre.)

Une voix à droite ironiquement. Il n'a pas encore reçu de l'avancement?...

M. Laguerre. Ici, je dépose en quelque sorte des faits que j'ai entendus, — nul, j'en ai l'assurance, ne contestera mes paroles sur ce point, — et je pourrais, au besoin, fournir d'autres attestations à la Chambre...

Les débats commencent, les avocats prennent la parole; ils montrent la monstruosité, l'iniquité d'une poursuite qui ne traîne sur les bancs de la police correctionnelle que celui qui est battu, et qui oublie les agresseurs; puis l'organe du ministère public, l'avocat général se lève. Savez-vous ce qu'il dit? J'emprunte ses paroles au compte rendu attesté exact par dix-neuf honorables personnes qui se trouvaient présentes à l'audience; je les emprunte à mes souvenirs personnels, à ceux de mon collègue et ami M. Laisant, aux souvenirs enfin de tous ceux qui assistaient à l'audience, sans que le magistrat indigne que vous allez essayer de couvrir puisse essayer de protester. (Applaudissements à l'extrême gauche et à droite.)

Voici les paroles de l'organe du ministère public et de la loi:

« Saint-Elme a reçu la leçon qu'il méritait... » (Bruyantes exclamations à l'extrême gauche et à droite.)

M. Paul de Cassagnac et *d'autres membres à droite.* Comment?... Répétez, s'il vous plaît!

M. Laguerre. « Saint-Elme a reçu la leçon qu'il méritait... » (Nouvelles exclamations à droite.)

Voix à l'extrême gauche. C'est infâme!

M. Freppel. C'est trop fort!

M. Baudry-d'Asson. C'est une honte!

. . . .

M. Laguerre. Je continue ma lecture: « Saint-Elme a reçu la leçon qu'il méritait. M. Vivet, en souffletant Saint-Elme a été correct... » (Exclamations à l'extrême gauche et à droite.) « ... il n'a point excédé les droits de la légitime défense; il a rappelé le prévenu au sentiment de l'honneur. Le sang constaté sur ses vêtements provient de la violence du soufflet. Il se pourrait bien, d'ailleurs, qu'il jouât une comédie. Les médecins qui le soignent physiquement et politiquement sauront le guérir. » (Nouvelles exclamations à l'extrême gauche et à droite.)

Voilà, messieurs, les misérables paroles qui ont été prononcées. J'ajoute, à l'honneur de la population de Bastia, que le tumulte qui suivit ces paroles fut tel que l'audience fut troublée par une manifestation contraire, je m'empresse de le dire, à ce que commande le respect de l'enceinte de la justice. (Applaudissements à l'extrême gauche et à droite.)

M. l'avocat général Bissaud s'était trompé; ce n'était point une comédie que jouait le malheureux qu'on avait entraîné mourant hors de la salle d'audience. La scène que je viens de vous raconter et qui a provoqué votre indignation s'était passée le 2 avril; le 8 avril suivant, Saint-Elme mourait.

. . . .

Et revenons maintenant, dans l'ordre que j'ai adopté pour ce débat, à ce qu'après la mort de Saint-Elme, après l'immense émotion produite sur tout le territoire de l'île, après les protestations des Corses indignés de voir compromise leur hospitalité légendaire, revenons, dis-je, — après la mort de Saint-Elme, à ce que croit devoir faire le parquet d'Ajaccio...

Il fallait poursuivre. Tout le monde savait que c'était Franchini concierge de la préfecture...

... et Maternati, toujours chef des gardes champêtres d'Ajaccio, qui, l'un et l'autre, avec deux autres personnes dont je sais les noms, mais dont, vous le comprenez bien, je ne me ferai pas le dénonciateur à cette tribune, — tout le monde savait que c'étaient ces quatre hommes qui, le 13 janvier, avaient frappé Saint Elme. Il fallait les poursuivre; on les poursuivit. Savez-vous ce que l'on fit, alors qu'on était certain, de l'aveu des inculpés, qu'ils avaient agi avec les deux circonstances aggravantes, prévues par le code pénal, de préméditation et de guet-apens, puisque Franchini avait recruté des camarades et complices? Le parquet d'Ajaccio les poursuivit en écartant les deux circonstances...

. . . .

Autre fait bien étrange. Quand ces deux individus se sont présentés, — libres, ceux-là, Saint-Elme était prisonnier, — devant le tribunal correctionnel d'Ajaccio, qui a pris leur défense? Ce n'est pas leur honorable avocat, qui n'a parlé qu'au second rang, c'est votre magistrat, c'est le procureur de la République d'Ajaccio qui les avait traduits devant le tribunal correctionnel, et qui a plaidé les circonstances atténuantes; qui, s'il n'a pas demandé l'acquittement, a demandé, ce qu'il a obtenu d'ailleurs, la pleine et absolue indulgence du tribunal...

Vous savez bien que, s'il y avait au tribunal d'Ajaccio un parquet mesurant d'une façon égale les charges qui pèsent sur les uns et sur les autres, ces deux hommes auraient dû être traduits, non pas devant le tribunal correctionnel d'Ajaccio, mais devant la cour d'assises de la Corse...

J'ai le droit, au nom des règles du code pénal, de demander à M. le garde des sceaux comment il se fait que le parquet d'Ajaccio n'a point traduit les assassins de Saint-Elme en cour d'assises...

Ce procédé ne vaut rien. Quel que soit l'homme, quelle que soit la polémique employée, il y a pour une justice et pour une magistrature qui se respectent l'impérieux devoir, lorsque cet homme a été assassiné, de traduire ses assassins devant la cour d'assises...

Voilà pourquoi je demande à M. le garde des sceaux comment il est possible de soutenir, avec la loi actuelle, que l'on puisse condamner simplement à 10 jours ou 3 mois de prison des hommes convaincus d'assassinat ou de complicité d'assassinat.

. . . .

Mon récit serait incomplet si je ne disais point par quelle succession de mesures, par quelle série d'actes on est arrivé à se constituer en Corse une magistrature que, pour être poli, je veux appeler aussi docile...

J'en arrive donc, renfermant de la façon la plus étroite mon débat dans les agissements de la magistrature corse, à vous dire comment M. le garde des sceaux, car c'est encore à lui que je dois m'adresser, a constitué les tribunaux corses, de quelle façon il a accompli en Corse ce qu'on a appelé bien pompeusement la réforme judiciaire, et que j'appellerai, moi, tout bonnement, la réforme des juges. (Très bien! très bien! à l'extrême gauche.)...

Parlons un peu des magistrats assis. M. le garde des sceaux, lorsqu'il a pris l'initiative de la réforme de la magistrature, vous a dit qu'il acceptait toutes les responsabilités à ce point de vue; j'estime qu'il n'y a pas encore prescription et que je peux en parler à la Chambre.

Au tribunal d'Ajaccio se trouve un homme éminent et indépendant; avocat républicain sous l'Empire, M. Landry avait été nommé par le 4 septembre président du tribunal d'Ajaccio.

Il ne s'était pas plié aux désirs passagers du 16 mai, et il avait rendu à ce moment des jugements qui font époque dans la jurisprudence pour leur libéralisme en matière de presse et de colportage. M. Landry tenait à sa situation à Ajaccio; M. le garde des sceaux, qui sait parfaitement qu'il n'y a d'avancement que pour ceux qui le désirent et l'acceptent, parce que M. Landry déplaisait à la coterie dont j'ai parlé, l'a frappé et envoyé comme conseiller d'abord à Chambéry, à Nîmes ensuite. A sa place, dans ce département où l'on dit que l'on ne veut pas faire alliance avec les bonapartistes, on a envoyé le beau-frère de M. Piétri, sénateur bonapartiste, M. Casanelli...

Le tribunal de Corte avait pour président — lui aussi avait cette bonne fortune — un magistrat républicain, M. Benedetti, qui n'est point parent de l'ambassadeur de ce nom. M. Benedetti, dis-je, avait été frappé en 1877 d'une peine disciplinaire pour avoir, étant juge d'instruction à Corte, le soir du 14 octobre, crié: Vive la République! Vivent les 363! M. Benedetti demandait, et il avait obtenu sur ce point des promesses formelles, à rester président à Corte. Il était trop républicain pour cela. On l'a envoyé président à Autun, à l'âge de 60 ans...

A Bastia, devant le tribunal, c'est la même chose: le chef des volontés ministérielles à Bastia, le président du conseil général de la Corse, M. Pierre-Paul de Casabianca qui, en 1875 accompagnait M. Rouher dans son voyage et le saluait du nom de continuateur de Turgot et de grand agent de la politique impériale, M. de Casabianca a eu, grâce à vous, la bonne fortune de voir placer au poste de président du tribunal de Bastia son beau-frère...

Voulez-vous savoir ce qu'on fait de la magistrature corse? On ne se contente pas dans l'arrondissement de Corte, que connaît fort bien M. Arène, d'y placer de tels magistrats: on en tire des magistrats pour les répandre partout...

J'étonnerai sans doute la Chambre en lui disant que le barreau de Corte, qui ne compte que quatre avocats inscrits, a vu, depuis quatre ans, huit de ses membres parcourir les échelons divers de la magistrature. (Exclamations et rires.)...

M. Paul de Cassagnac. Ce n'est pas un barreau, c'est un cirque!

M. Laguerre. En 1880, le premier avocat à Corte, M. Guelfucci, était nommé substitut du procureur général à Limoges: il est aujourd'hui conseiller à Besançon.

En 1881, un second avocat, M. Giuli, était nommé procureur à Largentière et, suivant cette tradition dont je ne vous félicite point, qui consiste à ramener les magistrats corses en Corse, il était nommé par vous président du tribunal de Sartène.

Un troisième avocat de Corte, M. Giacobi, était nommé substitut à Saint-Sever.

Un quatrième, M. Zuccarelli, dénonciateur en 1877 de M. Benedetti, celui-là même qui avait crié: « Vive la République! vivent les 363! » témoin à charge dans l'enquête qui fut faite, était alors nommé par vous substitut à Saint-Claude...

En dehors de ce barreau de Corte, fauché par les nominations que l'on sait dans la magistrature... (On rit) il est encore intéressant de faire connaître à la Chambre: M. Grimaldi, avoué à Ajaccio et membre du conseil général dans l'arrondissement de Corte, est nommé substitut à Valence; M. Delfini, conseiller général dans l'arrondissement de Corte est nommé juge en Afrique, dans une ville que je n'ai pas retrouvée. M. Grimaldi, autre conseiller général de l'arrondissement de Corte, nommé juge à Dax, est aujourd'hui à

Bastia... (Interruptions et rires à l'extrême gauche et à droite.)

M. Laurelli était un des membres les plus fougueux du parti bonapartiste en Corse. Notre éminent collègue, M. Francis Charmes, dans le *Journal des Débats* du 1er novembre 1875, parlait en ces termes de M. Laurelli :

« M. Rouher, dit M. Charmes, parla de Turgot, penseur profond, noble cœur, éminent homme d'Etat. M. Laurelli, immédiatement frappé de la ressemblance, s'écrie : Vive le continuateur de Turgot ! »

« Vive la démocratie impériale ! » s'écrie encore ce même M. Laurelli...

M. Laurelli a été nommé procureur de la République à Lorient, il y a à peu près dix-sept mois; il a prêté serment devant la cour de Rennes; il a touché huit mois son traitement à Lorient, il n'y a jamais siégé... (Exclamations.)

M. Mathieu. Cela est vrai, il n'y a jamais paru!

M. le prince de Léon. Mais il a touché !

M. Laguerre. Après ce stage de M. Laurelli, — stage, messieurs, au point de vue de l'indemnité pécuniaire, — on a jugé qu'il fallait donner un procureur effectif à Lorient, et on a choisi Avignon pour n'en point avoir; on y a envoyé M. Laurelli, qui y est resté sept mois nominativement procureur, — j'en appelle à M. de Saint-Martin, mon collègue; — il n'a jamais pris possession de son siège. (Rires et applaudissements sur divers bancs.)

Je m'empresse d'ajouter qu'il a émargé à Avignon comme à Lorient. (Nouveaux rires.)

Depuis quelques semaines à peine, M. Laurelli, l'enthousiaste admirateur de M. Rouher en 1875, désespérant de trouver un parquet où il se décide à aller, a donné sa démission et vous l'avez remplacé à Avignon.

Voilà la magistrature que l'on s'était préparée en Corse, par la Corse et en dehors de la Corse : les deux questions se tiennent.

Quant à la magistrature corse, que je vous ai fait connaître, dont je vous ai montré et les attaches et les origines et le genre de nomination, j'estime que, en le faisant, j'ai rendu plus facile la compréhension de cette lugubre affaire dont j'ai la prétention d'avoir exposé tous les détails. (Très bien ! très bien ! sur divers bancs.)

. . . .

M. le président. M. Laisant était inscrit déjà, il cède son tour de parole à M. Laguerre.

M. Laguerre. Je n'abuserai que cinq minutes de l'attention de la Chambre.

J'avais dit à M. le garde des sceaux : Approuvez-vous qu'un citoyen français, pour un délit insignifiant, soit maintenu trente-cinq jours en prison préventive?... avec l'aggravation du secret et de l'interdiction de communiquer avec son avocat...

M. le garde des sceaux a dit qu'il regrettait profondément ces faits...

Les regrets platoniques ne suffisent point: le fait a été certain, indéniable. La Chambre connaît aussi la réponse de M. le garde des sceaux. Elle l'appréciera...

J'ai dit enfin à M. le garde des sceaux : Approuvez-vous la conduite et le langage de l'avocat général, que vous avez maintenu dans ses fonctions à la cour de Bastia? M. le garde des sceaux m'a répondu par le rapport du premier président, qu'il a agrémenté d'un terme que je n'accepte pas pour ma part, et que je retourne à l'auteur du rapport... (Très bien ! à l'extrême gauche.)

M. Laisant. Nous tous aussi ! Nous le lui retournons. Je ne permettrai à personne de prononcer le mot de « calomnie », quand nous n'avons fait qu'affirmer la vérité.

M. Laguerre. C'est une calomnie comme est une calomnie le compte rendu analytique que font ici MM. les secrétaires rédacteurs tous les jours...

C'est donc misérablement et maladroitement que, plaidant les circonstances atténuantes... (Applaudissements sur plusieurs bancs.) on vient dire: Toutes les paroles sont exactes, tous les termes sont formels, mais on les a découpés les uns après les autres.

Et s'il faut un témoignage de plus à côté de celui de M. Laisant et du mien, je jette dans la balance, à côté de l'extrait de la *Gazette des Tribunaux*, que j'ai lu à la Chambre dans la première partie de mon discours, cette déclaration solennelle :

« Les soussignés présents à l'audience de 3 avril 1884, tenue par la cour de Bastia, chambre correctionnelle, affirment sur l'honneur que M. l'avocat général Bissaud, dans son réquisitoire, a réellement et textuellement prononcé les paroles qui lui sont attribuées dans le compte rendu qui précède, et qui a paru le 10 avril dans la *Gazette des Tribunaux*.

« Vu pour la légalisation des signatures de MM. Petrignani, avocat, conseiller général, ancien vice-président; Albert Gaudin, ancien avocat, conseiller général; Patrolacci, commerçant-chaudronnier; Pitti-Ferrandi, docteur en médecine; Forcioli, négociant ; J.-B. Toméi, avocat; Sébastien Gavini, avocat; Charles Mannoni, avocat, conseiller général; A. Santelli, ancien médecin principal de la marine, chevalier de la Légion d'honneur; Emmanuelli, capitaine en retraite, chevalier de la Légion d'honneur ; comte François Valéry, propriétaire ; Mathieu Ollagnier, directeur du *Petit Bastiais*, imprimeur; Raphaël Guasco, avocat; V. Valéani, avocat ; J. de Montera, avocat, chroniqueur judiciaire du *Petit Bastiais*; Préziozi, capitaine en retraite, chevalier de la Légion d'honneur; Santelli, avoué; T. de Caraffa, avocat; Libérati, officier d'administration en retraite, chevalier de la Légion d'honneur,

« Apposées d'autre part.

« Bastia, le 10 mai 1884.

« Le maire :

« BONELLI. »

Ce témoignage me suffit et j'en ai tiré devant la Chambre cette simple conclusion, qu'un avocat général a prononcé ces honteuses paroles, et que M. le garde des sceaux a approuvé ces paroles à la tribune...

Enfin lorsque j'ai énuméré les magistrats révoqués et les magistrats installés, vous avez bien retenu, messieurs, quel genre de réponse m'a faite M. le garde des seaux ; il s'est contenté de dire : Il y avait treize révocations à faire, je n'en ai fait que huit; vous voyez que j'ai épuré d'une façon très normale la magistrature corse. Je le crois bien ; vous avez révoqué les magistrats républicains, et vous avez nommé à leur place des magistrats dociles. (Très bien ! à l'extrême gauche.)

SÉANCE DU 5 JUIN 1884.

M. Laguerre... Je dis que le procédé qui consiste, après coup, à falsifier les dossiers, est un procédé familier à la magistrature corse. (Rumeurs sur plusieurs bancs.)

A la cour de Bastia, il a été affirmé par M. de Montera et par moi, devant le président de Casabianca. — dont vous avez fait un très imprudent éloge, car il a, dans une circonstance officielle, qualifié le crime du 2 décembre d'acte providentiel; — il a été affirmé, dis-je devant cet admirateur du coup d'Etat de décembre, sans contradiction possible, que Saint-Elmo avait été au secret, et c'est deux mois après que le document a été retiré du dossier et l'argument produit par le garde des sceaux...

... Mais je souligne la constatation que vient de faire M. le garde des sceaux, à savoir — en attendant les révélations qui seront faites tout à l'heure — que, dans l'ordre de la justice corse, les illégalités les plus étranges, les scandales les plus effroyables... (Exclamations au centre. — Très bien ! très bien ! à l'extrême gauche), les iniquités les plus odieuses s'accomplissent tous les jours, avec une telle candeur de la part de ceux qui les commettent qu'ils croient être dans la vérité et dans la tradition de la magistrature française.

M. le baron Dufour. Tout cela après l'épuration !

M. Laguerre. Par exemple, ce qu'approuve le garde des sceaux : que des notes d'audience soient soustraites et une procédure inexactement reproduite...

C'est un procédé constant parmi les magistrats — dont M. le garde des sceaux a eu tort de prendre trop ardemment la défense, — de retirer des pièces du dossier, de nier les paroles qu'ils viennent de prononcer, et je regrette de n'avoir pas dit avant-hier à propos du personnage que M. le garde des sceaux a couvert, l'avocat général Bissaud, que le fait de nier audacieusement, quelques secondes après les avoir dites, les paroles prononcées en pleine audience, n'a pas été seulement un cas particulier au procès Saint-Elmo. Il n'y a pas quinze jours, en effet, devant la cour d'assises de la Corse, dans le procès du meurtrier Lanfranchi, M. Bissaud encore, contrairement à la vérité, a renié son propre langage, malgré les protestations des deux défenseurs, MM. Montera et Gavini, et l'intervention du président de la cour d'assises, qui fut obligé de lui imposer silence. Voilà vos avocats généraux en Corse.

. . . .

M. Andrieux. Messieurs, c'est surtout dans l'ordre judiciaire que les faits sont scandaleux et méritent d'être réprouvés...

Messieurs, je ne veux pas revenir sur l'odyssée des neuf avocats de ce petit barreau de Corte, lesquels s'en vont par tout le continent porter leur insuffisance... (Rires) et la renommée de leurs patrons... (Nouveaux rires.) sur le fait singulier de ce M, Laurelli, déjà signalé, de cet avocat de Corte, nommé à Lorient, nommé pour les appointements, et plus tard à Avignon, continuant à émarger et ne prenant jamais possession de son siège. Je veux rester dans la magistrature proprement dite.

Et tout d'abord, je voudrais appeler votre attention sur les justices de paix...

La coterie à laquelle je suis obligé de faire de temps à autre allusion... (On rit) avait compris l'intérêt qu'il y aurait pour elle, au point de vue de la préparation des candidatures, à placer dans chaque canton une de ses créatures qui soutiendrait son influence, grâce aux relations de famille, grâce aux services particuliers que sur le siège de juge on peut rendre à une fraction des justiciables. C'est pourquoi les justices de paix de la Corse ont été absolument bouleversées depuis 1881.

Je me rappelle que, au moment de l'élection de Corte, lorsqu'il fut procédé à la nomination du successeur de l'honorable M. de Choiseul, il y eut une interpellation qui fut portée à cette tribune par M. Clovis Hugues et à laquelle la Chambre n'a pas peut-être prêté une attention suffisante.

Une fournée de juges de paix et de suppléants avait paru au *Journal officiel*. Douze juges de paix furent encore nommés quelques jours après l'interpellation. La révolution dans les justices de paix était telle qu'on eût pu croire qu'il venait de se produire un changement dans les institutions mêmes.

Depuis lors, les modifications dans cette magistrature se sont accumulées encore, si bien que le personnel des justices de paix en Corse a été presque entièrement renouvelé. On ne s'est pas contenté de déplacer les personnes, on a eu soin de les installer dans l'arrondissement où elles pouvaient rendre des services électoraux...

M. Ordioni a été nommé juge de paix de Calacuccia, où il était à la tête d'un parti nombreux; il faut ajouter qu'il avait été condamné, comme maire, pour fraude électorale. (Rires sur divers bancs à gauche et à droite).

M. le comte de Lanjuinais. Voilà comment on a recruté la nouvelle magistrature !

M. Roque (de Fillol). Pour rendre la justice, c'est une bonne recommandation...

M. Andrieux. M. Faccendini, nommé juge de paix à Ormessa, qui avait été candidat malheureux au conseil général. On l'a ainsi placé comme juge en face des électeurs qui n'avaient pas voulu de lui.

M. le vicomte Desson de Saint-Aignan. Le même fait s'est produit en Normandie !

M. Andrieux. M. le capitaine Cazanova a été nommé juge de paix à Piedicorte, où son fils était candidat au conseil général...

M. Carlotti a été nommé juge de paix à Venaco, qu'il avait représenté au conseil général...

M. Emmanuelli, juge de paix du canton de Valle, où son beau-frère, le docteur Perelli, avait été battu pour les élections au conseil général.

M. Dionisi, juge de paix du canton de Campitello, où il avait échoué au conseil général.

M. Manfredi, juge de paix de Piedicroce-d'Orezza, où son frère avait échoué au conseil général.

M. Mammerini, nommé à Ghisoni, son propre canton, où il était le chef d'une faction locale.

M. Quanza, juge de paix à Porto-Vecchio, a été nommé dans son propre canton, où il avait été condamné à deux mois de prison pour fraude électorale.

M. Paul de Cassagnac. C'est scandaleux, cela.

M. Andrieux. Il est possible que ces candidats aient été l'objet de mesures de grâce ou même de réhabilitation, mais la condamnation n'en existe pas moins comme une impossibilité morale.

. . . .

Quant à la magistrature du degré supérieur, j'en veux dire quelques mots seulement.

Les tribunaux de Corse ont été, dans leur ensemble, livrés à la famille ou à l'influence Casabianca. M. Casabianca, rallié, je veux bien le croire, sincèrement, mais depuis une date fort récente, à la République, est président du conseil général de la Corse.

Son père est ce magistrat qui préside la police correctionnelle à Bastia et qui, vous a-t-on dit, est un des apologistes des commissions mixtes.

Ce magistrat, il m'est désigné par des protestations que les honorables ministres connaissent sans doute, puisqu'elles m'arrivent de Corse par télégraphe... (Rires et applaudissements à gauche.) On me télégraphie, au nom des vieux républicains indignés de l'éloge décerné au président Casabianca : « Ce magistrat, me dit-on, dans un discours solennel à la cour, qualifiait le 2 décembre d'acte providentiel.

. . . .

M. Landry était président à Ajaccio; vous ne l'avez pas consulté, lui ou ses amis, pour faire paraître à l'*Officiel* le décret qui, par application de la loi nouvelle, envoyait ce magistrat inamovible à Chambéry. Il était alors placé dans cette alternative : ou briser sa carrière, demander sa retraite, — il n'était magistrat que depuis le 4 septembre, et cette retraite aurait été dérisoire, — après avoir, pour obéir à l'insistance de ses amis politiques, brisé déjà sa carrière d'avocat et renoncé à sa clientèle; ou accepter le poste que vous veniez de lui donner. Il est venu vous trouver... (Exclamations à l'extrême gauche).

. . . .

M. Andrieux. Je suis profondément affligé... (Très bien! très bien! et applaudissements à l'extrême gauche et à droite) d'avoir à discuter les dénégations de M. le garde des sceaux.

M. le garde des sceaux me dit : Non! il n'est pas venu me demander de conserver son poste; non! ses amis ne m'en ont pas sollicité, ils ne sont pas venus protester contre cette mesure d'ostracisme. Je fais appel au souvenir d'un de nos collègues de la majorité qui n'a pour le ministère que de bons sentiments, l'honorable M. Letellier, député de l'Algérie; il ne me démentira pas quand je dirai qu'il est allé insister auprès de vous et protester contre la mesure dont M. Landry était victime; et c'est malgré ses supplications, malgré celles de M. Landry que vous l'avez frappé, ce magistrat, en exécution de la loi récemment votée. (Applaudissements à droite et à l'extrême gauche.)

M. George Roche. On avait besoin de son siège!

M. Andrieux. Et M. Benedetti? Est-ce volontairement qu'il a quitté ses vieux parents, toutes les affections qui le retenaient à son siège de Corte, pour aller dans l'arrondissement lointain d'Autun, sans avancement, celui-là, sans amélioration dans son traitement, — le traitement est le même! Est-ce que M. Benedetti n'a pas considéré cette mesure comme un coup qui lui était porté?...

C'est ce magistrat que vous avez envoyé à Autun! Vous ne dites pas qu'il a protesté! C'est malgré lui qu'il a été déplacé, vous êtes obligé de le reconnaître. Il est vrai que, cet aveu que j'arrache sous forme de silence à M. le garde des sceaux... (Applaudissements et rires à droite et à l'extrême gauche.)

M. le comte de Douville-Maillefeu. Vous versez la honte à flots! c'est très bien! continuez! (Rumeurs au centre.)...

M. le garde des sceaux. Je vous fais cette simple observation : M. Benedetti est encore dans la magistrature, et c'est ce qui me rend impossible de vous donner une explication (Exclamations à l'extrême gauche et à droite.)

M. Emmanuel Arène. Parfaitement!

M. Horace de Choiseul. C'est une insinuation!

M. Camille Pelletan. Vous calomniez votre magistrature!

M. Clémenceau. Voilà comment vous traitez vos magistrats!

M. Emmanuel Arène. M. Benedetti aurait été depuis longtemps traduit disciplinairement devant la cour de cassation, si la réforme judiciaire n'avait pas permis de le déplacer. Voilà ce que je puis dire, moi, n'étant pas garde des sceaux! (Bruit à gauche. — Mouvement prolongé.)

M. Laguerre. Pourquoi le garde des sceaux a-t-il donné sa parole de lui conserver son siège?...

M. Andrieux. Moi aussi, j'ai eu, d'une bouche qui n'est pas moins autorisée, à coup sûr, que celle qui s'ouvrait tout à l'heure, d'une bouche honorable, le récit des causes pour lesquelles ce magistrat aurait quitté son siège de Corte.

N'oubliez pas que c'est à Corte qu'il était président du tribunal, M. Benedetti, magistrat républicain, que vous outragez, sur lequel, dans l'exercice de ses fonctions, vous faites retomber, à l'heure actuelle, le soupçon et le discrédit, en même temps que vous outragez le garde des sceaux, en insinuant qu'il a mis fin à une poursuite disciplinaire pour des faits graves, à la condition qu'on accepterait un changement. (Très bien! très bien! à l'extrême gauche et à droite.)

C'est ainsi que vous entendez la justice!

Enfin, on l'a envoyé à Autun. Il y a des députés républicains à Autun... Ils ont appris et ils m'ont affirmé, ce sont des députés de votre majorité, bienveillants pour vous, qui n'ont pas coutume de voter contre le ministère, — ils m'ont affirmé, je le répète ici devant eux, en faisant appel à leur témoignage, qu'au cours d'un procès un service et non point un arrêt avait été demandé à M. Benedetti. (Exclamations et rumeurs à l'extrême gauche et à droite.)...

J'ai dit et je répète que, au cours d'un procès, une personnalité corse étrangère au gouvernement, mais non sans influence auprès de lui, s'est adressée à M. Benedetti, lui a demandé — c'est mon expression — au lieu d'un arrêt, un service, et qu'à la suite des résistances du magistrat intègre et impartial, ce magistrat a été menacé, que peu après il a été frappé. Vous l'ignorez, je le sais, monsieur le garde des sceaux; je vous l'apprends, et j'invoque à l'appui de mon témoignage le témoignage du député de la ville d'Autun, un député de votre majorité, qui est ici à son banc, l'honorable M. Gilliot, qui ne me démentira pas. (Vifs applaudissements à l'extrême gauche et à droite. — Mouvement prolongé.)

. . . .

Messieurs, pour faire la lumière, il y a un autre magistrat dont il faut introduire le nom dans ce débat et dont il n'a pas été encore parlé. C'est un des vieux noms connus et recommandés dans le parti républicain de la Corse, M. Farinole...

Farinole était conseiller à la cour de Bastia au moment où il s'agissait de faire les premières applications de la loi nouvelle sur la magistrature; il était tout naturellement désigné, par l'indépendance et le peu de souplesse de son caractère, aux soupçons de la coterie et aux coups de M. le garde des sceaux. Il fut envoyé comme conseiller à la cour d'Aix. Eh bien, j'affirme qu'il a protesté; j'affirme que c'est malgré lui qu'il a été envoyé à la cour d'Aix, car il était retenu par les liens les plus chers comme par les intérêts les plus sérieux à son siège de Bastia. (Mouvements divers.)...

J'ai, de lui, une lettre de Bastia, du 23 septembre 1883, où je lis ce passage :

«... Être exécuté par les Casabianca sous la République me paraît être le comble du bouleversement de toutes choses. » (Bravos et applaudissements répétés à l'extrême gauche. — Bruit à gauche et au centre.)

M. George Perin. Et voilà à quoi a servi la loi sur la magistrature!

M. Clémenceau et M. Camille Pelletan. Voilà la réforme républicaine de la magistrature!

M. Paul de Cassagnac. C'est très amusant pour nous, tout cela! C'est notre revanche, monsieur le garde des sceaux!

M. Andrieux. Ce magistrat continue : « vous savez aussi bien que moi l'oppression qui nous accable en Corse... » — C'est un républicain qui parle. Vous voyez qu'il ne faut pas confondre la République avec le gouvernement de la République... (Très bien! très bien! à l'extrême gauche.) «... et comment nos adversaires savent se servir du pouvoir. Je n'ai rien à vous apprendre à ce sujet. »

Messieurs, pour compléter ce tableau, sans parler de tant d'autres magistrats que je pourrais encore nommer, il faut indiquer par qui ils ont été remplacés...

Eh bien, voyons!

Il y avait M. Cazanelli, par exemple, qui était président du tribunal de Sartène. Vous l'avez nommé à Ajaccio, d'où vous avez fait partir M. Landry. Pourquoi n'avez-vous pas envoyé M. Cazanelli sur le continent?...

M. Clémenceau. Parce qu'il était bonapartiste!

M. Andrieux. Voilà la réponse! (Bruyante hilarité à l'extrême gauche.)

Ceux qui connaissent la Corse savent qu'il n'était pas républicain. En effet, M. Cazanelli, qui remplace à Ajaccio un républicain bien connu, M. Landry, était depuis vingt ans président du tribunal de Sartène; il avait donc été nommé président sous l'empire. De plus, il était le beau-frère de M. Piétri, préfet de police. (Exclamations à l'extrême gauche.)...

M. Benedetti, est envoyé de Corte à Autun. Par qui l'avez-vous remplacé? Par un magistrat qui s'appelle M. Lévie-Ramolino...

Voix à l'extrême gauche, ironiquement : Très bien!

M. Andrieux... c'est-à-dire par un membre de la famille des Bonaparte! (Exclamations et rires sur les mêmes bancs.)

Je crois que la Chambre est éclairée; je crois en avoir dit assez pour que vous sachiez, messieurs, quelles sont les responsabilités, j'ai le regret de le dire, qui incombent au garde des sceaux dans l'application de la loi récente sur la magistrature; j'estime qu'il y a là, soit dans l'ordre judiciaire, soit dans l'ordre administratif, un ensemble de faits destinés à assurer le triomphe d'une certaine camarilla...

. . . .

On a composé l'administration et la magistrature de manière à donner la toute-puissance à ce que j'ai appelé la faction dominante...

Vous avez eu la faiblesse d'abandonner toutes les fonctions du Gouvernement et de l'administration à quelques personnalités qui n'ont d'importance qu'à raison de l'appui que vous leur avez prêté, à quelques personnalités qui auraient dû retomber dans le néant le jour où s'est refroidie la main puissante qui les en avait tirés! (Très bien! très bien! et vifs applaudissements à l'extrême gauche.)...

Et à quels résultats avez-vous abouti?... Sous l'oppression génoise...

M. le comte de Douville-Maillefeu. C'est cela! c'est très vrai!

M. Andrieux ...il n'y avait pas de justice pour les Corses, et alors ils se faisaient justice eux-mêmes.

Avec les nouveaux génois... (Rires et applaudissements à l'extrême gauche), il n'y a pas plus de justice qu'alors... Par la composition du corps judiciaire, c'est de la justice elle-même que sont privés ceux qui ne sont pas avec les vainqueurs. Pour eux, plus d'administration, plus de justice: ils sont en dehors du droit commun.

. . . .

SÉANCE DU 7 JUIN 1884.

M. Bizarelli. Je ne reviendrai pas sur les faits qui ont été apportés à cette tribune et qui, permettez-moi de vous le dire, n'ont été pour la plupart contestés qu'au moyen d'arguties; il serait bon cependant, même en passant, de faire ressortir ce qui résulte des déclarations de MM. les ministres eux-mêmes. Ainsi, il est avéré que, pour un délit d'injures, il y a eu détention préventive de 35 jours... (Interruptions.)

Personne n'a contesté la détention préventive; je ne retiens que ce qui n'a été contesté par personne.

Il y a eu, dis-je, pour un délit d'injures, une détention préventive de 35 jours qui, dans l'espèce, est un service rendu par la justice. (Très bien! très bien! à l'extrême gauche.) Il y a eu des paroles graves — je n'exagère rien — prononcées dans l'enceinte du prétoire par un magistrat qui paraît manier avec un talent tout particulier ce qu'on peut appeler l'ironie lugubre. (Très bien! — Mouvements divers.)

. . . .

Je m'adresse à vous, monsieur le ministre de l'intérieur, et aussi à M. le garde des sceaux. (Rires à l'extrême gauche.) Toute votre sollicitude est pour les nouveaux convertis, qui, après s'être couverts de lauriers dans les luttes contre la République, ne sont venus à elle que lorsqu'il y avait des profits à en retirer. (Applaudissements à l'extrême gauche.)

A ceux-là les décorations, à ceux-là les regrets lorsque vous ne pouvez pas les placer à la tête des plus importants services; à ceux-là toutes les tendresses administratives! (Très bien! Très bien! à l'extrême gauche.)

Des nouveaux convertis qui veulent venir à la République vous n'acceptez que ceux qui ont le patronage de la coterie; quant aux autres, vous continuez à les considérer comme des ennemis! Si vous voulez des preuves, je peux vous en fournir...

. . . .

M. Andrieux. Ainsi donc, messieurs, l'honorable garde des sceaux me fera l'honneur de me répondre, il ne se reposera pas sur les lauriers cueillis dans une précédente discussion. (Rires et applaudissements sur divers bancs à droite et à gauche.)

Je voudrais, pour faciliter sa tâche, lui signaler les points sur lesquels j'appelle plus particulièrement ses explications. Au cours de la discussion précédente, j'ai indiqué à M. le garde des sceaux toute une série de juges de paix nommés dans leurs cantons d'origine!...

M. Raoul Duval. Et M. Devic, nommé président du tribunal de son arrondissement!

M. Andrieux ...ou dans le canton où ils avaient brigué des sièges au conseil général et où ils avaient échoué le plus souvent; de juges de paix nommés dans les cantons où ils étaient à la tête d'une faction locale...

...Et plus spécialement j'ai indiqué que deux de ces magistrats avaient été l'objet de condamnations correctionnelles pour fraudes électorales dans ces mêmes localités, ce qui n'avait pas empêché de les investir d'une magistrature de nature à leur donner, en matière électorale et comme juges des listes, la possibilité de continuer leurs fraudes et leurs violences.

M. Raoul Duval. Au contraire ! C'est même pour cela qu'on les a nommés !

M. Andrieux. Je suis vraiment surpris, messieurs, que malgré mon insistance et si mes allégations étaient inexactes, M. le garde des sceaux n'ait pas pris souci de l'honneur de ses magistrats et n'ait pas consenti à dire à cette tribune qu'il n'y avait pas de repris de justice parmi ses magistrats corses.....

Vous êtes témoins, messieurs, et le *Journal officiel* est là pour l'attester, que nous avons discuté sur le nom de M. Benedetti, et qu'une voix est partie de ce banc (l'orateur désigné la gauche), où siège le député de Corte, disant : « Je n'ai pas la même réserve à garder, moi qui ne suis pas garde des sceaux et qui connais les secrets de la chancellerie ». (Rires.)

M. Benedetti, a ajouté le député de Corte, a été obligé de quitter Corte et d'aller à Autun parce qu'il était l'objet d'une poursuite disciplinaire devant la cour de cassation.

Après cette accusation publique, il est indispensable que M. le garde des sceaux nous dise pourquoi le président d'Autun a quitté son siège; nous dise si, oui ou non, la chancellerie a eu avec lui un marché peu avouable qui tendait à donner à un magistrat coupable le siège de président à Autun. (Très bien ! très bien ! à l'extrême gauche.)...

. . . .

Rappelez-vous donc quels sont les magistrats qui ont quitté la Corse, quels sont les magistrats au profit desquels on a disposé de leurs sièges. Je n'ai pas besoin de répéter des noms déjà tant de fois cités, mais il faut en apporter un nouveau. M. le premier président de Bastia, dont la nomination a été faite par M. le garde des sceaux ici présent, est l'ancien secrétaire du prince Napoléon au ministère de l'Algérie... (Mouvements divers.)

M. Paul de Cassagnac. Donc, c'est un républicain. (Rires.)

M. Andrieux. Il sera permis de penser, en rapprochant ce nom de ceux déjà cités, que la réforme de la magistrature n'a pas été faite dans un esprit conforme aux intentions de ceux qui l'ont votée.

. . . .

. . . .

M. Andrieux. J'avais eu l'honneur de dire à M. le garde des sceaux : Vous avez en Corse, dans un certain nombre de cantons, des juges de paix qui ont été nommés là où étaient leur famille, leur faction, là où ils avaient où avaient eu par eux-mêmes ou par leurs parents, des intérêts électoraux. M. le garde des sceaux ne l'a pas contesté...

J'avais dit d'une façon générale que vous aviez maintenu un trop grand nombre de juges de paix dans les cantons où ils leur est impossible d'être les représentants impartiaux et autorisés de la loi. M. le Ministre de la Justice ne l'a pas contesté.....

Vous avez bien su, monsieur le garde des sceaux, en vertu de la loi exceptionnelle sur la réforme de la magistrature, exclure, sous prétexte qu'ils avaient été mêlés aux luttes politiques de leur pays, de hauts magistrats investis de sièges inamovibles. Vous avez usé, dans le but de les expulser de la Corse, des dispositions exceptionnelles de cette loi, votée dans un autre esprit.

Il vous était facile de toucher à ces magistrats amovibles et de les changer de canton, si vous vous étiez inspiré des principes que j'ai eu l'honneur de développer devant cette Chambre...

M. le garde des sceaux, en ce qui concerne les magistrats inamovibles, a dit : « La loi m'a mis dans la nécessité de supprimer un certain nombre de sièges en Corse. » En deux mots, voici ce que je réponds à M. le garde des sceaux : Vous avez fait venir du continent, pour les placer en Corse, des magistrats corses; faut-il les nommer ?... (Non ! non ! au centre. — Parlez ! parlez ! à l'extrême gauche et à droite.)

M. Giuli, procureur de la République à Largentière, a été par vous nommé président à Sartène.

M. Linarola était juge à Saint-Pol, vous l'avez envoyé à Corte.

M. Grimaldi était vice-président à Avignon, vous l'avez nommé juge à Bastia.

Vous voyez donc bien que les règles que vous vous étiez posées sont restées sans application dans la pratique. (Interruptions.).....

Vous avez pris des engagements pour l'avenir, je les retiens, mais ils ne sont pas conformes à votre passé, ils n'ont pas été votre règle dans le passé.

Je ne trouve aucun acte de répression semblable quand il s'agit de l'intervention, dans les luttes électorales, de magistrats qui se sont prononcés en faveur de ces candidatures officielles s'affirmant par l'affiche blanche.

Je ne vois pas que vous vous soyez préoccupé de soustraire vos magistrats aux luttes des partis dans la composition des justices cantonales.

. . . .

Ce que je retiens, c'est que, tandis que vous avez frappé pour leur intervention dans les luttes électorales des magistrats qui doivent être à l'heure qu'il est bien connus de la Chambre, vous avez laissé en fonctions des magistrats amovibles, des juges de paix qui avaient pris part à toutes les luttes de leurs cantons...

Il m'est permis de faire appel aux sentiments de loyauté de mes collègues, à leur désir de faire la lumière sur les faits qui font l'objet de cette discussion, de faire appel aussi au Gouvernement lui-même pour appuyer la demande d'enquête que j'ai déposée sur le bureau de la Chambre (Marques d'approbation à l'extrême gauche et à droite.)

M. le Président. Voici l'ordre du jour proposé par M. Andrieux :

« Une commission de 11 membres nommée dans les bureaux procèdera à une enquête sur la situation judiciaire, politique et administrative de la Corse et en fera rapport à la Chambre. »

. . . .

M. le président du conseil. M. Andrieux n'a pas pu croire un instant qu'un gouvernement qui se respecte et qui se croit digne de la confiance des Chambres... (Applaudissements) accepterait une demande d'enquête dans des conditions pareilles...

L'enquête, messieurs, c'est au gouvernement de la faire; ou plutôt un bon gouvernement, une bonne administration, ce n'est pas autre chose qu'une enquête quotidienne et vigilante... (Interruptions à droite. — Très bien ! très bien ! au centre.) ...sur les actes des agents du pouvoir, à quelque degré de l'échelle qu'ils soient placés. (Très bien ! très bien !)

Si vous nous croyez assez aveugles pour ne pas voir qu'il y a dans les mœurs publiques de la Corse des côtés défectueux ou arriérés qu'il importe de réformer... (Très bien ! très bien !)

M. Cunéo d'Ornano. C'est vous qui les avez créés !

M. le président du conseil. ...si vous ne nous croyez pas assez résolus pour porter le remède là où il doit être porté, c'est-à-dire pour maintenir autant que cela est possible, en Corse, le règne de la loi et de la justice égales pour tous....

Voix diverses à droite. Avec les affiches blanches ! — Et avec des procureurs comme M. Bissaud.

M. le président du conseil. ...vous mettez en doute notre vigilance ou notre fermeté, notre capacité gouvernementale. (Très bien ! très bien !)

C'est pourquoi, si cette proposition d'enquête pouvait agréer à la majorité, nous lui dirions : Ce n'est pas une commission d'enquête qu'il faut instituer; il faut enlever le pouvoir et l'administration à ceux qui sont indignes de les tenir. Il faut les remettre à cette coalition qui est sans doute toute prête à les recueillir (Vifs applaudissements.)

. . . .

M. le président. Voici le résultat du dépouillement du scrutin public sur la demande d'enquête :

Nombre de votants.... 488
Majorité absolue.................. 245

Pour l'adoption.......... 185
Contre.................. 303

La Chambre des députés n'a pas adopté.

La conséquence de cet ordre du jour voté, comme à l'ordinaire, sous la menace d'une crise ministérielle et sous le prétexte de promesses que M. Ferry fait d'autant plus volontiers qu'il ne les tient jamais, a été que les journaux républicains eux-mêmes (ou plutôt eux seuls, car ce n'est pas là le langage des autres) ont eu beau écrire :

« Cette brute,
« Ce misérable,
« Ce magistrat indigne,
« Déshonneur d'une magistrature peu
« facile pourtant à déshonorer,
« L'odieux Bissaud, en un mot,
« A entassé mensonges sur menson-
« ges, calomnies sur calomnies ;
« Dans un réquisitoire honteux,
« Chef-d'œuvre de la brutalité hai-
« neuse, de l'infamie et de la fausseté.
« Il a osé faire en pleine audience l'a-
« pologie de l'assassinat. »

Bissaud est toujours avocat général à Bastia !

L'AFFAIRE BEYNE

On vient de voir, par l'exemple de l'avocat général Bissaud, à quel degré de férocité politique étaient capables de monter les magistrats selon le cœur de Martin-Feuillée, ceux qui ont été l'objet de ses complaisances et qu'il s'est bien gardé d'éliminer de sa magistrature restaurée; on va voir par l'exemple suivant à quel degré d'immoralité ils peuvent descendre, et ce que devient dans leurs mains l'arme sacrée de la justice, quand il s'agit de leurs passions et de leurs intérêts.

Ici encore, nous parlons avec des documents judiciaires dont l'exactitude défie toute contestation.

Le sieur Beyne était procureur de la République à Mont-de-Marsan ; bon républicain, cela va sans dire, Cazot l'était allé chercher, en janvier 1880, dans les rangs les plus ignorés du barreau pour l'installer, sans la moindre préparation, dans les fonctions de chef du parquet, et, bien entendu, lors de son épuration de la magistrature, Martin-Feuillée l'avait trouvé trop pur pour l'épurer.

Or, le 19 mars dernier, une jeune fille, nommée Noélie Pesquidous, âgée de 20 ans, l'assigna devant le tribunal civil en dommages-intérêts; elle exposait dans son assignation :

Qu'au mois de novembre 1882, alors qu'elle exploitait une petite boutique de rouennerie, elle avait été dénoncée par quelques créanciers comme ne tenant pas de livres réguliers;

Qu'à la suite d'une enquête de la gendarmerie, elle avait été mandée au parquet, et reçue par Beyne dans son cabinet;

Que celui-ci, après l'avoir sévèrement menacée d'une poursuite devant le tribunal correctionnel et même devant la cour d'assises, s'était tout à coup humanisé, et lui avait proposé de ne rien faire du tout, si elle voulait ne pas se montrer trop cruelle et le récompenser immédiatement de sa bonté ;

Que, tour à tour terrifiée par la crainte et entraînée par les promesses, elle avait fini par céder, et que Beyne avait, séance tenante, prélevé les arrhes du marché, qu'il a d'ailleurs fidèlement exécuté lui-même, puisqu'en effet la poursuite a été abandonnée.

Que ces relations, commencées et renouvelées deux autres jours au parquet, avaient ensuite été continuées chez Beyne, à son domicile privé ;

Qu'elles avaient eu pour résultat une grossesse, avant le terme de laquelle Beyne l'avait abandonnée ;

Qu'elle lui avait depuis lors vainement demandé des secours pour elle et pour son enfant ;

Que non seulement il les lui avait refusés, mais qu'il l'avait réduite à une profonde misère par une série de persécutions ayant pour but de la contraindre à lui restituer les lettres qu'il lui avait adressées, lui dépêchant successivement soit un de ses amis, soit un greffier, soit l'huissier du parquet, pour obtenir d'elle son consentement à la remise desdites lettres qu'elle avait confiées à son avoué, mandant même ses maîtres au parquet et la forçant ainsi de sortir successivement de toutes les maisons où elle avait essayé de se placer.

Cette assignation portait citation à comparaître, le 24 mars, en conciliation devant le juge de paix.

C'est ce que Beyne voulait à tout prix éviter, car les lettres qui devaient être produites à l'appui de la demande étaient d'une telle immoralité qu'il est absolument impossible de les reproduire sur le papier.

Il fit d'abord offrir à Noélie 2,000 fr. pour se désister.

L'offre ayant été rejetée, il partit pour Pau, alla se plaindre à son procureur général Fachot qu'on voulût le faire chanter, jurant qu'il n'était point l'auteur des lettres sur lesquelles la demande était fondée, et lui remit une plainte écrite demandant des poursuites « pour « protéger en sa personne les intérêts de « la magistrature en butte à la calomnie « la plus effrontée ».

Celui-ci avait son parquet plein de dépêches écrites de la main de Beyne ; rien ne lui eût été plus facile que d'en comparer l'écriture avec celle des lettres que Noélie invoquait. Sans prendre la peine de s'en faire représenter une seule, sans faire même demander le moindre renseignement à la partie adverse, il donna aussitôt l'ordre d'ouvrir une information criminelle pour chantage et tentative d'escroquerie, non seulement contre Noélie, mais, ce qui paraîtra le comble du burlesque et qui pourtant est vrai, contre l'huissier par qui l'assignation avait été notifiée !

En conséquence, lorsque le 24 mars l'affaire fut appelée devant le juge de paix, on opposa au nom de Beyne qu'une procédure criminelle était ouverte, et « attendu que le criminel tient le civil en état » elle dut être ajournée.

Beyne triomphait; mais heureusement la presse locale s'était emparée de l'affaire et, soutenue par la presse parisienne, n'était pas disposée à laisser sacrifier la justice à l'iniquité.

Le 27 mars, le procureur général se rendit lui-même à Mont-de-Marsan.

Le même jour, Beyne osa adresser à un journal républicain la lettre suivante, datée de Mont-de-Marsan :

> Monsieur le rédacteur,
>
> Les infâmes accusations que le *Nouvelliste*, écho des plus méprisables vengeances, s'acharne à publier sur mon compte, sont de celles que la conscience publique a déjà flétries.
>
> Il ne me reste qu'à en poursuivre la répression devant les tribunaux : je ne faillirai pas à ce devoir. C'est en vain que, pour s'assurer l'impunité, ce journal a pris la naïve précaution de confondre le magistrat avec l'homme privé.
>
> Veuillez agréer, etc.
>
> P. Beyne.

Elle fut publiée le 29 mars.

Mais dès le lendemain, 30 mars, le Procureur général, convaincu enfin que les lettres étaient bien de Beyne, donnait par télégraphe l'ordre de clore la procédure criminelle par une ordonnance de non-lieu.

Le croira-t-on? le garde des sceaux, averti par son Procureur général, ne s'en laissait pas moins adresser de Paris, par Beyne, à la date du 3 avril, la lettre suivante :

> Monsieur le Garde des sceaux,
>
> En butte à la calomnie la plus audacieuse, la plus savamment ourdie qui fût jamais, livré à toutes les violences de la presse réactionnaire, je crois devoir vous remettre ma démission des fonctions de procureur de la République près le tribunal de Mont-de-Marsan. Rien qu'à raison du scandale provoqué autour de mon nom par quatre ou cinq misérables cloués depuis longtemps déjà au pilori de l'opinion publique, je vous eusse adressé plus tôt cette démission, si je n'avais eu la certitude de pou-

voir, au préalable, me justifier auprès de vous du fait d'abus de fonctions qui m'était imputé.

Aujourd'hui je n'hésite donc plus à faire momentanément le sacrifice de ma situation personnelle.

Aussi bien ne puis-je laisser un des miens continuer à me faire de sa généreuse poitrine un rempart protecteur contre les infâmes dont les machinations me visent exclusivement.

J'ai l'honneur d'être, avec le plus profond respect, Monsieur le Garde des sceaux, votre très humble et très dévoué serviteur.

P. BEYNE,
Docteur en droit, ancien bâtonnier de l'ordre des avocats, procureur de la République à Mont-de-Marsan, démissionnaire.

Et, non seulement le garde des sceaux ne protestait pas et laissait publier cette lettre dans les journaux, mais le 12 avril, en donnant un successeur à Beyne, il qualifiait celui-ci de « démissionnaire » dans un décret publié à l'*Officiel*, donnant à croire ainsi que, comme il s'en vantait, il s'était justifié, et que sa retraite n'était que « momentanée ».

Cependant les inculpés d'escroquerie, Noélie et son huissier, avaient été laissés dans la plus complète ignorance de l'ordonnance de non-lieu rendue à leur profit; ils l'apprirent indirectement le 21 avril seulement, et l'affaire civile interrompue par la poursuite criminelle fut reprise devant le juge de paix. Elle vint devant lui à l'audience du 28 avril.

Mais, immédiatement, les tracasseries de recommencer.

Le 1er mai, non seulement l'huissier qui avait signifié la citation au nom de Noélie, mais aussi l'avoué qui la représentait, et dont ni l'un ni l'autre n'avaient le droit de lui refuser leur concours, reçurent, sur l'ordre du Procureur général Fachot, assignation à comparaître devant le tribunal jugeant disciplinairement, pour se voir condamnés à la suspension comme ayant excité Noélie à faire un procès scandaleux, comme ayant divulgué la correspondance imputée à Beyne (*imputée* est bien joli, quand le Procureur général était en possession d'une expertise constatant qu'elle était bien de lui), et manqué « au respect que « les officiers ministériels doivent au « chef du parquet »

C'était complet! des officiers ministériels poursuivis disciplinairement pour avoir prêté à un particulier un concours professionnel que la loi ne leur permet pas de refuser! Cette fois, la presse de toute nuance en retentissait, car, si la poursuite réussissait, c'était la justice audacieusement fermée à tout recours contre les amis du gouvernement, puisqu'il faut nécessairement un avoué et un huissier pour l'exercer.

Elle ne réussit point, parce que, si elle était odieuse, elle était encore plus mal fondée, et le 27 mai, sans même vouloir autoriser les inculpés à produire leurs témoins en réponse à ceux que le ministère public avait appelés, le tribunal les renvoya de la poursuite, acquittés, pas même blâmés.

On avait donc, dans cette affaire, poursuivi tout le monde, Beyne excepté; pour lui seul toutes les rigueurs de la justice étaient émoussées; elle avait servi à le défendre, vainement il est vrai, non à l'accuser.

Mais la mesure était comble, et le jour même où l'affaire se plaidait, l'huissier, poussé à bout par les procédés dont on usait envers lui, adressa au Procureur général Fachot une plainte formelle contre Beyne, à raison de la dénonciation calomnieuse dont il avait été l'objet.

Le Procureur général était resté coi jusque-là; il s'était fourré les poings dans les yeux pour ne pas voir le délit que tout le monde voyait; cette fois il fallut se décider.

Mis au pied du mur par la presse qui lui montrait, un à un, tous les éléments du délit, sans qu'il en manquât un seul, comme pour lui apprendre son métier, il dut céder, et assigna enfin Beyne à comparaître le 26 juin devant la Cour de Pau pour avoir calomnieusement dénoncé l'huissier.

L'affaire civile en dommages-intérêts et l'affaire correctionnelle se suivirent simultanément, l'une devant le tribunal de Mont-de-Marsan, l'autre devant la Cour de Pau.

Le 24 juin, le tribunal rendit un jugement autorisant Noélie à faire preuve d'un certain nombre des faits qu'elle articulait, ce qui impliquait le gain de son procès à la seule condition que les faits allégués fussent régulièrement prouvés, et ils sont de notoriété.

Le 26 juin, la Cour de Pau fut à son tour appelée à se prononcer. A l'audience, Beyne avoua enfin la paternité de ces lettres qu'il avait toujours niée; mais le réquisitoire du procureur général Fachot fut le clou de la journée; on doit le recommander à tous les défenseurs d'office embarrassés.

Ne pouvant nier des faits démontrés par des documents judiciaires, c'est sur la bonne ou mauvaise foi de Beyne qu'il s'attacha à discuter; ce fut le triomphe du « *distinguo* » :

Beyne était homme et magistrat, dit-il; comme homme, il était de mauvaise foi puisque tous les faits qu'il avait affirmés faux étaient vrais; mais il n'est pas prouvé qu'il l'était en se plaignant comme magistrat, car il était seul dans son cabinet avec Noélie à l'heure où celle-ci lui impute d'avoir, au profit de l'homme, abusé sur elle de ses fonctions de magistrat; or, quand il s'est plaint, c'était l'honneur de la magistrature qu'il voulait sauvegarder; cet honneur est sauf, Dieu merci! (on voit que M. le procureur général n'est pas difficile) donc, sur ce point, Beyne n'était pas de mauvaise foi.

Bref, Beyne était de bonne foi et ne l'était pas, c'est ce que M. le procureur général appela une « bonne foi relative » et, tout en déclarant qu'il avait beaucoup hésité si cette bonne foi relative suffisait à le faire acquitter, il finit par avouer qu'il ne le pensait pas, mais réclama « des circonstances atténuantes aussi larges que possible » en faveur de l'accusé.

Et ce qu'il y a de plus incroyable peut-être, c'est que ces « circonstances atténuantes aussi larges que possible » lui furent en effet accordées. La Cour, qui pouvait condamner Beyne à 1 an d'emprisonnement, le condamna à 1,000 francs d'amende; c'était juste la moitié de ce qu'il avait offert à Noélie pour se désister.

Telle est l'affaire Beyne, dégagée d'une foule de détails des plus piquants, mais dont la vérité, quoiqu'elle soit de notoriété publique, n'est pas encore établie sur des pièces authentiques impossibles à contester.

Ajoutons seulement que M. le procureur général Fachot était décoré, pour *services exceptionnels*, quinze jours après!

Et nunc, intelligite...

MONSIEUR CAZOT

A l'heure même où ce livre est sous presse, M. le premier président Cazot, comme s'il trouvait qu'il y manque un épilogue, démissionne tout exprès pour le lui donner.

Grâces lui en soient rendues, s'il eût tardé quelques jours, notre travail eût pu paraître incomplet.

M. Cazot démissionnant! M. Cazot déposant, après l'avoir portée pendant dix-neuf mois, la robe de premier président de la cour de cassation et renonçant, qui plus est, à en émarger le gras traitement, c'est invraisemblable, mais c'est vrai.

Le scandale de sa chute dépasse celui de son élévation.

Pour abattre tous ces magistrats dont nous avons donné la longue nomenclature et que défendaient leur savoir, leur intégrité et leur vertu, il a fallu porter la hache dans l'édifice même de la justice, en renverser les fondements, mettre en branle le pouvoir législatif et le gouvernement; pour abattre M. Cazot, l'ancien garde des sceaux, le premier président de la cour de cassation, l'archétype des magistrats républicains, il a suffi de la plainte d'un syndic parlant au nom d'actionnaires ruinés.

M. Cazot tombe devant la poursuite dirigée contre lui en qualité de fondateur et d'administrateur statutaire par le syndic de la compagnie du chemin de fer d'Alais; poursuite en nullité de la Société, qui non seulement peut donner lieu à d'énormes responsabilités pécuniaires, mais qui peut avoir pour conséquences des responsabilités correctionnelles pour ceux qui en sont l'objet.

Ses amis les opportunistes ont tout fait pour la conjurer; ils ont été jusqu'à proposer le rachat du chemin de fer d'Alais au Rhône par l'État, et l'allocation aux obligataires d'une garantie d'intérêt qui aurait fait remonter leurs titres de 140 à 350 francs en une seule journée; ces projets, la Commission parlementaire « du régime général des chemins de fer » les avait acceptés; mais l'impitoyable faillite a paralysé leur bonne volonté, et M. le premier président de la cour de cassation est tombé.

C'est à la justice qu'il appartient maintenant de prononcer, nous n'avons pas à devancer son arrêt; M. Cazot a droit, de notre part, au privilège qu'il a refusé à tant d'autres, celui d'être entendu avant d'être condamné.

Il prétend être sorti « les mains nettes » de la Compagnie qu'il a fondée; nous voulons le croire tant qu'il n'y aura pas preuve du contraire, mais les actionnaires et les obligataires en sortent certainement les mains vides et les protestations de M. le premier président de la cour de cassation ne suffisent pas à les consoler.

Ce que nous avons à constater ici, c'est simplement le fait que personne ne peut nier, à savoir, que l'ami de Gambetta, celui qui a tenu les sceaux pendant deux ans, le Ministre de la justice qui a contresigné les décrets, celui qui a présidé le tribunal des conflits pour dépouiller la magistrature française du droit de protéger le domicile, la propriété et la liberté, celui qui s'est fait hisser au siège de judicature le plus élevé, est obligé aujourd'hui d'en descendre parce que sa présence y est un scandale qui ne peut plus longtemps durer.

Ce scandale était facile à prévoir; dès le jour où il a été question d'asseoir M. Cazot à la première présidence de la cour de cassation, des républicains eux-mêmes ne s'étaient pas fait faute de lever un coin du voile qui cachait les mystères de la compagnie du chemin de fer d'Alais; mais il s'agissait de récompenser un pur, de le poser comme un modèle à la future magistrature épurée, d'en faire le gardien suprême de la discipline sous laquelle elle allait être appelée à plier, et devant de pareils intérêts le gouvernement de la République n'est pas habitué à reculer.

Ce qui devait arriver est arrivé.

Les magistrats que M. Cazot a révoqués, ceux qu'il a forcés à briser eux-mêmes leur carrière par ses inqualifiables procédés, n'ont pas de haine pour lui; en tous cas, ils ont le cœur trop haut placé pour se réjouir de la chute lamentable qu'il fait; mais il leur sera peut-être difficile de ne pas se dire que si M. Cazot a pu, un jour, supprimer la justice d'ici bas, il n'a pu supprimer la justice d'en haut, et que celle-ci a parfois des retours avec lesquels il faut compter.

Qui n'en serait pas, en effet, frappé?

Il y a trois hommes qui, placés par leurs fonctions à la tête de la magistrature, au lieu de la défendre et de la protéger, ont plus que tous les autres usé de leur pouvoir pour apporter à la détruire la plus violente âpreté.

Le premier a commencé l'œuvre; dès le lendemain du triomphe des 363, il a été placé à côté de M. Dufaure comme sous-secrétaire d'État pour forcer le vieux ministre à ne pas s'écarter du programme dit « d'épuration » qui lui était imposé; c'est M. Savary; on sait ce qu'il en est advenu; de sous-secrétaire d'État il s'est fait créateur de Sociétés, il a semé d'innombrables ruines autour de lui, et de chute en chute il est allé rouler au banc de la police correctionnelle, où on n'a pas trouvé que 5 ans de prison fussent une peine trop dure à lui infliger.

Le second a poursuivi l'œuvre commencée; il a donné carrière contre la magistrature à la haine, à la délation, aux convoitises; sous sa main 491 magistrats sont tombés, qui avaient, eux aussi, « la conscience et les mains nettes », il n'en pouvait douter; il ne s'est pas borné à frapper les personnes, il a découronné jusqu'à l'institution elle-même en lui refusant le droit de juger, en jugeant lui-même un conflit où il était personnellement intéressé. Puis, il a cru qu'une robe rouge pouvait tout couvrir, il s'est fait tailler la plus belle, et s'est allé asseoir au plus haut siège de la magistrature, espérant y trouver honneurs, argent et sécurité; c'est M. Cazot. Il y a 19 mois de cela; le voilà dépouillé de sa robe, assis sur le banc de la justice consulaire, et Dieu veuille que les milliers d'actionnaires et d'obligataires qui lui imputent leur ruine ne le conduisent pas aussi sur celui où M. Savary est venu échouer.

Le troisième a achevé l'œuvre, les deux autres avaient mis la cognée à la racine de l'arbre, lui l'a abattu; ce ne sont pas seulement 842 magistrats qui sont tombés sous ses coups avant le 1er janvier dernier, c'est l'inamovibilité elle-même, il l'a suspendue, prétendant lui rendre sa virginité après l'avoir violée; il en a fait un jouet qui permet de déplacer tout magistrat sans qu'il y ait une seule faute à lui imputer; il a fait de la magistrature une chose dont M. Allou a dit qu'elle serait: « la plus effroyablement asservie qui soit au monde »; des magistrats, une troupe dont un député s'est cru autorisé à dire qu'elle serait « une armée de valets ».

Celui-là, c'est M. Martin Feuillée.

Il est encore au faîte de la puissance et nous ne savons pas ce qui lui est réservé; mais au moment de déposer la plume, et devant le spectacle que donnent les deux autres, nous avons peut-être le droit de dire à ces magistrats qui sont presque devenus pour nous des amis inconnus depuis qu'il nous a été donné de consacrer ces pages à les faire apprécier :

« Vous tous dont il a brisé la carrière, parfois le cœur; vous dont le plus grand, souvent le seul crime à ses yeux a été de croire en Dieu, de rapporter à lui la source de toute justice, de toute miséricorde et de toute vérité; vous, les proscrits d'hier, les vrais heureux d'aujourd'hui, car votre conscience est dans la paix, regardez ce que sont devenus deux de vos trois persécuteurs les plus acharnés, voyez ce qu'ils ont fait de la magistrature, et... priez pour M. Martin-Feuillée, vous êtes assez vengés. »

TABLE DES MATIÈRES

Pages.

Avant-propos.. 1

Documents parlementaires........................ 5

M. Goblet. — *Séance du 15 novembre* 1882. — — Le projet est funeste à la justice et à la République. — Pas de révocation pour cause politique, même en matière administrative. — L'inamovibilité existe de droit pour certaines carrières publiques. — Suspendre l'inamovibilité des juges est pire que la supprimer. — Mesure exclusivement politique. — Pas de personnel prêt. — Ce n'est pas pour cela que M. Goblet a voulu la République. — La magistrature est intègre. — Le mal sera pire que le remède........................ 5

M. Franck Chauveau. — *Séance du 1er juillet* 1882. — — Statistique des magistrats investis depuis 1870. — M. Dufaure pas républicain! — Les juges changeront désormais avec les Ministères. — Ils seront placés entre leur devoir et leur pain.................. 6

M. Ribot. — *Séance du 1er juillet* 1882. — — Magistrature livrée à l'arbitraire ministériel. — C'est l'avilissement du corps judiciaire. — Beaucoup de magistrats républicains démissionneront. — Le pays le veut! — Les plus hautes questions réduites à des questions de personnes. — Vous tuez le principe de la justice!.... 6

M. Clémenceau. — *Séance des 22 et 23 janvier* 1883. — — La Chambre a trois fois voté l'élection, les Ministres la combattent. — M. Duclerc. — M. Humbert. — M. Pierre Legrand. — M. Hérisson. — M. Devès. — La Chambre ahurie. — M. Jules Roche. — Sa conversion en 24 heures. — Ses fausses citations. — Défense du principe de l'élection. — L'épuration est une abomination. — Comment elle se fera. — Son auteur sera l'objet de l'animadversion publique........................ 7

M. Goblet. — *Séance du 21 mai* 1883. — — La suspension de l'inamovibilité a pour condition une réforme des institutions judiciaires. — Loi d'expédient, non de réforme. — Comment une réforme pouvait se faire. — Nombre des magistrats inamovibles et des suppressions proposées. — Contradiction entre M. Martin-Feuillée ministre et M. Martin-Feuillée député. — Réforme au rebours. — Démonstration. — Comment on fera les expulsions. — Acte révolutionnaire. — Vos successeurs le recommencent. — Ce que sera l'inamovibilité à l'avenir. — Jolie justice!........................ 8

M. Ribot. — *Séance du 26 mai* 1883. — — Contradictions de M. Martin-Feuillée. — Il repoussait, en 1880, la loi qu'il propose aujourd'hui. — Ni 1830, ni 1848, ni 1851 n'ont touché à l'inamovibilité. — Les partis pris de la Chambre. — Loi d'expédient. — La Magistrature livrée pendant 3 mois au bon plaisir du garde des sceaux. — Plus de la moitié des magistrats actuels déjà investis par la République. — Quelques magistrats seraient un danger pour elle! Singulier aveu. — Réforme à rebours. — Les hommes qui sont l'honneur de la Magistrature n'y voudront pas garder leur place. — Inamovibilité anéantie. — On en triomphe même à la tribune sans être contredit. — Qui trompe-t-on ici? — Le droit de révocation ou de déplacement en dehors de toute faute disciplinaire. — Plus de garanties. — Pur arbitraire. — Le droit d'interpellation est la pure théorie du despotisme. — Mainmise sur la Magistrature. — Le Conseil supérieur est une commission mixte. — La loi est un dissolvant pour la Magistrature. — Nul régime antérieur n'eût osé la proposer. — Où lit-on l'histoire?........................ 12

M. de Lanessan. — *Séance du 2 juin* 1883. — — L'arbitraire le plus absolu. — On éliminera sur des rapports de députés colportant calomnies et dénonciations, ou de républicains ayant perdu de mauvais procès. — Il suffira d'aller à la messe. — Ceux qui vont voter la loi l'ont repoussée il y a un an, faute d'être sûrs de l'appliquer eux-mêmes. — On met la Chambre entre la menace du *statu quo* ou l'arbitraire. — Les Fourches-Caudines du garde des sceaux. — Son pressoir. — Les théories d'autrefois. — Hache à deux tranchants pour couper la Magistrature. — La curée. — La Magistrature à l'image du Ministère, non de la République. — Excellents agents électoraux. — Questions de personnes substituées aux questions de principe. — Déplorable précédent. — Politique passionnelle. — Ne pas livrer la Magistrature au pouvoir exécutif; il y va de la sécurité de la République et de l'honneur de ses représentants........................ 16

M. Clémenceau. — *Séance du 2 juin* 1883. — — Ne saluerait pas certains procureurs nommés par M. Martin-Feuillée. — Vous ignorez vous-mêmes ce que vous voulez faire. — Changer n'est pas réformer. — Réforme esquivée. — Appétits éveillés. — On montre la haine de toute discussion. — Le garde des sceaux a voté lui-même contre des projets qu'il se plaint aujourd'hui d'avoir vu rejetés. — D'autres majorités referont ce qu'on fait aujourd'hui........ 18

M. de Marcère. — *Séance du 5 juin* 1883. — — Le Conseil supérieur transformé en pouvoir politique arbitre entre le magistrat et le Gouvernement. — Le pouvoir disciplinaire est dénaturé, il cesse de s'exercer chaque jour par les pairs, sans éclat et sans scandale. — Devient sans application aux fautes légères à raison de sa publicité et de ses difficultés. — Le garde des sceaux devient seul maître de l'action. — Situation intolérable. — C'est la Magistrature à la discrétion du Gouvernement. — C'est la ruine des mœurs professionnelles. — Votre nouvelle Magistrature est frappée de mort à l'avance.. 19

M. J. Simon. — *Séance du 19 juillet* 1883. — — Loi, non de réforme, mais de politique, de vengeance. — Doit être intitulée : réforme pour chasser les magistrats dont les opinions ne sont pas conformes aux nôtres. — Les listes sont déjà prêtes. — La déclaration d'urgence serait le déshonneur du Sénat. — Le projet voté est une improvisation. — La loi ne pourrait même pas fonctionner. — Le garde des sceaux le reconnaît. — On crée une opinion factice. — La faiblesse des modérés. — Eloge de la Magistrature. — Sa noble attitude devant les injures et les menaces. — Griefs : ne pas saluer un préfet! — Si ce n'est plus curée, c'est vengeance. — On aggrave la situation des futurs magistrats et des justiciables au lieu de l'améliorer. — On supprime pour épurer, on rétablira les places après le coup de balai. — Une inamovibilité suspendue ne se restaure pas. — Le droit de choisir les éliminés c'est l'arbitraire, la dictature dans ce qu'elle a de plus odieux. — Rare courage du garde des sceaux à l'accepter. — L'inamovibilité est un contrat avec le magistrat. — Toutes les carrières, professeurs, ingénieurs, armée, future magistrature, sont menacées par cette attaque, pour le jour où la majorité changera. — On fait d'une évolution de majorité une révolution. — L'inamovibilité jusqu'à la prochaine colère. — Inamovibilité suspendue, c'est inamovibilité supprimée, avec hypocrisie en plus. — Pis qu'accident, catastrophe. — Faites faillite, 24

Pages.

mais n'ajoutez pas que demain votre signature sera bonne. — Plus de vrais juges, des juges politiques, des commissaires, des chargés d'affaire d'une politique.

Le Conseil supérieur. — La Chambre doit rougir de son vote à cet égard. — Le droit de déplacement est la suppression permanente de l'inamovibilité. — Sur simple avis, non jugement. — Applicable à un magistrat irréprochable, si l'un des siens ne l'est pas ! — Moquerie ! — Moyen de composer un tribunal pour une décision. — Aussi odieux que la suppression de l'inamovibilité. — Loi de colère; des plus odieuses qu'on ait jamais votées; ceux qui la voteront se vouent aux remords. — Loi fatale à la justice, fatale à l'honneur de la France.. 21

M. Allou. — *Séance du 20 juillet* 1883. —— Loi de proscription, non de réforme. — Combinaison d'ostracisme.— Conséquences effroyables de l'article 11.— Exclure 850 magistrats plus ceux qui n'accepteront pas leur déplacement. — Enorme ! Exorbitant ! — Grand malheur pour la justice et le pays. — Griefs bien exagérés. — On aura beau nommer des républicains, on ne supprimera ni les passions, ni l'entraînement, ni le parti pris; ce sera la passion au rebours. — Le baptême républicain. — Eloge des magistrats. — On veut faire contre eux ce qu'on déclarait jadis monstrueux. — Caractère de l'inamovibilité. — Garantie de l'indépendance du juge contre le pouvoir. — Citation de Hume : la liberté des douze grands juges d'Angleterre. — Nulle magistrature au monde plus effroyablement asservie que celle qu'on prépare. — Asservie dès sa naissance, le maintien des conservés sera une mainmise sur eux, ils appartiendront au gouvernement. — Asservie ensuite par l'appât de l'avancement. — Par le droit d'admonestation. — Par le droit de déplacement, équivalent à celui de révocation. — La situation des conservés plus lourde à porter que celle des congédiés. — Un parlement Maupeou. — Carrière ouverte aux rancunes, représailles, convoitises. — Le droit de déplacement présenté comme un hommage à l'inamovibilité ! — Salut à ceux qui vont mourir !.. 26

M. Jouin. — *Séance du 27 juillet* 1883. —— La réduction est votée, comment l'appliquer ? — L'article 11 est l'arbitraire le plus effrayant au service de la plus détestable injustice. — Il faut réduire par extinction si la loi n'est pas mensonge et hypocrisie. — Sérénité des magistrats au milieu des menaces. — Transformés en accusés dont le garde des sceaux sera le seul juge. — A huis clos, sans l'ombre de procédure. — Pour motifs purement politiques. — Vos successeurs en feront autant. — C'est la future magistrature invitée à adorer le soleil levant. — Vous voulez des magistrats tremblants sous votre main. On unifie les classes pour pouvoir déplacer. — Le motif crève les yeux. — La terreur du déplacement pour guérir la fièvre de l'avancement ! — Les sentiments qui sont la force et la fierté de l'homme remplacés par la peur ! — Les conservés plus à plaindre que les éliminés. — Ce que sera l'épuration; intrigues, influences, dénonciations. — L'amnistie accordée aux communards, refusée aux honnêtes gens ! — Ce qu'on propose est illégal, inconstitutionnel. — Démonstration : Constitution de l'an VIII. — Sénatus-consulte de l'an X. — Sénatus-consulte de 1807. — Restauration. — 1830-1848. — Loi organique de 1849, publiée en la même forme que la constitution. — 1851. — Constitution de 1852. — Décret de 1860. — C'est l'évidence, vous la réfutez par des ricanements. — 1870. — Décrets de 1871 révoquant 15 magistrats. — Annulés par la loi du 3 mai 1871. — Constitution de 1875. — L'histoire, impitoyable pour ceux qui, par lâcheté ou par faiblesse, auront inscrit leurs noms au pied d'une loi de vengeance et de proscription.............. 29

M. J. Simon. — *Séance du 28 juillet* 1883. — L'article 11, c'est l'arbitraire. — Pour punir les crimes d'un magistrat qui a crié vive le roi ! d'un autre qui a abattu des lampions, de quelques-uns qui n'ont pas salué un préfet, et que le pouvoir disciplinaire a punis, on livre tous les autres au ministre qui a été leur accusateur et qui sera leur juge souverain ! — Oui, monsieur, vous êtes l'accusateur ! — Vous les jugerez sans les appeler, sous le regard des députés. — Laissez le nom de justice, vous ne ferez que satisfaire des vengeances et servir des intérêts. — C'est la magistrature dans vos mains et à vos pieds. — Plus de position assurée, désormais, pour aucun serviteur de l'État. — La loi est une improvisation perpétuelle, impossible matériellement et moralement à appliquer. — Suspendre l'inamovibilité, c'est la supprimer. — La loi est le régime, l'avènement, le triomphe de l'arbitraire. — Le ministère ne pose pas la question ministérielle directement. — Ne fait pas cet honneur au Sénat. — La pose indirectement. — Il nous demande de sacrifier, pour le garder, ce qui importe le plus à l'honneur du pays et à l'ordre de ses institutions : c'est trop, pour trop peu............ 32

M. Bardoux. — *Séance du 28 juillet* 1883. —— Le principe de la loi est puisé dans ces raisons d'Etat que vous étiez habitués à flétrir. — Briser l'inamovibilité, faute lourde, irréparable. — Politique de rancune, de haine et de bataille. — Vous pouviez réformer, vous empêchez toute nouvelle réforme. — L'histoire dit que les magistratures épurées ont été souvent les plus serviles — Vos magistrats ne croiront plus eux-mêmes à leur inamovibilité. — Distance de M. de Serre à M. Martin-Feuillée. — Nous défendons la plus précieuse de nos libertés sur les remparts de la justice assiégée........... 33

M. Wallon. — *Séance du 28 juillet* 1883. —— Le projet donne tout à l'arbitraire, et le dissimule — Qu'on ose donc le dire ! — Le droit de choisir « indistinctement » les magistrats à éliminer est la contradiction essentielle de l'inamovibilité. — Le garde des sceaux avoue qu'il consultera, pour choisir, les arrière-pensées ! — C'est la condamnation politique. — A huis clos. — Le cabinet du garde des sceaux tranformé en chambre ardente. — Où les accusés sont privés du droit de comparaître, que l'odieuse loi du 22 prairial elle-même n'avait osé leur refuser. — Air béat et bonhomme de Martin-Feuillée demandant permission d'égorger ses magistrats. — On nous ramène à l'état révolutionnaire. — L'argument des coups de chapeau. — Hommage aux magistrats démissionnaires lors des décrets. — Leurs successeurs et le dénouement de Tartufe. — Inamovibilité suspendue, bâton rompu. — Avec votre loi, c'en est fait de la magistrature républicaine. — Elle s'entre-dévorera. — Plus de magistrats, simples commissions judiciaires révocables à chaque législature. — On peut tout avec de pareils juges. — Camille Desmoulins : se servir des juges est l'art suprême de la tyrannie. — La loi est une loi révolutionnaire........................ 34

M. J. Simon. — *Séance du 30 juillet* 1883. —— Le droit de déplacement est l'amovibilité des sièges. — Après la grande atteinte que vous avez portée au respect des magistrats, assurez au moins leur stabilité. — Magistrats nomades. — Le magistrat déplacé malgré lui est frappé dans sa respectabilité. — Devient le *junior*. — Arrive suspect. — Beaucoup refuseront. — Le déplacement est une peine cruelle. — Faites-en une peine disciplinaire, mais pour une faute commise, non pour relations politiques compromettantes ou pour la faute des siens. — La loi est faite au pied levé. — L'utilité de déplacer sera basée sur un motif politique. — Intrigues d'antichambre. — Sénateurs, députés, électeurs influents. — On voudra déplacer pour composer le tribunal en vue d'un procès. — Elément de désorganisation. — On pourra envoyer un conseiller de Paris à Agen à la seule condition de lui conserver son traitement !.................................. 35

M. Allou. — *Séance du 30 juillet* 1883. —— Le droit de déplacement est moins proclamé que glissé dans la loi. — On n'en fait pas une pénalité à appliquer par le conseil supérieur, mais une mesure administrative. — Le conseil supérieur devient le conseil consultatif de l'administration. — Ni dignité ni indépendance pour la magistrature désormais..... 38

Pages.

M. Denormandie. — *Séance du 31 juillet 1883.* —— Loi mauvaise, injuste, germe de discordes et de haines 39

M. J. Simon. — *Séance du 31 juillet 1883.* —— Vous avez voté les articles sous la menace d'une question de cabinet. — Ce que c'est. — Singulière façon de la poser devant le Sénat. — Beaucoup se sont abstenus. — Souvenir fâcheux pour eux. — Le cabinet a fait la loi à lui tout seul. — C'en est fait de l'inamovibilité. — Le garde des sceaux va nous rendre le spectacle des commissions mixtes. — L'histoire le dira. — Vous étouffez en vain ma voix sous vos cris et vos injures. — Le ministre est pire qu'un commissaire. — Sa responsabilité parlementaire est une illusion. — C'est la confusion du pouvoir exécutif et du pouvoir judiciaire. — Déplorable exemple donné dans le tribunal des conflits. — Vous voulez, comme l'empire, vous débarrasser de ceux qui vous gênent, par les moyens les plus courts. — Vous frappez, de votre propre aveu, les magistrats pour avoir résisté à vos théories sur l'application des décrets, avec plus d'un jurisconsulte et plus d'un républicain. — Vous leur reprochez les arrêts qu'ils ont honorés. — Il faut désormais être juge pour obéir et pour rendre des services. — Système de gouvernement contraire à la justice et à la lirerté 39

Le vote de l'article 15, scrutin 41
L'article 15 42
L'incident est clos 43

Texte de la loi 44
Tableaux annexés, fixant la composition du personnel des cours et tribunaux 46

Liste des magistrats démissionnaires ou révoqués 49
Observations préliminaires 49
Durée des services 49
Liste de 1545 magistrats 50

Division par cours d'appel des magistrats éliminés en vertu de la loi du 30 avril 1883 70
Observations préliminaires 70
Tableau des 613 magistrats 71
Récapitulation des éliminés, suivant la fonction 74
1993 décrets en six mois 74

M. Denormandie. — Discours sur l'exécution de la loi. — *Séance du 26 décembre 1883.* —— Rappel des promesses de M. Martin-Feuillée au Sénat pour entraîner le vote des hésitants. — Il lirait personnellement les dossiers. — Appellerait les chefs de Cours. — N'écouterait que leurs rapports, non ceux des préfets. — On pouvait en être sûr. — Disait qu'il y allait de son honneur. — Véritables engagements pris. — Comment tenus! — Cours d'appel décapitées. — Pas un siège de premier président à supprimer; 10 premiers présidents frappés pour leurs décisions lors des décrets. — Conseillers frappés. — Impossible de deviner pourquoi. — Cour de Paris; la plupart n'avaient jamais prononcé un mot de politique. — Cour d'Angers, vraie douleur; deux conseillers épargnés se sont démis indignés. — Tribunaux : nul siége de président supprimé, 123 présidents frappés. — Pour alliances de famille, habitudes religieuses, ou ordonnances rendues lors des décrets. — Exemples. — Magistrats de Paris frappés pour leur seul nom; justement ceux qui soutenaient le plus les institutions existantes. — Tribunal de Valence; ce qu'on a fait. — M. Fraboulet révoqué pour une ordonnance de non-lieu. — Tribunaux du ressort d'Angers. — Les avocats de Dijon et le premier président. — Protestations des barreaux. — Les éliminés sont des victimes. — Ce qui manque aux nouveaux magistrats.

L'épuration, période voyageuse de la magistrature. — Beaucoup déplacés 2 et 3 fois en deux mois. — Une révocation et quatre nominations pour un seul siège. — Un prévenu d'ivresse et d'outrages tiré de prison pour être magistrat. — Un juge révoqué pour faire une vacance, au hasard de l'*Agenda*. — Un homonyme nommé au lieu du vrai candidat. — Exécution véritablement injuste. — Faite sous la pression des journaux. — Les 10 premiers présidents à révoquer désignés par le *Rappel*. — Les dénonciations de la *Lanterne* contre MM. Morry, Jouot, de Mondésir, de Brye de Vertamy, Augerd, du Buisson de Laboulaye, Tourné, Garrelon, d'Uzer, Dodoz, Dubois, Parmentier, Daiguzon, François St-Maur, Duffaur de Gavardie, de Monclar, Planterose, Bouvet, de Falvelly, Jumeau, Gautier. — Ils sont aussitôt révoqués. — Compliments de la *Lanterne* à M. Martin-Feuillée. — Celui-ci avait promis de faire les enquêtes personnellement.

231 sièges d'amovibles à supprimer, 5 magistrats amovibles éliminés. — Œuvre de la justice compromise.

Pourquoi promulgation de la loi retardée ? — Prétexte donné par M. Martin-Feuillée. — Il espérait des démissions pour placer des créatures. — A profité du retard pour faire entrer malgré sa promesse des étrangers. — En a nommé 33 avant de promulguer. — La plupart à des sièges, qui allaient être supprimés, et pour avoir plus d'anciens magistrats à frapper. — A des postes vacants depuis 4 mois, 18 mois, 3 ans, 5 ans. — Exemples : Nantes, Bayeux, Mortagne, Lisieux, Coutances... — Inouï! audacieux! — Même pendant l'épuration il a nommé à des sièges supprimés. — Exemples : Grenoble, Riom, Rennes, Poitiers...

Presque tous les éliminés injustement frappés. — Leur courage et leurs larmes. — Pas un d'appelé, pas un d'entendu. — Tous bassement dénoncés. — Frappés par derrière. — Vengeances locales. — Jalousies de famille. — Haines de famille. — Indignes ou incapables choisis pour les remplacer 75

Les proscriptions; portrait de M. Martin-Feuillée 81

Notices par ordre alphabétique sur 590 magistrats.... 82

Après la tragédie la farce! 175

Post-Scriptum 176

L'Affaire Saint-Elme 176

M. Laguerre. — *Séance du 3 juin 1884.* —— Une histoire à la honte de la magistrature française. — Récit des faits. — Saint-Elme quatre fois assommé, dont une devant le substitut et le préfet. — Arrêté. — Trente-cinq jours au secret. — Ses agresseurs connus de tous, non inquiétés. — Saint-Elme condamné à cinq mois de prison. — Appel. — Audience du 2 avril à la Cour de Bastia. — Saint-Elme mourant. — Abominables paroles de l'avocat général Bissaud. — Mort de Saint-Elme six jours après. — On poursuit enfin deux de ses assassins. — Mais en écartant les circonstances atténuantes pour éviter la Cour d'assises. — Et devant le Tribunal c'est le Procureur qui les défend.

Comment on a constitué en Corse une magistrature docile. — Les magistrats déplacés. — MM. Landry, Benedetti. — Les magistrats nommés : MM. Casanelli; le président de Bastia; les avocats de Corte : Giuli, Giacobi, Zuccarelli, Grimaldi, Delfini, Grimaldi. — Le procureur Laurelli, dix-sept mois de traitement sans un seul jour d'exercice des fonctions.

Les explications de Martin-Feuillée sur la mise au secret de Saint-Elme. — Sur les honteuses paroles de Bissaud. — Vain subterfuge, témoignage auriculaire de M. Laguerre, de M. Laisant; attestation écrite de dix-neuf témoins, dont beaucoup avocats 176

M. Laguerre. — *Séance du 5 juin 1884.* —— Procédé de falsification des dossiers. — Approuvé par Martin-Feuillée. — Familier à la magistrature Corse. — Bissaud niait encore il y a quelques jours ses propres paroles quelques secondes après les avoir prononcées 178

M. Andrieux. — *Séance du 5 juin 1884.* —— Les justices de paix en Corse. — Souvenir de l'interpellation Clovis Hugues. — Préoccupation électorale encore accentuée depuis. — Exemple : MM. Ordioni, Faccendini, Cazanova, Carlotti, Emmanuelli, Dionisi,

Pages.

Manfredi, Mammerini, Quanza; repris de justice nommés. — Le président de chambre de Casabianca. — M. Landry exilé à Chambéry malgré lui. — Dénégations de M. Martin-Feuillée, preuve immédiate de leur fausseté. — M. Benedetti exilé à Autun. — Aveu silencieux arraché à Martin-Feuillée. — Ses insinuations contre M. Landry. — Fausseté ou ignominie. — M. Benedetti déplacé pour avoir refusé un service et rendu un arrêt. — Appel au témoignage personnel de plusieurs députés. — M. Farinole déplacé. — Sa lettre. — Les magistrats nommés : M. Casanelli; M. Lévie-Ramolino. — Pas de justice pour les Corses sous les nouveaux génois......... 178

M. Bizarelli. — *Séance du 7 juin* 1884. — Prend acte des aveux de Martin-Feuillée sur l'affaire Saint-Elme et le cas de Bissaud. — Tout aux nouveaux convertis........ 179

Pages.

M. Andrieux. — *Séance du 7 juin* 1884. — Les lauriers de Martin-Feuillée. — N'ose pas nier qu'il ait des repris de justice parmi ses magistrats. — Sommation de s'expliquer sur Benedetti. — Jorel, premier président à Bastia, ancien secrétaire du prince Napoléon. — Demande d'enquête........ 179

M. Jules Ferry. — *Séance du 7 juin* 1884. — Il repousse l'enquête et demande l'ordre du jour pur et simple en posant la question de cabinet........ 180

Le Vote : L'enquête est repoussée. — Bissaud est toujours magistrat........ 180

L'Affaire Beyne........ 181

Monsieur Cazot........ 183

Paris. — Imprimeries réunies D, 58, rue Jean-Jacques-Rousseau.

www.ingramcontent.com/pod-product-compliance
Ingram Content Group UK Ltd.
Pitfield, Milton Keynes, MK11 3LW, UK
UKHW021123220726
13924UKWH00004B/1885